비전공자도 합격시키는 쉽고 가벼운 ——— 진승현 토목직

2026

가벼운 **토목설계**
시행처별 기출문제집

머리말

오늘도 하루를 견디고 있는 수험생에게...

저는 대학생활 동안 도서관에 있는 토목 전공서적을 '전부' 읽었습니다. 거의 외웠다 하는 표현이 맞겠습니다. 비가오나 눈이오나 한 달에 하루 정도를 제외하고는 눈을 뜬 모든 시간을 전공 공부에 쏟아 부었습니다. 토목공학과를 수석졸업하고 책의 내용을 모두 이해하고 보니 잘못 표현되거나 애매하게 표현된 내용들이 참 많았다는 생각이 들었습니다.

그러다 우연히 9급 공무원을 준비하는 학생의 전공과목 수업을 하게 되었습니다. 정말 간절한 마음으로 열심히 공부하는 학생들이 시험에 나오지도 않는 내용을 이해하려 애쓰고, 수많은 공식들을 암기하는 데 소중한 시간을 흘려보내고 있었습니다. 그 학생의 간절함을 보고 이 책을 쓰기로 마음먹었던 것 같습니다.

"선생님 책 언제 출판되나요?"

이 책이 세상에 나오기 전에 저는 합격하겠다며 농담을 건네던 학생들. 지금은 공무원이 되어버린 나의 학생들. 연거푸 감사하다며 식사대접하겠다고 찾아오는 학생들. 한숨을 쉬며 하루를 견디던 수험생이 공무원이 되어 밝게 웃는 얼굴을 보면 형언할 수 없는 책임감을 느낍니다. 그런 마음으로 책을 썼습니다.

> 어떻게 하면 학생이 빠르게 이해할 수 있을까?
> 어떻게 하면 학생들의 암기량을 줄일 수 있을까?
> 어떻게 하면 학생들의 수험기간을 줄일 수 있을까?

수험생의 간절함이 합격에 닿을 수 있게
이 책에 가장 빠른 길을 한 권의 지도로 남겨 놓습니다.

진승현

토목설계 학습전략

1. 지엽적인 부분을 버려야 합니다.
토목설계 과목에서 100점을 맞기 위해 암기해야 하는 분량은 500쪽 정도 됩니다. 이 중 350쪽 분량은 지엽적으로 시험(20문제)에서 2~3문제 정도(10~15) 출제됩니다. 지엽적인 부분까지 모두 암기한다는 것은 현실적으로 불가능합니다. 이 책은 기출문제를 유형별로 분류해서 수험생들이 자주 출제되는 유형을 파악할 수 있습니다.

2. 설계는 역학을 기반으로 하기 때문에 응용역학 문제가 토목설계에 출제되곤 합니다.
해당 내용들은 저한테 응용역학 시간에 배울 내용이며 매우 쉬운 수준의 문제가 출제되기 때문에 걱정할 필요 없습니다. 그러나 해당 문제들은 응용역학, 토목설계 두 과목에 출제 가능한 문제들이기 때문에 집중적인 학습이 필요합니다. 수업시간에 다루겠습니다.

3. 토목설계는 결국 암기과목입니다.
토목설계는 이해하지 못해도 외우면 점수는 나옵니다. 정말 시험에 나오는 것들만 책에 담았습니다. 암기하면 할수록 올라가는 점수를 확인할 수 있습니다. 토목설계 점수는 노력을 배신하지 않습니다.

교재 활용 방법 기출편

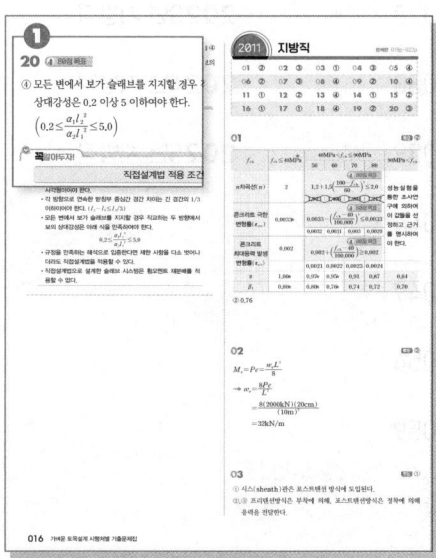

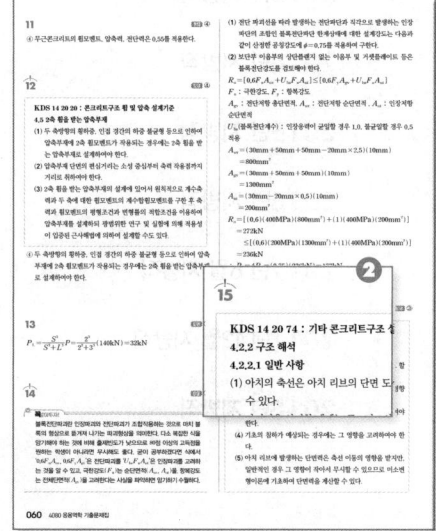

❶
수험생들이 시험장에서 풀기에 어려움이 있을 문제에 **80점 목표** 를 표시했습니다.

❷
수험생들이 시험장에서 피해야 할 문제에 ⚠ 를 표시했습니다.

차례 CONTENTS

지방직

2009년 지방직 ······ 008
2010년 지방직 ······ 013
2011년 지방직 ······ 018
2012년 지방직 ······ 023
2013년 지방직 ······ 028
2014년 지방직 ······ 033
2015년 지방직 ······ 039
2016년 지방직 ······ 044
2017년 6월 지방직 ······ 049
2017년 12월 지방직 ······ 054
2018년 지방직 ······ 059

2019년 지방직 ······ 064
2020년 지방직 ······ 069
2021년 지방직 ······ 075
2022년 지방직 ······ 079
2023년 지방직 ······ 083
2024년 지방직 ······ 087
2025년 지방직 ······ 091

국가직

2007년 국가직 …… 100	**2018년 국가직** …… 157
2008년 국가직 …… 105	**2019년 국가직** …… 162
2009년 국가직 …… 110	**2020년 국가직** …… 167
2010년 국가직 …… 115	**2021년 국가직** …… 172
2011년 국가직 …… 120	**2022년 국가직** …… 178
2012년 국가직 …… 125	**2023년 국가직** …… 183
2013년 국가직 …… 130	**2024년 국가직** …… 188
2014년 국가직 …… 136	**2025년 국가직** …… 192
2015년 국가직 …… 142	
2016년 국가직 …… 147	
2017년 국가직 …… 152	

4 0 8 0
진 승 현
토 목 설 계

지방직

2009년 지방직	2017년 12월 지방직
2010년 지방직	2018년 지방직
2011년 지방직	2019년 지방직
2012년 지방직	2020년 지방직
2013년 지방직	2021년 지방직
2014년 지방직	2022년 지방직
2015년 지방직	2023년 지방직
2016년 지방직	2024년 지방직
2017년 6월 지방직	2025년 지방직

01

구조물 설계방법에 대한 설명 중 옳은 것은?

① 허용응력설계법은 비선형탄성이론에 기초한 설계법으로 사용하중에 의한 단면응력이 안전율을 고려한 허용응력 이하가 되도록 설계하는 방법이다.
② 강도설계법은 부재의 소성상태에 기초한 설계법으로 사용하중에 하중계수를 곱한 계수하중이 부재의 공칭강도에 강도감소계수를 곱한 설계강도보다 크도록 설계하는 방법이다.
③ 한계상태설계법은 구조부재나 상세요소의 극한내력강도 또는 한계상태내력에 바탕을 두고 극한 또는 한계하중에 의한 부재력이 부재의 극한 또는 한계상태내력을 초과하지 않도록 하는 설계방법이다.
④ 하중저항계수설계법은 단일하중계수와 다중저항계수를 사용하여 구조물이 목표로 하는 한계여유를 일관성 있게 확보할 수 있는 설계법으로 한계상태설계법의 결점을 개선한 진전된 설계방법이다.

02

그림과 같이 자중과 활하중의 합 $w=80\text{kN/m}$가 작용할 때 A점의 응력이 영(zero)이 되기 위한 PS강재의 긴장력 [kN]은? (단, PS강재가 단면 중심에서 긴장되며 손실은 고려하지 않는다)

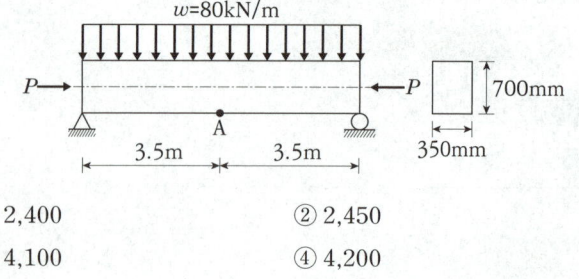

① 2,400　　② 2,450
③ 4,100　　④ 4,200

03

휨부재의 최소 철근량 규정에 대한 설명 중 옳지 않은 것은?
〈설계기준 변경으로 문제 변경〉

① 균열 모멘트가 보의 강도를 초과할 경우 적절한 양의 철근이 배근되어 있지 않다면 균열발생과 동시에 보에는 예상치 못한 급격한 파괴가 발생할 수 있으므로 이를 방지하기 위한 규정이다.
② 철근의 최대 간격은 슬래브 또는 기초판 두께의 4배와 500mm 중 큰 값을 초과하지 않도록 하여야 한다.
③ 해석에 의하여 인장철근 보강이 요구되는 휨부재의 모든 단면에 대하여 규정된 경우를 제외하고는 설계휨강도가 $\phi M_n \geq 1.2 M_{cr}$의 조건을 만족하도록 인장철근을 배치하여야 한다.
④ 부재의 모든 단면에서 해석에 의해 필요한 철근량보다 1/3 이상 인장철근이 더 배치되는 경우에는 최소 철근량 규정을 적용하지 않을 수 있다.

04

설계기준압축강도 $f_{ck}[\text{MPa}]$가 21 이상 35 이하인 경우의 배합강도 $f_{cr}[\text{MPa}]$는? (단, 압축강도의 시험 횟수가 14회 이하이거나 현장 강도 기록자료가 없는 경우이다)

① $f_{cr}=f_{ck}+7$
② $f_{cr}=f_{ck}+8.5$
③ $f_{cr}=f_{ck}+10$
④ $f_{cr}=f_{ck}+15.5$

05

그림과 같은 임의 단면에서 중립축거리 c에 작용하는 압축응력을 등가직사각형응력분포로 환산하여 그 면적을 빗금친 부분으로 나타내었다면, 철근량 $A_s[mm^2]$는? (단, $f_{ck}=24MPa$, $f_y=400MPa$, 빗금친 부분의 면적은 40,000mm²이다)

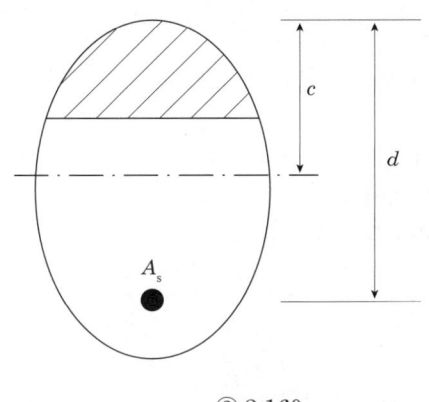

① 2,040
② 2,160
③ 2,380
④ 2,430

06

철근의 정착 및 이음에 대한 설명 중 옳은 것은?

① 철근의 정착방법에는 묻힘길이에 의한 정착, 갈고리에 의한 정착, 겹이음길이에 의한 정착, 기계적 정착 또는 이들의 조합에 의한 정착이 있으며, 갈고리에 의한 정착은 압축철근의 정착에 유효하다.
② 묻힘길이에 의한 정착시 인장철근과 압축철근의 소요 정착길이는 동일하게 산정한다.
③ 용접이형철망을 겹침이음하는 최소 길이는 두 장의 철망이 겹쳐진 길이가 $2.0l_d$ 이상 또한 50mm 이상이어야 한다.
④ 휨부재에서 서로 직접 접촉되지 않게 겹침이음된 철근은 횡방향으로 소요 겹침 이음길이의 1/5 또는 150mm 중 작은 값 이상 떨어지지 않아야 한다.

07

강도설계법에서 $P-M$ 상관도를 이용하여 기둥단면을 설계할 때, 압축파괴구역에 해당하는 것으로 가장 옳은 것은? (단, $e=$편심거리, $e_b=$균형편심거리, $P_b=$균형축하중, $P_u=$극한하중, $M_b=$균형모멘트이다)

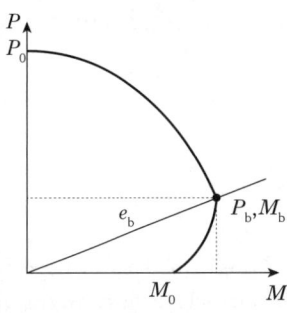

① $e=e_b$, $P_u=P_b$
② $e<e_b$, $P_u<P_b$
③ $e<e_b$, $P_u>P_b$
④ $e>e_b$, $P_u>P_b$

08

1방향 슬래브의 설계에 대한 설명 중 옳지 않은 것은?

① 경간 중앙의 정모멘트는 양단 고정으로 보고 계산한 값 이상으로 취하여야 한다.
② 슬래브의 두께는 최소 100mm 이상으로 하여야 한다.
③ 순경간이 3.0m를 초과할 때 순경간 내면의 휨모멘트는 설계모멘트로 사용할 수 없다.
④ 활하중에 의한 경간 중앙의 부모멘트는 산정된 값의 1/2만 취할 수 있다.

09

I-형강을 길이 6.5m인 교량의 수평 인장브레이싱으로 사용할 때 세장비(λ)는? (단, I−200×150×9×16 : $A=50\text{cm}^2$, $I_x=5{,}000\text{cm}^4$, $I_y=1{,}250\text{cm}^4$이다)

① 65　　　　② 130
③ 150　　　④ 170

10

폭 $b=300\text{mm}$, 유효깊이 $d=500\text{mm}$, 콘크리트 설계기준압축강도 $f_{ck}=36\text{MPa}$인 직사각형 단면보에 철근 설계기준항복강도 $f_y=300\text{MPa}$인 U형 스터럽을 간격 $s=200\text{mm}$로 배치하였을 때 공칭전단강도 $V_n[\text{kN}]$은? (단, 스터럽 한가닥의 면적은 100mm^2이다)

① 150　　　② 200
③ 225　　　④ 300

11

옹벽설계 시 구조해석에 대한 설명으로 옳지 않은 것은?

① 캔틸레버식 옹벽의 저판은 전면벽과의 접합부를 고정단으로 간주한 캔틸레버로 가정하여 단면을 설계할 수 있다.
② 부벽식 옹벽의 저판은 정밀한 해석이 사용되지 않는 한 부벽 간의 거리를 경간으로 가정한 고정보 또는 연속보로 설계할 수 있다.
③ 캔틸레버식 옹벽의 전면벽은 저판에 지지된 캔틸레버로 설계할 수 있다.
④ 부벽식 옹벽의 전면벽은 2변 지지된 2방향 슬래브로 설계할 수 있다.

12

단철근 직사각형 보에서 유도된 값 중 옳지 않은 것은? 〈설계기준 변경으로 문제 변경〉

a: 콘크리트 압축부 직사각형 등가응력 블록의 깊이
A_s: 인장철근의 단면적
f_y: 철근의 설계기준항복강도
f_{ck}: 콘크리트의 설계기준압축강도
b: 단면의 폭
ρ: 철근비
d: 단면의 유효깊이
M_n: 공칭모멘트

① $a = \dfrac{A_s f_y}{\eta 0.85 f_{ck} b}$
② $M_n = \rho f_y b d^2 \left(1 - 0.59 \rho \dfrac{f_y}{\eta f_{ck}}\right)$
③ $M_n = \eta 0.85 f_{ck} a d \left(d - \dfrac{a}{2}\right)$
④ $M_n = A_s f_y \left(d - \dfrac{a}{2}\right)$

13

철근콘크리트 확대기초에 대한 설명 중 옳지 않은 것은?

① 독립확대기초 및 벽확대기초의 휨모멘트는 단순보로서 산출하여야 한다.
② 확대기초는 부재로서 필요한 두께를 확보함과 동시에 강체로서 취급되는 두께를 가져야함을 원칙으로 한다.
③ 휨설계에서 연속확대기초의 캔틸레버로서 작용하는 부분은 독립확대기초와 같이 설계하여야 한다.
④ 확대기초는 캔틸레버보, 단순보, 고정보 등 보 부재로서 설계하여야 한다.

14

그림과 같은 PSC부재의 A단에서 강재를 긴장할 경우 B단까지의 마찰에 의한 긴장력 감소율[%]은? (단, $\theta_1=0.11$ rad, $\theta_2=0.07$ rad, $\theta_3=0.11$ rad, μ(곡률마찰계수)=0.50, k(파상마찰계수)=0.0015이고 근사법으로 계산한다)

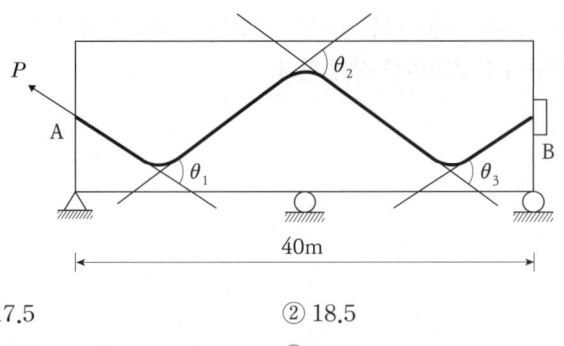

① 17.5 ② 18.5
③ 19.5 ④ 20.5

15

기둥설계에 관한 설명으로 옳지 않은 것은?

① 기둥을 설계할 때 축력은 모든 바닥판 또는 지붕에 작용하는 사용하중으로부터 기둥에 전달된 힘으로 취하여야 하고, 최대 모멘트는 그 기둥에 인접한 바닥판 또는 지붕의 양쪽 경간에 작용하는 사용하중에 의한 전단모멘트로 취하여야 한다.
② 바닥판으로부터 기둥으로 전달되는 모든 휨모멘트는 그 바닥판 상하측 각 기둥의 상대 강성과 구속조건에 따라 상하측 각기둥에 분배시켜야 한다.
③ 골조 또는 연속구조물을 설계할 때 내·외부 기둥의 불균형 바닥판 하중과 기타 편심하중에 의한 영향을 고려하여야 한다.
④ 연직하중으로 인한 기둥의 휨모멘트를 계산할 때 구조물과 일체로 된 기둥의 먼 단부는 고정되어 있다고 가정할 수 있다.

16

그림과 같이 양단이 고정되고 단면이 균일한 보의 중앙에 집중하중 P가 작용하고 있을 경우, 탄성처짐곡선의 접선의 기울기가 영(zero)인 곳은?

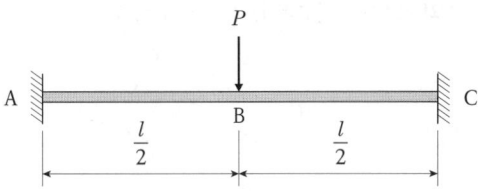

① A, C 점
② B 점
③ A, B, C 점
④ AB의 중간점과 BC의 중간점

17

그림과 같이 두께가 동일한 강판을 공장에서 겹침이음 필렛(fillet)용접을 하였다. 용접치수 $s=10$mm일 때, 용접부의 허용하중 P[kN]에 가장 가까운 값은? (단, SM400 강재를 사용하고 용접부 허용응력은 80MPa이다) 〈설계기준 변경으로 문제 변경〉

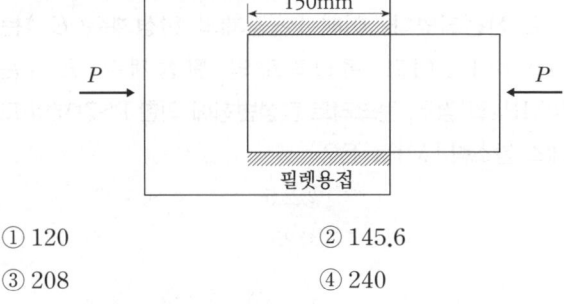

① 120 ② 145.6
③ 208 ④ 240

18

단변의 길이가 L이고 장변의 길이가 $3L$인 단순 지지된 2방향 슬래브 중앙에 집중하중 P가 작용하고, 그 슬래브 전체에 등분포하중 w가 작용할 때 cd대가 부담하는 하중의 총 크기는? (단, 슬래브의 EI는 일정하다)

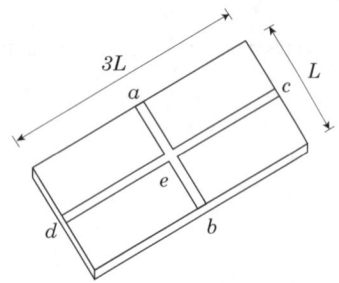

① $\dfrac{w}{17}+\dfrac{P}{9}$
② $\dfrac{16w}{17}+\dfrac{8P}{9}$
③ $\dfrac{w}{82}+\dfrac{P}{28}$
④ $\dfrac{81w}{82}+\dfrac{27P}{28}$

19

프리텐션방식의 PSC에 초기 긴장력을 가했을 때 프리스트레스 도입 직후 PS강재 도심위치에서의 콘크리트압축응력(f_{cs})이 5MPa로 산정되었다. 이때 PS강재의 탄성계수(E_p)는 2.0×10^5MPa이고 콘크리트의 탄성계수(E_c)는 4.0×10^4MPa일 경우, 콘크리트 탄성변형에 의한 PS강재의 프리스트레스 감소량 [MPa]은?

① 1
② 2.5
③ 10
④ 25

20

강도설계법에서 철근콘크리트 보의 설계휨강도(M_d)를 증가시키는 방법으로 옳은 것은?

① 단면의 폭을 크게 한다.
② 콘크리트의 설계기준압축강도를 작게 한다.
③ 인장지배 단면보다는 압축지배 단면이 되도록 한다.
④ 단면의 유효깊이를 작게 한다.

2010 지방직

01
콘크리트의 크리프에 대한 설명으로 옳지 않은 것은?

① 물 - 시멘트비가 감소할수록 콘크리트의 크리프는 감소한다.
② 해당재령에서의 수화율에 따라 크게 영향을 받는다.
③ 장기하중의 작용과 밀접한 관계가 있다.
④ 크리프의 변형률은 시간의 경과와 더불어 일정하게 증가한다.

02
철근콘크리트 아치의 구조 상세 중 옳지 않은 것은?

① 아치리브의 상·하면 축방향 철근에 직각인 횡방향 철근을 배치하여야 한다. 이 횡방향 철근은 D13 이상, 축방향 철근 지름의 $\frac{1}{3}$ 이상을 사용하되, 그 간격은 축방향 철근 지름의 15배 이하, 300mm 이하, 아치리브 단면의 최소치수 이하로 하여야 한다.
② 철근콘크리트 아치는 아치의 상·하면에 따라서 가능하면 대칭인 축방향 철근을 배치하여야 한다. 이 축방향 철근은 아치리브 폭 1m당 400mm² 이상, 또 상·하면의 철근을 합하여 콘크리트 단면적의 0.15% 이상 배치하여야 한다.
③ 폐복식 아치에서는 스프링깅과 측벽의 적당한 위치에 신축이음을 두어야 한다.
④ 아치리브가 박스단면인 경우에는 연직재가 붙는 곳에 격벽을 설치하여야 한다.

03
단면 크기가 300mm × 600mm인 직사각형 단면 기둥(단주)이 있다. 최소 축방향 주철근량[mm²]과 최대 축방향 주철근량[mm²]은?

	최소 축방향 주철근량	최대 축방향 주철근량
①	1,800	7,200
②	1,800	14,400
③	3,600	7,200
④	3,600	14,400

04
일단 정착하는 프리스트레스트 콘크리트 포스트텐션 부재에서 일단의 정착부 활동이 2mm 발생하였다. PS강선의 길이가 20m, 초기 프리스트레스 $f_i = 1,200$MPa일 때 PS강선과 쉬스 사이에 마찰이 없는 경우 정착부 활동으로 인한 프리스트레스 손실량[MPa]은?
(단, PS강선 탄성계수 $E_{ps} = 200,000$MPa, 콘크리트 탄성계수 $E_c = 28,000$MPa이다)

① 1.2　　　② 2.8
③ 20　　　④ 40

05

콘크리트 구조물의 설계개념에 대한 설명으로 가장 적절한 것은?

① 사용하중 상태에서 콘크리트의 압축강도와 철근의 항복강도에 대한 일정 비율로 나타내는 허용응력들을 적절히 규정하여 안전성을 확보하는 설계개념을 허용응력설계법이라 하며, 철근 콘크리트와 프리스트레스트 콘크리트 구조물의 설계법은 허용응력 설계법을 기본으로 한다.
② 강도설계법에서 사용하는 각각의 하중계수는 다양한 하중 종류의 서로 다른 불확실성 정도를 반영한 것이고, 강도감소계수는 재료 강도와 치수가 변동할 수 있으므로 부재의 강도 저하 확률에 대비한 여유 등을 반영한 것이다.
③ 구조 부재가 사용 중에 실제로 발생하는 하중보다 큰 계수하중을 적절하게 견딜 수 있도록 단면치수와 철근량을 결정하는 방법을 강도설계법이라 하며, 철근콘크리트와 프리스트레스트 콘크리트 구조물의 설계는 강도설계법을 기본으로 한다.
④ 강도설계법에서 휨, 전단, 비틀림 등의 다양한 강도는 이들에 대한 탄성거동을 반영하여 계산할 수 있으며, 이들 계산의 정확한 정도를 고려하기 위하여 강도감소계수를 적용한다.

06

브래킷과 내민받침에 대한 전단설계에 관한 설명으로 옳지 않은 것은?

① 전단마찰철근이 전단면에 수직한 경우 전단마찰철근량 A_{vf}는 $\dfrac{V_u}{\phi \mu f_y}$로 계산된다.
② 수평인장력 N_{uc}에 저항할 철근량 A_n은 $N_{uc} \leq \phi A_n f_y$로 결정된다. 이때 N_{uc}는 크리프, 건조수축 또는 온도변화에 기인한 경우라도 활하중으로 간주하여야 한다.
③ 브래킷 상부에 배치되는 주인장철근의 단면적 A_s는 $(A_n + A_f)$와 $\left(\dfrac{2A_n}{3} + A_{vf}\right)$ 중 큰 값을 사용한다.
④ 주인장철근량 A_s와 나란한 폐쇄스터럽이나 띠철근의 전체 단면적 A_h는 $0.5(A_s - A_n)$ 이상이어야 하고, A_s에 인접한 유효깊이의 $\dfrac{2}{3}$ 내에 균등하게 배치하여야 한다.

07

다음 그림과 같이 계수하중 $P_u = 1{,}960 \text{kN}$이 독립확대기초에 작용할 때, 위험단면의 설계휨모멘트 크기[kN·m]는?

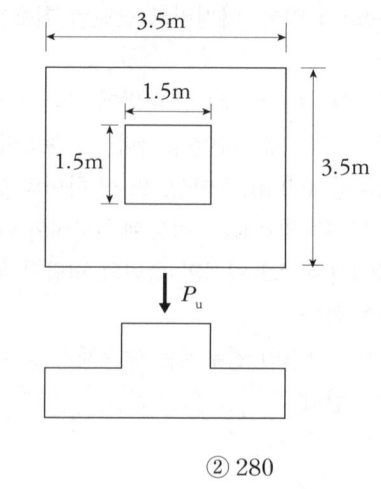

① 260 ② 280
③ 300 ④ 320

08

전단력과 휨모멘트만을 받는 철근콘크리트 부재에서 외력에 의한 전단하중 $V_u = 75\text{kN}$이 작용할 때, 전단철근없이 견딜 수 있는 철근콘크리트 보의 최소 높이[mm]는? (단, 콘크리트의 설계기준 압축강도 $f_{ck} = 25\text{MPa}$이고, 보의 폭은 480mm, 피복두께는 50mm이며, 기타사항은 KDS 14 20 22 : 2021에 따른다)

① 450 ② 500
③ 550 ④ 600

09

프리스트레스트 콘크리트(PSC)보에 프리스트레스를 도입할 때 다음 중 콘크리트의 탄성변형으로 인한 손실이 발생하지 않는 경우는?

① 하나의 긴장재로 이루어진 PSC보가 프리텐션공법으로 제작되었을 때
② 여러 가닥의 긴장재로 이루어진 PSC보가 프리텐션공법으로 제작되었을 때
③ 프리스트레스를 순차적으로 도입하는 여러 가닥의 긴장재로 이루어진 PSC보가 포스트텐션공법으로 제작되었을 때
④ 하나의 긴장재로 이루어진 PSC보가 포스트텐션공법으로 제작되었을 때

10

단철근 직사각형 단면보의 폭 $b = 400\text{mm}$, 유효깊이 $d = 700\text{mm}$, 인장철근 단면적 $A_s = 4,080\text{mm}^2$, 콘크리트의 설계기준압축강도 $f_{ck} = 24\text{MPa}$, 철근의 설계기준항복강도 $f_y = 400\text{MPa}$일 때, 소수점 이하 첫째자리에서 반올림한 설계휨강도의 크기[kN·m]는? (단, 단철근 직사각형 단면보는 인장지배 단면이고, 등가직사각형 응력블록의 깊이 $a = 200\text{mm}$이며, 기타사항은 KDS 14 20 20 : 2021을 따른다)

① 734 ② 783
③ 832 ④ 979

11

M20(지름 20mm)을 사용한 1면 전단 고장력볼트의 마찰이음 시 강판에 628kN이 작용할 때 볼트의 최소 개수는? (단, 강판의 파괴는 무시하며, 볼트 허용전단응력 $f_{va} = 100\text{MPa}$이고, π는 3.14로 한다)

① 10개 ② 14개
③ 20개 ④ 24개

12

철근비에 따른 보의 휨 파괴 형태에 대한 설명으로 옳은 것은?

① 과다철근보는 파괴 시 중립축이 인장측으로 이동한다.
② 과소철근보는 압축측 콘크리트가 먼저 항복한다.
③ 과소철근보는 가장 위험한 보의 파괴형태이고, 과다철근보는 가장 바람직한 보의 파괴형태이다.
④ 연성파괴는 인장철근의 항복과 콘크리트의 압축파괴가 동시에 일어나는 것이다.

13

콘크리트의 설계기준압축강도 $f_{ck} = 25\text{MPa}$, 철근의 설계기준항복강도 $f_y = 350\text{MPa}$인 인장철근 D32 (직경 $d_b = 31.8\text{mm}$, 공칭단면적 $A_b = 794.2\text{mm}^2$)를 정착시키는 데 소요되는 기본 정착길이[mm]는? (단, 소수점 이하 첫째 자리에서 반올림한다)

① 1,336 ② 1,558
③ 33,356 ④ 38,926

14

단철근 직사각형 보의 철근비에 대한 설명으로 옳지 않은 것은? (단, $f_{ck} \leq 40\text{MPa}$) 〈설계기준 변경으로 문제 변경〉

① 인장철근의 변형률이 항복변형률에 도달함과 동시에 콘크리트가 극한변형률인 0.0033에 도달할 때의 철근비를 균형철근비라고 한다.

② 균형철근비 ρ_b는 $0.85\beta_1 \dfrac{f_{ck}}{f_y} \dfrac{660}{660+f_y}$이다.

③ 휨부재의 최소 허용변형률과 해당 철근비는 철근의 설계기준 항복강도에 따라 변한다.

④ 해석에 의하여 인장철근 보강이 요구되는 휨부재의 모든 단면에 대하여 규정된 경우를 제외하고는 설계휨강도가 $\phi M_n \leq 1.2 M_{cr}$의 조건을 만족하도록 인장철근을 배치하여야 한다.

15

단철근 직사각형보에서 단면폭 $b = 400\text{mm}$, 유효높이 $d = 600\text{mm}$일 때 철근량 $A_s[\text{mm}^2]$는? (단, $f_{ck} = 20\text{MPa}$, $f_y = 400\text{MPa}$, 등가직사각형 응력블록의 깊이 $a = 100\text{mm}$이며, 기타사항은 KDS 14 20 20 : 2021에 따른다)

① 1,700 ② 1,800
③ 2,700 ④ 4,010

16

지간 40m인 PSC단순보에 자중을 포함한 등분포 하중(w)이 $20\,\text{kN/m}$로 하향으로 작용하고, PS강선에 프리스트레스 힘 $4{,}000\,\text{kN}$이 중앙에서 편심 $e = 400\text{mm}$, 지점에서 편심없이 포물선으로 작용할 때, PS강선에 의한 등분포 상향력$[\text{kN/m}]$과 PSC단순보에 작용하는 순 하향의 등분포 하중$[\text{kN/m}]$ 크기는?

	등분포 상향력	순 하향의 등분포 하중
①	4	16
②	8	12
③	10	10
④	12	8

17

보의 지간이 10m이고, 양쪽 슬래브의 중심간 거리가 2m인 대칭형 T형보에 있어서 유효 플랜지 폭$[\text{mm}]$은? (단, 복부폭 $b_w = 500\text{mm}$, 플랜지 두께 $t = 100\text{mm}$이다)

① 2,000 ② 2,100
③ 2,500 ④ 3,000

18

그림과 같이 보 지간 중앙점에 집중하중 P가 작용하고, 양단에 $10P$의 집중된 압축력이 단면중심에 작용하는 보에 대한 설명으로 옳지 않은 것은?

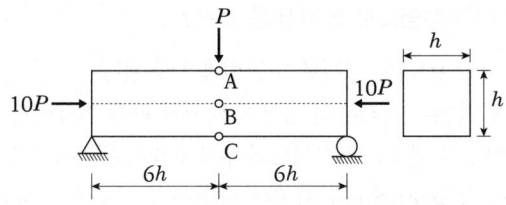

① A, B, C 위치에서 양단의 집중압축력에 의한 압축응력의 크기는 모두 $\dfrac{10P}{h^2}$이다.

② B 위치(중립축 상)에서 단부압축력과 휨으로 인한 압축응력의 크기는 $\dfrac{10P}{h^2}$이다.

③ A 위치에서 단부압축력과 휨으로 인한 압축응력의 크기는 $\dfrac{28P}{h^2}$이다.

④ C 위치에서 단부압축력과 휨으로 인한 인장응력의 크기는 $\dfrac{6P}{h^2}$이다.

19

그림과 같은 T형 보에 정(+)의 휨모멘트가 작용할 때, 강도설계법에 의하여 이 보의 안전성을 검토한 사항으로 옳은 것은? (단, $f_{ck}=21\text{MPa}, f_y=280\text{MPa}$이다)

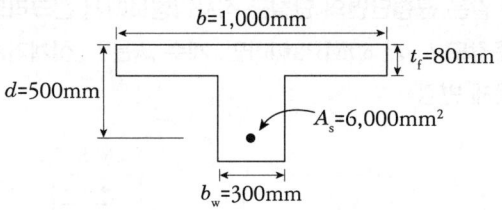

① T형 보로 취급한다.
② b를 폭으로 하는 직사각형 보로 취급한다.
③ b_w를 폭으로 하는 직사각형 보로 취급한다.
④ 중립축 c를 t_f로 보아서 극한 저항 모멘트를 계산한다.

20

직접설계법을 이용하여 슬래브 구조를 설계하려고 할 때 만족하여야 하는 사항이 아닌 것은?

① 슬래브판들은 단변 경간에 대한 장변 경간의 비가 2 이하인 직사각형이어야 한다.
② 모든 하중은 연직하중으로서 슬래브판 전체에 걸쳐 등분포되어야 한다.
③ 각 방향으로 연속한 받침부 중심간 경간 길이의 차이는 긴 경간의 $\dfrac{1}{3}$ 이하이어야 한다.
④ 보가 모든 변에서 슬래브판을 지지할 경우, 직교하는 보의 상대강성이 0.1 이하라야 한다.

01

그림과 같은 균형단면의 단철근 직사각형보에서 콘크리트의 설계 기준강도 f_{ck}가 60MPa이라면, 계수 β_1은? 〈설계기준 변경으로 문제 변경〉

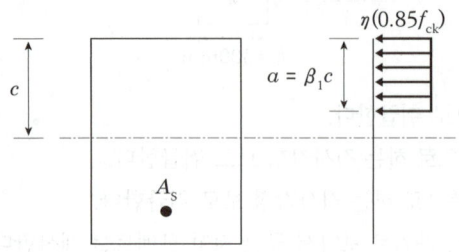

① 0.65
② 0.76
③ 0.8
④ 0.85

02

그림과 같이 긴장재를 포물선으로 배치한 프리스트레스트 콘크리트보를 하중평형의 개념으로 해석할 때, 긴장재를 긴장한 후 양끝을 콘크리트에 정착하면 프리스트레싱에 의한 등분포 상향력[kN/m]은? (단, 유효프리스트레스 힘은 2,000kN이다)

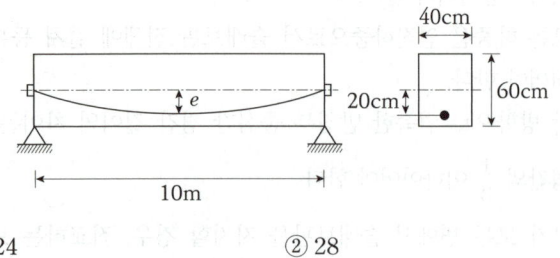

① 24
② 28
③ 32
④ 36

03

PSC에 대한 설명으로 옳지 않은 것은?

① 도관(sheath)은 프리텐션 공법에 사용된다.
② 포스트텐션은 정착부의 정착에 의해 응력을 전달한다.
③ 프리텐션은 철근과 콘크리트의 부착에 의해 응력을 전달한다.
④ 그라우팅(grouting) 시에는 압축공기로 도관을 불어 내는 것이 좋다.

04

그림과 같은 강판(두께 10mm)을 리벳으로 이음할 때 강판의 허용인장력[kN]은? (단, 리벳구멍의 직경은 20mm이고, 강판의 허용인장응력 $f_{ta}=200$MPa이다)

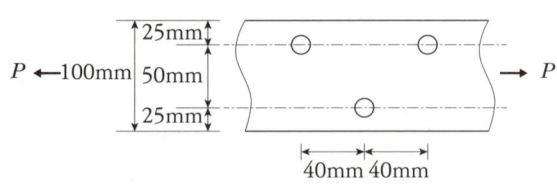

① 96
② 121
③ 136
④ 144

05

그림과 같이 수직하중과 모멘트가 작용하는 철근콘크리트 원형 확대기초에 발생하는 최대 지반반력 $q_{max}[kN/m^2]$는? (단, 여기서 π는 원주율이다)

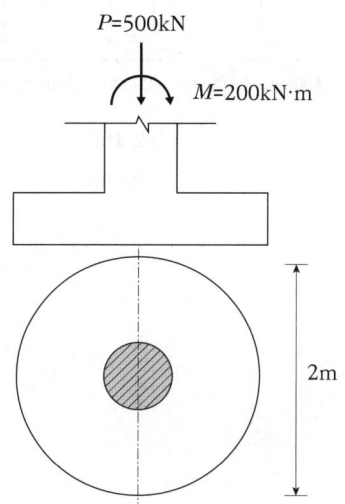

① $\dfrac{1,000}{\pi}$ ② $\dfrac{1,100}{\pi}$

③ $\dfrac{1,200}{\pi}$ ④ $\dfrac{1,300}{\pi}$

06

최소전단철근 및 전단철근을 배근하지 않아도 되는 직사각형 단면의 최소 유효깊이 $d[mm]$는? (단, 소요전단력 $V_u=75kN$, 콘크리트의 설계기준강도 $f_{ck}=36MPa$, 단면의 폭 $b=400mm$이다)

① 450 ② 500
③ 550 ④ 600

07

단철근 직사각형 보(축력이 없는 띠철근 휨부재)에서 콘크리트의 설계기준강도 $f_{ck}=28MPa$, 철근의 항복강도 $f_y=400MPa$, 인장측 철근의 단면적 $A_s=850mm^2$, 등가직사각형의 응력깊이 $a=88mm$, 유효깊이 $d=210mm$이다. KDS 14 20 10 및 KDS 14 20 20에 의거하여 설계휨강도를 계산할 때, 강도감소계수 ϕ는? 〈설계기준 변경으로 문제 변경〉

① 0.717 ② 0.75
③ 0.783 ④ 0.85

08

단순지지된 2방향 슬래브에 등분포하중 w가 작용한다. 경간길이의 비가 1 : 2일 때, 단변방향의 분배하중(w_S)과 장변방향의 분배하중 (w_L)의 비 $\left(\dfrac{w_S}{w_L}\right)$는?

① $\dfrac{1}{8}$ ② $\dfrac{1}{16}$
③ 8 ④ 16

09

강도설계법으로 그림과 같은 복철근 직사각형 단면을 설계할 때, 등가직사각형의 깊이 $a[\text{mm}]$는? (단, 콘크리트의 설계기준강도 $f_{ck}=25\text{MPa}$, 철근의 항복강도 $f_y=400\text{MPa}$이다)

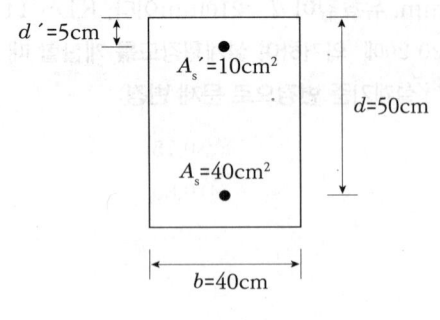

① 127.8
② 141.2
③ 176.5
④ 210.6

10

단면의 폭 $b=40\text{cm}$, 유효깊이 $d=60\text{cm}$, 인장측 철근의 단면적 $A_s=9\text{cm}^2$인 직사각형 보를 강도설계법으로 검토했을 때, 발생할 수 있는 파괴형태에 대한 설명으로 옳은 것은? (단, 균형철근비 $\rho_b=0.0321$, 최소철근비 $\rho_{\min}=0.0047$, 최대철근비 $\rho_{\max}=0.0206$이다)

① 압축측 콘크리트와 인장측 철근이 동시에 항복한다.
② 부재는 연성파괴 형태로 파괴된다.
③ 압축측 콘크리트가 먼저 파괴된다.
④ 무근콘크리트의 파괴와 유사한 거동을 나타낼 수 있다.

11

경간 $L=12\text{m}$인 교량의 단면이 그림과 같은 경우, 대칭 T형보의 플랜지 유효폭[mm]은?

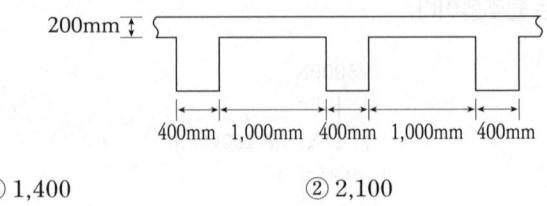

① 1,400
② 2,100
③ 3,000
④ 3,600

12

RC 기둥에 대한 설명으로 옳지 않은 것은?

① 기둥의 횡방향 철근에는 나선철근과 띠철근이 있다.
② 기둥의 세장비가 클수록 지진시 전단파괴가 발생하기 쉽다.
③ 기둥의 좌굴하중은 경계조건의 영향을 받는다.
④ 축방향철근의 순간격은 축방향철근 지름의 1.5배 이상이어야 한다.

13

강도설계법에서 적용하는 기본 가정에 해당되지 않는 것은?
(단, $f_{ck} \leq 40\text{MPa}$) 〈설계기준 변경으로 문제 변경〉

① 철근과 콘크리트의 변형률은 중립축에서부터의 거리에 비례한다.
② 압축측 콘크리트의 극한변형률은 0.0033으로 가정한다.
③ 휨설계에서 콘크리트의 인장측 면적은 무시한다.
④ 철근과 콘크리트는 모두 훅크(Hooke)의 법칙을 따른다.

14

폭 $b=40\text{cm}$, 전체높이 $h=60\text{cm}$, 유효깊이 $d=55\text{cm}$인 단철근 직사각형 단면의 공칭모멘트[kN·m]는? (단, 콘크리트의 설계기준강도 $f_{ck}=30\text{MPa}$, 철근의 항복강도 $f_y=300\text{MPa}$, 인장측 철근의 단면적 $A_s=34\text{cm}^2$이고, 철근비(ρ)는 $\rho_{min} \leq \rho \leq \rho_{max}$를 만족한다)

① 510
② 561
③ 610
④ 661

15

옹벽에 대한 설명으로 옳지 않은 것은?

① 옹벽은 상재하중, 뒤채움 흙의 중량, 옹벽의 자중 및 옹벽에 작용하는 토압, 경우에 따라서는 수압에 견디도록 설계되어야 한다.
② 뒷부벽은 직사각형보로 설계하여야 하며, 앞부벽은 T형보로 설계하여야 한다.
③ 부벽식 옹벽의 전면벽은 3변 지지된 2방향 슬래브로 설계할 수 있다.
④ 저판과 전면벽의 접합부를 고정단으로 간주하여, 각각을 캔틸레버로 보고 설계한다.

16

프리스트레싱 긴장재를 긴장한 PSC부재에서 건조수축으로 인한 프리스트레스 손실량[MPa]은? (단, 긴장재는 KDS(2021)의 표준탄성계수를 적용하고, 발생된 건조수축 변형률 $\varepsilon_{sh}=4 \times 10^{-5}$이다)

① 8
② 16
③ 32
④ 64

17

그림과 같은 트러스 형태(활절 연결 구조)의 띠철근 콘크리트 기둥이 있다. 기둥은 좌굴의 영향이 없는 단주이며, 기둥단면이 그림 오른쪽과 같을 때 구조물이 지지할 수 있는 극한하중 $P[\text{kN}]$는? (단, 기둥의 자중은 무시하고, 축방향 철근의 단면적 $A_s=100\text{cm}^2$, 콘크리트의 설계기준강도 $f_{ck}=20\text{MPa}$, 철근의 항복강도 $f_y=400\text{MPa}$이다)

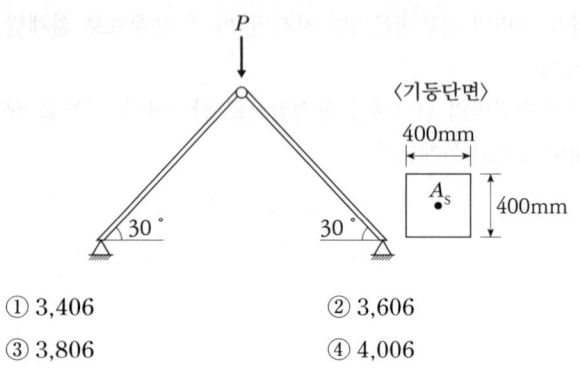

① 3,406
② 3,606
③ 3,806
④ 4,006

18

그림에서 폭 $b=300\text{mm}$, 유효깊이 $d=400\text{mm}$, 전체높이 $h=450\text{mm}$인 직사각형 단면의 캔틸레버보가 최소전단철근 및 전단철근 없이 계수하중 $w_u=10\text{kN/m}$를 지지할 수 있는 최대 길이 $L[\text{mm}]$은? (단, 휨에 대한 고려는 하지 않으며, 콘크리트의 설계기준강도 $f_{ck}=25\text{MPa}$이다)

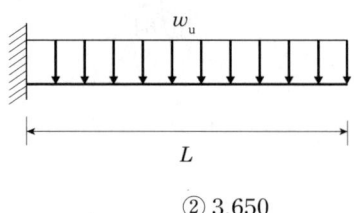

① 3,400
② 3,650
③ 3,900
④ 4,150

19

단순보의 지간이 9m이고 단면의 형상이 그림과 같은 경우, 부재축과 수직인 U형 전단철근의 최대 간격 $s[\text{mm}]$는? (단, 콘크리트의 설계기준강도 $f_{ck}=25\text{MPa}$, 철근의 항복강도 $f_y=400\text{MPa}$, 설계등분포하중 $w_u=50\text{kN/m}$, 사용 전단철근 1본의 단면적 $A_s=100\text{mm}^2$이다)

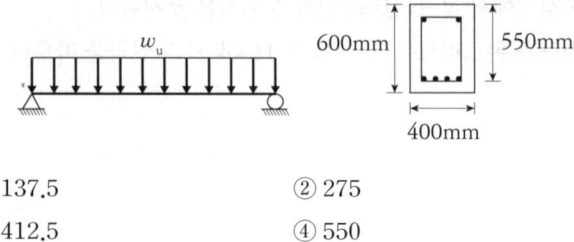

① 137.5
② 275
③ 412.5
④ 550

20

그림에서 4개의 볼트(직경 20mm)에 가할 수 있는 허용인장력 $P[\text{kN}]$는? (단, 볼트의 허용전단응력 $v_{sa}=100\text{MPa}$, 볼트의 허용지압응력 $f_{ba}=200\text{MPa}$, π는 원주율이다)

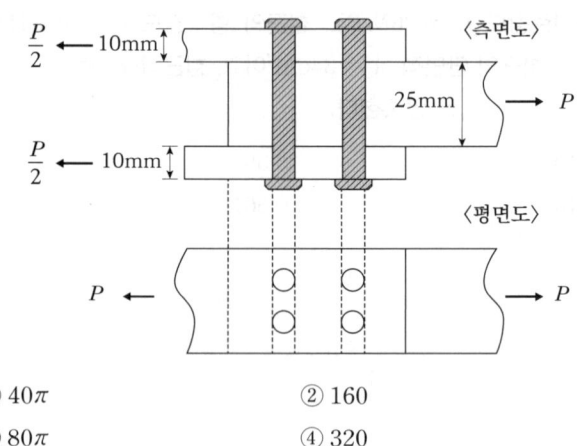

① 40π
② 160
③ 80π
④ 320

01

다음 괄호 안에 들어갈 단어로서 옳지 않은 것은?

> 강도설계법은 계수하중 및 단면의 (㉠)강도를 토대로 하여 구조부재의 단면 크기를 결정하는 설계법으로, 계수하중은 작용하중에 (㉡)를 곱하여 구하고, 단면의 (㉠)강도는 콘크리트의 균열발생 후 철근의 (㉢)이 일어나는 조건하에서 구한다. 강도설계법에서 우선시 하는 것은 (㉣)이다.

① ㉠: 허용
② ㉡: 하중계수
③ ㉢: 항복
④ ㉣: 안전성

02

철근콘크리트 보의 전단설계에 대한 설명으로 옳지 않은 것은? (단, V_s는 전단철근에 의한 공칭전단강도, V_c는 콘크리트에 의한 공칭전단강도, V_u는 계수 전단력, ϕ는 강도감소계수, d는 유효깊이이다) 〈설계기준 변경으로 문제 변경〉

① $\phi V_c \leq V_u$인 경우에는 전단철근을 보강할 필요가 없다.
② $V_s \leq \frac{1}{3}\sqrt{f_{ck}} b_w d$인 경우에 수직스터럽의 간격은 $d/2$ 이하, 600mm 이하라야 한다.
③ $V_s > 0.2 f_{ck}\left(1 - \frac{f_{ck}}{250}\right) b_w d$인 경우에는 콘크리트 단면의 크기를 변경해야 한다.
④ 전단철근은 시공 상의 이유로 경사스터럽보다는 수직스터럽의 사용이 보편적이다.

03

다음 내용에 해당되는 교량의 가설공법은?

> ○ 상부구조물을 교대 또는 제1교각의 후방에 설치한 주형제작장에서 일정한 길이의 세그먼트씩 제작
> ○ 경간을 통과할 수 있는 평형 압축력을 포스트텐션 방식에 의하여 세그먼트에 도입시켜 미리 제작된 주형과 일체화
> ○ 압출장치에 의해 주형을 교축방향으로 밀어내어 가설

① FCM
② PSM
③ ILM
④ MSS

04

압축부재의 철근에 대한 설명으로 옳지 않은 것은?

① 비합성 압축부재의 축방향 주철근의 철근량은 전체 단면적의 1% 이상, 10% 이하이어야 한다.
② 압축부재의 축방향 주철근은 사각형 띠철근으로 둘러싸인 경우 4개 이상으로 배근하여야 한다.
③ 압축부재의 축방향 주철근은 나선철근으로 둘러싸인 경우 6개 이상으로 배근하여야 한다.
④ 횡철근으로 사용되는 나선철근의 정착은 나선철근의 끝에서 추가로 1.5회전만큼 더 확보하여야 한다.

05

강도설계법에서 플랜지가 휨압축응력을 받는 T형보의 휨설계 시 $a \leq t$인 경우 직사각형보로 해석하는 가장 타당한 이유는? (단, a는 등가 압축응력깊이, t는 플랜지두께이다)

① 복부의 폭이 플랜지의 유효폭보다 작기 때문
② 직사각형보로 설계해야 더 안전하기 때문
③ 콘크리트의 인장응력을 고려하기 위해서
④ 플랜지유효폭 $\times a$의 면적 이외에는 압축응력이 작용하지 않는다는 가정 때문

06

보통콘크리트의 설계기준강도가 $f_{ck} = 23\text{MPa}$일 때, 유효숫자 2자리로 계산한 철근과 콘크리트의 탄성계수비는? (단, 콘크리트의 단위질량 $m_c = 2,300\text{kg/m}^3$, 철근의 탄성계수 $E_s = 2.0 \times 10^5 \text{MPa}$이며, KDS 14 20 10 : 2021을 적용한다)
〈설계기준 변경으로 문제 변경〉

① 7.8
② 8.0
③ 8.3
④ 8.8

07

철근콘크리트 기초판의 설계에 대한 설명으로 옳지 않은 것은?

① 독립확대기초의 휨모멘트는 기초판을 자른 수직면에서 그 수직면의 한쪽 전체 면적에 작용하는 힘에 대해 계산하여야 한다.
② 콘크리트 기둥, 받침대 또는 벽체를 지지하는 기초판의 최대 계수휨모멘트를 계산할 때 위험단면은 기둥, 받침대 또는 벽체의 외면으로 한다.
③ 2방향 직사각형 기초판에서 철근은 장변 및 단변 방향으로 전체 폭에 균등하게 배치하여야 한다.
④ 말뚝기초의 기초판 설계에서 말뚝의 반력은 각 말뚝의 중심에 집중된다고 가정하여 휨모멘트와 전단력을 계산할 수 있다.

08

직사각형 단면($400\text{mm} \times 300\text{mm}$)을 갖는 길이 6m의 기둥을 설계하려고 할 때 사용되는 유효세장비(λ)는? (단, 기둥은 양단이 힌지로 지지되어 있고, 회전반지름은 공식으로 계산한다)

① $30\sqrt{3}$
② $40\sqrt{3}$
③ $60\sqrt{3}$
④ $80\sqrt{3}$

09

다음과 같이 복철근 단면을 갖는 부재에서 지속하중에 의한 탄성처짐이 15mm 발생하였다면 10년 후 이 지속하중에 의한 추가 장기처짐을 고려한 총 처짐[mm]은? (단, 압축철근량 $A_s' = 1,200\text{mm}^2$이다)

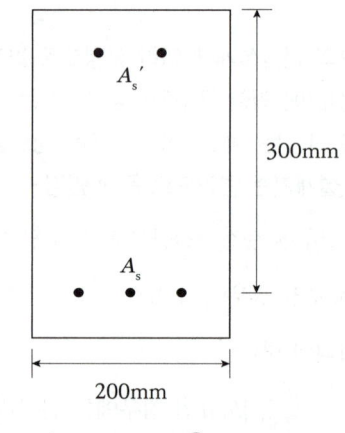

① 15
② 30
③ 45
④ 60

10

하중저항계수설계법에 의하여 그림과 같은 필릿용접부의 설계강도[kN]는? (단, 인장강도 F_u=250MPa, 허용전단응력 F_v=80MPa이다) 〈설계기준 변경으로 문제 변경〉

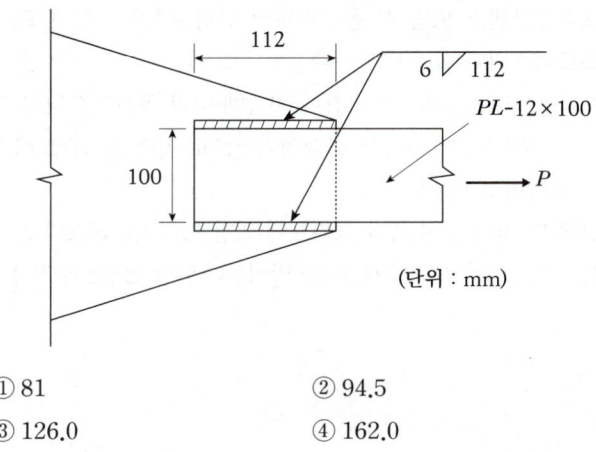

① 81
② 94.5
③ 126.0
④ 162.0

11

KDS 24 17 11 : 2022에 제시된 교량 내진 설계의 기본개념에 부합하지 않는 것은? 〈설계기준 변경으로 문제 변경〉

① 지진 시 인명피해를 최소화한다.
② 지진 시 교량의 기본 기능은 가능한 한 발휘할 수 있게 한다.
③ 지진 시 교량의 전체적인 붕괴뿐만 아니라 부재들의 부분적인 피해도 방지한다.
④ 창의력을 발휘하여 보다 발전된 설계를 할 경우에는 이를 인정한다.

12

철근의 이음에 대한 설명으로 옳지 않은 것은?

① 배치된 철근량이 이음부 전체 구간에서 해석결과 요구되는 소요철근량의 2배 이상이고 소요 겹침이음길이 내 겹침이음된 철근량이 전체 철근량의 $\frac{1}{2}$ 이하인 경우가 A급 이음이다.
② 철근의 이음은 설계도에서 요구하거나 설계기준에서 허용하는 경우, 또는 책임기술자의 승인 하에서만 할 수 있다.
③ D35를 초과하는 철근끼리는 겹침이음을 할 수 있다.
④ 3개의 철근으로 구성된 다발철근의 겹침이음 길이는 다발 내의 개개 철근에 대하여 다발철근이 아닌 경우의 각 철근의 겹침이음 길이보다 20% 증가시킨다.

13

용접과 볼트의 병용에 대한 설명으로 옳지 않은 것은? (단, KDS 14 31 25에 따른다) 〈설계기준 변경으로 문제 변경〉

① 마찰볼트접합으로 이미 시공된 구조물을 개축할 경우 고장력볼트는 이미 시공된 하중을 받는 것으로 가정하고 병용되는 용접은 추가된 소요강도를 받는 것으로 용접설계를 병용할 수 있다.
② 전단접합 시 표준구멍과 하중방향에 직각인 단슬롯의 경우 볼트접합과 하중방향에 평행한 필릿용접이 하중을 각각 분담할 수 있다. 이때 볼트의 설계강도는 지압볼트접합 설계강도의 50%를 넘지 않도록 한다.
③ 볼트접합은 용접과 조합해서 하중을 부담시킬 수 없다. 이러한 경우 용접이 전체하중을 부담하는 것으로 한다.
④ 전단접합에는 용접과 볼트의 병용이 허용되지 않는다.

14

프리스트레스트 콘크리트 구조물(A)과 철근콘크리트 구조물(B)에 대한 설명으로 옳지 않은 것은?

① A는 균열이 발생하지 않도록 설계하는 경우도 있기 때문에 내구성 및 수밀성이 B에 비하여 좋다.
② A의 부재는 솟음 때문에 고정하중에 의한 처짐이 B의 부재에 비하여 작게 발생한다.
③ A는 B에 비하여 강성이 크므로 변형이 작고, 진동이 적게 발생한다.
④ 고강도 강재는 고온에 노출되면 갑자기 강도가 감소하므로 A는 B에 비하여 내화성에 있어서는 불리하다.

15

철근의 피복두께에 대한 설명으로 옳은 것은?

① 띠철근 기둥에서 피복두께는 띠철근 표면으로부터 콘크리트 표면까지의 최단거리이다.
② 수직스터럽이 있는 보에서 피복두께는 스터럽 철근의 중심으로부터 콘크리트 표면까지의 최단거리이다.
③ 나선철근 기둥에서 피복두께는 축방향 철근의 중심으로부터 콘크리트 표면까지의 최단거리이다.
④ 수직스터럽이 있는 보에서 피복두께는 주철근의 표면으로부터 콘크리트 표면까지의 최단거리이다.

16

프리스트레스의 손실에 대한 설명으로 옳지 않은 것은?

① 포스트텐션 방식에서는 긴장재와 쉬스 사이의 마찰에 의한 손실을 고려하고 있다.
② 프리스트레스 도입 시 콘크리트의 탄성수축으로 인해 프리스트레스의 손실이 발생된다.
③ 프리스트레스 도입 후 시간이 지남에 따라 콘크리트의 건조수축, 크리프, PS강재의 릴렉세이션으로 인해 프리스트레스의 손실이 발생된다.
④ 콘크리트의 건조수축과 크리프에 의한 프리스트레스의 손실은 포스트텐션 방식이 프리텐션 방식보다 일반적으로 더 크다.

17

슬래브의 설계방법에 대한 설명으로 옳지 않은 것은?

① 2방향 슬래브는 직접설계법 또는 등가골조법에 의해 설계할 수 있다.
② 4변에 의해 지지되는 2방향 슬래브 중에서 단변에 대한 장변의 비가 2배를 넘으면 1방향 슬래브로 해석한다.
③ 1방향 슬래브는 슬래브의 지간방향으로 주철근을 배치한다.
④ 1방향 슬래브의 부모멘트 철근에는 직각방향으로 수축·온도 철근을 배치할 필요가 없다.

18

경간이 12m, 양쪽의 슬래브 중심간의 거리가 3.1m, 복부 폭이 440mm인 대칭 T형보를 설계하려고 한다. 경간에 의하여 플랜지 유효폭을 결정할 수 있는 슬래브의 최소 두께[mm]는?

① 150　　　　　　　② 160
③ 170　　　　　　　④ 180

19

공칭 휨강도 $M_n = 85$kN·m 이상인 철근콘크리트 단철근 직사각형보를 강도설계법으로 설계하려고 한다. 콘크리트의 설계기준강도는 20MPa, 철근의 항복강도는 400MPa인 경우, 필요한 단면의 최소 폭[mm]은? (단, 철근량은 850mm², 유효깊이는 275mm이다)

① 200　　　　　　　② 300
③ 400　　　　　　　④ 500

20

다음과 같은 콘크리트 옹벽이 활동에 대하여 안정하기 위한 B의 최솟값[m]은? (단, 콘크리트 단위중량은 24kN/m³, 흙의 단위중량은 20kN/m³, 토압계수는 0.3, 옹벽저면과 흙의 마찰계수는 0.5이다)

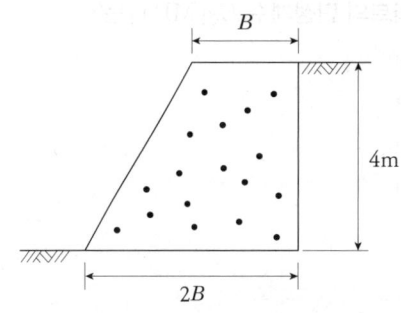

① 0.67　　　　　　　② 1.00
③ 1.34　　　　　　　④ 2.00

2013 지방직

01

보통골재를 사용한 콘크리트의 설계기준 강도가 $f_{ck}=23\text{MPa}$일 때, 콘크리트의 탄성계수 $E_c[\text{MPa}]$는?

① 2.35×10^4
② 2.45×10^4
③ 2.55×10^4
④ 2.65×10^4

02

콘크리트가 압축을 받아 발생한 탄성응력이 $f_c=9\text{MPa}$일 때, 장기하중으로 인한 크리프 변형률 ε_{cr}은? (단, 콘크리트 탄성계수 $E_c=30,000\text{MPa}$, 크리프 계수 $C_u=2$이다)

① 0.0003
② 0.0004
③ 0.0005
④ 0.0006

03

강도설계법에서 콘크리트 응력블록의 깊이는 $a=\beta_1 c$로 정의된다. 콘크리트 설계기준강도가 $f_{ck}=50\text{MPa}$일 때, β_1은? (단, c는 콘크리트 압축부 상단으로부터 중립축까지 거리이다) 〈설계기준 변경으로 문제 변경〉

① 0.65
② 0.76
③ 0.8
④ 0.85

04

다음 그림과 같은 단철근 직사각형보가 최대철근비를 만족하는 철근량 $A_{s,\max}[\text{mm}^2]$는? (단, 콘크리트 설계기준강도 $f_{ck}=21\text{MPa}$, 철근의 항복강도 $f_y=300\text{MPa}$이다) 〈설계기준 변경으로 문제 변경〉

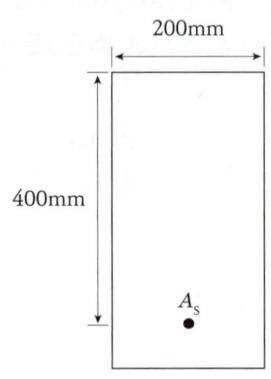

① 1,517
② 1,720
③ 2,023
④ 2,601

05

다음 그림과 같은 복철근 직사각형보에서 인장철근량 A_s =2,000mm², 압축철근량 A_s'=900mm²일 때, 인장철근비 ρ^d 는 $\rho_{min}^d \leq \rho^d \leq \rho_{max}^d$ 를 만족한다면 압축측의 총압축력 c [kN]는? (단, 콘크리트 설계기준강도 f_{ck}=20MPa, 철근의 항복강도 f_y=300MPa, ρ_{min}^d는 복철근보의 최소철근비, ρ_{max}^d는 복철근보의 최대철근비이다)

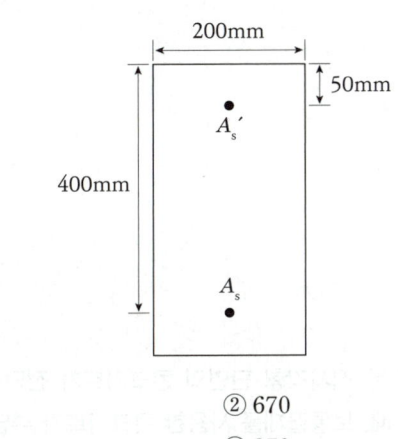

① 600　　② 670
③ 750　　④ 870

06

다음 그림과 같이 원형단면을 갖는 캔틸레버 기둥의 지름이 d=80mm일 때, 유효좌굴계수 k를 고려한 유효세장비 λ_e는?

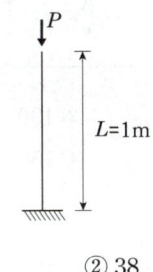

① 25　　② 38
③ 50　　④ 100

07

다음 그림과 같은 띠철근 기둥의 설계중심축하중 P_d[kN]는? (단, 단주이며 압축철근의 총단면적 A_{st}=25,000mm², 콘크리트 설계기준강도 f_{ck}=20MPa, 철근의 항복강도 f_y=400MPa 이다)

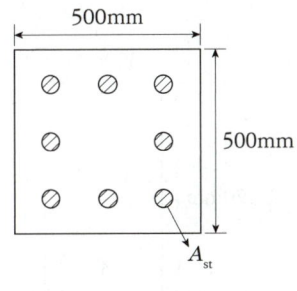

① 7,189　　② 7,638
③ 7,742　　④ 8,813

08

다음 그림과 같은 정방형 독립확대기초 저면에 작용하는 지압력이 q_u=100kN/m²일 때, 위험단면에서의 소요휨모멘트 M_u[kN·m]는?

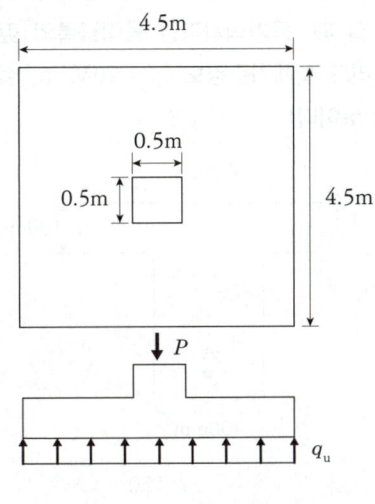

① 200　　② 450
③ 900　　④ 1,800

09

다음 그림과 같은 단철근 직사각형보에서 인장철근의 단면적이 $A_s = 2,992\text{mm}^2$일 때, 휨 설계를 위한 강도감소계수 ϕ는? (단, 콘크리트 설계기준강도 $f_{ck}=20\text{MPa}$, 철근의 항복강도 $f_y=300\text{MPa}$, 철근의 탄성계수 $E_s=200,000\text{MPa}$이다) 〈설계기준 변경으로 문제 변경〉

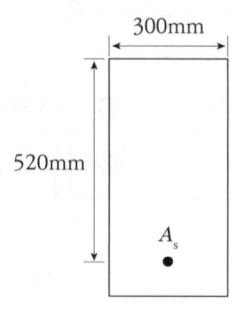

① 0.783 ② 0.821
③ 0.845 ④ 0.850

10

다음 그림과 같은 T형보에서 인장철근의 단면적이 $A_s=4,250\text{mm}^2$일 때, 등가직사각형 응력블록의 깊이 $a[\text{mm}]$는? (단, 콘크리트 설계기준강도 $f_{ck}=20\text{MPa}$, 철근의 항복강도 $f_y=400\text{MPa}$이다)

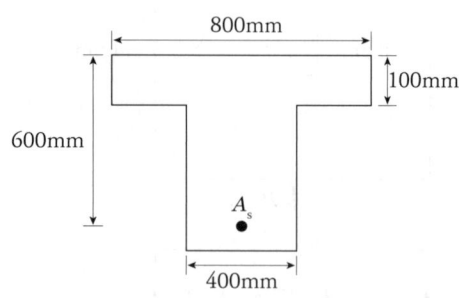

① 100 ② 150
③ 200 ④ 250

11

강도설계법에서 이형철근을 보통골재 콘크리트에 정착시키는 경우, 인장을 받는 직선 철근의 기본정착길이 $l_{db}[\text{mm}]$는? (단, 철근의 직경 $d_b=10\text{mm}$, 콘크리트 설계기준강도 $f_{ck}=25\text{MPa}$, 철근의 항복강도 $f_y=300\text{MPa}$이다)

① 150 ② 210
③ 360 ④ 800

12

다음 그림과 같은 직사각형 단면의 콘크리트가 전단력과 휨모멘트만을 받을 때, 보통골재를 사용한 콘크리트가 부담할 수 있는 공칭전단강도 $V_c[\text{kN}]$는? (단, 콘크리트 설계기준강도 $f_{ck}=25\text{MPa}$이다)

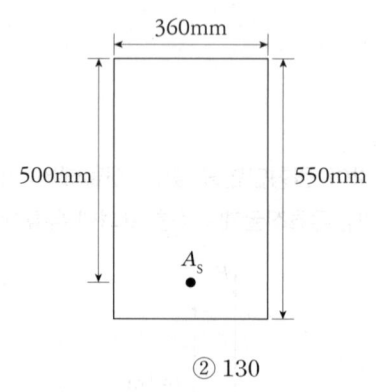

① 120 ② 130
③ 140 ④ 150

13

단순지지된 경계조건 하에서 장변 $L=4m$, 단변 $S=2m$인 슬래브 중앙에 집중하중 P가 수직으로 36kN 작용할 때, 장변이 부담하는 하중 $P_L[kN]$은?

① 4
② 8
③ 16
④ 32

14

폭이 400mm, 높이가 600mm인 직사각형보의 도심에 PS강재가 배치되어 있고, 프리텐션 방식으로 초기에 $P_i=1,000kN$의 프리스트레싱을 가하였다. 단순지지된 콘크리트보 지간 중앙의 하단에 응력이 생기지 않는다면, 이때 외부하중에 의한 지간 중앙의 휨모멘트 $M[kN \cdot m]$은?

① 24
② 30
③ 50
④ 100

15

다음 그림과 같이 단위 폭을 갖는 옹벽을 설계할 때, 옹벽의 최대 지반반력 $q_{max}[kN/m^2]$는?

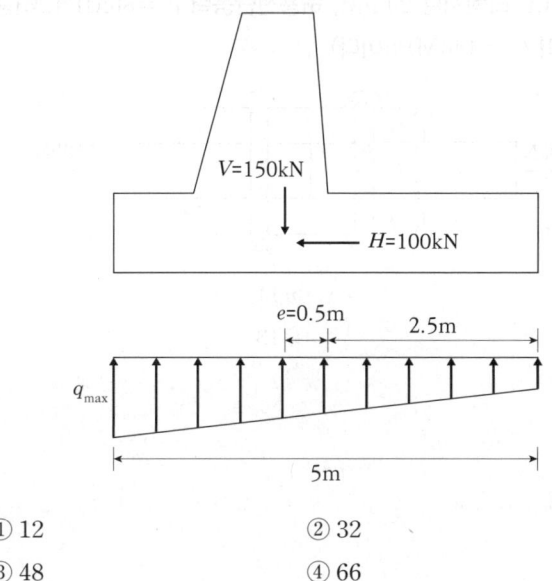

① 12
② 32
③ 48
④ 66

16

다음 그림과 같이 필렛용접을 하였을 때, 이 연결구조가 지지할 수 있는 최대허용하중 $P_{max}[kN]$는? (단, 허용인장응력 $f_{ta}=140MPa$, 허용전단응력 $v_a=80MPa$이며 현장용접에 따른 강도저감은 없다)

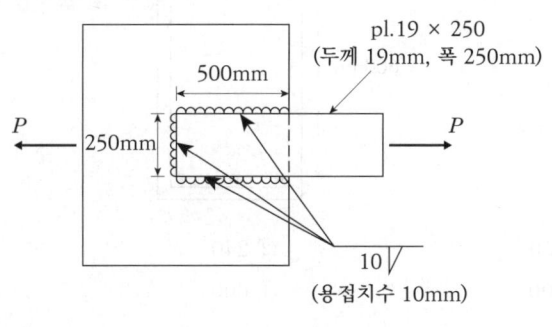

① 660
② 665
③ 700
④ 707

17

다음 그림과 같이 강판을 리벳(rivet)으로 이음할 경우, 필요한 리벳의 개수 n은? (단, 판 두께 $t_1=8\text{mm}$, $t_2=18\text{mm}$, $t_3=8\text{mm}$, 리벳지름 20mm, 허용전단응력 $v_a=80\text{MPa}$, 허용지압응력 $f_{ba}=140\text{MPa}$이다)

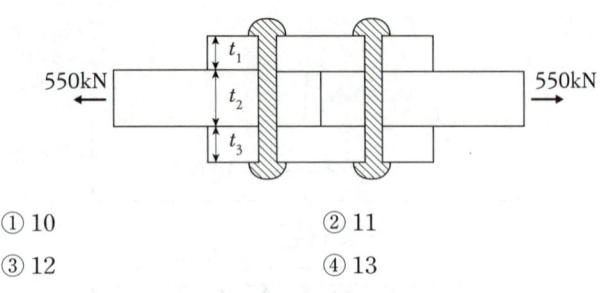

① 10　　　　　② 11
③ 12　　　　　④ 13

18

다음 그림과 같이 수직 전단철근 면적이 $A_v=300\text{mm}^2(=2\times 150\text{mm}^2)$이고 전단철근이 부담해야 할 공칭전단력이 $V_s=300\text{kN}$일 때, 전단철근규정을 만족하는 최대간격 $s_{\max}[\text{mm}]$는? (단, 보통골재 콘크리트를 적용한 콘크리트 설계기준강도 $f_{ck}=25\text{MPa}$, 철근의 항복강도 $f_y=400\text{MPa}$이다)

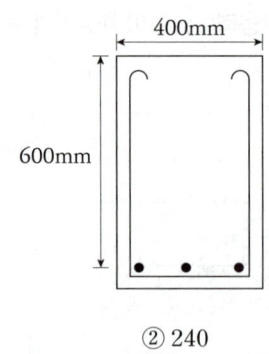

① 150　　　　② 240
③ 300　　　　④ 600

19

다음 그림과 같이 긴장재를 포물선으로 배치한 PSC보에 자중을 포함한 등분포하중 w가 작용하는 경우, 지간 중앙의 단면에서 상연응력 f_c^T와 하연응력 f_c^B의 합 $f_c^T+f_c^B[\text{MPa}]$는? (단, 프리스트레스트힘 $P=4,500\text{kN}$, 경간중앙에서 긴장재의 편심 $e=0.2\text{m}$이다)

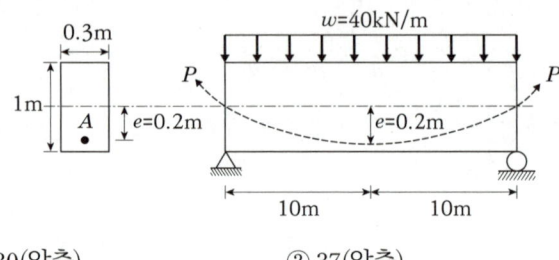

① 30(압축)　　② 37(압축)
③ 40(압축)　　④ 44(압축)

20

프리텐션방식 PSC부재에서 직사각형 콘크리트 단면이 500mm×500mm이고 긴장재는 단면의 도심에 배치되어 있다. 초기긴장력 $P_i=2,500\text{kN}$이 도입되면 5년 뒤 탄성, 크리프 및 건조수축에 의한 총손실 $\Delta f_p[\text{MPa}]$는? (단, 프리스트레싱 강재의 탄성계수 $E_{ps}=200,000\text{MPa}$, 콘크리트의 탄성계수 $E_c=40,000\text{MPa}$, 콘크리트의 크리프 계수 $C_u=2.0$, 건조수축 변형률 $\varepsilon_{sh}=500\times 10^{-6}$이다)

① 120　　　　② 170
③ 200　　　　④ 300

01

강재와 콘크리트 재료를 비교하였을 때, 강재의 특성에 대한 설명으로 옳지 않은 것은?

① 단위체적당 강도가 크다.
② 재료의 균질성이 뛰어나다.
③ 연성이 크고 소성변형능력이 우수하다.
④ 내식성에는 약하지만 내화성에는 강하다.

02

프리스트레스트 콘크리트 부재의 설계 원칙으로 옳지 않은 것은? (단, KDS 14 20 60 : 2021을 적용한다)

① 프리스트레스를 도입할 때부터 구조물의 수명기간 동안에 모든 재하단계의 강도 및 사용조건에 따른 거동에 근거하여야 한다.
② 프리스트레스에 의해 발생되는 부재의 탄·소성변형, 처짐, 길이변화 및 회전 등에 의해 인접한 구조물에 미치는 영향을 고려하여야 하며, 이때 온도와 건조수축의 영향도 고려하여야 한다.
③ 긴장재가 부착되기 전의 단면 특성을 계산할 경우 덕트로 인한 단면적의 손실을 고려하여야 한다.
④ 덕트의 치수가 과대하여 긴장재와 덕트가 부분적으로 접촉하는 경우, 접촉하는 위치 사이에 있어서 부재 좌굴과 얇은 복부 및 플랜지의 좌굴 가능성에 대한 검토는 생략할 수 있다.

03

다음 설명에 모두 해당하는 PSC 교량의 가설공법은?

○ 동바리가 필요하지 않아 깊은 계곡, 유량이 많은 하천, 선박이 항해하는 해상 등에 유용하게 사용되는 가설공법
○ 교각에서 양측의 교축방향을 향하여 한 블록씩 콘크리트를 타설 또는 프리캐스트 콘크리트 블록을 순차적으로 연결하는 가설공법
○ 각 시공 구분마다 오차의 수정이 가능한 가설공법

① PWS(Prefabricated Parallel Wire Strand) 공법
② FCM(Free Cantilever Method) 공법
③ FSM(Full Staging Method) 공법
④ ILM(Incremental Launching Method) 공법

04

큰 처짐에 의해 손상되기 쉬운 칸막이벽이나 기타 구조물을 지지 또는 부착하지 않은 경간 길이 5m인 단순지지 1방향 슬래브에서 처짐을 계산하지 않는 경우, 슬래브의 최소두께[mm]는? (단, 부재는 보통중량콘크리트와 설계기준항복강도 400MPa 철근을 사용한 리브가 없는 1방향 슬래브이고, KDS 14 20 30 : 2021을 적용한다)

① 250mm
② 300mm
③ 350mm
④ 400mm

05

H형강을 사용하여 길이가 5m인 기둥을 설계할 때 세장비(λ)는? (단, 기둥은 양단이 힌지로 지지되고, H형강 강축의 단면2차모멘트 $I_{xx}=20,000\text{cm}^4$, 약축의 단면2차모멘트 $I_{yy}=8,100\text{cm}^4$이며, 면적 $A=100\text{cm}^2$이다)

① 45.5 ② 55.6
③ 66.7 ④ 81.0

06

철근의 정착에 대한 설명으로 옳은 것은? (단, d_b=철근의 공칭 지름이다)

① 인장 또는 압축을 받는 하나의 다발철근 내에 있는 개개 철근의 정착길이 l_d는 다발철근이 아닌 경우의 각 철근의 정착길이와 같게 하여야 한다.
② 압축 이형철근의 정착길이 l_d는 적용 가능한 모든 보정계수를 곱하여 구하여야 하며, 항상 300mm 이상이어야 한다.
③ 단부에 표준갈고리가 있는 인장 이형철근의 정착길이 l_{dh}는 항상 $8d_b$ 이상, 또한 150mm 이상이어야 한다.
④ 휨철근은 휨모멘트를 저항하는 데 더 이상 철근을 요구하지 않는 점에서 부재의 유효깊이 d 또는 $6d_b$ 중 큰 값 이상으로 더 연장하여야 한다. (단, 단순경간의 받침부와 캔틸레버의 자유단에서는 적용하지 않는다)

07

그림과 같은 옹벽의 안정검토를 위해 적용되는 수식으로 옳지 않은 것은? (단, W_1=저판 위의 토압수직분력, W_2=옹벽자체중량, P_h=수평토압의 합력, $\sum W$=연직력 합, $\sum H$=수평력 합, R=연직력과 수평력의 합력, e=편심거리, d=0점에서 합력작용점까지 거리, f=기초지반과 옹벽기초 사이의 마찰계수, $\sum M_r$=저항모멘트, $\sum M_0$=전도모멘트, B=옹벽저판의 폭, q_a=지반의 허용지지력이며, 옹벽저판과 기초지반 사이의 부착은 무시한다)

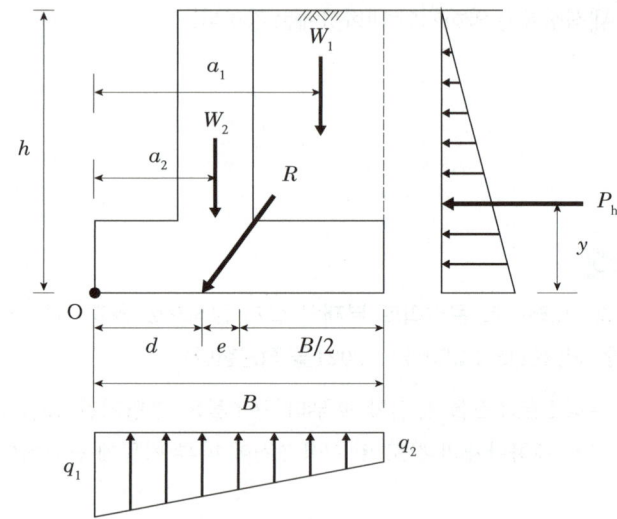

① $\sum W = W_1+W_2$, $\sum H = P_h$,
   $\sum M_r = W_1 a_1 + W_2 a_2$, $\sum M_0 = P_h y$
② 전도안전율 = $\dfrac{\sum M_0}{\sum M_r} \geq 2.0$,
   활동안전율 = $\dfrac{\sum H}{f(\sum W)} \geq 1.5$
③ 편심거리 $e = \dfrac{B}{2} - d = \dfrac{B}{2} - \dfrac{\sum M_r - \sum M_0}{\sum W}$
④ $q_{1,2} = \dfrac{\sum W}{B}\left(1 \pm \dfrac{6e}{B}\right) \leq q_a$ (단, $e \leq \dfrac{B}{6}$)

08

설계기준압축강도 f_{ck}가 30MPa이며, 현장에서 배합강도 결정을 위한 연속된 시험횟수가 20회인 콘크리트의 배합강도 f_{cr}을 결정하는 수식은? (단, s는 시험횟수에 따른 보정계수 적용 이전의 압축강도 표준편차이다)

① 두 값 중 큰 값 $\begin{cases} f_{cr} = f_{ck} + 1.34(1.00 \times s) \\ f_{cr} = (f_{ck} - 3.5) + 2.33(1.00 \times s) \end{cases}$

② 두 값 중 큰 값 $\begin{cases} f_{cr} = f_{ck} + 1.34(1.00 \times s) \\ f_{cr} = 0.9 f_{ck} + 2.33(1.16 \times s) \end{cases}$

③ 두 값 중 큰 값 $\begin{cases} f_{cr} = f_{ck} + 1.34(1.08 \times s) \\ f_{cr} = (f_{ck} - 3.5) + 2.33(1.08 \times s) \end{cases}$

④ 두 값 중 큰 값 $\begin{cases} f_{cr} = f_{ck} + 1.34(1.00 \times s) \\ f_{cr} = 0.9 f_{ck} + 2.33(1.08 \times s) \end{cases}$

09

휨부재 설계에 대한 설명으로 옳지 않은 것은? (단, KDS 14 20 20 : 2021을 적용하며, $f_{ck} \leq 40$MPa) 〈설계기준 변경으로 문제 변경〉

① 휨부재의 최소 허용변형률은 철근의 항복강도가 400MPa 이하인 경우 0.002로 하고, 철근의 항복강도가 400MPa을 초과하는 경우 철근 항복변형률의 1.5배로 한다.
② 압축연단 콘크리트가 가정된 극한변형률인 0.0033에 도달할 때 최외단 인장철근의 순인장변형률 ε_t가 0.005의 인장지배 변형률 한계 이상인 단면을 인장지배단면이라고 한다.
③ 휨부재 설계 시 보의 횡지지 간격은 압축 플랜지 또는 압축면의 최소 폭의 50배를 초과하지 않도록 하여야 한다.
④ 휨부재의 강도를 증가시키기 위하여 추가 인장철근과 이에 대응하는 압축철근을 사용할 수 있다.

10

비틀림철근의 상세에 대한 설명으로 옳지 않은 것은? (단, KDS 14 20 22 : 2021을 적용한다)

① 종방향 비틀림철근은 양단에 정착하여야 한다.
② 횡방향 비틀림철근은 종방향 철근 주위로 90° 표준갈고리에 의하여 정착하여야 한다.
③ 비틀림철근은 종방향 철근 또는 종방향 긴장재와 부재축에 수직인 폐쇄스터럽 또는 폐쇄띠철근으로 구성될 수 있다.
④ 비틀림철근은 종방향 철근 또는 종방향 긴장재와 부재축에 수직인 횡방향 강선으로 구성된 폐쇄용접철망으로 구성될 수 있다.

11

프리스트레싱 방법 중 포스트텐션 방식에 대한 설명으로 옳지 않은 것은?

① 프리스트레스 힘은 PS강재와 콘크리트 사이의 부착에 의해서 도입된다.
② 부재를 제작하기 위한 별도의 인장대(tensioning bed)가 필요하지 않다.
③ 프리캐스트 PSC부재의 결합과 조립에 편리하게 이용된다.
④ PS강재를 곡선 형상으로 배치할 수 있어 대형 구조물 제작에 적합하다.

12

매스콘크리트에서의 수화열 균열에 대한 설명으로 옳지 않은 것은?

① 콘크리트를 타설한 후 파이프 쿨링 등을 통해 온도 상승을 억제하는 것은 수화열에 의한 균열 발생 저감에 효과적일 수 있다.
② 단위시멘트량을 적게 하고 굵은 골재의 최대치수를 크게 하는 것은 수화열에 의한 균열 발생 저감에 효과적일 수 있다.
③ 플라이애시 시멘트나 중용열 포틀랜드 시멘트를 사용하는 것은 수화열에 의한 균열 발생 저감에 효과적일 수 있다.
④ 매스콘크리트를 필요로 하는 구조물 설계 시 신축이음이나 수축이음을 계획하면 수화열에 의한 균열 발생이 심해지고 균열 제어가 어려우므로 주의를 요한다.

13

전단철근의 설계에 대한 설명으로 옳지 않은 것은? (단, KDS 14 20 22 : 2021을 적용한다)

① 철근콘크리트 부재의 경우 주인장 철근에 45° 이상의 각도로 설치되는 스터럽을 전단철근으로 사용할 수 있다.
② 철근콘크리트 부재의 경우 주인장 철근에 30° 이상의 각도로 구부린 굽힘철근을 전단철근으로 사용할 수 있다.
③ 전단철근의 설계기준항복강도는 500MPa을 초과할 수 없다. 다만, 용접 이형철망을 사용할 경우 전단철근의 설계기준 항복강도는 600MPa을 초과할 수 없다.
④ 부재축에 직각으로 배치된 전단철근의 간격은 철근콘크리트 부재일 경우와 프리스트레스트 콘크리트 부재일 경우 모두 700mm 이하로 하여야 한다.

14

단순지지된 보의 지간 중앙단면의 압축철근비 $\rho'=0.01$일 때, 5년 후의 장기처짐을 추정하기 위한 계수 λ의 값은? (단, λ는 장기처짐을 추정하기 위해 지속하중에 의한 탄성처짐에 곱하는 계수이다)

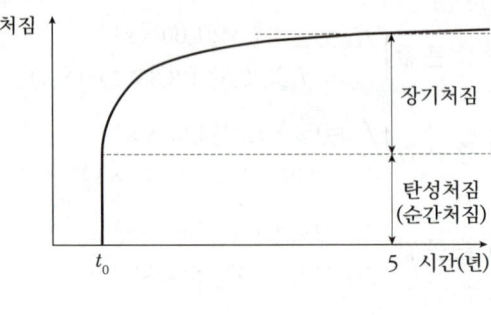

① $\frac{2}{3}$
② 1
③ $\frac{4}{3}$
④ $\frac{5}{3}$

15

철근콘크리트 구조물 부재 설계 시 사용되는 강도감소계수(ϕ)에 대한 설명으로 옳지 않은 것은? (단, KDS 14 20 01 : 2021을 적용한다)

① 긴장재 묻힘길이가 정착길이보다 작은 프리텐션 부재의 휨단면에서 부재의 단부부터 전달길이 단부까지의 강도감소계수는 0.75를 적용한다.
② 포스트텐션 정착구역의 강도감소계수는 0.85를 적용한다.
③ 무근콘크리트의 휨모멘트, 압축력, 전단력, 지압력에 대한 강도감소계수는 0.55를 적용한다.
④ 스트럿 - 타이 모델에서 스트럿, 절점부 및 지압부의 강도감소계수는 0.65를 적용한다.

16

그림과 같이 압축 이형철근 4-D25가 배근된 교각이 확대기초로 축 압축력을 전달하는 경우에 확대기초 내 다우얼(dowel)의 정착길이 $l_d[\text{mm}]$는? (단, $f_{ck}=25\text{MPa}$, $f_y=400\text{MPa}$, 압축부재에 사용되는 띠철근의 설계기준에 따라 배근된 띠철근 중심간격은 100mm, 다우얼 철근의 배치량은 소요량과 동일, D25 이형철근의 공칭지름 $d_b=25\text{mm}$로 가정하고, 경량콘크리트계수 λ는 고려하지 않는다.)

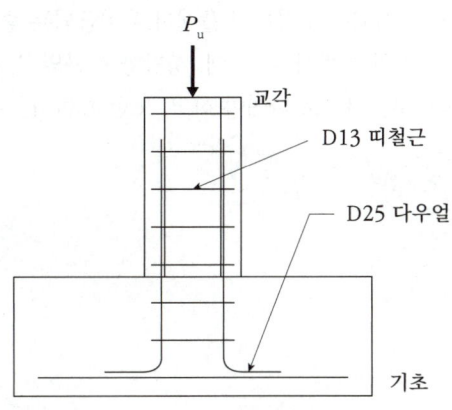

① 200mm ② 275mm
③ 300mm ④ 375mm

17

강구조 연결부 설계에 대한 설명으로 옳지 않은 것은? (단, KDS 14 31 25에 따른다) 〈설계기준 변경으로 문제 변경〉

① 건축 구조물 접합부는 건축강구조 표준접합상세지침에 따르고 그렇지 않을 경우 구조상의 안전에 이상이 없도록 해야 한다.
② 축력을 받는 부재의 축이 한 점에서 만나지 않을 경우에는 편심의 영향을 고려하지 않는다.
③ 접합부의 소요강도는 명시된 설계하중에 대한 구조해석에 의해 결정되어야 한다.
④ 접합부 설계에 사용되는 힘과 변형은 구조해석 시 적용한 접합부의 의도된 성능 및 가정과 일치해야 한다.

18

그림과 같이 압축부재인 띠철근 기둥의 단면 크기와 철근을 결정하였다. D13 철근을 띠철근으로 사용할 경우 띠철근의 수직 간격[mm]은? (단, 종(축)방향 철근으로서 4개의 D29를 사용하며, KDS 14 20 50 : 2021을 적용한다)

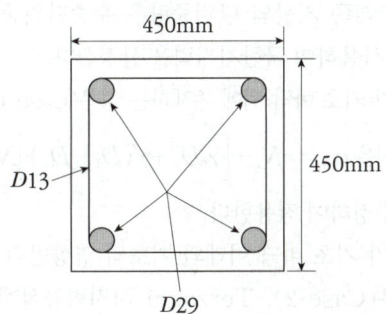

① 450mm ② 464mm
③ 500mm ④ 624mm

19

얕은기초의 설계를 위한 극한지지력 산정 시 지하수위가 그림과 같이 기초에 근접해 있을 경우, Terzaghi 지지력공식에서 지하수위를 고려하는 방안에 대한 설명으로 옳지 않은 것은? (단, Terzaghi 지지력공식(띠, 연속기초) $q_{ult}=cN_c+qN_q+\frac{1}{2}\gamma BN_\gamma$이고, 지지력공식에서 q_{ult}=극한지지력, B=기초의 폭, c=흙의 점착력, $q=\gamma D_f$, γ=흙의 단위중량, γ_t=습윤단위중량, γ'=수중단위중량, γ_{sat}=포화단위중량, γ_w=물의 단위중량이며 N_c, N_q, N_γ는 지지력계수이다. 또한 D_w=지하수위의 깊이, D_f=기초의 근입깊이이고, 지하수의 흐름은 없는 것으로 가정한다)

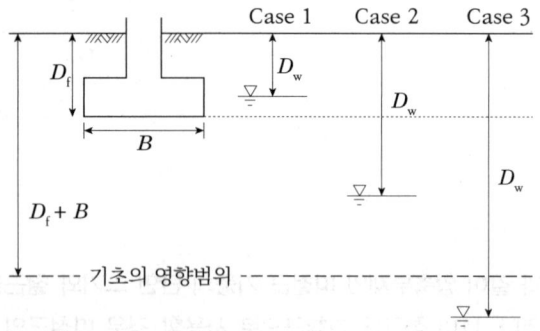

① 지하수위가 기초 바닥 위에 존재하는 경우(Case 1), 지하수위 위쪽 지반의 단위중량은 습윤단위중량 γ_t를 사용하고, 지하수위 아래쪽 지반의 단위중량은 수중단위중량 $\gamma'(=\gamma_{sat}-\gamma_w)$을 사용하여 극한지지력을 산정한다.

② 지하수위가 기초 바닥 위에 존재하는 경우(Case 1), Terzaghi 지지력공식은 $q_{ult}=cN_c+\left[\gamma_t D_w+\gamma'(D_f-D_w)\right]N_q+\frac{1}{2}\gamma BN_\gamma$ 와 같이 수정하여 적용한다.

③ 지하수위가 기초 바닥 아래와 기초의 영향범위 사이에 존재하는 경우(Case 2), Terzaghi 지지력공식에서 $q=\gamma_t D_f$를 사용하고, $\frac{1}{2}\gamma BN_\gamma$는 $\frac{1}{2}(\gamma_{sat}-\gamma_w)BN_\gamma$로 수정하여 극한지지력을 산정한다.

④ 지하수위가 기초의 영향범위 아래에 존재하는 경우(Case 3), 지하수위가 기초의 영향범위(D_f+B)보다 깊게 위치하여 지하수위에 대한 영향을 고려할 필요가 없으므로 흙의 단위중량은 습윤단위중량 γ_t를 사용하여 극한지지력을 산정한다.

20

철근콘크리트 T형보의 설계에 대한 설명으로 옳지 않은 것은?

① 독립 T형보의 추가 압축면적을 제공하는 플랜지의 두께는 복부폭의 1/2이상이어야 한다.

② 독립 T형보의 추가 압축면적을 제공하는 플랜지의 유효폭은 복부폭의 4배 이하이어야 한다.

③ 정(+)의 휨모멘트를 받는 T형 단면의 중립축이 플랜지 안에 있으면, T형 단면으로 고려하여 설계하여야 한다.

④ 장선구조를 제외한 T형보의 플랜지로 취급되는 슬래브에서 주철근이 보의 방향과 같을 때, 횡방향 철근의 간격은 슬래브 두께의 5배 이하로 하여야 하고, 또한 450mm 이하로 하여야 한다.

01

유효깊이 $d=480\text{mm}$, 압축연단에서 중립축까지의 거리 $c=160\text{mm}$인 단철근 철근콘크리트 직사각형보의 휨파괴 시 인장철근 변형률은? (단, 인장철근은 1단 배근되어 있고, 파괴 시 압축연단 콘크리트의 변형률은 0.003이다)

① 0.003
② 0.004
③ 0.005
④ 0.006

02

고장력 볼트이음에 대한 설명으로 옳지 않은 것은?

① 고장력 볼트는 너트회전법, 직접인장측정법, 토크관리법 등을 사용하여 규정된 설계볼트장력 이상으로 조여야 한다.
② 고장력 볼트로 연결된 인장부재의 순단면적은 볼트의 단면적을 포함한 전체 단면적으로 한다.
③ 볼트의 최소 및 최대 중심간격, 연단거리 등은 리벳의 경우와 같다.
④ 마찰접합은 고장력 볼트의 강력한 조임력으로 부재간에 발생하는 마찰력에 의해 응력을 전달하는 접합형식이다.

03

단철근 철근콘크리트 직사각형보의 폭 $b=400\text{mm}$, 유효깊이 $d=600\text{mm}$이며, 전단철근 단면적 $A_v=200\text{mm}^2$이고, 전단철근 간격 $s=300\text{mm}$일 때, 보의 계수전단력 $V_u[\text{kN}]$는? (단, $\lambda\sqrt{f_{ck}}=5\text{MPa}$, $f_{yt}=400\text{MPa}$, λ는 경량콘크리트 계수, f_{ck}는 콘크리트의 설계기준압축강도, f_{yt}는 횡방향철근의 설계기준항복강도이다)

① 270
② 360
③ 420
④ 540

04

도로교설계기준(한계상태설계법, 2012)의 기반이 된 한계상태설계법에 대한 설명으로 옳지 않은 것은?

① 부분안전계수를 사용하여 하중 및 각 재료에 대한 특성이 고려된 설계법이다.
② 설계이론에서 재료는 선형탄성 구간에 있는 것으로 가정한다.
③ 하중과 재료의 불확실성을 고려한 설계법으로 구조 신뢰성 이론에 기반하고 있다.
④ 안정성과 사용성을 극한한계상태와 사용한계상태를 이용하여 확보한다.

05

축력, 휨모멘트, 전단력의 작용에 의해 부재 단면에 발생하는 응력에 관한 설명으로 옳지 않은 것은?

① 인장력이 단면의 도심에 작용할 때, 하중작용점에서 충분히 멀리 떨어진 단면의 인장응력은 단면 내에 균등하게 분포된다.
② 휨모멘트가 작용할 때, 단면의 상하단 위치에서 최대압축 또는 최대인장 응력이 발생한다.
③ 휨모멘트에 의한 휨응력은 단면의 단면2차모멘트가 클수록 작아진다.
④ 전단력이 작용할 때, 직사각형 단면의 전단응력은 단면 내에 균등하게 분포된다.

06

그림과 같이 설계 볼트장력이 200kN인 고장력 볼트 (F10T－M22 볼트) 5개를 이용하여 마찰이음 연결부를 설계할 때, 연결부의 미끄럼강도$[\text{kN}]$는? (단, KDS 14 31 25 : 2021에 따라 볼트의 미끄럼강도는 $R_n = \mu h_f T_u N_s$로 계산하고, μ는 미끄럼계수, h_f는 끼움재계수, T_u는 설계볼트장력, N_s는 전단면의 수를 나타내며, $\mu = 0.5$, $h_f = 1.0$이다) 〈설계기준 변경으로 문제 변경〉

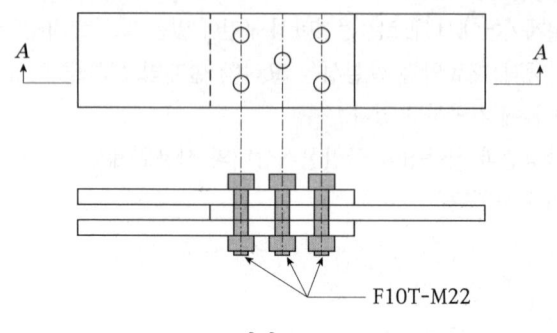

① 500
② 1,000
③ 1,500
④ 2,000

07

양단이 고정되어 있는 길이 5m의 H형강($300 \times 300 \times 10 \times 15$)을 사용한 기둥의 오일러 좌굴하중$[\text{kN}]$은? (단, $\pi^2 = 10$으로 가정하고, H형강의 강축 및 약축의 단면2차모멘트 $I_{xx} = 2 \times 10^8 \text{mm}^4$, $I_{yy} = 5 \times 10^7 \text{mm}^4$, 탄성계수 $E = 2.0 \times 10^5 \text{MPa}$이다)

① 16,000
② 18,000
③ 20,000
④ 22,000

08

그림과 같이 지간 $L = 8\text{m}$인 프리스트레스트 콘크리트 단순보의 지간 중앙에 집중하중 $Q = 240\text{kN}$이 작용하고 있다. 꺾인 직선 긴장재는 지간 중앙에 편심 $e = 0.3\text{m}$로 설치되었다. 하중평형법에 의해 집중하중 Q와 등가상향력의 크기가 같아지도록 하는 프리스트레스의 크기 $P[\text{kN}]$는? (단, $\sin\theta = 2e/L$으로 가정하고, 프리스트레스의 손실은 무시하며, 집중하중은 자중을 포함하고 있다)

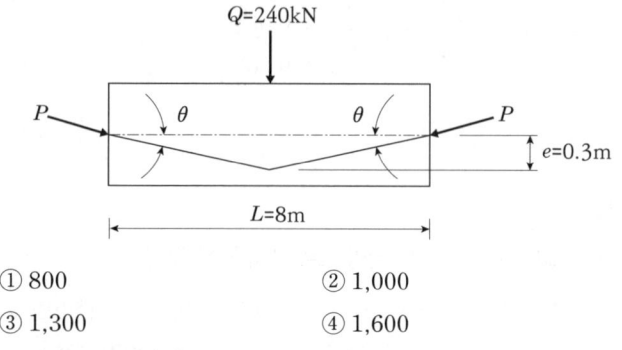

① 800
② 1,000
③ 1,300
④ 1,600

09

다음의 철근콘크리트 확대기초에서 유효깊이 $d = 550\text{mm}$, 지압력 $q_u = 0.3\text{MPa}$일 때, 1방향 전단에 대한 위험단면에 작용하는 전단력$[\text{kN}]$은?

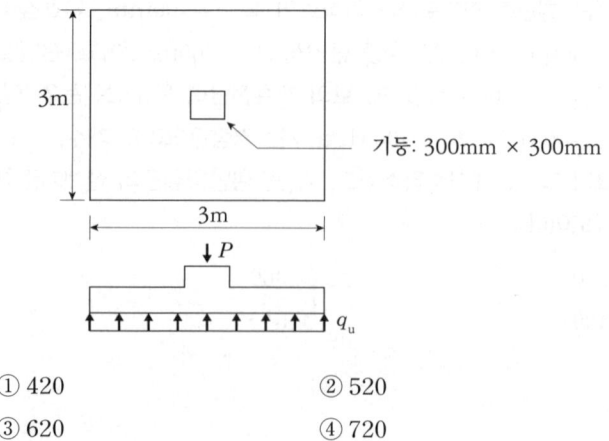

① 420
② 520
③ 620
④ 720

10

교량기타설계기준(한계상태설계법, 2021)에 따른 신축이음 설계에 관한 설명으로 옳지 않은 것은?

① 신축이음의 설계 연직하중은 표준트럭의 후륜하중으로 한다.
② 신축이음의 설계 수평하중은 설계 연직하중의 20%로 하고 신축이음에서의 바퀴 접촉과 분포를 고려한다.
③ 강교량인 경우 노면 틈새 간격은 계수하중을 고려한 극한 이동 상태에서 25mm 이상이어야 한다.
④ 각종 이동량 및 시공 여유량 등을 모두 고려하여 차량 진행 방향으로 산정한 신축이음 노면 최대 틈새 간격(W, mm)은 틈새가 하나(for single gap)인 경우 $W \leq 120$mm를 만족하여야 한다.

11

프리스트레스트 콘크리트 부재에서 프리스트레스의 감소 원인 중 프리스트레스 도입 후에 발생하는 시간적 손실의 원인에 해당하는 것은?

① 콘크리트의 크리프
② 정착장치의 활동
③ 콘크리트의 탄성수축
④ 긴장재와 덕트의 마찰

12

단철근 철근콘크리트 직사각형보의 폭 $b=400$mm, 유효깊이 $d=450$mm이며, 인장철근 단면적 $A_s=1,700$mm², 콘크리트 설계기준압축강도 $f_{ck}=20$MPa, 철근의 설계기준항복강도 $f_y=400$MPa일 때, 공칭휨강도 M_n[kN·m]은? (단, 인장철근은 1단 배근되어 있다)

① 192　　② 232
③ 272　　④ 312

13

콘크리트 기초판에 수직력 P와 모멘트 M이 동시에 작용하고 있다. A지점에 압축응력이 발생하기 위한 최소 수직력 P[kN]는?

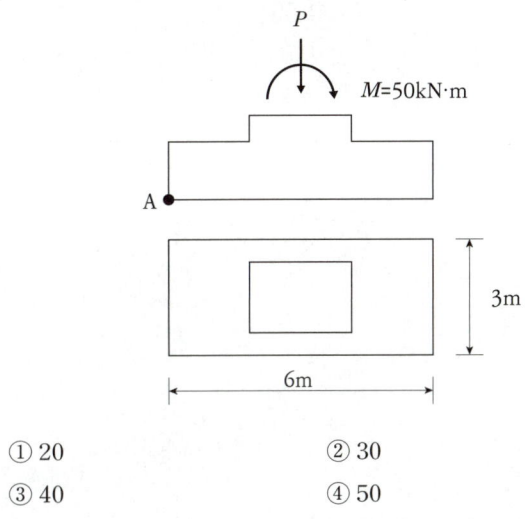

① 20　　② 30
③ 40　　④ 50

14

KDS(2021)에 따라 철근콘크리트 휨부재의 모멘트강도를 계산하기 위하여 사용하는 등가직사각형 응력블록에 대한 설명으로 옳지 않은 것은? (단, a는 등가직사각형 응력블록의 깊이, b는 단면의 폭, f_{ck}는 콘크리트의 설계기준압축강도이다) 〈설계기준 변경으로 문제 변경〉

① 콘크리트의 실제 압축응력분포의 면적과 등가직사각형 응력블록의 면적은 같다.
② 등가직사각형 응력블록의 도심과 실제 압축응력분포의 도심은 일치하지 않는다.
③ 등가직사각형 응력블록에 의한 콘크리트가 받는 압축응력의 합력은 $\eta(0.85f_{ck})ab$로 계산한다.
④ 등가직사각형 응력블록을 정의하는 주요 변수 값은 콘크리트압축강도에 따라 달라진다.

15

2방향 콘크리트 슬래브의 중앙에 집중하중 175kN이 작용할 때 장경간이 부담하는 하중[kN]은? (단, 장경간은 3m, 단경간은 2m이다)

① 40 ② 50
③ 60 ④ 70

16

프리스트레스트 콘크리트의 성질에 관한 설명으로 옳지 않은 것은?

① 포스트텐션 방식에서 긴장재의 인장력은 긴장재 끝에서 멀어질수록 감소한다.
② 프리텐션 방식은 덕트를 통하여 배치한 긴장재를 콘크리트가 굳은 다음에 긴장시켜 프리스트레스를 주는 방식이다.
③ 프리텐션 방식에서 프리스트레스를 도입하기 위하여 긴장재의 고정을 풀어주면 압축응력이 작용하여 콘크리트 부재는 단축되며, 긴장재의 인장응력은 감소한다.
④ 긴장재와 덕트가 완전히 직선인 것으로 가정할 경우, 긴장재의 파상마찰로 인한 손실은 일어나지 않는다.

17

철근 콘크리트의 전단설계에 관한 설명으로 옳은 것은? (단, s는 전단철근의 간격, A_v는 전단철근의 단면적, f_{yt}는 횡방향 철근의 설계기준항복강도, d는 유효깊이, a는 경사스터럽과 부재 축 사이의 각도를 나타낸다)

① 계수전단력 V_u가 콘크리트가 부담하는 전단력 ϕV_c보다 크지 않은 구간에서는 이론상 전단철근이 필요없으므로, 실제 설계에서도 전단철근을 배근하지 않는다.
② 교대 벽체 및 날개벽, 옹벽의 벽체, 암거 등과 같이 휨이 주거동인 판부재에서는 최소 전단철근을 배근하지 않아도 된다.
③ 경사스터럽을 전단철근으로 사용하는 경우에 스터럽이 부담하는 전단강도 $V_s = \dfrac{A_v f_{yt} d(\sin a)}{s}$이다.
④ 수직스터럽의 간격은 $0.5d$ 이하, 800mm 이하로 하여야 한다.

18

콘크리트구조기준(2021)에 따른 처짐을 계산하지 않는 경우의 철근콘크리트 1방향 슬래브의 최소 두께로 옳지 않은 것은? (단, 슬래브는 큰 처짐에 의해 손상되기 쉬운 칸막이벽이나 기타 구조물을 지지 또는 부착하지 않은 부재이고, 부재의 길이는 L이다)

① 1단 연속 1방향 슬래브 : $L/24$
② 양단 연속 1방향 슬래브 : $L/28$
③ 단순지지 1방향 슬래브 : $L/16$
④ 캔틸레버 1방향 슬래브 : $L/10$

19

확대머리 이형철근의 인장에 대한 정착길이 계산식 $l_{dt} = \dfrac{0.24\beta d_b f_y}{\sqrt{f_{ck}}}$ 을 적용하기 위한 조건으로 옳지 않은 것은?

〈설계기준 변경으로 문제 변경〉

① 확대머리의 순지압면적(A_{brg})은 $4A_b$ 이상이어야 한다.
② 확대머리 이형철근은 경량콘크리트에 적용할 수 없으며, 보통중량콘크리트에만 사용한다.
③ 순피복두께는 $3d_b$ 이상이어야 한다.
④ 철근 순간격은 $4d_b$ 이상이어야 한다.

20

다음 그림과 같은 박스형 단면을 갖는 철근콘크리트보의 공칭 휨 강도 $M_n[kN \cdot m]$은? (단, $f_{ck} = 20\text{MPa}$, $f_y = 400\text{MPa}$, f_{ck}는 콘크리트의 설계기준압축강도, f_y는 철근의 설계기준항복강도이다)

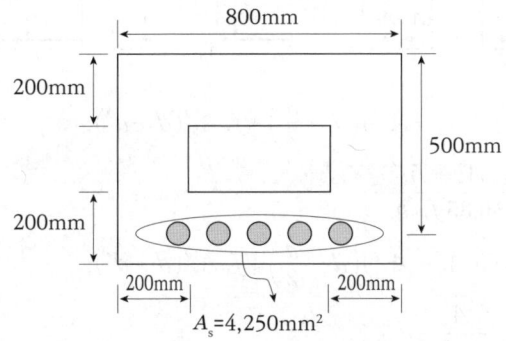

① 523.75
② 633.75
③ 743.75
④ 853.75

01

프리텐션 방식의 PSC보에서 발생되는 응력손실로 옳지 않은 것은?

① 콘크리트의 크리프에 의한 손실
② 콘크리트의 탄성수축에 의한 손실
③ 긴장재 응력의 릴랙세이션에 의한 손실
④ 긴장재와 덕트 사이의 마찰에 의한 손실

02

그림 중 역T형 옹벽의 개략적인 주철근 배근으로 가장 적절한 것은?

①
②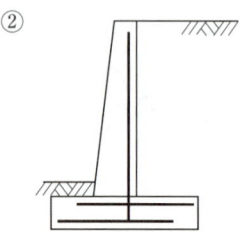
③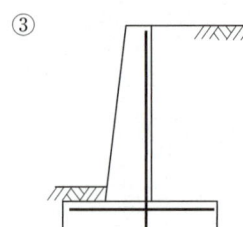
④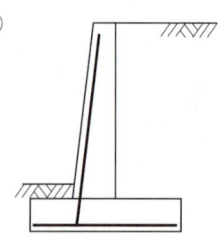

03

콘크리트의 크리프에 대한 설명으로 옳지 않은 것은?

① 다짐이 불충분하면 크리프 변형률은 증가한다.
② 물 - 시멘트비가 클수록 크리프 변형률은 증가한다.
③ 단면의 치수가 클수록 크리프 변형률은 증가한다.
④ 대기 중의 습도가 감소하면 크리프 변형률은 증가한다.

04

그림과 같은 복철근 직사각형 보의 공칭휨강도 M_n을 구하는 식으로 옳은 것은? (단, 압축철근은 항복한 것으로 가정하고, f_y는 철근의 설계기준항복강도, f_{ck}는 콘크리트의 설계기준압축강도이다) 〈설계기준 변경으로 문제 변경〉

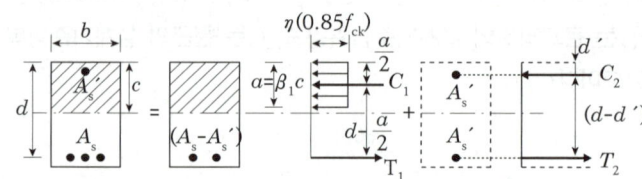

① $M_n = f_y(A_s - A_s')\left(d - \dfrac{a}{2}\right) + f_y A_s'(d - d')$,

$a = \dfrac{f_y(A_s - A_s')}{\eta 0.85 f_{ck} b}$

② $M_n = f_y(A_s - A_s')\left(d - \dfrac{a}{2}\right) + f_y A_s'(d - d')$,

$a = \dfrac{f_y A_s}{\eta 0.85 f_{ck} b}$

③ $M_n = f_y(A_s - A_s')(d - d') + f_y A_s'\left(d - \dfrac{a}{2}\right)$,

$a = \dfrac{f_y(A_s - A_s')}{\eta 0.85 f_{ck} b}$

④ $M_n = f_y(A_s - A_s')(d - d') + f_y A_s'\left(d - \dfrac{a}{2}\right)$,

$a = \dfrac{f_y A_s}{\eta 0.85 f_{ck} b}$

05

철근콘크리트 단순보에 고정하중 30kN/m와 활하중 60kN/m만 작용할 때 강도설계법의 하중계수를 고려한 계수하중 [kN/m]은? (단, KDS 14 20 01 : 2021을 적용한다)

① 112 ② 120
③ 132 ④ 138

06

그림과 같이 폭과 두께가 일정한 강재를 완전용입용접으로 연결하였을 때 용접부에 작용하는 응력[MPa]은? (단, $l=300$ mm, $t=10$mm이다)

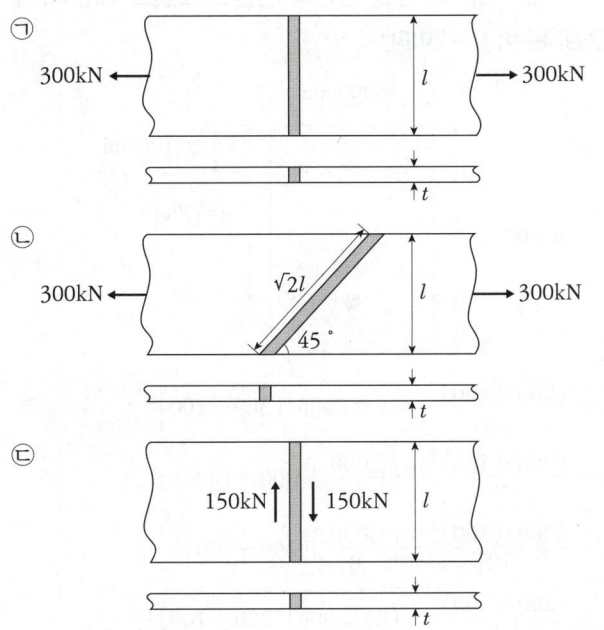

	㉠	㉡	㉢
①	100	100	100
②	100	141	100
③	100	141	50
④	100	100	50

07

우리나라 고속도로, 자동차전용도로, 특별시도, 광역시도 또는 일반국도상 교량의 내진등급은? (단, KDS 24 17 11 : 2022를 적용한다)

① 내진 I등급   ② 내진 II등급
③ 내진 III등급   ④ 내진 IV등급

08

그림과 같이 직접전단 균열이 발생할 곳에 대하여 전단마찰이론을 적용할 경우 소요철근의 면적(A_{vf})[mm²]은? (단, 계수전단력 $V_u=45$kN, 철근의 설계기준항복강도 $f_y=400$MPa, 콘크리트 마찰계수 $\mu=0.5$, $\sin\alpha_f=\dfrac{4}{5}$, $\cos\alpha_f=\dfrac{3}{5}$이며, KDS 14 20 22 : 2021을 적용한다)

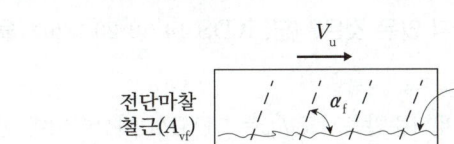
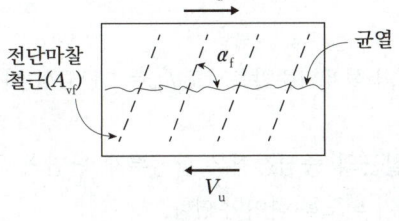

① 75   ② 150
③ 180   ④ 225

09

그림과 같은 철근콘크리트 기둥의 균형상태에서 콘크리트압축력의 크기[kN]는? (단, 단주이며, 콘크리트의 설계기준압축강도 $f_{ck}=25$MPa, 철근의 설계기준항복강도 $f_y=440$MPa, 철근의 탄성계수 $E_s=2.0\times10^5$MPa, 콘크리트 압축면적은 압축철근의 면적을 포함한다) 〈설계기준 변경으로 문제 변경〉

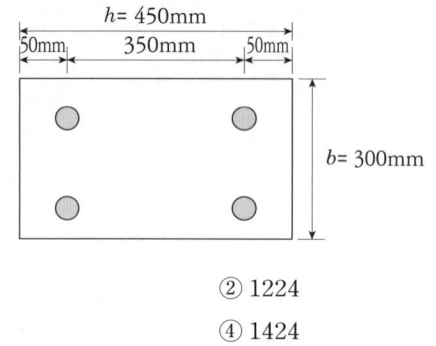

① 1124
② 1224
③ 1324
④ 1424

10

구조용 강재 심부 주위를 띠철근으로 보강한 합성부재의 설계 관련 내용으로 옳지 않은 것은? (단, KDS 14 20 20 : 2021을 적용한다)

① 콘크리트의 설계기준압축강도 f_{ck}는 21MPa 이상이어야 한다.
② 축방향 철근의 중심간격은 합성부재 단면의 최소 치수의 1/2 이하가 되도록 하여야 한다.
③ 띠철근 내측에 배치되는 축방향 철근량은 전체 단면적의 0.1배 이상, 0.8배 이하로 하여야 한다.
④ 띠철근의 지름은 합성부재 단면의 가장 긴 변의 1/50배 이상이어야 하지만, D10철근 이상이고 D16철근 이하로 하여야 한다.

11

철근의 이음에 대한 설명으로 옳지 않은 것은? 〈설계기준 변경으로 문제 변경〉

① 인장철근의 겹침이음 길이는 300mm 미만이어야 한다.
② 철근의 이음에는 겹침이음, 용접이음, 기계적이음이 있다.
③ 기계적이음은 철근의 설계기준항복강도 f_y의 125% 이상을 발휘할 수 있어야 한다.
④ 휨부재에서 서로 직접 접촉되지 않게 겹침이음된 철근은 횡방향으로 소요겹침 이음길이의 1/5 또는 150mm 중 작은 값 이상 떨어지지 않아야 한다.

12

그림과 같이 철근콘크리트 보에 균열이 발생하여 중립축 깊이 (x)가 100mm일 때 균열 단면의 단면2차모멘트 계산식은? (단, 탄성계수비 $n=8$이다)

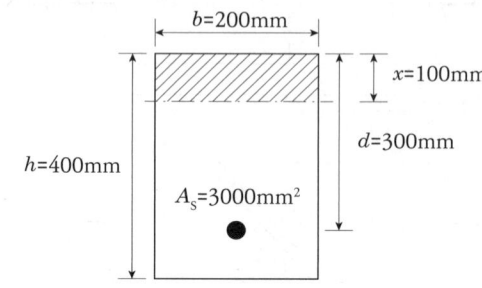

① $I_{cr}=\dfrac{(200)(100)^3}{12}+(8)(3000)(300-100)^2$
② $I_{cr}=\dfrac{(200)(100)^3}{3}+\left(\dfrac{3000}{8}\right)(300-100)^2$
③ $I_{cr}=\dfrac{(200)(400)^3}{12}+\left(\dfrac{3000}{8}\right)(300-100)^2$
④ $I_{cr}=\dfrac{(200)(100)^3}{3}+(8)(3000)(300-100)^2$

13

1방향 철근콘크리트 슬래브의 수축·온도 철근에 대한 설명으로 옳지 않은 것은? (단, KDS 14 20 50 : 2021을 적용한다)

① 휨철근에 평행하게 배치하여야 한다.
② 어떤 경우에도 철근비는 0.0014 이상이어야 한다.
③ 설계기준 항복강도 f_y를 발휘할 수 있도록 정착되어야 한다.
④ 간격은 슬래브 두께의 5배 이하, 또한 450mm 이하로 하여야 한다.

14

그림과 같이 긴장재를 포물선으로 배치한 PSC 단순보의 하중평형개념에 의한 부재중앙에서 모멘트[kN·m]는? (단, 긴장력 $P=800$kN, 지간 $l=8$m, 지간중앙에서 긴장재 편심 $e=0.2$m, 자중을 포함한 등분포하중 $w=25$kN/m이며, 프리스트레스 손실은 무시한다)

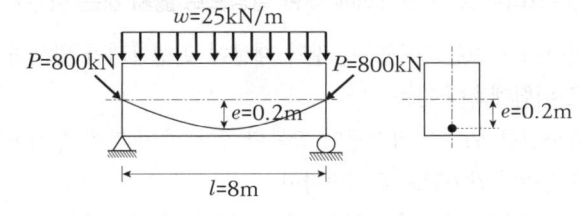

① 20 ② 40
③ 60 ④ 80

15

그림과 같은 철근콘크리트 확대기초의 뚫림 전단에 대한 위험단면 둘레 길이[mm]는? (단, KDS 14 20 70 : 2021을 적용한다)

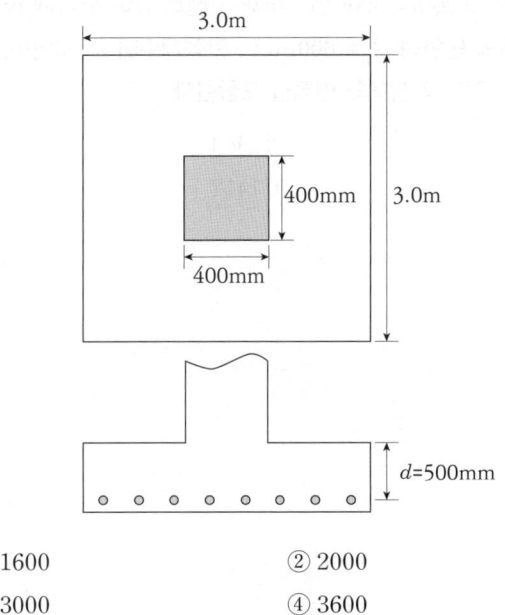

① 1600 ② 2000
③ 3000 ④ 3600

16

구조용 강재에 대한 설명으로 옳지 않은 것은?

① SS540 강재는 건축구조용 압연강재이다.
② HSB500 강재는 교량구조용 압연강재이다.
③ SM400B 강재는 용접구조용 압연강재이다.
④ SMA570W 강재는 용접구조용 내후성 열간압연강재이다.

17

단면도심에 긴장재가 배치된 직사각형 프리텐션 PSC보의 긴장재를 1500MPa로 긴장하였다. 프리스트레스를 도입하여 탄성수축에 의한 손실이 발생한 후 긴장재의 응력[MPa]은? (단, 직사각형 보의 폭 $b=300$mm, 부재의 전체 깊이 $h=500$mm, PS 긴장재의 단면적 $A_p=600$mm^2, 탄성계수비 $n=6$이며, 콘크리트 단면적은 긴장재의 면적을 포함한다)

① 1460 ② 1464
③ 1468 ④ 1472

18

단철근 직사각형 보에서 1단으로 배치된 인장철근의 유효깊이 $d=500$mm, 등가직사각형 응력블록의 깊이 $a=160$mm일 때, 철근의 순인장변형률(ε_t)은? (단, 콘크리트의 설계기준압축강도 $f_{ck}=24$MPa이며, KDS 14 20 20 : 2021을 적용한다)
〈설계기준 변경으로 문제 변경〉

① 0.00395 ② 0.0045
③ 0.00495 ④ 0.0055

19

그림과 같은 경계 조건을 갖는 직사각형 철근콘크리트 보에 계수등분포하중 $w_u=40$kN/m가 작용한다. 강도설계법에 의해 전단철근을 설계할 경우 설계기준에서 규정하고 있는 최소전단철근이 적용$\left(V_u \leq \phi \dfrac{V_c}{2}\right)$되는 시작점의 고정단으로부터 거리 x[m]는? (단, 직사각형 보의 폭 $b=400$mm, 유효깊이 $d=600$mm, 지간 $L=8$m, 보통중량 콘크리트의 설계기준압축강도 $f_{ck}=25$MPa, 철근의 설계기준항복강도 $f_y=400$MPa이며, KDS 14 20 22 : 2021을 적용한다)

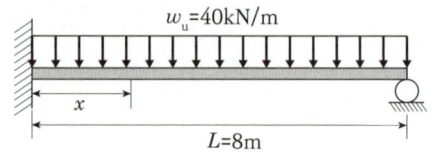

① 1.125 ② 1.875
③ 3.125 ④ 3.875

20

철근콘크리트 보의 휨파괴에 대한 설명으로 옳지 않은 것은?

① 과다철근 보는 철근량이 많기 때문에 취성파괴가 발생하므로 위험예측이 가능하다.
② 과소철근 보는 인장철근이 항복한 후 하중이 계속 증가하면 중립축이 압축측으로 이동한다.
③ 보의 인장철근량이 너무 적어 발생하는 취성파괴를 피하기 위하여 휨부재의 최소 철근량을 규정하고 있다.
④ 인장철근이 항복응력 f_y에 도달함과 동시에 콘크리트 압축변형률이 극한변형률에 도달하는 상태를 균형상태라고 한다.

01

다음 설명은 2021년 교량설계일반(한계상태설계법)에서 규정하는 어떤 한계상태에 대한 것인가?

> 교량의 설계수명 이내에 발생할 것으로 기대되는, 통계적으로 중요하다고 규정한 하중조합에 대하여 국부적/전체적 강도와 안정성을 확보하는 것으로 규정한다.

① 사용한계상태
② 피로와 파단한계상태
③ 극한한계상태
④ 극단상황한계상태

02

사용하중이 작용하여 인장측 콘크리트에 휨인장균열이 발생한 단철근 직사각형 보에서 압축연단의 콘크리트 응력이 10MPa일 때 인장철근의 응력[MPa]은? (단, 재료는 Hooke의 법칙이 성립하고, 단면의 유효깊이 $d=450\text{mm}$, 압축연단에서 중립축까지의 거리 $c=150\text{mm}$, 철근의 탄성계수 $E_s=210\text{GPa}$, 콘크리트의 탄성계수 $E_c=30{,}000\text{MPa}$이다)

① 100
② 120
③ 140
④ 160

03

그림과 같은 T형보를 직사각형보로 해석할 수 있는 최대 철근량 $A_s[\text{mm}^2]$는? (단, $f_{ck}=20\text{MPa}$, $f_y=400\text{MPa}$이며 KDS 14 20 20 : 2021을 적용한다)

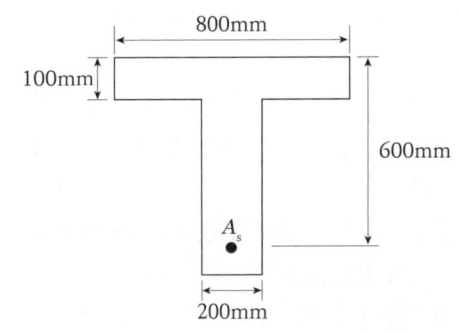

① 3,400
② 1,700
③ 340
④ 170

04

그림과 같은 필릿용접부의 전단응력[MPa]은?

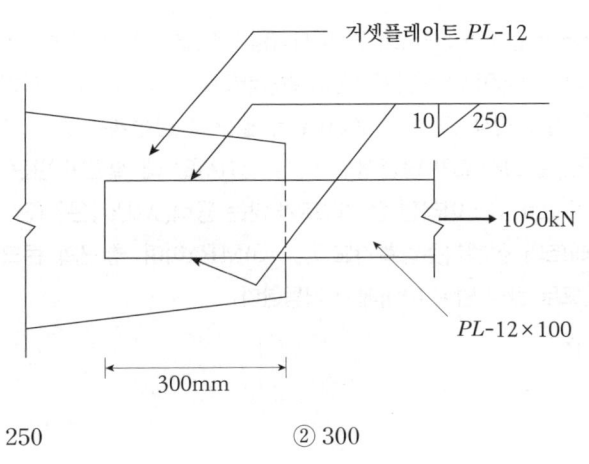

① 250
② 300
③ 325
④ 350

05

정모멘트를 받는 보의 최소 인장 철근량에 대한 설명으로 옳지 않은 것은? (단, f_{ck}는 콘크리트의 설계기준압축강도, f_y는 철근의 설계기준항복강도, b_w는 복부의 폭, d는 단면의 유효깊이이며, KDS 14 20 20 : 2021을 적용한다) 〈설계기준 변경으로 문제 변경〉

① 부재의 모든 단면에서 해석에 의해 필요한 철근량보다 1/3 이상 인장철근이 더 배치되는 경우는 최소철근량 규정을 적용하지 않을 수 있다.
② 해석에 의하여 인장철근 보강이 요구되는 휨부재의 모든 단면에 대하여 $\phi M_n \geq 1.2 M_{cr}$을 만족하도록 인장철근을 배치하여야 한다.
③ 인장측 균열의 발생과 동시에 갑작스럽게 파괴되는 것을 방지하기 위해서 최소철근량을 규정한다.
④ 철근의 항복과 콘크리트의 극한변형률 도달이 동시에 발생하도록 하기 위해 최소철근량을 규정한다.

06

한 변의 길이가 300mm인 정사각형 단면을 가진 철근콘크리트 기둥에 편심이 없는 단기하중이 축방향으로 작용하고 있다. 축방향 철근의 단면적 $A_{st}=2,500\text{mm}^2$, 철근의 탄성계수 $E_s=200$ GPa, 콘크리트의 탄성계수 $E_c=25$GPa일 때 철근이 받는 응력이 120MPa이라면 콘크리트가 받는 응력[MPa]은? (단, 콘크리트의 설계기준압축강도 $f_{ck}=40$MPa이며, 철근과 콘크리트 모두 탄성 범위 이내에서 거동한다)

① 10　　　② 12
③ 15　　　④ 18

07

단철근 직사각형보에서 콘크리트의 설계기준압축강도 $f_{ck}=25$MPa, 철근의 설계기준항복강도 $f_y=220$MPa, 철근의 탄성계수 $E_s=200$GPa, 단면의 유효깊이 $d=450$mm일 때 균형단면이 되기 위한 압축연단으로부터 중립축까지의 거리[mm]는? (단, KDS 14 20 20 : 2021을 적용한다)
〈설계기준 변경으로 문제 변경〉

① 270　　　② 280.2
③ 337.5　　④ 380.5

08

휨 및 압축을 받는 콘크리트 부재의 설계가정에 대한 설명으로 옳지 않은 것은? (단, KDS 14 20 20 : 2021을 적용하며, $f_{ck} \leq 40$MPa) 〈설계기준 변경으로 문제 변경〉

① 휨모멘트 또는 휨모멘트와 축력을 동시에 받는 부재의 콘크리트 압축 연단의 극한변형률은 0.0033으로 가정한다.
② 철근의 응력이 설계기준항복강도 f_y 이하일 때 철근의 응력은 변형률에 탄성계수를 곱한 값으로 하고, 철근의 변형률이 f_y에 대응하는 변형률보다 큰 경우 철근의 응력은 철근의 극한강도까지 증가시킨다.
③ 깊은보는 비선형 변형률 분포를 고려하여 설계하여야 한다. 그러나 비선형 분포를 고려하는 대신 스트럿 - 타이 모델을 적용할 수도 있다.
④ 콘크리트 압축응력의 분포와 콘크리트 변형률 사이의 관계는 직사각형, 사다리꼴, 포물선형 또는 실험의 결과와 실질적으로 일치하는 형상으로도 가정할 수 있다.

09

지름 $d=600\text{mm}$인 철근콘크리트 원형단면 기둥을 단주로 볼 수 있는 최대 높이[m]는? (단, 압축부재의 유효좌굴길이계수 $k=1.5$, 비횡구속 골조이며, KDS 14 20 20 : 2021을 적용한다)

① 2.2 ② 2.5
③ 3.6 ④ 4.5

10

그림과 같은 지간 $L=10\text{m}$의 단순보에 자중을 포함한 등분포 계수하중 $w_u=60\text{kN/m}$가 작용하는 경우, 전단위험단면에서 전단철근이 부담해야 할 설계전단력 $\phi V_s[\text{kN}]$는? (단, 보통중량콘크리트로서 $f_{ck}=25\text{MPa}$이며, KDS 14 20 22 : 2021을 적용한다)

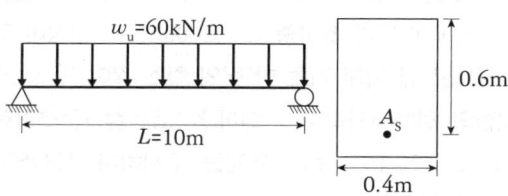

① 114 ② 135
③ 152 ④ 186

11

유효프리스트레스 f_{pe}를 결정하기 위하여 고려해야 하는 프리스트레스손실 원인을 모두 고른 것은?

> ㄱ. 정착장치의 활동
> ㄴ. 콘크리트의 건조수축
> ㄷ. 포스트텐션 긴장재와 덕트 사이의 마찰
> ㄹ. 콘크리트의 공칭압축강도
> ㅁ. 긴장재 응력의 릴랙세이션

① ㄱ, ㄴ, ㄹ
② ㄱ, ㄷ, ㄹ, ㅁ
③ ㄱ, ㄴ, ㄷ, ㅁ
④ ㄴ, ㄷ, ㄹ, ㅁ

12

그림과 같이 편심이 없는 하중 T를 받는 볼트로 연결된 판이 ABFGHIJ로 파괴되기 위한 $P[\text{mm}]$의 범위는? (단, 연결재 구멍의 직경은 20mm이다)

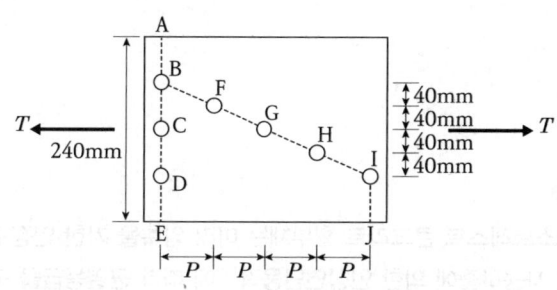

① $30 \leq P < 40$ ② $40 \leq P < 50$
③ $70 \leq P < 80$ ④ $80 \leq P < 100$

13

하중저항계수설계법을 적용한 강구조설계기준(2017)에서 기술하고 있는 강도저항계수에 대한 설명으로 옳지 않은 것은?

① 인장재의 총단면의 항복에 대한 강도저항계수 $\phi_t=0.90$을 적용한다.
② 인장재의 유효순단면의 파괴에 대한 강도저항계수 $\phi_t=0.85$를 적용한다.
③ 중심축 압축력을 받는 압축부재의 강도저항계수 $\phi_c=0.90$을 적용한다.
④ 비틀림이 발생하지 않은 휨부재의 강도저항계수 $\phi_b=0.90$을 적용한다.

14

복철근 콘크리트보의 탄성처짐이 10mm일 경우, 5년 이상의 지속하중에 의해 유발되는 추가 장기처짐량[mm]은? (단, 보의 압축철근비는 0.02이며, KDS 14 20 30 : 2021을 적용한다)

① 2.5
② 5.0
③ 7.5
④ 10.0

15

프리스트레스트 콘크리트 휨부재는 미리 압축을 가한 인장구역에서 사용하중에 의한 인장연단응력 f_t에 따라 균열등급을 구분한다. 비균열등급에 속하는 인장연단응력 f_t[MPa]는? (단, f_{ck}는 콘크리트 설계기준압축강도이며, KDS 14 20 60 : 2021을 적용한다)

① $f_t \leq 0.63\sqrt{f_{ck}}$
② $0.63\sqrt{f_{ck}} < f_t \leq 1.0\sqrt{f_{ck}}$
③ $f_t > 1.0\sqrt{f_{ck}}$
④ $f_t > 1.15\sqrt{f_{ck}}$

16

철근콘크리트 부재의 전단철근에 대한 설명으로 옳지 않은 것은? (단, λ는 경량콘크리트계수, f_{ck}는 콘크리트 설계기준압축강도, b_w는 복부의 폭, d는 단면의 유효깊이, V_s는 전단철근에 의한 단면의 공칭전단강도이며, KDS 14 20 22 : 2021을 적용한다)

① 최소 전단철근은 경사균열폭이 확대되는 것을 억제함으로써 덜 취성적인 파괴를 유도한다.
② 부재축에 직각으로 배치된 전단철근의 간격은 V_s가 $\lambda(\sqrt{f_{ck}}/3)b_wd$ 이하인 경우 $d/2$ 이하이어야 하고, 또한 600mm 이하로 하여야 한다.
③ V_s가 $\lambda(\sqrt{f_{ck}}/3)b_wd$을 초과하는 경우 V_s가 $\lambda(\sqrt{f_{ck}}/3)b_wd$ 이하일 때 적용된 최대 간격을 절반으로 감소시켜야 한다.
④ 경사스터럽과 굽힘철근은 부재의 중간 높이인 $0.5d$에서 보의 지간 중간 방향으로 주인장 철근까지 연장된 45°선과 한 번 이상 수직으로 교차되도록 배치하여야 한다.

17

그림과 같이 정사각형 확대 기초에 기둥의 자중을 포함한 고정하중 $D=3,000$kN과 활하중 $L=2,700$kN이 편심이 없이 기초판에 작용할 때 확대 기초 한 변의 최소 길이 l[m]은? (단, 기초 지반의 허용지지력 $q_a=240$kN/m², 철근콘크리트 단위중량 $\gamma_c=24$kN/m³, 토사 무게는 무시하며, KDS 14 20 70 : 2021을 적용한다)

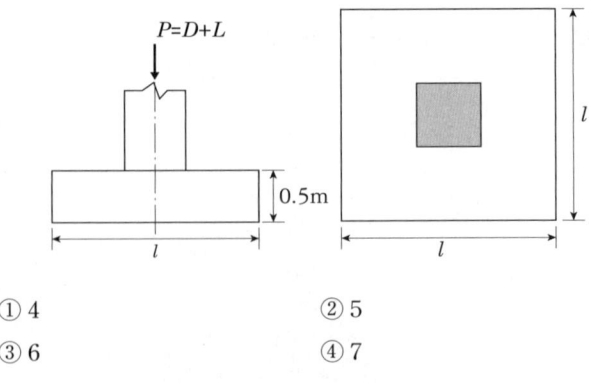

① 4
② 5
③ 6
④ 7

18

연속보 또는 1방향 슬래브는 구조해석을 정확하게 하는 대신 KDS(2021)에 따라 근사해법을 적용하여 약산할 수 있다. 근사해법을 적용하기 위한 조건으로 옳지 않은 것은?

① 활하중이 고정하중의 3배를 초과하지 않는 경우
② 부재의 단면이 일정하고, 2경간 이상인 경우
③ 인접 2경간의 차이가 짧은 경간의 30% 이하인 경우
④ 등분포 하중이 작용하는 경우

19

그림과 같은 프리스트레스트 콘크리트 단순보에 프리스트레스 힘 $P=4{,}800\text{kN}$, 자중을 포함한 등분포하중 $w=80\text{kN/m}$가 작용할 경우 지간 중앙단면의 하연응력[MPa]은? (단, 지간 중앙의 긴장재의 편심 $e=0.4\text{m}$이며 프리스트레스손실은 없다고 가정한다)

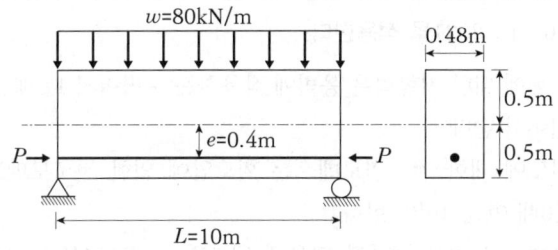

① 20.5(인장응력)   ② 21.5(압축응력)
③ 22.5(인장응력)   ④ 23.5(압축응력)

20

철근의 정착 및 이음에 대한 설명으로 옳은 것은? (단, l_{db}는 정착 길이, d_b는 철근의 직경, f_{ck}는 콘크리트의 설계기준압축강도, f_y는 철근의 설계기준항복강도이다)

① 갈고리에 의한 정착은 압축철근의 정착에 유효하다.
② 3개의 철근으로 구성된 다발철근의 정착길이는 개개 철근의 정착길이보다 33% 증가시켜야 한다.
③ 보통중량콘크리트에서 인장 이형철근의 기본정착길이는
$l_{db}=\dfrac{0.25 d_b f_y}{\sqrt{f_{ck}}} \geq 300\text{mm}$이다.
④ D35를 초과하는 철근끼리는 인장부에서 겹침이음을 할 수 없다.

01

프리스트레스트 콘크리트보에서 긴장재 정착 공법에 해당하지 않는 것은?

① Freyssinet 공법
② VSL 공법
③ Dywidag 공법
④ ILM 공법

02

그림과 같은 철근콘크리트 구조의 겹침이음부의 평면에서, 서로 엇갈리게 겹침이음한 경우의 철근 순간격은?

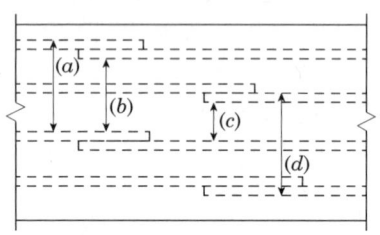

① (a)
② (b)
③ (c)
④ (d)

03

동일한 재료와 단면적을 사용하여 비틀림에 저항하는 부재를 설계할 때, 가장 효과적인 단면으로 옳은 것은?

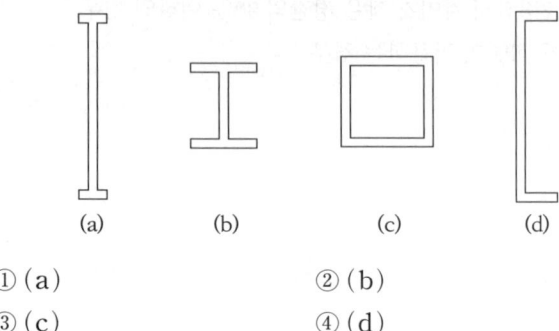

① (a)
② (b)
③ (c)
④ (d)

04

옹벽의 설계일반에 대한 설명으로 옳지 않은 것은? (단, KDS 14 20 74 : 2021을 적용한다)

① 활동에 대한 저항력은 옹벽에 작용하는 수평력의 1.5배 이상이어야 한다.
② 전도에 대한 저항휨모멘트는 횡토압에 의한 전도모멘트의 2.0배 이상이어야 한다.
③ 부벽식 옹벽을 설계할 경우에 뒷부벽과 앞부벽은 T형보로 설계해야 한다.
④ 캔틸레버식 옹벽의 전면벽은 저판에 지지된 캔틸레버로 설계할 수 있다.

05

인장철근과 압축철근이 모두 항복하는 복철근 직사각형 보의 등가응력블럭의 깊이 a[mm]는? (단, 콘크리트의 설계기준압축강도 $f_{ck}=20$MPa, 철근의 설계기준항복강도 $f_y=400$MPa, $d=500$mm, $b=300$mm, $d'=50$mm, $A_s'=2\times550$mm², $A_s=4\times700$mm²이고, KDS 14 20 20 : 2021을 적용한다)

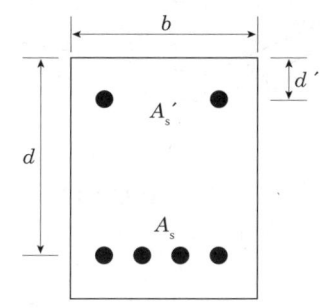

① $\dfrac{350}{3}$
② $\dfrac{400}{3}$
③ $\dfrac{450}{3}$
④ $\dfrac{500}{3}$

06

강구조물의 하중저항계수설계법에서 사용성한계상태에 대한 검토항목으로 옳은 것은?

① 재료의 강도한계를 초과하여 부재의 내하력을 상실하게 하는 파손, 파괴
② 구조물의 일부 또는 전체적인 평형상실로써 전도, 인발, 슬라이딩
③ 최초 국부적인 파손이 전체구조의 붕괴로 확대되는 점진적인 붕괴와 구조건전도의 결핍
④ 구조물의 기능, 외관, 유지관리, 내구성 및 사용자의 편리함

07

프리스트레싱 강재의 릴랙세이션에 대한 설명으로 옳지 않은 것은?

① 긴장한 강재를 일정한 길이로 유지했을 때 시간의 경과와 함께 인장응력이 감소하는 현상을 릴랙세이션이라 한다.
② 일정 변형률 하에서 발생하는 강재의 인장응력 감소량을 초기 인장응력에 대한 백분율로 나타낸 것을 순 릴랙세이션이라 한다.
③ 겉보기 릴랙세이션은 프리스트레스트 콘크리트 부재의 건조수축, 크리프 등의 변형으로 인한 효과를 동시에 고려하기 때문에 순 릴랙세이션 값보다 크다.
④ 릴랙세이션 손실은 프리스트레싱 강재의 온도의 영향을 받는다.

08

다음 1방향 슬래브에 관한 설명으로 옳지 않은 것은?
(단, KDS 14 20 70 : 2021을 적용한다)

① 1방향 슬래브는 마주 보는 두 변에만 지지되는 슬래브를 말한다.
② 4변 지지되는 2방향 슬래브 중에서 단변에 대한 장변의 길이의 비가 1.5를 넘으면 1방향 슬래브로 해석한다.
③ 1방향 슬래브의 두께는 최소 100mm 이상으로 하여야 한다.
④ 정모멘트 철근 및 부모멘트 철근에 직각 방향으로 수축·온도 철근을 배치하여야 한다.

09

철근 한 가닥의 단면적이 $\frac{1,700}{5}$ mm²인 인장철근이 5가닥 배치된 단철근 직사각형보에서 단면의 공칭휨강도 M_n을 계산할 때 적용하는 팔길이 $z[\text{mm}]$는? (단, $f_{ck}=20\text{MPa}, f_y=400\text{MPa}$이며 KDS 14 20 20 : 2021을 적용한다)

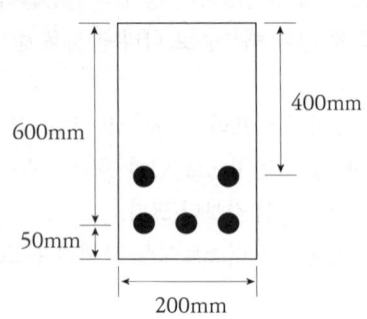

① 420　　　　　　② 440
③ 460　　　　　　④ 480

10

지간중앙에서 편심 $e=0.3$m인 포물선 형태로 긴장재를 배치한 지간 $L=20$m의 프리스트레스트 콘크리트보가 있다. 활하중 $w_L=17.5$kN/m가 작용할 때, 자중을 포함한 전체 등분포 하중과 하중평형개념에 의한 등분포 상향력의 크기가 같아지도록 하는 프리스트레스 힘[kN]은? (단, 콘크리트 단위중량은 25kN/m³이고, 프리스트레스 손실은 없다)

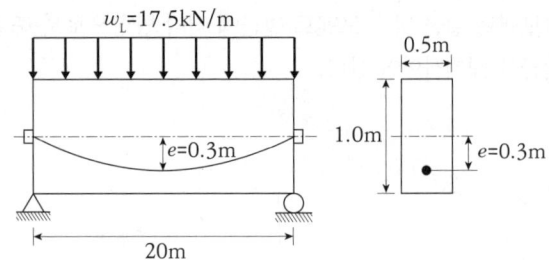

① 2,000　　　　　② 3,000
③ 4,000　　　　　④ 5,000

11

단변 $S=1$m, 장변 $L=2$m인 단순 4변 지지의 직사각형 2방향 슬래브가 등분포 하중 w를 받을 때, 슬래브 중앙점 e에서 서로 직교하는 슬래브대 ab와 슬래브대 cd가 각각 분담하여 지지하는 등분포 하중의 비 $w_{ab} : w_{cd}$에 가장 가까운 값은?

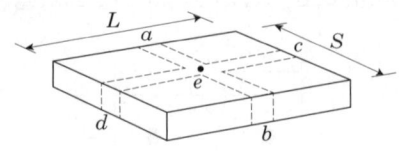

① 4 : 1　　　　　② 9 : 1
③ 16 : 1　　　　　④ 25 : 1

12

철근의 설계기준항복강도가 400MPa 이하일 때, 인장지배 단면의 순인장변형률은 얼마 이상이어야 하는가? (단, KDS 14 20 20 : 2021을 적용한다)

① 0.002　　　　　② 0.003
③ 0.004　　　　　④ 0.005

13

구조해석결과에서 표와 같은 단면력을 얻었을 때, 계수전단력 [kN]과 계수휨모멘트[kN·m] 값은? (단, KDS 14 20 10 : 2021을 적용한다)

○ 고정하중에 의한 단면력:
  $V_D = 200$kN, $M_D = 180$kN·m
○ 활하중에 의한 단면력:
  $V_L = 150$kN, $M_L = 120$kN·m

	V_u	M_u		V_u	M_u
①	280	252	②	380	252
③	480	408	④	580	408

14

철근과 콘크리트의 부착강도에 대한 설명으로 옳지 않은 것은?

① 콘크리트 피복두께는 부착강도에 영향을 미치지 않는다.
② 이형철근의 부착강도는 원형철근보다 크다.
③ 블리딩이 발생하면 수평철근의 부착강도는 연직철근보다 감소한다.
④ 일반적으로 콘크리트의 압축강도나 인장강도가 증가할수록 부착강도는 증가한다.

15

철근콘크리트 구조의 강도설계법에 대한 설명으로 옳지 않은 것은? (단, KDS 14 20 20 : 2021을 적용하며, $f_{ck} \leq 40$MPa)
〈설계기준 변경으로 문제 변경〉

① 압축 측 연단에서 콘크리트의 극한변형률은 0.0033으로 가정한다.
② 철근과 콘크리트의 변형률은 중립축으로부터의 거리에 비례한다.
③ 단면의 공칭강도 R_n은 있을지 모를 강도의 결함을 고려하여, 강도감소계수 ϕ에 의하여 감소시켜야 한다.
④ 콘크리트의 인장강도는 휨강도 계산에서 고려하여야 한다.

16

교량설계일반(한계상태설계법, 2021년)의 설계원칙에 대한 설명으로 옳지 않은 것은?

① 교량구조계는 극한한계상태에서의 파괴 이전에 육안으로 관찰될 정도의 비탄성 변형이 발생할 수 있도록 형상화 및 상세화되어야 한다.
② 특별한 이유가 없는 한, 다재하경로구조와 연속구조로 하는 것이 바람직하다.
③ 사용한계상태는 정상적인 사용조건 하에서 응력, 변형 및 균열폭을 제한하는 것이다.
④ 구조물의 중요도는 피로한계상태에만 적용한다.

17

보통중량골재를 사용한 설계기준압축강도 $f_{ck}=27\text{MPa}$인 콘크리트의 할선탄성계수[MPa] 계산식으로 옳은 것은? (단, 콘크리트 단위질량 $m_C=2,300\text{kg/m}^3$이며, KDS 14 20 01 : 2021을 적용한다)

① $E_C=8,500\sqrt[3]{f_{cu}}$, 여기서 $f_{cu}=f_{ck}+4$
② $E_C=10,000\sqrt[3]{f_{cu}}$, 여기서 $f_{cu}=f_{ck}+4$
③ $E_C=8,500\sqrt[3]{f_{cu}}$, 여기서 $f_{cu}=f_{ck}+6$
④ $E_C=10,000\sqrt[3]{f_{cu}}$, 여기서 $f_{cu}=f_{ck}+6$

18

철근콘크리트 보의 설계에 대한 설명으로 옳지 않은 것은? (단, KDS 14 20 20 : 2021을 적용하며, $f_{ck}\leq40\text{MPa}$) 〈설계기준 변경으로 문제 변경〉

① 보는 부재의 축에 수직한 힘을 주로 받는 구조물로, 일반적인 보는 휨에 지배되므로 휨설계는 전단설계보다 선행한다.
② 인장철근이 설계기준항복강도 f_y에 대응하는 변형률에 도달하고 동시에 콘크리트의 압축연단 변형률이 극한변형률 0.0033에 도달할 때, 그 단면은 균형변형률 상태에 있다고 한다.
③ 콘크리트의 압축연단 변형률이 극한변형률 0.0033에 도달할 때, 최외단 인장철근의 순인장변형률이 압축지배변형률한계 이상인 단면을 압축지배 단면이라고 한다.
④ 압축지배변형률 한계는 균형변형률 상태에서의 인장철근의 순인장변형률과 같다.

19

중심축하중을 받는 길이 $L=10\text{m}$, 단면 크기 $300\text{mm}\times400\text{mm}$인 양단고정 기둥의 오일러 좌굴하중[kN]은? (단, $\pi=3$으로 계산하며 기둥의 탄성계수 $E=20,000\text{MPa}$이다)

① 5,880
② 6,080
③ 6,280
④ 6,480

20

철근콘크리트 부재의 전단마찰 설계방법에 대한 설명으로 옳지 않은 것은? (단, KDS 14 20 22 : 2021을 적용한다)

① 전단면에 순인장력이 작용할 때는 이에 저항하기 위해서 철근을 추가로 두어야 한다.
② 전단마찰철근의 설계기준항복강도는 500MPa 이하로 하여야 한다.
③ 일체로 친 콘크리트의 마찰계수는 1.0λ이다. (λ는 경량 콘크리트계수이다)
④ 전단마찰철근을 전단면에 걸쳐 적절하게 배치하여야 한다.

01

반 T형보의 플랜지 유효폭을 결정하는 데 고려사항이 아닌 것은? (단, t_f는 플랜지의 두께, b_w는 복부의 폭이며, 설계코드 (KDS : 2021)와 2021년도 콘크리트구조기준을 적용한다)

① 양쪽 슬래브의 중심간 거리
② $6t_f + b_w$
③ $\left(보의 경간의 \dfrac{1}{12}\right) + b_w$
④ $\left(인접한 보와의 내측 거리의 \dfrac{1}{2}\right) + b_w$

02

보통중량콘크리트를 사용한 1방향 단순지지 슬래브의 최소 두께는? (단, 처짐을 계산하지 않는다고 가정하며, 부재의 길이는 l, 인장 철근의 설계기준항복강도 $f_y = 350\text{MPa}$, 설계코드 (KDS : 2021)를 적용한다)

① $\dfrac{l}{13.5}$와 150mm 중 작은 값
② $\dfrac{l}{13.5}$와 150mm 중 큰 값
③ $\dfrac{l}{21.5}$와 100mm 중 작은 값
④ $\dfrac{l}{21.5}$와 100mm 중 큰 값

03

폭 400mm, 유효깊이 600mm인 직사각형 단면을 갖는 철근콘크리트보를 설계할 때, 부재축에 직각으로 배치되는 전단철근의 최대 간격[mm]은? (단, 설계코드(KDS : 2021)을 적용한다)

① 300
② 400
③ 500
④ 600

04

현장 타설 콘크리트 보에서 철근의 수평 순간격을 결정하는데 고려사항이 아닌 것은? (단, KDS 24 14 21 : 2021을 적용한다)

① 철근 공칭지름의 1.5배
② 40mm
③ 25mm
④ 굵은 골재 최대치수의 1.5배

05

길이 8m인 단순지지 기둥이 상단으로부터 3m지점에 y축 방향으로 단순 횡지지되어 있다. 이때, 이 압축부재의 세장비는? (단, 단면2차 반경 $r_x = 80\text{mm}$, $r_y = 40\text{mm}$이다)

① 75
② 100
③ 125
④ 200

06

그림과 같이 D22인 5개의 인장철근이 배치되어 있을 때, 단면의 유효깊이[mm]는?

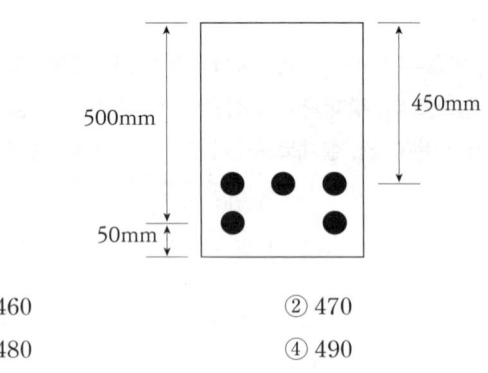

① 460
② 470
③ 480
④ 490

07

그림과 같이 단면적 $2.0cm^2$인 긴장재 4개가 직사각형 단면의 도심축에 균등하게 배치되었다. 프리텐션방식으로 초기 프리스트레스 1,000MPa이 긴장재에 도입될 때, 콘크리트의 탄성수축으로 인한 프리스트레스 손실응력[MPa]은? (단, 프리스트레스 긴장재의 탄성계수는 2.1×10^5MPa, 콘크리트의 탄성계수는 3.0×10^4MPa이다)

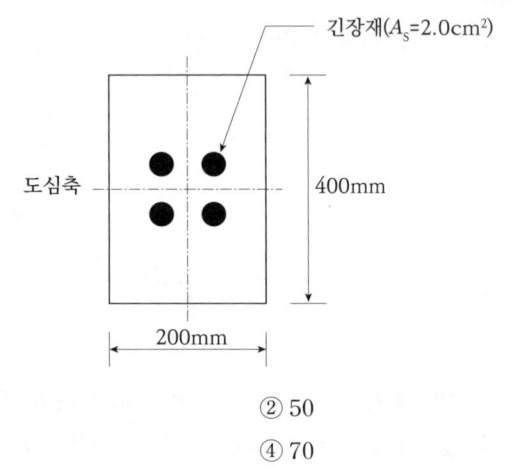

① 40
② 50
③ 60
④ 70

08

그림과 같이 프리스트레스트 콘크리트 보의 중앙에 집중하중 200kN이 작용될 때, 지간 중앙단면의 하연에 인장응력 12 MPa이 발생하였다. 이때, 프리스트레스 힘 F[kN]는? (단, 보의 자중은 무시하고, 깊은 보의 비선형 변형률 분포는 고려하지 않는다)

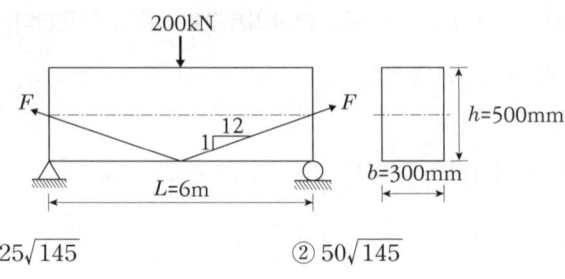

① $25\sqrt{145}$
② $50\sqrt{145}$
③ $75\sqrt{145}$
④ $100\sqrt{145}$

09

그림과 같은 단순보에 e만큼 편심된 프리스트레스 힘 P가 작용하고 있다. 등분포하중 w가 작용할 때 보 지간 중앙단면에서의 하연응력은? (단, 보의 자중은 무시하고, 깊은 보의 비선형 변형률 분포는 고려하지 않는다)

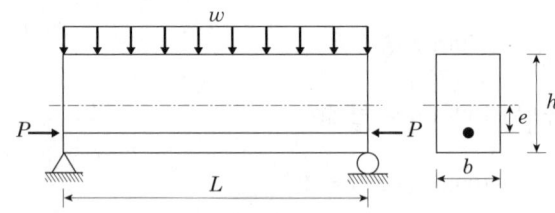

① $\dfrac{1}{bh}\left(P+\dfrac{6Pe}{h}-\dfrac{3wL^2}{4h}\right)$

② $\dfrac{1}{bh}\left(P+\dfrac{6Pe}{h}-\dfrac{4wL^2}{3h}\right)$

③ $\dfrac{1}{4bh}\left(P+\dfrac{6Pe}{h}-\dfrac{3wL^2}{4h}\right)$

④ $\dfrac{1}{4bh}\left(P+\dfrac{6Pe}{h}-\dfrac{4wL^2}{3h}\right)$

10

그림과 같이 계수축방향 하중 P_u가 편심 없이 작용하는 독립확대기초에서 2방향 전단력은 1방향 전단력의 몇 배인가? (단, 확대기초 주철근의 유효깊이는 1m이다)

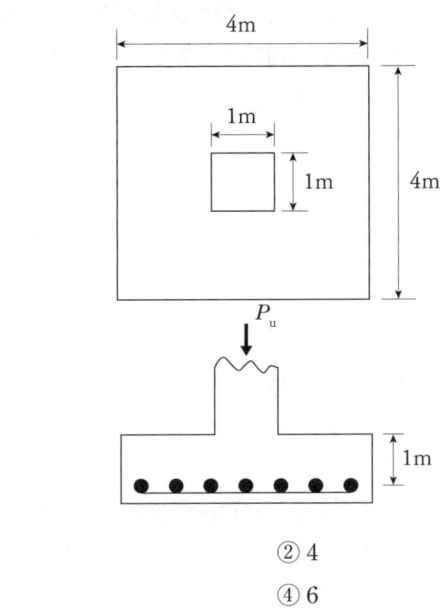

① 3　　② 4
③ 5　　④ 6

11

콘크리트 구조물의 부재, 부재 간의 연결부 및 각 부재 단면에 대한 설계강도는 콘크리트설계기준의 규정과 가정에 따라 정하여야 한다. 이때, 강도감소계수(ϕ)로 옳지 않은 것은? (단, KDS 14 20 01 : 2021을 적용한다)

① 전단력과 비틀림모멘트는 0.75를 적용한다.
② 콘크리트의 지압력(포스트텐션 정착부나 스트럿 – 타이 모델은 제외)은 0.65를 적용한다.
③ 포스트텐션 정착구역은 0.85를 적용한다.
④ 무근콘크리트의 휨모멘트, 압축력, 전단력은 0.70을 적용한다.

12

2축 휨을 받는 압축부재에 대한 설계개념으로 옳지 않은 것은? (단, 설계코드(KDS: 2022)를 적용한다)

① 광범위한 연구 및 실험에 의해 적용성이 입증된 근사해법에 의하여 설계할 수도 있다.
② 2축 휨을 받는 압축부재의 설계에 있어서, 원칙적으로 계수축력과 두 축에 대한 휨모멘트의 계수합휨모멘트를 구한 후 축력과 휨모멘트의 평형조건과 변형률의 적합조건을 이용하여 압축부재를 설계한다.
③ 압축부재 단면의 편심거리는 소성 중심부터 축력 작용점까지 거리로 취하여야 한다.
④ 두 축방향의 횡하중, 인접 경간의 하중 불균형 등으로 인하여 압축부재에 2축 휨모멘트가 작용되는 경우에는 1축 휨을 받는 압축부재로 설계하여야 한다.

13

4변이 단순지지된 직사각형 2방향 슬래브의 중앙에 집중하중 $P=140$kN이 작용될 때, 장경간 L에 분배되는 하중[kN]은? (단, 슬래브의 단경간 $S=2$m, 장경간 $L=3$m이다)

① 16　　② 32
③ 64　　④ 108

14

그림과 같이 거셋 플레이트에 항복강도 $f_y=200\text{MPa}$, 인장강도 $f_u=400\text{MPa}$, 두께가 10mm인 인장부재가 연결되어 있다. 하중저항계수설계법으로 계산할 때, 굵은 점선을 따라 발생되는 설계블록전단파단강도[kN]는? (단, 인장응력은 균일하며, 강도저항계수는 0.75, 연결재의 볼트구멍 직경은 20mm, KDS 14 31 25 : 2017을 적용한다)

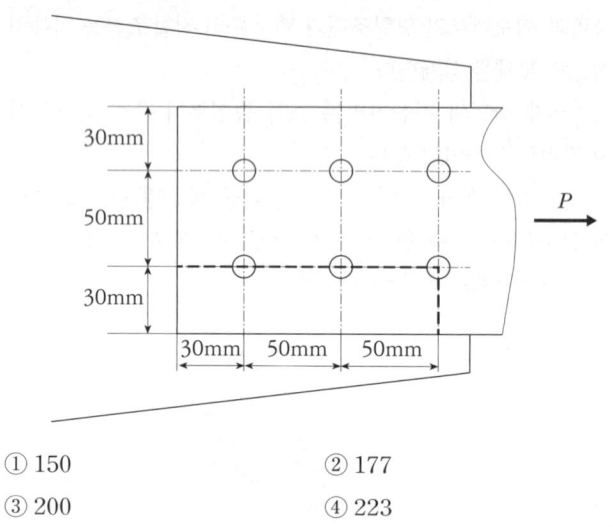

① 150
② 177
③ 200
④ 223

15

아치구조물 구조해석의 일반사항에 대한 설명으로 옳지 않은 것은? (단, 설계코드(KDS: 2016)와 2012년도 콘크리트구조기준을 적용한다)

① 아치 단면력을 산정할 때에는 콘크리트의 수축과 온도 변화의 영향을 고려하여야 한다.
② 아치구조 해석 시 기초의 침하가 예상되는 경우에는 그 영향을 고려하여야 한다.
③ 아치 리브에 발생하는 단면력은 축선 이동의 영향을 받기 때문에 그 영향을 반드시 고려해야 한다.
④ 아치의 축선은 아치 리브의 단면 도심을 연결하는 선으로 할 수 있다.

16

그림과 같은 단철근 T형 단면보 설계에 대한 설명으로 옳은 것은? (단, 플랜지의 유효폭 $b=1,200\text{mm}$, 플랜지의 두께 $t_f=80\text{mm}$, 유효깊이 $d=600\text{mm}$, 복부 폭 $b_w=400\text{mm}$, 인장철근 단면적 $A_s=3,000\text{mm}^2$, 인장철근의 설계기준항복강도 $f_y=400\text{MPa}$, 콘크리트의 설계기준압축강도 $f_{ck}=20\text{MPa}$이며, 설계코드(KDS : 2021)를 적용한다)

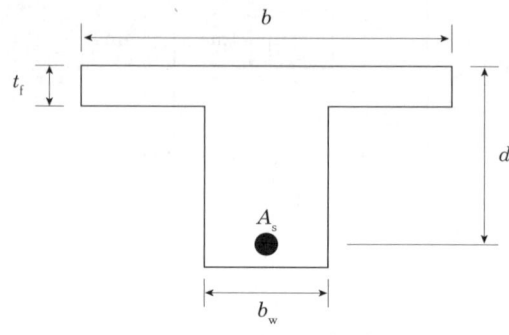

① $b=1,200\text{mm}$를 폭으로 하는 직사각형 단면보로 설계한다.
② $b_w=400\text{mm}$를 폭으로 하는 직사각형 단면보로 설계한다.
③ $t_f=80\text{mm}$를 등가직사각형 응력블록으로 하는 직사각형 단면보로 설계한다.
④ T형 단면보로 설계한다.

17

철근의 공칭지름 $d_b=10$mm일 때, 인장 이형철근의 최소 표준 갈고리 정착길이 [mm]는? (단, 도막되지 않은 이형철근을 사용하고, 철근의 설계기준항복강도 $f_y=300$MPa, 보통중량콘크리트의 설계기준압축강도 $f_{ck}=25$MPa이다)

① 80   ② 144
③ 150 ④ 300

18

그림과 같이 활동안전율 2.0을 만족시키기 위한 무근콘크리트 옹벽의 최대높이 H[m]는? (단, 콘크리트의 단위중량은 24kN/m³, 흙의 단위중량은 20kN/m³, 주동토압계수는 0.4, 옹벽 저판과 흙 사이의 마찰계수는 0.5이다)

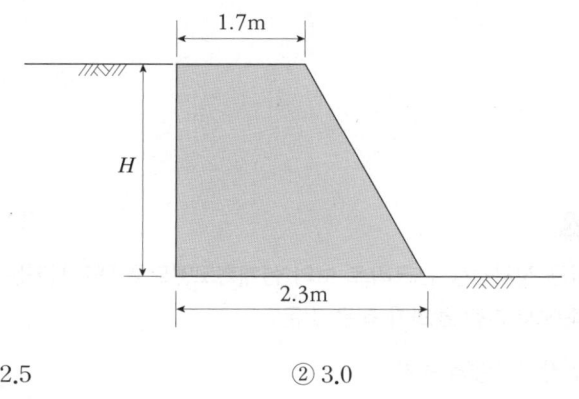

① 2.5 ② 3.0
③ 3.5 ④ 4.0

19

콘크리트의 설계기준압축강도 $f_{ck}=25$MPa에 대한 배합강도 [MPa]는? (단, 표준편차는 2.0MPa이며, 시험횟수는 30회 이상이다)

① 26.16 ② 27.16
③ 27.68 ④ 28.68

20

내진설계기준의 기본개념에 대한 설명으로 옳지 않은 것은? (단, KDS 24 17 11 : 2022를 적용한다) 〈설계기준 변경으로 문제 변경〉

① 기본개념을 구현하기 위해서는 강도와 연성을 확보하여야 하나, 낙교방지는 불필요하다.
② 지진 시 교량 부재들의 부분적인 피해는 허용하나 전체적인 붕괴는 방지한다.
③ 지진 시 가능한 한 교량의 기본 기능은 발휘할 수 있게 한다.
④ 필요한 경우 지진격리 시스템을 설치할 수 있다.

01

KDS(2021) 설계기준에서 제시된 교량설계 원칙 중 한계상태에 대한 설명으로 옳은 것은?

① 사용한계상태는 극단적인 사용조건하에서 응력, 변형 및 균열폭을 제한하는 것으로 규정한다.
② 피로한계상태는 기대응력범위의 반복 횟수에서 발생하는 단일피로설계트럭에 의한 응력범위를 제한하는 것으로 규정한다.
③ 극한한계상태는 지진 또는 홍수 발생 시, 또는 세굴된 상황에서 선박, 차량 또는 유빙에 의한 충돌 시 등의 상황에서 교량의 붕괴를 방지하는 것으로 규정한다.
④ 극단상황한계상태는 교량의 설계수명 이내에 발생할 것으로 기대되는, 통계적으로 중요하다고 규정한 하중조합에 대하여 국부적/전체적 강도와 안정성을 확보하는 것으로 규정한다.

02

균열폭에 대한 설명으로 옳지 않은 것은?

① 균열폭을 작게 하기 위해서는 지름이 작은 철근을 많이 사용하는 것이 지름이 큰 철근을 적게 사용하는 것보다 유리하다.
② 하중에 의한 균열을 제어하기 위해 요구되는 철근 이외에도 필요에 따라 온도변화, 건조수축 등에 의한 균열을 제어하기 위해 추가적인 보강철근을 배근할 수 있다.
③ 균열폭은 철근의 인장응력에 선형 또는 비선형적으로 비례한다.
④ 일반적으로 피복두께가 클수록 균열폭은 작아진다.

03

KDS(2021) 설계기준에서 휨부재의 최소 철근량으로 다음 식의 조건을 만족하도록 인장철근을 배치하는 이유는? (단, f_{ck}는 콘크리트의 설계기준 압축강도이며, f_y는 철근의 설계기준 항복강도, b_w는 단면의 폭, d는 단면의 유효높이이다) 〈설계기준 변경으로 문제 변경〉

$$\phi M_n \geq 1.2 M_{cr}$$

① 콘크리트 강도와 철근의 강도를 조절하여 가능한 한 균형단면에 가깝게 하기 위함이다.
② 철근의 강도가 커지면 인장철근량을 줄여 연성파괴를 유도하기 위함이다.
③ 인장측 균열의 발생과 동시에 갑작스럽게 파괴되는 것을 방지하기 위함이다.
④ 인장철근량을 가능한 한 줄여 휨부재의 연성파괴를 유도하기 위함이다.

04

단철근 직사각형 콘크리트 보의 설계휨모멘트를 증가시키는 방법 중에서 가장 효과가 적은 것은?

① 인장철근량의 증가
② 인장철근 설계기준 항복강도의 상향
③ 단면 유효깊이의 증가
④ 콘크리트 설계기준 압축강도의 상향

05

압축철근비 $\rho'=0.02$인 복철근 직사각형 콘크리트 보에 고정하중이 작용하여 15mm의 순간처짐이 발생하였다. 1년 후 크리프와 건조수축에 의하여 보에 발생하는 추가 장기처짐[mm]은? (단, 활하중은 없으며, KDS(2021) 설계기준을 적용한다)

① 8.8 ② 10.5
③ 15.4 ④ 25.5

06

다발철근을 사용하여 수중에서 콘크리트를 치는 경우 최소 피복두께[mm]는? (단, KDS(2021) 설계기준을 적용한다)

① 60 ② 80
③ 100 ④ 120

07

철근의 순간격이 80mm이고 피복두께가 40mm인 보통중량 콘크리트를 사용한 부재에서 D32 인장철근의 A급 겹침이음길이 [mm]는? (단, 콘크리트의 설계기준 압축강도 $f_{ck}=36$MPa, 철근의 설계기준 항복강도 $f_y=400$MPa, 철근은 도막되지 않은 하부에 배치되는 이형철근으로 공칭지름은 32mm이다)

① 1,280 ② 1,664
③ 1,920 ④ 2,130

08

그림과 같은 띠철근 기둥의 순수 축하중강도 P_0[kN]는? (단, 기둥은 단주로서 콘크리트 설계기준 압축강도 $f_{ck}=30$MPa, 철근의 설계기준 항복강도 $f_y=400$MPa, 종방향 철근 총단면적 $A_{st}=3{,}000$mm²이며, KDS(2021) 설계기준을 적용한다)

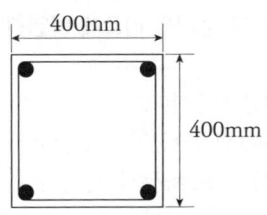

① 3,499.8 ② 4,522.4
③ 5,203.5 ④ 6,177.8

09

그림과 같은 단면의 캔틸레버 보에 자중을 포함한 등분포 계수하중 $w_u = 25\text{kN/m}$가 작용하고 있을 때, 전단위험단면에서 전단철근이 부담해야 할 공칭전단력 $V_s[\text{kN}]$는? (단, 보의 지간은 3.3m, 콘크리트의 쪼갬인장강도 $f_{sp} = 1.4\text{MPa}$, 콘크리트의 설계기준압축강도 $f_{ck} = 25\text{MPa}$, 인장철근의 설계기준항복강도 $f_y = 350\text{MPa}$이며, KDS(2021) 설계기준을 적용한다)

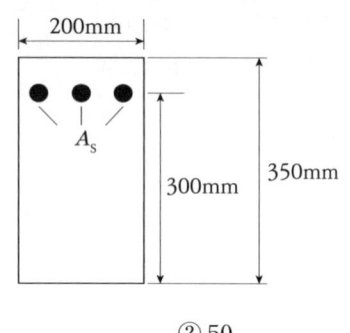

① 25　　　② 50
③ 75　　　④ 100

10

KDS(2021) 설계기준에서 제시된 근사해법을 적용하여 1방향 슬래브를 설계할 때 그 순서를 바르게 나열한 것은?

> ㄱ. 슬래브의 두께를 결정한다.
> ㄴ. 단변에 배근되는 인장철근량을 산정한다.
> ㄷ. 장변에 배근되는 온도철근량을 산정한다.
> ㄹ. 계수하중을 계산한다.
> ㅁ. 단변 슬래브의 계수휨모멘트를 계산한다.

① ㄱ → ㄹ → ㅁ → ㄴ → ㄷ
② ㄱ → ㄹ → ㄴ → ㄷ → ㅁ
③ ㄹ → ㅁ → ㄷ → ㄴ → ㄱ
④ ㄹ → ㄱ → ㄴ → ㄷ → ㅁ

11

KS F 2423(콘크리트의 쪼갬인장 시험방법)에 준하여 $\phi 100\text{mm} \times 200\text{mm}$ 원주형 표준공시체에 대한 쪼갬인장강도 시험을 실시한 결과, 파괴 시 하중이 75kN으로 측정된 경우 쪼갬인장강도[MPa]는? (단, $\pi = 3$으로 계산하며, KDS(2021) 설계기준을 적용한다)

① 1.5　　　② 2.0
③ 2.5　　　④ 5.0

12

그림과 같이 연직하중 P와 휨모멘트 M이 바닥판과 기둥의 중심에 작용하는 철근콘크리트 확대기초의 최대 지반응력[kN/m²]은? (단, 기초의 자중은 무시한다)

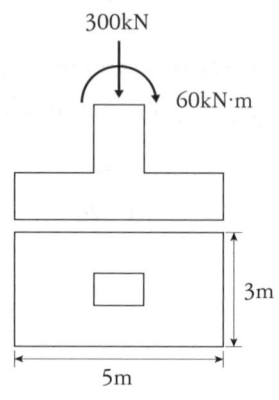

① 24.8　　　② 29.2
③ 34.4　　　④ 39.2

13

건축구조물의 경우 12mm 두께의 강판과 14mm 두께의 강판을 필릿용접할 때 요구되는 최소 용접치수[mm]는? 〈설계기준 변경으로 문제 변경〉

① 4　　　　　　② 6
③ 10　　　　　　④ 12

14

그림과 같은 중력식 옹벽의 전도에 대한 안전율은? (단, 콘크리트의 단위중량 $\gamma_c=25\text{kN/m}^3$, 흙의 내부마찰각 $\phi=30°$, 점착력 $c=0$, 흙의 단위중량 $\gamma_s=20\text{kN/m}^3$, 옹벽 전면에 작용하는 수동토압은 무시하며, KDS(2021) 설계기준을 적용한다)

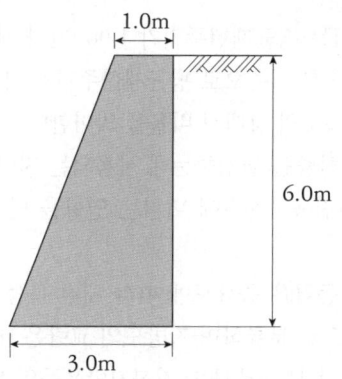

① 1.52　　　　　② 2.08
③ 2.40　　　　　④ 3.50

15

그림과 같이 자중을 포함한 등분포하중 $w=20\text{kN/m}$가 재하된 프리스트레스트콘크리트 단순보에 긴장력 $P=2,000\text{kN}$이 작용할 때 보에 작용하는 순하향 하중[kN/m]은? (단, 프리스트레스의 손실은 무시한다)

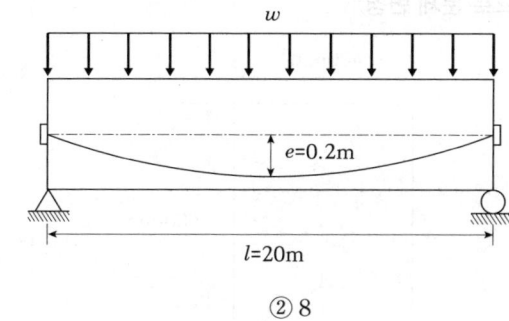

① 4　　　　　　② 8
③ 12　　　　　　④ 16

16

길이 10m의 포스트텐셔닝 콘크리트 보의 긴장재에 1,500 MPa의 프리스트레스를 도입하여 일단 정착하였더니 정착부 활동이 6mm 발생하였다. 이때 프리스트레스의 손실률[%]은? (단, 긴장재는 직선으로 배치되어 긴장재와 쉬스의 마찰은 없으며, 탄성계수 $E_p=200\text{GPa}$이다)

① 8　　　　　　② 10
③ 12　　　　　　④ 14

17

그림과 같은 단철근 직사각형 콘크리트 보에 사용 가능한 최대 인장철근비 ρ_{max}는? (단, 콘크리트의 설계기준 압축강도 $f_{ck}=35$MPa, 인장철근의 설계기준 항복강도 $f_y=255$MPa, $\beta_1=0.8$로 하며, KDS(2021) 설계기준을 적용한다) 〈설계기준 변경으로 문제 변경〉

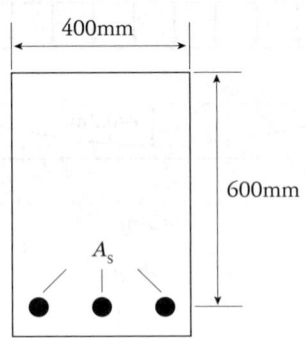

① 0.011
② 0.022
③ 0.031
④ 0.042

18

500mm×500mm 정사각형 단면을 가진 비횡구속 띠철근 기둥의 장주효과를 무시할 수 있는 최대 비지지길이[m]는? (단, 기둥의 양단은 힌지로 지지되어 있으며, KDS(2021) 설계기준을 적용한다)

① 3.3
② 4.3
③ 6.8
④ 7.9

19

T형 프리스트레스트콘크리트 단순보에 설계하중이 작용할 때 보의 처짐은 0이었으며, 프리스트레스 도입단계부터 보의 상연에 부착된 변형률 게이지로 측정된 콘크리트 탄성변형률 $\varepsilon_c=4.0\times10^{-4}$이었다. 이 경우 초기긴장력 P_i[kN]는? (단, 콘크리트의 탄성계수 $E_c=25$GPa, T형보의 총단면적 $A_g=170,000$mm², 프리스트레스의 유효율 $R=0.85$이다)

① 1,400
② 1,600
③ 1,800
④ 2,000

20

KDS 24 17 11 : 2022 설계기준에서 제시된 교량 내진설계에 관한 내용 중에서 옳지 않은 것은?

① 위험도계수 I는 평균재현주기가 1,000년인 지진의 유효수평지반가속도 S를 기준으로 평균재현주기가 다른 지진의 유효수평지반가속도의 상대적 비율을 의미한다.
② 교량의 지진하중을 결정하는데 사용되는 지반계수는 지반상태가 탄성지진응답계수에 미치는 영향을 반영하기 위한 보정계수이다.
③ 교량의 내진등급은 중요도에 따라 내진 특등급, 내진 I등급, 내진 II등급으로 분류하며 지방도의 교량은 내진 I등급이다.
④ 교량이 위치할 부지에 대한 지진지반운동의 유효수평지반가속도 S는 지진구역계수 Z에 각 평균재현주기의 위험도계수 I를 곱하여 결정한다.

01

그림과 같이 높이(h)가 800mm이고, 길이(L)가 20m인 PSC 단순보에서, 긴장력(P) 8,000kN을 작용시켰을 때, 긴장력에 의한 등가등분포 상향력 U[kN/m]는? (단, 중앙부 편심(e) 300mm, 양 단부 편심(e) 0mm로 2차 포물선으로 긴장재가 배치되어 있으며, 자중 및 긴장력 손실은 무시한다)

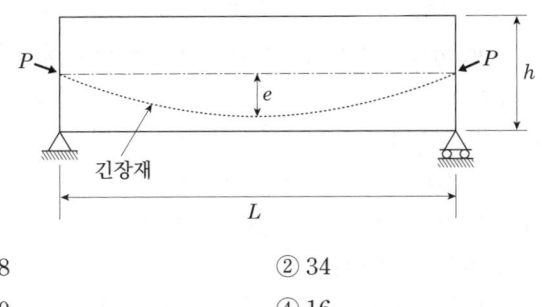

① 48 ② 34
③ 20 ④ 16

02

그림과 같이 기둥의 단부 조건이 양단 힌지이며, 비지지길이가 l_u인 기둥의 좌굴하중은? (단, E는 탄성계수, I는 단면2차모멘트이며, 탄성 좌굴로 거동한다)

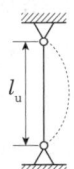

① $\dfrac{0.25\pi^2 EI}{(l_u)^2}$ ② $\dfrac{\pi^2 EI}{(l_u)^2}$
③ $\dfrac{2.04\pi^2 EI}{(l_u)^2}$ ④ $\dfrac{4\pi^2 EI}{(l_u)^2}$

03

그림과 같은 복철근 직사각형보의 공칭휨강도 M_n 및 등가직사각형 응력블록의 깊이 a를 구하는 식은? (단, 인장철근 및 압축철근은 항복하였고, 콘크리트 설계기준압축강도는 f_{ck}, 철근의 설계기준 항복강도는 f_y이며, 콘크리트구조 휨 및 압축 설계기준(KDS 14 20 20 : 2021)을 따른다) 〈설계기준 변경으로 문제 변경〉

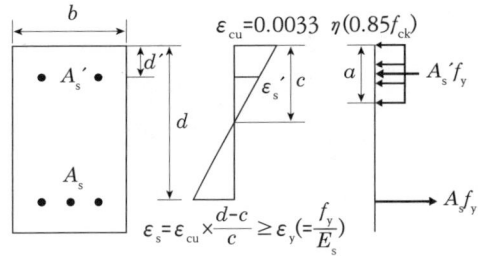

	M_n	a
①	$A_s'f_y(d-d')+(A_s-A_s')f_y\left(d-\dfrac{a}{2}\right)$	$\dfrac{(A_s-A_s')f_y}{\eta 0.85 f_{ck}}$
②	$A_s'f_y(d-d')+(A_s-A_s')f_y\left(d-\dfrac{a}{2}\right)$	$\dfrac{(A_s-A_s')f_{ck}}{\eta 0.85 f_y b}$
③	$A_s f_y(d-c)+(A_s-A_s')f_y\left(d-\dfrac{a}{2}\right)$	$\dfrac{(A_s-A_s')f_y}{\eta 0.85 f_{ck} b}$
④	$A_s'f_y(d-d')+(A_s-A_s')f_y\left(d-\dfrac{a}{2}\right)$	$\dfrac{(A_s-A_s')f_y}{\eta 0.85 f_{ck} b}$

04

포스트텐션에 의한 프리스트레스를 도입할 때 발생 가능한 즉시 손실의 원인만을 모두 고르면?

ㄱ. 정착장치의 활동	ㄴ. 콘크리트 크리프
ㄷ. 콘크리트 탄성변형	ㄹ. 콘크리트 건조수축
ㅁ. PS강재의 릴렉세이션	ㅂ. PS강재와 쉬스 사이의 마찰

① ㄱ, ㄴ, ㅁ ② ㄱ, ㄷ, ㅂ
③ ㄴ, ㄷ, ㄹ ④ ㄴ, ㄷ, ㅂ

05

편심이 없는 중심 축하중만을 받는 I형 단면을 가진 강재 기둥 설계에 대한 설명으로 옳지 않은 것은? (단, 자중 및 국부좌굴은 고려하지 않는다)

① 하중이 임계좌굴하중에 도달하면 기둥은 세장비가 가장 작은 주축에 대해 좌굴이 발생한다.
② 지점조건, 비지지길이, 단면적이 모두 일정할 때 단면의 회전반경이 증가하면 좌굴하중은 증가한다.
③ 탄성좌굴을 유발하는 평균압축응력은 세장비의 제곱에 반비례한다.
④ 좌굴응력이 비례한계보다 작은 경우, 탄성상태에서 좌굴이 발생한다.

06

그림과 같이 슬래브와 보를 일체로 타설한 경간이 20m인 단순지지된 철근콘크리트 보가 있다. 빗금친 T형 단면에 대한 내용으로 옳은 것은? (단, 콘크리트구조 해석과 설계 원칙(KDS 14 20 10 : 2021)을 따른다)

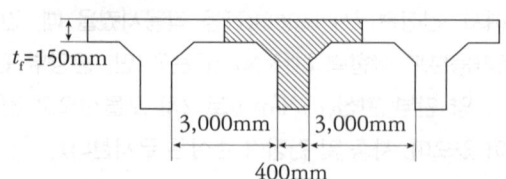

① t_f를 180mm로 증가시키면 빗금친 T형 단면의 유효폭(b)은 증가한다.
② 경간 중앙의 T형 단면에서 종방향 휨모멘트에 의해 슬래브 콘크리트 전체 단면이 종방향 인장응력을 받는다.
③ 등가직사각형 응력블록 깊이(a)가 t_f보다 크면 직사각형 단면으로 간주하여 해석한다.
④ 빗금친 T형 단면의 유효폭(b)은 3,000mm이다.

07

단면이 두꺼운 매스콘크리트 교량 확대기초 시공 시 온도균열의 방지나 제어를 위해 고려하는 방안으로 적절하지 않은 것은?

① 프리쿨링 또는 파이프쿨링을 적절히 적용한다.
② 1종 시멘트를 조강 시멘트로 대체하여 사용한다.
③ 1회당 콘크리트 타설 높이를 적절하게 나누어 시공한다.
④ 1종 시멘트 대신 중용열 시멘트 또는 저발열 시멘트를 사용한다.

08

암거와 라멘 구조물의 설계에 대한 설명으로 옳은 것은?

① 토압이 작용하는 경우 측벽에 작용하는 토압은 깊이에 따라 일정한 직사각형 분포로 고려한다.
② 상자암거 설계에서 활하중을 고려하지 않는다.
③ 매설된 경우에 매설깊이는 고려할 필요가 없다.
④ 라멘 구조물의 경우 일반적으로 수평부재와 연직부재가 만나는 절점부에서 모멘트에 대한 수평부재의 위험단면은 연직부재의 전면으로 볼 수 있다.

09

휨모멘트와 축력을 받는 철근콘크리트 부재의 설계를 위한 일반 가정으로 옳지 않은 것은? (단, 콘크리트구조 휨 및 압축 설계기준(KDS 14 20 20 : 2021)을 따르며, $f_{ck} \leq 40\text{MPa}$) 〈설계기준 변경으로 문제 변경〉

① 인장철근이 설계기준항복강도 f_y에 대응하는 변형률에 도달하고 동시에 압축연단 콘크리트가 가정된 극한변형률인 0.0033에 도달할 때, 그 단면이 균형변형률 상태에 있다고 본다.
② 압축연단 콘크리트가 가정된 극한변형률인 0.0033에 도달할 때 최외단 인장철근의 순인장변형률 ε_t가 압축지배변형률 한계 이하인 단면을 압축지배단면이라고 한다.
③ 휨부재의 강도를 증가시키기 위하여 추가 인장철근과 이에 대응하는 압축철근을 사용할 수 있다.
④ 압축연단 콘크리트가 가정된 극한변형률인 0.0033에 도달할 때 최외단 인장철근의 순인장변형률 ε_t가 0.0033인 단면은 인장지배단면으로 분류된다.

10

그림과 같은 단면을 가진 T형보에 정모멘트가 작용할 때 극한상태에서의 등가직사각형 응력블록의 깊이 a가 200mm라면 콘크리트에 작용하는 압축력의 크기[kN]는? (단, $f_{ck}=24\text{MPa}$, $f_y=400\text{MPa}$이며, 콘크리트구조 휨 및 압축 설계기준(KDS 14 20 20 : 2021)을 따른다)

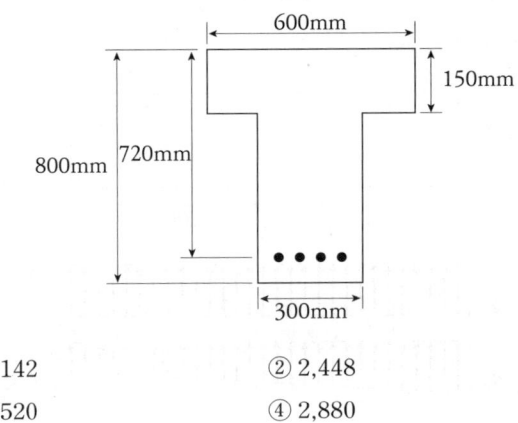

① 2,142
② 2,448
③ 2,520
④ 2,880

11

전단철근이 부담해야 할 전단력 $V_s=500\text{kN}$일 때, 전단철근(수직스터럽)의 간격 s를 240mm로 하면 직사각형 단면에서 필요한 최소 유효깊이 $d[\text{mm}]$는? (단, 보통중량콘크리트이며 $f_{ck}=36\text{MPa}$, $f_y=400\text{MPa}$, $b=400\text{mm}$, 전단철근의 면적 $A_v=500\text{mm}^2$이고, 콘크리트구조 전단 및 비틀림 설계기준(KDS 14 20 22 : 2021)을 따른다. 또한, 전단철근 최대간격 기준을 만족한다)

① 550
② 600
③ 650
④ 700

12

그림과 같이 기초에 편심하중이 작용할 때 기초 저면에 생기는 응력 분포 형상은? (단, 단위폭으로 고려하고, $e=100mm$, 지반조건은 균일하며, 자중은 무시한다)

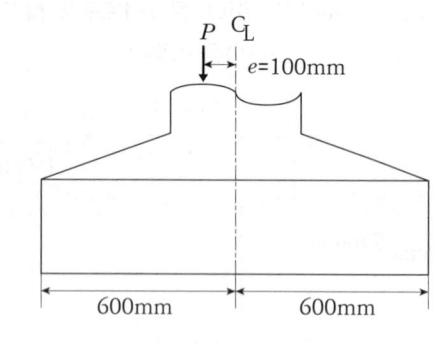

①

②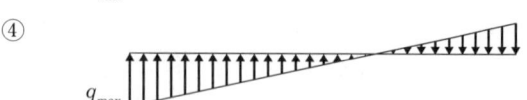

③

④

13

그림과 같이 중립축으로부터 편심거리 e만큼 떨어진 지점에 긴장력 P를 작용시킨 프리스트레스트 콘크리트(PSC) 보의 중앙 단면에서의 응력 분포로 적절한 것은? (단, PSC보의 프리스트레스만 고려하고 자중은 무시하며, (+)는 압축응력, (−)는 인장응력으로 정의한다. 단면은 직사각형이며, 이외 다른 조건은 고려하지 않는다)

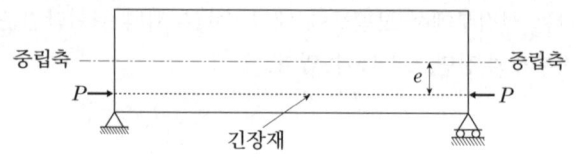

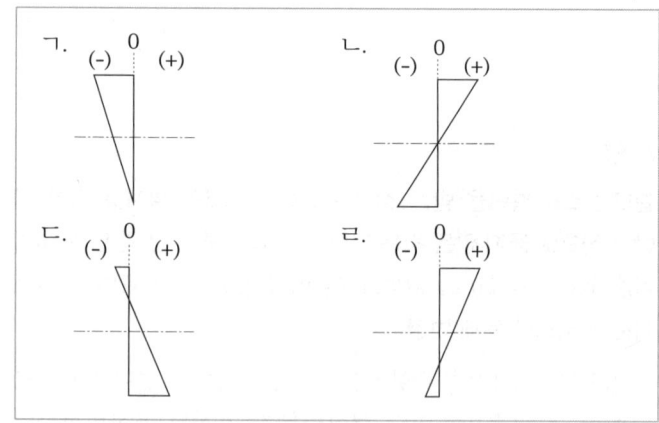

① ㄱ ② ㄴ
③ ㄷ ④ ㄹ

14

그림과 같이 1방향 슬래브 단면에 주철근으로 D13 철근을 200mm 간격으로 보강하여 휨설계를 하고자 할 때, 등가직사각형 응력블록의 깊이 a[mm]는? (단, D13 철근 하나의 공칭 단면적은 126mm²로 하고, 유효깊이 $d=170$mm, $f_{ck}=21$MPa, $f_y=340$MPa이며, 콘크리트 구조 휨 및 압축 설계기준(KDS 14 20 20 : 2021)을 따른다)

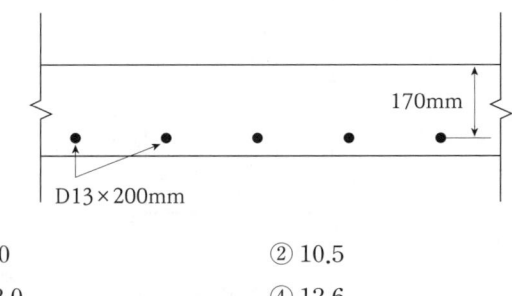

① 9.0 ② 10.5
③ 12.0 ④ 12.6

15

철근콘크리트 구조물에서 부착 철근의 중심 간격이 $5(c_c+d_b/2)$ 이하인 경우, 설계 균열폭을 감소시킬 수 있는 방법으로 옳지 않은 것은? (단, c_c는 최외단 인장철근의 최소피복 두께, d_b는 철근 공칭지름을 의미하며, 콘크리트구조 사용성 설계기준(KDS 14 20 30 : 2021)을 따른다)

① 원형철근 대신 이형철근을 사용한다.
② 철근의 순피복 두께를 크게 한다.
③ 동일한 철근비에 대해 지름이 작은 철근을 사용한다.
④ 동일한 철근 지름에 대해 철근비를 크게 한다.

16

휨부재에서 $f_{ck}=25$MPa, $f_y=500$MPa일 때 인장 이형철근(D25)의 겹침이음 길이[mm]는? (단, $\lambda=1.0$, $d_b=25$mm, $\dfrac{배근철근량}{소요철근량}=1.5$로 한다)

① 1,500 ② 1,650
③ 1,800 ④ 1,950

17

폭이 400mm, 높이가 400mm인 철근콘크리트 보에 대해 비틀림의 영향을 무시할 수 없는 계수 비틀림모멘트의 최솟값 [kN·m]은? (단, $f_{ck}=36$MPa인 보통중량콘크리트 보이며, 콘크리트구조전단 및 비틀림 설계기준(KDS 14 20 22 : 2021)을 따르고, 비틀림모멘트만을 고려한다)

① 4 ② 6
③ 8 ④ 10

18

그림은 철근콘크리트 단순보에서 철근 배근을 표현한 것이다. 자중의 영향만을 고려할 때 전단철근과 지간 중앙에서의 압축철근을 바르게 연결한 것은? (단, 왼쪽 하단에 지점으로 지지되어 있다)

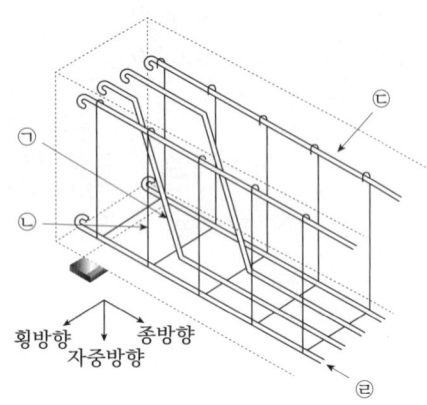

	전단철근	압축철근
①	㉠, ㉡	㉢
②	㉠, ㉡	㉣
③	㉡, ㉣	㉠
④	㉡, ㉣	㉢

19

그림과 같은 동일 재질의 강재로 만들어진 직사각형 단면에 대해 $x-x$ 축에 대한 소성단면계수[$\times 10^6 \text{mm}^3$]는? (단, 좌굴은 고려하지 않는다)

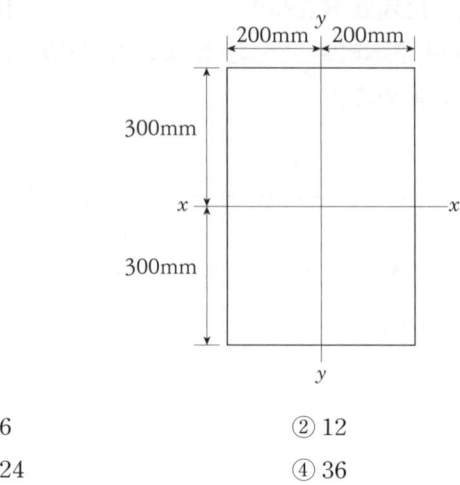

① 6
② 12
③ 24
④ 36

20

토목 철근콘크리트 구조물의 설계 방법에 대한 설명으로 옳지 않은 것은?

① 허용응력설계법은 구조물을 안전하게 설계하기 위해 하중에 의해 부재에 유발된 응력이 허용응력을 초과하였는지를 검증한다.
② 한계상태설계법은 하중과 재료에 대하여 각각 하중계수와 재료계수를 사용하여 이들의 특성을 설계에 합리적으로 반영한다.
③ 설계법은 이론, 재료, 설계 및 시공 기술 등의 발전과 더불어 강도설계법 → 허용응력설계법 → 한계상태설계법 순서로 발전되었다.
④ 강도설계법은 기본적으로 부재의 파괴상태 또는 파괴에 가까운 상태에 기초를 둔 설계법이다.

2021 지방직

01
철근콘크리트 구조와 비교할 때 프리스트레스트 콘크리트 구조의 장점으로 옳지 않은 것은?

① 내구성 및 수밀성이 좋다.
② 내화성이 우수하고 날씬한 구조가 가능하다.
③ 긴장재를 절곡해서 배치할 경우, 단면의 전단력이 감소된다.
④ 탄성적이고 복원성이 우수하다.

02
철근콘크리트 보의 휨파괴 유형에 대한 설명으로 옳지 않은 것은?

① 연성파괴는 과소철근보로 설계되어 인장철근이 먼저 항복하여 파괴되는 유형이다.
② 취성파괴는 과다철근보로 설계되어 압축연단 콘크리트의 변형률이 극한변형률에 먼저 도달하여 파괴되는 유형이다.
③ 균형파괴는 인장철근이 항복함과 동시에 콘크리트가 압축파괴되는 유형이다.
④ 취성파괴는 철근콘크리트 보의 바람직한 파괴 유형이다.

03
프리텐션 방식의 PSC보에서 발생되는 손실의 요인으로 옳지 않은 것은?

① 콘크리트의 탄성수축
② 콘크리트의 크리프
③ 콘크리트의 건조수축
④ 긴장재와 덕트 사이의 마찰

04
철근콘크리트 보의 휨 거동단계 순서로 옳은 것은?

① 탄성거동 단계 → 파괴상태 단계 → 균열발생 단계
② 균열발생 단계 → 파괴상태 단계 → 탄성거동 단계
③ 탄성거동 단계 → 균열발생 단계 → 파괴상태 단계
④ 균열발생 단계 → 탄성거동 단계 → 파괴상태 단계

05
단변 : 장변 경간의 비가 2 : 3인 4변 단순지지 2방향 슬래브의 중앙점에 연직집중하중 P가 작용할 때, 단경간이 부담하는 하중은?

① $\frac{3}{5}P$
② $\frac{9}{13}P$
③ $\frac{27}{35}P$
④ $\frac{81}{97}P$

06
그림과 같은 단면을 갖는 나선철근 기둥의 최소 나선철근비[%]는? (단, 나선철근의 설계기준항복강도 $f_y=500$MPa, 콘크리트의 설계기준압축강도 $f_{ck}=25$MPa, KDS 14 20 20 : 2021을 따른다)

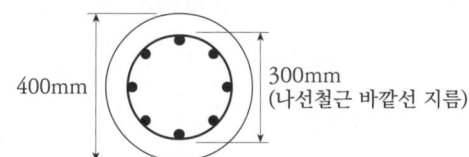

① 1.65
② 1.75
③ 1.85
④ 1.95

07

기둥으로부터 전달되는 사용 고정하중 1,100kN과 사용 활하중 700kN을 지지할 수 있는 정사각형 독립확대기초를 설계할 때, 정사각형 기초판의 한 변 길이의 최솟값[m]은? (단, 지반의 허용지지력 $q_a=0.2\text{MPa}$이고 기초판의 자중은 무시하며, KDS 14 20 70 : 2021을 따른다)

① 2.0　　② 2.5
③ 3.0　　④ 3.5

08

그림과 같은 철근콘크리트 보에 정모멘트가 작용할 때, 등가직사각형 압축응력블록을 사용하여 계산한 단면의 설계휨강도 M_d [kN·m]는? (단, 콘크리트의 설계기준압축강도 $f_{ck}=20\text{MPa}$, 철근의 설계기준항복강도 $f_y=400\text{MPa}$, 인장철근 단면적 $A_s=1,275\text{mm}^2$, KDS 14 20 10 : 2021 및 KDS 14 20 20 : 2021을 따른다)

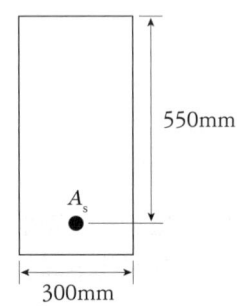

① 216.75　　② 310.75
③ 375.75　　④ 391.75

09

그림과 같이 긴장재를 절곡하여 배치한 PSC보에서 프리스트레스힘만에 의한 중앙단면의 솟음값은? (단, $\sin\theta \cong \tan\theta$이고, EI는 단면의 휨강성이다)

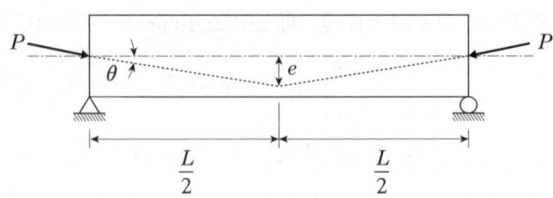

① $\dfrac{1}{8}\dfrac{PeL^2}{EI}$　　② $\dfrac{1}{12}\dfrac{PeL^2}{EI}$

③ $\dfrac{1}{48}\dfrac{PeL^2}{EI}$　　④ $\dfrac{1}{53}\dfrac{PeL^2}{EI}$

10

강구조연결설계기준(하중저항계수설계법)에서 제시된 이음부의 설계세칙으로 옳지 않은 것은? (단, KDS 14 31 25를 따른다)
〈설계기준 변경으로 문제 변경〉

① 응력을 전달하는 필릿용접의 최소유효길이는 공칭용접치수의 10배 이상 또한 30mm 이상을 원칙으로 한다.
② 응력을 전달하는 겹침이음은 2열 이상의 필릿용접을 원칙으로 하고, 겹침길이는 얇은쪽 판 두께의 5배 이상 또한 25mm 이상으로 한다.
③ 고장력볼트의 구멍중심 간의 거리는 공칭직경의 2.5배를 최소거리로 하고 3배를 표준거리로 한다.
④ 고장력볼트의 구멍중심에서 볼트머리 또는 너트가 접하는 부재의 연단까지의 최대거리는 판 두께의 16배 이하 또한 200mm 이하로 한다.

11

강도설계법에서 $P-M$ 상관도를 이용한 기둥설계에 대한 설명으로 옳지 않은 것은? (단, $e_{\min}$은 최소편심이고, e_b는 균형편심이다)

① $e_{\min}<e<e_b$인 경우, 부재의 강도는 철근의 압축으로 지배된다.
② $e>e_b$인 경우, 부재의 강도는 철근의 인장으로 지배된다.
③ 균형편심 e_b는 부재의 압축지배와 인장지배를 구분하는 기준이 된다.
④ $e<e_{\min}$인 경우, 중심 축하중을 받는 기둥으로 설계한다.

12

콘크리트구조 설계(강도설계법)에서 고려되는 강도감소계수(ϕ)에 대한 설명으로 옳지 않은 것은? (단, KDS 14 20 10 : 2021을 따른다)

① 휨모멘트와 축력을 받는 부재에 대하여 인장지배단면의 강도감소계수는 0.85이다.
② 포스트텐션 정착구역의 강도감소계수는 0.65이다.
③ 전단력과 비틀림모멘트를 받는 부재의 강도감소계수는 0.75이다.
④ 휨모멘트와 축력을 받는 부재에 대하여 나선철근으로 보강된 압축지배단면의 강도감소계수는 0.70이다.

13

옹벽의 안정에 대한 설명으로 옳지 않은 것은? (단, KDS 14 20 74 : 2021을 따른다)

① 전도에 대한 저항 휨모멘트는 횡토압에 의한 전도모멘트의 1.5배 이상이어야 한다.
② 지반에 유발되는 최대 지반반력은 지반의 허용지지력을 초과할 수 없다.
③ 활동에 대한 저항력은 옹벽에 작용하는 수평력의 1.5배 이상이어야 한다.
④ 지반반력의 분포경사가 비교적 작은 경우에는 최대 지반반력이 지반의 허용지지력 이하가 되도록 하여야 한다.

14

휨모멘트와 축력을 받는 철근콘크리트 부재의 강도설계에 포함된 기본 가정으로 옳지 않은 것은? (단, KDS 14 20 20 : 2021을 따른다)

① 콘크리트의 인장강도는 철근콘크리트 부재 단면의 축강도와 휨강도 계산에서 무시할 수 있다.
② 콘크리트 압축응력의 분포와 콘크리트 변형률 사이의 관계는 직사각형, 사다리꼴, 포물선형 또는 강도의 예측에서 광범위한 실험의 결과와 실질적으로 일치하는 어떤 형상으로도 가정할 수 있다.
③ 철근과 콘크리트의 변형률은 중립축으로부터 거리에 비례하는 것으로 가정할 수 있으며, 깊은 보는 비선형 변형률 분포를 고려하여야 한다.
④ 철근의 응력이 설계기준항복강도를 초과할 때 철근의 응력은 그 변형률에 탄성계수를 곱한 값으로 한다.

15

휨모멘트와 전단력을 받는 직사각형 철근콘크리트 보에서 폭 $b=400$mm이고 유효깊이 $d=600$mm인 경우, 콘크리트에 의한 공칭전단강도 V_c[kN]는? (단, 보통중량콘크리트의 설계기준압축강도 $f_{ck}=25$MPa, KDS 14 20 22 : 2021을 따른다)

① 100　　② 150
③ 167　　④ 200

16

폭 $b=200$mm, 높이 $h=300$mm인 직사각형 철근콘크리트 보 단면에서 휨균열을 일으키는 휨모멘트 M_{cr}[kN·m]은? (단, 보통중량콘크리트의 설계기준압축강도 $f_{ck}=25$MPa, KDS 14 20 30 : 2021을 따른다)

① 8.50　　② 8.75
③ 9.00　　④ 9.45

17

그림과 같은 리벳 접합의 허용전단력[kN]은? (단, 리벳의 허용전단응력은 120MPa, 허용지압응력은 170MPa이다)

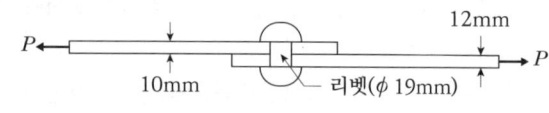

① 32.3　　② 34.0
③ 38.7　　④ 40.0

18

휨모멘트와 전단력을 받는 직사각형 철근콘크리트 보에서 전단철근을 사용하지 않고 보통중량콘크리트만으로 계수전단력 V_u를 지지하고자 할 때, 필요한 보의 최소단면적(bd)은? (단, f_{ck}는 콘크리트의 설계기준압축강도, b는 보의 폭, d는 유효깊이, KDS 14 20 22 : 2021을 따른다)

① $\dfrac{10V_u}{\sqrt{f_{ck}}}$　② $\dfrac{12V_u}{\sqrt{f_{ck}}}$　③ $\dfrac{16V_u}{\sqrt{f_{ck}}}$　④ $\dfrac{20V_u}{\sqrt{f_{ck}}}$

19

인장 이형철근 D32(직경 $d_b=31.8$mm)의 기본정착길이 l_{db}[mm]는? (단, 보통중량콘크리트의 설계기준압축강도 $f_{ck}=25$MPa, 철근의 설계기준항복강도 $f_y=400$MPa이다)

① 1,276.4　　② 1,336.4
③ 1,456.4　　④ 1,526.4

20

그림과 같은 T형보에 정모멘트가 작용할 때, 등가 직사각형 압축응력블록을 사용하여 계산한 단면의 공칭휨강도 M_n[kN·m]은? (단, 콘크리트의 설계기준압축강도 $f_{ck}=20$MPa, 철근의 설계 기준항복강도 $f_y=400$MPa, 인장철근 단면적 $A_s=3,400$mm², KDS 14 20 20 : 2021을 따른다)

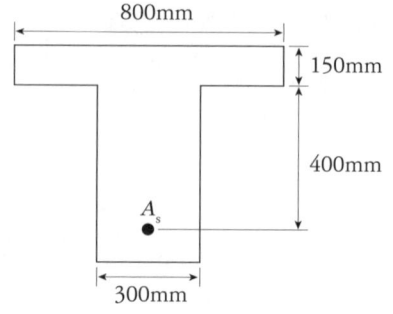

① 620　　② 680　　③ 720　　④ 780

01

철근콘크리트 옹벽의 안정해석에서 평상시 전도에 대한 기준 안전율은?

① 3.5　　　　② 3.0
③ 2.5　　　　④ 2.0

02

단순 지지된 철근콘크리트 슬래브 구조에 대한 설명으로 옳지 않은 것은?

① 2방향 슬래브는 두 방향의 주철근으로 하중에 저항하는 바닥판이다.
② 1방향 슬래브에서 응력을 분포시킬 목적으로 주철근과 직각 방향으로 배력철근을 배치한다.
③ 4변에 의해 지지되는 1방향 슬래브는 장변 방향으로만 주철근을 배근한다.
④ 슬래브는 단변에 대한 장변의 비에 따라 1방향 슬래브와 2방향 슬래브로 나뉜다.

03

철근콘크리트 보에 전단철근을 배근하여 얻을 수 있는 효과로 옳지 않은 것은?

① 전단철근의 인장응력에 의해 전단강도를 증가시킨다.
② 경사균열을 가로질러 배치된 전단철근은 전단강도 증가에 기여한다.
③ 폐합 스터럽으로 측면을 구속하기 때문에 콘크리트의 압축강도와 연성을 감소시킨다.
④ 전단철근은 전단파괴를 연성적으로 일어나도록 해준다.

04

프리스트레스트 콘크리트 부재에서 프리스트레스 도입 후에 발생하는 시간적 손실의 원인에 해당하는 것은?

① 콘크리트의 크리프
② 정착장치의 활동
③ 콘크리트의 탄성수축
④ 포스트텐션 긴장재와 덕트 사이의 마찰

05

프리스트레스트 콘크리트를 해석하기 위한 기본 개념이 아닌 것은?

① 균등질보의 개념
② 공액보의 개념
③ 내력모멘트의 개념
④ 하중평형의 개념

06

하중저항계수법으로 강구조 압축부재를 설계할 경우, 비세장판 단면을 가진 부재의 공칭압축강도가 $P_n=100\text{kN}$일 때 설계압축강도[kN]는? (단, 강도저항계수 $\phi_c=0.90$이다)

① 65　　② 70
③ 90　　④ 100

07

단철근 직사각형 보에서 지속하중에 의한 탄성처짐이 15mm 발생하였을 때, 7년 후 지속하중에 의한 추가 장기처짐[mm]은?(단, 5년 후의 장기처짐 계수는 2.0이다)

① 15　　② 30
③ 40　　④ 45

08

보의 경간이 12m이고, 양쪽 슬래브의 중심 간 거리가 2m인 대칭 T형보에서 유효폭[mm]은? (단, 플랜지 두께 $t_f=100\text{mm}$, 복부폭 $b_w=600\text{mm}$이다)

① 1,800　　② 2,000
③ 2,200　　④ 3,000

09

단철근 직사각형 보에서 저보강보의 중립축 위치에 대한 설명으로 옳은 것은?

① 균형보의 중립축 위치보다 압축 연단 쪽에 위치한다.
② 균형보의 중립축 위치보다 인장 연단 쪽에 위치한다.
③ 균형보의 중립축 위치와 일치한다.
④ 과보강보의 중립축 위치보다 인장 연단 쪽에 위치한다.

10

철근콘크리트 보의 휨파괴 유형 중 취성파괴에 대한 설명으로 옳지 않은 것은?

① 취성파괴는 인장철근량이 최소 철근량보다 적으면 일어나지 않는다.
② 취성파괴는 균형철근비보다 많은 철근비를 사용한 과보강보의 파괴유형이다.
③ 취성파괴는 인장철근이 항복하기 전에 콘크리트의 압축변형률이 극한변형률에 먼저 도달하여 일어난다.
④ 취성파괴는 콘크리트의 압축파괴가 먼저 시작되어 갑자기 파괴된다.

11

콘크리트 구조물에 발생하는 균열에 대한 설명으로 옳지 않은 것은?

① 균열의 발생 요인으로는 사용재료에 의한 요인, 시공상의 문제에 의한 요인, 설계상의 문제에 의한 요인, 사용환경에 의한 요인 등이 있다.
② 철근의 피복두께 부족, 정착길이 부족 등으로 인해 균열이 발생하기도 한다.
③ 구조물의 내구성을 위해서는 균열의 폭은 문제가 되지 않고, 균열의 수가 문제가 된다.
④ 구조적 균열에는 휨균열, 전단균열 등이 있다.

12

철근콘크리트 부재에 압축력 P가 편심 없이 작용할 때, 콘크리트에 작용하는 응력 f_c는? (단, 부재는 탄성거동 범위 내에 있으며, 압축력은 장기하중이 아닌 단기하중으로 작용하고 있고, A_g는 전체 단면적, A_c는 콘크리트의 단면적, A_s는 축방향 철근의 단면적, n은 철근과 콘크리트의 탄성계수비(E_s/E_c)이다)

① $\dfrac{P}{A_g+(2n-1)A_s}$
② $\dfrac{P}{A_g+(n-1)A_c}$
③ $\dfrac{P}{A_g+(n-1)A_s}$
④ $\dfrac{P}{A_g+nA_s}$

13

단철근 직사각형단면을 가지는 지간길이 6m인 단순보의 지간중앙에 계수집중하중 80kN과 보의 자중을 포함한 계수등분포하중 30kN/m이 작용할 때, 보의 지간중앙에서 계수모멘트[kN·m]는?

① 120 ② 135
③ 155 ④ 255

14

유효깊이 $d=540$mm, 압축연단에서 중립축까지의 거리 $c=180$mm인 단철근 직사각형보에서 인장철근의 변형률은? (단, 인장철근은 1단 배근되어 있고, 콘크리트의 극한 변형률은 0.003이다)

① 0.003 ② 0.004
③ 0.005 ④ 0.006

15

철근의 부착성능에 영향을 주는 요인에 대한 설명으로 옳지 않은 것은?

① 콘크리트의 압축강도가 커지면 부착강도가 커진다.
② 피복두께가 두꺼우면 부착강도가 작아진다.
③ 블리딩의 영향으로 수평철근이 수직철근보다 부착강도가 작다.
④ 이형철근이 원형철근보다 부착강도가 크다.

16

정사각형 확대기초의 한 변의 길이가 3m이고, 기초 지반의 허용지지력(q_a)이 250kN/m²일 때, 확대기초 중앙에 허용할 수 있는 최대 압축력[kN]은?

① 250   ② 750
③ 1,250 ④ 2,250

17

그림과 같이 강재를 사용한 인장부재(두께 t)의 볼트 연결부(구멍직경 d)가 있다. 예상되는 파단선이 A−B일 때 순단면적(A_n)은? (단, A_g는 총단면적이다)

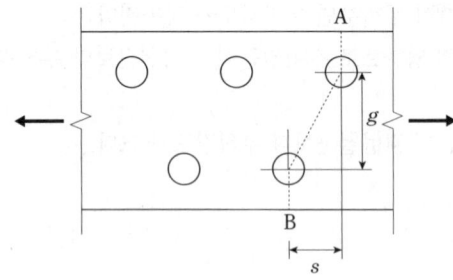

① $A_g - 2 \cdot d \cdot t$
② $A_g - 2 \cdot d \cdot t + \dfrac{s^2}{4g} \cdot t$
③ $A_g - d \cdot t + \dfrac{g^2}{4s} \cdot t$
④ $A_g - d \cdot t$

18

그림과 같이 연직하중 Q가 편심을 갖고 점 A에 작용하는 철근콘크리트 확대기초가 있다. 지반의 허용지지력(q_a)이 50kN/m²일 때, 허용할 수 있는 최대 하중(Q_{max})[kN]은?

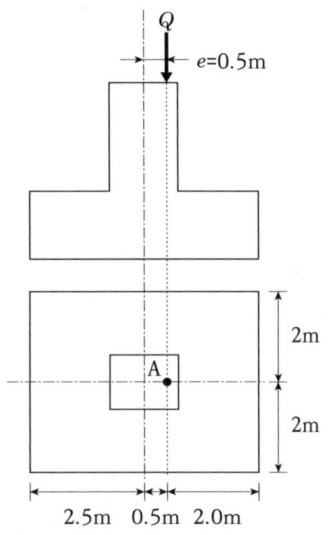

① 625   ② 525   ③ 571   ④ 671

19

구조재료로서 콘크리트에 비해 강재가 갖는 장점으로 옳지 않은 것은?

① 내화성이 좋다.
② 단위 면적당 강도가 크다.
③ 고강도 재료이다.
④ 공사기간이 빠르다.

20

그림과 같은 프리스트레스트 콘크리트 보에서 긴장재를 포물선으로 배치하고 프리스트레스 힘 $P=2,000$kN일 때, 프리스트레스에 의한 등가 등분포 상향력 u[kN/m]는? (단, $e=200$mm이며, 프리스트레스 힘 P와 단면 도심과의 각 θ는 미소하므로 $\cos\theta \approx 1$로 가정한다)

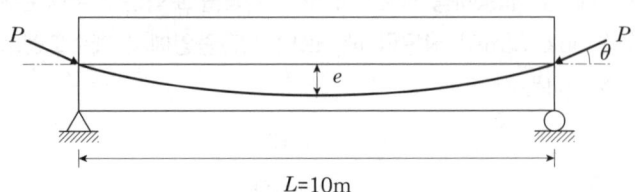

① 32   ② 42
③ 52   ④ 62

01

보통중량골재를 사용한 콘크리트에서 설계기준압축강도 $f_{ck}=35\text{MPa}$이고 충분한 시험자료가 없는 경우, 평균 압축강도 $f_{cm}[\text{MPa}]$은? (단, f_{cm}은 재령 28일에서 콘크리트의 평균 압축강도이다)

① 37 ② 38
③ 39 ④ 40

02

그림과 같이 재료, 단면, 길이는 모두 같으나 서로 다른 단부 조건을 가지고 있는 3개의 압축부재에 대하여 좌굴하중(임계하중)이 큰 것부터 순서대로 바르게 나열한 것은?

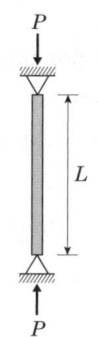
(가) 양단 힌지

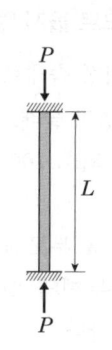
(나) 양단 고정

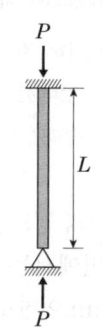
(다) 힌지 - 고정

① (가), (나), (다)
② (가), (다), (나)
③ (나), (가), (다)
④ (나), (다), (가)

03

설계기준압축강도(f_{ck})가 30MPa이고, 콘크리트 압축강도의 시험 횟수가 14회 이하의 조건인 경우, 콘크리트 배합강도 f_{cr} [MPa]은?

① 37.0 ② 38.5
③ 40.0 ④ 41.5

04

단순지지된 일반 철근콘크리트 보에서 지속하중에 의한 순간처짐이 발생하였다. 5년 후 휨부재의 크리프와 건조수축에 의한 추가 장기처짐은 순간(탄성)처짐의 몇 배인가? (단, 콘크리트 보 중앙부에서 측정된 압축철근비 $\rho'=0.005$이다)

① 1.2 ② 1.4
③ 1.6 ④ 1.8

05

하중저항계수설계법에 의하여 강구조물의 연결부를 설계할 때, 볼트구멍 지압강도 계산에 사용되는 저항계수 ϕ는?

① 0.70 ② 0.75
③ 0.80 ④ 0.85

06

다음 (가)와 (나)의 값이 바르게 연결된 것은?

설계기준항복강도 $f_y = 400\text{MPa}$의 철근에 인장력을 가하여 인장 변형률이 0.001에 도달했을 때 철근에 작용하는 인장응력 값이 (가) [MPa]이고, 인장 변형률이 0.004에 도달했을 때 철근에 작용하는 인장응력 값은 (나) [MPa]이다. (단, 철근의 탄성계수(E_s)는 2.0×10^5MPa이고, 철근의 응력-변형률 관계는 아래 그림과 같다)

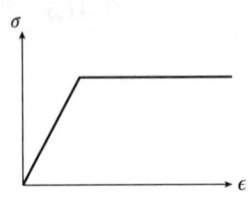

	(가)	(나)
①	200	400
②	200	800
③	250	400
④	250	800

07

보통중량콘크리트에 설치된 부재에서 압축력을 받는 D16 이형 철근의 기본정착길이 l_{db}[mm]는? (단, 콘크리트의 설계기준 압축강도 $f_{ck} = 25$MPa, 철근의 설계기준항복강도 $f_y = 300$MPa, D16 철근의 공칭지름은 16mm로 가정한다)

① 240　　② 320
③ 576　　④ 768

08

옹벽의 설계에 대한 설명으로 옳지 않은 것은?

① 캔틸레버식 옹벽의 저판은 전면벽과의 접합부를 고정단으로 간주한 캔틸레버로 가정하여 단면을 설계할 수 있다.
② 캔틸레버식 옹벽의 전면벽은 저판에 지지된 캔틸레버로 설계할 수 있다.
③ 부벽식 옹벽의 전면벽은 3변 지지된 2방향 슬래브로 설계할 수 있다.
④ 부벽식 옹벽의 저판은 부벽 사이의 거리를 경간으로 가정한 직사각형보 또는 T형보로 설계할 수 있다.

09

1방향 슬래브에 대한 설명으로 옳지 않은 것은?

① 4변에 의해 지지되는 2방향 슬래브 중에서 단변에 대한 장변의 비가 2배를 넘으면 1방향 슬래브로 해석한다.
② 1방향 슬래브의 두께는 최소 100mm 이상으로 하여야 한다.
③ 슬래브의 정모멘트 철근 및 부모멘트 철근의 중심 간격은 위험단면에서는 슬래브 두께의 2배 이하여야 하고, 또한 300mm 이하로 하여야 한다.
④ 슬래브의 정모멘트 철근 및 부모멘트 철근의 중심 간격은 위험단면을 제외한 단면에서는 슬래브 두께의 2배 이하여야 하고, 또한 600mm 이하로 하여야 한다.

10

그림과 같은 철근콘크리트 보를 설계할 때, 부재축에 직각으로 배치된 전단철근의 최대간격[mm]은? (단, 전단철근에 의한 단면의 공칭전단강도(V_s) 크기는 $V_s < \lambda\left(\dfrac{\sqrt{f_{ck}}}{3}\right)b_w d$이다)

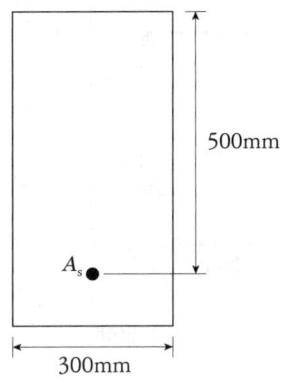

① 250 ② 300
③ 400 ④ 500

11

설계기준항복강도 $f_y = 350$MPa인 이형철근을 사용하는 철근콘크리트 보에서 피로를 고려하지 않아도 되는 철근의 응력 범위[MPa]는?

① 130 ② 140
③ 150 ④ 160

12

교량 설계하중조합(한계상태설계법)에 따라 도로교 설계 시, 교량은 경간 8m의 단순지지 구조이고 자중을 포함한 구조부재의 등분포 고정하중 20kN/m, 등분포 차량활하중 10kN/m가 작용할 때, 극한한계상태 하중조합 I에 대한 계수휨모멘트 M_u[kN·m]는? (단, KDS 24 12 11 : 2021에 따른다)

① 312 ② 344
③ 388 ④ 432

13

보통중량콘크리트를 사용하고, 캔틸레버로 지지된 리브가 없는 1방향 슬래브의 처짐을 계산하지 않아도 되는 슬래브의 최소두께[mm]는? (단, 큰 처짐에 의해 손상되기 쉬운 칸막이벽이나 기타 구조물을 지지 또는 부착하지 않고, 경간의 길이는 6m, 철근의 설계기준항복강도 $f_y = 350$MPa이다)

① 232 ② 279
③ 558 ④ 697

14

철근콘크리트 부재 내 사용되는 전단철근의 형태로 옳지 않은 것은?

① 원형 띠철근 또는 후프철근
② 주인장 철근에 45° 이상의 각도로 설치되는 스터럽
③ 설계기준항복강도(f_y)가 600MPa을 초과한 나선철근
④ 주인장 철근에 30° 이상의 각도로 구부린 굽힘철근

15

기둥 부재에 다음과 같은 하중이 작용하고 있을 때, 콘크리트구조 설계(강도설계법) 하중조합에 의한 기둥의 최대 소요강도 [kN]는?

| 고정하중=100kN | 활하중=100kN | 지진하중=100kN |

① 140 ② 190 ③ 280 ④ 320

16

슬래브의 직접설계법에 의한 정 및 부계수휨모멘트의 분배율로 옳지 않은 것은? (단, M_o는 전체 정적 계수휨모멘트이다)

① 내부 경간에서 부계수휨모멘트는 $0.65M_o$이다.
② 내부 경간에서 정계수휨모멘트는 $0.35M_o$이다.
③ 단부 경간에서 완전 구속된 외부 받침부의 부계수휨모멘트는 $0.65M_o$이다.
④ 단부 경간에서 완전 구속된 외부 받침부의 정계수휨모멘트는 $0.70M_o$이다.

17

그림과 같이 경간 10m의 대칭 T형보에서 등가직사각형 응력블록의 깊이 a[mm]는? (단, 콘크리트의 설계기준압축강도 f_{ck}=30MPa, 철근의 설계기준항복강도 f_y=400MPa, 철근의 단면적 A_s=7,650mm²이다)

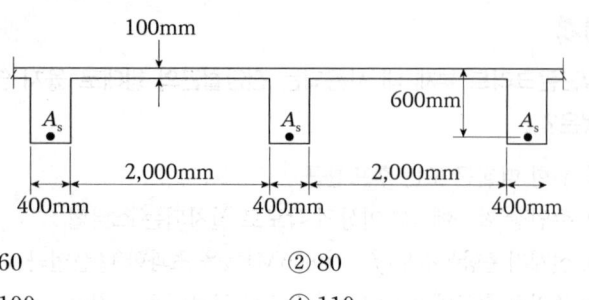

① 60 ② 80
③ 100 ④ 110

18

그림과 같은 압축부재에 사용되는 띠철근기둥에서 띠철근의 최대 수직간격[mm]은? (단, D10 철근의 공칭지름은 10mm, D32 철근의 공칭지름은 32mm로 가정한다)

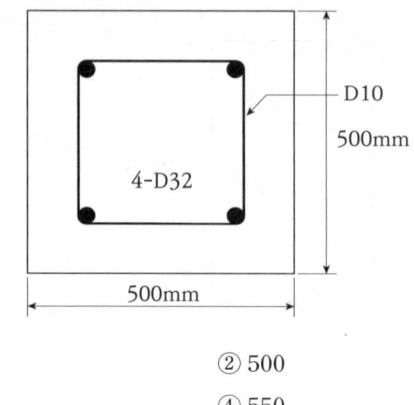

① 480 ② 500
③ 512 ④ 550

19

프리스트레스트 콘크리트구조의 긴장재 허용응력 기준에서 프리스트레스 도입 직후에 긴장재의 인장응력[MPa]은? (단, 긴장재의 설계기준인장강도 f_{pu}=2,400MPa, 긴장재의 설계기준항복강도 f_{py}=2,000MPa이다)

① 1,480 ② 1,640
③ 2,000 ④ 2,400

20

프리스트레스트 콘크리트 휨부재는 미리 압축을 가한 인장구역에서 사용하중에 의한 인장연단응력 f_t에 따라 균열등급이 구분된다. 콘크리트의 설계기준압축강도가 f_{ck}=36MPa이라면 비균열등급의 한계[MPa]는?

① 3.78 ② 4.80
③ 5.10 ④ 6.00

01

4변에 의해 지지되는 2방향 슬래브 중에서 1방향 슬래브로 해석할 수 있는 단변에 대한 장변의 비로 적합하지 않은 것은?

① 1.5   ② 2.5   ③ 3.5   ④ 4.5

02

프리스트레스를 가하지 않은 띠철근 단주의 최대 설계축강도 $\phi P_{n(\max)}$는? (단, ϕ = 강도감소계수, f_{ck} = 콘크리트의 설계기준압축강도, f_y = 철근의 설계기준항복강도, A_g = 기둥의 전체단면적, A_{st} = 종방향 철근의 전체단면적이다)

① $\phi[0.85f_{ck}A_g + f_y A_{st}]$
② $\phi[f_{ck}(A_g - A_{st}) + f_y A_{st}]$
③ $0.85\phi[0.85f_{ck}(A_g - A_{st}) + f_y A_{st}]$
④ $0.80\phi[0.85f_{ck}(A_g - A_{st}) + f_y A_{st}]$

03

철근콘크리트가 효율적인 구조재료로 쓰일 수 있는 이유로 옳지 않은 것은?

① 콘크리트는 강재에 비해 높은 압축강도를 갖는다.
② 콘크리트가 경화된 후, 철근과 콘크리트 사이에 강한 부착력이 유지된다.
③ 콘크리트와 철근의 열팽창 계수가 거의 같다.
④ 콘크리트는 철근을 부식과 화재로부터 보호한다.

04

강도설계법에 의한 콘크리트구조 설계 시 적용해야 할 강도감소계수로 옳지 않은 것은?

① 인장지배단면: 0.85
② 나선철근으로 보강된 압축지배단면: 0.65
③ 전단력과 비틀림모멘트: 0.75
④ 포스트텐션 정착구역: 0.85

05

철근의 정착에 대한 설명으로 옳지 않은 것은?

① 인장 이형철근의 정착길이 l_d는 기본정착길이 l_{db}에 보정계수를 고려하는 방법을 적용할 수 있다. 다만, 기본정착길이 l_{db}는 항상 300mm 이상이어야 한다.
② 인장 이형철근의 정착길이에 대한 보정계수는 배근 위치, 철근표면 도막 여부 등의 조건에 따라 정한다.
③ 동일 조건에서 D19 이하의 인장 이형철근에 대한 보정계수는 D22 이상의 인장 이형철근에 대한 보정계수보다 작다.
④ 갈고리는 압축철근의 정착에 유효하지 않은 것으로 본다.

06

철근콘크리트 부재의 설계 측면에서 균열을 제어하는 방법으로 옳지 않은 것은?

① 특별히 수밀성이 요구되는 구조는 적절한 방법으로 균열에 대한 검토를 하여야 하며 이 경우 소요수밀성을 갖도록 허용 균열폭을 설정하여 검토할 수 있다.
② 미관이 중요한 구조는 미관상의 허용균열폭을 설정하여 균열을 검토할 수 있다.
③ 하중에 의한 균열을 제어하기 위해 필요한 철근 외에도 필요에 따라 온도변화, 건조수축 등에 의한 균열을 제어하기 위한 추가 보강철근을 배치해야 한다.
④ 균열제어를 위한 철근은 필요로 하는 부재 단면의 주변에 분산시켜 배치해야 하고, 이 경우 철근의 지름은 가능한 한 작게, 철근의 간격은 가능한 한 넓게 하여야 한다.

07

휨모멘트를 받는 철근콘크리트 부재의 콘크리트 압축연단의 극한변형률은? (단, 콘크리트의 설계기준압축강도 $f_{ck}=40$ MPa 이다)

① 0.0030
② 0.0031
③ 0.0032
④ 0.0033

08

1방향 철근콘크리트 슬래브에 배근되는 수축·온도 철근에 대한 설명으로 옳지 않은 것은?

① 수축·온도철근비는 콘크리트 전체단면적에 대한 수축·온도철근 단면적의 비를 말한다.
② 수축·온도철근은 설계기준항복강도를 발휘할 수 있도록 정착되어야 한다.
③ 수축·온도철근의 간격은 슬래브 두께의 3배 이하, 또한 500mm 이하로 하여야 한다.
④ 설계기준항복강도가 400MPa 이하인 이형철근을 사용한 슬래브의 수축·온도철근비는 0.002 이상이어야 한다.

09

압축철근비 $\rho'=0.02$인 복철근 직사각형 보에서 지속하중에 의한 탄성처짐이 15mm 발생하였을 때, 5년 후 지속하중에 의한 추가 장기처짐을 더한 최종 처짐[mm]은? (단, 5년 후의 지속하중에 대한 시간경과계수(ξ)는 2.0이다)

① 15
② 22
③ 30
④ 45

10

철근콘크리트 부재의 전단설계에 대한 설명으로 옳지 않은 것은?

① 전단력이 작용하는 부재의 단면은 설계전단강도 ϕV_n이 계수전단력 V_u 이상이 되도록 설계해야 한다.
② 공칭전단강도 V_n은 콘크리트에 의한 단면의 공칭전단강도 V_c와 전단철근에 의한 단면의 공칭전단강도 V_s의 합이다.
③ 공칭전단강도 V_n을 결정할 때, 부재에 개구부가 있는 경우에는 그 영향을 고려하여야 한다.
④ 계수전단력 V_u가 콘크리트에 의한 설계전단강도 ϕV_c의 1/2 이하인 휨부재에는 최소전단철근을 배치하여야 한다.

11

포스트텐션 긴장재의 파상마찰과 곡률마찰에 의한 손실을 고려한 임의점 x에서 긴장력 $P_{px}=P_{pj}e^C$일 때, C의 식으로 옳은 것은? (단, P_{pj}=긴장단에서 긴장재의 긴장력, l_{px}=정착단부터 임의점 x까지 긴장재의 길이, α_{px}=긴장단부터 임의점 x까지 긴장재의 전체 회전각 변화량, K=파상마찰계수, μ_p=곡률마찰계수이다)

① $-(Kl_{px}+\mu_p\alpha_{px})$
② $-(Kl_{px}-\mu_p\alpha_{px})$
③ $(K\alpha_{px}-\mu_p l_{px})$
④ $(K\alpha_{px}+\mu_p l_{px})$

12

유효깊이 $d=500\text{mm}$인 직사각형 단면의 철근콘크리트 보에 수직스터럽을 간격 $s=100\text{mm}$로 배치하였다. 수직스터럽에 의한 공칭전단강도 $V_s[\text{kN}]$는? (단, 전단철근의 설계기준항복강도 $f_{yt}=400\text{MPa}$, 거리 s 내의 전단철근의 전체단면적 $A_v=200\text{mm}^2$이다)

① 400 ② 440 ③ 480 ④ 520

13

SM275 강재(항복강도 $F_y=275\text{MPa}$, 인장강도 $F_u=410\text{MPa}$)로 제작된 인장부재의 총단면의 항복한계상태에 대한 공칭인장강도 $P_n[\text{N}]$은? (단, 부재의 총단면적 $A_g=10\text{mm}^2$, 유효 순단면적 $A_n=8\text{mm}^2$이다)

① 2,200 ② 2,460 ③ 2,750 ④ 4,100

14

그림과 같이 프리스트레스트 콘크리트 단순보에 자중을 포함한 등분포하중 $w=80\text{kN/m}$가 작용한다. 긴장재가 편심 $e=0.3\text{m}$로 직선배치되어 있을 때, 지간 중앙단면의 하연(A점)에서 응력이 0(zero)이 되게 하는 프리스트레스 힘 P의 크기 [kN]는? (단, 프리스트레스 손실은 없는 것으로 가정한다)

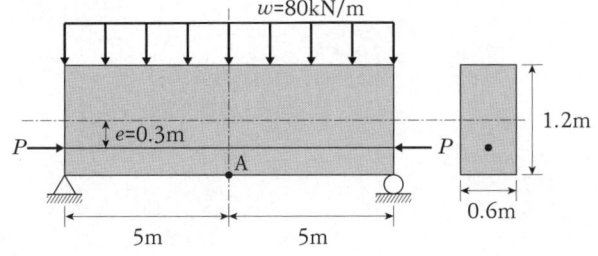

① 1,000 ② 2,000
③ 3,000 ④ 4,000

15

옹벽 설계에 대한 설명으로 옳지 않은 것은?

① 앞부벽은 T형보로 설계하여야 하며, 뒷부벽은 직사각형보로 설계하여야 한다.
② 무근콘크리트 옹벽은 자중에 의하여 저항력을 발휘하는 중력식 형태로 설계하여야 한다.
③ 부벽식 옹벽의 전면벽은 3변 지지된 2방향 슬래브로 설계할 수 있다.
④ 지반에 유발되는 최대 지반반력은 지반의 허용지지력을 초과할 수 없다.

16

기초판 설계에 대한 설명으로 옳지 않은 것은?

① 휨모멘트에 대한 설계 시, 1방향 기초판 또는 2방향 정사각형 기초판에서 철근은 기초판 전체 폭에 걸쳐 균등하게 배치하여야 한다.
② 말뚝기초의 기초판 설계에서 말뚝의 반력은 각 말뚝의 중심에 집중된다고 가정하여 휨모멘트와 전단력을 계산할 수 있다.
③ 기초판 윗면부터 하부철근까지 깊이는 직접기초의 경우는 100mm 이상, 말뚝기초의 경우는 400mm 이상으로 하여야 한다.
④ 기초판 각 단면의 휨모멘트는 기초판을 자른 수직면에서 그 수직면의 한쪽 전체 면적에 작용하는 힘에 대해 계산하여야 한다.

17

철골 압축재의 좌굴하중에 대한 설명으로 옳지 않은 것은?

① 부재의 유효길이가 클수록 좌굴하중이 증가한다.
② 단면2차모멘트가 클수록 좌굴하중이 증가한다.
③ 강재의 탄성계수가 작을수록 좌굴하중이 감소한다.
④ 단면2차반경이 작을수록 좌굴하중이 감소한다.

18

그림과 같이 단철근 직사각형 보가 공칭휨강도 M_n에 도달할 때 압축측 콘크리트가 부담하는 압축력 C의 크기[kN]는? (단, 철근의 전체단면적 $A_s = 1,000\text{mm}^2$, 콘크리트의 설계기준압축강도 $f_{ck} = 28\text{MPa}$, 철근의 설계기준항복강도 $f_y = 350\text{MPa}$이다)

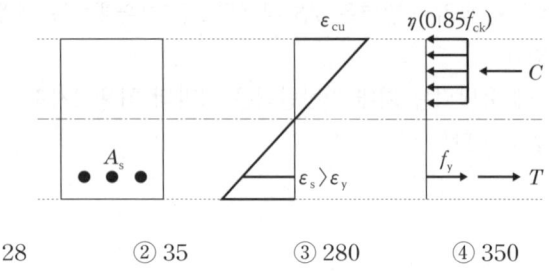

① 28 ② 35 ③ 280 ④ 350

19

그림과 같이 동일한 철근 다섯 가닥이 배근된 철근콘크리트 보의 유효깊이 $d[\text{mm}]$는? (단, 철근 하나의 공칭단면적은 300mm^2이고, 콘크리트의 설계기준압축강도 $f_{ck} = 20\text{MPa}$, 철근의 항복강도 $f_y = 300\text{MPa}$이다)

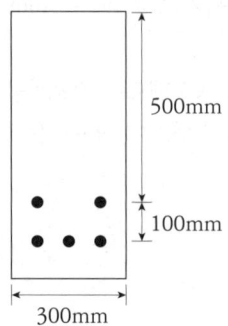

① 520 ② 540
③ 560 ④ 580

20

프리텐션 방식의 프리스트레스트 콘크리트 보를 시공하는 순서대로 바르게 나열한 것은?

| ㄱ. 인장대 설치 |
| ㄴ. 긴장재를 잡아 당겨 긴장 후 고정 |
| ㄷ. 긴장재의 인장력을 풀고 긴장재 절단 |
| ㄹ. 콘크리트 타설 및 양생 |

① ㄱ, ㄴ, ㄷ, ㄹ
② ㄱ, ㄴ, ㄹ, ㄷ
③ ㄱ, ㄹ, ㄷ, ㄴ
④ ㄹ, ㄱ, ㄴ, ㄷ

01

지간 8m의 단순지지보에 등분포 활하중 5kN/m와 등분포 고정하중 50kN/m가 작용할 때, 보의 지간 중앙에서 하중계수와 하중조합을 고려한 계수휨모멘트[kN·m]는? (단, 계수휨모멘트는 U=1.4D와 U=1.2D+1.6L 두 종류의 하중조합에 대하여 검토한다)

① 440
② 544
③ 560
④ 688

02

표준원주형 공시체(직경 150mm, 높이 300mm)가 최대 압축력 1,350kN에서 파괴되었을 때, 콘크리트의 압축강도[MPa]는? (단, $\pi=3$이다)

① 40
② 80
③ 120
④ 160

03

슬래브와 보를 일체로 친 T형보의 경간이 12m, 양쪽의 슬래브 중심간 거리가 2m, 플랜지의 두께가 150mm, 복부의 폭이 400mm일 때, 내측 T형보의 유효폭[mm]은?

① 1,500
② 2,000
③ 2,500
④ 3,000

04

폭이 300mm, 인장철근량 $A_s=1,000mm^2$, 유효높이가 600mm인 단철근 직사각형보에서 철근의 응력(f_y)이 300MPa일 때, 콘크리트 총압축력[kN]은?

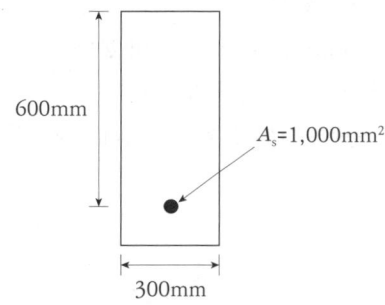

① 210
② 240
③ 270
④ 300

05

콘크리트와 비교하였을 때, 강재의 특성으로 옳지 않은 것은?

① 자연 상태에 노출되어도 부식이 발생하기 어렵다.
② 인성이 크고, 소성변형능력이 우수하다.
③ 재료가 균질하다.
④ 단위 면적당 강도가 크다.

06

PS 강재의 품질에 필요한 성질로 바람직하지 않은 것은?

① 직선성이 좋아야 한다.
② 릴랙세이션(relaxation)이 작아야 한다.
③ 응력 부식에 대한 저항성이 커야 한다.
④ 부착시켜 사용하는 PS 강재는 콘크리트와의 부착강도가 작아야 한다.

07

PS 콘크리트 부재에서 프리스트레스의 감소 원인 중 프리스트레스 도입 후에 발생하는 시간적 손실의 원인에 해당하는 것은?

① 정착장치의 활동
② 콘크리트의 크리프
③ 콘크리트의 탄성수축
④ 긴장재와 덕트의 마찰

08

옹벽 설계에 대한 설명으로 옳지 않은 것은?

① 활동에 대한 저항력은 옹벽에 작용하는 수평력의 1.4배 이상이어야 한다.
② 전도에 대한 저항휨모멘트는 횡토압에 의한 전도모멘트의 2.0배 이상이어야 한다.
③ 무근콘크리트 옹벽은 자중에 의하여 저항력을 발휘하는 중력식 형태로 설계하여야 한다.
④ 옹벽은 상재하중, 뒤채움 흙의 중량, 옹벽의 자중 및 옹벽에 작용하는 토압, 필요에 따라서는 수압에 견디도록 설계하여야 한다.

09

1방향 슬래브의 구조 상세에 대한 설명으로 옳지 않은 것은?

① 1방향 슬래브의 두께는 최소 100mm 이상이어야 한다.
② 정모멘트 철근 및 부모멘트 철근에 직각방향으로 수축 및 온도 철근을 배치해야 한다.
③ 정모멘트 철근 및 부모멘트 철근의 중심 간격은 위험단면에서는 슬래브 두께의 2배 이하이어야 하고, 또한 400mm 이하이어야 한다.
④ 정모멘트 철근 및 부모멘트 철근의 중심 간격은 위험단면을 제외한 단면에서는 슬래브 두께의 3배 이하이어야 하고, 또한 450mm 이하이어야 한다.

10

중심축하중을 받는 길이 $L=10\text{m}$, 단면 크기가 $300\text{mm} \times 200\text{mm}$인 기둥의 오일러 좌굴하중[kN]은? (단, 기둥의 탄성계수 $E=200,000\text{MPa}$이고, 기둥은 양단힌지 장주 조건이다)

① 400π
② $400\pi^2$
③ 600π
④ $600\pi^2$

11

철근콘크리트 직사각형 보의 설계에 대한 설명으로 옳지 않은 것은?

① 전단보강을 위하여 수직스터럽을 사용한다.
② 휨부재의 강도를 증가시키기 위하여 추가 인장철근과 이에 대응하는 압축철근을 사용할 수 있다.
③ 인장지배단면에서 압축지배단면으로 변경되면, 강도감소계수는 증가한다.
④ 인장 측 휨균열이 발생함과 동시에 철근이 항복하여 취성적으로 파괴되는 것을 방지하기 위해서 최소 철근량을 규정한다.

12

정모멘트를 받는 극한 상태(휨파괴 시의 상태)의 단면 변형률이 그림과 같을 때, 철근의 순인장변형률[ε_t]은?

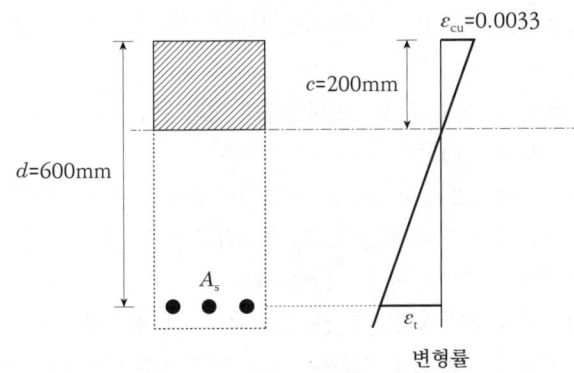

① 0.0022
② 0.0044
③ 0.0066
④ 0.0088

13

내진설계기준의 기본개념에 대한 설명으로 옳지 않은 것은?
(단, KDS 24 00 00을 따른다)

① 인명피해를 최소화한다.
② 설계기준은 남한 전역에 적용될 수 있다.
③ 교량의 정상수명 기간 내에 설계지진력이 발생할 가능성은 희박하다.
④ 지진 시 교량 부재들의 부분적인 피해를 허용하지 않는다.

14

이형철근의 정착에 대한 설명으로 옳은 것은? (단, d_b는 철근의 공칭지름이다)

① 표준갈고리를 갖는 압축 이형철근의 정착길이에 대한 보정 계수는 0.75이다.
② 인장을 받는 확대머리 이형철근의 정착길이는 항상 $6d_b$ 또한 120mm 이상이어야 한다.
③ 피복두께가 $3d_b$ 미만 또는 순간격이 $6d_b$ 미만인 에폭시 도막철근이 인장 이형철근으로 사용되었을 때, 정착길이는 기본정착 길이에 보정계수 1.2를 곱한다.
④ 단순부재에서 정모멘트 철근의 1/3 이상, 연속부재에서 정모멘트 철근의 1/4 이상을 부재의 같은 면을 따라 받침부까지 연장하여야 한다. 보의 경우는 이러한 철근을 받침부 내로 150mm 이상 연장하여야 한다.

15

그림과 같은 독립 확대 기초에서 전단에 대한 위험단면의 둘레 길이 [mm]는? (단, 2방향 작용에 의하여 펀칭 전단이 발생한다)

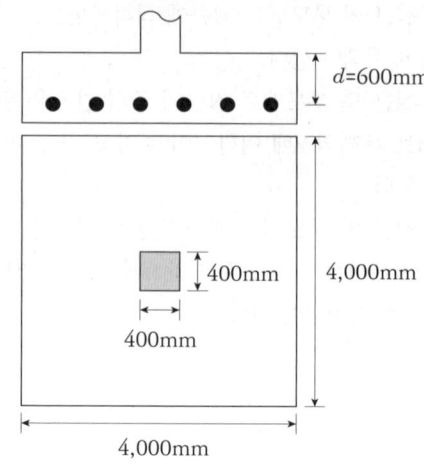

① 3,000
② 4,000
③ 5,000
④ 6,000

16

철근콘크리트 기둥에 대한 설명으로 옳지 않은 것은?

① 기둥의 횡방향 철근에는 나선철근과 띠철근이 있다.
② 기둥의 세장비가 클수록 좌굴파괴의 가능성이 커진다.
③ 기둥의 좌굴하중은 기둥 양단의 단부조건과는 관계없다.
④ 축방향철근의 순간격은 40mm 이상, 또한 철근 공칭 지름의 1.5배 이상이어야 한다.

17

철근의 공칭지름 $d_b = 20$mm일 때, 인장 이형철근의 기본정착 길이[mm]는? (단, 콘크리트의 설계기준압축강도 f_{ck}는 25MPa, 철근의 설계기준항복강도 f_y는 300MPa이고, 도막되지 않은 이형철근이며, 보통중량 콘크리트이다)

① 300
② 360
③ 600
④ 720

18

그림과 같은 단철근 T형 보가 있다. 이 단면의 공칭휨강도 [kN·m]는? (단, 콘크리트의 설계기준압축강도 f_{ck}는 25MPa, 철근의 설계기준 항복강도 f_y는 400MPa이다)

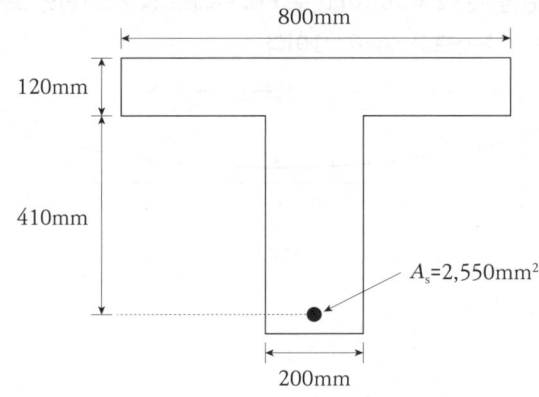

① 500
② 510
③ 520
④ 530

19

그림과 같은 프리스트레스 콘크리트 보에서 긴장재를 포물선으로 배치하고 프리스트레스 힘 $P=3,000$kN일 때, 프리스트레스에 의한 등가 등분포 상향력 u[kN/m]는? (단, 지간 중앙에서의 편심 e는 200mm이고, 프리스트레스 힘 P와 단면 도심의 각 θ는 미소하므로 $\cos\theta \approx 1$이다)

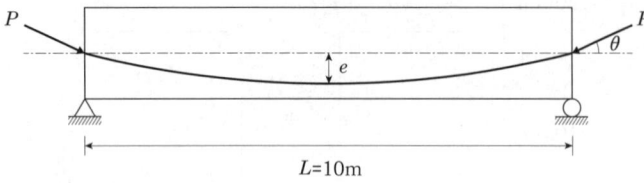

① 48
② 58
③ 68
④ 78

20

폭 400mm, 유효깊이 600mm인 직사각형 철근콘크리트 보에 수직으로 전단철근을 배근할 때, 전단철근에 의한 단면의 공칭전단 강도 V_s[kN]는? (단, 콘크리트의 설계기준압축강도 f_{ck}는 25MPa, 전단철근의 항복강도 f_y는 400MPa, 전단철근의 단면적 A_v는 400mm², 전단철근의 간격 s는 200mm이고, 보통중량 콘크리트이다)

① 400
② 440
③ 480
④ 520

MEMO

4 0 8 0
진 승 현
토 목 설 계

국가직

2007년 국가직
2008년 국가직
2009년 국가직
2010년 국가직
2011년 국가직
2012년 국가직
2013년 국가직
2014년 국가직
2015년 국가직
2016년 국가직

2017년 국가직
2018년 국가직
2019년 국가직
2020년 국가직
2021년 국가직
2022년 국가직
2023년 국가직
2024년 국가직
2025년 국가직

2007 국가직

01
콘크리트의 설계기준강도(f_{ck})가 23MPa일 때 보통 골재를 사용한 콘크리트(w_c=2300kg/m³)의 탄성계수(E_c)[MPa]는? 〈설계기준 변경으로 문제 변경〉

① 2.05×10^4
② 2.55×10^4
③ 2.75×10^4
④ 2.95×10^4

02
휨모멘트(M) 1650kN·m(자중포함)가 작용하는 PSC보에 프리스트레스힘(P) 3300kN이 가해졌을 때 내력모멘트의 팔길이[m]는?

① 0.4
② 0.5
③ 0.2
④ 0.3

03
폭 b=300mm, 유효깊이 d=550mm, 인장철근 A_s=2040mm²인 단철근 직사각형단면의 공칭 휨모멘트강도[kN·m]는? (단, f_{ck}=24MPa, f_y=300MPa)

① 26
② 30.6
③ 260
④ 306

04
강도설계법으로 설계 시 f_{ck}=30MPa, f_y=300MPa인 단철근 직사각형보의 균형철근비는? 〈설계기준 변경으로 문제 변경〉

① 0.0176
② 0.0276
③ 0.0376
④ 0.0468

05
그림과 같은 직사각형보에서 f_{ck}=30MPa, f_y=300MPa, a=150mm일 때, 콘크리트가 부담하는 압축력[kN]은?

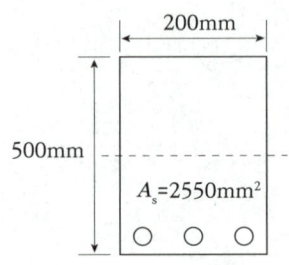

① 565
② 665
③ 765
④ 865

06

프리스트레스힘에 대한 설명으로 옳지 않은 것은?

① 일반적으로 프리스트레스힘에 의해 보의 변형이 구속되어 부정정력이 발생하게 되는데, 단면의 응력을 검토할 경우에는 이 부정정력을 고려하여야 한다.
② 유효프리스트레스힘은 프리스트레싱 직후 프리스트레스힘의 감소, 콘크리트의 크리프, 콘크리트의 건조수축, PS강재의 릴랙세이션 등의 영향을 고려하여 산출된다.
③ 프리스트레싱 직후 프리스트레스힘의 손실량을 추정할 때 포스트텐션 방식에서는 콘크리트의 탄성변형만을 고려하여야 하고, 프리텐션 방식에서는 콘크리트의 탄성변형, PS강재와 쉬스의 마찰, 정착장치에서의 활동을 고려하여 검토하여야 한다.
④ 설계 시 고려하여야 할 주요 프리스트레스힘에는 프리스트레싱 직후의 프리스트레스힘과 유효프리스트레스힘 등이 있다.

07

길이(L)가 7m이고 직사각형 단면(유효깊이 $d=500$mm)의 철근콘크리트 단순보에 계수분포하중(w_u) 30kN/m가 작용하고 있다. 강도설계법으로 설계 시 이 단면의 콘크리트가 부담하는 공칭전단강도(V_c)가 60kN인 경우, 전단철근이 부담해야 하는 공칭전단강도(V_s)의 최소값[kN]은? 〈설계기준 변경으로 문제 변경〉

① 30 ② 40
③ 60 ④ 80

08

지름이 800mm인 철근콘크리트 원형단면 비횡구속 골조의 기둥 양단이 고정되어 있는 경우, 단주로 볼 수 있는 기둥의 최대 높이[m]는? (단, $k=1.1$)

① 4 ② 5
③ 6 ④ 7

09

나선철근 기둥의 심부지름이 300mm이고, 기둥단면의 지름이 400mm인 기둥의 최소 나선철근비는?
(단, $f_{ck}=30$MPa, $f_y=300$MPa)

① 0.020 ② 0.025
③ 0.030 ④ 0.035

10

프리스트레싱 긴장재의 허용응력규정에 관한 설명 중 가장 적당한 것은? (여기서, f_{pu}는 프리스트레싱 긴장재의 설계기준 인장강도이고, f_{py}는 프리스트레싱 긴장재의 설계기준 항복강도이다)

① 긴장을 할 때 프리스트레싱 긴장재의 인장응력은 $0.80f_{pu}$ 또는 $0.94f_{py}$ 중 큰 값 이상으로 하여야 한다.
② 긴장을 할 때 프리스트레싱 긴장재의 인장응력은 $0.80f_{pu}$ 또는 $0.94f_{py}$ 중 작은 값 이하로 하여야 한다.
③ 긴장을 할 때 프리스트레싱 긴장재의 인장응력은 $0.74f_{pu}$ 또는 $0.82f_{py}$ 중 큰 값 이상으로 하여야 한다.
④ 긴장을 할 때 프리스트레싱 긴장재의 인장응력은 $0.74f_{pu}$ 또는 $0.82f_{py}$ 중 작은 값 이하로 하여야 한다.

11

축력과 휨모멘트를 받는 기둥의 축력-휨모멘트 상관도를 그림과 같이 A, B, C, D 4개의 영역으로 구분하였다. 어떤 영역에 포함 되도록 기둥을 설계하는 것이 가장 바람직한가?

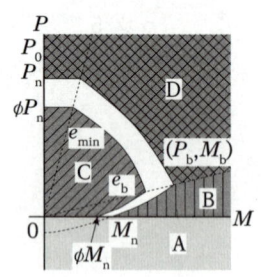

① A
② B
③ C
④ D

12

단면적이 $400mm^2$이고, 길이가 10m인 강봉(steel bar)이 온도변화의 영향으로 3mm가 늘어났다. 이 인장변형을 억제하는 데 필요한 최소 압축력[kN]은? (단, 강봉의 탄성계수 $E_s = 2.1 \times 10^5 MPa$)

① 25.2
② 30.2
③ 35.2
④ 37.2

13

비틀림을 받는 부재를 보강하기 위하여 사용하는 종방향 철근 또는 종방향 긴장재와 함께 사용하는 횡방향 철근으로 적당하지 않은 것은? 〈설계기준 변경으로 문제 변경〉

① 부재축에 수직인 폐쇄스터럽 또는 폐쇄띠철근
② 부재축에 수직인 횡방향 강선으로 구성된 폐쇄용접철망
③ 철근콘크리트 보에서 나선철근
④ 두 개의 U형 스터럽을 거꾸로 겹쳐서 만든 철근

14

다음 그림과 같이 등분포하중을 받고 있는 철근콘크리트보의 중립축에 있는 미소요소에 대한 설명으로 옳지 않은 것은?

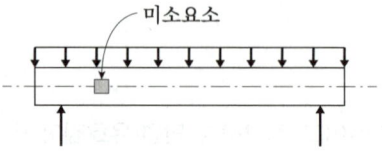

① 콘크리트의 휨 응력은 0이다.
② 단면에서의 전단응력이 최대가 된다.
③ 휨변형과 전단변형이 일어난다.
④ 사인장균열이 발생한다.

15

그림과 같이 경간(L) 12m인 연속 T형보에서 비대칭 부분의 플랜지 유효폭[mm]은?

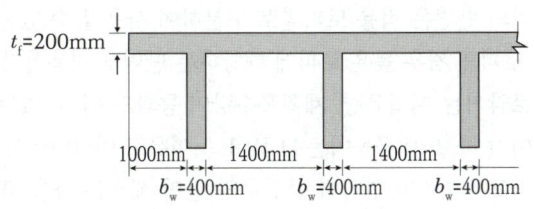

① 1000
② 1100
③ 1400
④ 1600

16

인장력 600kN이 작용하는 두께 20mm의 강판(SS400)을 지압이음용 고장력볼트(M22-B8T)를 사용하여 2면전단으로 연결할 때 필요한 최소 볼트수는? (단, 1면 전단에 대한 볼트 1개당 허용전단력 P_{va}=55kN, 볼트 1개당 허용지압력 P_{ba}=105kN)

① 3
② 4
③ 5
④ 6

17

그림과 같이 3.5m × 1.6m인 독립확대기초에서 사하중 500kN이 500mm × 500mm의 기둥에 작용한다. 이 독립확대기초에서 1방향 배근 시 전단력에 대한 위험단면의 위치를 나타내는 거리(c)[m]는? (단, 유효높이(d)는 450mm이다)

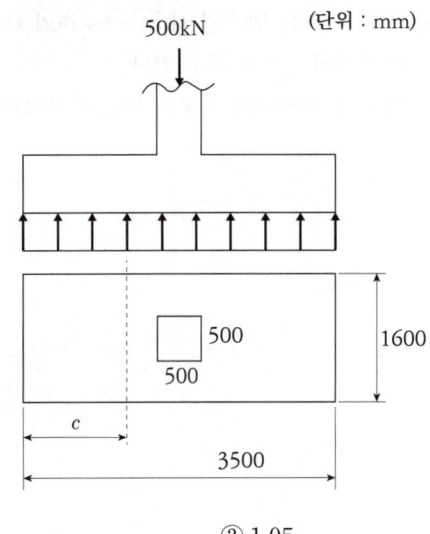

① 1.00
② 1.05
③ 1.10
④ 1.15

18

콘크리트 구조설계기준(2003년도 개정)에서 비틀림 설계에 관한 사항 중 옳지 않은 것은?

① 콘크리트의 전단과 비틀림 강도의 상호 작용을 고려해야 한다.
② 콘크리트의 전단강도는 비틀림과 상관없이 일정하다.
③ 비틀림에 대한 설계는 박벽관(thin-walled tube)과 입체트러스 해석법에 근거를 두고 있다.
④ 비틀림 설계시 보 단면에서 가운데 부분의 콘크리트는 무시한다.

19

콘크리트의 재료 특성에 관한 설명으로 옳지 않은 것은?

① 콘크리트의 크리프는 물-시멘트비, 시멘트량 및 수화율이 감소할수록 감소한다.
② 콘크리트의 크리프는 재령보다 해당 재령에서의 수화율에 따라 더 큰 영향을 받는다.
③ 온도가 상승함에 따라 수축에 미치는 영향은 온도가 올라가기 전에 콘크리트의 함수상태, 온도증가 후의 수분손실 등에 따라 크게 변화한다.
④ 콘크리트의 건조수축은 물-시멘트비와 시멘트량이 감소할수록 수축도 감소한다.

20

암거 설계에 대한 설명으로 옳지 않은 것은? (단, KDS 44 90 00에 따른다)〈설계기준 변경으로 문제변경〉

① 암거의 단면은 적용 토피별로 구분하여 사용할 수 있는데 중간 토피의 경우 높은 토피에 해당하는 단면을 적용한다.
② 수로암거는 계획유량, 계획홍수량이 통과도 될 수 있는 단면이어야 하고, 내공높이는 H.W.L+여유고 이하이어야 한다.
③ 암거표준규격의 형식별 단면수와 단면 제원은 다음 표와 같고, 유지관리와 시공성을 고려하여 암거의 최소높이는 2.0m를 표준으로 한다. 다만, 도로의 계획고 높이 제한 등 부득이한 경우에 암거의 높이는 2.0m 이하를 적용할 수 있다.
④ 통로암거는 필요한 경우 배수시설과 매설관(통신, 전기 등)의 설치공간도 확보하여야 한다.

2008 국가직

01
양단이 고정되었고 다음 그림과 같은 단면을 갖는 기둥의 오일러 좌굴하중[kN]은? (단, 기둥의 길이 $L=8\text{m}$이고 $E=2.0\times10^5\text{MPa}$이다)

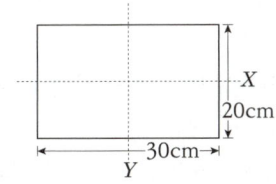

① 1,541 ② 6,162
③ 12,576 ④ 24,649

02
단변장 S, 장변장 L인 2방향 슬래브의 지간비는?

① $0.5 < \dfrac{L}{S} \leq 1$ ② $\dfrac{L}{S} \geq 2$

③ $1 \leq \dfrac{L}{S} < 2$ ④ $0.5 \leq \dfrac{S}{L} < 1$

03
강도설계법으로 설계할 때 $f_{ck}=35\text{MPa}$, $f_y=400\text{MPa}$인 단철근 직사각형보의 균형철근비에 가장 가까운 것은? 〈설계기준 변경으로 문제 변경〉

① 0.034 ② 0.037
③ 0.040 ④ 0.042

04
옹벽 설계 시 고려하여야 할 사항 중 옳은 것은?

① 뒷부벽은 T형보로 설계하여야 하며, 앞부벽은 직사각형보로 설계하여야 한다.
② 활동에 대한 저항력은 옹벽에 작용하는 수평력의 2.0배 이상이어야 한다.
③ 저판의 뒷굽판은 정확한 방법이 사용되지 않는 한, 뒷굽판 하부에 재하되는 모든 하중을 지지하도록 설계하여야 한다.
④ 전도에 대한 저항모멘트는 횡토압에 의한 전도휨모멘트의 1.5배 이상이어야 한다.

05
콘크리트 기초판 설계 시 고려하여야 할 사항으로 옳지 않은 것은?

① 말뚝기초에서 임의 단면에 대한 전단력은 말뚝 중심이 그 단면에서 $d_{\text{pile}}/2$ 이상 내측에 있는 경우, 말뚝의 반력은 전단력으로 작용하는 것으로 하여야 한다.
② 기초판에서 휨모멘트, 전단력 및 철근정착에 대한 위험단면의 위치를 정할 경우, 원형 또는 정다각형인 콘크리트 기둥이나 받침대는 같은 면적의 정사각형 부재로 취급할 수 있다.
③ 기초판 상연에서부터 하부 철근까지의 깊이는 흙에 놓이는 기초의 경우는 150mm 이상, 말뚝기초의 경우는 300mm 이상으로 하여야 한다.
④ 1방향 기초판 또는 2방향 정사각형 기초판에서 철근은 기초판 전체 폭에 걸쳐 균등하게 배치하여야 한다.

06

다음 그림은 단순 PSC보를 나타낸 것이다. 자중을 포함한 등분포 하중 $w=40\text{kN}$, 프리스트레스힘 $P=800\text{kN}$이 작용할 때 프리스트레스에 의한 상향력과 이 등분포 하중이 비기기 위해서는 단순 PSC보의 길이 L을 몇 m로 해야 하는가?

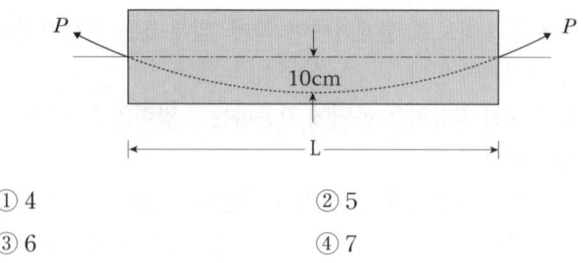

① 4 ② 5
③ 6 ④ 7

08

프리스트레스 손실은 프리스트레스를 도입할 때 발생하는 즉시 손실과 프리스트레스 도입 후에 발생하는 시간적 손실로 크게 나눌 수 있다. 다음 중 프리스트레스 도입 후에 발생하는 시간적 손실로만 묶여 있는 것은?

① 정착 장치의 활동, 콘크리트의 탄성변형, PS강재와 쉬스 사이의 마찰
② PS강재의 릴랙세이션, 콘크리트의 건조수축, 정착 장치의 활동
③ 콘크리트의 건조수축, PS강재의 릴랙세이션, 콘크리트의 크리프
④ 콘크리트의 크리프, PS강재와 쉬스 사이의 마찰, 콘크리트의 탄성변형

07

$30\text{cm} \times 30\text{cm}$의 사각형 콘크리트 단면에 1개당 3cm^2인 PS 강선 4개를 그림과 같이 강선군의 도심과 콘크리트 부재단면 도심이 일치하도록 배치한 포스트텐션 부재가 있다. PS 강선을 1개씩 차례로 긴장하는 경우 콘크리트의 탄성 수축에 의한 프리스트레스의 평균 손실량[MPa]은? (단, 초기 프리스트레스는 1,000MPa이고 탄성계수비 $n=6.0$이다)

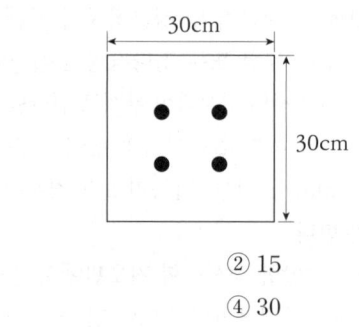

① 10 ② 15
③ 20 ④ 30

09

다음 그림에서 봉의 단면적이 A이고 탄성계수가 E일 때 봉의 변형에너지 U는?

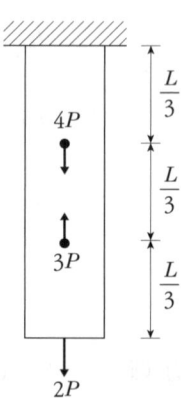

① $\dfrac{P^2L}{EA}$ ② $\dfrac{3P^2L}{2EA}$
③ $\dfrac{2P^2L}{EA}$ ④ $\dfrac{7P^2L}{3EA}$

10

다음 그림에서 보의 길이(l)가 10m이고, 긴장력(F)이 200kN인 경우, 보 중앙의 강선(tendon) 꺾인점에서의 상향력 U[kN]는? (단, 텐던의 경사각(θ)은 30도이다)

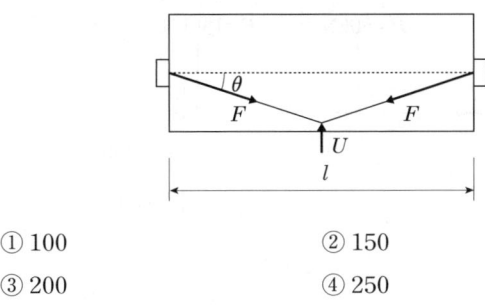

① 100
② 150
③ 200
④ 250

11

철근 콘크리트 구조물의 내구성 설계기준에 대한 설명 중 옳지 않은 것은?

① 다지기와 양생이 적절하여 밀도가 크고, 강도가 높고, 투수성이 높은 콘크리트를 시공하고, 피복두께가 확보되어야 한다.
② 구조의 모서리나 부재 연결부 등의 건전성 확보를 위한 철근 콘크리트 및 프리스트레스트 콘크리트 구조요소의 구조상세가 적절하여야 한다.
③ 고부식성 환경 조건에 있는 구조는 표면을 보호하여 내구성을 증진시켜야 한다.
④ 철근의 부식방지를 위하여 굳지 않은 콘크리트의 총 염화물 이온량은 원칙적으로 0.3kg/m³ 이하로 하여야 한다.

12

콘크리트와 관련된 설명 중 옳지 않은 것은?

① 콘크리트 배합에 사용되는 물은 청결한 것으로서 일반적으로 산, 기름, 알칼리, 염분, 유기물, 그리고 콘크리트 및 철근에 유해한 물질을 포함하지 않아야 한다.
② 콘크리트의 공시체를 제작할 때 압축강도용 공시체는 $\phi 150 \times 300$mm를 기준으로 하되, $\phi 100 \times 200$mm의 공시체를 사용할 경우 강도보정계수 0.87을 사용한다.
③ 콘크리트 친 후 28일 이내에 부재의 원래 설계하중이나 응력을 받지 않은 경우, 부재의 압축강도는 책임기술자의 승인 하에 재령에 따른 증가계수를 곱할 수 있다.
④ 굵은 골재 최대 치수는 철근을 적절히 감싸주고 또한 콘크리트가 허니콤(honey comb) 모양의 공극을 최소화하기 위해 제한하고 있다.

13

강도설계법에 따라 단철근 직사각형 단면의 공칭모멘트 강도를 구할 때 압축콘크리트의 등가직사각형 응력블록의 깊이[mm]는? (단, 콘크리트 단면이 폭 300mm, 유효깊이 450mm, 철근량 2,550mm²이고 콘크리트의 설계기준강도는 30MPa, 철근의 항복 강도는 300MPa이다)

① 70
② 85
③ 100
④ 125

14

다음 그림과 같은 T형보에서 플랜지 내민 부분의 압축력과 균형을 이루기 위한 철근 단면적 $A_{sf}[\text{cm}^2]$는? (단, 강도 설계법에 의하고, $f_{ck}=20\text{MPa}, f_y=400\text{MPa}, b=80\text{cm}, b_w=30\text{cm}, d=90\text{cm}, t_f=20\text{cm}, A_s=80\text{cm}^2$라고 가정한다)

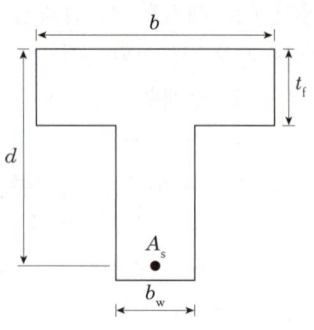

① 21.3 ② 42.5
③ 85.0 ④ 120

15

교량 설계 시 1방향판의 주철근을 차량 진행 방향에서 직각으로 배치할 때 단순 바닥판의 단위 폭 당 활하중 모멘트[kN·m/m]는? (단, 경간 L=4.2m, 트럭 1개의 후륜 하중 P=54kN, 3등교이다) 〈설계기준 변경으로 문제 변경〉

① 21 ② 23
③ 25 ④ 27

16

다음 그림과 같은 구조물에서 P_1으로 인한 B점의 처짐 δ_1과 P_2로 인한 B점의 처짐 δ_2가 있다. P_1이 작용한 후 P_2가 작용할 때 P_1이 하는 일[kN·mm]은?

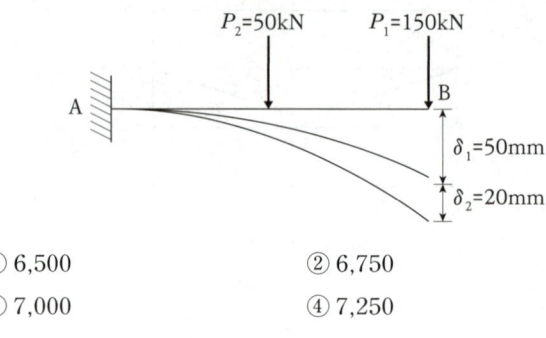

① 6,500 ② 6,750
③ 7,000 ④ 7,250

17

다음 그림과 같은 단철근 직사각형보에서 $f_{ck}=21\text{MPa}, f_y=300\text{MPa}$일 때 철근량 $A_s[\text{mm}^2]$는?

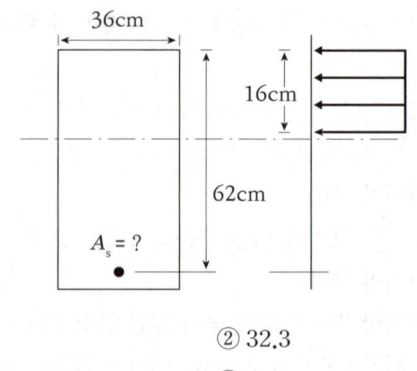

① 31.2 ② 32.3
③ 33.1 ④ 34.3

18

철근 콘크리트 부재에서 스터럽의 단면적이 $A_v=600\text{mm}^2$, 스터럽이 부담해야 하는 전단력이 $V_s=400\text{kN}$일 때 스터럽의 최대간격[mm]은? (단, $f_y=400\text{MPa}$, $b_w=380\text{mm}$, $d=500$ mm이다)

① 228　　　② 250
③ 300　　　④ 600

19

$b=200\text{mm}$이고, $h=200\text{mm}$인 사각형 단면에 균열을 일으키는 비틀림 모멘트 $T_{cr}[\text{kN}\cdot\text{m}]$은? (단, $f_{ck}=36\text{MPa}$이다)

① 3　　　② 4
③ 5　　　④ 6

20

전단철근에 대한 설명으로 옳은 것은? 〈설계기준 변경으로 문제 변경〉

① 용접 이형철망을 사용할 경우 전단철근의 설계기준 항복강도는 400MPa를 초과할 수 없다.
② 전단철근의 전단강도는 $V_s=0.2f_{ck}\left(1-\dfrac{f_{ck}}{250}\right)b_wd$ 이상이어야 한다.
③ 종방향 철근을 구부려 전단철근으로 사용할 때는 그 경사 길이의 중앙 3/4만이 전단철근으로서 유효하다고 보아야 한다.
④ 부재축에 직각으로 배치된 전단철근의 간격은 프리스트레스트 콘크리트 부재일 경우 $0.5h$ 이하, 또는 600mm 이하로 하여야 한다.

2009 국가직

01
철근의 이음에 관한 설명으로 옳지 않은 것은? 〈설계기준 변경으로 문제 변경〉

① 휨부재에서 서로 접촉되지 않게 겹침이음 된 철근은 횡방향으로 소요 겹침길이의 1/5 또는 150mm 중 작은 값 이상 떨어지지 않아야 한다.
② 용접이음은 철근의 설계기준항복강도 f_y의 125% 이상을 발휘할 수 있어야 한다.
③ 콘크리트 설계기준압축강도가 21MPa 미만인 경우, 압축철근의 겹침이음 길이를 1/3 증가시켜야 한다.
④ 다발철근의 이음 시 다발 내에서 각 철근은 같은 위치에서 겹침이음을 한다.

02
우리나라 교량 설계 기준 시 적용하는 표준트럭에 관한 그림이다. 옳은 것은? (단위 : m) 〈설계기준 변경으로 문제 변경〉

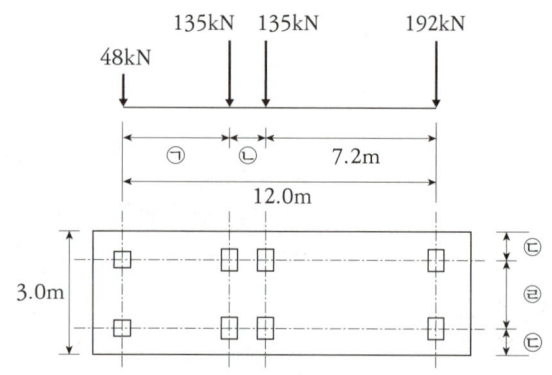

	㉠	㉡	㉢	㉣
①	3.6	1.2	0.4	2.2
②	3.6	1.2	0.6	1.8
③	4.2	0.6	0.4	2.2
④	4.2	0.6	0.6	1.8

03
철근콘크리트 보의 설계에서 철근의 간격에 대한 설명 중 옳지 않은 것은?

① 동일 평면에서 평행한 철근 사이의 수평 순간격은 25mm 이상
② 동일 평면에서 평행한 철근 사이의 수평 순간격은 철근의 공칭지름 이상
③ 기둥의 축방향 철근의 순간격은 40mm 이상
④ 기둥의 축방향 철근의 순간격은 철근의 공칭지름 이상

04
그림과 같은 단철근 직사각형보에 균열이 발생하여 중립축의 깊이가 200mm가 된 경우 균열단면의 단면2차모멘트 계산식으로 옳은 것은? (단, 탄성계수비 $n=7$)

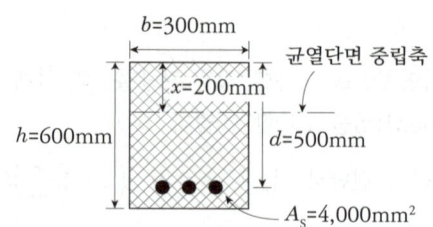

① $I_{cr} = \dfrac{(300)(500)^3}{3} + (4,000)(7-1)^2$

② $I_{cr} = \dfrac{(300)(200)^3}{3} + (7)(4,000)(500-200)^2$

③ $I_{cr} = \dfrac{(300)(500)^3}{3} + (7)(4,000)(500-200)^2$

④ $I_{cr} = \dfrac{(300)(200)^3}{3} + (4,000)(500-300)^2$

05

지간 8m인 단순보에 고정하중에 의한 등분포하중 20.0kN/m와 활하중에 의한 등분포하중 25.0kN/m만 작용할 때 현행 기준(KDS 2021)에 따라 휨부재를 설계하는 경우 계수휨모멘트 [kN·m]는?

① 212 ② 312
③ 412 ④ 512

06

복철근보와 단철근 T형보에 대한 설명으로 옳지 않은 것은?

① 복철근보는 보의 높이가 제한을 받거나 단면이 정(+)·부(−)의 휨모멘트를 교대로 받는 경우 적합하다.
② 복철근보의 압축철근은 지속하중에 의한 장기처짐을 감소시키는 효과가 있다.
③ 정(+)의 휨모멘트가 작용하는 T형보의 단면에서 중립축이 복부에 있을 때는 T형보로 보고 해석한다.
④ 부(−)의 휨모멘트가 작용하는 T형보의 단면에서 중립축이 복부에 있을 때는 유효플랜지 폭과 동일한 폭을 갖는 직사각형 단면으로 보고 해석한다.

07

SD400철근을 사용한 단철근 직사각형보에서 인장지배단면에 대한 설명으로 옳은 것은? (단, $f_{ck} \leq 40$MPa) 〈설계기준 변경으로 문제 변경〉

① 압축콘크리트가 극한변형률 0.0033에 도달할 때 최외단 인장철근의 순인장 변형률이 0.005 이상인 단면
② 압축콘크리트가 극한변형률 0.002에 도달할 때 최외단 인장철근의 순인장 변형률이 0.005 이상인 단면
③ 압축콘크리트가 극한변형률 0.0033에 도달할 때 최외단 인장철근이 항복변형률에 도달한 단면
④ 압축콘크리트가 극한변형률 0.002에 도달할 때 최외단 인장철근이 항복변형률에 도달한 단면

08

그림과 같은 보통 중량콘크리트를 사용한 철근콘크리트 테두리보의 균열비틀림모멘트 T_{cr}[kN·m]은?
(단, $f_{ck}=29.16$MPa, $\sqrt{29.16}=5.4$)

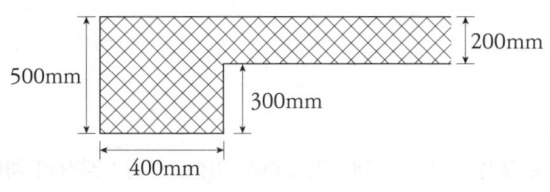

① 30.7 ② 40.7
③ 50.7 ④ 60.7

09

전단마찰철근의 단면적이 4,000mm²이고, 설계기준항복강도가 300MPa이다. 전단마찰철근이 예상균열면에 수직한 경우 공칭전단강도[kN]는? (단, 일체로 친 일반 콘크리트이다)

① 1,280 ② 1,480
③ 1,680 ④ 1,880

10

폭 $b=300$mm, 유효높이 $d=400$mm인 단철근 직사각형보에서 콘크리트에 의한 공칭전단강도[kN]는?
(단, $f_{ck}=36$MPa)

① 100 ② 120
③ 140 ④ 160

11

띠철근으로 D10을 사용하는 기둥에서 축방향 철근으로 D29를 4가닥 사용하고, 기둥단면의 크기가 가로 400mm, 세로 300mm일 때 시방서(KDS 14 20 50 : 2021)규정에 따른 띠철근의 최대 수직간격[mm]은?

① 300 ② 400
③ 480 ④ 580

12

연속보 또는 1방향 슬래브가 2경간 이상, 인접 2경간의 차이가 짧은 경간의 20% 이하, 등분포하중 작용, 활하중이 고정하중의 3배를 초과하지 않고, 부재의 단면이 일정하다는 조건으로 휨모멘트를 근사식으로 구하고자 한다. 다음 중 옳지 않은 것은?
(단, w_u : 등분포하중, l_n : 지간)

① 정모멘트에서 불연속 단부가 구속되지 않은 경우의 최외측 경간 값 : $w_u \cdot l_n^2/11$
② 정모멘트에서 불연속 단부가 받침부와 일체로 된 경우의 최외측경간 값 : $w_u \cdot l_n^2/14$
③ 부모멘트에서 2개의 경간일 때 첫번째 내부 받침부 외측면에서의 값 : $w_u \cdot l_n^2/9$
④ 부모멘트에서 3개 이상의 경간일 때 첫번째 내부 받침부 외측면에서의 값 : $w_u \cdot l_n^2/16$

13

장주의 유효좌굴길이를 구하고자 한다. L이 10m이면 이론적인 유효좌굴길이[m]는? (단, 하단의 구속조건에서 회전은 고정이며 수평변위를 허용하지 않고, 상단의 구속조건에서 회전은 고정이나 수평변위를 허용한다)

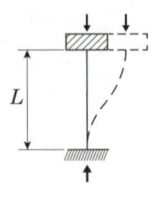

① 5   ② 10
③ 15 ④ 20

14

역T형 옹벽에 작용하는 하중에 의한 지반반력이 $q_1=20$ kN/m², $q_2=10$kN/m²이고, 지반과 옹벽저판 사이의 마찰계수는 0.5이다. 옹벽의 활동에 대한 안정을 만족하기 위한 최대 수평력 H[kN]는?

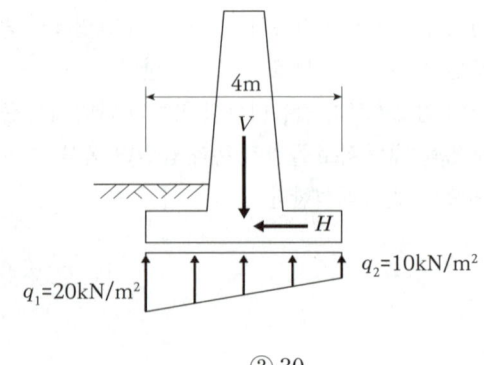

① 20 ② 30
③ 40 ④ 50

15

그림은 받침부 사이에 보와 슬래브의 휨강성비 α값이 1.0보다 큰 보가 있는 2방향 슬래브이다. 외부 모퉁이 부분을 현행 기준 (KDS 14 20 70 : 2021)에 따라 특별 보강철근으로 보강 하려고 한다. 보강영역 a, b의 치수[m]가 옳은 것은?

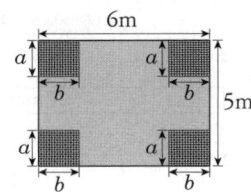

	a	b
①	2.0	1.7
②	1.2	1.0
③	1.2	1.2
④	1.0	1.0

16

그림과 같이 긴장재를 직선으로 편심배치(편심=e)한 경우에 보의 밑면에 발생하는 응력의 크기 [kN/m²]는? (단, 단면2차 모멘트 I : 1m⁴, 중립축에서 밑면까지 거리 y : 1m, 단면적 A : 2m², 자중 및 하중에 의한 단면에 작용하는 휨모멘트 M : 50kN·m, 긴장력 P : 100kN, 편심량 e : 0.1m)

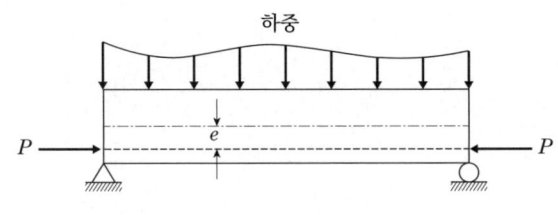

① 10 ② 20
③ 30 ④ 40

17

미리 만들어 놓은 PSC부재를 소정의 위치에 가설한 후 나머지 부분을 현장에서 이어쳐서 완성하는 것을 PSC합성구조라 한다. 이 합성구조의 이점으로 옳지 않은 것은?

① 접합면에서 전단응력이 발생하지 않는다.
② 현장에서 거푸집과 비계를 크게 줄일 수 있다.
③ 현장작업이 간단하여 공사기간을 단축할 수 있다.
④ 단면의 인장측만을 PSC구조로 할 수 있다.

18

다음 그림은 프리스트레스트 콘크리트 긴장재의 응력-변형률 곡선이다. 긴장재의 항복점응력(f_{py})을 정하기 위하여 사용하는 영구신율 A의 값은?

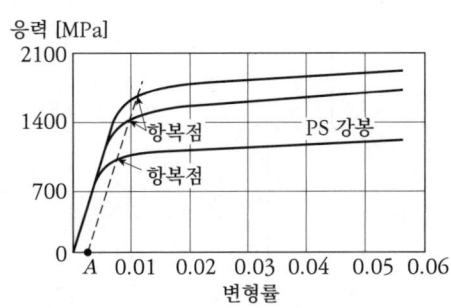

① 0.001 ② 0.002
③ 0.003 ④ 0.004

19

그림과 같은 용입홈용접에서 목두께 표시가 옳은 것은?

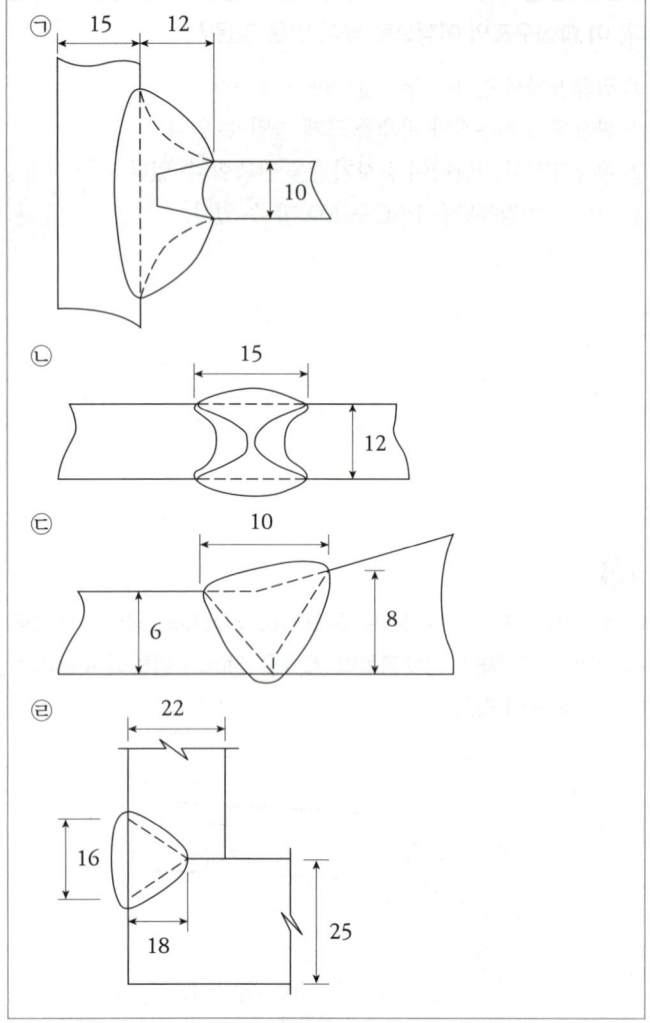

	㉠	㉡	㉢	㉣
①	12	15	10	18
②	15	12	8	25
③	10	12	6	18
④	12	12	6	16

20

다음 그림과 같은 지압형 연결부에 가할 수 있는 최대 허용인장력[kN]은? (단, M22(B10T) 볼트의 허용전단응력: 190MPa, SM490Y 강재의 허용지압응력: 360MPa, 볼트는 4개이며 볼트의 간격은 규정을 만족한다고 가정한다)

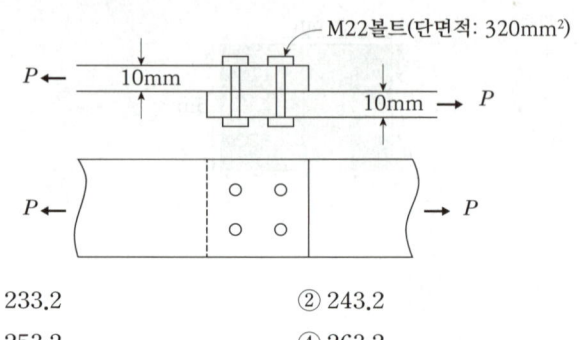

① 233.2   ② 243.2
③ 253.2   ④ 263.2

01

압축부재의 설계에 대한 설명으로 옳지 않은 것은? 〈설계기준 변경으로 문제 변경〉

① 압축부재의 유효세장비를 구할 때, 회전반지름 r은 직사각형의 경우 좌굴안정성이 고려되는 방향에 관계없이 단면치수에 0.3배로 사용할 수 있다.
② 압축부재의 비지지길이는 바닥슬래브, 보, 기타 고려하는 방향으로 횡지지할 수 있는 부재들 사이의 순길이로 취하여야 한다.
③ 장주효과를 무시할 수 없는 경우에는 비선형 2차 해석이나 탄성 2차 해석 또는 휨모멘트 확대 일반사항에 의한 2차 해석으로 구한 계수축력과 계수휨모멘트에 대하여 압축부재, 구속 보, 기타 지지부재를 설계하여야 한다.
④ 압축부재의 유효세장비를 구할 때, 회전반지름 r은 원형의 경우 지름의 0.25배로 사용할 수 있다.

02

콘크리트 옹벽의 뒷면에서 단위 m당 수평력의 합력이 20kN이 작용할 때, 활동에 대해 안정하려면 활동저항력의 최솟값[kN]은?

① 20
② 30
③ 40
④ 50

03

옹벽의 구조세목 중 옳지 않은 것은? 〈설계기준 변경으로 문제 변경〉

① 콘크리트가 흙에 접하는 면에서는 최소 피복두께를 50mm 이상으로 해야 한다.
② 부벽식옹벽의 전면벽은 3변 지지된 2방향 슬래브로 설계할 수 있다.
③ 전도 및 지반반력에 대한 안정조건은 만족하지만, 활동에 대한 안정조건을 만족하지 못할 경우에는 활동방지벽 혹은 횡방향 앵커 등을 설치하여 활동저항력을 증대시킬 수 있다.
④ 부벽식 옹벽의 저판은 정밀한 해석이 사용되지 않는 한 부벽 간의 거리를 경간으로 가정한 단순보로 설계할 수 있다.

04

그림과 같이 $t=5$mm의 강판에 볼트구멍이 배치된 경우, 순단면적[mm^2]은? (단, 볼트공칭직경 $\varphi=19$mm이다) 〈설계기준 변경으로 문제 변경〉

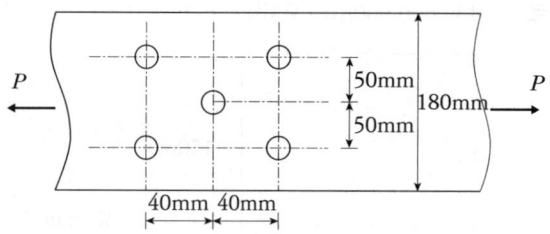

① 640
② 695
③ 705
④ 720

05

그림과 같이 긴장재를 포물선으로 배치한 프리스트레스트 콘크리트보를 하중평형의 개념으로 해석할 때, 긴장재를 긴장한 후 양끝을 콘크리트에 정착하면 압축력 외에 등분포의 상향력이 작용하게 된다. 이때 콘크리트보의 중앙단면에서 유효 프리스트레스 힘에 의해 발생하는 부(−)모멘트 [kN·m]는? (단, 유효 프리스트레스 힘은 4,000kN이다)

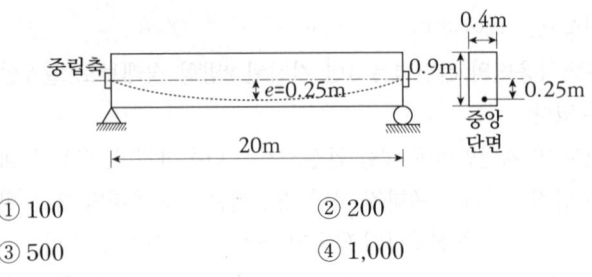

① 100 ② 200
③ 500 ④ 1,000

06

PS강재가 양 지점부에서는 중립축, 경간 중앙부에서는 편심 $e=100\text{mm}$로 포물선 배치된 직사각형 단면 프리스트레스트 콘크리트보의 유효 프리스트레스 힘이 $P_e=600\text{kN}$일 때, 경간 중앙에서 단면 상연의 응력이 0이 되기 위하여 작용시켜야 할 휨모멘트 [kN·m]는? (단, 단면적 $A=60,000\text{mm}^2$, 단면2차 모멘트 $I=450,000,000\text{mm}^4$이다)

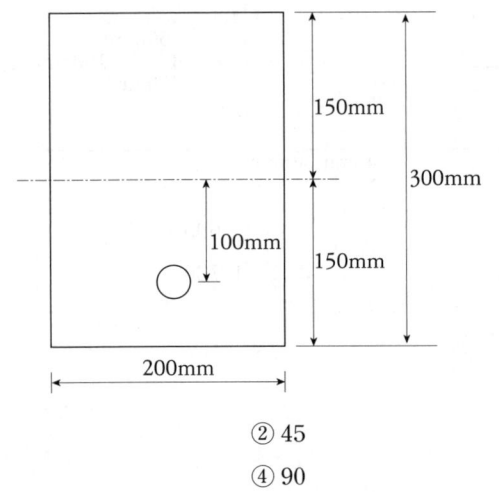

① 30 ② 45
③ 60 ④ 90

07

그림과 같이 바닥판과 기둥의 중심에 수직하중 $P=580\text{kN}$과 모멘트 $M=40\text{kN·m}$가 작용하는 철근콘크리트 확대기초의 최대 지반반력[kN/m²]은?

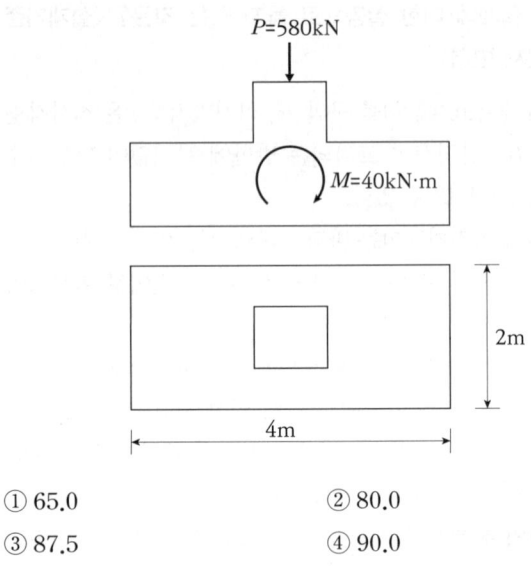

① 65.0 ② 80.0
③ 87.5 ④ 90.0

08

길이 10m인 포스트텐션 프리스트레스트 콘크리트보의 강선에 1,000MPa의 인장응력을 도입한 후 정착하였더니 정착장치에서 활동량의 합이 3mm였다. 이때 프리스트레스의 감소율 [%]은? (단, PS강재의 탄성계수 $E_{ps}=2.0\times 10^5\text{MPa}$이다)

① 3 ② 4
③ 5 ④ 6

09

필렛용접 이음이 그림과 같은 경우 용접부에 발생하는 전단응력[MPa]은?

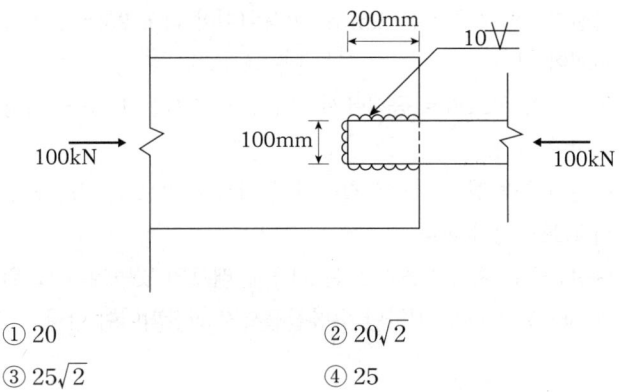

① 20
② $20\sqrt{2}$
③ $25\sqrt{2}$
④ 25

10

휨을 받는 철근콘크리트 직사각형보의 전단철근 설계에 대한 설명으로 옳지 않은 것은?〈설계기준 변경으로 문제 변경〉

① 여러 종류의 전단철근이 부재의 같은 부분을 보강하기 위해 사용되는 경우의 전단강도 V_s는 각 종류별로 구한 전단강도 V_s를 합한 값으로 하여야 한다.
② 계수전단력 V_u가 콘크리트에 의한 설계전단강도 ϕV_c 이하이고 $\frac{1}{2}\phi V_c$를 초과하는 경우는 이론상으로는 전단철근이 필요하지 않으나, 보의 전체 깊이가 250mm를 초과한 경우에는 최소전단철근량을 배치하도록 콘크리트구조설계기준에서 규정하고 있다.
③ $\frac{1}{3}\sqrt{f_{ck}}b_w d < V_s \leq 0.2f_{ck}\left(1-\frac{f_{ck}}{250}\right)b_w d$이고, 수직스터럽을 설치할 경우 전단철근의 최대간격은 $0.5d$ 이하, 600mm 이하로 하여야 한다.
④ 경사스터럽과 굽힘철근은 부재의 중간 높이인 $0.5d$에서 반력점방향으로 주인장철근까지 연장된 45°선과 한 번 이상 교차되도록 배치하여야 한다.

11

콘크리트의 크리프에 대한 설명으로 옳은 것은?

① 탄성한도 내에서 콘크리트의 크리프 변형률은 작용하는 응력에 비례하고 탄성계수에 반비례한다.
② 콘크리트의 크리프 계수는 옥외 구조물이 옥내 구조물보다 크다.
③ 증가되는 응력을 장시간 받았을 경우, 시간의 경과에 따라 탄성변형이 증가하는 현상을 크리프라 한다.
④ 일시적으로 재하되는 하중에 대하여 설계할 때에도 크리프의 영향을 고려하여 설계해야 한다.

12

현장치기 콘크리트인 경우, 철근의 최소 피복두께에 관한 설명으로 옳지 않은 것은? (단, 책임기술자의 승인을 받아 피복두께를 변경하지 않고, 철근의 정착길이가 피복두께에 영향을 주지 않음)〈설계기준 변경으로 문제 변경〉

① D16 이하인 철근이 배치된 흙에 접하거나 옥외의 공기에 직접 노출되는 콘크리트의 최소 피복두께는 40mm이다.
② 수중에서 타설하는 콘크리트의 최소 피복두께는 100mm이다.
③ 흙에 접하여 콘크리트를 친 후 영구히 흙에 묻혀있는 콘크리트의 최소 피복두께는 75mm이다.
④ 슬래브에 D35를 초과하는 철근이 배치된 옥외의 공기나 흙에 직접 접하지 않는 콘크리트의 최소 피복두께는 30mm이다.

13

그림과 같이 직사각형단면을 갖는 단순보에 하중 P가 작용하였을 경우, 최대 전단응력과 최대 휨응력을 계산한 값은?

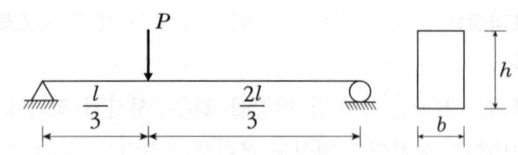

	최대 전단응력	최대 휨응력
①	$\dfrac{P}{2bh}$	$\dfrac{4Pl}{3bh^2}$
②	$\dfrac{P}{bh}$	$\dfrac{2Pl}{3bh^2}$
③	$\dfrac{P}{2bh}$	$\dfrac{2Pl}{3bh^2}$
④	$\dfrac{P}{bh}$	$\dfrac{4Pl}{3bh^2}$

14

그림과 같은 단철근 직사각형보를 대상으로 할 때, 콘크리트 구조설계기준에서 허용한 최대 철근량($A_{s,max}$)을 계산하는 식은? (단, $f_{ck}=30$MPa, $f_y=300$MPa, 보는 프리스트레스를 가하지 않은 휨부재임) 〈설계기준 변경으로 문제 변경〉

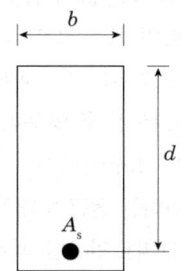

① $A_{s,max} = 0.85 \times 0.85 \times 0.85 \dfrac{f_{ck}}{f_y} \dfrac{660}{660+f_y} bd$

② $A_{s,max} = 0.658 \times 0.85 \times 0.85 \dfrac{f_{ck}}{f_y} \dfrac{660}{660+f_y} bd$

③ $A_{s,max} = 0.658 \times 0.85 \times 0.8 \dfrac{f_{ck}}{f_y} \dfrac{660}{660+f_y} bd$

④ $A_{s,max} = 0.75 \times 0.85 \times 0.85 \dfrac{f_{ck}}{f_y} \dfrac{660}{660+f_y} bd$

15

압축부재에 사용되는 나선철근이 나선철근으로서의 역할을 하기 위하여 설계시 전제되어야 할 사항으로 옳지 않은 것은?

① 나선철근의 순간격은 25mm 이상이어야 하고 95mm 이하이어야 한다.

② 현장치기 콘크리트 공사에서 나선철근 지름은 10mm 이상이어야 한다.

③ 나선철근의 정착은 나선철근의 끝에서 추가로 1.5회전만큼 더 확보하여야 한다.

④ 나선철근은 확대기초판 또는 기초 슬래브의 윗면에서 그 위에 지지된 부재의 최하단 수평철근까지 연장되어야 한다.

16

철근 또는 강연선의 간격에 대한 설명으로 옳은 것은? (단, d_b는 철근, 철선 또는 프리스트레싱 강연선의 공칭지름)

① 나선철근과 띠철근 기둥에서 축방향 철근의 순간격은 30mm 이상, 또한 철근 공칭지름의 1.5배 이상, 굵은 골재 최대치수 4/3배 이상이다.

② 벽체 또는 슬래브에서 휨 주철근의 간격은 벽체나 슬래브 두께의 4배 이하이어야 하고, 또한 450mm 이하이다. 단, 콘크리트 장선구조는 제외한다.

③ 휨부재의 경간 내에서 끝나는 한 다발철근 내의 개개 철근은 $40d_b$ 이상 서로 엇갈리게 끝나야 한다.

④ 콘크리트 압축강도가 28MPa보다 작은 경우, 부재단에서 프리텐셔닝 긴장재의 중심간격은 강선의 경우 $4d_b$, 강연선의 경우 $5d_b$ 이상이어야 한다.

17

에폭시 도막된 180° 표준갈고리를 갖는 인장 이형철근(D35)을 기둥 속으로 연장하여 정착시키려고 한다. 갈고리 평면에 수직방향인 측면 피복두께가 80mm이고, 배근철근량은 소요철근량과 같을 때, 표준갈고리의 최소 정착길이를 계산한 값[mm]은? (단, $f_{ck}=25$MPa, $f_y=400$MPa이다) 〈설계기준 변경으로 문제 변경〉

① 564.48　　② 537.6
③ 470.4　　④ 150

18

계수전단력 V_u가 콘크리트에 의한 설계전단강도 ϕV_c의 1/2을 초과하고 ϕV_c 이하인 모든 철근 콘크리트 휨부재에는 최소전단철근을 배치한다. 이에 대한 예외규정으로 옳지 않은 것은?

① 슬래브와 기초판
② 콘크리트 장선구조
③ I형보, T형보에서 그 깊이가 플랜지 두께의 3.5배 또는 복부폭 중 큰 값 이하인 보
④ 교대 벽체 및 날개벽, 옹벽의 벽체, 암거 등과 같이 휨이주 거동인 판 부재

19

콘크리트구조설계기준의 강도감소계수 규정에 대한 설명으로 옳지 않은 것은? (단, $f_{ck} \leq 40$MPa) 〈설계기준 변경으로 문제 변경〉

① 압축 콘크리트가 가정된 극한변형률 0.0033에 도달할 때, 최외단인장철근의 순인장변형률이 인장지배변형률 한계 이상인 인장지배 단면은 0.85이다.
② 무근콘크리트의 휨모멘트, 압축력, 전단력, 지압력을 받는 단면은 0.65이다.
③ 전단과 비틀림모멘트를 받는 단면은 0.75이다.
④ 압축 콘크리트가 가정된 극한변형률 0.0033에 도달할 때, 최외단 인장철근의 순인장변형률이 압축지배변형률 한계 이하인 압축지배 단면 중 나선철근 규정에 따라 나선철근으로 보강된 철근콘크리트 부재는 0.70이다.

20

단면의 크기가 500mm×600mm이고, 축방향 철근(D29)을 6개 사용한 띠철근(D13) 기둥이 슬래브를 지지하고 있을 때, 슬래브의 최하단 수평철근 아래에 배치되는 첫 번째 띠철근의 최대 수직 간격[mm]은? (단, D29의 지름은 30mm, D13의 지름은 13mm이다)

① 312　　② 480
③ 240　　④ 500

01

철근콘크리트가 성립할 수 있는 이유로 옳지 않은 것은?

① 철근과 콘크리트 사이의 부착강도가 커서 일체식 구조형성이 가능하다.
② 철근을 감싸는 콘크리트가 철근의 부식을 막아준다.
③ 철근과 콘크리트의 탄성 계수가 비슷하여 변형률이 비슷하다.
④ 철근과 콘크리트의 열팽창 계수가 거의 동일하여 온도에 대한 신축이 거의 같다.

02

철근의 설계기준 항복강도와 지배단면 변형률 한계 사이의 관계가 옳지 않은 것은?

① 철근의 항복강도가 300MPa일 때, 압축지배 변형률 한계는 0.0015이고, 인장지배 변형률 한계는 0.005이다.
② 철근의 항복강도가 350MPa일 때, 압축지배 변형률 한계는 0.00175이고, 인장지배 변형률 한계는 0.005이다.
③ 철근의 항복강도가 400MPa일 때, 압축지배 변형률 한계는 0.002이고, 인장지배 변형률 한계는 0.005이다.
④ 철근의 항복강도가 500MPa일 때, 압축지배 변형률 한계는 0.0025이고, 인장지배 변형률 한계는 0.005이다.

03

프리스트레스트 콘크리트(PSC)의 설계 시 균열검토를 수행해야 하는 이유로 옳지 않은 것은?

① 균열로 인해 PS강재의 인장응력이 감소되어 보의 피로 저항성이 감소되기 때문
② 균열을 수반할 때 발생되는 휨강성의 감소에 따라서 처짐이 영향을 받기 때문
③ 보에 균열이 발생하면 PS강재는 부식에 취약해지기 때문
④ 균열은 수밀성을 요하는 구조물에서 누수의 원인이 되기 때문

04

보통의 골재를 사용한 콘크리트의 설계기준강도 $f_{ck}=4\text{MPa}$일 때 콘크리트의 탄성계수[Mpa]는? 〈설계기준 변경으로 문제 변경〉

① 8,500 ② 12,750
③ 17,000 ④ 25,500

05

기둥에서 장주와 단주의 구별에 대한 설명으로 옳지 않은 것은?

① 횡구속 골조구조에서 $\frac{kl_u}{r} \leq 34 - 12(M_1/M_2)$ 조건을 만족하는 경우에는 단주로 간주할 수 있다.

② ①번 항목에서 $[34-12(M_1/M_2)]$ 값은 40을 초과할 수 없다.

③ M_1/M_2의 값은 기둥이 단일 곡률일 때 양(+)으로, 이중곡률일 때 음(-)으로 취하여야 한다.

④ 비횡구속 골조구조의 경우 $\frac{kl_u}{r} < 22$ 조건을 만족하는 경우에는 장주로 간주할 수 있다.

06

길이가 10m인 캔틸레버보에 자중을 포함한 계수하중 $w_u = 20$ kN/m가 작용할 때 전단철근이 필요한 구간 $x[\text{m}]$는? (단, 최소전단철근 배근구간은 제외한다. 그리고 폭 $b=400$mm, 유효깊이 $d=600$mm, $f_{ck}=25$MPa이다)

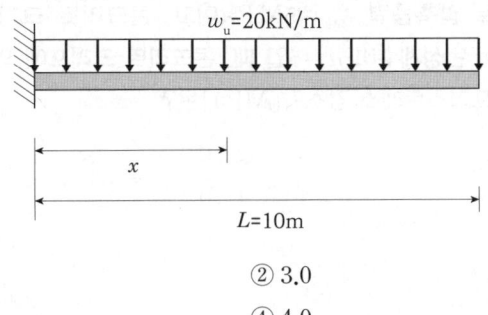

① 2.5 ② 3.0
③ 3.5 ④ 4.0

07

PS 강재의 탄성계수 $E_{ps} = 2 \times 10^5$ MPa이고 콘크리트의 건조수축률 $\varepsilon_{sh} = 25 \times 10^{-5}$일 때, 콘크리트 건조수축에 의한 PS 강재의 프리스트레스 감소율을 5%로 제어하기 위한 초기 프리스트레스 값[MPa]은?

① 1,000 ② 2,000
③ 3,000 ④ 4,000

08

그림과 같이 콘크리트 기초판과 기둥의 중심에 수직하중과 모멘트가 작용하고 있다. 콘크리트 기초판과 기초 지반 사이에 인장응력이 작용하지 않도록 하기 위한 최소 수직하중[kN]은? (단, 자중에 의한 하중효과는 무시하고, 하중계수는 고려하지 않는다)

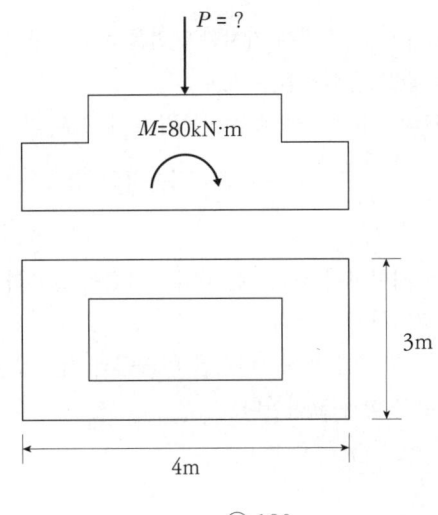

① 110 ② 120
③ 130 ④ 140

09

지속하중에 의한 탄성처짐이 20mm 발생한 캔틸레버보의 5년간의 장기처짐을 포함한 총처짐[mm]은? (단, 보의 인장철근비는 0.06, 압축철근비는 0.02, 지속하중의 재하기간에 따른 계수는 2.0이다)

① 20
② 30
③ 40
④ 50

10

철근콘크리트 구조물의 전단과 비틀림 설계에 대한 설명으로 옳지 않은 것은?

① 받침부로부터 d 이내에 위치한 단면은 d에서 구한 계수전단력 V_u의 값으로 설계할 수 있다.
② 철근콘크리트부재에서 계수 비틀림 모멘트 T_u가 $\phi\left(\dfrac{1}{12}\sqrt{f_{ck}}\right)\dfrac{A_{cp}^2}{p_{cp}}$보다 작으면 비틀림의 영향을 무시할 수 있다.
③ 비틀림에 저항하기 위해서는 폐쇄스터럽만 필요하고 종방향 철근은 고려하지 않는다.
④ 비틀림 설계 시에 폐쇄스터럽은 비틀림과 전단에 대한 스터럽 필요량을 함께 고려한다.

11

휨과 압축을 받는 직사각형 단주의 설계에 대한 설명으로 옳지 않은 것은? (단, $f_{ck} \leq 40\text{MPa}$) 〈설계기준 변경으로 문제 변경〉

① 균형상태는 압축측 연단의 콘크리트 변형률이 0.0033에 도달함과 동시에 철근의 응력이 항복강도 f_y에 도달되는 상태를 말한다.
② 균형상태에서 중립축위치 $C_b = \left(\dfrac{0.0033}{0.0033 + f_y/E_s}\right)d$ 이고, 압축부 콘크리트의 등가응력사각형깊이가 $a_b = \beta_1 C_b$ 이다.
③ 압축지배인 경우에 띠철근 기둥의 강도감소계수는 0.70이고, 나선철근기둥의 강도감소계수는 0.75이다.
④ 기둥강도상관도($P-M$ 상관도)에서 편심(e) < 균형편심(e_b)이면 기둥강도는 콘크리트의 압축으로 지배된다.

12

프리스트레스트 콘크리트 부재에 프리스트레스 도입으로 인한 콘크리트 압축응력 $f_{cs} = 5\text{MPa}$이고, 콘크리트 크리프계수 $C_u = 2.0$, 탄성계수비 $n = 6$일 때, 콘크리트 크리프에 의한 PS 강재의 프리스트레스 감소량[MPa]은?

① 40
② 50
③ 60
④ 70

13

표준갈고리에 대한 설명으로 옳지 않은 것은?

① 주철근의 경우 180° 표준 갈고리는 구부린 반원 끝에서 $4d_b$ 이상, 또한 40mm 이상 더 연장해야 한다.
② 주철근의 경우 90° 표준 갈고리는 구부린 끝에서 $12d_b$ 이상 더 연장해야 한다.
③ 스터럽 또는 띠철근의 경우 135° 표준 갈고리에서 D25 이하의 철근은 구부린 끝에서 $6d_b$ 이상 더 연장해야 한다.
④ 스터럽 또는 띠철근의 경우 90° 표준 갈고리에서 D16 이하의 철근은 구부린 끝에서 $6d_b$ 이상 더 연장해야 한다.

14

전단력과 휨모멘트를 받는 부재의 복부판에 대한 설명으로 옳지 않은 것은? (단, KDS 24 14 30에 따른다) 〈설계기준 변경으로 문제 변경〉

① I형 단면과 박스형단면의 플레이트거더를 휨에 대해서 경제적으로 설계하기 위해서는 복부판을 될 수 있는 대로 얇게 하고 플랜지의 단면적을 크게 하는 것이 바람직하지만 복부판을 너무 얇게 하면 좌굴변형 또는 붕괴를 일으켜 플레이트 거더 전체의 붕괴를 유발할 위험이 있으므로 복부판의 최소두께를 규정하고 있다.
② 수평보강재를 1단으로 사용하는 경우 그 위치는 압축플랜지로부터 0.3D부근에 배치하는 것으로 한다.
③ 중간수직보강재의 간격은 수평보강재가 없는 경우 $d \leq 980 \dfrac{t}{\sqrt{v}}$ 식에 의해 산출한 값으로 해야 한다.
④ 중간수직보강재의 간격은 수평보강재를 압축 플랜지로부터 0.2D부근에 1단으로 배치할 경우 $d \leq 870 \dfrac{t}{\sqrt{v}}$ 식에 의해 산출한 값으로 해야 한다.

15

옹벽의 안정검토에 대한 설명으로 옳지 않은 것은? (단, $\sum H$는 수평력의 합, y는 기초저판 아래면에서 수평력 작용점까지의 높이, $\sum V$는 수직력의 합, x는 기초저판 앞면에서 수직력 작용점까지의 거리, μ는 마찰계수, B는 기초저판의 폭이다)

① 전도모멘트 $M_0 = (\sum H)y$이고, 저항모멘트 $M_r = (\sum V)x$이면, 전도안전율 $= \dfrac{M_r}{M_0} \geq 2.0$이다.
② 저판의 밑면과 지반 사이에 발휘될 수 있는 마찰저항력 $H_r = \mu(\sum V)$이고, $H_0 = \sum H$이면, 활동안전율 $= \dfrac{H_r}{H_0} \geq 1.5$이다.
③ 지반의 허용지지력을 극한지지력 q_u로부터 구하는 경우, 지반의 허용지지력 $q_a = \dfrac{q_u}{3}$을 취한다.
④ 편심거리 $e \leq \dfrac{B}{6}$이면, 최대지반반력 $q_{max} = \dfrac{\sum V}{B}\left(1 - \dfrac{3e}{B}\right) \leq q_a$이다.

16

도로교 내진설계 시 고려사항으로 옳지 않은 것은?

① 거더의 단부에서는 최소 받침지지길이가 확보되어야 한다.
② 상부구조의 여유간격은 지진 시의 지반에 대한 상부구조의 총변위량 만으로 산정한다.
③ 최소 받침지지길이의 확보가 어려울 경우에 낙교방지를 위해 변위구속장치를 설치해야 한다.
④ 지진시 상부구조와 교대 혹은 인접하는 상부구조간의 충돌에 의한 주요 구조부재의 손상을 방지해야 한다.

17

그림과 같이 지간이 8m인 프리스트레스트 콘크리트 단순보에 PS강재가 직선으로 단면의 도심에 배치되어 있고 1,200kN의 프리스트레스 힘이 작용하고 있다. 보의 단위중량을 $25kN/m^3$로 가정할 때, 보의 중앙단면 하연의 응력이 0(zero)이 되도록 하기 위해 자중 외에 추가로 가해 주어야 하는 등분포하중 $w[kN/m]$은?

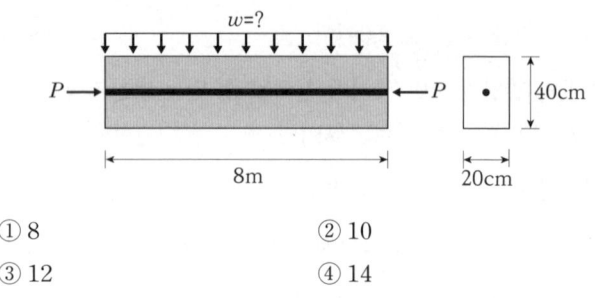

① 8 ② 10
③ 12 ④ 14

18

그림과 같은 연결에서 볼트가 지지할 수 있는 인장력[kN]은? (단, 허용전단응력 $v_{sa}=200MPa$, 허용지압응력 $f_{ba}=300MPa$, $\pi=3$으로 계산한다)

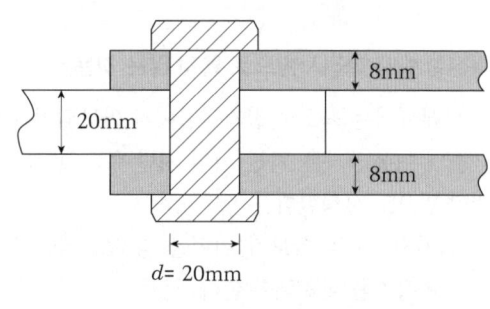

① 64 ② 96
③ 120 ④ 180

19

그림과 같은 철근콘크리트 T형보의 휨강도 계산시 플랜지 상연에서 중립축까지의 거리와 가장 가까운 값[mm]은? (단, 콘크리트 압축강도 $f_{ck}=25MPa$, 철근의 항복강도 $f_y=300MPa$, 철근단면적 $A_s=5,000mm^2$이다) 〈설계기준 변경으로 문제 변경〉

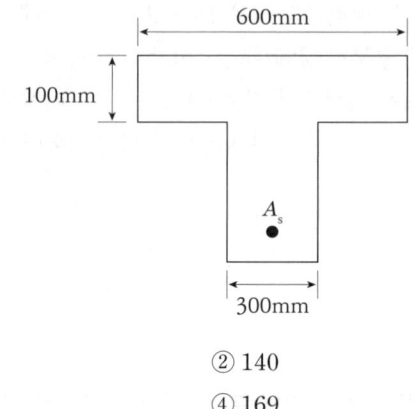

① 135 ② 140
③ 159 ④ 169

20

압축과 휨을 받는 띠철근 기둥(단주)이 그림과 같은 변형률 분포를 나타낼 때 도심으로부터 편심을 갖는 공칭 축하중강도 $P_n[kN]$는? (단, $f_{ck}=\dfrac{20}{0.8\times0.85}MPa$, $f_y=300MPa$, $A_s=A_s'=2,500mm^2$, $E_s=2.0\times10^5MPa$이다. 또한 압축철근은 항복한 것으로 가정하고, 철근의 압축력 $C_s=A_s'f_y$를 사용한다) 〈설계기준 변경으로 문제 변경〉

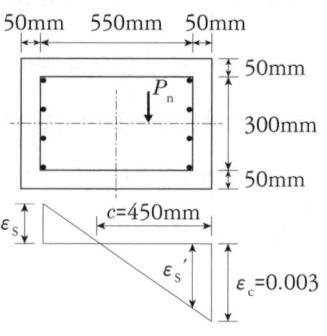

① 3,125 ② 3,625
③ 3,800 ④ 4,125

01

콘크리트 구조설계기준에 의한 현장치기 콘크리트의 최소 피복두께에 대한 설명으로 옳지 않은 것은? 〈설계기준 변경으로 문제 변경〉

① 흙에 접하여 콘크리트를 친 후 영구히 흙에 묻혀 있는 콘크리트의 피복두께는 75mm 이상이다.
② 흙에 접하거나 옥외의 공기에 직접 노출되는 콘크리트로 D19 이상의 철근을 사용하는 경우의 피복두께는 50mm 이상이다.
③ 옥외의 공기나 흙에 직접 접하지 않는 콘크리트로 슬래브나 벽체에서 D35를 초과하는 철근을 사용하는 경우의 피복두께는 60mm 이상이다.
④ 수중에 타설하는 콘크리트의 피복두께는 100mm 이상이다.

02

그림과 같은 단철근 직사각형보의 균열모멘트 $M_{cr}[kN \cdot m]$은? (단, 콘크리트 설계기준강도 $f_{ck}=25MPa$이다)

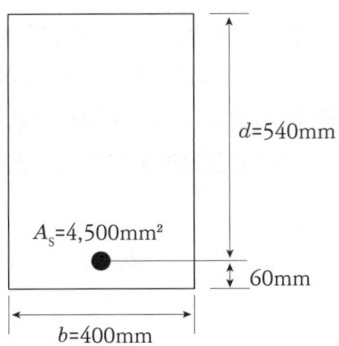

① 55.7
② 61.2
③ 75.6
④ 81.3

03

KDS(2021)설계기준에서 다음과 같은 휨부재의 최소철근량을 적용하는 이유로 타당한 것은? 〈설계기준 변경으로 문제 변경〉

$$\phi M_n \geq 1.2 M_{cr}$$

① 철근의 끊어짐을 방지하여 취성파괴 방지
② 인장철근량의 감소를 통한 경제성의 확보
③ 콘크리트 파괴를 방지하여 연성파괴 확보
④ 인장철근의 균등한 배치에 따른 균형단면의 형성

04

정사각형 확대기초의 중앙에 기초판의 자중을 포함한 축방향 압축력 $P=5,000kN$이 사용하중으로 작용할 때, 가장 경제적인 정사각형 기초의 한 변의 길이[m]는? (단, 기초지반의 허용지지력 $q_a=200kN/m^2$이다)

① 4.0
② 4.5
③ 5.0
④ 5.5

05

단철근 직사각형보가 폭 $b=400mm$, 유효깊이 $d=700mm$, 인장철근 단면적 $A_s=1,445mm^2$, 콘크리트 설계기준강도 $f_{ck}=20MPa$, 철근의 항복강도 $f_y=400MPa$일 때, 설계휨강도 $M_d[kN \cdot m]$는?

① 287
② 323
③ 356
④ 380

06

콘크리트 설계기준강도 $f_{ck}=24$MPa인 철근콘크리트 구조물의 압축 이형철근에 대한 최소 겹침이음길이[mm]는? (단, 겹침이음에 사용되는 두 철근은 항복강도 $f_y=300$MPa인 D13 [공칭직경 $d_b=13$mm로 가정]을 사용한다)

① 150
② 200
③ 250
④ 300

07

기둥의 길이 $L=8$m, 지름 $d=500$mm인 원형기둥의 유효세장비 λ는? (단, 기둥은 양단고정이다)

① 32
② 44.8
③ 64
④ 128

08

그림과 같은 콘크리트로 된 기둥(단주)에 하중 P가 도심에 작용하여 A부분에 압축응력 $f_A=5$MPa, B부분에 압축응력 $f_B=3$MPa가 각 부재에 일정하게 발생하였다. 이들 응력을 5년 이상의 장기하중으로 받을 때, 탄성변형 및 크리프 변형에 의한 총 압축변위[mm]는? (단, 콘크리트의 설계기준강도 $f_{ck}=19$MPa, 크리프 계산을 위한 콘크리트의 탄성 계수 $E_C=2.5\times10^4$MPa, 자중은 무시하며, 기둥은 옥외에 있다)

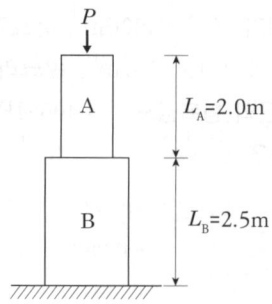

① 1.5
② 1.8
③ 2.1
④ 2.4

09

그림과 같은 복철근 직사각형보의 설계휨강도 M_d[kN·m]는? (단, 콘크리트 설계기준강도 $f_{ck}=20$MPa, 철근 항복강도 $f_y=400$MPa, 인장철근 단면적 $A_s=7,890$mm^2, 압축철근 단면적 $A_s'=5000$mm^{2}이다)

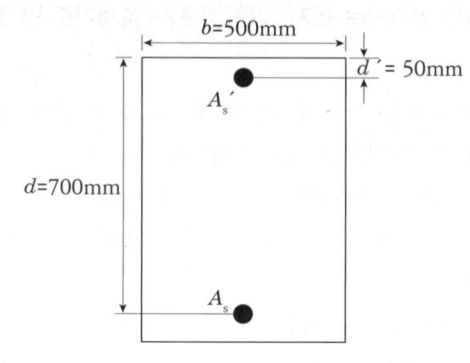

① 1,452
② 1,726
③ 2,074
④ 2,480

10

계수 전단력 $V_u=480$kN을 받는 직사각형 콘크리트 부재의 단면이 폭 $b=400$mm, 유효깊이 $d=600$mm이다. 강도설계법에 의해 전단철근을 배근할 경우, 규정에 따른 수직 스터럽의 최대간격 s[mm]는? (단, 콘크리트 설계기준강도 $f_{ck}=25$MPa이다)

① 150
② 250
③ 300
④ 600

11

길이 $L=10m$인 포스트텐션 프리스트레스트 콘크리트보의 강선에 1,000MPa의 인장력을 가했다. 정착 장치에 의한 강선의 활동량이 5mm일 경우, 정착장치 활동에 의한 프리스트레스 손실[MPa]은? (단, 1단 정착이며, PS강재의 탄성계수 $E_p=2.0\times 10^5$MPa이다)

① 100 ② 120
③ 140 ④ 160

12

인장을 받는 이형철근의 직경 $d_b=25mm$일 때, 기본정착길이 l_{db}[mm]는? (단, 콘크리트의 설계기준강도 $f_{ck}=25$MPa, 철근의 항복강도 $f_y=400$MPa이다)

① 625 ② 850
③ 1,200 ④ 1,440

13

콘크리트의 압축강도에 대한 설명으로 옳지 않은 것은?

① 물-시멘트비(W/C : W는 물, C는 시멘트)가 클수록 압축강도는 작아진다.
② 공시체에 하중 가력속도가 빠를수록 압축강도는 커진다.
③ 양생방법, 운반, 다짐방법 등에 따라 압축강도는 달라진다.
④ 형상비(H/D : H는 공시체의 높이, D는 공시체의 지름)가 클수록 압축강도는 커진다.

14

다음 중 1방향 슬래브의 설계기준으로 옳지 않은 것은?

① 건조수축과 온도변화에 따른 균열의 방지를 위해 정철근 및 부철근의 직각방향으로 배력철근을 배치하여야 한다.
② 위험단면에서 슬래브의 정철근 및 부철근의 중심간격은 슬래브 두께의 3배 이하, 400mm 이하로 하여야 한다.
③ 건조수축 및 온도철근의 콘크리트 총 단면적에 대한 철근비는 0.0014 이상이어야 한다.
④ 배력철근의 간격은 슬래브 두께의 5배 이하, 450mm 이하이어야 한다.

15

다음과 같은 긴장재가 포물선으로 배치된 프리스트레스트 콘크리트 단순보에 프리스트레스 $P=600$kN이 가해졌다. 하중평형법에 의해 상향력과 상쇄되고 남은 순하향 하중[kN/m]은? (단, 자중을 포함한 등분포하중 $w=15$kN/m가 작용하고 있으며, 프리스트레스의 손실은 무시하고, $s=0.2m$이다)

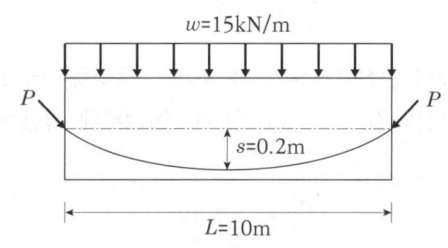

① 2.4 ② 3.4
③ 4.4 ④ 5.4

16

다음과 같은 지간이 $L=10m$인 프리스트레스트 콘크리트 단순보에 자중을 포함한 등분포하중 $w=30kN/m$가 작용하고 있다. 부재 단면이 폭 $b=400mm$, 높이 $h=600mm$이며, PS강선은 편심 $e=0.2\,m$로 직선배치 되어 있다. 균등질보개념(응력개념)을 적용할 때, 이 보의 중앙부 하단에 휨에 의한 수직응력이 $0(zero)$이 되기 위해 도입해야하는 프리스트레스의 크기 $P[kN]$는? (단, 프리스트레스의 손실은 무시한다)

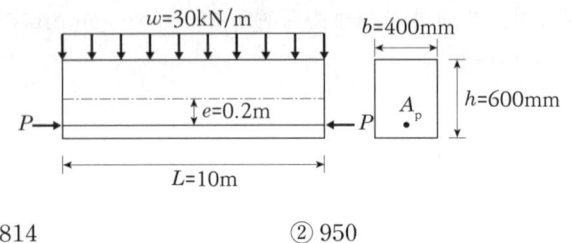

① 814
② 950
③ 1,040
④ 1,250

17

필릿용접에서 인장력 $P=120\,kN$이고, 용접목두께 $a=6mm$이며, 용접유효길이 $L=2m$일 때, 용접부에 발생하는 응력 $[MPa]$은?

① 10
② 12
③ 14
④ 16

18

다음과 같은 리벳 이음에서 필요한 최소 리벳 수[개]는? (단, 리벳의 허용전단응력 $v_{sa}=200MPa$, 허용지압응력 $f_{ba}=240MPa$, 리벳의 직경 $d=19mm$, 강판의 두께 $t=12mm$이다)

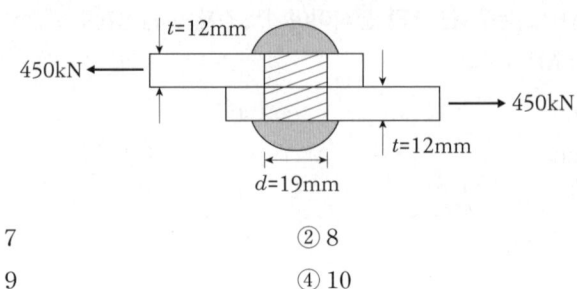

① 7
② 8
③ 9
④ 10

19

다음과 같은 기초판에 자중을 포함한 계수 축방향하중 $P_u=900kN$이 콘크리트 기둥 도심에 편심없이 작용할 때, 직사각형 확대기초의 2방향 전단에 대한 위험단면에서의 계수 전단력 $V_u[kN]$는?

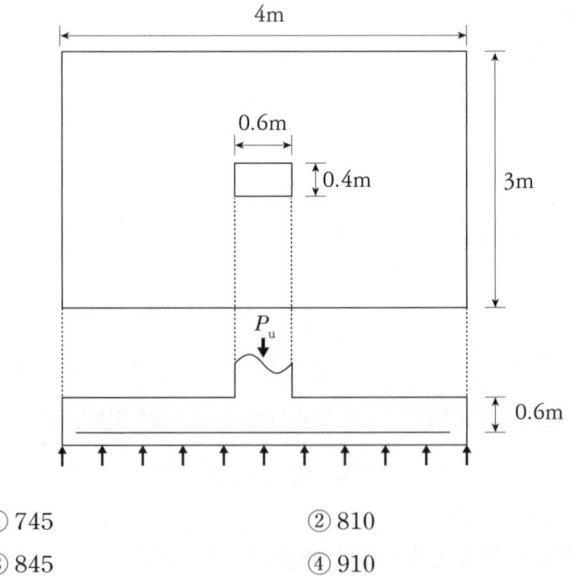

① 745
② 810
③ 845
④ 910

20

다음과 같은 정사각형 띠철근 기둥(600mm×600mm)에 대한 축방향 철근의 총단면적 $A_{st}=10{,}000\text{mm}^2$이다. 축방향 하중의 편심 e와 최소편심 e_{min}의 관계가 $e \leq e_{min}$인 경우에 설계 축방향압축강도 $P_d[\text{kN}]$와 균형상태($e=e_b$, e_b는 균형편심)인 경우에 가장 바깥쪽 압축철근의 축방향 변형도 ε_s'는? (단, 콘크리트 설계기준강도 $f_{ck}=20\text{MPa}$, 철근의 항복강도 $f_y=330\text{MPa}$, 폭 $b=600\text{mm}$, 유효깊이 $d=540\text{mm}$, 압축철근의 깊이 $d'=60\text{mm}$이다) 〈설계기준 변경으로 문제 변경〉

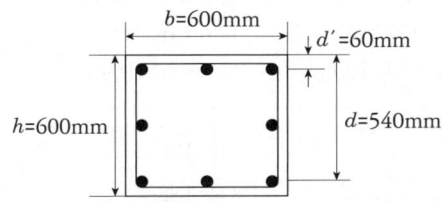

① $P_d=4810$, $\varepsilon_s'=0.0021$
② $P_d=4810$, $\varepsilon_s'=0.00275$
③ $P_d=7609$, $\varepsilon_s'=0.0021$
④ $P_d=7609$, $\varepsilon_s'=0.00275$

2013 국가직

01
철근콘크리트 구조물의 사용성 및 내구성에 대한 검토 및 대책으로 적절하지 않은 것은?

① 구조물 또는 부재의 사용기간 중 충분한 기능과 성능을 유지하기 위하여 사용하중을 받을 때 사용성을 검토하여야 한다.
② 처짐을 계산할 때 하중의 작용에 의한 순간처짐은 부재강성에 대한 균열과 철근의 영향을 고려할 필요가 없다.
③ 철근콘크리트 부재는 하중에 의한 균열을 제어하기 위해 필요한 철근 외에도 필요에 따라 온도변화, 건조수축 등에 의한 균열을 제어하기 위한 추가적인 철근을 배치하여야 한다.
④ 균열 제어를 위한 철근은 필요로 하는 부재 단면의 주변에 분산시켜 배치하여야 하고, 이 경우 철근의 지름과 간격을 가능한 한 작게 하여야 한다.

02
지간 중앙에서 집중하중이 작용하고 균열이 발생하지 않은 단순지지된 탄성상태인 직사각형 철근콘크리트보에서의 부재력과 응력에 대한 설명으로 옳지 않은 것은?

① 지간 중앙 단면에서 휨에 의한 응력의 절댓값은 중립축에서 멀수록 증가한다.
② 지간 중앙 단면에서 부재 하부표면의 사인장응력 값은 0이 된다.
③ 지간 중앙 단면에서 휨에 의한 응력의 절댓값은 단면2차모멘트(I) 값이 클수록 증가한다.
④ 지간 중앙 단면에서 상부 표면에서의 전단응력은 0이 된다.

03
강도설계법에 따른 다음 단철근 직사각형보의 설계휨강도 [kN·m]는?

○ 인장지배단면으로 가정
○ 유효깊이 $d = 450$mm
○ 등가 직사각형 응력블럭의 깊이 $a = 100$mm
○ 인장철근의 단면적 $A_s = 1,000$mm²
○ 철근의 설계기준항복강도 $f_y = 400$MPa

① 104
② 136
③ 160
④ 188

04
강도감소계수(ϕ)에 대한 설명으로 옳지 않은 것은?

① 설계 및 시공상의 오차를 고려한 값이다.
② 응력의 종류와 부재의 중요도 등에 따라 값이 달라진다.
③ 인장지배단면에 대한 강도감소계수는 0.85이다.
④ 콘크리트 지압력에 대한 강도감소계수는 0.70이다.

05

강도설계법에 따라서 그림과 같은 단면에 전단철근을 충분히 사용하는 경우, 단면이 부담할 수 있는 최대 설계전단강도[kN]는? (단, 콘크리트에 의한 전단강도(V_c)는 간략식에 의하여 계산, 콘크리트의 설계기준압축강도 $f_{ck}=25\text{MPa}$, 횡방향 철근의 설계기준항복강도 $f_{yt}=400\text{MPa}$, 경량콘크리트계수 $\lambda=1.0$) 〈설계기준 변경으로 문제 변경〉

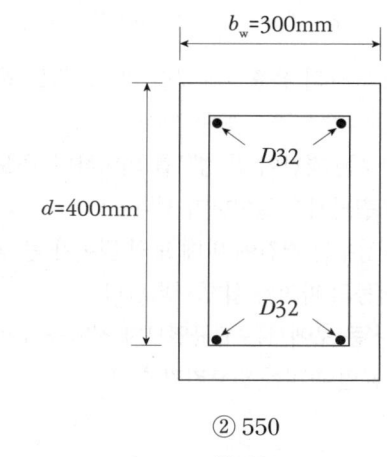

① 640　　② 550
③ 525　　④ 480

06

극한상태에서 콘크리트의 압축응력분포를 다음과 같이 가정할 때, 등가 직사각형 응력블럭($k \cdot f_{ck}$)의 깊이 $a[\text{mm}]$는? (단, f_{ck}: 콘크리트의 설계기준압축강도, $k>0$으로 가정)

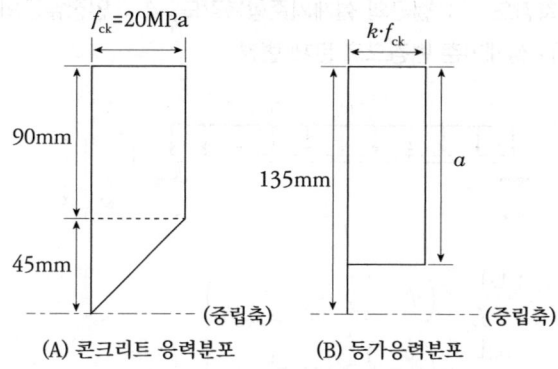

(A) 콘크리트 응력분포　　(B) 등가응력분포

① 114　　② 116
③ 118　　④ 120

07

단순보에 등분포 활하중 w_n만 작용하고 있다. 강도설계법에서 강도감소계수와 하중계수를 1.0으로 가정할 때, 보가 부담할 수 있는 최대 등분포 활하중의 크기는? (f_{ck}: 콘크리트의 설계기준압축강도, f_y: 철근의 설계기준항복강도, A_s: 인장철근의 단면적) 〈설계기준 변경으로 문제 변경〉

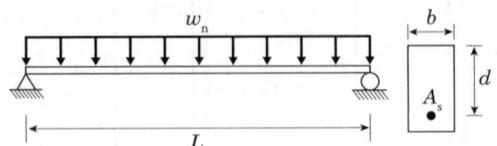

① $w_n = \dfrac{4A_s f_y}{L^2}\left(d - \dfrac{1}{2} \times \dfrac{A_s f_y}{\eta 0.85 f_{ck} b}\right)$

② $w_n = \dfrac{8A_s f_y}{L^2}\left(d - \dfrac{1}{2} \times \dfrac{1}{\eta 0.85 f_{ck} b}\right)$

③ $w_n = \dfrac{8A_s f_y}{L^2}\left(d - \dfrac{1}{2} \times \dfrac{A_s f_y}{\eta 0.85 f_{ck} b}\right)$

④ $w_n = \dfrac{4A_s f_y}{L^2}\left(d - \dfrac{1}{2} \times \dfrac{1}{\eta 0.85 f_{ck} b}\right)$

08

다음과 같은 철근콘크리트보의 전단 경간 a의 영향에 대한 설명으로 옳지 않은 것은?

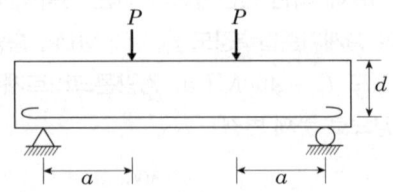

① 전단 경간 a와 보의 유효깊이 d의 비(a/d)를 전단 경간비라고 한다.
② a/d가 큰 경우는 경간이 긴 경우를 의미하며, 휨모멘트의 영향이 커져서 휨파괴가 일어나기 쉽다.
③ a/d가 작은 경우는 경간에 비해 보의 깊이가 큰 경우를 의미하며, 아치거동의 파괴가 쉽게 나타난다.
④ a/d가 7보다 큰 보에서는 휨균열보다 전단균열이 먼저 발생하여 사인장균열 파괴를 일으키기 쉽다.

09

콘크리트구조기준(2012)에 따른 표준갈고리의 기본정착길이[mm]는? (단, 콘크리트의 설계기준압축강도 $f_{ck} = 25\text{MPa}$, 철근의 설계기준항복강도 $f_y = 400\text{MPa}$, 철근의 공칭지름 $d_b = 25\text{mm}$, 경량콘크리트계수 $\lambda = 1.0$, 철근 도막계수 $\beta = 1.0$)

① 500 ② 480
③ 460 ④ 440

10

단면이 500mm×500mm인 띠철근 압축부재가 있다. 8개의 축방향 철근이 적절한 간격의 띠철근으로 둘러싸여 있으며 횡방향 상대변위가 없는 단주이다. 이 압축부재에는 고정하중에 의한 축력 900kN, 활하중에 의한 축력 800kN, 활하중에 의한 휨모멘트 40kN·m가 작용한다. 다음 설명 중 옳지 않은 것은? (단, 최소 편심은 $0.1h$로 본다)

① 단면에 작용하는 계수축력은 2,360kN이다.
② 단면에 작용하는 계수휨모멘트는 48kN·m이다.
③ 축하중 편심거리는 약 27mm이다.
④ 이 부재의 단면 내에는 압축응력만 발생한다.

11

1방향 슬래브에 대한 설명으로 옳지 않은 것은?

① 수축·온도철근의 간격은 슬래브 두께의 3배 이하, 450mm 이하로 한다.
② 슬래브 두께는 지지조건과 경간에 따라 다르나 100mm 이상이어야 한다.
③ 최대 휨모멘트가 일어나는 위험단면에서 주철근 간격은 슬래브 두께의 2배 이하, 300mm 이하로 한다.
④ 슬래브 두께는 과다한 처짐이 발생하지 않을 정도의 두께가 되어야 한다.

12

다음 중 압축부재의 철근량 제한 규정에 대한 설명으로 옳지 않은 것은?

① 최소 철근량은 지속적인 압축응력을 받을 때, 콘크리트의 크리프 및 건조수축의 영향을 줄이기 위해 필요하다.
② 최소 철근량은 휨의 유무에 관계없이 발생할 수 있는 휨에 대한 저항성을 제공하기 위해 필요하다.
③ 비합성 압축부재의 축방향 주철근 단면적은 전체 단면적의 0.10배 이상, 0.15배 이하로 한다.
④ 최대 철근량은 경제성과 콘크리트 타설의 요구사항을 고려한 실질적인 상한선으로 볼 수 있다.

13

다음과 같이 긴장재를 포물선으로 배치한 PSC보의 프리스트레스힘(P)은 1,000kN이고, 경간 중앙단면에서의 긴장재 편심량(e)은 0.3m이다. 하중평형의 개념을 적용할 때 콘크리트에 발생하는 등분포상향력[kN/m]은?

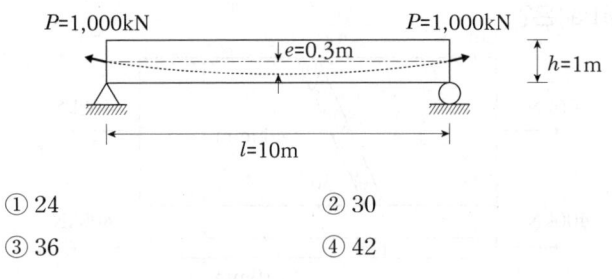

① 24 ② 30
③ 36 ④ 42

14

다음 중 옹벽설계에 관련된 내용으로 옳지 않은 것은? (단, KDS 14 20 74 및 KDS 11 80 05에 따른다) 〈설계기준 변경으로 문제 변경〉

① 콘크리트 옹벽에 작용하는 토압은 벽체의 변위에 따라서 주동토압, 수동토압, 정지토압이 있으며, 실제 옹벽의 변형조건에 따라 적절한 토압을 적용한다.
② 뒷부벽식 옹벽에서는 전면벽과 기초 슬래브에 의해 부벽에 전달되는 응력을 지지하기 위해 필요한 철근을 부벽에 배근해야 한다. 또 전면벽과 기초슬래브에는 인장철근의 20% 이상의 배력철근을 두어야 한다.
③ 부벽식 옹벽의 저판은 정밀한 해석이 사용되지 않는 한, 부벽 사이의 거리를 경간으로 가정한 고정보 또는 연속보로 설계할 수 있다.
④ 기초지반이 흙인 경우, 힘의 합력이 기초중심에서 1/3B 이내에 있는 경우, 별도의 계산을 하지 않더라도 전도에 대해 안정한 것으로 간주한다.

15

다음과 같은 맞대기 용접의 용접부에 발생하는 인장응력 [MPa]은?

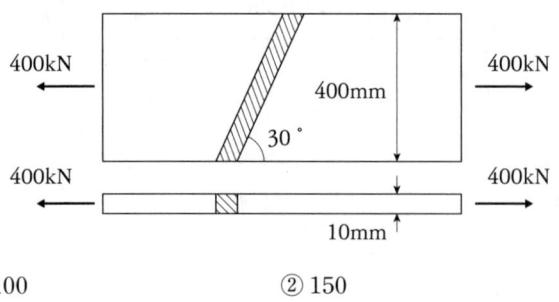

① 100
② 150
③ 200
④ 300

16

구조물 기초설계시 말뚝본체의 허용압축하중 결정시 고려해야 하는 사항으로 옳지 않은 것은?

① 허용압축하중을 산정하기 위한 강말뚝 본체의 유효단면적은 구조물 사용기간 중의 부식을 공제한 값으로 한다.
② 현장타설 콘크리트말뚝 본체의 허용압축하중은 콘크리트와 보강재로 구분하여 허용압축하중을 각각 산정한 다음, 이 두 값 중 작은 값으로 결정한다.
③ RC말뚝 본체의 허용압축하중은 콘크리트의 허용압축응력에 콘크리트의 단면적을 곱한 값에 장경비 및 말뚝이음에 의한 지지하중 감소를 고려하여 결정한다.
④ 현장타설 콘크리트말뚝 보강재의 허용압축하중은 보강재의 허용압축응력에 보강재의 단면적을 곱한 값으로 한다.

17

다음 중 강구조물의 구조적 거동 특성으로 옳지 않은 것은?

① 강구조물은 박판보강 부재나 요소의 세장성에 따른 각종 좌굴 파괴모드가 구조내력을 지배한다.
② 강구조물 중 특히 강교량의 손상이나 파손의 대부분은 보강재나 연결부의 불량 접합부나 연결부에서 시작한다.
③ 강구조물의 경우 연결 상세부위에서의 피로파손으로 인한 피로균열의 성장에 따른 피로파괴가 강구조물의 붕괴를 촉발하는 원인이 되기도 한다.
④ 강구조물은 극심한 기후환경 하에서도 충분한 내구성을 확보하고 있기 때문에 장기간에 걸쳐 유지관리가 불필요하며 비교적 취성파괴에 강한 거동 특성을 지니고 있다.

18

다음 중 프리스트레스트 콘크리트 설계원칙 및 시방 관련 내용으로 옳지 않은 것은? 〈설계기준 변경으로 문제 변경〉

① 프리스트레스트 콘크리트 그라우트의 물 – 결합재 비는 45% 이상으로 하며, 소요의 반죽질기가 얻어지는 범위 내에서 될 수 있는 대로 크게 할 필요가 있다.
② 프리스트레스트 콘크리트 슬래브 설계에 있어 등분포하중에 대하여 배치하는 긴장재의 간격은 최소한 1방향으로는 슬래브 두께의 8배 또는 1.5m 이하로 하여야 한다.
③ 포스트텐션 덕트에 있어 그라우트 시공 등의 용이성을 위해 그라우트되는 다수의 강선, 강연선 또는 강봉을 배치하기 위한 덕트는 내부 단면적이 긴장재 단면적의 2.5배 이상이어야 한다.
④ 그라우트 시공은 프리스트레싱이 끝나고 8시간이 경과한 다음 가능한 한 빨리 하여야 하며, 어떠한 경우에도 프리스트레싱이 끝난 후 7일 이내에 실시하여야 한다.

19

KDS 24 14 21 : 2021에 따른 도로교의 교량 바닥판 설계시 철근콘크리트 바닥판에 배근되는 배력철근에 대한 설계기준을 설명한 내용으로 옳지 않은 것은? 〈설계기준 변경으로 문제 변경〉

① 배치할 철근량은 온도 및 건조수축에 소요되는 철근량 이하이어야 한다.
② 배력철근의 양은 정모멘트 구간에 필요한 주철근에 대한 비율로 나타낸다.
③ 배력철근의 양은 주철근이 차량진행방향에 평행할 경우는, $55/\sqrt{L}\%$ (L : 바닥판의 지간(m))와 50% 중 작은 값 이상으로 한다.
④ 집중하중으로 작용하는 윤하중을 수평방향으로 분산시키기 위해 바닥판에는 주철근의 직각방향으로 배력철근을 배치하여야 한다.

20

다음 중에서 프리스트레스트 콘크리트(PSC)보와 철근콘크리트(RC)보의 비교에 관한 설명으로 옳지 않은 것은?

① PSC보는 RC보에 비하여 고강도의 콘크리트와 강재를 사용한다.
② 긴장재를 곡선으로 배치한 PSC보에서는 긴장재 인장력의 연직분력만큼 전단력이 감소하므로 같은 전단력을 받는 RC보에 비하여 복부의 폭을 얇게 할 수 있다.
③ PSC보는 RC보에 비해 더욱 탄성적이고 복원성이 크다.
④ 탄성응력상태 RC보에서는 하중이 증가함에 따라 철근의 인장력(T)과 콘크리트의 압축력(C)이 커지고 우력의 팔길이(z)는 감소한다.

01

보의 경간이 10m이고 양쪽 슬래브의 중심간 거리가 2.0m인 T형보에서 유효플랜지 폭[mm]은? (단, 복부폭 $b_w=500$mm, 플랜지 두께 $t_f=100$mm이다)

① 2,000
② 2,100
③ 2,500
④ 3,000

02

2방향 슬래브에서 직접설계법을 적용할 수 있는 제한 조건 중 옳지 않은 것은?

① 모든 하중은 연직하중으로 등분포하게 작용하며, 활하중은 고정하중의 2배 이하이어야 한다.
② 각 방향으로 2경간 이상 연속되어야 한다.
③ 슬래브 판들은 단변 경간에 대한 장변 경간의 비가 2 이하인 직사각형이어야 한다.
④ 각 방향으로 연속한 받침부 중심간 경간 차이는 긴 경간의 $\frac{1}{3}$ 이하이어야 한다.

03

콘크리트의 크리프 및 건조수축을 설명한 것으로 옳은 것만을 모두 고르면?

> ㄱ. 콘크리트의 물-시멘트비가 작을수록 크리프 변형률은 증가한다.
> ㄴ. 콘크리트의 재령이 클수록 크리프 변형률의 증가비율은 증가된다.
> ㄷ. 콘크리트의 주위 습도가 높을수록 건조수축 변형률은 감소한다.
> ㄹ. 콘크리트의 물-시멘트비가 작을수록 건조수축 변형률은 감소한다.

① ㄱ, ㄴ
② ㄱ, ㄷ
③ ㄴ, ㄹ
④ ㄷ, ㄹ

04

다음 그림과 같이 띠철근이 배근된 비합성 압축부재에서 축방향 주철근량[mm²]의 범위는? (단, 축방향 주철근은 겹침이음이 되지 않으며, KDS 14 20 20 : 2021을 적용한다)

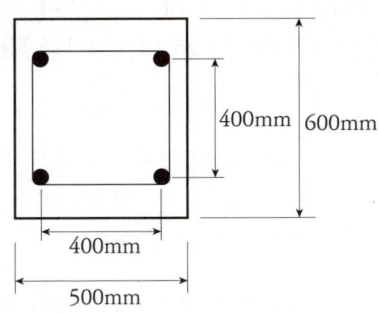

① 1,000~8,000
② 1,600~12,800
③ 3,000~24,000
④ 4,000~32,000

05

다음 그림과 같이 PS강재를 포물선으로 배치한 PSC보에 등분포 하중(자중 포함) $w=16$kN/m가 작용할 경우, 경간 중앙의 단면에서 상연응력과 하연응력이 동일하였다. 이때 경간 중앙에서의 PS강재의 편심거리 e[m]는? (단, 프리스트레스 힘 $P=2,500$kN이 도입된다)

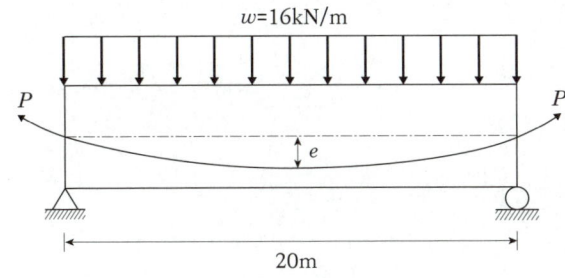

① 0.26
② 0.28
③ 0.30
④ 0.32

06

다음 그림과 같이 정(+)의 휨모멘트가 작용하는 T형보 설계 시 $b(=800$mm$)$를 폭으로 하는 직사각형보로 취급할 수 있는 철근량 A_s의 한계값[mm²]은? (단, 콘크리트의 설계기준압축강도 $f_{ck}=20$MPa, 철근의 설계기준항복강도 $f_y=400$MPa이다)

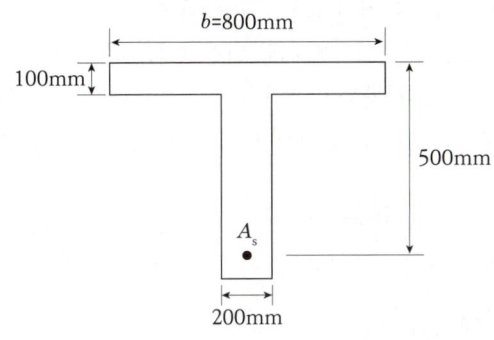

① 3,400
② 3,600
③ 3,800
④ 4,000

07

전단력이 연직방향으로 작용할 때 동일방향으로 균열이 예상되는 콘크리트 접합면에 계수전단력 $V_u=540$kN이 작용하였다. 이 때 전단면(균열면)에 수직하게 배치되는 전단마찰철근량 A_{vf}[mm²]는? (단, 전단면(균열면)의 마찰계수 $\mu=0.6$, 콘크리트의 설계기준압축강도 $f_{ck}=20$MPa, 철근의 설계기준항복강도 $f_y=400$MPa, KDS 14 20 22 : 2021을 적용한다)

① 1,800
② 2,647
③ 2,812
④ 3,000

08

옹벽의 안정조건에 대한 설명으로 옳지 않은 것은?

① 활동에 대한 저항력은 옹벽에 작용하는 수평력의 1.5배 이상이어야 한다.
② 지반 침하에 대한 안정성 검토에서 지반의 최대 지반반력은 지반의 극한지지력 이하가 되어야 하며, 지반의 허용지지력은 지반의 극한지지력의 1/3이어야 한다.
③ 전도 및 지반지지력에 대한 안정조건은 만족하지만, 활동에 대한 안정조건만을 만족하지 못할 경우에는 활동방지벽 혹은 횡방향 앵커 등을 설치하여 활동저항력을 증대시킬 수 있다.
④ 전도에 대한 저항휨모멘트는 횡토압에 의한 전도모멘트의 2.0배 이상이어야 한다.

09

다음 그림과 같은 포스트텐션보에서 PS강재가 단부A에서만 인장력 P_o로 일단 긴장될 때, 마찰손실을 고려한 단면 C, D 위치에서 PS강재의 인장력은? (단, AB, DE: 곡선구간, BC, CD: 직선구간, PS강재의 곡률마찰계수 $\mu=0.3(/\text{rad})$, PS강재의 파상마찰계수 $k=0.004(/\text{m})$, 마찰손실을 제외한 다른 손실은 고려하지 않는다)

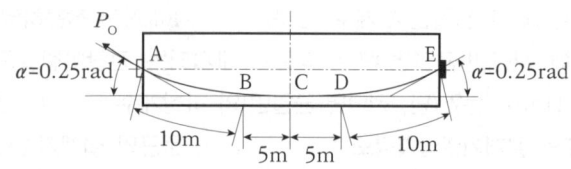

단면 C (P_C)	단면 D (P_D)
① $P_o e^{-(0.3\times 0.25+0.004\times 15)}$	$P_o e^{-(0.3\times 0.25+0.004\times 10)}$
② $P_o e^{-(0.3\times 0.25+0.004\times 15)}$	$P_o e^{-(0.3\times 0.25+0.004\times 20)}$
③ $P_o e^{-(0.3\times 0.25+0.004\times 5)}$	$P_o e^{-(0.3\times 0.5+0.004\times 10)}$
④ $P_o e^{-(0.3\times 0.25+0.004\times 5)}$	$P_o e^{-(0.3\times 0.5+0.004\times 20)}$

10

띠철근으로 보강된 사각형 기둥의 압축지배구간에서는 강도감소 계수 $\phi=($ ㉠ $)$, 나선철근으로 보강된 원형기둥의 압축지배구간에서는 강도감소계수 $\phi=($ ㉡ $)$로 규정하였다. 강도감소계수를 다르게 적용하는 주된 이유는 (㉢)이다. ㉠, ㉡, ㉢ 안에 들어갈 내용은? (단, KDS 14 20 10 : 2021을 적용한다)

	㉠	㉡	㉢
①	0.65	0.70	같은 조건(콘크리트 단면적, 철근 단면적)에서 사각형 기둥이 원형기둥보다 큰 하중을 견딜 수 있기 때문
②	0.70	0.65	같은 조건(콘크리트 단면적, 철근 단면적)에서 사각형 기둥이 원형기둥보다 큰 하중을 견딜 수 있기 때문
③	0.65	0.70	나선철근을 사용한 기둥은 띠철근을 사용한 기둥에 비하여 충분한 연성을 확보하고 있기 때문
④	0.70	0.65	나선철근을 사용한 기둥은 띠철근을 사용한 기둥에 비하여 충분한 연성을 확보하고 있기 때문

11

압축철근의 역할 중 옳지 않은 것은?

① 연성을 증가시킨다.
② 전단철근의 조립을 편리하게 한다.
③ 지속하중으로 인한 처짐을 감소시킨다.
④ 압축지배 단면에서 파괴가 일어나도록 유도한다.

12

강도설계법에 관한 내용 중 옳지 않은 것은?
(단, $f_{ck} \leq 40\text{MPa}$) 〈설계기준 변경으로 문제 변경〉

① 하중계수, 강도감소계수, 재료의 허용응력을 사용하여 설계한다.
② 압축측 연단에서의 극한변형률은 0.0033으로 가정한다.
③ 철근과 콘크리트의 변형률은 중립축부터 거리에 비례하는 것으로 가정할 수 있다. (단, 깊은보는 제외한다)
④ 철근의 응력이 설계기준항복강도 f_y 이하일 때 철근의 응력은 그 변형률에 E_s를 곱한 것으로 한다.

13

그림과 같은 연직하중과 모멘트가 작용하는 철근 콘크리트 확대기초의 최대 지반응력[kN/m^2]은? (단, 기초의 자중은 무시한다)

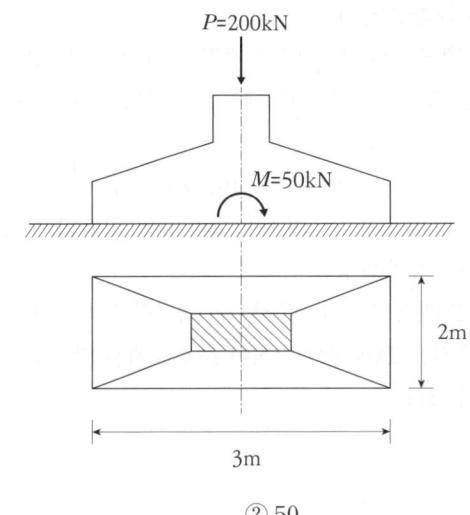

① 37   ② 50
③ 65   ④ 93

14

다음 그림과 같이 인장력이 작용하는 강판의 최소 순단면적[mm^2]은? (단, 볼트이음으로 볼트구멍의 지름은 20mm이며, 강판의 두께는 10mm이다)

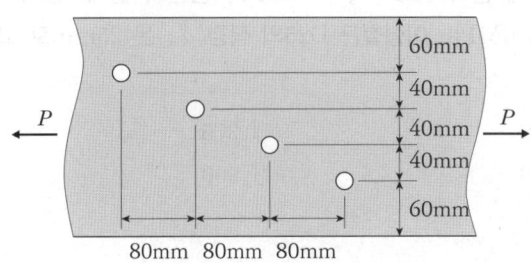

① 1,800   ② 1,900
③ 2,000   ④ 2,200

15

프리스트레스트 콘크리트에서 발생되는 프리스트레스의 손실에 대한 설명으로 옳은 것은?

① 프리텐션 방식에서는 긴장재와 쉬스 사이의 마찰에 의한 손실을 고려하고 있다.
② 포스트텐션 방식에서 여러 개의 긴장재에 프리스트레스를 순차적으로 도입하는 경우에는 콘크리트의 탄성수축으로 인한 손실은 발생되지 않는다.
③ 프리스트레스의 도입 후, 시간이 경과함에 따라 발생되는 시간적 손실은 콘크리트의 탄성수축, 콘크리트의 건조수축 및 크리프에 의해 발생된다.
④ 프리스트레스의 도입 후, 시간이 경과함에 따라 발생되는 시간적 손실은 프리텐션 방식이 포스트텐션 방식보다 일반적으로 더 크다.

16

보통중량콘크리트에서 압축을 받는 이형철근 D25를 정착시키기 위해 소요되는 기본정착길이 l_{db}[mm]는? (단, 콘크리트의 설계기준압축 강도 $f_{ck}=25$MPa, 철근의 설계기준항복강도 $f_y=300$MPa, 이형철근 D25의 직경(d_b)은 25mm로 고려한다)

① 188 ② 375
③ 450 ④ 900

17

다음 그림과 같은 단철근 T형보의 공칭휨강도 M_n 및 철근량 A_{sf}를 구하는 식으로 옳은 것은? (단, 중립축은 복부에 위치하고, $A_{sw}=A_s-A_{sf}$, f_{ck}: 콘크리트의 설계기준압축강도, f_y: 철근의 설계기준항복강도이다) 〈설계기준 변경으로 문제 변경〉

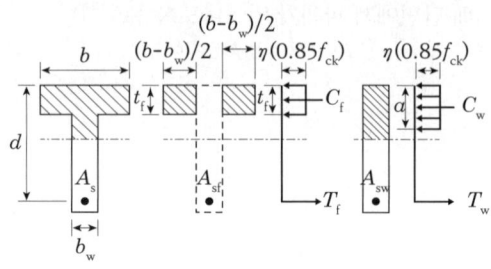

① $M_n = f_y A_{sf}\left(d-\dfrac{t_f}{2}\right)+f_y A_{sw}\left(d-\dfrac{a}{2}\right)$,
$A_{sf} = \dfrac{\eta 0.85 f_{ck} t_f (b-b_w)/2}{f_y}$

② $M_n = f_y A_{sf}\left(d-\dfrac{t_f}{2}\right)+f_y A_s\left(d-\dfrac{a}{2}\right)$,
$A_{sf} = \dfrac{\eta 0.85 f_{ck} t_f (b-b_w)}{f_y}$

③ $M_n = f_y A_{sf}\left(d-\dfrac{t_f}{2}\right)+f_y A_{sw}\left(d-\dfrac{a}{2}\right)$,
$A_{sf} = \dfrac{\eta 0.85 f_{ck} t_f (b-b_w)}{f_y}$

④ $M_n = f_y A_{sf}\left(d-\dfrac{t_f}{2}\right)+f_y A_s\left(d-\dfrac{a}{2}\right)$,
$A_{sf} = \dfrac{\eta 0.85 f_{ck} t_f (b-b_w)/2}{f_y}$

18

보통중량콘크리트를 사용한 휨부재인 철근콘크리트 직사각형보가 폭이 600mm, 유효깊이가 800mm일 때 전단철근을 배치하지 않으려고 한다. 이 때 위험단면에 작용하는 계수전단력(V_u)은 최대 얼마 이하의 값[kN]인가? (단, 직사각형보는 슬래브, 기초판, 장선구조, 판부재에 해당되지 않으며, 콘크리트의 설계기준압축강도 $f_{ck}=25$MPa, 철근의 설계기준항복강도 $f_y=300$MPa, KDS 14 20 22 : 2021을 적용한다)

① 150　　② 170
③ 300　　④ 340

19

인장지배 단면인 직사각형보의 공칭휨강도 M_n은 320kN·m이다. 이 직사각형보에 고정하중으로 인한 휨모멘트 $M_d=160$kN·m가 작용할 때, 연직 활하중에 의한 휨모멘트 M_l의 허용 가능한 최댓값[kN·m]은? (단, 보에는 고정하중과 활하중만 작용하며, KDS 14 20 01 : 2021을 적용한다)

① 50　　② 80
③ 112　　④ 160

20

다음 그림과 같은 휨부재 단철근 직사각형보에 대한 내용으로 옳지 않은 것은? (단, c_b: 균형보의 중립축거리, ρ_b: 균형철근비, ρ: 최대철근비, $\varepsilon_{t,\min}$: 최소 허용변형률, ε_y: 철근의 항복변형률, M_n: 공칭휨강도, f_{ck}: 콘크리트의 설계기준압축강도(MPa), f_y: 철근의 설계기준항복강도(MPa), E_s: 철근의 탄성계수($=2.0\times10^5$MPa), KDS 14 20 20 : 2021을 적용하며, $f_{ck}\leq40$MPa) 〈설계기준 변경으로 문제 변경〉

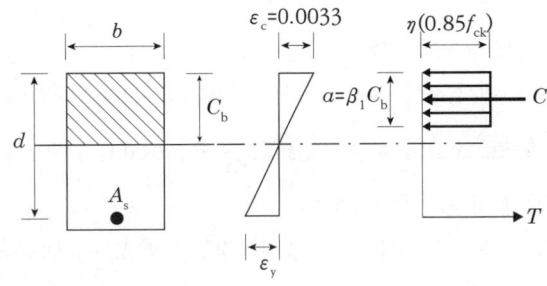

① $c_b = \dfrac{660}{660+f_y}d$

② $\rho_b = \dfrac{\eta 0.85 f_{ck}\beta_1}{f_y}\dfrac{660}{660+f_y}$

③ $f_y > 400$MPa인 철근에 대해서는 $\varepsilon_{t,\min}=0.004$이고, $f_y \leq 400$MPa인 철근에 대해서는 $\varepsilon_{t,\min}=2\varepsilon_y$이다.

④ $\varepsilon_{t,\min}=0.004$일 경우, $\rho_{\max}=\dfrac{660+f_y}{1,460}\rho_b$

01

철근콘크리트 보에서 철근의 이음에 대한 설명으로 옳은 것은?
〈설계기준 변경으로 문제 변경〉

① 휨부재에서 서로 직접 접촉되지 않게 겹침 이음된 철근은 횡방향으로 소요 겹침 이음길이의 $\frac{1}{10}$ 또는 150mm 중 작은 값 이상 떨어지지 않아야 한다.
② 휨부재에서 서로 직접 접촉되지 않게 겹침 이음된 철근은 횡방향으로 소요 겹침 이음길이의 $\frac{1}{5}$ 또는 100mm 중 작은 값 이상 떨어지지 않아야 한다.
③ 용접이음은 철근의 설계기준항복강도 f_y의 135% 이상을 발휘할 수 있어야 한다.
④ 기계적이음은 철근의 설계기준항복강도 f_y의 125% 이상을 발휘할 수 있어야 한다.

02

일반적인 옹벽의 안정에 대한 설명으로 옳은 것만을 모두 고른 것은?

> ㄱ. 지반에 유발되는 최대 지반반력은 지반의 허용지지력을 초과할 수 없다.
> ㄴ. 활동에 대한 저항력은 옹벽에 작용하는 수평력의 1.5배 이상이어야 한다.
> ㄷ. 전도 및 지반지지력에 대한 안정조건은 만족하지만, 활동에 대한 안정조건만을 만족하지 못할 경우에는 활동방지벽 혹은 횡방향 앵커 등을 설치하여 활동저항력을 증대시킬 수 있다.
> ㄹ. 전도에 대한 저항 모멘트는 횡토압에 의한 전도 모멘트의 1.5배 이상이어야 한다.

① ㄱ, ㄴ
② ㄴ, ㄷ
③ ㄱ, ㄴ, ㄷ
④ ㄱ, ㄷ, ㄹ

03

그림과 같은 단철근 직사각형 보를 강도설계법으로 검토했을 때, 발생될 수 있는 파괴형태에 대한 설명으로 옳은 것은? (단, 균형철근비 $\rho_b=0.0321$, 최소철근비 $\rho_{min}=0.0047$, 최대철근비 $\rho_{max}=0.0206$이다)

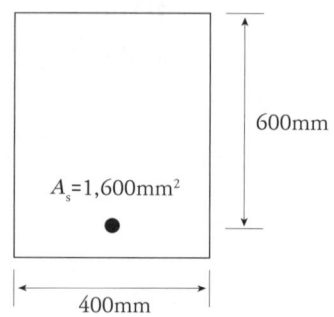

① 압축측 콘크리트와 인장측 철근이 동시에 항복한다.
② 무근콘크리트의 파괴와 유사한 거동을 나타낸다.
③ 부재는 연성파괴된다.
④ 압축측 콘크리트가 먼저 파괴된다.

04

그림과 같은 철근콘크리트 T형 보를 직사각형 보로 설계해도 되는 인장철근량[mm²]을 모두 고른 것은? (단, 철근의 설계기준항복강도 $f_y = 400$MPa, 콘크리트의 설계기준압축강도 $f_{ck} = 25$MPa이다)

| ㄱ. 1,200 | ㄴ. 1,500 | ㄷ. 1,800 | ㄹ. 2,100 |

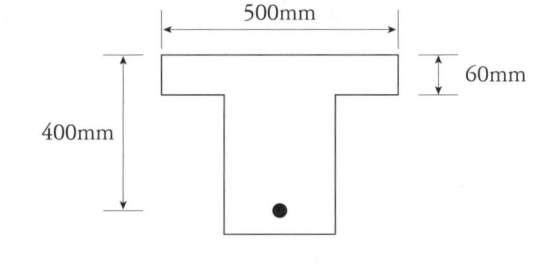

① ㄱ
② ㄱ, ㄴ
③ ㄱ, ㄴ, ㄷ
④ ㄱ, ㄴ, ㄷ, ㄹ

05

철근콘크리트 단면에서 인장철근의 순인장변형률(ε_t)이 0.003일 경우 강도감소계수(ϕ)는? (단, $f_y = 400$MPa, 나선철근 부재이고, KDS 14 20 10 : 2021을 적용한다)

① 0.70
② 0.75
③ 0.80
④ 0.85

06

철근콘크리트 옹벽에서 지반의 단위길이에 발생하는 반력의 크기[kN/m²]는? (단, 옹벽의 자중은 무시한다)

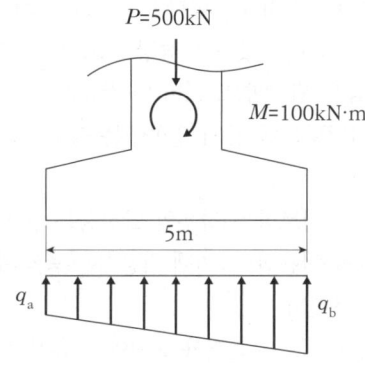

	q_a	q_b
①	68	117
②	76	124
③	82	149
④	91	169

07

그림과 같이 자중을 포함한 등분포 하중이 작용할 때, A점에서 응력이 영(zero)이 되기 위한 PS강재의 긴장력[kN]은? (단, P의 긴장력은 중심에 작용한다)

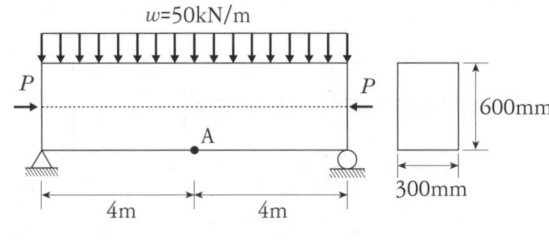

① 2,500
② 3,000
③ 3,500
④ 4,000

08

한계상태설계법을 적용한 KDS 24 12 21 : 2021에서 하중에 대한 설명으로 옳지 않은 것은?

① 설계 차량활하중은 표준트럭하중과 표준차로하중으로 이루어지며, 표준트럭하중의 전체 중량은 510kN이다.
② 표준차로하중은 횡방향으로 3m의 폭으로 균등하게 분포되어 있으며, 표준차로하중의 영향에는 충격하중을 적용하지 않는다.
③ 피로의 영향을 검토하는 경우의 활하중은 규정된 표준트럭하중의 80%를 적용한다. 이때 적용하는 충격계수는 충격하중 조항을 적용한다.
④ 보도나 보행자 또는 자전거용 교량에서 유지관리용 또는 이에 부수되는 차량통행이 예상되는 경우 이 차량에 대해 충격하중을 설계에 고려하여야 한다.

09

양단 고정단보 지간 중앙에 집중 활하중 P만 작용하고 있다. 콘크리트구조기준(2021)을 적용한 단철근 보에 작용 가능한 최대 집중활하중의 크기 $P[kN]$는? (단, 인장지배단면 가정, 고정하중 무시, 인장철근 단면적 $A_s = 1,000mm^2$, 철근의 설계기준항복강도 $f_y = 400MPa$, 유효깊이 $d = 450mm$, 등가 직사각형 응력블럭의 깊이 $a = 100mm$, 고정단보 지간길이 $L = 8.5m$, 강도감소계수 $\phi = 0.85$를 적용한다)

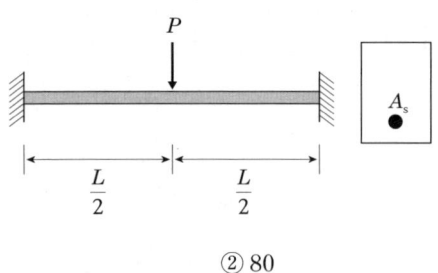

① 50
③ 120
② 80
④ 160

10

1방향 연속슬래브에 등분포 계수하중 $w_u = 24kN/m$가 작용하고 최외측 경간 길이 $l_n = 5m$이다. 받침부가 테두리 보로 되어 있을 때, 받침부와 일체로 된 최외단 받침부 내면의 단위 폭당 발생하는 부모멘트[kN·m]는? (단, KDS 14 20 70 : 2021을 적용한다)

① 25
③ 42.8
② 37.5
④ 54.5

11

콘크리트의 설계기준압축강도를 $\frac{1}{4}$로 줄이고 인장철근의 공칭지름을 $\frac{1}{3}$로 줄였을 때, 기본정착길이는 원래 기본정착길이에 비해 어떻게 변하는가?

① 변화 없다.
② $\frac{1}{3}$로 줄어든다.
③ $\frac{2}{3}$로 줄어든다.
④ $\frac{1}{4}$로 줄어든다.

12

복철근 직사각형 보에 하중이 작용하여 10mm의 순간처짐이 발생하였다. 1년 후의 총 처짐량[mm]은? (단, 압축철근비 ρ'는 0.02이며, KDS 14 20 30 : 2021을 적용한다)

① 17 ② 18
③ 19 ④ 20

13

프리캐스트 콘크리트 보의 평행한 철근 사이의 수평 순간격 [mm]은? (단, 굵은골재 최대치수는 21mm, 철근 공칭지름은 30mm이며, KDS 14 20 50 : 2021을 적용한다)

① 30 ② 35
③ 40 ④ 45

14

콘크리트의 설계기준압축강도 $f_{ck}=40\text{MPa}$일 때, 콘크리트의 배합강도 $f_{cr}[\text{MPa}]$은? (단, 압축강도 시험횟수는 14회이고, 표준편차 $s=2.0$이며, KDS 14 20 01 : 2021을 적용한다)

① 45 ② 47
③ 49 ④ 51

15

캔틸레버로 지지된 1방향 슬래브의 지간이 6m일 때, 처짐을 계산하지 않기 위한 슬래브의 최소 두께[mm]는? (단, 보통중량 콘크리트를 사용하였고 철근의 설계기준항복강도는 400MPa 이며, KDS 14 20 30 : 2021을 적용한다)

① 300 ② 400
③ 500 ④ 600

16

보통중량콘크리트를 사용한 휨부재인 철근콘크리트 직사각형 보에 계수전단력 $V_u=750\text{kN}$이 작용할 때, 콘크리트가 부담하는 전단강도 $V_c=600\text{kN}$일 경우 전단철근량[mm^2]은? (단, 수직전단철근을 적용하고, 철근의 설계기준항복강도 $f_y=300$ MPa, 전단철근의 간격 $s=300\text{mm}$, 보의 유효깊이 $d=1,000$ mm이며, KDS 14 20 22 : 2021을 적용한다)

① 200 ② 300
③ 400 ④ 500

17

1방향 슬래브에 대한 설명으로 옳지 않은 것은? (단, KDS 14 20 70 : 2021을 적용한다)

① 슬래브의 단변방향 보의 상부에 부모멘트로 인해 발생하는 균열을 방지하기 위하여 슬래브의 단변방향으로 슬래브 상부에 철근을 배치하여야 한다.
② 슬래브 끝의 단순받침부에서도 내민슬래브에 의하여 부모멘트가 일어나는 경우에는 이에 상응하는 철근을 배치하여야 한다.
③ 슬래브의 정모멘트 철근 및 부모멘트 철근의 중심 간격은 위험단면을 제외한 기타 단면에서는 슬래브 두께의 3배 이하이어야 하고, 또한 450mm 이하로 하여야 한다.
④ 처짐을 계산하지 않기 위한 단순지지된 1방향 슬래브의 두께는 $l/20$ 이상이어야 하며, 최소 100mm 이상으로 하여야 한다.

18

그림과 같은 연결에서 볼트의 강도[kN]는? (단, 계산 시 $\pi=3$, 허용전단응력 $v_{sa}=200$MPa, 허용지압응력 $f_{ba}=300$MPa이다)

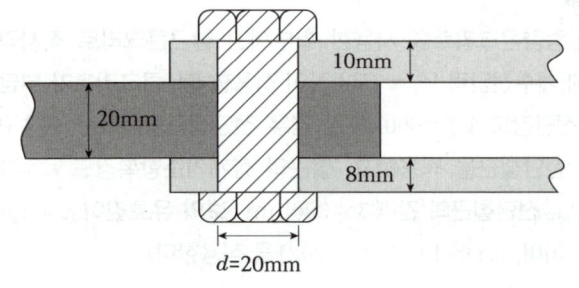

① 87
② 108
③ 120
④ 125

19

프리캐스트 콘크리트의 최소 피복두께에 대한 규정으로 옳지 않은 것은? (단, KDS 14 20 50 : 2021을 적용한다)

① 옥외의 공기나 흙에 직접 접하지 않는 콘크리트의 슬래브, 벽체, 장선구조에서 D35를 초과하는 철근 및 지름 40mm를 초과하는 긴장재: 30mm
② 옥외의 공기나 흙에 직접 접하지 않는 콘크리트의 슬래브, 벽체, 장선구조에서 D35 이하의 철근 및 지름 40mm 이하인 긴장재: 10mm
③ 흙에 접하거나 옥외의 공기에 직접 노출되는 콘크리트 벽체의 D35를 초과하는 철근 및 지름 40mm를 초과하는 긴장재: 40mm
④ 흙에 접하거나 옥외의 공기에 직접 노출되는 콘크리트 벽체의 D35 이하의 철근, 지름 40mm 이하인 긴장재 및 지름 16mm 이하의 철선: 20mm

20

철근콘크리트 장주에서 횡구속된 기둥의 상하단에 모멘트 $M_1=300$kN·m, $M_2=400$kN·m와 계수 축력 $P_u=3,000$kN이 작용하고 있다. 오일러 좌굴하중 $P_{cr}=20,000$kN일 때, 모멘트 확대계수는? (단, KDS 14 20 20 : 2021을 적용한다)

① $\dfrac{4}{3}$
② $\dfrac{6}{5}$
③ $\dfrac{9}{8}$
④ $\dfrac{10}{9}$

01

표준원주형공시체(ϕ150mm)가 압축력 675kN에서 파괴되었을 때, 콘크리트의 최대압축응력[MPa]은? (단, π=3이다)

① 10.0
② 22.5
③ 40.0
④ 90.0

02

옹벽의 설계에 대한 설명으로 옳지 않은 것은?

① 옹벽은 상재하중, 뒤채움 흙의 중량, 옹벽의 자중 및 옹벽에 작용하는 토압, 필요에 따라서는 수압에 견디도록 설계하여야 한다.
② 무근콘크리트 옹벽은 자중에 의하여 저항력을 발휘하는 중력식 형태로 설계하여야 한다.
③ 활동에 대한 저항력은 옹벽에 작용하는 수평력의 1.5배 이상이어야 한다.
④ 전도에 대한 저항휨모멘트는 횡토압에 의한 전도모멘트 이상이어야 한다.

03

프리스트레스하지 않는 현장치기 콘크리트 부재의 최소 피복두께 규정으로 옳지 않은 것은? (단, KDS 14 20 50 : 2021을 적용한다) 〈설계기준 변경으로 문제 변경〉

① 수중에서 치는 콘크리트: 100mm
② 흙에 접하여 콘크리트를 친 후 영구히 흙에 묻혀 있는 콘크리트: 60mm
③ D19 이상의 철근 중 흙에 접하거나 옥외의 공기에 직접 노출되는 콘크리트 : 50mm
④ 옥외의 공기나 흙에 직접 접하지 않은 콘크리트 보 또는 기둥: 40mm

04

강구조에서 용접과 볼트의 병용에 대한 설명으로 옳지 않은 것은? 〈설계기준 변경으로 문제 변경〉

① 볼트접합은 원칙적으로 용접과 조합해서 하중을 부담시킬 수 없다. 이러한 경우 볼트가 전체하중을 부담하는 것으로 한다.
② 볼트가 전단접합인 경우에는 예외적으로 용접과 하중을 분담하는 것이 허용된다.
③ 마찰볼트접합으로 기 시공된 구조물을 개축할 경우 고장력볼트는 기 시공된 하중을 받는 것으로 가정하고 병용되는 용접은 추가된 소요강도를 받는 것으로 용접설계를 병용할 수 있다.
④ 전단접합 시 표준구멍과 하중방향에 직각인 단슬롯의 경우 볼트와 하중방향에 평행한 필릿용접이 하중을 각각 분담할 수 있다.

05

큰 처짐에 의해 손상되기 쉬운 칸막이벽이나 기타 구조물을 지지하지 않는 지간 4m의 1방향 슬래브가 단순 지지되어 있을 때, 처짐 검토를 생략할 수 있는 슬래브의 최소 두께[mm]는? (단, 부재는 보통중량 콘크리트와 설계기준항복강도 400MPa인 철근을 사용하고, KDS 14 20 30 : 2021을 적용한다)

① 400　　　　　　② 267
③ 200　　　　　　④ 167

06

그림과 같은 유효길이를 갖는 필릿용접부가 받을 수 있는 인장력[N]는? (단, 필릿용접의 허용전단응력 $v_a=80$MPa이다)

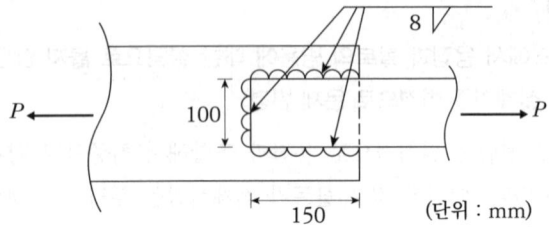

① $P=80 \times \dfrac{8}{\sqrt{2}} \times (150 \times 2)$

② $P=80 \times \dfrac{8}{\sqrt{2}} \times (150 \times 2+100)$

③ $P=80 \times 8 \times (150 \times 2)$

④ $P=80 \times 8 \times (150 \times 2+100)$

07

철근의 공칭지름 $d_b=10$mm일 때, 인장을 받는 표준갈고리의 정착길이[mm]는? (단, 도막되지 않은 이형철근을 사용하고, 철근의 설계기준항복강도 $f_y=300$MPa, 보통중량 콘크리트의 설계기준압축강도 $f_{ck}=25$MPa이다)

① 80　　　　　　② 144
③ 150　　　　　　④ 187

08

유효길이 $l_u=2.5$m, 지름 $d=500$mm인 횡구속된 골조 압축부재의 유효 세장비는?

① 20　　　　　　② 35
③ 50　　　　　　④ 65

09

폭 $b=200mm$, 유효깊이 $d=400mm$, 인장철근 단면적 $A_s=850mm^2$인 단철근 직사각형 보가 극한상태에 도달했을 때, 압축연단에서 중립축까지의 거리 $c[mm]$는? (단, 철근의 설계기준항복강도 $f_y=300MPa$, 콘크리트의 설계기준압축강도 $f_{ck}=30MPa$이고, KDS 14 20 20 : 2021을 적용한다) 〈설계기준 변경으로 문제 변경〉

① 58.8 ② 62.5
③ 78.4 ④ 83.3

10

긴장재의 배치형상에 따른 프리스트레싱 효과에 의하여 콘크리트에 발생하는 휨모멘트를 나타낸 것으로 옳지 않은 것은?

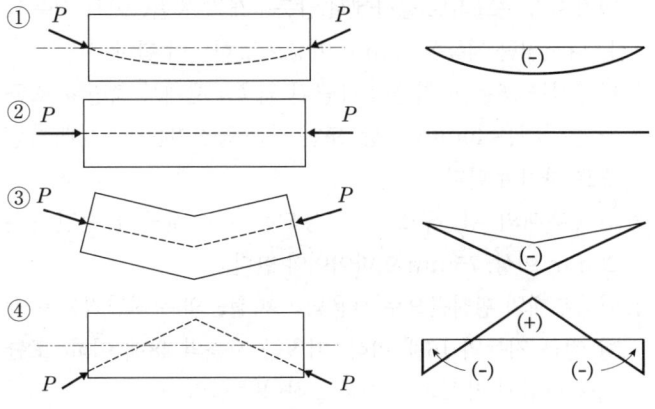

11

강도설계법에서 강도감소계수(ϕ)를 사용하는 이유로 옳지 않은 것은?

① 재료 강도와 치수가 변동할 수 있으므로 부재 강도의 저하확률에 대비한다.
② 부정확한 설계 방정식에 대비한 여유를 반영한다.
③ 구조물에서 차지하는 부재의 중요도를 반영한다.
④ 예상을 초과한 하중 및 구조해석의 단순화로 인하여 발생되는 초과요인에 대비한다.

12

프리스트레스트 콘크리트 보에서 긴장재의 허용응력에 대한 기준으로 옳은 것은? (단, f_{pu}는 긴장재의 인장강도, f_{py}는 긴장재의 항복강도이고, KDS 14 20 60 : 2021을 적용한다)

① 긴장할 때 긴장재의 인장응력: $0.84f_{pu}$와 $0.92f_{py}$ 중 작은 값 이하
② 긴장할 때 긴장재의 인장응력: $0.82f_{pu}$와 $0.94f_{py}$ 중 작은 값 이하
③ 프리스트레스 도입 직후의 인장응력: $0.74f_{pu}$와 $0.82f_{py}$ 중 작은 값 이하
④ 프리스트레스 도입 직후의 인장응력: $0.72f_{pu}$와 $0.84f_{py}$ 중 작은 값 이하

13

현장 강도에 관한 기록 자료가 없을 경우 또는 압축강도 시험횟수가 14회 이하인 경우의 배합강도를 구하기 위한 식으로, 설계기준압축강도 f_{ck}가 35MPa을 초과할 경우에 해당하는 배합강도 f_{cr}[MPa]의 계산식은? (단, KDS 14 20 01 : 2021을 적용한다)

① $f_{cr} = f_{ck} + 7$
② $f_{cr} = f_{ck} + 8.5$
③ $f_{cr} = f_{ck} + 10$
④ $f_{cr} = 1.1f_{ck} + 5.0$

14

한계상태설계법을 채택한 교량설계일반(2021)에 제시된 한계상태로서 옳지 않은 것은?

① 파괴 이전에 현저하게 육안으로 관찰될 정도의 비탄성 변형이 발생하지 않도록 제한하는 변형한계상태
② 기대응력범위의 반복 횟수에서 발생하는 단일 피로설계트럭에 의한 응력범위를 제한하는 피로한계상태
③ 정상적인 사용조건 하에서 응력, 변형 및 균열폭을 제한하는 사용한계상태
④ 설계수명 이내에 발생할 것으로 기대되는, 통계적으로 중요하다고 규정한 하중조합에 대하여 강도와 안정성 확보를 위한 극한한계상태

15

폭 $b=400$mm, 유효깊이 $d=600$mm인 단철근 직사각형 보에 U형 수직 스터럽을 간격 $s=250$mm로 배치하였을 때, 공칭전단 강도 V_n[kN]은? (단, 보통중량 콘크리트의 설계기준압축강도 $f_{ck}=25$MPa, 전단철근의 설계기준항복강도 $f_{yt}=400$MPa, 스터럽 한 가닥의 단면적은 125mm²이고, KDS 14 20 22 : 2021을 적용한다)

① 320
② 380
③ 440
④ 640

16

KDS(2021)에서 압축부재의 철근에 대한 설명으로 옳지 않은 것은?

① 현장치기 콘크리트 공사에서 압축부재의 횡철근으로 사용되는 나선철근 지름은 13mm 이상으로 하여야 한다.
② 나선철근 또는 띠철근이 배근된 압축부재에서 축방향 철근의 순간격은 40mm 이상, 또한 철근 공칭지름의 1.5배 이상으로 하여야 한다.
③ 압축부재의 횡철근으로 사용되는 나선철근의 순간격은 25mm 이상, 75mm 이하이어야 한다.
④ 압축부재의 횡철근으로 사용되는 띠철근의 수직간격은 축방향 철근 지름의 16배 이하, 띠철근 지름의 48배 이하, 또한 기둥 단면의 최소 치수 이하로 하여야 한다.

17

철근콘크리트 직사각형 보의 전단철근에 대한 설명으로 옳지 않은 것은? (단, V_s=전단철근에 의한 전단강도, λ=경량콘크리트 계수, f_{ck}=콘크리트의 설계기준압축강도, b_w=직사각형 보의 폭, d=직사각형 보의 유효깊이이고, KDS 14 20 22 : 2021을 적용한다) 〈설계기준 변경으로 문제 변경〉

① $V_s \leq \frac{\lambda\sqrt{f_{ck}}}{3}b_w d$일 때, 수직 전단철근의 간격은 $0.5d$ 이하이어야 하고, 어느 경우이든 600mm 이하로 하여야 한다.

② $V_s \leq \frac{\lambda\sqrt{f_{ck}}}{3}b_w d$일 때, 경사 스터럽과 굽힘철근은 부재의 중간 높이인 $0.5d$에서 반력점 방향으로 주인장철근까지 연장된 60°선과 한 번 이상 교차되도록 배치하여야 한다.

③ $\frac{\lambda\sqrt{f_{ck}}}{3}b_w d < V_s \leq 0.2f_{ck}\left(1-\frac{f_{ck}}{250}\right)b_w d$일 때, 수직 전단철근의 간격은 $0.25d$ 이하이어야 하고, 어느 경우이든 300mm 이하로 하여야 한다.

④ 전단철근의 설계기준항복강도 f_y는 500MPa을 초과할 수 없다. 단, 용접 이형철망을 사용할 경우 전단철근의 설계기준 항복강도 f_y는 600MPa을 초과할 수 없다.

18

철근콘크리트 캔틸레버 보에 하중이 작용하여 하향 탄성 처짐 20mm가 발생되었다. 이 하중이 장기하중으로 작용할 때, 5년 후의 총 처짐량[mm]은? (단, 보의 지지부에서의 인장철근비는 0.01, 압축철근비는 0.005이고, KDS 14 20 30 : 2021을 적용한다)

① 26.7 ② 32.0
③ 46.7 ④ 52.0

19

그림과 같이 긴장재가 포물선으로 배치된 지간 10m인 PS콘크리트 보에 등분포 하중(자중 포함) w=40kN/m가 작용하고 있다. 프리스트레스 힘 P=1,000kN일 때, 지간 중앙단면에서 순하향 등분포 하중[kN/m]은?

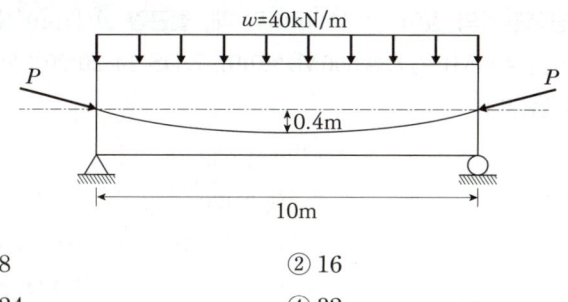

① 8   ② 16
③ 24 ④ 32

20

그림과 같은 정사각형 독립 확대기초 저면에 계수하중에 의한 상향 지반 반력 160kN/m²가 작용할 때, 위험단면에서의 계수 휨모멘트[kN·m]는?

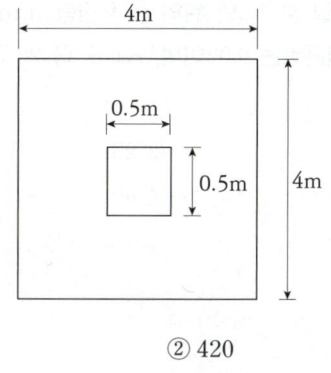

① 260 ② 420
③ 760 ④ 980

2017 국가직

01
$b=300\text{mm}$, $d=600\text{mm}$인 단철근 직사각형보의 등가직사각형 응력블록의 깊이 $a=100\text{mm}$일 때, 철근량 $A_s[\text{mm}^2]$는? (단, $f_{ck}=20\text{MPa}$, $f_y=300\text{MPa}$이며, KDS 14 20 20 : 2021을 적용한다)

① 850 ② 1,550
③ 1,700 ④ 3,400

02
단순 지지된 보에 등분포 고정하중이 작용하고 있다. 순간 탄성 처짐이 20mm일 경우 5년 뒤의 총 처짐량[mm]은? (단, 중앙 단면의 압축 철근비는 0.02이며, KDS 14 20 30 : 2021을 적용한다)

① 20 ② 25
③ 30 ④ 40

03
그림과 같은 철근콘크리트 단면에서 균열 모멘트 $M_{cr}[\text{kN}\cdot\text{m}]$은? (단, 콘크리트는 보통 골재를 사용하고, $f_{ck}=25\text{MPa}$이며, KDS 14 20 30 : 2021을 적용한다)

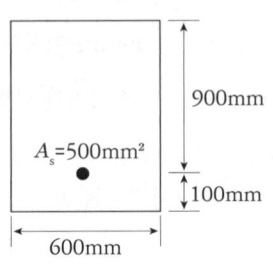

① 315 ② 420
③ 3,150 ④ 4,200

04
물-시멘트비(W/C) 50%, 단위수량 140kgf/m³, 단위잔골재량 760kgf/m³인 배합을 실시하여 콘크리트의 단위중량을 측정한 결과 2,300kgf/m³일 때, 콘크리트의 단위굵은골재량[kgf/m³]은? (단, 시멘트의 비중은 3.15, 잔골재의 비중은 2.60, 굵은골재의 비중은 2.65이고, 혼화재료는 사용하지 않았다)

① 1,120 ② 1,220
③ 1,260 ④ 1,400

05

직사각형 철근콘크리트 단면이 전단철근 없이 계수전단력 $V_u=75\text{kN}$을 저항할 수 있는 단면의 최소 유효깊이 $d[\text{mm}]$는? (단, $f_{ck}=16\text{MPa}$, 단면의 폭 $b=400\text{mm}$이며, KDS 14 20 22 : 2021을 적용한다)

① 600 ② 750
③ 850 ④ 1,000

06

그림과 같은 확대기초에 계수 하중 $P_u=1,200\text{kN}$이 작용할 때, 전단에 대한 위험단면의 둘레 길이 $b_0[\text{mm}]$는? (단, KDS 14 20 70 : 2021을 적용한다)

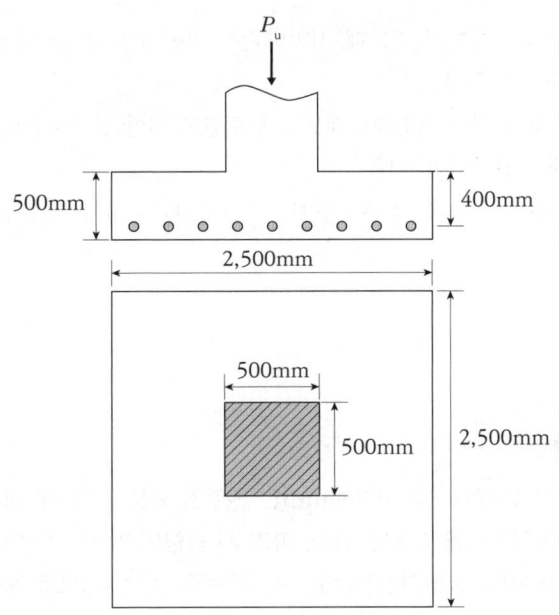

① 3,600 ② 4,000
③ 4,400 ④ 4,500

07

그림과 같이 옹벽의 무게 $W=90\text{kN}$이고 옹벽에 작용하는 수평력 $H=20\text{kN}$일 때, 전도에 대한 안전율과 활동에 대한 안전율은? (단, 옹벽의 무게 및 수평력은 단위폭당 값이며 옹벽의 저판 콘크리트와 흙 사이의 마찰계수는 0.4이고, KDS 11 80 05 : 2020을 적용한다)

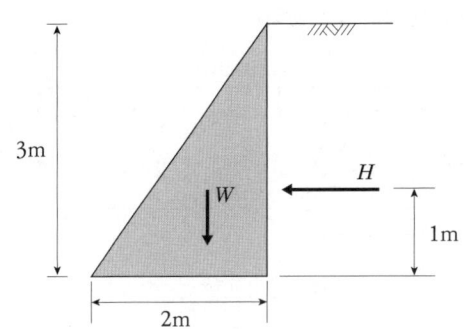

	전도에 대한 안전율	활동에 대한 안전율
①	3.0	1.5
②	3.0	1.8
③	6.0	1.5
④	6.0	1.8

08

그림과 같이 지간 $L=10m$인 프리스트레스트 콘크리트 단순보에 자중을 포함한 등분포하중 $w=40kN/m$가 작용하고 있다. 긴장재는 지간 중앙에 편심 $e=0.4m$로 절곡 배치하였다. 긴장력 $P=1,000kN$일 때, 보의 끝단에서 전단력이 작용하지 않는 지점까지의 거리 $x[m]$는? (단, $\sin\theta=2e/L$로 가정하고, 프리스트레스의 손실은 무시한다)

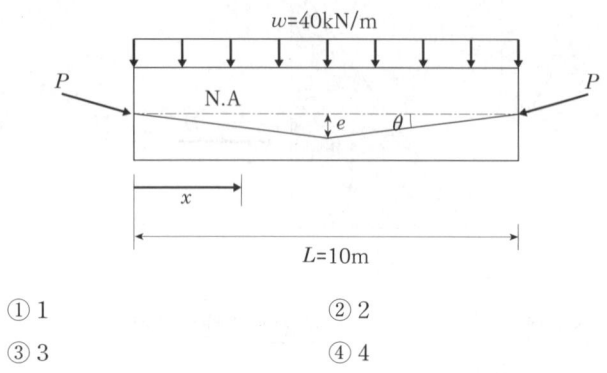

① 1 ② 2
③ 3 ④ 4

09

그림과 같이 리벳의 직경이 20mm일 때, 이 리벳의 강도[kN]는? (단, 리벳의 허용 전단응력 $v_a=130MPa$, 허용 지압응력 $f_{ba}=300MPa$이다)

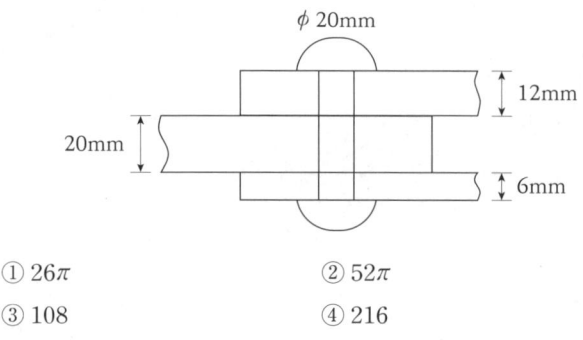

① 26π ② 52π
③ 108 ④ 216

10

길이가 2m이고 사각형 단면(200mm×200mm)인 기둥에 연직하중 80kN이 고정하중으로 작용한다. 기둥이 옥외에 있을 때, 크리프 변형률(ε_c)은? (단, 콘크리트의 탄성 계수 $E_c=20,000MPa$이며, 2012년도 콘크리트구조기준을 적용한다)

① 0.0001 ② 0.0002
③ 0.0003 ④ 0.003

11

옹벽의 안정조건에 대한 설명으로 옳지 않은 것은? (단, KDS 14 20 74 : 2021을 적용한다)

① 활동에 대한 저항력은 옹벽에 작용하는 수평력의 1.5배 이상이어야 한다.
② 지반에 유발되는 최대 지반반력은 지반의 허용지지력을 초과할 수 없다.
③ 전도에 대한 저항휨모멘트는 횡토압에 의한 전도모멘트의 2배 이상이어야 한다.
④ 지반의 허용지지력은 지반의 극한지지력의 3배 이상이어야 한다.

12

지름이 150mm, 높이 300mm인 원주형 표준공시체에 대하여 쪼갬인장시험을 실시한 결과, 파괴 시 하중이 270,000N이었다면 콘크리트의 쪼갬인장강도[MPa]는? (단, $\pi=3$으로 계산한다)

① 1.5 ② 2.0
③ 3.5 ④ 4.0

13

그림과 같은 철근 콘크리트 독립확대기초의 지반에 발생하는 최대 및 최소 지반 응력(q_{max}, q_{min}[kN/m²])은? (단, 기초의 자중은 무시하고, 응력은 단위폭당 계산한다)

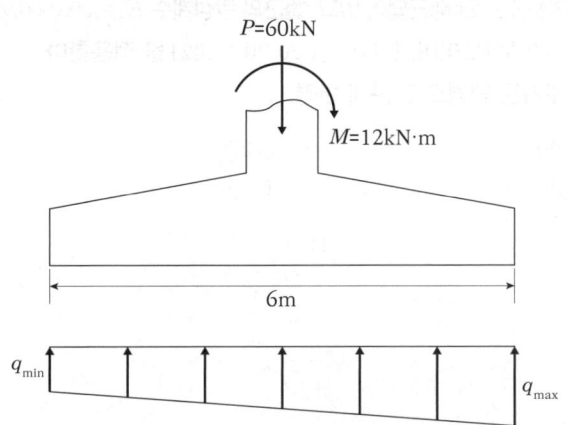

	q_{max}	q_{min}
①	10	6
②	10	8
③	12	6
④	12	8

14

그림과 같이 단순 지지된 슬래브의 중앙점에 집중하중 $P=76$kN이 작용할 때, ab 방향에 분배되는 하중[kN]은?

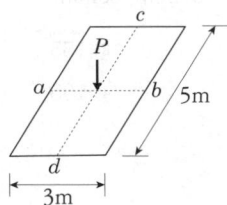

① 50 ② 60.5
③ 62.5 ④ 125

15

그림과 같은 단철근 T형보에서 플랜지 부분에 대응하는 철근량 $A_{sf}=$[mm²]는? (단, $f_{ck}=30$MPa, $f_y=300$MPa이며, KDS 14 20 20 : 2021을 적용한다)

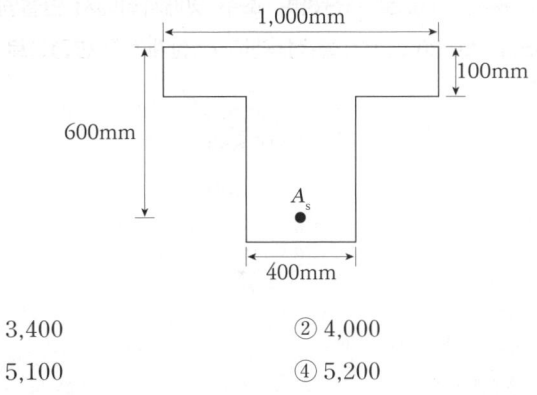

① 3,400 ② 4,000
③ 5,100 ④ 5,200

16

그림과 같이 $b=300$mm, $d=500$mm인 철근콘크리트 캔틸레버보에 자중을 포함한 계수등분포하중 $w_u=50$kN/m가 작용하고 있다. 전단에 대한 위험단면에서 전단철근이 부담해야 할 공칭전단강도 V_s의 최소값[kN]은? (단, 콘크리트는 보통골재를 사용하고, $f_{ck}=25$MPa, $f_y=300$MPa이며, KDS 14 20 22 : 2021을 적용한다)

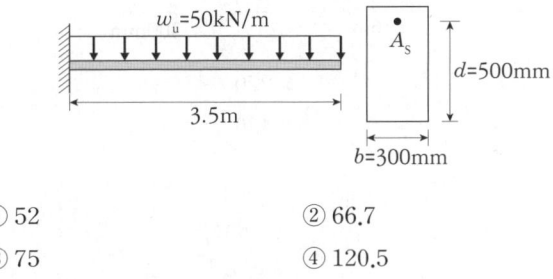

① 52 ② 66.7
③ 75 ④ 120.5

17

단면의 폭 $b=300$mm, 유효깊이 $d=500$mm인 단철근 직사각형보가 등가직사각형의 응력깊이 $a=176$mm, $f_{ck}=28$MPa, $f_y=400$MPa인 경우 강도감소계수는? (단, 압축지배단면에서 강도감소계수는 0.65로 계산하며, 소수 넷째자리에서 반올림하고, KDS 14 20 20 : 2021을 적용한다) 〈설계기준 변경으로 문제 변경〉

① 0.797 ② 0.833
③ 0.842 ④ 0.850

19

압축연단에서 중립축까지의 거리 $c=120$mm인 단철근 직사각형보의 단면이 인장지배 단면이 되기 위한 인장철근의 최소 유효깊이 d[mm]는? (단, 콘크리트의 설계기준압축강도 $f_{ck} \le 40$MPa, 인장철근은 1단 배근되어 있고, 철근의 탄성계수 $E_s=200{,}000$MPa, $f_y=440$MPa이며, KDS 14 20 20 : 2021을 적용한다) 〈설계기준 변경으로 문제 변경〉

① 200 ② 220
③ 280 ④ 320

18

그림과 같이 프리스트레스트 콘크리트 단순보 단면의 중심에 PS강선이 배치된 부재에 자중을 포함한 등분포하중 $w=4$kN/m가 작용한다. 이 부재에 인장응력이 발생하지 않으려면 PS강선에 도입되어야 할 최소 긴장력 P[kN]는?

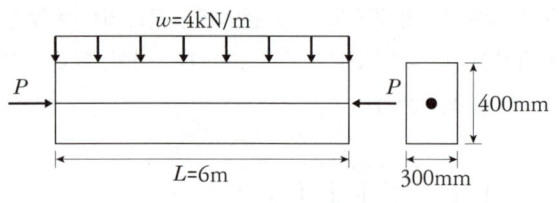

① 150 ② 270
③ 390 ④ 430

20

그림과 같이 두께가 10mm인 강판을 리벳으로 연결한 경우 강판이 최대로 허용할 수 있는 인장력 P[kN]는? (단, 강판의 허용인장응력 $f_{ta}=150$MPa, 리벳구멍의 지름 25mm이다)

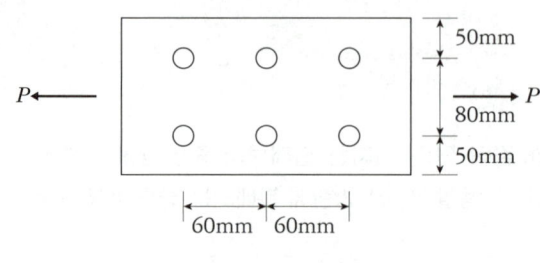

① 135 ② 155
③ 175 ④ 195

2018 국가직

01

배합설계 과정에서 단위수량 180kg, 단위시멘트량 315kg, 공기량 5%가 결정되었다면 골재의 절대용적[L]은? (단, 시멘트 밀도는 $0.00315g/mm^3$이고, 혼화재는 사용하지 않는다)

① 530 ② 600
③ 670 ④ 740

02

폭 $b=300mm$, 유효깊이 $d=500mm$인 단철근 직사각형 철근콘크리트 보의 단면이 균형변형률 상태에 있을 때, 압축연단에서 중립축까지의 거리 $c[mm]$는? (단, 콘크리트의 설계기준압축강도 $f_{ck}=24MPa$, 철근의 설계기준항복강도 $f_y=440MPa$이며, KDS 14 20 20 : 2021을 적용한다) 〈설계기준 변경으로 문제 변경〉

① 250 ② 275
③ 300 ④ 330

03

그림과 같이 긴장재를 포물선 모양으로 배치한 PSC 단순보의 하중평형 개념에 의한 부재 중앙에서 휨모멘트[kN·m]는? (단, 자중을 포함한 등분포하중 $w=10kN/m$이며, 손실이 모두 발생한 후의 긴장력은 1,200kN이다)

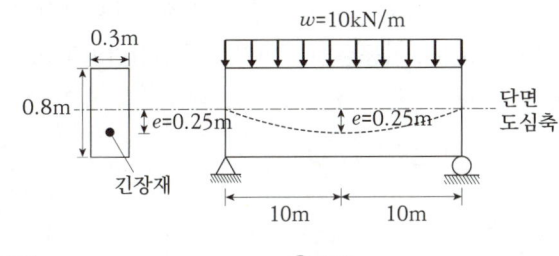

① 100 ② 200
③ 240 ④ 300

04

중심축하중을 받는 길이 $L=10m$, 직사각형 단면의 크기 $0.1m \times 0.12m$이고 양단 힌지인 기둥의 좌굴 임계하중 $P_{cr}[kN]$은? (단, $\pi=3$으로 계산하며 기둥의 탄성계수 $E=20GPa$이고, 기둥내의 응력이 비례한도 이하이다)

① 9 ② 18
③ 72 ④ 103.7

05

기초판의 최대 계수휨모멘트를 계산할 때, 그 위험단면에 대한 설명으로 옳지 않은 것은? (단, 설계코드(KDS : 2021)를 적용한다)

① 강재 밑판을 갖는 기둥을 지지하는 기초판은 기둥 외측면과 강재 밑판 단부의 중간
② 콘크리트 기둥, 주각 또는 벽체를 지지하는 기초판은 기둥, 주각 또는 벽체의 외면
③ 조적조 벽체를 지지하는 기초판은 벽체 중심과 단부의 중간
④ 다각형 콘크리트 기둥은 같은 면적 원형 환산단면의 외면

06

직접설계법에 의한 2방향슬래브의 내부 경간 설계에서 전체 정적 계수모멘트(M_0)가 300kN·m일 때, 부계수휨모멘트[kN·m]는? (단, 설계코드(KDS : 2021)를 적용한다)

① 105
② 150
③ 195
④ 240

07

다음과 같은 수직 전단철근배치 범위에 대한 그래프에서 전단철근량 A_v 및 전단철근 전단강도 V_s의 한계치를 옳게 표시한 것은? (단, A_v : 전단철근의 단면적, V_s : 전단철근에 의한 단면의 공칭전단강도, V_c : 콘크리트에 의한 단면의 공칭전단강도, V_u : 단면에서의 계수전단력, f_{ck} : 콘크리트의 설계기준압축강도, f_{yt} : 전단철근의 설계기준항복강도, b_w : 복부의 폭, d : 단면의 유효깊이, s : 전단철근의 간격, ϕ : 전단에 대한 강도감소계수, 설계코드(KDS : 2021)을 적용한다) 〈설계기준 변경으로 문제 변경〉

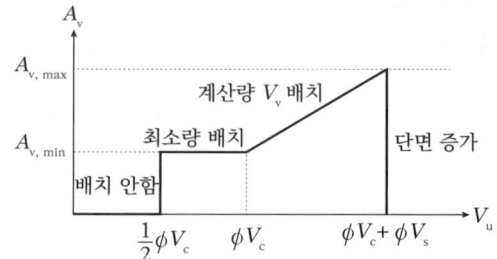

① $A_v = \dfrac{(V_u - \phi V_c)s}{\phi f_{yt} d}$,

$V_s = \dfrac{V_u - \phi V_c}{\phi} \leq 0.2 f_{ck}\left(1 - \dfrac{f_{ck}}{250}\right) b_w d$

② $A_v = \dfrac{(\phi V_u - V_c)s}{\phi f_{yt} d}$,

$V_s = \dfrac{V_u - \phi V_c}{\phi} \leq 0.2 f_{ck}\left(1 - \dfrac{f_{ck}}{250}\right) b_w d$

③ $A_v = \dfrac{(V_u - \phi V_c)s}{\phi f_{yt} d}$,

$V_s = \dfrac{V_u - \phi V_c}{\phi} \leq f_{ck}\left(1 - \dfrac{f_{ck}}{250}\right) b_w d$

④ $A_v = \dfrac{(\phi V_u - V_c)s}{\phi f_{yt} d}$,

$V_s = \dfrac{V_u - \phi V_c}{\phi} \leq f_{ck}\left(1 - \dfrac{f_{ck}}{250}\right) b_w d$

08

그림과 같이 장방형 무근 콘크리트보에서 3등분점 하중법(KS F 2408)에 의해서 보가 파괴될 때까지 시험을 실시하였다. 하중 P가 100kN에서 시편의 지간 중앙이 파괴되었을 때의 최대인장응력[MPa]은? (단, 거동이 탄성적이고 휨응력이 단면의 중립축에서 직선으로 분포한다고 가정한다)

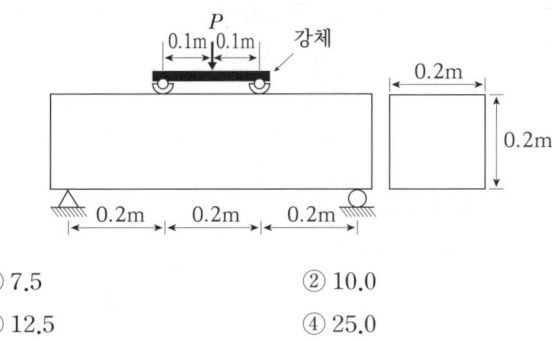

① 7.5 ② 10.0
③ 12.5 ④ 25.0

10

축방향 인장을 받는 부재 및 이음재의 설계에 대한 설명으로 옳지 않은 것은? (단, KDS 14 31 10에 따른다)

① 축방향 인장을 받는 부재의 강도는 전단면 파단을 고려하여 결정한다.
② 아이바, 봉강, 케이블 및 판을 제외한 모든 인장부재에서 교번응력을 받는 주부재의 최대 세장비는 140 이다.
③ 아이바, 봉강, 케이블 및 판을 제외한 모든 인장부재에서 교번응력을 받지 않는 주부재의 최대 세장비는 200 이다.
④ 아이바, 봉강, 케이블 및 판을 제외한 모든 인장부재에서 2차 부재의 최대 세장비는 240 이다.

09

그림과 같은 복철근 직사각형 보에서 인장철근과 압축철근이 모두 항복할 때, 등가직사각형 응력블록의 깊이 a[mm]는? (단, 인장철근량 $A_s=4,050\text{mm}^2$, 압축철근량 $A_s'=1,500\text{mm}^2$, 콘크리트의 설계기준압축강도 $f_{ck}=30\text{MPa}$, 철근의 설계기준항복강도 $f_y=300\text{MPa}$이고, 설계코드(KDS : 2021)을 적용한다)

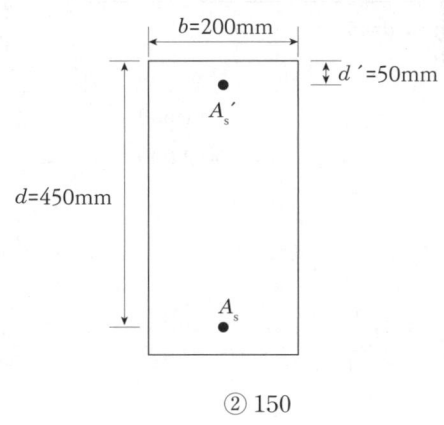

① 125 ② 150
③ 175 ④ 200

11

압축연단에서 압축철근까지의 거리 $d'=50\text{mm}$, 중립축까지의 거리 $c=150\text{mm}$인 복철근 철근콘크리트 직사각형보의 휨파괴 시 압축철근 변형률은? (단, 압축철근은 1단 배근되어 있고, 파괴 시 압축연단 콘크리트의 변형률은 0.003이고, 설계코드(KDS : 2021)을 적용한다)

① 0.0005 ② 0.001
③ 0.0015 ④ 0.002

12

H형강을 사용하여 길이가 4m이고 양단이 고정인 기둥을 설계할 때, 유효좌굴길이에 대한 세장비(λ)는? (단, H형강의 단면적은 $1\times10^3\text{mm}^2$이고, 강축의 단면2차모멘트는 $1\times10^7\text{mm}^4$, 약축의 단면2차모멘트는 $6.4\times10^6\text{mm}^4$이다)

① 20 ② 25
③ 40 ④ 50

13

철근의 이음에 대한 설명으로 옳지 않은 것은?

① 압축부에서 이음길이 조건을 만족하면, D41과 D51 철근은 D35 이하 철근과의 겹침이음을 할 수 있다.
② 인장력을 받는 이형철근의 겹침이음길이는 A급과 B급으로 분류하며, 어느 경우에도 300mm 이상이어야 한다.
③ 다발철근의 겹침이음에서 두 다발철근은 개개 철근처럼 겹침이음을 한다.
④ 휨부재에서 서로 접촉되지 않게 겹침이음된 철근은 횡방향으로 소요 겹침이음길이의 1/5 또는 150mm 중 작은 값 이상 떨어지지 않아야 한다.

14

그림과 같은 2방향 확대기초에서 계수하중 $P_u=1,000$kN이 작용할 때, 위험단면에 작용하는 계수전단력 V_u[kN]는? (단, 설계코드(KDS : 2021)를 적용한다)

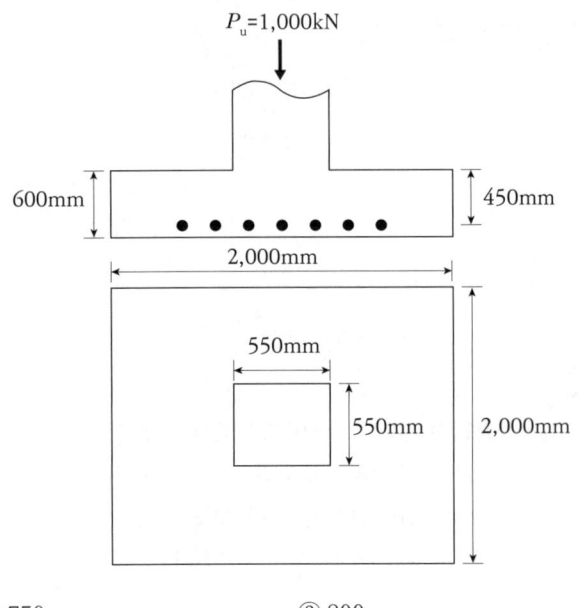

① 750 ② 800
③ 850 ④ 900

15

보의 경간이 8m인 단순보에 등분포활하중이 20kN/m, 자중을 포함한 등분포고정하중이 8kN/m가 작용할 때, 휨부재를 설계하는 경우의 계수휨모멘트[kN·m]는? (단, KDS 24 12 11 : 2021의 극한한계상태 하중조합 Ⅰ에 따라 활하중계수는 1.8, 고정하중계수는 1.25를 적용한다)

① 312.8 ② 315.2
③ 368.0 ④ 432.9

16

그림과 같이 철근콘크리트 깊은 보를 스트럿-타이 모델에 의하여 설계할 때, 타이 BC에 필요한 휨 인장 철근면적[mm²]은? (단, 철근의 설계기준항복강도 $f_y=400$MPa이고, KDS 14 20 01 : 2021을 적용한다)

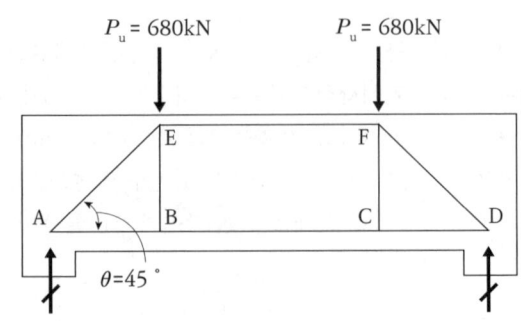

① 1,000 ② 1,500
③ 1,875 ④ 2,000

17

양단 정착하는 PSC 포스트텐션 부재에서 일단 정착부 활동이 4mm 발생하였을 때, PS강재와 쉬스의 마찰이 없는 경우에 정착부 활동에 의한 프리스트레스 손실량[MPa]은? (단, PS강재의 길이 20m, 초기 프리스트레스 f_i=1,200MPa, PS강재 탄성계수 E_{ps}=200GPa, 콘크리트 탄성계수 E_c=28GPa이다)

① 20 ② 40
③ 60 ④ 80

18

연석간의 교폭이 9m, 발주자에 의해 정해진 계획차로의 폭이 9m일 때, 차량활하중의 재하를 위한 재하차로의 수 N은? (단, 설계코드(KDS : 2021)를 적용한다)

① 1 ② 2
③ 3 ④ 4

19

그림과 같이 폭 0.36m, 높이 1m인 직사각형 단면에 정모멘트가 3,000kN·m, 긴장력이 3,600kN이 작용하고 있다. 긴장재의 편심거리가 0.3m일 때, 응력개념에 의한 부재 상단응력의 크기[MPa]는? (단, 구조물의 거동은 선형탄성으로 가정한다)

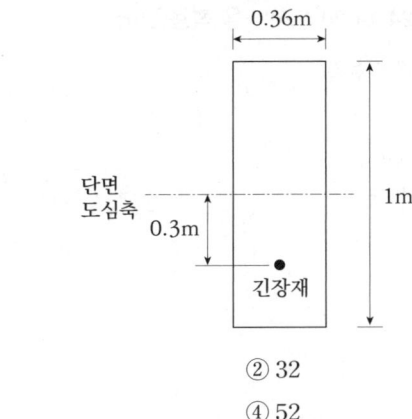

① 22 ② 32
③ 42 ④ 52

20

그림과 같은 인장재 L형강의 순단면적[mm²]은? (단, 구멍의 직경은 25mm이고, KDS 14 31 10 : 2017을 적용한다)

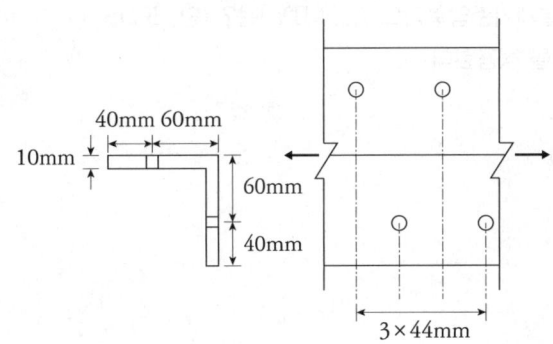

① 1,344 ② 1,444
③ 1,544 ④ 1,750

2019 국가직

01

PSC보에서 프리스트레스 힘의 즉시손실 원인에 해당하는 것은? (단, KDS 24 14 20 : 2021을 적용한다)

① 콘크리트의 건조수축
② 콘크리트의 크리프
③ 강재의 릴랙세이션
④ 정착 장치의 활동

02

보통중량골재를 사용한 콘크리트의 탄성계수가 25,500MPa일 때, 설계기준압축강도 f_{ck}[MPa]는? (단, KDS 14 20 01 : 2021을 적용한다)

① 23
② 24
③ 25
④ 26

03

복철근 직사각형보에서 압축철근의 배치목적으로 옳지 않은 것은? (단, 보는 정모멘트(+)만을 받고 있다고 가정한다)

① 전단철근 등 철근 조립 시 시공성 향상을 위하여
② 크리프 현상에 의한 처짐량을 감소시키기 위하여
③ 보의 연성거동을 감소시키기 위하여
④ 보의 압축에 대한 저항성을 증가시키기 위하여

04

그림과 같이 지그재그로 볼트구멍(지름 $d=25$mm)이 있고 인장력 P가 작용하는 판에서 인장응력 검토를 위한 순폭 b_n[mm]은?

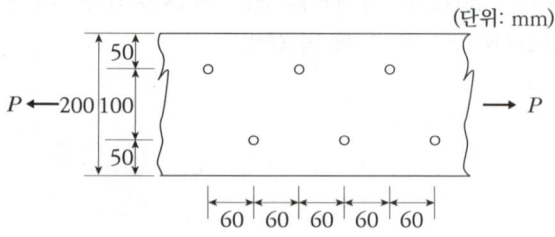

① 141
② 150
③ 159
④ 175

05

KS F 2405(콘크리트 압축강도 시험방법)에 따라 결정된 재령 28일에 평가한 원주형 공시체의 기준압축강도 f_{ck}가 30MPa이고, 충분한 통계 자료가 없을 경우 설계에 사용할 수 있는 평균 압축강도 f_{cm}[MPa]은? (단, KDS 14 20 01 : 2021을 적용한다)

① 30　　② 32
③ 34　　④ 36

06

그림과 같은 2방향 확대기초에 자중을 포함한 계수하중 P_u = 1,600kN이 작용할 때, 위험단면의 계수전단력 V_u[kN]는? (단, KDS 14 20 70 : 2021을 적용한다)

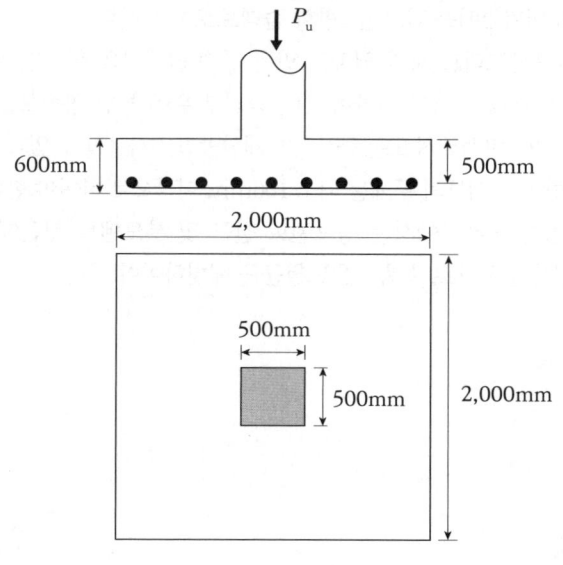

① 1,100　　② 1,200
③ 1,300　　④ 1,400

07

그림과 같은 철근콘크리트 사각형 확대기초가 P=120kN, M=40kN·m를 받고 있다. 이때 확대기초에 발생하는 최소응력 q_{min}이 0이 되도록 하기 위한 길이 l[m]은? (단, 단위폭으로 고려한다)

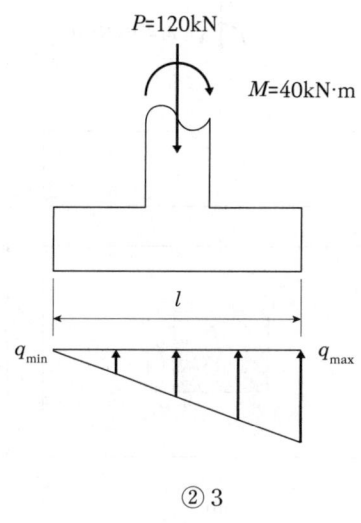

① 2　　② 3
③ 4　　④ 5

08

그림과 같은 T형보에 대한 등가 응력블록의 깊이 a[mm]는? (단, f_{ck}=20MPa, f_y=400MPa)

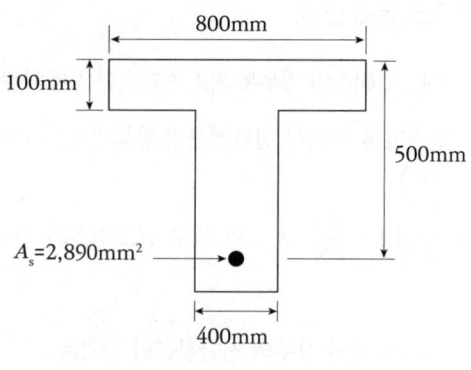

① 55　　② 65
③ 75　　④ 85

09

그림과 같이 바닥판과 기둥의 중심에 수직하중 $P=600\text{kN}$과 휨모멘트 $M=36\text{kN}\cdot\text{m}$가 작용할 때, 확대기초에 발생하는 최대 응력$[\text{kN/m}^2]$은?

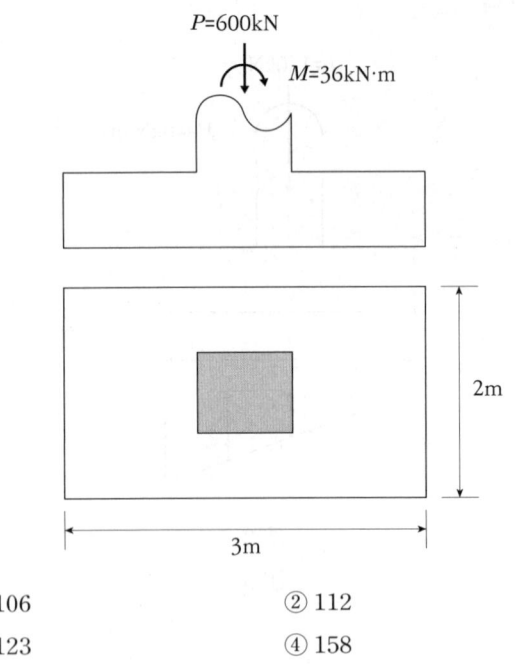

① 106   ② 112
③ 123   ④ 158

10

보통중량콘크리트를 사용한 경우 전단설계에 대한 설명으로 옳지 않은 것은? (단, KDS 14 20 22 : 2021을 적용한다) 〈설계기준 변경으로 문제 변경〉

① $\frac{1}{2}\phi V_c < V_u \leq \phi V_c$인 경우는 최소 전단철근을 배치해야 한다.
② 용접이형철망을 제외한 전단철근의 항복강도는 500MPa 이하이어야 한다.
③ $V_s > 0.2f_{ck}\left(1-\frac{f_{ck}}{250}\right)b_w d$인 경우 콘크리트의 단면을 크게 해야 한다.
④ $V_s > \frac{1}{3}\sqrt{f_{ck}}b_w d$인 경우의 전단철근의 간격은 $V_s < \frac{1}{3}\sqrt{f_{ck}}b_w d$인 경우보다 2배로 늘려야 한다.

11

철근콘크리트 기둥 중 장주 설계에서 모멘트 확대계수를 두는 이유는? (단, KDS 14 20 20 : 2021을 적용한다)

① 전단력에 의한 모멘트 증가를 고려하기 위하여
② 횡방향 변위에 의한 모멘트 증가를 고려하기 위하여
③ 모멘트와 전단력의 간섭효과를 고려하기 위하여
④ 비틀림의 효과를 고려하기 위하여

12

슬래브 설계에 대한 설명으로 옳지 않은 것은? (단, KDS 14 20 70 : 2021을 적용한다)

① 4변에 의해 지지되는 2방향 슬래브 중에서 단변에 대한 장변의 비가 2배를 넘으면 1방향 슬래브로 해석한다.
② 철근콘크리트 보와 일체로 만든 연속 슬래브의 휨모멘트 및 전단력을 구하기 위하여, 단순받침부 위에 놓인 연속보로 가정하여 탄성해석 또는 근사적인 계산방법을 사용할 수 있다.
③ 1방향 슬래브의 두께는 최소 100mm 이상으로 하여야 한다.
④ 1방향 슬래브에서는 정모멘트 철근 및 부모멘트 철근에 평행한 방향으로 수축·온도철근을 배치하여야 한다.

13

프리텐션 프리스트레싱 강재가 보유하여야 할 재료성능으로 옳은 것은?

① 인장강도가 작아야 한다.
② 연신율이 작아야 한다.
③ 릴랙세이션이 작아야 한다.
④ 콘크리트와의 부착강도가 작아야 한다.

14

유효길이 $L_e = 20\text{m}$, 직사각형 단면의 크기 $400\text{mm} \times 300\text{mm}$인 기둥이 1단 자유, 1단 고정인 경우 최소 좌굴임계하중 P_{cr} [kN]은? (단, 기둥의 탄성계수 $E = 200\text{GPa}$이다)

① $450\pi^2$ ② 450π
③ $900\pi^2$ ④ 900π

15

보통중량콘크리트에 D25 철근이 매립되어 있을 때, 철근의 기능을 발휘하기 위한 최소 묻힘길이(정착길이 l_d) [mm]는? (단, 부착응력 $u = 5\text{MPa}$, 철근의 항복강도 $f_y = 300\text{MPa}$, 철근의 직경 $d_b = 25\text{mm}$를 적용한다)

① 250   ② 375
③ 750   ④ 1,000

16

전단철근이 부담해야 할 전단력 $V_s = 700\text{kN}$일 때, 전단철근(수직스터럽)의 간격 s [mm]는? (단, 보통중량콘크리트이며 $f_{ck} = 36\text{MPa}$, $f_y = 400\text{MPa}$, $b = 400\text{mm}$, $d = 600\text{mm}$, 전단철근의 면적 $A_v = 700\text{mm}^2$이며, KDS 14 20 22 : 2022을 적용한다)

① 350   ② 300
③ 240   ④ 150

17

단철근 직사각형보의 최대철근비 $\rho_{\max} = 0.02$일 때, 연성파괴가 되기 위한 최대 철근량 [mm²]은? (단, $b = 300\text{mm}$, $d = 600\text{mm}$, 최소철근비 $\rho_{\min} = 0.003$이고, KDS 14 20 20 : 2021을 적용한다)

① 360   ② 540
③ 3,600   ④ 5,400

18

포스트텐션 방식의 PSC보를 시공하는 순서를 바르게 나열한 것은?

> ㄱ. 거푸집 조립
> ㄴ. 콘크리트 타설
> ㄷ. 그라우팅 실시
> ㄹ. 프리스트레스 도입
> ㅁ. 쉬스관 설치

① ㄱ → ㄴ → ㄹ → ㅁ → ㄷ
② ㄱ → ㅁ → ㄴ → ㄹ → ㄷ
③ ㅁ → ㄱ → ㄴ → ㄷ → ㄹ
④ ㅁ → ㄷ → ㄱ → ㄹ → ㄴ

19

접합부에서, 한쪽 방향으로는 인장파단, 다른 방향으로는 전단항복 혹은 전단파단이 발생하는 한계상태는? (단, 현행 강구조설계기준을 적용한다)

① 전단면 파단
② 블록전단파단
③ 순단면 항복
④ 전단면 항복

20

압축철근량 $A_s' = 2,400\text{mm}^2$로 배근된 복철근 직사각형보의 탄성처짐이 10mm인 부재의 경우 하중의 재하기간이 10년이고 압축철근비가 0.02일 때, 장기처짐을 고려한 총 처짐량[mm]은? (단, 폭 $b=200\text{mm}$, 유효깊이 $d=600\text{mm}$이고, KDS 14 20 30 : 2021을 적용한다)

① 10
② 15
③ 20
④ 25

01

철근콘크리트 휨부재의 강도설계법에 대한 기본적인 요구사항을 옳게 표시한 것은? (단, M_n은 공칭휨강도, M_d는 설계휨강도, M_u는 계수휨모멘트, ϕ는 강도감소계수이며, KDS 14 20 10 및 KDS 14 20 20을 따른다)

① $M_d \leq M_u \ (= \phi M_n)$
② $M_d \leq M_u \ (= \phi M_u)$
③ $M_u \leq M_n \ (= \phi M_d)$
④ $M_u \leq M_d \ (= \phi M_n)$

02

그림과 같은 볼트구멍이 있는 강판에 인장력 T가 작용할 때, 순단면적[mm^2]은? (단, 볼트구멍의 직경 $d=25mm$, 강판의 두께 $t=10mm$이며, KDS 14 31 10을 따른다)

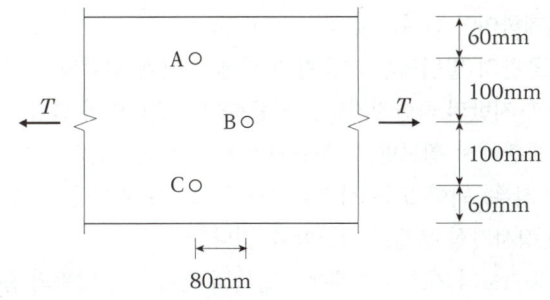

① 2,450　　② 2,700
③ 2,770　　④ 3,075

03

그림과 같은 단철근 철근콘크리트 직사각형 보가 균형변형률 상태에 있을 때, 압축연단에서 중립축까지 거리 c[mm]는? (단, 콘크리트 압축연단의 극한변형률 $\varepsilon_{cu}=0.0033$, 철근의 설계기준 항복강도 $f_y=440MPa$, 철근의 탄성계수 $E=200,000MPa$, A_s는 인장철근 단면적이며, KDS 14 20 20을 따른다) 〈설계기준 변경으로 문제 변경〉

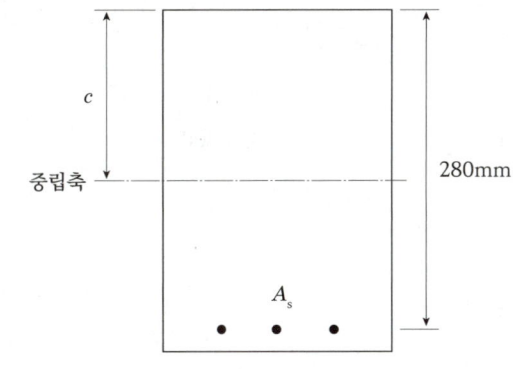

① 168　　② 180
③ 192　　④ 204

04

그림과 같은 자중을 포함한 등분포하중 w가 작용하는 단순 지지된 프리스트레스트 콘크리트 보의 경간 중앙에서 단면 하단의 콘크리트 응력을 0이 되게 하는 프리스트레스 힘 $P[kN]$는? (단, 긴장재는 콘크리트 보의 단면도심에 배치되어 있으며, 콘크리트 보의 단면적은 긴장재를 무시한 총단면적을 사용한다)

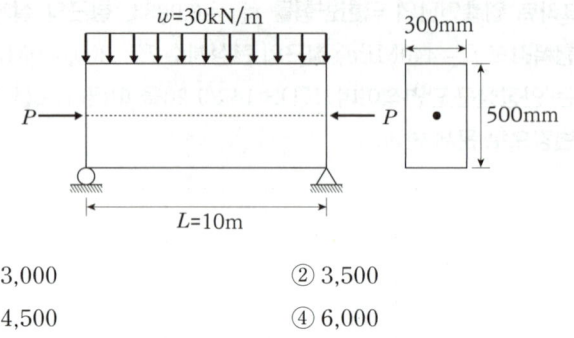

① 3,000　　② 3,500
③ 4,500　　④ 6,000

05

필릿용접에 대한 설명으로 옳지 않은 것은? (단, KDS 14 31 25를 따른다) 〈설계기준 변경으로 문제 변경〉

① 유효면적은 유효길이에 유효목두께를 곱한 것으로 한다.
② 유효길이는 필릿용접의 총길이에서 용접치수의 3배를 공제한 값으로 한다.
③ 유효목두께는 용접치수의 0.7배로 한다.
④ 단속 필릿용접의 한 세그멘트 길이는 용접치수의 4배 이상이며 최소 38mm이어야 한다.

06

옹벽의 설계에 대한 설명으로 옳지 않은 것은? (단, KDS 14 20 72 및 KDS 14 20 74를 따른다)

① 부벽식 옹벽의 전면벽은 3변 지지된 2방향 슬래브로 설계할 수 있다.
② 저판의 뒷굽판은 뒷굽판 상부에 재하되는 모든 하중을 지지하도록 설계한다.
③ 캔틸레버식 옹벽의 전면벽은 저판에 지지된 캔틸레버로 설계할 수 있다.
④ 벽체에 배근되는 수직 및 수평철근의 간격은 벽두께의 4배와 500mm 중 큰 값으로 한다.

07

철근콘크리트 기초판 설계에 대한 설명으로 옳지 않은 것은? (단, KDS 14 20 70을 따른다)

① 기초판은 계수하중과 그에 의해 발생되는 반력에 견디도록 설계하여야 한다.
② 기초판의 밑면적은 기초판에 의해 지반에 전달되는 계수하중과 지반의 극한지지력을 사용하여 산정하여야 한다.
③ 기초판에서 휨모멘트, 전단력에 대한 위험단면의 위치를 정할 경우, 원형 또는 정다각형인 콘크리트 기둥은 같은 면적의 정사각형 부재로 취급할 수 있다.
④ 말뚝기초의 기초판 설계에서 말뚝의 반력은 각 말뚝의 중심에 집중된다고 가정하여 휨모멘트와 전단력을 계산할 수 있다.

08

1방향 철근콘크리트 슬래브의 수축·온도철근에 대한 설명으로 옳지 않은 것은? (단, KDS 14 20 50을 따른다)

① 수축·온도철근으로 배치되는 이형철근의 철근비는 어떠한 경우에도 0.0014 이상이어야 한다.
② 수축·온도철근의 간격은 슬래브 두께의 5배 이하, 또한 450mm 이하로 하여야 한다.
③ 설계기준항복강도 f_y가 400MPa 이하인 이형철근을 사용한 슬래브의 수축·온도철근의 철근비는 $0.002 \times \dfrac{200}{f_y}$ 이상이어야 한다.
④ 수축·온도철근은 설계기준항복강도 f_y를 발휘할 수 있도록 정착되어야 한다.

09

단순 지지된 철근콘크리트 직사각형 보에 자중을 포함한 계수등분포하중 $w_u = 40\text{kN/m}$가 작용한다. 콘크리트가 부담하는 공칭전단강도 $V_c = 160\text{kN}$일 때, 전단에 대한 위험단면에서 전단설계에 대한 설명으로 옳은 것은? (단, 보의 유효깊이 $d = 500\text{mm}$, 보의 받침부 내면 사이의 경간 길이는 8m이며, KDS 14 20 22를 따른다)

① 전단철근을 배치할 필요가 없다.
② 최소 전단철근을 배치해야 한다.
③ 계수전단력 $V_u = 160\text{kN}$이다.
④ 계수전단력 V_u는 콘크리트의 설계전단강도를 초과한다.

10

그림과 같은 KS F 2408에 규정된 콘크리트의 휨강도시험에서, 재하하중 $P = 22.5\text{kN}$일 때 콘크리트 공시체가 BC 구간에서 파괴될 경우, 공시체의 휨강도[MPa]는?

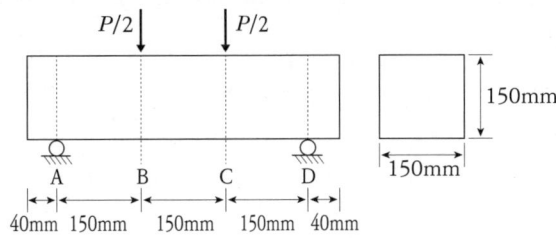

① 2
② 3
③ 4
④ 5

11

그림과 같은 단철근 철근콘크리트 직사각형 보에서 인장철근의 응력 f_s[MPa]는? (단, 콘크리트의 설계기준압축강도 $f_{ck} = 21\text{MPa}$, 철근의 설계기준항복강도 $f_y = 400\text{MPa}$, 철근의 탄성계수 $E_s = 200{,}000\text{MPa}$, ε_{cu}는 콘크리트 압축연단의 극한변형률, ε_s는 인장철근의 변형률이며, KDS 14 20 20을 따른다)
〈설계기준 변경으로 문제 변경〉

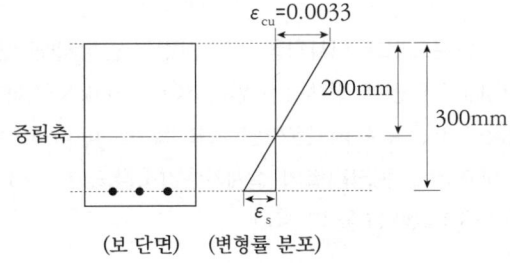

① 330
② 350
③ 400
④ 450

12

보통중량콘크리트를 사용한 철근콘크리트 직사각형 보에서 상세한 계산을 하지 않는 경우 콘크리트의 공칭전단강도 V_c[kN]는? (단, 보의 폭 $b=400$mm, 유효깊이 $d=600$mm, 콘크리트의 설계기준압축강도 $f_{ck}=36$MPa이며, KDS 14 20 22를 따른다)

① 120 ② 240
③ 360 ④ 480

13

철근콘크리트 비횡구속 골조의 압축부재에서 장주효과를 무시할 수 있는 회전반지름 r의 최솟값[mm]은? (단, 압축부재의 유효좌굴길이 $kl_u=3.3$m이며, KDS 14 20 20을 따른다)

① 50   ② 100
③ 150 ④ 200

14

단철근 철근콘크리트 직사각형 보의 단면이 인장지배단면이고, 극한상태에서 단면에 발생하는 압축력이 1,190kN일 때, 보의 공칭휨강도 M_n[kN·m]은? (단, 보의 폭 $b=400$mm, 유효깊이 $d=550$mm, 콘크리트의 설계기준압축강도 $f_{ck}=35$MPa이며, KDS 14 20 20을 따른다)

① 595 ② 645
③ 695 ④ 745

15

단철근 철근콘크리트 직사각형 보의 폭 $b=400$mm, 유효깊이 $d=400$mm, 콘크리트의 설계기준압축강도 $f_{ck}=24$MPa, 철근의 설계기준항복강도 $f_y=400$MPa, 인장철근 단면적 $A_s=2040$mm^{2}일 때, 보의 공칭휨강도 M_n[kN·m]은? (단, KDS 14 20 20을 따른다)

① 240.6 ② 264.2
③ 285.6 ④ 359.4

16

단순 지지된 철근콘크리트 직사각형 보에서 자중을 포함한 계수등분포하중 $w_u=48$kN/m가 작용할 때, 전단에 대한 위험단면에서 계수전단력 V_u[kN]는? (단, 보의 유효깊이 $d=500$mm, 보의 받침부 내면 사이의 경간 길이는 6m이며, KDS 14 20 22를 따른다)

① 108 ② 120
③ 132 ④ 144

17

처짐량을 계산해 보지 않아도 되는 경우에 해당하는 단순 지지된 철근콘크리트 보의 최소 두께[mm]는? (단, 보의 길이 $L=3.2$m, 보통중량콘크리트와 설계기준항복강도 $f_y=350$MPa인 철근을 사용하며, 보는 큰 처짐에 의하여 손상되기 쉬운 칸막이벽이나 기타 구조물을 지지하지 않는 부재이며, KDS 14 20 30을 따른다)

① 149 ② 160
③ 186 ④ 200

18

그림과 같은 복철근 철근콘크리트 직사각형 보가 극한상태에서 인장철근과 압축철근이 모두 항복할 때, 압축연단에서 중립축까지 거리 c[mm]는? (단, 철근의 설계기준항복강도 $f_y=400$MPa, 콘크리트의 설계기준압축강도 $f_{ck}=20$MPa, A_s는 인장철근단면적, A_s'은 압축철근 단면적이며, KDS 14 20 20을 따른다) 〈설계기준 변경으로 문제 변경〉

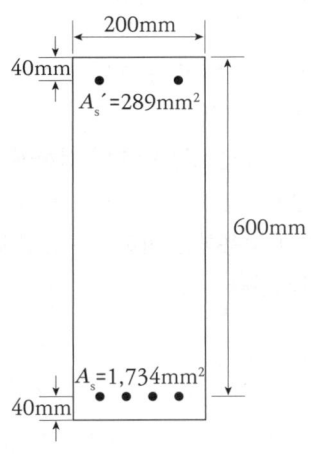

① 140
② 180
③ 200
④ 212.5

19

연속보 형식의 프리스트레스트 콘크리트 교량의 공법에 대한 설명으로 옳지 않은 것은?

① 캔틸레버 공법(FCM)에는 현장타설 콘크리트 공법과 프리캐스트 세그멘탈 공법을 적용할 수 있다.
② 이동식 비계공법(MSS)은 가설 중의 상부구조 중량을 이동식 비계를 통해서 지반에 직접 전달하는 공법이다.
③ 경간단위 공법(SSM)은 프리캐스트 콘크리트 세그먼트를 한 경간 단위로 가설을 진행하여 연속보를 완공하는 공법이다.
④ 연속압출공법(ILM)은 부재를 압출하는 방법으로 부재를 당기는 형식, 또는 들고 미는 형식을 사용한다.

20

그림과 같은 긴장재를 편심 배치한 프리스트레스트 콘크리트 보에 자중을 포함한 등분포하중 w가 작용한다. 내력개념에 기초하여 해석할 때, 경간 중앙 위치에서 보 단면의 도심과 단면 내 압축력 C의 작용점 사이의 거리 e'[mm] 및 하단 수직응력 f_{bot}[MPa]는? (단, 프리스트레스 힘 $P=1{,}000$kN이고, 콘크리트 보의 단면적은 긴장재를 무시한 총단면적을 사용한다)

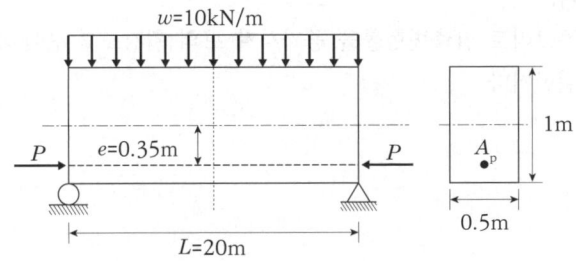

	e'	f_{bot}
①	150	0.2(압축)
②	150	3.8(압축)
③	350	−0.2(인장)
④	350	−3.8(인장)

2021 국가직

01

보 또는 슬래브에서 부(−)모멘트에 의해 생긴 인장응력에 대하여 배치하는 철근은?

① 정철근
② 부철근
③ 전단철근
④ 옵셋굽힘철근

02

철근콘크리트 휨부재를 설계할 경우, 인장철근에 대한 최소 허용 변형률 규정을 두는 이유는? (단, KDS 14 20 20 : 2021을 따른다)

① 균열발생을 억제하여 내구성을 증대하기 위함이다.
② 처짐감소를 통해 구조물의 사용성을 증대하기 위함이다.
③ 연성파괴를 유도하여 구조물의 안전성을 증대하기 위함이다.
④ 콘크리트 압축변형률을 증가시켜 보의 휨강도를 증대하기 위함이다.

03

구조부재의 단면에 작용하는 부재 내력과 응력에 관한 사항으로 옳지 않은 것은?

① 도심축에 작용하는 인장력은 단면 전체에 균일한 인장응력을 발생시킨다.
② 도심축에 작용하는 압축력은 단면 전체에 균일한 압축응력을 발생시킨다.
③ 보에 작용하는 휨모멘트는 단면의 상하에서 압축력과 인장력을 발생시킨다.
④ 단면에 평행하게 작용하는 전단력은 단면 전체에 균일한 전단응력을 발생시킨다.

04

철근의 부착에 영향을 주는 요인에 대한 설명으로 옳지 않은 것은?

① 콘크리트의 강도가 클수록 부착에 유리하다.
② 콘크리트의 다지기가 불충분하면 부착강도가 저하된다.
③ 동일한 철근량을 사용할 경우 지름이 큰 철근을 사용하는 것이 부착에 유리하다.
④ 철근의 피복두께가 충분히 확보되어야 부착강도가 제대로 발휘될 수 있으며, 피복두께가 부족하면 콘크리트의 할렬로 부착 파괴가 유발될 수 있다.

05

그림과 같은 복철근 단순보의 지간 중앙 단면에서 발생한 지속 하중에 의한 순간처짐이 15mm로 측정되었다. 6년 후 지속하중에 의한 추가 장기처짐량[mm]은? (단, $A_s=1800\text{mm}^2$, $A_s'=600\text{mm}^2$, KDS 14 20 30 : 2021을 따른다)

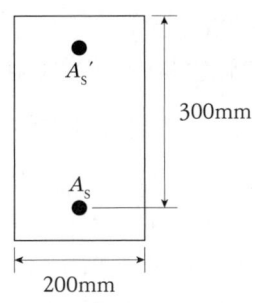

① 14 ② 15
③ 20 ④ 25

06

합력의 연직성분 $\Sigma W=300\text{kN}$이 편심거리가 $\frac{B}{6}$인 위치에 작용할 때 $B=3\text{m}$인 기초 저판에 발생되는 지지력분포는 그림과 같다. 최대 지반 지지력(P_{max})의 크기[kN/m²]는? (단, 단위 폭으로 고려하고, 지반조건은 균일하며, 자중은 무시한다)

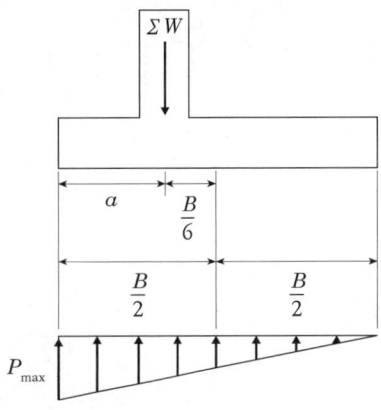

① 185 ② 190
③ 195 ④ 200

07

프리텐션 방식의 프리스트레스트 콘크리트(PSC)보 제작과정에서 측정한 손실값이 표와 같다. 초기 프리스트레스 힘 $P_i=720\text{kN}$인 경우의 유효율 $R[\%]$은?

〈프리스트레스의 손실값 측정치〉

	감소 원인	손실값(kN)
도입 중	콘크리트의 탄성수축 손실	27.0
도입 후	콘크리트의 건조수축 손실	34.0
	콘크리트의 크리프 손실	49.0
	강재의 릴랙세이션 손실	25.0

① 81.3 ② 85.0
③ 86.0 ④ 88.1

08

그림과 같은 단철근 직사각형 단순보에서 전단철근의 배근이 필요 없는 구간 a의 길이[m]는? (단, 보의 단면에서 콘크리트가 부담하는 공칭 전단강도 $V_c=120\text{kN}$, 자중을 포함한 계수등분 포하중 $w_u=45\text{kN/m}$, $L=6\text{m}$, KDS 14 20 22 : 2021을 따른다)

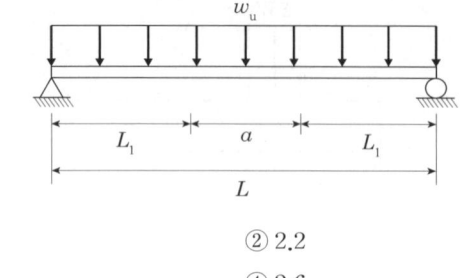

① 2.0　　② 2.2
③ 2.4　　④ 2.6

09

축방향 철근량이 $50,000\text{mm}^2$이고, 정사각형 $500\text{mm}\times500\text{mm}$ 단면을 가지는 띠철근 기둥에서, 편심이 없는 순수 축하중을 받는 압축재의 설계축강도 P_d의 최대 크기[kN]는? (단, 콘크리트 설계기준강도 $f_{ck}=30\text{MPa}$, 철근의 항복강도 $f_y=400\text{MPa}$이고, KDS 14 20 20 : 2021을 따른다)

① 12,048　　② 13,052
③ 13,868　　④ 14,056

10

한계상태설계법에 의한 교각 기둥부 내진설계의 심부구속 횡방향철근상세 기준으로 옳지 않은 것은? (단, KDS 24 17 11 : 2022를 따른다)

① 소성힌지구간에서 나선철근의 연결은 완전용접이음이나 기계적 연결이 허용되지 않는다.
② 기둥과 기초 사이에 설치되는 첫 번째 심부구속 횡방향철근은 경계면에서 띠철근 간격의 $\frac{1}{2}$ 위치에 배근한다.
③ 사각형 연속띠철근 형태는 양단에 띠철근 지름의 6배와 80mm 중 큰 값 이상의 연장길이를 갖는 135° 갈고리를 가져야 하며, 이 갈고리는 축방향철근에 걸리게 하여야 한다.
④ 사각형 심부구속 횡방향철근으로는 하나의 사각형 후프띠철근 또는 중복된 사각형 폐합띠철근을 사용할 수 있으며, 보강띠철근은 후프띠철근과 유사한 크기를 사용하여야 한다.

11

표준트럭하중이 강합성 거더 교량에 작용할 때, 하중이 전달되는 순서로 옳은 것은?

① 바닥판 → 거더 → 전단연결재 → 받침
② 받침 → 거더 → 전단연결재 → 바닥판
③ 거더 → 받침 → 전단연결재 → 바닥판
④ 바닥판 → 전단연결재 → 거더 → 받침

12

복철근 직사각형보에서 압축철근을 배근하는 이유로 옳지 않은 것은?

① 사용하중 하에서 강성을 감소시킨다.
② 지속하중으로 인한 처짐을 감소시킨다.
③ 콘크리트 압축파괴 시 연성을 증가시킨다.
④ 전단철근의 배근 시 지지하는 역할을 하여 시공성을 향상시킨다.

13

그림과 같이 맞대기용접연결된 강판에 전단력 $P=360\text{kN}$이 작용할 때, 용접 이음부의 전단응력 크기[MPa]는?

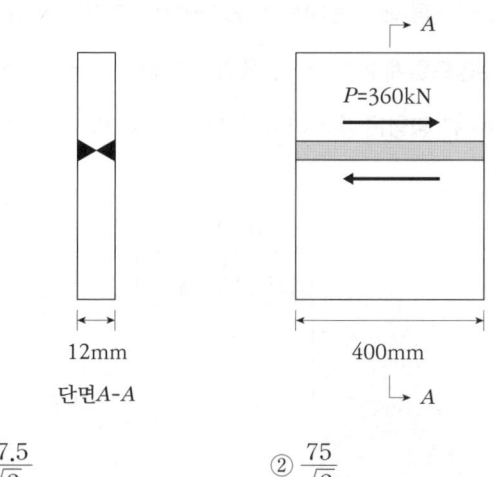

① $\dfrac{37.5}{\sqrt{2}}$
② $\dfrac{75}{\sqrt{2}}$
③ 37.5
④ 75

14

그림과 같은 깊은 보의 스트럿-타이모델에서 F가 200kN인 경우, 경사 스트럿 AB의 부재력(㉠)과 수평 타이 BC의 부재력(㉡)을 바르게 연결한 것은? (단, 자중은 무시한다)

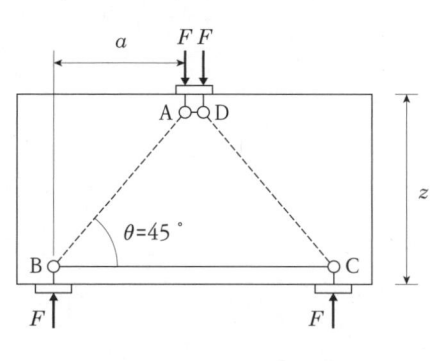

	㉠	㉡
①	200kN (압축)	200kN (인장)
②	200kN (인장)	$200\sqrt{2}$kN (인장)
③	$200\sqrt{2}$kN (압축)	200kN (인장)
④	$200\sqrt{2}$kN (인장)	$200\sqrt{2}$kN (인장)

15

그림과 같이 곡선 배치 된 PSC 단순보에 프리스트레스 힘 $P=2{,}500\text{kN}$이 작용할 때, 부재에 작용하는 하중 w와 평형을 이루는 지간 중앙에서의 최대편심($e_{\max}$) 거리[m]는? (단, 자중과 프리스트레스 손실은 무시한다)

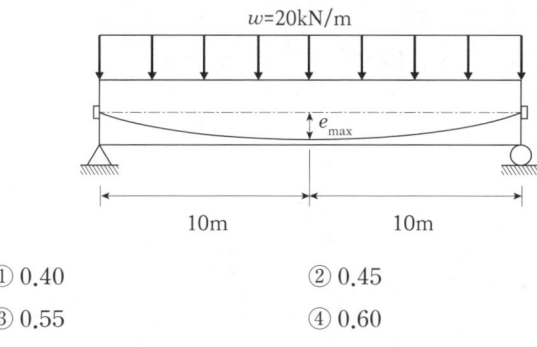

① 0.40
② 0.45
③ 0.55
④ 0.60

16

프리스트레스트 콘크리트 부재의 설계에 대한 설명으로 옳지 않은 것은? (단, KDS 14 20 60 : 2021과 KDS 24 14 20 : 2016을 따른다)

① 설계에서는 프리스트레스에 의하여 발생하는 응력집중을 고려하여야 한다.
② 완전균열단면 휨부재의 사용하중에 의한 응력은 균열환산단면을 사용하여 계산하여야 한다.
③ 긴장재가 그라우팅으로 부착된 후의 단면 특성을 계산할 경우 덕트로 인한 단면적의 손실을 고려하여야 한다.
④ 프리스트레스트 콘크리트 부재의 설계는 프리스트레스를 도입할 때부터 구조물의 수명기간 동안에 모든 재하단계의 강도 및 사용조건에 따른 거동에 근거하여야 한다.

17

고장력볼트 마찰접합의 설계미끄럼강도에 영향을 미치는 요인으로 옳지 않은 것은? (단, KDS 14 31 25를 따른다)

① 설계볼트장력
② 볼트구멍의 종류
③ 마찰면 미끄럼 계수
④ 피접합재의 공칭인장강도

18

그림과 같은 직사각형 균질단면에서 x축에 대한 회전반경(r_x), 탄성단면계수(S_x), 소성단면계수(Z_x), 형상계수(f)를 각각 계산한 결과로 옳은 것은?

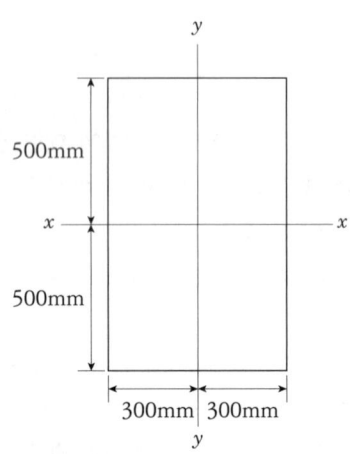

① 회전반경(r_x) = $500\sqrt{3}$mm
② 탄성단면계수(S_x) = 10^9mm^3
③ 소성단면계수(Z_x) = 1.5×10^8mm^3
④ 형상계수(f) = 0.85

19

그림과 같이 높이 6m인 중력식 옹벽의 상부에 상재하중 $q=10$kN/m²이 작용할 때, 옹벽의 외적 안정검토를 위한 옹벽의 전면 하부(O점)에 작용하는 전도모멘트의 크기[kN·m/m]는? (단, 주동토압계수 $k_a = \frac{1}{3}$, 흙의 단위중량 $\gamma_s = 18$kN/m³이고, 지하수위 영향은 무시하며, KDS 11 80 05 : 2020을 따른다)

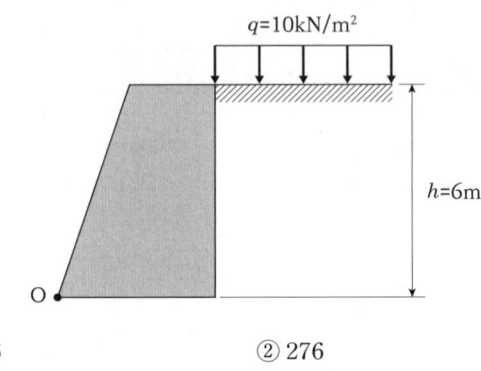

① 216
② 276
③ 316
④ 356

20

그림과 같은 기둥의 축력과 휨모멘트의 상관곡선($P-M$ 상관도)에 대한 설명으로 옳지 않은 것은? (단, P_0는 축방향 압축강도, e_b는 균형편심, e는 휨모멘트와 축력의 비, $e_{\min}$은 최소편심거리, P_d는 설계압축강도, M_d는 설계휨강도이고, KDS 14 20 10 및 KDS 14 20 20 : 2021을 따른다)

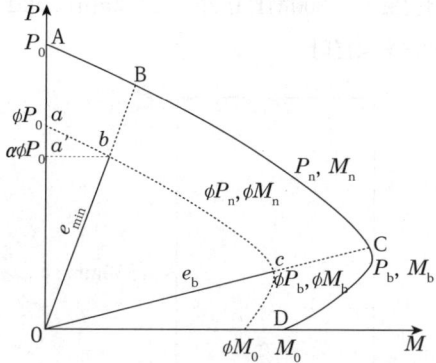

① $e < e_{\min}$ 구간에서의 띠철근 기둥의 설계축하중강도는 $0.80 \times 0.7 \times P_0$이다.

② $e < e_{\min}$ 구간에서의 나선철근 기둥의 설계축하중강도는 $0.85 \times 0.7 \times P_0$이다.

③ $e > e_b$이면, P_d와 M_d 조합하중에 대해 설계해야 되지만, 이 때의 부재강도는 철근의 강도(인장)로 지배된다.

④ 편심거리 e가 $e_{\min} < e < e_b$인 경우, 기둥에 작용하는 P_d과 M_d의 조합하중으로 설계해야 하며, 부재의 강도는 콘크리트의 강도(압축)로 지배된다.

01

콘크리트의 건조수축에 대한 설명으로 옳은 것은?

① 습윤양생하에서 건조수축량은 증가한다.
② 물-시멘트비가 클수록 건조수축량은 감소한다.
③ 대기 중의 습도가 증가하면 건조수축량은 감소한다.
④ 콘크리트 타설 시 다짐을 잘하면 건조수축량은 증가한다.

02

콘크리트의 압축강도에 대한 설명으로 옳지 않은 것은?

① 골재의 강도가 커질수록 콘크리트의 압축강도는 증가한다.
② 물-시멘트비가 작을수록 콘크리트의 압축강도는 증가한다.
③ 콘크리트를 건조양생하면 습윤양생에 비해 압축강도가 더 증가한다.
④ 콘크리트의 압축강도는 전이영역(transion zone)의 강도와 밀접한 관련이 있다.

03

그림과 같은 직사각형 철근콘크리트 단면의 공칭휨강도 M_n [kN·m]은? (단, 콘크리트의 설계기준압축강도 $f_{ck}=20$MPa, 철근의 항복강도 $f_y=300$MPa, $A_s=1,700$mm²이고, KDS 14 20 20 : 2022를 따른다)

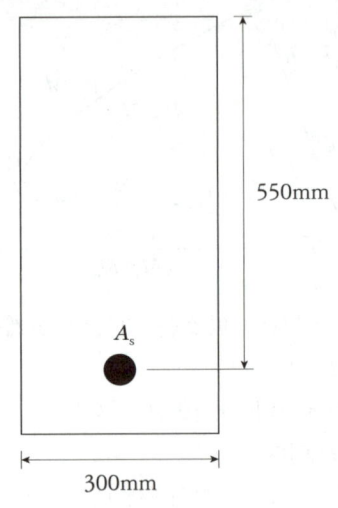

① 200 ② 255
③ 295 ④ 315

04

슬래브와 보를 일체로 친 대칭 T형보의 플랜지 유효폭을 결정하는 기준에 해당하지 않는 것은? (단, t_f=플랜지의 두께, b_w=복부의 폭, KDS 14 20 10 : 2021을 따른다)

① $8b_w$
② $16t_f + b_w$
③ 보의 경간의 $\frac{1}{4}$
④ 양쪽 슬래브의 중심 간 거리

05

복철근 직사각형보에서 압축철근을 배근하는 이유로 옳지 않은 것은?

① 전단철근 등 철근의 조립이 편리하다.
② 파괴 시 중립축의 깊이가 감소하며 부재의 연성이 증가한다.
③ 인장철근의 변형률 증가를 억제함으로써 탄성처짐을 감소시킨다.
④ 지진하중과 같이 하중의 작용 방향이 달라질 경우에 압축철근이 인장철근의 역할을 할 수 있다.

06

철근콘크리트 휨부재에서 철근의 항복강도 f_y=500MPa일 때, 인장지배변형률의 한계값(㉠)과 최소허용인장변형률의 값(㉡)을 바르게 연결한 것은? (단, KDS 14 20 20 : 2022를 따른다)

	㉠	㉡
①	0.005	0.004
②	0.00625	0.004
③	0.005	0.005
④	0.00625	0.005

07

그림과 같이 휨모멘트를 받는 복철근 직사각형보의 콘크리트 압축연단이 극한변형률에 도달할 때, 압축철근의 변형률 ε_s'에 대한 인장철근의 변형률 ε_s의 비[$\varepsilon_s/\varepsilon_s'$]는? (단, 콘크리트의 설계기준압축강도 f_{ck}=30MPa, 철근의 항복강도 f_y=400MPa, A_s'=420mm², A_s=4,500mm²이고, KDS 14 20 20 : 2022를 따른다)

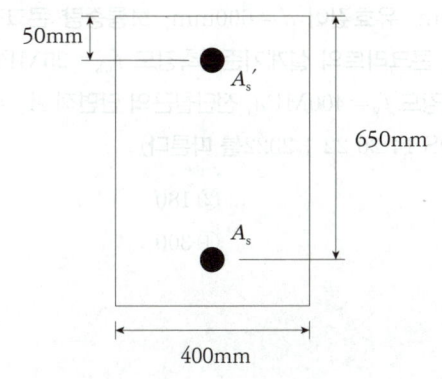

① 1.5
② 2.0
③ 2.5
④ 3.0

08

철근의 정착에 대한 설명으로 옳지 않은 것은?

① 확대머리 이형철근은 경량콘크리트에 적용할 수 없다.
② 인장 이형철근의 정착길이는 공칭지름이 클수록 길어진다.
③ 인장 이형철근의 표준 갈고리는 압축을 받는 경우 철근 정착에 유효하지 않은 것으로 본다.
④ 동일한 철근과 콘크리트에 대해, 압축 이형철근이 인장 이형철근보다 더 큰 기본정착길이를 가진다.

09

직사각형 철근콘크리트 단면의 계수전단력 $V_u = 350\text{kN}$일 때, 수직 배근된 전단철근의 최대간격 $s[\text{mm}]$는? (단, 단면폭 $b = 400\text{mm}$, 유효깊이 $d = 600\text{mm}$, 보통중량 콘크리트를 사용하였고, 콘크리트의 설계기준압축강도 $f_{ck} = 25\text{MPa}$, 전단철근의 항복강도 $f_y = 400\text{MPa}$, 전단철근의 단면적 $A_v = 200\text{mm}^2$이며, KDS 14 20 22 : 2022를 따른다)

① 120
② 180
③ 240
④ 300

10

그림과 같이 사질토로 뒷채움된 철근콘크리트 옹벽의 A점에서의 전도 안전율은? (단, 흙의 내부마찰각 30°, 흙의 단위중량 $\gamma = 18\text{kN/m}^3$, 철근콘크리트의 단위중량 $m_c = 25\text{kN/m}^3$이다)

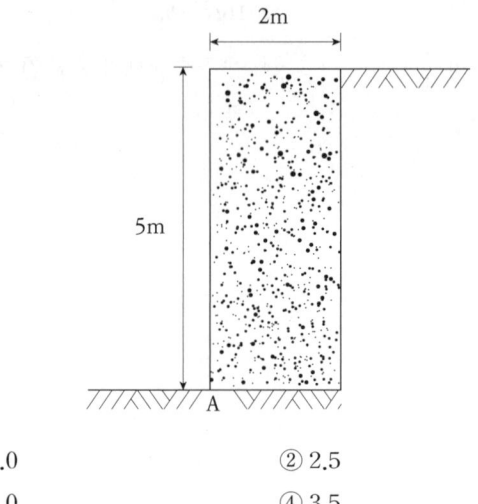

① 2.0
② 2.5
③ 3.0
④ 3.5

11

프리스트레스를 가하지 않은 나선철근 기둥의 최대 설계축강도 $\phi P_{n(max)} = \phi_0 \times \phi[0.85 f_{ck}(A_g - A_{st}) + f_y A_{st}]$에서 최소 편심에 대한 계수 ϕ_0의 값은? (단, A_{st} = 축방향 철근량, A_g = 기둥의 전체 단면적, f_{ck} = 콘크리트의 설계기준압축강도, f_y = 철근의 항복강도, ϕ = 강도감소계수이고, KDS 14 20 20 : 2022를 따른다)

① 0.75
② 0.80
③ 0.85
④ 0.90

12
구조용 강재의 장점으로 옳지 않은 것은?

① 내화성이 우수하다.
② 급속시공이 가능하다.
③ 에너지 흡수능력이나 연성이 우수하다.
④ 단위체적당 비강성 및 비강도가 매우 크기 때문에 대규모 구조물에 적합하다.

13
프리스트레스의 시간적 손실 원인으로 옳지 않은 것은?

① 콘크리트의 크리프
② 콘크리트의 건조수축
③ 긴장재 응력의 릴랙세이션
④ 포스트텐션 긴장재와 덕트 사이의 마찰

14
처짐을 계산하지 않는 경우, 단순지지된 리브가 없는 1방향 슬래브의 최소두께[mm]는? (단, 큰 처짐에 의해 손상되기 쉬운 칸막이벽이나 기타 구조물을 지지 또는 부착하지 않고, 부재의 길이 $l=8$m, 보통중량 콘크리트와 설계기준항복강도 $f_y=$ 400MPa 철근을 사용하며, KDS 14 20 30 : 2021을 따른다)

① 286   ② 333
③ 400   ④ 500

15
그림과 같이 맞댐용접을 한 두께 12mm의 강재판에 축방향 인장력 $P=300$kN이 작용할 때, 용접부에 발생하는 인장응력 [MPa]은? (단, 용접 시점 및 종점부의 크레이터 영향은 무시하고, KDS 14 30 25 : 2019를 따른다)

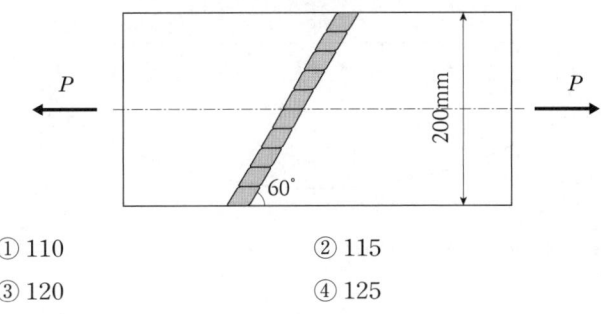

① 110   ② 115
③ 120   ④ 125

16
프리스트레스트 콘크리트용 그라우트에 대한 설명으로 옳지 않은 것은? (단, KCS 14 20 53 : 2022를 따른다)

① 그라우트의 물-결합재 비는 45% 이하로 한다.
② 사용 혼화제는 블리딩 발생이 없는 타입을 표준으로 한다.
③ 부재 콘크리트와 긴장재를 일체화시키는 부착강도는 재령 28일 인장강도로 설정할 수 있다.
④ 부식성 물질의 함유로 인한 강재 부식이 구조물의 소요 성능에 손상을 일으키지 않도록 하여야 한다.

17

그림과 같은 프리스트레스트 콘크리트 단순보의 지간 중앙에서 프리스트레스 힘 $P=500\text{kN}$에 의한 상향력과 평형을 이루는 등분포하중 $w[\text{kN/m}]$는? (단, 자중과 프리스트레스 손실은 무시한다)

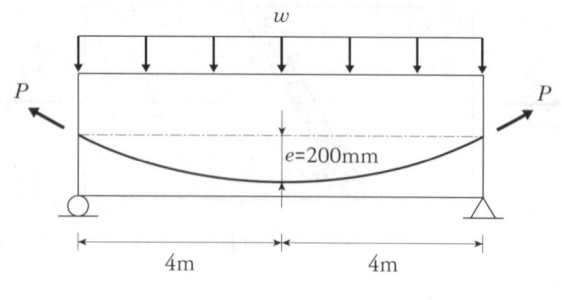

① 12.5 ② 13.0
③ 13.5 ④ 14.0

18

계수전단력 $V_u=50\text{kN}$이 작용하는 직사각형 단면의 철근콘크리트 휨부재에서 전단철근을 배근하지 않아도 되는 단면의 최소폭[mm]은? (단, 보통중량 콘크리트를 사용하였고, 콘크리트의 설계기준압축강도 $f_{ck}=25\text{MPa}$, 단면의 유효깊이 $d=500\text{mm}$이며, KDS 14 20 22 : 2022를 따른다)

① 160 ② 320
③ 380 ④ 480

19

정사각형 독립기초의 상부기둥에 축방향으로 고정하중 $D=1,000\text{kN}$, 활하중 $L=500\text{kN}$이 작용하고 있으며, 기초의 자중이 300kN일 때, 독립기초 한 변의 최소길이[m]는? (단, 기초 밑면의 허용지지력 $q_a=200\text{kN/m}^2$이다)

① 2.4 ② 3.0
③ 3.4 ④ 4.0

20

중심 축하중만을 받는 철근콘크리트 단주의 역학적 거동에 대한 설명으로 옳지 않은 것은?

① 띠철근 기둥은 나선철근 기둥에 비해 횡구속이 크지 않다.
② 나선철근 기둥은 지진구역과 같이 연성의 증가가 필요한 곳에 주로 사용된다.
③ 나선철근 기둥의 나선철근량이 작고, 간격이 크면 취성파괴가 일어날 수도 있다.
④ 띠철근 기둥은 심부(core) 콘크리트 파괴, 피복 콘크리트 탈락, 주철근 좌굴 순으로 파괴된다.

01

콘크리트를 만들 때 사용하는 혼화재료(admixture)에 대한 설명으로 옳지 않은 것은?

① 콘크리트 등에 특별한 성질을 주기 위해 반죽 혼합 전 또는 반죽 혼합 중에 가해지는 시멘트, 물, 골재 이외의 재료로서 혼화재와 혼화제로 분류한다.
② 감수제(water-reducing admixture)는 콘크리트 등의 단위수량을 증가시키지 않고 워커빌리티를 좋게 하거나 워커빌리티를 변화시키지 않고 단위수량을 감소하기 위해 사용하는 혼화제이다.
③ 급결제(quick setting admixture)는 시멘트의 수화 반응을 촉진시키고 응결 시간을 현저하게 단축하기 위해 사용하는 혼화제이다.
④ AE제(air-entraining admixture)는 콘크리트 속에 많은 미소한 기포를 일정하게 분포시켜 콘크리트 배합 시 물을 넣지 않아도 되게 하는 혼화제이다.

02

복철근 직사각형보에서 압축철근을 배근하는 경우에 해당하는 것만을 모두 고르면?

ㄱ. 지속하중으로 인한 처짐을 줄여야 하는 경우
ㄴ. 인장파괴를 압축파괴로 전환해야 하는 경우
ㄷ. 보의 단면의 크기가 제한되는 경우
ㄹ. 보의 연성거동을 감소시키기 위한 경우

① ㄱ, ㄴ
② ㄱ, ㄷ
③ ㄴ, ㄹ
④ ㄷ, ㄹ

03

한계상태설계법을 적용한 교량설계의 한계상태에 대한 설명으로 옳지 않은 것은? (단, KDS 24 10 11 : 2021을 따른다)

① 사용한계상태는 균열, 처짐 등의 사용성에 관한 한계상태로서, 풍하중은 항상 고려하지 않는다.
② 피로한계상태는 기대응력범위의 반복 횟수에서 발생하는 단일 피로설계트럭에 의한 응력 범위를 제한하는 것으로 규정한다.
③ 극한한계상태는 교량의 설계수명 이내에 발생할 것으로 기대되는, 통계적으로 중요하다고 규정한 하중조합에 대하여 국부적/전체적 강도와 안정성을 확보하는 것으로 규정한다.
④ 극단상황한계상태는 교량의 설계수명을 초과하는 재현주기를 갖는 지진, 유빙하중, 차량과 선박의 충돌 등과 같은 사건과 관련한 한계상태를 말한다.

04

받침부 내면과 위험단면 사이에 집중하중이 작용하지 않을 경우, 철근콘크리트 부재의 전단설계를 수행할 때, 받침부의 최대 계수전단력을 산정하는 위치는? (단, d = 단면의 유효깊이이고, KDS 14 20 22 : 2022를 따른다)

① 받침부 내면에서 d만큼 떨어진 단면
② 받침부 중심에서 $2d$만큼 떨어진 단면
③ 받침부 내면에서 $3d$만큼 떨어진 단면
④ 받침부 중심에서 $4d$만큼 떨어진 단면

05

1방향 철근콘크리트 슬래브의 단면적은 500,000mm², 사용한 이형 철근의 설계기준항복강도가 500MPa일 때, 수축 및 온도 철근량[mm²]은? (단, KDS 14 20 50 : 2022를 따른다)

① 600 ② 700
③ 800 ④ 900

06

그림과 같이 휨모멘트를 받는 직사각형 단면의 철근콘크리트 보에서 콘크리트 압축연단이 극한변형률에 도달할 때, 인장철근의 변형률은? (단, 응력−변형률 관계를 등가직사각형 블록으로 구하며, 콘크리트의 설계기준압축강도 $f_{ck}=20\text{MPa}$, 철근의 설계기준항복강도 $f_y=300\text{MPa}$, 철근의 단면적 $A_s=1,700\text{mm}^2$이고, KDS 14 20 20 : 2022를 따른다)

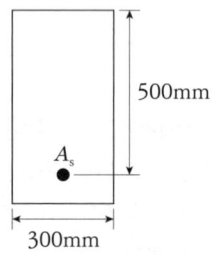

① 0.005 ② 0.0066
③ 0.0099 ④ 0.012

07

그림과 같이 순수 축하중을 받아 균등한 극한변형률이 발생한 콘크리트 기둥 단면에서 소성중심까지의 거리 $e[\text{mm}]$는? (단, 철근면적 A_{s1}에서의 압축력 $C_{s1}=500\text{kN}$, 철근면적 A_{s2}에서의 압축력 $C_{s2}=500\text{kN}$, 콘크리트의 압축력 $C_c=4,000\text{kN}$, $d_1=150\text{mm}$, $d_2=50\text{mm}$, 철근으로 인한 콘크리트의 단면 손실은 무시한다)

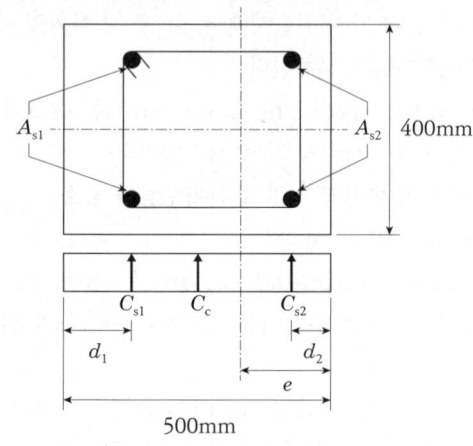

① 220 ② 230
③ 240 ④ 250

08

직접설계법을 사용하여 2방향 이상으로 휨 보강되는 슬래브 시스템을 설계하기 위한 규정으로 옳지 않은 것은? (단, KDS 14 20 70 : 2021을 따른다)

① 각 방향으로 2경간 이내이어야 한다.
② 각 방향으로 연속한 받침부 중심간 경간의 차이는 긴 경간의 $\frac{1}{3}$ 이하이어야 한다.
③ 연속한 기둥 중심선을 기준으로 기둥의 어긋남은 그 방향 경간의 10% 이하이어야 한다.
④ 모든 하중은 슬래브 판 전체에 걸쳐 등분포된 연직하중이어야 하며, 활하중은 고정하중의 2배 이하이어야 한다.

09

옹벽 구조물의 안정조건에 대한 설명으로 옳지 않은 것은? (단, KDS 14 20 74 : 2021을 따른다)

① 활동에 대한 저항력은 옹벽에 작용하는 수평력의 1.2배를 초과할 수 없다.
② 전도에 대한 저항휨모멘트는 횡토압에 의한 전도모멘트의 2.0배 이상이어야 한다.
③ 지반에 유발되는 최대 지반반력은 지반의 허용지지력을 초과할 수 없다.
④ 전도 및 지반지지력에 대한 안정조건은 만족하지만, 활동에 대한 안정조건만을 만족하지 못할 경우에는 활동방지벽 혹은 횡방향 앵커 등을 설치하여 활동저항력을 증대시킬 수 있다.

10

직사각형 단철근 콘크리트 보에 정(+) 모멘트가 작용하고 전단면이 탄성범위에 있을 때, 철근을 포함한 비균열 환산단면의 압축연단에서 중립축까지의 거리는? (단, b=단면폭, h=단면높이, A_s=철근면적, d=유효깊이, n=철근과 콘크리트의 탄성계수 비이다)

① $\dfrac{\dfrac{bh^2}{2}+nA_sd}{bh+nA_s}$

② $\dfrac{\dfrac{bh^2}{2}+nA_sd}{bh+(n-1)A_s}$

③ $\dfrac{\dfrac{bh^2}{2}+(n-1)A_sd}{bh+nA_s}$

④ $\dfrac{\dfrac{bh^2}{2}+(n-1)A_sd}{bh+(n-1)A_s}$

11

철근콘크리트 휨부재에 대한 설명으로 옳지 않은 것은?

① 부재가 힘을 받을 때 휨인장응력을 받는 부분에 인장철근을 배치한다.
② 휨압축응력을 받는 부분에 철근을 배치할 수도 있다.
③ 하향 수직하중을 받는 캔틸레버보의 경우 인장철근은 단면 상부에 배치한다.
④ 압축철근을 배치하면 크리프와 건조수축 변형이 증가한다.

12

그림과 같은 프리스트레스트 콘크리트 단순보의 지간 중앙에서 프리스트레스 힘 P=3,000kN에 의한 상향력의 크기[kN]는? (단, $\sin\theta \simeq \tan\theta$이고, 자중과 프리스트레스 손실은 무시한다)

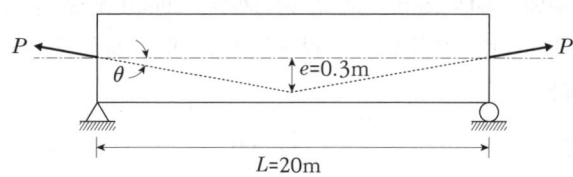

① 18
② 45
③ 90
④ 180

13

보통중량콘크리트에 설치된 인장력을 받는 직경이 25mm인 이형 철근의 기본정착길이[mm]는? (단, 콘크리트의 설계기준압축강도 $f_{ck}=36$MPa, 철근의 설계기준항복강도 $f_y=400$MPa 이다)

① 1,000 ② 1,200
③ 1,400 ④ 1,600

14

프리스트레스트 콘크리트 보의 양단 정착부에서 각각 4.5mm의 활동이 발생하였을 경우, 프리스트레스 손실량[MPa]은? (단, 보의 길이=18m, 강선의 탄성계수=200GPa, 초기 프리스트레스=1,500MPa이고, 강재와 쉬스관의 마찰은 고려하지 않는다)

① 50 ② 100
③ 150 ④ 200

15

프리스트레스하지 않는 부재의 현장치기 철근콘크리트 부재의 최소 피복두께에 대한 설명으로 옳지 않은 것은? (단, KDS 14 20 50 : 2022를 따른다)

① 피복두께는 콘크리트 표면으로부터 철근 중심까지의 최단거리이다.
② 흙에 접하여 콘크리트를 친 후 영구히 흙에 묻혀 있는 콘크리트의 피복두께는 75mm 이상 확보하여야 한다.
③ 흙에 접하거나 옥외의 공기에 직접 노출되는 콘크리트의 피복두께는 D19 이상의 철근에서 50mm, D16 이하의 철근에서는 40mm 이상 확보하여야 한다.
④ 옥외의 공기나 흙에 직접 접하지 않는 콘크리트(슬래브, 벽체, 장선)는 D35 초과하는 철근에서 40mm, D35 이하의 철근에서는 20mm 이상 확보하여야 한다.

16

그림과 같이 콘크리트 직사각형 보 단면의 도심에 프리스트레스 강재를 배치하여 긴장력 750kN을 도입하였다. 하향 수직하중에 의해 콘크리트 단면 하단에 인장응력이 발생하지 않는 최대휨모멘트 크기[kN·m]는? (단, 폭 300mm, 높이 500mm, 총 프리스트레스 손실은 20%이고, 자중은 무시한다)

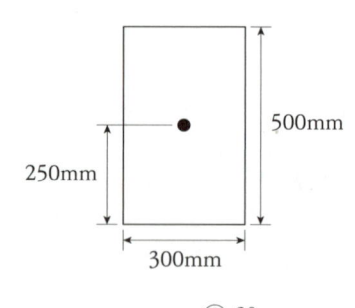

① 50 ② 60
③ 70 ④ 80

17

계수전단력 $V_u = 75\text{kN}$이 작용하는 직사각형 단면의 철근콘크리트 휨부재에서 전단철근을 배근하지 않아도 되는 단면의 최소 유효깊이[mm]는? (단, 보통중량 콘크리트를 사용하였고, 단면폭 $b = 400\text{mm}$, 콘크리트의 설계기준압축강도 $f_{ck} = 25\text{MPa}$이며, KDS 14 20 22 : 2022를 따른다)

① 400
② 500
③ 600
④ 700

18

직사각형 단면의 철근콘크리트 휨부재에서 부재축에 직각인 U형 전단철근을 간격 200mm로 배치하였다. 전단력과 휨모멘트만 받고 있는 경우, 직사각형보의 공칭전단강도 크기[kN]는? (단, 보통중량 콘크리트를 사용하였고, 단면폭 400mm, 단면 유효깊이 600mm, 콘크리트의 설계기준압축강도 $f_{ck} = 36\text{MPa}$, 전단철근의 설계기준항복강도 $f_{yt} = 400\text{MPa}$, 전단철근 한가닥의 공칭단면적 = 100mm², KDS 14 20 22 : 2022를 따른다)

① 240
② 360
③ 480
④ 600

19

조밀단면 2축대칭 H형강 보가 강축에 대해 휨하중을 받고 있다. 보의 비지지길이가 2.5m일 때, 공칭휨강도 크기[kN·m]는? (단, 강재는 SM275가 사용되었으며, 항복강도 $F_y = 275\text{MPa}$, 인장강도 $F_u = 410\text{MPa}$, 소성한계 비지지길이 = 3m, 탄성단면계수 = 900cm³, 소성단면계수 = 1,000cm³, KDS 14 31 10 : 2017을 따른다)

① 247
② 275
③ 369
④ 410

20

비틀림에 대한 비지지길이가 횡좌굴에 대한 비지지길이보다 짧은 경우, 균일압축을 받는 비세장판 강구조 압축부재의 휨좌굴에 대한 공칭압축강도 P_n 산정방법에 대한 설명으로 옳지 않은 것은? (단, F_{cr} = 좌굴응력, A_g = 부재의 총단면적, F_e = 탄성좌굴응력, F_y = 강재의 항복강도, E = 강재의 탄성계수, K = 유효좌굴길이계수, L = 부재의 횡좌굴에 대한 비지지길이, r = 좌굴축에 대한 단면2차반경이고, KDS 14 31 10 : 2017을 따른다)

① 공칭압축강도 P_n은 휨좌굴에 대한 한계상태에 기초하여 $P_n = F_{cr} A_g$를 이용하여 산정한다.
② 탄성 압축부재의 좌굴응력 $F_{cr} = 0.877 F_e$를 이용하여 산정한다.
③ 비탄성 압축부재의 좌굴응력 $F_{cr} = 0.658 F_e$를 이용하여 산정한다.
④ 탄성좌굴응력 $F_e = \dfrac{\pi^2 E}{\left(\dfrac{KL}{r}\right)^2}$는 탄성좌굴해석을 통하여 구한다.

01

철근콘크리트보를 인장지배단면으로 설계했을 때 보의 파괴 형태로 옳은 것은?

① 압축콘크리트의 파괴로부터 시작되는 취성파괴
② 압축콘크리트의 파괴로부터 시작되는 연성파괴
③ 인장철근의 항복으로부터 시작되는 취성파괴
④ 인장철근의 항복으로부터 시작되는 연성파괴

02

양단이 힌지로 지지된 정사각형 단면 기둥의 좌굴 임계하중이 20kN일 때, 일단 고정 타단 자유인 동일한 단면을 가진 기둥의 좌굴 임계하중[kN]은? (단, 두 기둥의 길이는 같고, 동일한 재료로 균질하게 제작되었으며, 탄성거동한다)

① 5 ② 10 ③ 40 ④ 80

03

그림과 같은 강구조 인장부재 볼트 연결부의 예상 파단선이 $a-b-e-f-g$일 때 순폭[mm]은? (단, 볼트구멍의 직경은 22mm이다)

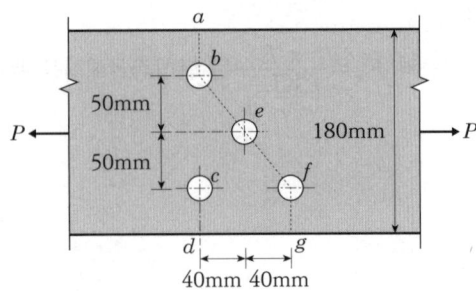

① 120 ② 130 ③ 140 ④ 150

04

철근콘크리트 압축부재의 설계에서 사각형이나 원형 띠철근으로 둘러싸인 압축부재의 축방향 주철근의 최소 배치 개수는?

① 3 ② 4 ③ 5 ④ 6

05

철근콘크리트보의 휨설계에 대한 설명으로 옳지 않은 것은?

① 강도감소계수를 고려한 설계강도는 소요강도 이상이 되도록 설계하여야 한다.
② 콘크리트 압축파괴 이전에 철근의 항복이 먼저 일어나는 연성파괴가 되도록 설계하여야 한다.
③ 압축측 콘크리트의 갑작스런 취성파괴 방지를 위하여 압축지배 단면으로 설계한다.
④ 인장지배단면의 강도감소계수 ϕ의 값은 0.85이다.

06

동일한 크기의 두 단부 모멘트가 단일 곡률을 일으키는 횡구속된 압축부재의 모멘트확대계수는? (단, 압축부재의 좌굴하중 P_c는 20,000kN이고, 계수축하중 P_u는 3,000kN이다)

① 1.20 ② 1.25 ③ 1.30 ④ 1.35

07

그림과 같이 중심축하중이 작용하는 확대기초의 1방향 전단에 대한 위험 단면에서의 전단력의 크기[kN]는? (단, 중심축하중의 크기 P_u는 2,700kN이고, 기초판의 유효높이 d는 500mm이다)

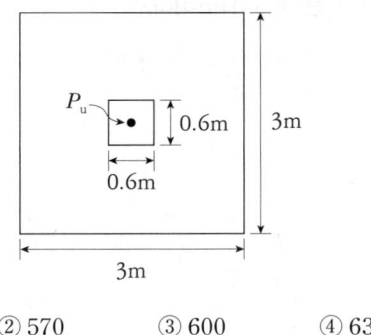

① 540 ② 570 ③ 600 ④ 630

08

고장력볼트 마찰연결에서 공칭마찰강도 계산에 고려하지 않는 것은?

① 마찰면 상태
② 전단면의 수
③ 연결부재의 두께
④ 설계볼트의 장력

09

콘크리트의 크리프와 건조수축에 대한 설명으로 옳지 않은 것은?

① 부재의 변형이 구속된 부정정 구조에서는 건조수축에 의한 응력이 발생한다.
② 물-시멘트비가 증가할수록 크리프와 건조수축은 증가한다.
③ 상대습도가 높을수록 건조수축은 증가한다.
④ 콘크리트 건조 초기에는 콘크리트 부재의 표면에는 인장응력이, 내부에는 압축응력이 발생한다.

10

그림과 같은 프리스트레스트 콘크리트 단순보의 지간 중앙에서 프리스트레스 힘 P에 의한 솟음의 크기가 $C_1 \dfrac{PL^2 e_c}{EI}$일 때, C_1은? (단, 보의 휨강성 EI는 일정하다)

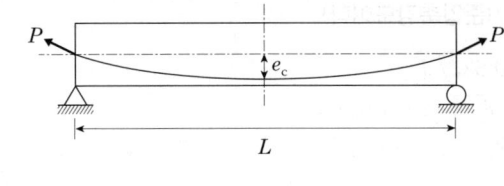

① $\dfrac{5}{48}$ ② $\dfrac{5}{64}$

③ $\dfrac{5}{128}$ ④ $\dfrac{5}{384}$

11

그림과 같이 철근콘크리트보 단면의 등가직사각형 응력블록과 철근 인장력의 크기가 주어졌을 때, 깊이 y[mm]는?

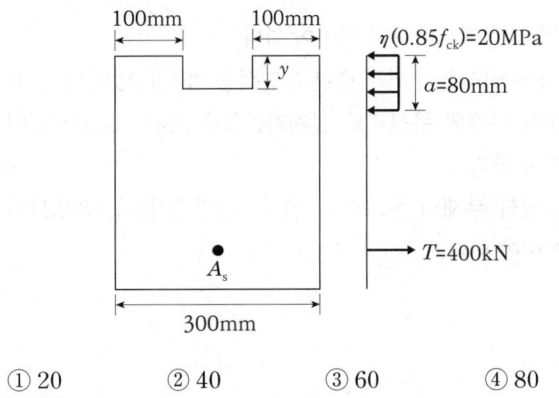

① 20 ② 40 ③ 60 ④ 80

12

프리스트레스트 콘크리트 휨부재는 미리 압축을 가한 인장구역에서 사용하중에 의한 인장연단응력 f_t에 따라 비균열등급, 부분균열등급, 완전균열등급으로 구분된다. 부분균열등급에 해당하는 인장연단응력 범위[MPa]는? (단, f_{ck}[MPa]는 콘크리트 설계기준압축강도이다)

① $f_t \leq 0.63\sqrt{f_{ck}}$
② $0.63\sqrt{f_{ck}} < f_t \leq 1.0\sqrt{f_{ck}}$
③ $1.0\sqrt{f_{ck}} < f_t \leq 1.2\sqrt{f_{ck}}$
④ $f_t > 1.2\sqrt{f_{ck}}$

13

프리스트레스트 콘크리트 교량 구조물에 대한 설명으로 옳지 않은 것은? (단, KDS 24 14 20 : 2018에 따른다)

① PS강재의 릴랙세이션이 작아야 한다.
② PS강재의 연신율이 커서 충분한 연성을 가지고 있어야 한다.
③ 프리텐션 부재의 콘크리트 설계기준압축강도는 25MPa 이상이어야 한다.
④ 포스트텐션 부재의 콘크리트 설계기준압축강도는 30MPa 이상이어야 한다.

14

그림과 같은 삼각형 철근콘크리트 단면의 철근량 A_s[mm²]는? (단, 압축부 콘크리트의 응력분포는 등가직사각형 응력분포로 고려하며, 인장철근은 항복하였고, a는 등가직사각형 응력블록의 깊이, 콘크리트의 설계기준압축강도 f_{ck}는 20MPa, 철근의 항복강도 f_y는 400MPa이다)

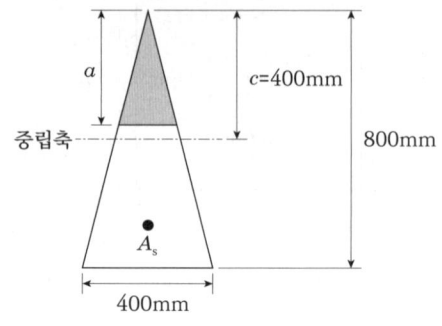

① 1,088 ② 1,148 ③ 1,235 ④ 1,324

15

그림과 같이 치수가 주어진 슬래브와 보를 일체로 친 T형보의 플랜지 유효폭 b[mm]는? (단, 보의 경간은 12m이다)

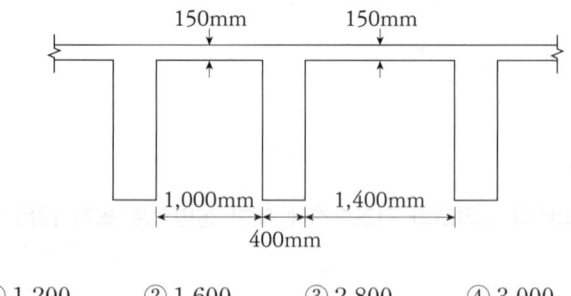

① 1,200 ② 1,600 ③ 2,800 ④ 3,000

16

계수전단력 V_u가 작용하는 직사각형 단면의 철근콘크리트 휨부재에서 공칭전단강도 V_n의 최솟값[kN]은? (단, 계수전단력 V_u는 75kN이다)

① 85　　② 90　　③ 95　　④ 100

17

콘크리트용 앵커 설계기준에서 연성강재요소의 강도에 의해 지배되는 앵커의 인장력 설계 시 고려되는 강도감소계수 ϕ는?

① 0.75　　② 0.65　　③ 0.60　　④ 0.55

18

콘크리트구조의 해석과 설계에 사용하는 탄성계수에 대한 설명으로 옳지 않은 것은? (단, f_{cm}[MPa]은 콘크리트의 평균압축강도이다)

① 콘크리트의 할선탄성계수는 콘크리트의 단위질량 m_c의 값이 1,450~2,500kg/m³인 콘크리트의 경우 $E_c = 0.077 m_c^{1.5} \sqrt[3]{f_{cm}}$ (MPa)이다.
② 보통중량골재를 사용한 콘크리트(단위질량 $m_c = 2,300$kg/m³)의 경우 $E_c = 8,500 \sqrt[3]{f_{cm}}$ (MPa)이다.
③ 크리프 변형을 계산할 때 사용하는 탄성계수는 콘크리트 할선탄성계수와 동일하게 사용한다.
④ 철근의 탄성계수는 $E_s = 200,000$(MPa)을 표준으로 하여야 한다.

19

콘크리트구조 정착 및 이음 설계기준에서 제시하는 철근의 이음에 대한 설명으로 옳지 않은 것은? 〈설계기준 변경으로 문제 변경〉

① 이음은 가능한 한 최대 인장응력점으로부터 떨어진 곳에 두어야 한다.
② 철근의 굽힘이 시작되는 부위에서 용접이음을 시작할 수 있다.
③ 용접이음은 용접용 철근을 사용해야 한다.
④ 기계적이음은 철근의 설계기준항복강도 f_y의 125% 이상을 발휘할 수 있어야 한다.

20

옹벽의 구조상세에 대한 설명으로 옳지 않은 것은? (단, KDS 11 80 05 : 2020에 따른다)

① 활동에 대한 효과적인 저항을 위하여 저판에 활동방지벽을 적용하는 경우 저판과 일체로 설치해야 한다.
② 신축이음 설치 간격은 중력식 옹벽의 경우는 10m 이하, 캔틸레버식 및 부벽식옹벽에서는 15m~20m 이하의 간격으로 설치하여야 한다.
③ 뒷부벽식 옹벽에서는 전면벽과 기초 슬래브에 의해 부벽에 전달되는 응력을 지지하기 위해 필요한 철근을 부벽에 배근해야 한다. 또 전면벽과 기초슬래브에는 인장철근의 20% 미만의 배력철근을 두어야 한다.
④ 부벽식 옹벽의 경우에는 수평방향의 철근량이 많으므로 수축이음을 설치하지 않아도 좋다.

2025 국가직

01

양단이 힌지로 지지된 콘크리트 압축부재의 장주효과를 무시할 수 있는 비지지길이 l_u의 최댓값[mm]은? (단, 압축부재 단면의 최소 회전반경 r은 200mm이고, 비횡구속 골조의 압축부재이다)

① 1,100
② 2,200
③ 3,300
④ 4,400

02

기타 콘크리트구조 설계기준에서 제시하는 옹벽설계의 안정조건에 대한 설명으로 옳지 않은 것은?

① 활동에 대한 저항력은 옹벽에 작용하는 수평력의 1.5배 이상이어야 한다.
② 전도에 대한 저항휨모멘트는 횡토압에 의한 전도모멘트의 1.5배 이상이어야 한다.
③ 전도 및 지반지지력에 대한 안정조건은 만족하지만, 활동에 대한 안정조건만을 만족하지 못할 경우에는 활동방지벽 혹은 횡방향 앵커 등을 설치하여 활동저항력을 증대시킬 수 있다.
④ 지반의 지지력은 지반공학적 방법 중 선택하여 적용할 수 있으며, 지반의 내부마찰각, 점착력 등과 같은 특성으로부터 지반의 극한 지지력 q_u를 추정할 수 있다. 다만, 이 경우에 허용지지력 q_a는 $\frac{q_u}{3}$이어야 한다.

03

콘크리트 슬래브와 기초판 설계기준에서 제시하는 기초판의 휨모멘트에 대한 설계 시 고려 사항으로 옳지 않은 것은?

① 최대 계수휨모멘트를 계산할 때, 강재 밑판을 갖는 기둥을 지지하는 기초판은 강재 밑판 단부를 위험단면으로 한다.
② 최대 계수휨모멘트를 계산할 때, 콘크리트 기둥, 주각 또는 벽체를 지지하는 기초판은 기둥, 주각 또는 벽체의 외면을 위험단면으로 한다.
③ 1방향 기초판 또는 2방향 정사각형 기초판에서 철근은 기초판 전체 폭에 걸쳐 균등하게 배치하여야 한다.
④ 기초판 각 단면의 휨모멘트는 기초판을 자른 수직면에서 그 수직면의 한쪽 전체 면적에 작용하는 힘에 대해 계산하여야 한다.

04

프리스트레스트 콘크리트구조 설계기준에서 제시하는 설계 원칙으로 옳지 않은 것은?

① 프리스트레스트 콘크리트 부재의 설계는 프리스트레스를 도입할 때부터 구조물의 수명 기간 동안에 모든 재하단계의 강도 및 사용조건에 따른 거동에 근거하여야 한다.
② 프리스트레스에 의해 발생되는 부재의 탄·소성변형, 처짐, 길이 변화 및 회전 등에 의해 인접한 구조물에 미치는 영향을 고려하여야 한다. 이때 온도와 수축의 영향도 고려하여야 한다.
③ 설계에서는 프리스트레스에 의하여 발생하는 응력집중을 고려할 필요는 없다.
④ 덕트의 치수가 과대하여 긴장재와 덕트가 부분적으로 접촉하는 경우, 접촉하는 위치 사이에 있어서 부재 좌굴과 얇은 복부 및 플랜지의 좌굴이 발생할 가능성을 검토하여야 한다.

05

강구조 설계 일반사항(하중저항계수설계법)에서 제시하는 용어에 대한 설명으로 옳지 않은 것은?

① 커버플레이트: 트러스의 부재, 스트럿, 또는 가새재(브레이싱)를 보 또는 기둥에 연결하는 판요소
② 유효길이계수: 유효좌굴길이와 부재의 비지지길이의 비
③ 국부좌굴: 부재 전체의 파괴를 유발할 수도 있는 압축 판요소의 좌굴
④ 다이아프램: 지지요소에 힘을 전달하도록 이용된 면내 전단강성과 전단강도를 갖고 있는 플레이트

06

그림과 같은 철근콘크리트보 단면의 균열휨모멘트 $M_{cr}[\text{kN}\cdot\text{m}]$은? (단, 콘크리트의 파괴계수 f_r은 4MPa이다)

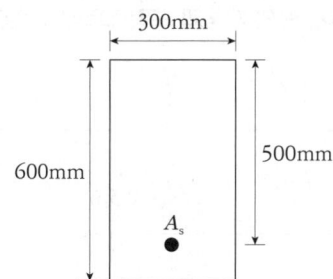

① 36
② 54
③ 72
④ 90

07

큰 처짐에 의해 손상되기 쉬운 칸막이벽이나 기타 구조물을 지지하지 않는 1방향 캔틸레버 슬래브에서 처짐을 계산하지 않을 때, 슬래브의 최소 두께[mm]는? (단, 슬래브의 길이 l은 3m, 보통중량 콘크리트이고, 철근의 설계기준항복강도 f_y는 400MPa이다)

① 200
② 250
③ 300
④ 350

08

그림과 같이 지간 중앙에 집중하중 Q=50kN이 작용하는 프리스트레스트콘크리트 단순보의 지간 중앙에서 휨모멘트의 크기 [kN·m]는? (단, 프리스트레스 힘 P는 100kN이고, $\sin\theta \simeq \tan\theta$이며, 보의 자중과 프리스트레스 손실은 무시한다)

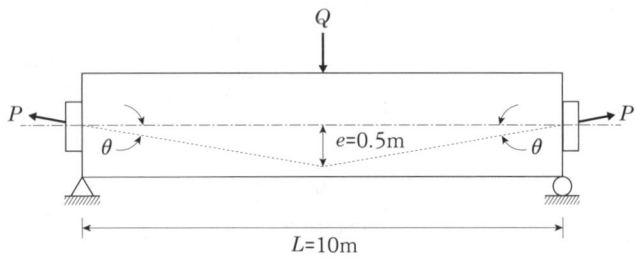

① 50
② 75
③ 100
④ 125

09

콘크리트의 설계기준압축강도 f_{ck}가 20MPa인 단철근 직사각형 보단면의 균형철근비가 0.03이다. 동일한 보 단면에 대하여 콘크리트의 설계기준압축강도 f_{ck}만 40MPa로 변경되었을 때, 균형철근비는?

① 0.03
② 0.04
③ 0.05
④ 0.06

10

프리스트레스트 콘크리트구조 설계기준에서 제시하는 긴장재의 긴장 시 허용 인장응력의 최댓값은? (단, f_{pu}는 긴장재의 설계기준 인장강도, f_{py}는 긴장재의 설계기준항복강도이고, 긴장재나 정착장치 제조자가 제시하는 최댓값은 f_{pu}이다)

① $0.70 f_{pu}$
② $0.90 f_{py}$
③ $0.74 f_{pu}$와 $0.82 f_{py}$ 중 작은 값
④ $0.80 f_{pu}$와 $0.94 f_{py}$ 중 작은 값

11

콘크리트구조 정착 및 이음 설계기준에서 제시하는 표준갈고리를 갖는 인장 이형철근의 기본정착길이 l_{hb}[mm]는? (단, 콘크리트의 설계기준압축강도 f_{ck}는 36MPa, 철근의 설계기준항복강도 f_y는 300MPa, 철근의 공칭지름 d_b는 25mm이고, 아연도금 또는 도막되지 않은 철근이며, 보통중량 콘크리트이다)

① 275
② 300
③ 325
④ 350

12

콘크리트구조 전단 및 비틀림 설계기준에서 제시하는 철근콘크리트 부재의 전단철근에 대한 설명으로 옳지 않은 것은? (단, $V_c = \frac{1}{6}\lambda\sqrt{f_{ck}}b_w d$, V_s는 철근의 공칭전단강도, λ는 경량콘크리트 계수, f_{ck}는 콘크리트의 설계기준압축강도, b_w는 부재의 복부 폭, d는 부재 단면의 유효깊이이다)

① $V_s > 2V_c$인 경우 부재축에 직각으로 배치된 전단철근의 간격은 $\frac{d}{3}$이하로 감소시켜야 한다.
② $V_s \leq 2V_c$인 경우 부재축에 직각으로 배치된 전단철근의 간격은 $\frac{d}{2}$이하이고, 600mm 이하이어야 한다.
③ 주인장철근에 45° 이상의 각도로 설치되는 스터럽을 사용할 수 있다.
④ $V_s \leq 2V_c$인 경우 경사스터럽과 굽힘철근은 부재의 중간 높이인 $0.5d$에서 반력점 방향으로 주인장철근까지 연장된 45° 선과 한 번 이상 교차되도록 배치하여야 한다.

13

그림과 같이 중심축하중 P가 작용하는 철근콘크리트 기둥에서 철근과 콘크리트가 각각 부담하는 축하중의 비는? (단, 콘크리트의 단면적 A_c는 종방향 철근의 전체단면적 A_{st}의 13배, 철근의 탄성계수 E_s는 콘크리트의 탄성계수 E_c의 8배이고, 작용하중은 단면 전체에 균등하게 작용하며, 철근콘크리트 기둥은 철근과 콘크리트가 완전부착되어 선형탄성의 일체거동을 하는 단주이다)

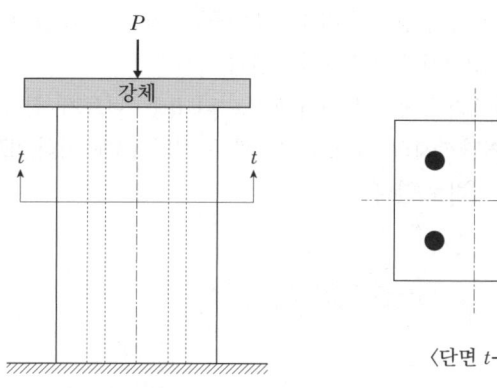

〈단면 t-t〉

	철근	콘크리트
①	10	11
②	8	13
③	6	15
④	4	17

14

콘크리트에 발생하는 크리프에 대한 설명으로 옳지 않은 것은?

① 습도 증가에 따라 크리프는 증가한다.
② 물 - 시멘트비의 증가에 따라 크리프는 증가한다.
③ 크리프계수는 탄성변형률과 크리프변형률의 비이다.
④ 크리프는 일정하고 지속적인 응력하에서 변형률이 증가하는 현상이다.

15

강구조 연결 설계기준(하중저항계수설계법)에서 제시하는 이음부 설계세칙으로 옳지 않은 것은?

① 응력을 전달하는 필릿용접의 최소유효길이는 공칭용접치수의 10배 이상 또한 30mm 이상을 원칙으로 한다.
② 응력을 전달하는 겹침이음은 2열 이상의 필릿용접을 원칙으로 하고, 겹침길이는 얇은 쪽 판 두께의 5배 이상 또한 25mm 이상으로 한다.
③ 고장력볼트의 구멍중심 간 거리는 공칭직경의 2.5배를 최소거리로 하고 3배를 표준거리로 한다.
④ 고장력볼트의 구멍중심에서 볼트머리 또는 너트가 접하는 부재의 연단까지의 최대거리는 판 두께의 15배 이하 또한 300mm 이하로 한다.

16

그림과 같은 인장재 ㄱ형강의 블록전단강도 산정 시, 전단파단에 대한 전단저항 순단면적 $A_{nv}[\text{mm}^2]$는? (단, 볼트구멍의 직경 d_h는 24mm이고, 부재의 두께 t는 10mm이다)

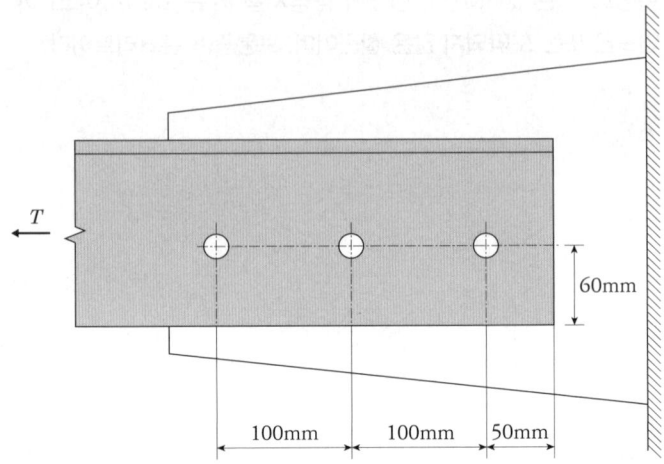

① 1,700
② 1,800
③ 1,900
④ 2,000

17
② 640

18
④ 0.45

19
③

20
③ 0.97

MEMO

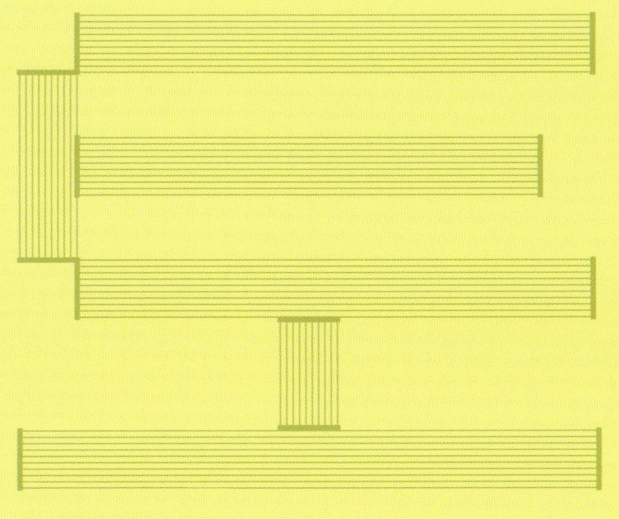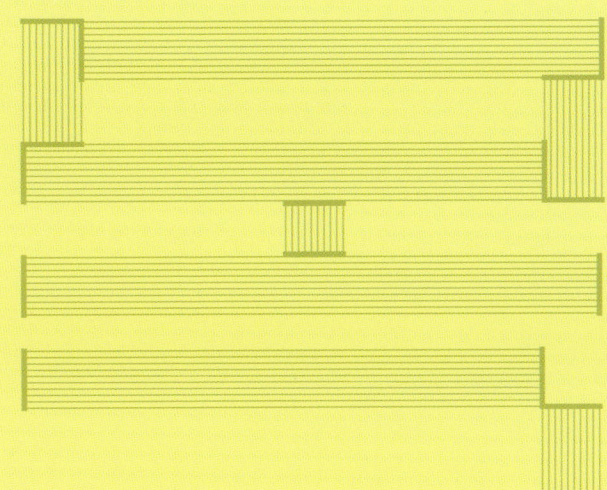

가벼운 토목설계
시행처별 기출문제집

정답 | 해설

2026

비전공자도 합격시키는 쉽고 가벼운 —— 진승화 토목직

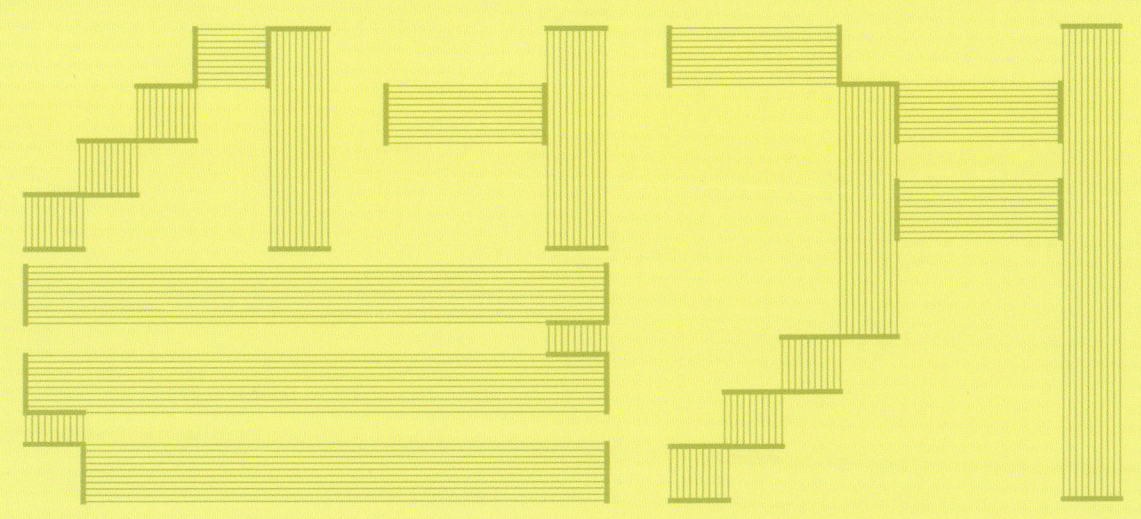

넥스트스터디

비전공자도 합격시키는 쉽고 가벼운 — 진승현 토목직

가벼운 토목설계
시행처별 기출문제집

2026

정답 | 해설

지방직

2009년 pp. 006~010

01 ③	02 ④	03 ②	04 ②	05 ①
06 ④	07 ③	08 ③	09 ②	10 ④
11 ④	12 ②	13 ①	14 ④	15 ①
16 ③	17 ②	18 ③	19 ④	20 ①

2010년 pp. 011~016

01 ④	02 ②	03 ②	04 ③	05 ②
06 ③	07 ②	08 ③	09 ④	10 ③
11 ③	12 ①	13 ①	14 ④	15 ①
16 ②	17 ①	18 ④	19 ①	20 ④

2011년 pp. 016~022

01 ②	02 ③	03 ①	04 ③	05 ④
06 ②	07 ③	08 ④	09 ①	10 ④
11 ①	12 ②	13 ④	14 ①	15 ②
16 ①	17 ①	18 ④	19 ③	20 ③

2012년 pp. 023~026

01 ①	02 ①	03 ③	04 ①	05 ④
06 ①	07 ②	08 ②	09 ②	10 ②
11 ③	12 ①	13 ④	14 ③	15 ①
16 ④	17 ④	18 ②	19 ③	20 ②

2013년 pp. 027~033

01 ③	02 ④	03 ③	04 ②	05 ①
06 ④	07 ①	08 ③	09 ②	10 ②
11 ③	12 ②	13 ①	14 ④	15 ③
16 ②	17 ④	18 ②	19 ①	20 정답 없음

2014년 pp. 033~037

01 ④	02 ④	03 ②	04 ①	05 ②
06 ③	07 ②	08 ③	09 ①	10 ②
11 ①	12 ④	13 ④	14 ③	15 ④
16 ④	17 ②	18 ①	19 ③	20 ③

2015년 pp. 038~043

01 ④	02 ②	03 ①	04 ②	05 ④
06 ②	07 ①	08 ④	09 ④	10 ④
11 ①	12 ③	13 ④	14 ②	15 ①
16 ②	17 ②	18 ③	19 ③	20 ③

2016년 pp. 044~047

01 ④	02 ②	03 ③	04 ①	05 ③
06 ④	07 ①	08 ②	09 ②	10 ③
11 ①	12 ④	13 ①	14 ③	15 ④
16 ①	17 ②	18 ③	19 ③	20 ①

2017년 6월 pp. 048~053

01 ③	02 ③	03 ①	04 ②	05 ④
06 ③	07 ③	08 ②	09 ①	10 ①
11 ③	12 ①	13 ③	14 ④	15 ①
16 ④	17 ②	18 ③	19 ②	20 ④

2017년 12월 pp. 053~057

01 ④	02 ②	03 ③	04 ③	05 ②
06 ④	07 ②	08 ②	09 ①	10 ④
11 ③	12 ①	13 ③	14 ①	15 ④
16 ④	17 ①	18 ③	19 ④	20 ③

2018년 pp. 057~062

01 ①	02 ④	03 ①	04 ③	05 ③
06 ②	07 ④	08 정답 없음	09 ①	10 ④
11 ④	12 ③	13 ②	14 ②	15 ③
16 ①	17 ③	18 ②	19 ③	20 ①

2019년 pp. 062~068

01 ②	02 ④	03 ③	04 ④	05 ②
06 ③	07 ①	08 ③	09 ③	10 ①
11 ①	12 ①	13 ①	14 ③	15 ③
16 ①	17 ④	18 ①	19 ④	20 ①

2020년 — pp. 069~073

01 ①	02 ②	03 ④	04 ②	05 ①
06 ①	07 ②	08 ④	09 ④	10 ①
11 ②	12 ②	13 ③	14 ③	15 ②
16 ④	17 ②	18 ①	19 ④	20 ③

2021년 — pp. 074~078

01 ②	02 ④	03 ④	04 ③	05 ③
06 ②	07 ③	08 ①	09 ②	10 ④
11 ①	12 ②	13 ①	14 ④	15 ④
16 ④	17 ①	18 ③	19 ④	20 ②

2022년 — pp. 079~082

01 ④	02 ③	03 ③	04 ①	05 ②
06 ③	07 ②	08 ②	09 ①	10 ①
11 ③	12 ③	13 ④	14 ④	15 ②
16 ④	17 ②	18 ①	19 ①	20 ①

2023년 — pp. 083~087

01 ③	02 ④	03 ②	04 ③	05 ②
06 ①	07 ①	08 ④	09 ④	10 ①
11 ②	12 ②	13 ③	14 ③	15 ④
16 ④	17 ①	18 ①	19 ②	20 ①

2024년 — pp. 088~091

01 ①	02 ④	03 ①	04 ②	05 ①
06 ④	07 ④	08 ③	09 ③	10 ④
11 ①	12 ①	13 ③	14 ②	15 ①
16 ③	17 ①	18 ④	19 ③	20 ②

2025년 — pp. 091~095

01 ③	02 ②	03 ②	04 ④	05 ①
06 ④	07 ②	08 ①	09 ③	10 ②
11 ③	12 ③	13 ④	14 ④	15 ②
16 ③	17 ④	18 ②	19 ①	20 ③

국가직

2007년 pp. 096~099

01 ②	02 ②	03 ④	04 ④	05 ③
06 ③	07 ③	08 ①	09 ④	10 ②
11 ③	12 ①	13 ④	14 ③	15 ②
16 ④	17 ②	18 ①	19 ①	20 ②

2008년 pp. 100~104

01 ④	02 ③	03 ②	04 ①	05 ①
06 ①	07 ④	08 ③	09 ④	10 ③
11 ①	12 ②	13 ②	14 ②	15 ④
16 ②	17 ②	18 ②	19 ②	20 ③

2009년 pp. 105~108

01 ④	02 ②	03 ④	04 ②	05 ④
06 ④	07 ①	08 ③	09 ③	10 ②
11 ①	12 ④	13 ②	14 ①	15 ①
16 ①	17 ①	18 ②	19 ②	20 ②

2010년 pp. 109~115

01 ①	02 ②	03 ④	04 ②	05 ④
06 ①	07 ②	08 ④	09 ②	10 ③
11 ①	12 ②	13 ②	14 ②	15 ①
16 ③	17 ②	18 ③	19 ②	20 ③

2011년 pp. 115~121

01 ③	02 ④	03 ①	04 ③	05 ④
06 ①	07 ①	08 ②	09 ③	10 ③
11 ③	12 ③	13 ①	14 ②	15 ④
16 ②	17 ①	18 ②	19 ④	20 ③

2012년 pp. 121~127

01 ③	02 ②	03 ①	04 ③	05 ②
06 ④	07 ③	08 ③	09 ②	10 ①
11 ①	12 ②	13 ④	14 ②	15 ④
16 ④	17 ②	18 ③	19 ②	20 ②

2013년 pp. 128~132

01 ②	02 ③	03 ②	04 ④	05 ④
06 ①	07 ③	08 ④	09 ②	10 ②
11 ①	12 ③	13 ①	14 ④	15 ①
16 ②	17 ④	18 ①	19 ①	20 ④

2014년 pp. 133~137

01 ①	02 ②	03 ②	04 ②	05 ④
06 ①	07 ②	08 ②	09 ②	10 ③
11 ④	12 ①	13 ④	14 ④	15 ④
16 ②	17 ③	18 ①	19 ①	20 ③

2015년 pp. 138~142

01 ④	02 ②	03 ③	04 ②	05 ②
06 ②	07 ④	08 ④	09 ②	10 ①
11 ③	12 ①	13 ②	14 ②	15 ④
16 ③	17 ①	18 ②	19 ②	20 ③

2016년 pp. 143~147

01 ③	02 ④	03 ④	04 ①	05 ③
06 ②	07 ②	08 ①	09 ②	10 ③
11 ④	12 ②	13 ②	14 ①	15 ③
16 ①	17 ②	18 ④	19 ①	20 ④

2017년 pp. 147~152

01 ③	02 ④	03 ①	04 ①	05 ②
06 ①	07 ④	08 ③	09 ①	10 ②
11 ④	12 ④	13 ④	14 ①	15 ③
16 ③	17 ①	18 ②	19 ④	20 ④

2018년 pp. 153~157

01 ③	02 ③	03 ②	04 ②	05 ④
06 ③	07 ①	08 ①	09 ②	10 ①
11 ④	12 ②	13 ②	14 ①	15 ③
16 ④	17 ④	18 ②	19 ③	20 ②

2019년 — pp. 158~162

01 ④	02 ①	03 ③	04 ③	05 ③
06 ②	07 ①	08 ④	09 ②	10 ④
11 ②	12 ④	13 ③	14 ①	15 ②
16 ④	17 ③	18 ②	19 ②	20 ③

2020년 — pp. 163~167

01 ④	02 ②	03 ①	04 ③	05 ②
06 ④	07 ②	08 ③	09 ④	10 ②
11 ①	12 ②	13 ③	14 ①	15 ③
16 ②	17 ③	18 ④	19 ②	20 ①

2021년 — pp. 168~173

01 ②	02 ③	03 ④	04 ③	05 ③
06 ④	07 ②	08 ①	09 ②	10 ①
11 ④	12 ①	13 ④	14 ③	15 ①
16 ③	17 ④	18 ③	19 ②	20 ①

2022년 — pp. 174~179

01 ③	02 ③	03 ②	04 ①	05 ③
06 ④	07 ④	08 ④	09 ②	10 ①
11 ③	12 ①	13 ④	14 ③	15 ④
16 ③	17 ①	18 ②	19 ②	20 ④

2023년 — pp. 179~184

01 ④	02 ②	03 ①	04 ①	05 ③
06 ③	07 ③	08 ①	09 ①	10 ④
11 ④	12 ④	13 ①	14 ②	15 ①
16 ①	17 ③	18 ③	19 ②	20 ③

2024년 — pp. 184~189

01 ④	02 ①	03 ②	04 ②	05 ③
06 ②	07 ④	08 ③	09 ③	10 ①
11 ②	12 ②	13 ③	14 ①	15 ②
16 ④	17 ①	18 ③	19 ②	20 ③

2025년 — pp. 189~193

01 ④	02 ②	03 ①	04 ③	05 ①
06 ③	07 ③	08 ②	09 ④	10 ④
11 ②	12 ①	13 ②	14 ①	15 ④
16 ③	17 ②	18 ④	19 ③	20 ③

2009 지방직

문제편 008p~012p

01	③	02	④	03	②	04	②	05	①
06	④	07	③	08	③	09	②	10	④
11	④	12	③	13	①	14	④	15	①
16	③	17	②	18	③	19	④	20	①

01
정답 ③

① 허용응력설계법은 선형탄성이론에 기초한 설계법으로 사용하중에 의한 단면응력이 안전율을 고려한 허용응력 이하가 되도록 설계하는 방법이다.
② 강도설계법은 부재의 소성상태에 기초한 설계법으로 사용하중에 하중계수를 곱한 계수하중이 부재의 공칭강도에 강도감소계수를 곱한 설계강도보다 작도록 설계하는 방법이다.
$M_u < M_d = \phi M_n$
④ 하중저항계수법은 다중하중계수와 단일저항계수를 사용하여 구조물이 목표로 하는 한계여유도를 신뢰성 이론에 의해 결정하여 설계하는 방법으로 강도설계법의 결점을 개선한 설계방법이다.

꼭 알아두자!
③, ④번 보기는 크게 중요하지 않으므로 넘어가도 좋다.

02
정답 ④

$M_w = \dfrac{wL^2}{8}$

$M_e = P\left(e + \dfrac{h}{6}\right)$

$M_w = M_e$;
$\dfrac{wL^2}{8} = P\left(e + \dfrac{h}{6}\right) \rightarrow P = \dfrac{wL^2}{8\left(e + \dfrac{h}{6}\right)}$

$\therefore P = \dfrac{(80\text{kN/m})(7\text{m})^2}{8\left(0 + \dfrac{700}{6}\right)\text{mm}} = 4200\text{kN}$

03
정답 ②

① 콘크리트에 균열이 발생할 경우 인장측 콘크리트가 부담하던 인장력을 철근이 부담하게 된다. 이때 철근량이 너무 적다면 갑작스럽게 끊어질 수 있다(snap). 이러한 취성파괴를 방지하기 위해 최소철근량 이상의 철근을 배치해야 한다.
② 정모멘트 철근 및 부모멘트 철근의 중심 간격은 위험단면에서는 슬래브 두께의 2배 이하, 또한 300mm 이하로 하고, 기타 단면에서는 슬래브 두께의 3배 이하, 또한 450mm 이하로 하여야 한다.

04
정답 ②

• 14회 이하 또는 시험 기록이 없는 경우

설계기준 압축강도 f_{ck}	배합강도 f_{cr}
$f_{ck} < 21$MPa	$f_{ck} + 7$
21MPa $\leq f_{ck} \leq 35$MPa	$f_{ck} + 8.5$
35MPa $< f_{ck}$	$1.1 f_{ck} + 5$

$\therefore f_{cr} = f_{ck} + 8.5 \; (\because 21\text{MPa} \leq f_{ck} \leq 35\text{MPa})$

005
정답 ①

$f_{ck} \leq 40$MPa $\rightarrow \eta = 1, \; \beta_1 = 0.8, \; \varepsilon_{cu} = 0.0033$

$C = T$;
$\eta(0.85 f_{ck}) A = A_s f_y$
$\therefore A_s = \dfrac{\eta(0.85 f_{ck}) A}{f_y}$
$= \dfrac{(1)(0.85 \times 24\text{MPa})(40{,}000\text{mm}^2)}{400\text{MPa}} = 2040\text{mm}^2$

계산 TIP

● 정석적인 방법
$A_s = \dfrac{(1)(0.85 \times 24\text{MPa})(40{,}000\text{mm}^2)}{400\text{MPa}}$
$= \dfrac{(85 \times 10^{-2})(24)(4 \times 10^4)\text{mm}^2}{4 \times 10^2}$
$= \dfrac{85 \times 24 \times 4}{4} = 2040\text{mm}^2$

● 앞자리 뽑기
$A_s : \dfrac{85 \times 24 \times 4}{4} = 2040 \rightarrow A_s = 2040\text{mm}^2$

06
정답 ④

① 갈고리, 확대머리 이형철근에 대한 정착은 인장철근의 정착에 유효하다.
② 인장철근과 압축철근의 소요정착길이는 동일하지 않다.
  인장이형철근 정착길이 :
  $$\frac{0.6f_y}{\lambda\sqrt{f_{ck}}}d_b \times \alpha, \beta$$
  압축이형철근 정착길이 :
  $$\left(\frac{0.25f_y}{\lambda\sqrt{f_{ck}}}d_b \geq 0.043f_y d_b\right) \times 보정계수(0.75)$$
③ 용접이형철망을 겹침이음하는 최소 길이는 두 장의 철망이 겹쳐진 길이가 $1.3l_d$ 이상 또한 200mm 이상이어야 한다.

> 🔖 **꼭 알아두자!**
> ③번 보기는 자주 출제되지 않으나 안정적인 점수를 원하는 학생은 기억해 두면 좋다.

07
정답 ③

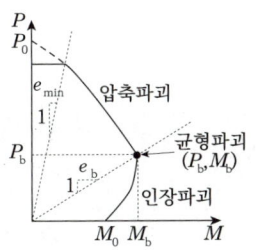 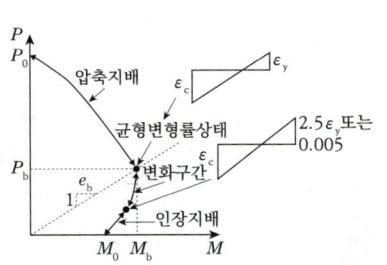

③ $e < e_b$, $P_u > P_b$

08
정답 ③

출제빈도가 그렇게 높지 않으므로 고득점을 원하는 학생이 아니라면 과감하게 넘어가도 좋다. 해당 문제의 설계 기준은 다음과 같다.

> **KDS 14 20 70. 4.1.1.2 철근콘크리트 보와 일체로 된 연속 슬래브**
> (1) 철근콘크리트 보와 일체로 만든 연속 슬래브의 휨모멘트 및 전단력을 구하기 위하여, 단순받침부 위에 놓인 연속보로 가정하여 탄성해석 또는 KDS 14 20 10(4.1)에 따른 근사적인 계산 방법을 사용할 수 있다. 이때 경간은 KDS 14 20 10(4.7)의 규정에 따라야 하고, 산정되는 휨모멘트는 다음과 같이 수정하여 설계하여야 한다.
> ① 활하중에 의한 경간 중앙의 부모멘트는 산정된 값의 1/2만 취할 수 있다.
> ② 경간 중앙의 정모멘트는 양단 고정으로 보고 계산한 값 이상이어야 한다.
> ③ 순경간이 3.0m를 초과할 때 순경간 내면의 휨모멘트를 사용할 수 있다. 그러나 이 값들이 순경간을 경간으로 하여 계산한 고정단 휨모멘트 이상으로 하여야 한다.
> (2) 슬래브 양단부의 보의 처짐이 서로 다를 때는 그 영향을 고려하여야 한다.

09
정답 ②

> 🔖 **꼭 알아두자!**
> 브레이싱이란 트러스 부재와 같은 의미로 지점이 양단 힌지 조건이라 해석할 수 있다.

$$\lambda = \frac{L_e}{r} = \frac{L}{\sqrt{\frac{I_{min}}{A}}} \quad (L_e = L \because 양단힌지)$$

$$= \frac{6.5m}{\sqrt{\frac{1250cm^4}{50cm^2}}} = 130$$

> **계산 TIP**
>
> ○ 정석적인 방법
> $$\lambda = \frac{6.5\text{m}}{\sqrt{\frac{1250\text{cm}^4}{50\text{cm}^2}}} = \frac{65 \times 10^{-1} \times 10^2 \text{cm}}{\sqrt{25\text{cm}^2}} = \frac{65 \times 10\text{cm}}{5\text{cm}} = 130$$
>
> ○ 앞자리 뽑기
> $$\lambda : \frac{65}{\sqrt{\frac{125}{5}}} = \frac{65}{\sqrt{25}} = \frac{65}{5} = 13 \rightarrow \lambda = 130$$

10 정답 ④

$$V_c = \frac{1}{6}\lambda\sqrt{f_{ck}}\,b_w d$$

$$= \left(\frac{1}{6}\right)(1)(\sqrt{36}\text{MPa})(300 \times 500\text{mm}^2)$$

$$= 150\text{kN}$$

$$V_s = \frac{d}{s}A_v f_y$$

$$= \left(\frac{500\text{mm}}{200\text{mm}}\right)(100\text{mm}^2 \times 2\text{가닥})(300\text{MPa})$$

$$= 150\text{kN}$$

$$\therefore V_n = V_c + V_s = 150\text{kN} + 150\text{kN} = 300\text{kN}$$

> **계산 TIP**
>
> ○ 정석적인 방법
> $$V_c = \left(\frac{1}{6}\right)(1)(\sqrt{36}\text{MPa})(300 \times 500\text{mm}^2)$$
> $$= \left(\frac{1}{6}\right)(6\text{MPa})(3 \times 5 \times 10^4\text{mm}^2)$$
> $$= \frac{1}{6} \times 6 \times 3 \times 5 \times 10^4\text{N} = 15 \times 10^4 \times 10^{-3}\text{kN} = 150\text{kN}$$
>
> $$V_s = \left(\frac{500\text{mm}}{200\text{mm}}\right)(100\text{mm}^2 \times 2\text{가닥})(300\text{MPa})$$
> $$= \left(\frac{5}{2}\right)(2 \times 10^2\text{mm}^2)(3 \times 10^2\text{MPa})$$
> $$= \frac{5 \times 2 \times 3}{2} \times 10^4\text{N} = 15 \times 10^4 \times 10^{-3}\text{kN} = 150\text{kN}$$
>
> ○ 앞자리 뽑기
> V_c, V_s는 중간과정이므로 앞자리 뽑기를 적용할 수 없다.

11 정답 ④

④ 부벽식 옹벽의 전면벽은 3변 지지된 2방향 슬래브로 설계할 수 있다.

12 정답 ③

① $a = \dfrac{A_s f_y}{\eta(0.85f_{ck}b)}$

② $\rho = \dfrac{A_s}{bd} \rightarrow A_s = \rho bd$,

$$a = \dfrac{A_s f_y}{\eta(0.85f_{ck}b)} = \dfrac{(\rho bd)(f_y)}{\eta(0.85f_{ck}b)} = \dfrac{\rho d f_y}{\eta(0.85f_{ck})}$$

$$M_n = A_s f_y\left(d - \dfrac{a}{2}\right)$$

$$= (\rho bd)(f_y)\left(d - \dfrac{1}{2} \times \dfrac{\rho d f_y}{\eta(0.85f_{ck})}\right)$$

$$= \rho f_y bd^2\left(1 - 0.59\rho\dfrac{f_y}{\eta f_{ck}}\right)$$

③, ④ $M_n = T\left(d - \dfrac{a}{2}\right) = A_s f_y\left(d - \dfrac{a}{2}\right)$

$$= C\left(d - \dfrac{a}{2}\right) = \eta(0.85f_{ck}ab)\left(d - \dfrac{a}{2}\right)$$

13 정답 ①

KDS 24 14 50 교량하부구조 설계기준(일반설계법)
4.2.6 확대기초의 설계
(1) 기본 사항
  ① 확대기초는 <u>캔틸레버, 단순보, 연속보, 고정보 등 보 부재로 설계해야 한다.</u>
  ② 확대기초는 확대기초 자중 및 흙 등의 상재하중을 기본적으로 고려한다. 또한, 직접기초에서는 지반반력, 말뚝기초에서는 말뚝반력 및 부력을 설계상 가장 불리한 방향으로 고려한다.

(2) 확대기초의 두께

확대기초는 휨모멘트, 전단력, 펀칭전단력 등에 대하여 부재로서 필요한 두께를 확보함과 동시에 강체로 취급되는 두께를 가져야 함을 원칙으로 한다. 또 확대기초 상면의 경사는 원칙적으로 1 : 2보다 완만하도록 한다.

(3) 휨설계

① 휨모멘트의 계산

가. 독립확대기초 및 벽확대기초의 휨모멘트는 켄틸레버 보로서 산출한다.

나. 연속확대기초의 기둥사이의 확대기초부는 구조물의 연속성 및 구속조건을 고려하여 설계해야 한다.

다. 연속확대기초의 캔틸레버로서 작용하는 부분은 독립 확대기초와 같이 설계해야 한다.

라. 설계단면에 있어서 휨모멘트는 기둥 또는 벽 앞면의 확대기초 전면적에 작용하는 하중에 의하여 발생하는 휨모멘트로 한다.

① 독립확대기초 및 벽확대기초의 휨모멘트는 켄틸레버로서 산출한다.

14 80점 목표 정답 ④

$$감소율 = -(Kl_{px} + \mu_p \alpha_{px})$$
$$= -(0.0015 \times 40 + 0.5 \times (0.11 + 0.07 + 0.11))$$
$$= -0.205$$

∴ ④ 20.5%

15 정답 ①

※ 출제빈도가 낮으므로 수험생들은 간단하게 읽어만 보자.

KDS 14 20 10 콘크리트구조 해석과 설계 원칙
4.3.8 기둥

(1) 기둥을 설계할 때 축력은 모든 바닥판 또는 지붕에 작용하는 계수하중에 의해 기둥에 전달되는 힘을 사용하고, 최대 휨모멘트는 그 기둥에 인접한 바닥판 또는 지붕의 한쪽 경간에 작용하는 계수하중에 의한 휨모멘트를 사용한다. 또한 축력에 대한 휨모멘트의 비가 최대가 되는 재하조건도 고려하여야 한다.

(2) 골조 또는 연속구조물을 설계할 때 내·외부 기둥의 불균형 바닥판 하중과 기타 편심하중에 의한 영향을 고려하여야 한다.

(3) 연직하중으로 인한 기둥의 휨모멘트를 계산할 때 구조물과 일체로 된 기둥의 먼 단부는 고정되어 있다고 가정할 수 있다.

(4) 바닥판에서 기둥으로 전달되는 모든 휨모멘트는 그 바닥판 상하측 각 기둥의 상대 강성과 구속조건에 따라 상하측 각 기둥에 분배시켜야 한다.

① 기둥을 설계할 때 축력은 모든 바닥판 또는 지붕에 작용하는 계수하중으로부터 기둥에 전달된 힘으로 취하여야 하고, 최대 모멘트는 그 기둥에 인접한 바닥판 또는 지붕의 양쪽 경간에 작용하는 계수하중에 의한 전단모멘트로 취하여야 한다.

16 정답 ③

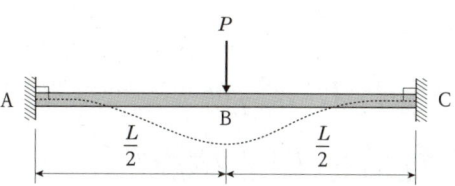

③ A, C : 고정단이므로 기울기 '0',
B : 대칭이므로 기울기 '0'

17 정답 ②

	측면용접 유효길이	전면용접 유효길이
허용응력설계법	$L_e = L_1 - 2s$	$L_e = L_2$
하중저항계수설계법	$L_e = L_1 - 2s$	복잡하다

(1) 허용전단응력(용접부허용응력) 고려(P_1)

$$\tau = \frac{V}{A} = \frac{P}{L_e a} \leq \tau_a$$

→ $P_1 \leq \tau_a(L_e a) = \tau_a(L - 2s)(0.7s)$
$\leq (80\text{MPa}) \times 2(150\text{mm} - 2 \times 10\text{mm})(0.7 \times 10\text{mm})$
$\leq 145.6\text{kN}$

(2) 허용인장응력(SM 400) 고려(P_2)

$$f_a = \frac{P}{A} = \frac{P}{bt} \leq f_a$$

→ $P_2 \leq f_a(bt)$

강판 두께(t)가 주어지지 않았으므로 해석할 수 없다.

∴ $P_a = P_{min} = 145.6\text{kN}$

> **꼭 알아두자!**
> 'SM 400'이란 용접구조용 압연강재의 인장강도가 400MPa임을 의미한다.

> **계산 TIP**
> ◦ 정석적인 방법
> $P_1 = (80\text{MPa}) \times 2(150\text{mm} - 2 \times 10\text{mm})(0.7 \times 10\text{mm})$
> $= (8 \times 10\text{MPa}) \times 2(13 \times 10\text{mm})(7\text{mm})$
> $= 8 \times 2 \times 13 \times 7 \times 10^2 \text{N} = 1456 \times 10^2 \times 10^{-3} \text{kN} = 145.6\text{kN}$
>
> ◦ 앞자리 뽑기
> $P_1 : 8 \times 2(13)(7) = 1456 \longrightarrow P_1 = 145.6\text{kN}$

②, ④ f_{ck}, d를 작게 하면 설계휨강도가 작아진다.

③ 인장지배단면 강도감소계수는 0.85, 압축지배단면 강도감소계수는 0.65로 설계휨강도가 작아진다.

> **꼭 알아두자!**
> 출제자의 의도는 다음과 같았을 것으로 추측된다.
> $M_d = \phi(\eta 0.85 f_{ck} ab)\left(d - \dfrac{a}{2}\right)$
>
> | | ϕ | $0.85 f_{ck} ab$ | $d - \dfrac{a}{2}$ |
> |---|---|---|---|
> | b 증가 | 무관 | 증가 | 무관 |
> | f_{ck} 감소 | 무관 | 감소 | 무관 |
> | d 감소 | 무관 | 무관 | 감소 |
>
> ∴ b가 증가하면 M_d가 증가한다.

18 정답 ③

$$P_L + w_L = \dfrac{S^3}{S^3 + L^3}P + \dfrac{S^4}{S^4 + L^4}w$$
$$= \dfrac{L^3}{L^3 + (3L)^3}P + \dfrac{L^4}{L^4 + (3L)^4}w$$
$$= \dfrac{P}{28} + \dfrac{w}{82}$$

19 정답 ④

$n = \dfrac{E_s}{E_c} = \dfrac{2 \times 10^5 \text{MPa}}{4 \times 10^4 \text{MPa}} = 5$

$\Delta f = n f_c = 5(5\text{MPa}) = 25\text{MPa}$

20 정답 ①

$M_d = \phi M_n = \phi A_s f_y \left(d - \dfrac{a}{2}\right)$
$= \phi(\eta 0.85 f_{ck} ab)\left(d - \dfrac{1}{2} \times \dfrac{A_s f_y}{\eta(0.85 f_{ck} b)}\right)$

	ϕ	$\dfrac{A_s f_y}{(0.85 f_{ck} ab)}$	$d - \dfrac{1}{2} \times \dfrac{A_s f_y}{\eta(0.85 f_{ck} b)}$
b 증가	감소	증가	증가
f_{ck} 감소	감소	증가	감소
d 감소	감소	무관	감소

2010 지방직

문제편 013p~017p

01	④	02	②	03	②	04	③	05	②
06	③	07	②	08	③	09	④	10	③
11	③	12	①	13	①	14	④	15	①
16	②	17	①	18	④	19	①	20	④

01
정답 ④

① 물-시멘트비 $\dfrac{W}{C}$ ($\approx$단위 수량)↑ → 건조수축↑ → 크리프↑

② 콘크리트 수화율 ↑ → 크리프 ↑, 크리프 증가율 ↓ (재령보다 수화율에 큰 영향을 받는다)

③ '크리프'란 일정한 응력하에서 '시간경과'에 따라 '변형'이 증가하는 것을 의미한다.

④ 크리프 변형률(ε_{cr})은 재령이 증가함에 따라 증가하는데 증가율은 점점 감소한다. 재하 후 28일까지 전체 크리프량의 50% 정도가 발생한다.

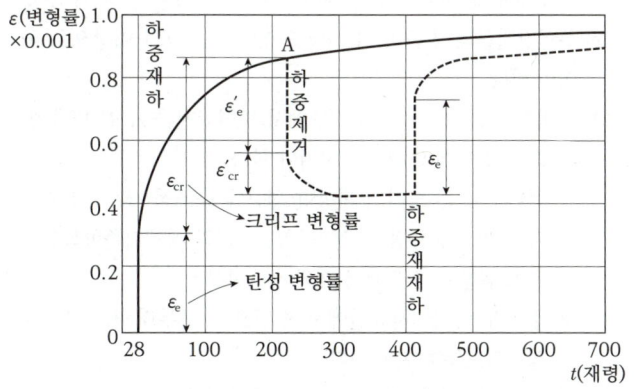

02

정답 ②

KDS 14 20 74 : 기타 콘크리트구조 설계기준

4.2.3 구조 상세

(1) 철근콘크리트 아치는 아치의 상, 하면을 따라서 가능하면 대칭인 축방향 철근을 배치하여야 한다. 이 축방향 철근은 아치 리브 폭 1m당 600mm² 이상, 또 상, 하면의 철근을 합하여 콘크리트 단면적의 0.15% 이상 배치하여야 한다.

(2) 아치 리브의 상, 하면에 축방향 철근에 직각인 횡방향 철근을 배치하여야 한다. 이 횡방향 철근은 D13 이상, 또한 축방향 철근지름의 1/3 이상을 사용하되, 그 간격은 축방향 철근지름의 15배 이하, 300mm 이하, 아치 리브 단면의 최소 치수 중 가장 작은 값 이하로 하여야 한다.

(3) 폐복식 아치에서는 스프링잉과 측벽의 적당한 위치에 신축이음을 두어야 한다.

(4) 아치 리브가 박스 단면인 경우에는 연직재가 붙는 곳에 격벽을 설치하여야 한다.

② 철근콘크리트 아치는 아치의 상, 하면을 따라서 가능하면 대칭인 축방향 철근을 배치하여야 한다. 이 축방향 철근은 아치 리브 폭 1m당 600mm² 이상, 또 상, 하면의 철근을 합하여 콘크리트 단면적의 0.15% 이상 배치하여야 한다.

03
정답 ②

별도의 언급이 없으므로 겹침이음 하지 않은 비합성 압축부재라고 가정하겠다.

$A = 300 \times 600\text{mm}^2 = 180000\text{mm}^2$

$\therefore A_{min} = 0.01A = 1800\text{mm}^2$

$A_{max} = 0.08A = 14400\text{mm}^2$

꼭 알아두자!

① 비합성 압축부재의 철근이 겹침이음 하지 않은 경우 :
$0.01 \leq \rho \leq 0.08$

② 주철근이 겹침이음 한 경우 : $0.01 \leq \rho \leq 0.04$

04

정답 ③

$$\Delta f = \varepsilon E_s = \left(\frac{\delta}{L}\right) E_s$$
$$= \left(\frac{2\text{mm}}{20\text{m}}\right)(200{,}000\text{MPa})$$
$$= 20\text{MPa}$$

> 꼭 알아두자!
> 초기 프리스트레스 $f_i = 1{,}200\text{MPa}$은 불필요한 값이다. 문제에 주어진 모든 수치가 이용되지 않을 수 있다.

05

정답 ②

① 철근 콘크리트와 프리스트레스트 콘크리트 구조물의 설계법은 강도설계법을 기본으로 한다.
④ 허용응력설계법은 탄성거동을 강도설계법은 비탄성(or 소성) 거동을 반영한다.

> 꼭 알아두자!
> ③번 보기가 크게 틀렸다고 볼 수는 없다. 출제자의 의도는 프리스트레스 콘크리트의 경우 균열 전에 허용응력설계법을 적용할 수 있고, 균열 후에는 강도설계법을 적용할 수 있기 때문에 틀린 보기로 출제한 것으로 생각된다. 문제에서는 가장 적절한 것을 고르라고 하였으므로 ②번 보기가 가장 적절하다고 볼 수 있다.

06

정답 ③

KDS 14 20 22 : 콘크리트구조 전단 및 비틀림 설계기준
4.8.2 설계단면력 및 강도의 계산

(1) 받침부 면의 단면은 계수전단력 V_u와 계수휨모멘트 $[V_u a_v + N_{uc}(h-d)]$ 및 계수수평인장력 N_{uc}를 동시에 견디도록 설계하여야 한다.
(2) 4.8에 따른 설계에서 모든 단면력에 대한 강도감소계수 ϕ를 전단강도에 대한 강도감소계수 0.75로 취하여야 한다.
(3) 전단력 V_u에 저항할 전단마찰철근 A_{vf}의 설계는 4.6에 따라야 한다.
  ① 보통중량콘크리트에 대한 전단강도 V_n은 $0.2 f_{ck} b_w d$, $(3.3 + 0.08 f_{ck}) b_w d$ 및 $11 b_w d$ 중 가장 작은 값을 초과할 수 없다.
  ② 전경량콘크리트 또는 모래경량콘크리트에 대한 전단강도 V_n은 $(0.2 - 0.07 a_v/d) f_{ck} b_w d$와 $(5.6 - 2.0 a_v/d) f_{ck} b_w d$ 중의 작은 값을 초과할 수 없다.
(4) 계수휨모멘트 $[V_u a_v + N_{uc}(h-d)]$에 저항할 철근 A_f는 KDS 14 20 20(4.1, 4.2)에 따라 구하여야 한다.
(5) 계수인장력 N_{uc}에 저항할 철근 A_n은 $\phi A_n f_y \geq N_{uc}$에 의해 결정하여야 한다. 브래킷 또는 내민받침 위에 놓이는 부재가 인장력을 피하도록 특별한 장치가 마련되어 있지 않는 한 N_{uc}를 $0.2 V_u$ 이상으로 하여야 한다. 이때 인장력 N_{uc}는 인장력이 비록 크리프, 건조수축 또는 온도 변화에 기인한 경우라도 활하중으로 간주하여야 한다.
(6) 주인장철근의 단면적 A_s는 $(A_f + A_n)$와 $(2 A_{vf}/3 + A_n)$ 중에서 큰 값 이상이어야 한다.

4.8.3 철근 상세

(1) A_s와 나란한 폐쇄스터럽이나 띠철근의 전체 단면적 A_h는 $0.5(A_s - A_n)$ 이상이어야 하고, A_s에 인접한 유효깊이의 2/3 내에 균등하게 배치하여야 한다.
(2) 주인장철근의 철근비 A_s/bd를 $0.04(f_{ck}/f_y)$ 이상으로 하여야 한다.
(3) 브래킷 또는 내민받침의 전면에서 주인장철근 A_s를 다음 방법 중 한 방법에 의해 정착시켜야 한다.
  ① 적어도 같은 크기의 횡방향 철근에 구조적으로 용접되어야 하며, 이 용접은 주인장철근 A_s의 설계기준항복강도를 발휘할 수 있도록 설계되어야 한다.
  ② 주인장철근은 자유단에서 수평으로 구부려 지지부재에 정착되도록 하여야 한다.
  ③ 그 밖에 확실한 정착 방법을 사용하여야 한다.
(4) 브래킷 또는 내민받침 위에서 하중이 작용하는 지압면은 주인장철근 A_s의 직선 부분보다 나와 있지 않아야 하며, 또 횡방향 정착철근을 사용하는 경우는 이 철근의 내측면보다 나와 있지 않아야 한다.

③ 주인장철근의 단면적 A_s는 $(A_f + A_n)$와 $(2 A_{vf}/3 + A_n)$ 중에서 큰 값 이상이어야 한다.

07

정답 ②

> **꼭 알아두자!**
> 문제에서 설계휨모멘트를 묻고 있으나 부적절하며, 계수휨모멘트가 적절하다.

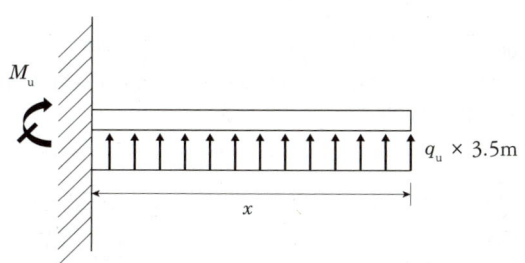

$$q_u = \frac{P_u}{A} = \frac{1960\text{kN}}{3.5^2\text{m}^2} = 160\text{kN/m}^2$$

$$x = \frac{3.5\text{m} - 1.5\text{m}}{2} = 1\text{m}$$

$$\therefore M_u = (q_u \times 3.5\text{m})(x)\left(\frac{x}{2}\right)$$
$$= (160\text{kN/m}^2 \times 3.5\text{m})(1\text{m})\left(\frac{1\text{m}}{2}\right)$$
$$= 280\text{kN}\cdot\text{m}$$

08

정답 ③

> **꼭 알아두자!**
> 이론상 $V_u < \phi V_c$라면 전단철근을 배치할 필요가 없으나 설계상 $\frac{1}{2}\phi V_c < V_u$일 때 최소전단철근 규정을 두고 있다. 따라서 전단철근을 배치하지 않으려면 $V_u < \frac{1}{2}\phi V_c$를 만족해야 한다.

$$V_u < \frac{1}{2}\phi V_c = \frac{1}{2}\phi\left(\frac{1}{6}\lambda\sqrt{f_{ck}}b_w d\right)$$

$$\rightarrow \frac{12V_u}{\phi\lambda\sqrt{f_{ck}}b_w} < d$$

$$\rightarrow \frac{12(75\text{kN})}{(0.75)(1)(\sqrt{25}\text{MPa})(480\text{mm})} = 500\text{mm} < d$$

$$\therefore h = d + 50\text{mm} > 550\text{mm}$$

> **꼭 알아두자!**
> 매우 좋은 문제이다. 해당 유형이 다시 출제될만 하므로 수험생들은 이 문제를 반드시 기억하자.

계산 TIP

○ 정석적인 방법

$$\frac{12(75\text{kN})}{(0.75)(1)(\sqrt{25}\text{MPa})(480\text{mm})}$$
$$= \frac{12(75 \times 10^3\text{N}) \times \text{mm}}{(75 \times 10^{-2})(5\text{MPa})(48 \times 10\text{mm}) \times \text{mm}}$$
$$= \frac{12 \times 75 \times 10^3 \text{mm}}{75 \times 5 \times 48 \times 10^{-1}} = 500\text{mm} < d$$

○ 앞자리 뽑기
d는 중간과정이므로 앞자리 뽑기를 적용할 수 없다.

09

정답 ④

④ 포스트텐션 방식에서 긴장재에 한번에 프리스트레스를 도입할 경우 콘크리트의 탄성수축은 발생하지 않는다. 하나의 긴장재만 배치될 경우 한번에 프리스트레스가 도입되므로 탄성변형으로 인한 손실이 발생하지 않는다.

10

정답 ③

$$M_d = \phi M_n = \phi A_s f_y \left(d - \frac{a}{2}\right)$$
$$= (0.85)(4080\text{mm}^2)(400\text{MPa})\left(700\text{mm} - \frac{200\text{mm}}{2}\right)$$
$$= 832.32\text{kN}\cdot\text{m}$$
$$\therefore M_d \approx 832\text{kN}\cdot\text{m}$$

계산 TIP

○ 정석적인 방법

$$M_d = (0.85)(4080\text{mm}^2)(400\text{MPa})\left(700\text{mm} - \frac{200}{2}\text{mm}\right)$$
$$= (85 \times 10^{-2})(408 \times 10\text{mm}^2)(4 \times 10^2\text{MPa})(6 \times 10^2\text{mm})$$
$$= 85 \times 408 \times 4 \times 6 \times 10^3 \text{N}\cdot\text{mm} = 832320 \times 10^3 \times 10^{-6}\text{kN}\cdot\text{m}$$
$$= 832.32\text{kN}\cdot\text{m} \approx 832\text{kN}\cdot\text{m}$$

○ 앞자리 뽑기
보기의 숫자 차이가 크기 때문에 셋째 자리에서 반올림하여 앞자리를 이용한다.
$M_d : 85 \times 41 \times 4 \times 6 = 83640 \rightarrow M_d = 832\text{kN}\cdot\text{m}$

11

정답 ③

(1) 허용전단응력 고려(P_1)

$$\tau = \frac{V}{A} = \frac{P}{\left(\frac{\pi d^2}{4}\right)} \leq \tau_a$$

$$\rightarrow P_1 \leq \tau_a \times \frac{\pi d^2}{4}$$

$$\leq (100\text{MPa})\left(\frac{3.14 \times 20^2 \text{mm}^2}{4}\right)$$

$$\leq 31.4\text{kN}$$

$$P_a = P_{\min} = 31.4\text{kN}$$

$$n = \frac{P}{P_a} = \frac{628\text{kN}}{31.4\text{kN}} = 20\text{개}$$

12

정답 ①

① 과다철근보는 파괴 시 중립축이 인장측으로 이동하고, 과소철근보는 파괴 시 중립축이 압축측으로 이동한다.

②, ③ 과소철근보는 인장측 철근이 먼저 항복하므로 연성파괴가 발생하여 가장 바람직한 파괴 형태이다.

④ 연성파괴는 콘크리트 압축 파괴 전에 인장측 철근이 먼저 항복하는 것으로 동시에 발생할 필요는 없다.

꼭 알아두자!

```
취성파괴        이론상 연성파괴        취성파괴
(아주 저보강)   (저보강, 과소철근보)   (과보강, 과다철근보)
                설계규정상
                연성파괴
          ρ_min           ρ_max        ρ_b(균형보)
     (φM_n≥1.2M_cr)(ε_s=2ε_y or 0.004)  (ε_s=ε_y)
```

- $\rho < \rho_{\min}$: 인장측 철근이 끊어져 무근콘크리트와 같은 파괴 거동. 갑작스런 파괴(취성파괴)가 발생하므로 인명피해가 발생할 수 있다.(아주저보강보)
- $\rho_{\min} < \rho < \rho_b$: 인장측 철근이 먼저 항복. 이론상 연성파괴가 발생하므로 인명피해를 방지할 수 있다. 중립축이 압축측으로 상승(저보강보, 과소철근보)
- $\rho = \rho_b$: 압축측 콘크리트 파괴와 인장측 철근항복이 동시에 발생(균형보)
- $\rho_b < \rho$: 압축측 콘크리트가 먼저 파괴. 갑작스런 파괴(취성파괴)가 발생하므로 인명피해가 발생할 수 있다. 중립축이 인장측으로 하강(과보강보, 과다철근보)

13

정답 ①

$$l_{db} = \frac{0.6 f_y}{\lambda \sqrt{f_{ck}}} d_b$$

$$= \frac{(0.6)(350\text{MPa})}{(1)(\sqrt{25}\text{MPa})}(31.8\text{mm})$$

$$= 1335.6\text{mm} \approx 1336\text{mm}$$

꼭 알아두자!

기본정착길이 l_{db}이므로 인장 이형철근 최소정착길이 규정(300mm 이상)을 적용하지 않는다.

계산 TIP

◎ 정석적인 방법

$$l_{db} = \frac{(0.6)(350\text{MPa})}{(1)(\sqrt{25}\text{MPa})}(31.8\text{mm})$$

$$= \frac{(6 \times 10^{-1})(35 \times 10)}{(5)}(318 \times 10^{-1}\text{mm})$$

$$= \frac{6 \times 35 \times 318}{5} \times 10^{-1}\text{mm} = 13356 \times 10^{-1}\text{mm}$$

$$= 1335.6\text{mm} \approx 1336\text{mm}$$

◎ 앞자리 뽑기

$$l_{db} : \frac{6 \times 35 \times 318}{5} = 13356 \rightarrow l_{db} \approx 1336\text{mm}$$

14

정답 ④

①, ② $f_{ck} \leq 40\text{MPa} \rightarrow \eta = 1, \beta_1 = 0.8, \varepsilon_{cu} = 0.0033$

$$\rho = \eta\left(0.85\beta_1 \frac{f_{ck}}{f_y} \frac{\varepsilon_{cu}}{\varepsilon_{cu} + \varepsilon_s}\right)$$

$$\rightarrow \rho_b = 0.85\beta_1 \frac{f_{ck}}{f_y} \frac{0.0033}{0.0033 + \varepsilon_y} = 0.85\beta_1 \frac{f_{ck}}{f_y} \frac{660}{660 + f_y}$$

③ 400MPa $\leq f_y$일 때, 휨부재의 최소 허용변형률($\varepsilon_{\min} = 2\varepsilon_y$)과 해당 철근비($\rho_{\max}$)는 철근의 설계기준 항복강도에 따라 변한다.

철근 항복강도 (f_y)	압축지배 변형률 한계	최소허용 변형률	인장지배 변형률 한계
$f_y \leq 400\text{MPa}$	ε_y	0.004	0.005
$400\text{MPa} < f_y$	ε_y	$2\varepsilon_y$	$2.5\varepsilon_y$

④ 해석에 의하여 인장철근 보강이 요구되는 휨부재의 모든 단면에 대하여 규정된 경우를 제외하고는 설계휨강도가 $\phi M_n \geq 1.2M_{cr}$의 조건을 만족하도록 인장철근을 배치하여야 한다.

15 정답 ①

$f_{ck} \leq 40\text{MPa} \rightarrow \eta=1,\ \beta_1=0.8,\ \varepsilon_{cu}=0.0033$

$a = \dfrac{A_s f_y}{\eta(0.85 f_{ck} b)} \rightarrow A_s = \dfrac{\eta(0.85 f_{ck} b a)}{f_y}$

$\therefore A_s = \dfrac{(0.85)(20\text{MPa})(400\text{mm})(100\text{mm})}{400\text{MPa}}$

$\quad = 1700\text{mm}^2$

계산 TIP

◎ 정석적인 방법

$A_s = \dfrac{(0.85)(20\text{MPa})(400\text{mm})(100\text{mm})}{400\text{MPa}}$

$\quad = \dfrac{(85 \times 10^{-2})(2 \times 10)(4 \times 10^2)(10^2)\text{mm}^2}{4 \times 10^2}$

$\quad = \dfrac{85 \times 2 \times 4 \times 10^3 \text{mm}^2}{4 \times 10^2} = 1700\text{mm}^2$

◎ 앞자리 뽑기

$A_s : \dfrac{85 \times 2 \times 4}{4} = 170 \rightarrow A_s = 1700\text{mm}^2$

16 정답 ②

$M_e = Pe = \dfrac{w_e L^2}{8}$

$\rightarrow w_e = \dfrac{8Pe}{L^2}$

$\quad = \dfrac{8(4000\text{kN})(400\text{mm})}{(40\text{m})^2}$

$\quad = 8\text{kN/m}$

$\therefore w - w_e = 20\text{kN/m} - 8\text{kN/m} = 12\text{kN/m}$

17 정답 ①

T형: 슬래브가 양쪽 플랜지를 이루는 보	① $16t_f + b_w$ ② 슬래브 중심간 거리 ③ 보 경간의 1/4
반 T형: 한 쪽으로만 플랜지를 이루는 보	① $6t_f + b_w$ ② 인접한 보와의 내측거리의 $1/2 + b_w$ ③ 보 경간의 $1/12 + b_w$

- $16t_f + b_w = 16(100\text{mm}) + 500\text{mm} = 2100\text{mm}$
- 슬래브 중심간 거리 $= 2000\text{mm}$
- 보 경간의 $\dfrac{1}{4} = \dfrac{10\text{m}}{4} = 2500\text{mm}$

$\therefore b_e = 2000\text{mm}$

꼭 알아두자!

경간과 지간의 구분은 무의미하다.

18 정답 ④

① $\sigma_P = -\dfrac{10P}{A} = -\dfrac{10P}{h^2}$

② B점은 중립축 위에 위치함므로 휨응력이 발생하지 않는다.

$\therefore \sigma_B = \sigma_P$

③ $\sigma_A = -\dfrac{P}{A} - \dfrac{M}{S} = -\dfrac{10P}{h^2} - \dfrac{\left(\dfrac{P \times 12h}{4}\right)}{\left(\dfrac{h \times h^2}{6}\right)}$

$\quad = -\dfrac{10P}{h^2} - \dfrac{18P}{h^2} = -\dfrac{28P}{h^2}$

④ $\sigma_C = -\dfrac{P}{A} + \dfrac{M}{S} = -\dfrac{10P}{h^2} + \dfrac{18P}{h^2} = \dfrac{8P}{h^2}$

19 정답 ①

$f_{ck} \leq 40\text{MPa} \rightarrow \eta=1,\ \beta_1=0.8,\ \varepsilon_{cu}=0.0033$

$a = \dfrac{A_s f_y}{\eta(0.85 f_{ck} b)} = \dfrac{(6000\text{mm}^2)(280\text{MPa})}{(0.85)(21\text{MPa})(1000\text{mm})}$

$\quad \approx 94.12\text{mm} > t_f = 80\text{mm}$

$\therefore$ ① T형 보로 취급한다.

계산 TIP

◎ 정석적인 방법

a와 t_f의 크기 비교만 하면 되므로 정확하게 계산할 필요는 없다.

$a = \dfrac{(6000\text{mm}^2)(280\text{MPa})}{(0.85)(21\text{MPa})(1000\text{mm})} = \dfrac{(6 \times 10^3)(28 \times 10)\text{mm}}{(85 \times 10^{-2})(21)(10^3)}$

$\quad = \dfrac{6 \times 28 \times 10^4 \text{mm}}{85 \times 21 \times 10}$

$\quad \approx 9 \times . \times \times \text{mm}$

◎ 앞자리 뽑기

a는 중간과정이므로 앞자리 뽑기를 적용할 수 없다.

20 🎯 80점 목표 정답 ④

④ 모든 변에서 보가 슬래브를 지지할 경우 직교하는 두 방향에서 보의 상대강성은 0.2 이상 5 이하여야 한다.

$$\left(0.2 \leq \frac{\alpha_1 l_2^2}{\alpha_2 l_1^2} \leq 5.0\right)$$

꼭 알아두자!

직접설계법 적용 조건

- 각 방향으로 3경간 이상 연속되어야 한다.
- 연속한 기둥 중심선을 기준으로 기둥의 어긋남은 그 방향 경간의 10% 이하이어야 한다.
- 모든 하중은 슬래브 판 전체에 걸쳐 등분포된 연직하중이어야 하며, 활하중은 고정하중의 2배 이하이어야 한다.
- 슬래브 판들은 단변 경간에 대한 장변 경간의 비가 2 이하인 직사각형이어야 한다.
- 각 방향으로 연속한 받침부 중심간 경간 차이는 긴 경간의 1/3 이하이어야 한다. ($l_2 - l_1 \leq l_2/3$)
- 모든 변에서 보가 슬래브를 지지할 경우 직교하는 두 방향에서 보의 상대강성은 아래 식을 만족하여야 한다.

$$0.2 \leq \frac{\alpha_1 l_2^2}{\alpha_2 l_1^2} \leq 5.0$$

- 규정을 만족하는 해석으로 입증한다면 제한 사항을 다소 벗어나더라도 직접설계법을 적용할 수 있다.
- 직접설계법으로 설계한 슬래브 시스템은 휨모멘트 재분배를 적용할 수 없다.

2011 지방직
문제편 018p~022p

01 ②	02 ③	03 ①	04 ③	05 ④
06 ②	07 ③	08 ④	09 ②	10 ④
11 ①	12 ②	13 ④	14 ①	15 ②
16 ①	17 ①	18 ④	19 ②	20 ③

01 정답 ②

f_{ck}	$f_{ck} \leq 40$MPa	40MPa$<f_{ck}\leq$90MPa				90MPa$<f_{ck}$
		50	60	70	80	
n차곡선(n)	2 ★	\multicolumn{4}{c}{🎯80점 목표 $1.2+1.5\left(\frac{100-f_{ck}}{60}\right)^4 \leq 2.0$}	성능실험을 통한 조사연구에 의하여 이 값들을 선정하고 근거를 명시하여야 한다.
		1.923	1.496	1.294	1.212	
콘크리트 극한 변형률(ε_{cu})	0.0033 ★	\multicolumn{4}{c}{🎯80점 목표 $0.0033-\left(\frac{f_{ck}-40}{100,000}\right)^4 \leq 0.0033$}	
		0.0032	0.0031	0.003	0.0029	
콘크리트 최대응력 발생 변형률(ε_{c0})	0.002	\multicolumn{4}{c}{🎯80점 목표 $0.002+\left(\frac{f_{ck}-40}{100,000}\right) \geq 0.002$}	
		0.0021	0.0022	0.0023	0.0024	
η	1.00 ★	0.97 ★	0.95 ★	0.91	0.87	0.84
β_1	0.80 ★	0.80 ★	0.76 ★	0.74	0.72	0.70

② 0.76

02 정답 ③

$$M_e = Pe = \frac{w_e L^2}{8}$$

$$\rightarrow w_e = \frac{8Pe}{L^2}$$

$$= \frac{8(2000\text{kN})(20\text{cm})}{(10\text{m})^2}$$

$$= 32\text{kN/m}$$

03 정답 ①

① 시스(sheath)관은 포스트텐션 방식에 도입된다.
②,③ 프리텐션방식은 부착에 의해, 포스트텐션방식은 정착에 의해 응력을 전달한다.

04

정답 ③

(1) 정열 배치

$b_1 = b_g - d = 100\text{mm} - 20\text{mm} = 80\text{mm}$

(2) 불규칙(엇모) 배치

$b_2 = b_g - 2d + \sum \dfrac{s^2}{4g}$

$\quad = 100\text{mm} - 2(20\text{mm}) + \dfrac{(40\text{mm})^2}{4(50\text{mm})}$

$\quad = 68\text{mm}$

$b_n = b_{min} = 68\text{mm}$

(3) 허용인장응력 고려

$f = \dfrac{P}{A_n} = \dfrac{P}{b_n t} \leq f_a$

→ $P \leq f_a(b_n t)$

$\quad \leq (200\text{MPa})(68 \times 10\text{mm}^2)$

$\quad \leq 136\text{kN}$

05

정답 ④

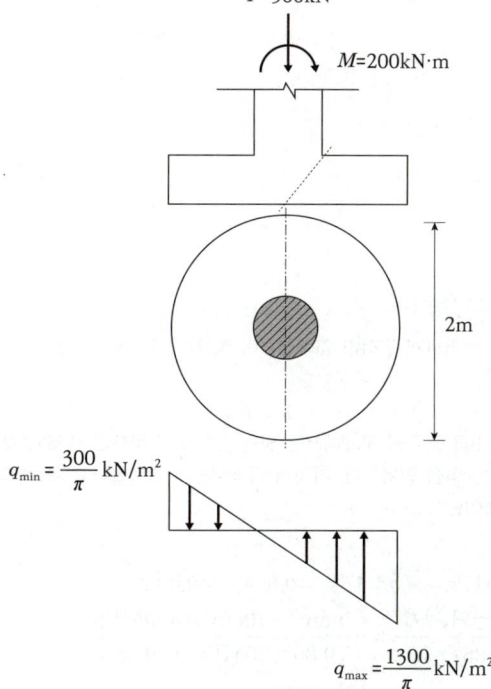

$q_{max} = -\dfrac{P}{A} - \dfrac{M}{S} = -\dfrac{P}{\left(\dfrac{\pi d^2}{4}\right)} - \dfrac{M}{\left(\dfrac{\pi d^3}{32}\right)} = -\dfrac{4P}{\pi d^2} - \dfrac{32M}{\pi d^3}$

$\quad = -\dfrac{(4)(500\text{kN})}{(\pi \times 2^2 \text{m}^2)} - \dfrac{(32)(200\text{kN} \cdot \text{m})}{(\pi \times 2^3 \text{m}^3)}$

$\quad = -\dfrac{500}{\pi}\text{kN/m}^2 - \dfrac{800}{\pi}\text{kN/m}^2$

$\quad = -\dfrac{1300}{\pi}\text{kN/m}^2$

꼭 알아두자!

q_{min}도 계산해보면 다음과 같다.

$q_{min} = -\dfrac{P}{A} + \dfrac{M}{S}$

$\quad = -\dfrac{500}{\pi}\text{kN/m}^2 + \dfrac{800}{\pi}\text{kN/m}^2$

$\quad = \dfrac{300}{\pi}\text{kN/m}^2$

06

정답 ②

꼭 알아두자!

이론상 $V_u < \phi V_c$라면 전단철근을 배치할 필요가 없으나 설계상 $\dfrac{1}{2}\phi V_c < V_u$일 때 최소전단철근 규정을 두고 있다. 따라서 전단철근을 배치하지 않으려면 $V_u < \dfrac{1}{2}\phi V_c$를 만족해야 한다.

$V_u < \dfrac{1}{2}\phi V_c = \dfrac{1}{2}\phi\left(\dfrac{1}{6}\lambda\sqrt{f_{ck}}b_w d\right)$

→ $\dfrac{12V_u}{\phi\lambda\sqrt{f_{ck}}b_w} < d$

∴ $\dfrac{12(75\text{kN})}{(0.75)(1)(\sqrt{36}\text{MPa})(400\text{mm})} = 500\text{mm} < d$

계산 TIP

○ 정석적인 방법

$\dfrac{12(75\text{kN})}{(0.75)(1)(\sqrt{36}\text{MPa})(400\text{mm})}$

$= \dfrac{12(75 \times 10^3 \text{N}) \times \text{mm}}{(75 \times 10^{-2})(6\text{MPa})(4 \times 10^2 \text{mm}^2) \times \text{mm}}$

$= \dfrac{12 \times 75 \times 10^3 \text{mm}}{75 \times 6 \times 4} = 500\text{mm} < d$

○ 앞자리 뽑기

$d : \dfrac{12 \times 75}{75 \times 6 \times 4} = \dfrac{1}{2}$ → $\dfrac{1 \times 10}{2} = 5$ → $500\text{mm} < d$

07 (80점 목표) 정답 ③

> **꼭 알아두자!**
>
> 해당 문제는 출제 오류로 판단된다. 설계 규정은 단면 설계시 철근 변형률을 최소 허용변형률 이상 확보하여 연성파괴를 유도하라는 것이지, 철근의 변형률이 최소 허용변형률보다 작을 때 철근의 변형률을 최소 허용변형률인 것처럼 해석하라는 것이 아니다. 따라서 $\varepsilon_s = 0.003$을 직선보간에 그대로 이용하여 강도감소 계수를 계산하는 것이 옳은 해석이라고 판단된다.

철근 항복강도(f_y)	압축지배 변형률 한계	최소허용 변형률	인장지배 변형률 한계
$f_y \leq 400\text{MPa}$	ε_y	0.004	0.005
$400\text{MPa} < f_y$	ε_y	$2\varepsilon_y$	$2.5\varepsilon_y$

$f_{ck} \leq 40\text{MPa} \rightarrow \eta=1, \beta_1=0.8, \varepsilon_{cu}=0.0033$

$\varepsilon_y = \dfrac{f_y}{E_s} = \dfrac{400\text{MPa}}{200{,}000\text{MPa}} = 0.002$

$a = 88\text{mm}$

$c = \dfrac{a}{\beta_1} = \dfrac{88\text{mm}}{0.8} = 110\text{mm}$

$\dfrac{\varepsilon_s}{\varepsilon_c} = \dfrac{d-c}{c} \rightarrow \varepsilon_s = \dfrac{d-c}{c}\varepsilon_c$

$\rightarrow \varepsilon_s = \dfrac{210\text{mm}-110\text{mm}}{110\text{mm}}(0.0033) = 0.003 < \varepsilon_{\min}(=0.004)$

(설계적인 측면에서 $\varepsilon_s = 0.004$를 이용하는 것이 답으로 공개되어 있다.)

$\therefore \phi = 0.65 + \dfrac{\varepsilon_s - \varepsilon_y}{\text{인장지배 변형률 한계} - \varepsilon_y} \times (0.85-0.65)$

$= 0.65 + \dfrac{0.004-0.002}{0.005-0.002}(0.2) \approx 0.783$

> **꼭 알아두자!**
>
> $f_y = 400\text{MPa}$일 때, 강도감소 계수 공식을 별도로 암기해서 대입해도 좋다.
>
> $\phi = 0.65 + (\varepsilon_s - 0.002)\dfrac{200}{3}$
>
> $= 0.65 + (0.004 - 0.002)\dfrac{200}{3} \approx 0.783$

계산 TIP

◦ 정석적인 방법

$c = \dfrac{88\text{mm}}{0.8} = \dfrac{88 \times 10\text{mm}}{8} = 110\text{mm}$

$\varepsilon_s = \dfrac{210\text{mm} - 110\text{mm}}{110\text{mm}}(0.0033) = \dfrac{100}{110}(33 \times 10^{-3})$

$= \dfrac{10}{11}(33 \times 10^{-3}) = 3 \times 10^{-3}$

$\phi = 0.65 + \dfrac{0.004-0.002}{0.005-0.002}(0.2) = 0.65 + \dfrac{2}{3}(0.2) \approx 0.783$

◦ 앞자리 뽑기

c, ε_s는 중간과정이므로 앞자리 뽑기를 적용할 수 없다.
ϕ는 2개 항으로 구성되므로 앞자리 뽑기를 적용할 수 없다.

08 정답 ④

$w_S = \dfrac{L^4}{S^4+L^4}w, \ w_L = \dfrac{S^4}{S^4+L^4}w$

$w_S : w_L = L^4 : S^4 = 2^4 : 1 = 16 : 1$

$\therefore ④ \ \dfrac{w_S}{w_L} = 16$

09 정답 ②

> **꼭 알아두자!**
>
> 문제를 정확하게 풀려면 압축철근이 항복하는지 확인하는 과정이 필요하다.
>
> $$\bar{\rho} > \bar{\rho}_{\min}$$
>
> 그러나 9급 공무원 문제에서는 낮은 난이도의 문제만 출제되므로 압축철근은 항상 항복한다. 따라서 압축철근이 항복했다고 가정하고 문제를 풀이한다.

$f_{ck} \leq 40\text{MPa} \rightarrow \eta=1, \beta_1=0.8, \varepsilon_{cu}=0.0033$

$a = \dfrac{(A_s - A_s')f_y}{\eta(0.85f_{ck}b)} = \dfrac{(40\text{cm}^2 - 10\text{cm}^2)(400\text{MPa})}{(0.85)(25\text{MPa})(40\text{cm})}$

$\approx 141.2\text{mm}$

◀ 계산 TIP

○ 정석적인 방법
$$a = \frac{(40cm^2 - 10cm^2)(400MPa)}{(0.85)(25MPa)(40cm)} = \frac{(3 \times 10 \times 10mm)(4 \times 10^2)}{(85 \times 10^{-2})(25)(4 \times 10)}$$
$$= \frac{3 \times 4 \times 10^4 mm}{85 \times 25 \times 4 \times 10^{-1}}$$
$$\approx 141.2mm$$

○ 앞자리 뽑기
$$a : \frac{3 \times 4}{85 \times 25 \times 4} = \frac{3}{2125}$$

보기의 숫자 차이가 크기 때문에 셋째 자리에서 반올림하여 앞자리를 이용한다.
$$\frac{3}{21} = \frac{1}{7} \approx 0.143 \rightarrow a = 141.2mm$$

11
정답 ①

T형: 슬래브가 양쪽 플랜지를 이루는 보	① $16t_f + b_w$ ② 슬래브 중심간 거리 ③ 보 경간의 1/4
반 T형: 한 쪽으로만 플랜지를 이루는 보	① $6t_f + b_w$ ② 인접한 보와의 내측거리의 $1/2 + b_w$ ③ 보 경간의 $1/12 + b_w$

• $16t_f + b_w = 16(200mm) + 400mm$
$= 3600mm$

• 슬래브 중심간 거리
$= 400mm + 1000mm = 1400mm$

• 보 경간의 $1/4 = \frac{12m}{4} = 3000mm$

∴ $b_e = 1400mm$

10
정답 ④

$$\rho = \frac{A_s}{bd} = \frac{9cm^2}{40 \times 60cm^2} = 0.00375 < \rho_{min}$$

∴ ④ 무근콘크리트의 파괴와 유사한 거동을 나타낼 수 있다.

꼭 알아두자!

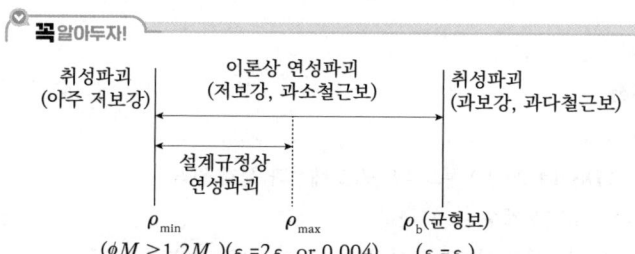

• $\rho < \rho_{min}$: 인장측 철근이 끊어져 무근콘크리트와 같은 파괴 거동. 갑작스런 파괴(취성파괴)가 발생하므로 인명피해가 발생할 수 있다.(아주저보강보)
• $\rho_{min} < \rho < \rho_b$: 인장측 철근이 먼저 항복. 이론상 연성파괴가 발생하므로 인명피해를 방지할 수 있다. 중립축이 압축측으로 상승(저보강보, 과소철근보)
• $\rho = \rho_b$: 압축측 콘크리트 파괴와 인장측 철근항복이 동시에 발생(균형보)
• $\rho_b < \rho$: 압축측 콘크리트가 먼저 파괴. 갑작스런 파괴(취성파괴)가 발생하므로 인명피해가 발생할 수 있다. 중립축이 인장측으로 하강(과보강보, 과다철근보)

12
정답 ②

$$P_{cr} = \frac{\pi^2 EI}{L_e^2} \rightarrow \sigma_{cr} = \frac{P_{cr}}{A} = \frac{\pi^2 EI}{AL_e^2} = \frac{\pi^2 Er^2}{L_e^2} = \frac{\pi^2 E}{\lambda^2}$$

② 기둥의 세장비(λ)가 클수록 좌굴응력(σ_{cr})이 작아지므로 좌굴파괴가 발생하기 쉽다.
③ 기둥의 좌굴하중(P_{cr})은 경계조건($L_e = kl_u$)의 영향을 받는다.
④ 나선철근 또는 띠철근이 배근된 압축부재에서 축방향 철근의 순간격은 다음과 같다.

동일 평면에서 평행한 철근 사이의 **수평 순간격**		나선철근 또는 띠철근이 배근된 압축부재 **축방향 철근 순간격** (81page)
프리캐스트 콘크리트 (별도 언급 ×)	현장 타설 콘크리트	
① 25mm 이상 ② 철근 공칭 지름 이상 ③ 굵은 골재 최대치수의 4/3 이상 (1.33배)	① 40mm 이상 ② 철근 공칭 지름의 1.5배 이상 ③ 굵은 골재 최대치수의 1.5배 이상	① 40mm 이상 ② 철근 공칭 지름의 1.5배 이상 ③ 굵은 골재 최대치수의 4/3 이상

13
정답 ④

① 철근과 콘크리트의 변형률은 중립축부터 거리에 비례하는 것으로 가정할 수 있다. (=평면유지의 법칙, 철근과 콘크리트의 변형률은 선형적이다.)

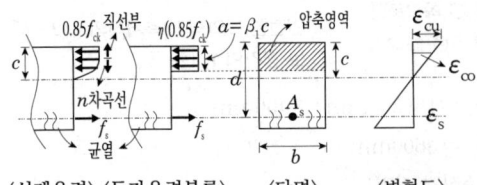

〈실제응력〉 〈등가응력블록〉 〈단면〉 〈변형도〉

② $f_{ck} \leq 40\text{MPa} \rightarrow \eta=1, \beta_1=0.8, \varepsilon_{cu}=0.0033$

④ 허용응력 설계법은 탄성해석으로 철근과 콘크리트 모두 훅크의 법칙을 만족한다. 강도설계법은 소성해석으로 콘크리트는 훅크의 법칙을 만족하지 않으며, 철근은 항복변형률 이내($\varepsilon_s < \varepsilon_y$일 때)에서 훅크의 법칙을 만족한다.

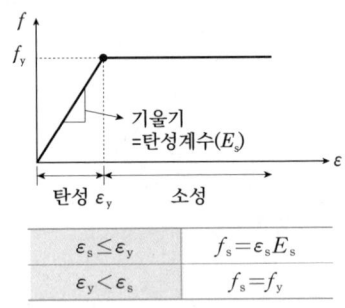

$\varepsilon_s \leq \varepsilon_y$	$f_s = \varepsilon_s E_s$
$\varepsilon_y < \varepsilon_s$	$f_s = f_y$

14
정답 ①

$f_{ck} \leq 40\text{MPa} \rightarrow \eta=1, \beta_1=0.8, \varepsilon_{cu}=0.0033$

$$a = \frac{A_s f_y}{\eta(0.85 f_{ck} b)}$$
$$= \frac{(34\text{cm}^2)(300\text{MPa})}{(0.85)(30\text{MPa})(40\text{cm})} = 10\text{cm}$$

$$M_n = A_s f_y \left(d - \frac{a}{2}\right)$$
$$= (34\text{cm}^2)(300\text{MPa})\left(55\text{cm} - \frac{10\text{cm}}{2}\right)$$
$$= 510\text{kN} \cdot \text{m}$$

계산 TIP

○ 정석적인 방법
$$a = \frac{(34\text{cm}^2)(300\text{MPa})}{(0.85)(30\text{MPa})(40\text{cm})} = \frac{(34)(3 \times 10^2)\text{cm}}{(85 \times 10^{-2})(3 \times 10)(4 \times 10)}$$
$$= \frac{34 \times 3 \times 10^2 \text{cm}}{85 \times 3 \times 4} = 10\text{cm}$$

$$M_n = (34\text{cm}^2)(300\text{MPa})\left(55\text{cm} - \frac{10}{2}\text{cm}\right)$$
$$= (34 \times 10^2 \text{mm}^2)(3 \times 10^2 \text{MPa})(5 \times 10\text{cm})$$
$$= 34 \times 3 \times 5 \times 10^5 \text{N} \cdot \text{cm} = 510 \times 10^5 \times 10^{-3}\text{kN} \times 10^{-2}\text{m}$$
$$= 510\text{kN} \cdot \text{m}$$

○ 앞자리 뽑기
a는 중간과정이므로 앞자리 뽑기를 적용할 수 없다.
$M_n : 34 \times 3 \times 5 = 510 \rightarrow M_n = 510\text{kN} \cdot \text{m}$

15
정답 ②

② 뒷부벽은 T형보로 설계해야 하며, 앞부벽은 직사각형보로 설계해야 한다.

④ 캔틸레버식 옹벽은 저판과 전면벽의 접합부를 고정단으로 간주하여, 각각을 캔틸레버로 보고 설계할 수 있다.

꼭 알아두자!
④번은 캔틸레버식 옹벽에 해당되는 내용이다. 보기가 좋지 않다.

16
정답 ①

KDS 14 20 10 콘크리트구조 해석과 설계 원칙
4.3.3 탄성계수
(2) 철근의 탄성계수는 다음 식 (4.3-5)의 값을 표준으로 하여야 한다.
$$E_s = 200{,}000(\text{MPa}) \qquad (4.3-5)$$
(3) <u>긴장재의 탄성계수는 실험에 의하여 결정하거나 제조자에 의하여 주어지는 것이 원칙이지만, 그렇지 않은 경우 다음 식 (4.3-6)의 값을 표준으로 하여야 한다.</u>
$$E_{ps} = 200{,}000(\text{MPa}) \qquad (4.3-6)$$

$\therefore \Delta f = \varepsilon_{sh} \times E_s$
$\qquad = (4 \times 10^{-5})(200{,}000\text{MPa}) = 8\text{MPa}$

17 정답 ①

꼭 알아두자!

전공서적마다 용어가 혼용되어 있어 주의가 필요하다.
P_0 : 순수~(순수축하중강도)
$P_n = \alpha P_0$: 공칭~(공칭중심축하중, 공칭축하중강도, 공칭축강도)
$P_d = \phi \alpha P_0$: 설계~(설계중심축하중, 설계축하중강도, 설계축강도, 최대설계하중, 최대설계축강도, 축방향설계강도)

이름을 보고 판단이 되지 않을 경우에는 아래첨자를 보고 판단하는 것이 좋다.

	ϕ	α
띠철근 기둥	0.65	0.8
나선철근 기둥	0.7	0.85

(1) 기둥의 설계중심축하중 (P_d)

$P_d = \phi \alpha P_0 = \phi \alpha [0.85 f_{ck}(A_g - A_{st}) + f_y A_{st}]$
$= (0.65)(0.8) \times$
$[(0.85)(20\text{MPa})(400^2\text{mm}^2 - 100\text{cm}^2)$
$+ (400\text{MPa})(100\text{cm}^2)]$
$= 3,406\text{kN}$

(2) 극한하중 (P_u)

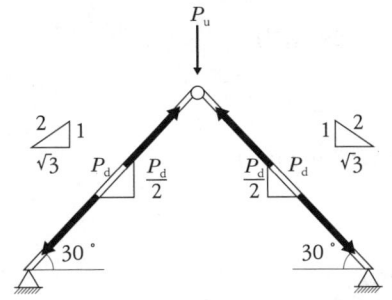

$\therefore P_u = 2 \times \dfrac{P_d}{2} = P_d = 3,406\text{kN}$

계산 TIP

● 정석적인 방법

$\phi \alpha P_0 = (0.65)(0.8) \times$
$\quad [(0.85)(20\text{MPa})(400^2\text{mm}^2 - 100\text{cm}^2)$
$\quad\quad + (400\text{MPa})(100\text{cm}^2)]$
$= (65 \times 10^{-2})(8 \times 10^{-1}) \times$
$\quad [(0.85)(20\text{MPa})(400^2\text{mm}^2 - 100 \times 10^2\text{mm}^2)$
$\quad\quad + (400\text{MPa})(100 \times 10^2\text{mm}^2)]$
$= (65 \times 10^{-2})(8 \times 10^{-1}) \times$
$\quad [(85 \times 10^{-2})(2 \times 10)(15 \times 10^4) + (4 \times 10^2)(10^4)]\text{N}$
$= 65 \times 8 \times 10^{-3} \times [85 \times 2 \times 15 + 4 \times 10^3] \times 10^3 \text{N}$
$= 65 \times 8 \times 10^{-3} \times [2550 + 4000]\text{kN}$

보기의 숫자 차이가 크기 때문에 셋째 자리에서 반올림하여 앞자리를 이용한다.

→ $65 \times 8 \times 66 = 34320$ → $P_d = 3,406\text{kN}$

● 앞자리 뽑기

P_d는 2개 항으로 구성되므로 앞자리 뽑기를 적용할 수 없다.

18 정답 ④

꼭 알아두자!

이론상 $V_u < \phi V_c$ 라면 전단철근을 배치할 필요가 없으나 설계상 $\dfrac{1}{2}\phi V_c < V_u$ 일 때 최소전단철근 규정을 두고 있다. 따라서 전단철근을 배치하지 않으려면 $V_u < \dfrac{1}{2}\phi V_c$ 를 만족해야 한다.

$V_u = w_u L - w_u d = w_u(L - d)$
$V_u < \dfrac{1}{2}\phi V_c = \dfrac{1}{2}\phi\left(\dfrac{1}{6}\lambda\sqrt{f_{ck}}b_w d\right)$

→ $(10\text{kN/m})(L - 400\text{mm})$
$\quad < \dfrac{1}{2}(0.75)\left(\dfrac{1}{6}\right)(1)(\sqrt{25}\text{MPa})(300 \times 400\text{mm}^2)$

→ $(10\text{kN/m})(L - 0.4\text{m}) < 37.5\text{kN}$

$\therefore L < 4.15\text{m}$

◆ 계산 TIP
○ 정석적인 방법
$(10\text{kN/m})(L-400\text{mm})$
$<\dfrac{1}{2}(0.75)\left(\dfrac{1}{6}\right)(1)(\sqrt{25}\text{MPa})(300\times 400\text{mm}^2)$
→ $(10\text{kN/m})(L-4\times 10^2\times 10^{-3}\text{m})$
$<\dfrac{1}{2}(75\times 10^{-2})\left(\dfrac{1}{6}\right)(5)(3\times 4\times 10^4)\text{N}$
→ $(10\text{kN/m})(L-0.4\text{m})$
$<\dfrac{1}{2}\times 75\times\dfrac{1}{6}\times 5\times 3\times 4\times 10^2\times 10^{-3}\text{kN}=37.5\text{kN}$
→ $L-0.4\text{m}<\dfrac{37.5\text{kN}}{10\text{kN/m}}=3.75\text{m}$
→ $L<4.15\text{m}$

○ 앞자리 뽑기
L은 2개 항으로 구성되므로 앞자리 뽑기를 적용할 수 없다.

◆ 계산 TIP
○ 정석적인 방법
$V_u=(50\text{kN/m})\left(\dfrac{9}{2}\text{m}-550\text{mm}\right)$
$=(50\text{kN/m})(4.5\text{m}-55\times 10^{-3}\text{m})$
$=(50\text{kN/m})(3.95\text{m})=197.5\text{kN}$
$V_c=\left(\dfrac{1}{6}\right)(1)(\sqrt{25}\text{MPa})(400\times 550\text{mm}^2)$
$=\left(\dfrac{1}{6}\right)(5\text{MPa})(4\times 55\times 10^3\text{mm}^2)$
$=\dfrac{1}{6}\times 5\times 4\times 55\times 10^3\text{N}=\dfrac{550}{3}\times 10^3\times 10^{-3}\text{kN}\approx 183.3\text{kN}$

$\dfrac{(550\text{mm})(100\text{mm}^2\times 2\text{가닥})(400\text{MPa})}{80\text{kN}}$
$=\dfrac{(55\times 10\text{mm})(2\times 10^2)(4\times 10^2)\text{N}}{8\times 10\times 10^3\text{N}}$
$=\dfrac{55\times 2\times 4\times 10^5\text{mm}}{8\times 10^4}=550\text{mm}>s$

○ 앞자리 뽑기
V_u, V_c, s는 중간과정이므로 앞자리 뽑기를 적용할 수 없다.

19 80점 목표 정답 ②

$V_u=\dfrac{w_u L}{2}-w_u d=w_u\left(\dfrac{L}{2}-d\right)$
$=(50\text{kN/m})\left(\dfrac{9}{2}\text{m}-550\text{mm}\right)$
$=197.5\text{kN}$

$V_c=\dfrac{1}{6}\lambda\sqrt{f_{ck}}b_w d$
$=\left(\dfrac{1}{6}\right)(1)(\sqrt{25}\text{MPa})(400\times 550\text{mm}^2)$
$\approx 183.3\text{kN}$

$V_u<\phi(V_c+V_s)$ → $\dfrac{V_u-\phi V_c}{\phi}<V_s$
→ $\dfrac{197.5\text{kN}-0.75(183.3\text{kN})}{0.75}\approx 80\text{kN}<V_s$
$80\text{kN}<V_s<2V_c(=366.6\text{kN})$

$V_s=\dfrac{d}{s}A_v f_y>80\text{kN}$ → $\dfrac{dA_v f_y}{80\text{kN}}>s$
→ $\dfrac{(550\text{mm})(100\text{mm}^2\times 2\text{가닥})(400\text{MPa})}{80\text{kN}}=550\text{mm}>s$

∴ $s_{\max}=\left[\dfrac{d}{2},\ 600\text{mm},\ 550\text{mm}\right]_{\min}=275\text{mm}$

20 정답 ③

(1) 허용전단응력 고려(P_1)

$\tau=\dfrac{V}{A}=\dfrac{\left(\dfrac{P}{2}\right)}{4\left(\dfrac{\pi d^2}{4}\right)}\leq\tau_a$ (∵ 2면 전단)

→ $P_1\leq\tau_a\times 2\pi d^2$
$\leq(100\text{MPa})(2\times\pi\times 20^2\text{mm}^2)$
$\leq(80\pi)\text{kN}$

(2) 허용지압응력 고려(P_2)

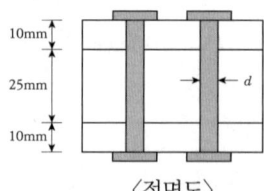
〈정면도〉

$t_{\min}=10\text{mm}+10\text{mm}<25\text{mm}$
$f=\dfrac{P}{A}=\dfrac{P}{4(dt_{\min})}\leq f_a$
→ $P_2\leq f_a\times 4(dt_{\min})$
$\leq(200\text{MPa})(4)(20\times 20\text{mm}^2)$
$\leq 320\text{kN}$

∴ $P_a=P_{\min}=(80\pi)\text{kN}$

2012 지방직

문제편 023p~027p

01	①	02	①	03	③	04	①	05	④
06	①	07	③	08	②	09	②	10	②
11	③	12	③	13	④	14	③	15	①
16	④	17	④	18	②	19	③	20	②

01
정답 ①

강도설계법은 계수하중 및 단면의 (극한 or 공칭)강도를 토대로 하여 구조 부재의 단면 크기를 결정하는 설계법으로, 계수하중은 작용하중에 (하중계수)를 곱하여 구하고, 단면의 (극한 or 공칭)강도는 콘크리트의 균열발생 후 철근의 (항복)이 일어나는 조건하에서 구한다. 강도설계법에서 우선시 하는 것은 (안전성)이다.

02
정답 ①

① $V_u < \phi V_c$이라면 이론상 전단철근이 필요 없으나, $\frac{1}{2}\phi V_c < V_u < \phi V_c$일 때 최소전단철근을 배치한다.

③

	$V_s \leq 2V_c$	$2V_c < V_s \leq 0.2f_{ck}\left(1-\dfrac{f_{ck}}{250}\right)b_w d$	$0.2f_{ck}\left(1-\dfrac{f_{ck}}{250}\right)b_w d < V_s$
RC	$d/2$ or 600mm 이하	$V_s \leq 2V_c$의 절반	콘크리트 단면을 넓게 다시 설계해야 한다.
PSC	$0.75h$ or 600mm 이하		

03
정답 ③

③ '압출' 이라는 단어에 주목하자.

04
정답 ①

① 비합성 압축부재의 축방향 주철근의 철근량은 전체 단면적의 1% 이상, 8% 이하이어야 한다.

꼭 알아두자!
① 비합성 압축부재의 철근이 겹침이음 하지 않은 경우 : $0.01 \leq \rho \leq 0.08$
② 주철근이 겹침이음 한 경우 : $0.01 \leq \rho \leq 0.04$

05
정답 ④

④ 'a' 면적 이외에는 콘크리트가 인장력을 받아 사실상 있으나 없으나 의미가 없어 직사각형 단면으로 해석할 수 있다.

06
정답 ①

설계기준 압축강도 f_{ck}	Δf
$f_{ck} \leq 40\text{MPa}$	4MPa
$40\text{MPa} \leq f_{ck} \leq 60\text{MPa}$	직선보간($=0.1f_{ck}$)
$60\text{MPa} \leq f_{ck}$	6MPa

$f_{cm} = f_{ck} + \Delta f = 23\text{MPa} + 4\text{MPa} = 27\text{MPa}$ ($\because f_{ck} \leq 40\text{MPa}$)
$E_C = 8500 \sqrt[3]{f_{cm}} = 8500 \sqrt[3]{27} = 25500\text{MPa}$

$\therefore n = \dfrac{E_S}{E_C} = \dfrac{2 \times 10^5 \text{MPa}}{25500\text{MPa}} \approx 7.8$

꼭 알아두자
철근과 콘크리트의 '탄성계수(E)'는 큰 차이(약 8배)를 보이지만, '열팽창계수(α)'는 비슷하다.

07

정답 ③

③ $A_{sc} = \dfrac{2}{\beta+1} A_{ss}$

A_{sc}: 중앙구간에 배치할 철근량

A_{ss}: 짧은 변 방향으로 배치해야 할 전체 철근량

β: 긴변과 짧은 변의 비. $\beta = \dfrac{L}{S}$

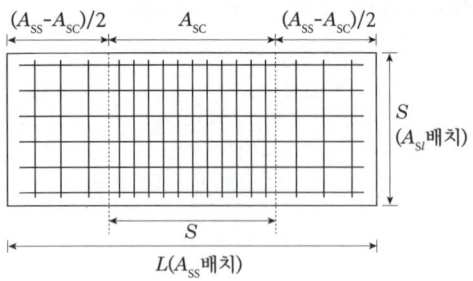

④

KDS 14 20 70 콘크리트 슬래브와 기초판 설계기준

4.2 기초판설계

4.2.1 설계 일반

(1) 기초판은 이 기준의 규정에 따라 계수하중과 그에 의해 발생되는 반력에 견디도록 설계하여야 한다.

(2) 기초판의 밑면적, 말뚝의 개수와 배열은 기초판에 의해 지반 또는 말뚝에 전달되는 힘과 휨모멘트, 그리고 토질역학의 원리에 의하여 계산된 지반 또는 말뚝의 허용지지력을 사용하여 산정하여야 한다. 이때 힘과 휨모멘트는 하중계수를 곱하지 않은 사용하중을 적용하여야 한다.

(3) 말뚝기초의 기초판 설계에서 말뚝의 반력은 각 말뚝의 중심에 집중된다고 가정하여 휨모멘트와 전단력을 계산할 수 있다.

(4) 기초판에서 휨모멘트, 전단력 그리고 철근정착에 대한 위험단면의 위치를 정할 경우, 원형 또는 정다각형인 콘크리트 기둥이나 주각은 같은 면적의 정사각형 부재로 취급할 수 있다.

(5) 기초판 윗면부터 하부철근까지 깊이는 직접기초의 경우는 150 mm 이상, 말뚝기초의 경우는 300 mm 이상으로 하여야 한다.

08

정답 ②

$\lambda = \dfrac{L_e}{r} = \dfrac{L}{\sqrt{\dfrac{I_{min}}{A}}}$ ($L_e = L$ ∵ 양단힌지)

$= \dfrac{6m}{\sqrt{\dfrac{\left(\dfrac{400 \times 300^3}{12} mm^4\right)}{(400 \times 300 mm^2)}}} = 40\sqrt{3}$

꼭 알아두자!

문제에서 회전반지름은 공식으로 계산한다고 했으므로
$r \neq 0.3h = 0.3 \times 300mm$이다.

계산 TIP

○ 정석적인 방법

$\lambda = \dfrac{6m}{\sqrt{\dfrac{\left(\dfrac{400 \times 300^3}{12} mm^4\right)}{(400 \times 300 mm^2)}}} = \dfrac{6 \times 10^3 mm}{\sqrt{\dfrac{3^2 \times 10^4}{12} mm^2}} = \dfrac{6 \times 10^3 mm}{\sqrt{\dfrac{3 \times 10^4}{2^2} mm^2}}$

$= \dfrac{(6 \times 10^3 mm) \times 2\sqrt{3}}{\left(\sqrt{3} \times \dfrac{10^2}{2} mm\right) \times 2\sqrt{3}} = \dfrac{6 \times 2\sqrt{3} \times 10^3}{3 \times 10^2} = 40\sqrt{3}$

○ 앞자리 뽑기

$\lambda : \dfrac{6}{\sqrt{\dfrac{4 \times 3^3}{12 \times 4 \times 3}}} = \dfrac{6}{\sqrt{\dfrac{3}{2^2}}} = \dfrac{(6) \times 2\sqrt{3}}{\left(\sqrt{3} \times \dfrac{1}{2}\right) \times 2\sqrt{3}} = \dfrac{12\sqrt{3}}{3} = 4\sqrt{3}$

→ $\lambda = 40\sqrt{3}$

09

정답 ②

	3개월	6개월	1년	5년 이상
ξ	1	1.2	1.4	2

$\rho' = \dfrac{A_s'}{bd} = \dfrac{1200 mm^2}{200 \times 300 mm^2} = 0.02$

$\lambda = \dfrac{\xi}{1 + 50\rho'} = \dfrac{2}{1 + 50(0.02)} = 1$

∴ $\delta_T = \delta_E(1 + \lambda) = 15mm(1 + 1) = 30mm$

10 정답 ②

> **꼭 알아두자!**
> 하중저항계수 설계법으로 인장강도가 주어지는 방향으로 변경한다.
> 따라서 보기도 변경하였다.

$F_n = 0.6 F_u = 0.6(250\text{MPa}) = 150\text{MPa}$
$A_w = 유효면적 = L_e a = 2변 \times (L - 2s)(0.7s)$
$\quad = 2(112\text{mm} - 2 \times 6\text{mm})(0.7 \times 6\text{mm}) = 840\text{mm}^2$
$\therefore R_d = \phi R_n = \phi F_n A_w = (0.75)(150\text{MPa})(840\text{mm}^2)$
$\quad = 94.5\text{kN}$

11 정답 ③

③ 지진 시 교량 부재들의 부분적인 피해는 허용하나 전체적인 붕괴는 방지한다. (오히려 부분적인 피해는 구조에 도움이 되기도 한다.)

12 정답 ③

③ D35를 초과하는 철근은 겹침이음을 할 수 없고 용접에 의한 맞댐이음을 해야 한다. 단, D41, D51 철근에 대한 예외 규정이 있다.

13 ⓘ 80점 목표 정답 ④

④ 다만 전단접합에는 용접과 볼트의 병용이 허용된다. 전단접합 시 표준구멍과 하중방향에 직각인 단슬롯의 경우 볼트접합과 하중방향에 평행한 필릿용접이 하중을 각각 분담할 수 있다. 이때 볼트의 설계강도는 지압볼트접합 설계강도의 50%를 넘지 않도록 한다.

14 ⓘ 80점 목표 정답 ③

① PSC는 사용하중에서 균열이 발생하지 않는다.
③ PSC는 RC에 비해 강성이 작아 변형이 크고 진동이 크다.

15 정답 ①

①, ③ 띠철근, 나선철근의 피복두께는 횡철근 표면으로부터 콘크리트 표면까지의 거리이다.
②, ④ 수직스트럽이 있는 보에서는 수직스트럽 표면으로부터 콘크리트 표면까지의 거리이다.

16 정답 ④

	프리(pre)텐션 방식	포스트(post)텐션 방식
도입할 때 일어나는 손실 (즉시 손실)	① 정착장치의 활동(=슬립량에 의한 손실) ② 콘크리트의 탄성수축	③ 긴장재와 덕트 사이의 마찰★ (=PS 강재와 쉬스 사이의 마찰)
도입 후 일어나는 손실 (시간 손실)	① 콘크리트의 크리프 ② 콘크리트의 수축(자기수축+건조수축) ③ 긴장재 응력의 릴랙세이션	

포스트텐션 방식이 프리텐션 방식보다 시간 손실이 작은 것이 일반적이다. ★
④ 포스트텐션 방식은 콘크리트 건조수축, 크리프가 조금이나마 발생한 후에 철근이 긴장되므로 프리텐션 방식보다 프리스트레스 손실이 작은 것이 일반적이다.

17 정답 ④

① 2방향 슬래브는 허용응력 설계법에서는 근사해법을 이용하였으나, 강도설계법에서는 직접설계법 또는 등가골조법에 의해 설계한다.
④ 1방향 슬래브의 정모멘트, 부모멘트 철근 모두 직각방향으로 수축·온도 철근을 배치해야 한다.

18 정답 ②

T형: 슬래브가 양쪽 플랜지를 이루는 보	① $16t_f + b_w$ ② 슬래브 중심간 거리 ③ 보 경간의 1/4
반 T형: 한 쪽으로만 플랜지를 이루는 보	① $6t_f + b_w$ ② 인접한 보와의 내측거리의 $1/2 + b_w$ ③ 보 경간의 $1/12 + b_w$

- $16t_f + b_w = 16t_f + 440\text{mm}$
- 슬래브 중심간 거리 $= 3100\text{mm}$
- 보 경간의 $\dfrac{1}{4} = \dfrac{12\text{m}}{4} = 3000\text{mm}$

$b_e = [16t_f + 440\text{mm}, 3100\text{mm}, 3000\text{mm}]_{\min} = 3000\text{mm}$

$\therefore 16t_f + 440\text{mm} > 3000\text{mm}$

$\rightarrow t_f > 160\text{mm}$

19 정답 ③

$f_{ck} \leq 40\text{MPa} \rightarrow \eta = 1,\ \beta_1 = 0.8,\ \varepsilon_{cu} = 0.0033$

$M_n = A_s f_y \left(d - \dfrac{a}{2} \right)$

$= (850\text{mm}^2)(400\text{MPa})\left(275\text{mm} - \dfrac{a}{2}\right) = 85\text{kN} \cdot \text{m}$

$\rightarrow a = 50\text{mm}$

$a = \dfrac{A_s f_y}{\eta(0.85 f_{ck} b)} \rightarrow b = \dfrac{A_s f_y}{\eta(0.85 f_{ck}) a}$

$\therefore b = \dfrac{(850\text{mm}^2)(400\text{MPa})}{(0.85)(20\text{MPa})(50\text{mm})} = 400\text{mm}$

계산 TIP

○ 정석적인 방법

$M_n = (850\text{mm}^2)(400\text{MPa})\left(275\text{mm} - \dfrac{a}{2}\right) = 85\text{kN} \cdot \text{m}$

$\rightarrow (85 \times 10\text{mm}^2)(4 \times 10^2 \text{MPa})\left(275\text{mm} - \dfrac{a}{2}\right)$

$= 85 \times 10^6 \text{N} \cdot \text{mm}$

$\rightarrow 275 - \dfrac{a}{2} = \dfrac{85 \times 10^6}{85 \times 4 \times 10^3} = 250$

$\rightarrow a = (275 - 250) \times 2 = 50\text{mm}$

$b = \dfrac{(850\text{mm}^2)(400\text{MPa})}{(0.85)(20\text{MPa})(50\text{mm})} = \dfrac{(85 \times 10)(4 \times 10^2)\text{mm}}{(85 \times 10^{-2})(2 \times 10)(5 \times 10)}$

$= \dfrac{85 \times 4 \times 10^3 \text{mm}}{85 \times 2 \times 5} = 400\text{mm}$

○ 앞자리 뽑기

M_n는 중간과정이므로 앞자리 뽑기를 적용할 수 없다.

$b : \dfrac{85 \times 4}{85 \times 2 \times 5} = \dfrac{2}{5} \rightarrow \dfrac{2 \times 10}{5} = 4 \rightarrow b = 400\text{mm}$

20 정답 ②

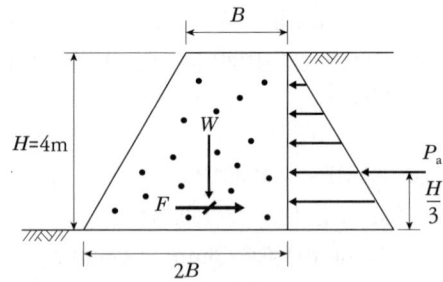

안전율 $= \dfrac{\text{저항력}}{\text{외력}}$;

활동안전율 $= \dfrac{\text{마찰력}}{\text{수평력}} = \dfrac{F}{P_a} = \dfrac{(\mu)(W)}{P_a} = \dfrac{(\mu)(A\gamma_c)}{\left(\dfrac{1}{2} K_a \gamma_s H^2\right)} \geq 1.5$

$\rightarrow \dfrac{(0.5)\left(\dfrac{B+2B}{2} \times 4\text{m}\right)(24\text{kN/m}^3)}{\left(\dfrac{1}{2}\right)(0.3)(20\text{kN/m}^3)(4\text{m})^2} \geq 1.5$

$\rightarrow \dfrac{(24\text{kN/m}^2)(3B)}{(48\text{kN/m})} \geq 1.5$

$\therefore B \geq 1\text{m}$

2013 지방직

01	③	02	④	03	③	04	②	05	①
06	④	07	①	08	③	09	②	10	②
11	③	12	④	13	①	14	④	15	③
16	②	17	④	18	②	19	①	20	정답 없음

01 정답 ③

설계기준 압축강도 f_{ck}	Δf
$f_{ck} \leq 40\text{MPa}$	4MPa
$40\text{MPa} \leq f_{ck} \leq 60\text{MPa}$	직선보간($=0.1f_{ck}$)
$60\text{MPa} \leq f_{ck}$	6MPa

$f_{cm} = f_{ck} + \Delta f = 23\text{MPa} + 4\text{MPa} = 27\text{MPa}$ ($\because f_{ck} \leq 40\text{MPa}$)

$\therefore E_C = 8500 \sqrt[3]{f_{cm}} = 8500 \sqrt[3]{27} = 25500\text{MPa}$

02 ⬆ 80점 목표 정답 ④

$\varepsilon_{cr} = C_u \varepsilon_E = C_u \dfrac{f_c}{E_c}$

$= (2)\left(\dfrac{9\text{MPa}}{30000\text{MPa}}\right) = 0.0006$

꼭 알아두자!

크리프 계수는 환경에 따라 암기하여 적용하나 문제에서는 주어졌다.
(옥외인 것으로 추정)

	옥내	옥외	수중
크리프 계수(C_u)	3	2	1

계산 TIP

◦ 정석적인 방법

$\varepsilon_{cr} = (2)\left(\dfrac{9\text{MPa}}{30000\text{MPa}}\right) = 2 \times \dfrac{9\text{MPa}}{3 \times 10^4 \text{MPa}} = 6 \times 10^{-4} = 0.0006$

◦ 앞자리 뽑기

$\varepsilon_{cr} : 2 \times \dfrac{9}{3} = 6 \rightarrow \varepsilon_{cr} = 0.0006$

03 정답 ③

f_{ck}	$f_{ck} \leq 40\text{MPa}$★	$40\text{MPa} < f_{ck} \leq 90\text{MPa}$				$90\text{MPa} < f_{ck}$
		50	60	70	80	
n차곡선(n)	2	\multicolumn{4}{c}{⬆ 80점 목표 $1.2 + 1.5\left(\dfrac{100-f_{ck}}{60}\right)^4 \leq 2.0$}	성능실험을 통한 조사연구에 의하여 이 값들을 선정하고 근거를 명시하여야 한다.
		1.923	1.496	1.294	1.212	
콘크리트 극한 변형률(ε_{cu})	0.0033★	\multicolumn{4}{c}{⬆ 80점 목표 $0.0033 - \left(\dfrac{f_{ck}-40}{100,000}\right)^4 \leq 0.0033$}	
		0.0032	0.0031	0.003	0.0029	
콘크리트 최대응력 발생 변형률(ε_{c0})	0.002	\multicolumn{4}{c}{⬆ 80점 목표 $0.002 + \left(\dfrac{f_{ck}-40}{100,000}\right) \geq 0.002$}	
		0.0021	0.0022	0.0023	0.0024	
η	1.00★	0.97★	0.95★	0.91	0.87	0.84
β_1	0.80★	0.80★	0.76★	0.74	0.72	0.70

③ 0.8

04 정답 ②

$f_{ck} \leq 40\text{MPa} \rightarrow \eta = 1, \beta_1 = 0.8, \varepsilon_{cu} = 0.0033$

$\varepsilon_{\min} = 0.004$ ($\because f_y = 300\text{MPa} \leq 400\text{MPa}$)

$\rho = \eta \left(0.85\beta_1 \dfrac{f_{ck}}{f_y} \dfrac{\varepsilon_{cu}}{\varepsilon_{cu} + \varepsilon_s}\right)$

$\rightarrow \rho_{\max} = \eta \left(0.85\beta_1 \dfrac{f_{ck}}{f_y} \dfrac{\varepsilon_{cu}}{\varepsilon_{cu} + \varepsilon_{\min}}\right)$

$= (0.85)(0.8)\left(\dfrac{21\text{MPa}}{300\text{MPa}}\right)\left(\dfrac{0.0033}{0.0033 + 0.004}\right) \approx 0.0215$

$\therefore A_{s,\max} = \rho_{\max}(bd) = (0.0215)(400 \times 200 \text{mm}^2) = 1720 \text{mm}^2$

계산 TIP

◎ 정석적인 방법

$$\rho_{max} = (0.85)(0.8)\left(\frac{21\text{MPa}}{300\text{MPa}}\right)\left(\frac{0.0033}{0.0033+0.004}\right)$$

$$= 85\times10^{-2}\times8\times10^{-1}\times\frac{21}{3\times10^2}\times\frac{33}{73}$$

$$= 85\times8\times\frac{21}{3}\times\frac{33}{73}\times10^{-5} \approx 0.0215$$

$$A_{s,\,max} = (0.0215)(400\times200\text{mm}^2) = 215\times10^{-4}\times4\times2\times10^4\text{mm}^2$$

$$= 1720\text{mm}^2$$

◎ 앞자리 뽑기

ρ_{max}는 중간과정이나 $A_{s,\,max}$가 1개 항으로 구성되므로 앞자리 뽑기를 적용할 수 있다.

ρ_{max} : $85\times8\times\frac{21}{3}\times\frac{33}{73} \approx 215\times.\times\times \rightarrow 22$

보기의 숫자 차이가 크기 때문에 셋째 자리에서 반올림하여 앞자리를 이용한다.

$A_{s,\,max}$: $22\times4\times2 = 176 \rightarrow A_{s,\,max} = 1720\text{mm}^2$

05
정답 ①

$\bar{\rho}_{min} < \rho < \bar{\rho}_{max}$를 만족한다는 것은 압축철근과 인장철근이 모두 항복함을 의미한다.

$\therefore C = T = A_s f_y = (2000\text{mm}^2)(300\text{MPa}) = 600\text{kN}$

계산 TIP

◎ 정석적인 방법

$C = (2000\text{mm}^2)(300\text{MPa}) = (2\times10^3\text{mm}^2)(3\times10^2\text{MPa})$

$= 2\times3\times10^5\text{N} = 2\times3\times10^5\times10^{-3}\text{kN} = 600\text{kN}$

◎ 앞자리 뽑기

C : $2\times3 = 6 \rightarrow C = 600\text{kN}$

06
정답 ④

$\lambda = \frac{L_e}{r} = \frac{2L}{0.25d}$ ($L_e = 2L$ ∵ 고정단−자유단 지점)

$= \frac{(2)(1\text{m})}{(0.25)(80\text{mm})} = 100$

꼭 알아두자!
- 직사각형 단면 : $r = 0.3h$ (h는 좌굴이 고려되는 방향의 단면치수)
- 원형 단면 : $r = 0.25d$

계산 TIP

◎ 정석적인 방법

$\lambda = \frac{(2)(1\text{m})}{(0.25)(80\text{mm})} = \frac{(2)(10^3\text{mm})}{(25\times10^{-2})(8\times10\text{mm})}$

$= \frac{2\times10^3}{25\times8\times10^{-1}} = 10^{-2}\times10^4 = 100$

◎ 앞자리 뽑기

λ : $\frac{2}{25\times8} = \frac{1}{100} \rightarrow \lambda = 100$

07 80점 목표
정답 ①

꼭 알아두자!

전공서적마다 용어가 혼용되어 있어 주의가 필요하다.

P_0 : 순수~(순수축하중강도)
$P_n = \alpha P_0$: 공칭~(공칭중심축하중, 공칭축하중강도, 공칭축강도)
$P_d = \phi\alpha P_0$: 설계~(설계중심축하중, 설계축하중강도, 설계축강도, 최대설계하중, 최대설계축강도, 축방향설계강도)

이름을 보고 판단이 되지 않을 경우에는 아래첨자를 보고 판단하는 것이 좋다.

	ϕ	α
띠철근 기둥	0.65	0.8
나선철근 기둥	0.7	0.85

$P_d = \phi\alpha P_0 = \phi\alpha[0.85f_{ck}(A_g - A_{st}) + f_y A_{st}]$

$= (0.65)(0.8)\times[(0.85)(20\text{MPa})(500^2 - 25000\text{mm}^2)$

$+ (400\text{MPa})(25000\text{mm}^2)]$

$= 7,189\text{kN}$

계산 TIP

◎ 정석적인 방법

$\phi\alpha P_0 = (0.65)(0.8)\times$
$[(0.85)(20\text{MPa})(500^2 - 25000\text{mm}^2)$
$+ (400\text{MPa})(25000\text{mm}^2)]$

$= (65\times10^{-2})(8\times10^{-1})\times$
$[(85\times10^{-2})(2\times10)(225\times10^3) + (4\times10^2)(25\times10^3)]\text{N}$

$= 65\times8\times10^{-3}\times$
$[85\times2\times225\times10^{-1} + 4\times25\times10^2]\times10^3\text{N}$

$= 65\times8\times10^{-3}\times[3825 + 10000]\text{kN}$

보기의 숫자 차이가 크기 때문에 셋째 자리에서 반올림하여 앞자리를 이용한다.

$\rightarrow 65\times8\times14 = 7280 \rightarrow P_d = 7,189\text{kN}$

◎ 앞자리 뽑기

P_d는 2개 항으로 구성되므로 앞자리 뽑기를 적용할 수 없다.

08

정답 ③

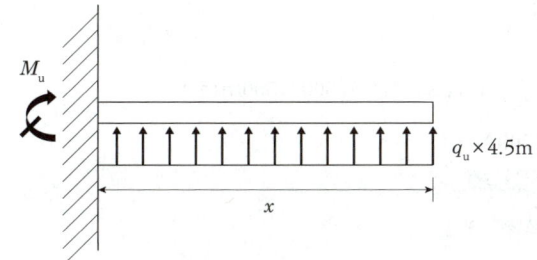

$x = \dfrac{4.5\text{m} - 0.5\text{m}}{2} = 2\text{m}$

$\therefore M_u = (q_u \times 4.5\text{m})(x)\left(\dfrac{x}{2}\right)$

$\quad = (100\text{kN/m}^2 \times 4.5\text{m})(2\text{m})\left(\dfrac{2\text{m}}{2}\right)$

$\quad = 900\text{kN}\cdot\text{m}$

계산 TIP

정석적인 방법

$a = \dfrac{(2992\text{mm}^2)(300\text{MPa})}{(0.85)(20\text{MPa})(300\text{mm})} = \dfrac{(2992)(3\times 10^2)\text{mm}}{(85\times 10^{-2})(2\times 10)(3\times 10^2)}$

$\quad = \dfrac{2992 \times 3 \times 10^2 \text{mm}}{85 \times 2 \times 3 \times 10} = 176\text{mm}$

$c = \dfrac{176\text{mm}}{0.8} = \dfrac{176 \times 10\text{mm}}{8} = 220\text{mm}$

$\varepsilon_s = \dfrac{520\text{mm} - 220\text{mm}}{220\text{mm}}(0.0033) = \dfrac{300}{220}(33 \times 10^{-4})$

$\quad = \dfrac{15}{11}(33 \times 10^{-4})$

$\quad = 4.5 \times 10^{-3} = 0.0045$

$\phi = 0.65 + \dfrac{0.0045 - 0.0015}{0.005 - 0.0015}(0.2) = 0.65 + \dfrac{30}{35}(0.2) \approx 0.821$

앞자리 뽑기

a, c, ε_s는 중간과정이므로 앞자리 뽑기를 적용할 수 없다.
ϕ는 2개 항으로 구성되므로 앞자리 뽑기를 적용할 수 없다.

09 80점 목표

정답 ②

철근 항복강도(f_y)	압축지배 변형률 한계	최소허용 변형률	인장지배 변형률 한계
$f_y \leq 400\text{MPa}$	ε_y	0.004	0.005
$400\text{MPa} < f_y$	ε_y	$2\varepsilon_y$	$2.5\varepsilon_y$

$f_{ck} \leq 40\text{MPa} \rightarrow \eta = 1, \beta_1 = 0.8, \varepsilon_{cu} = 0.0033$

$\varepsilon_y = \dfrac{f_y}{E_s} = \dfrac{300\text{MPa}}{200{,}000\text{MPa}} = 0.0015$

$a = \dfrac{A_s f_y}{\eta(0.85 f_{ck} b)} = \dfrac{(2992\text{mm}^2)(300\text{MPa})}{(0.85)(20\text{MPa})(300\text{mm})}$

$\quad = 176\text{mm}$

$c = \dfrac{a}{\beta_1} = \dfrac{176\text{mm}}{0.8} = 220\text{mm}$

$\dfrac{\varepsilon_s}{\varepsilon_c} = \dfrac{d-c}{c} \rightarrow \varepsilon_s = \dfrac{d-c}{c}\varepsilon_c$

$\rightarrow \varepsilon_s = \dfrac{520\text{mm} - 220\text{mm}}{220\text{mm}}(0.0033) = 0.0045 < 0.005$

$\therefore \phi = 0.65 + \dfrac{\varepsilon_s - \varepsilon_y}{\text{인장지배 변형률 한계} - \varepsilon_y} \times (0.85 - 0.65)$

$\quad = 0.65 + \dfrac{0.0045 - 0.0015}{0.005 - 0.0015}(0.2) \approx 0.821$

꼭 알아두자!

해당문제는 $f_y \neq 400\text{MPa}$이므로 아래 식을 사용할 수 없다.

$\phi = 0.65 + (\varepsilon_s - 0.002)\dfrac{200}{3}$

10

정답 ②

$f_{ck} \leq 40\text{MPa} \rightarrow \eta = 1, \beta_1 = 0.8, \varepsilon_{cu} = 0.0033$

$a = \dfrac{A_s f_y}{\eta(0.85 f_{ck} b)} = \dfrac{(4250\text{mm}^2)(400\text{MPa})}{(0.85)(20\text{MPa})(800\text{mm})}$

$\quad = 125\text{mm} > t_f = 100\text{mm}(\therefore \text{T형보 해석})$

$A_{sf} f_y = \eta(0.85 f_{ck})(b - b_w)t_f$

$\rightarrow A_{sf} = \dfrac{\eta(0.85 f_{ck})(b - b_w)t_f}{f_y}$

$\quad = \dfrac{(0.85)(20\text{MPa})(800\text{mm} - 400\text{mm})(100\text{mm})}{400\text{MPa}}$

$\quad = 1700\text{mm}^2$

$\therefore a = \dfrac{(A_s - A_{sf})f_y}{\eta(0.85 f_{ck} b_w)}$

$\quad = \dfrac{(4250\text{mm}^2 - 1700\text{mm}^2)(400\text{MPa})}{(0.85)(20\text{MPa})(400\text{mm})}$

$\quad = 150\text{mm}$

계산 TIP

◎ 정석적인 방법

$$A_{sf} = \frac{(0.85)(20\text{MPa})(800\text{mm}-400\text{mm})(100\text{mm})}{400\text{MPa}}$$

$$= \frac{(85 \times 10^{-2})(2 \times 10)(4 \times 10^2)(10^2)\text{mm}^2}{4 \times 10^2}$$

$$= \frac{85 \times 2 \times 4 \times 10^3 \text{mm}^2}{4 \times 10^2} = 1700\text{mm}^2$$

$$a = \frac{(4250\text{mm}^2 - 1700\text{mm}^2)(400\text{MPa})}{(0.85)(20\text{MPa})(400\text{mm})}$$

$$= \frac{(255 \times 10)(4 \times 10^2)\text{mm}}{(85 \times 10^{-2})(2 \times 10)(4 \times 10^2)} = \frac{255 \times 4 \times 10^3 \text{mm}}{85 \times 2 \times 4 \times 10} = 150\text{mm}$$

◎ 앞자리 뽑기

A_{sf}는 중간과정이므로 앞자리 뽑기를 적용할 수 없다.

$$a : \frac{255 \times 4}{85 \times 2 \times 4} = \frac{3}{2} \rightarrow \frac{3 \times 10}{2} = 15 \rightarrow a = 150\text{mm}$$

11 정답 ③

$$l_{db} = \frac{0.6 f_y}{\lambda \sqrt{f_{ck}}} d_b$$

$$= \frac{(0.6)(300\text{MPa})}{(1)(\sqrt{25}\text{MPa})}(10\text{mm})$$

$$= 360\text{mm}$$

꼭 알아두자!

기본정착길이가 l_{db}이므로 인장 이형철근 최소정착길이 규정(300mm 이상)을 적용하지 않는다.

계산 TIP

◎ 정석적인 방법

$$l_{db} = \frac{(0.6)(300\text{MPa})}{(1)(\sqrt{25}\text{MPa})}(10\text{mm})$$

$$= \frac{(6 \times 10^{-1})(3 \times 10^2)}{(5)}(10\text{mm})$$

$$= \frac{6 \times 3}{5} \times 10^2 \text{mm} = 360\text{mm}$$

◎ 앞자리 뽑기

$$l_{db} : \frac{6 \times 3}{5} = \frac{18}{5} = 3.6 \rightarrow l_{db} = 360\text{mm}$$

12 정답 ④

$$V_c = \frac{1}{6}\lambda\sqrt{f_{ck}}b_w d$$

$$= \left(\frac{1}{6}\right)(1)(\sqrt{25}\text{MPa})(360 \times 500\text{mm}^2)$$

$$= 150\text{kN}$$

계산 TIP

◎ 정석적인 방법

$$V_c = \left(\frac{1}{6}\right)(1)(\sqrt{25}\text{MPa})(360 \times 500\text{mm}^2)$$

$$= \left(\frac{1}{6}\right)(5\text{MPa})(36 \times 5 \times 10^3)\text{mm}^2$$

$$= \frac{1}{6} \times 5 \times 36 \times 5 \times 10^3 \text{N} = 150 \times 10^3 \times 10^{-3}\text{kN} = 150\text{kN}$$

◎ 앞자리 뽑기

$$V_c : \frac{1}{6} \times 5 \times 36 \times 5 = 150 \rightarrow V_c = 150\text{kN}$$

13 정답 ①

$$P_L = \frac{S^3}{S^3 + L^3}P = \frac{2^3}{2^3 + 4^3}(36\text{kN}) = 4\text{kN}$$

14 정답 ④

$$M_e = P_i\left(e + \frac{h}{6}\right)$$

$M = M_e$;

$$M = M_e = P_i\left(e + \frac{h}{6}\right)$$

$$\therefore M = (1000\text{kN})\left(0 + \frac{600}{6}\text{mm}\right)$$

$$= 100\text{kN} \cdot \text{m}$$

15   정답 ③

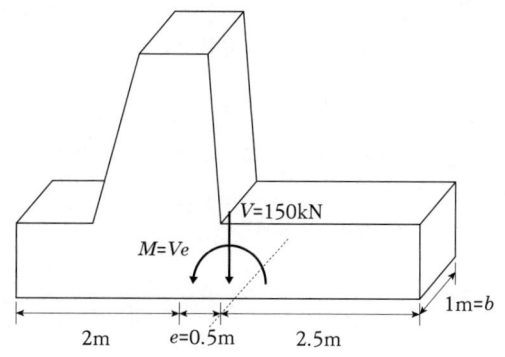

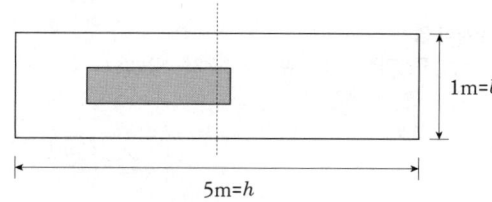

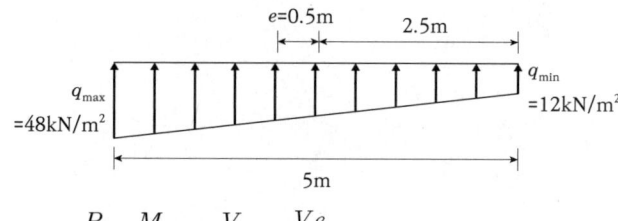

$$q_{max} = -\frac{P}{A} - \frac{M}{S} = -\frac{V}{bh} - \frac{Ve}{\left(\frac{bh^2}{6}\right)}$$

$$= -\frac{150\text{kN}}{(1 \times 5\text{m}^2)} - \frac{(150\text{kN})(0.5\text{m})}{\left(\frac{1 \times 5^2}{6}\text{m}^3\right)}$$

$$= -30\text{kN/m}^2 - 18\text{kN/m}^2$$

$$= -48\text{kN/m}^2$$

꼭 알아두자!

q_{min}도 계산해보면 다음과 같다.

$$q_{min} = -\frac{P}{A} + \frac{M}{S}$$
$$= -30\text{kN/m}^2 + 18\text{kN/m}^2$$
$$= -12\text{kN/m}^2$$

16   정답 ②

	측면용접 유효길이	전면용접 유효길이
허용응력설계법	$L_e = L_1 - 2s$	$L_e = L_2$
하중저항계수설계법	$L_e = L_1 - 2s$	복잡하다

(1) 허용전단응력(용접부허용응력) 고려(P_1)

$$L_e = 2(500\text{mm} - 2 \times 10\text{mm}) + 250\text{mm} = 1210\text{mm}$$

$$\tau = \frac{V}{A} = \frac{P}{L_e a} \leq \tau_a$$

$$\rightarrow P_1 \leq \tau_a(L_e a) = \tau_a(L_e)(0.7s)$$
$$\leq (80\text{MPa})(1210\text{mm})(0.7 \times 10\text{mm})$$
$$\leq 677.6\text{kN}$$

꼭 알아두자!

보기에 700kN이 있는 것으로 보아 L에서 $2s$를 차감하지 않았을 가능성이 있다.

$$L_e = 2(500\text{mm}) + 250\text{mm} = 1250\text{mm}$$
$$P_1 = (80\text{MPa})(1250\text{mm})(0.7 \times 10\text{mm}) = 700\text{k}N$$

문제를 푸는 데 영향은 없다.

(2) 허용인장응력 고려(P_2)

$$f = \frac{P}{A} = \frac{P}{bt} \leq f_a$$

$$\rightarrow P_2 \leq f_a(bt)$$
$$\leq (140\text{MPa})(250 \times 19\text{mm}^2)$$
$$\leq 665\text{kN}$$

$$\therefore P_a = P_{min} = 665\text{kN}$$

계산 TIP

◦ 정석적인 방법

$$P_1 = (80\text{MPa})(1210\text{mm})(0.7 \times 10\text{mm})$$
$$= (8 \times 10\text{MPa})(121 \times 10\text{mm})(7\text{mm})$$
$$= 8 \times 121 \times 7 \times 10^2\text{N} = 6776 \times 10^2 \times 10^{-3}\text{kN} = 677.6\text{kN}$$

$$P_2 = (140\text{MPa})(250 \times 19\text{mm}^2)$$
$$= (14 \times 10\text{MPa})(25 \times 19 \times 10\text{mm}^2)$$
$$= 14 \times 25 \times 19 \times 10^2\text{N} = 665 \times 10^2 \times 10^2\text{N} = 665\text{kN}$$

◦ 앞자리 뽑기

P_1, P_2는 중간과정이므로 앞자리 뽑기를 적용할 수 없다.

17

정답 ④

(1) 허용전단응력 고려(P_1)

$$\tau = \frac{V}{A} = \frac{\left(\frac{P}{2}\right)}{\left(\frac{\pi d^2}{4}\right)} \leq \tau_a$$

$\rightarrow P_1 \leq \tau_a \times \frac{\pi d^2}{2}$

$\leq (80\text{MPa})\left(\frac{\pi \times 20^2 \text{mm}^2}{2}\right) = 16\pi \text{kN}$

(2) 허용지압응력 고려(P_2)

$t_{min} = 8\text{mm} + 8\text{mm} < 18\text{mm}$

$\sigma = \frac{P}{dt_{min}} \leq \sigma_a$

$\rightarrow P_2 \leq \sigma_a \times dt_{min}$

$\leq (140\text{MPa})(20\text{mm})(16\text{mm}) = 44.8\text{kN}$

$P_a = P_{min} = 44.8\text{kN}$

$\therefore n = \frac{P}{P_a} = \frac{550\text{kN}}{44.8\text{kN}} \approx 12.28 \approx 13$개

꼭 알아두자!
리벳은 쪼개서 배치할 수 없기 때문에 n을 소수 첫 번째 자리에서 올림한 정수로 한다.

계산 TIP

◎ 정석적인 방법

$V_c = \left(\frac{1}{6}\right)(1)(\sqrt{25}\text{MPa})(400 \times 600 \text{mm}^2)$

$= \left(\frac{1}{6}\right)(5\text{MPa})(4 \times 6 \times 10^4 \text{mm}^2)$

$= \frac{1}{6} \times 5 \times 4 \times 6 \times 10^4 \text{N} = 20 \times 10^4 \times 10^{-3}\text{kN} = 200\text{kN}$

$\frac{(600\text{mm})(300\text{mm}^2)(400\text{MPa})}{300\text{kN}}$

$= \frac{(6 \times 10^2)(3 \times 10^2)(4 \times 10^2)\text{N} \cdot \text{mm}}{3 \times 10^2 \times 10^3 \text{N}}$

$= \frac{6 \times 3 \times 4 \times 10^6 \text{mm}}{3 \times 10^5} = 240\text{mm} > s$

◎ 앞자리 뽑기
V_c, s는 중간과정이므로 앞자리 뽑기를 적용할 수 없다.

18

정답 ②

$V_c = \frac{1}{6}\lambda\sqrt{f_{ck}}b_w d$

$= \left(\frac{1}{6}\right)(1)(\sqrt{25}\text{MPa})(400 \times 600\text{mm}^2)$

$= 200\text{kN}$

$V_s(=300\text{kN}) < 2V_c(=400\text{kN})$

$V_s = \frac{d}{s}A_v f_y > 300\text{kN} \rightarrow \frac{dA_v f_y}{300\text{kN}} > s$

$\rightarrow \frac{(600\text{mm})(300\text{mm}^2)(400\text{MPa})}{300\text{kN}} = 240\text{mm} > s$

$\therefore s_{max} = \left[\frac{d}{2}, 600\text{mm}, 240\text{mm}\right]_{min} = 240\text{mm}$

19

정답 ①

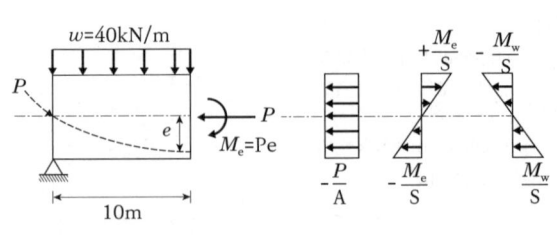

$\sigma_T = -\frac{P}{A} + \frac{M_e}{S} - \frac{M_w}{S}$

$\sigma_B = -\frac{P}{A} - \frac{M_e}{S} + \frac{M_w}{S}$

$\therefore \sigma_T + \sigma_B = -\frac{2P}{A} = -\frac{2(4500\text{kN})}{(0.3 \times 1\text{m}^2)} = -30\text{MPa}$

20 (80점 목표)   정답 정답 없음

$n = \dfrac{E_{ps}}{E_c} = \dfrac{200{,}000\text{MPa}}{40{,}000\text{MPa}} = 5$

- 탄성수축:

$$\Delta f_e = nf_c = n\dfrac{P_c}{A_g} = n\dfrac{P_s}{A_g}$$
$$= 5 \times \dfrac{2500\text{kN}}{(500 \times 500\text{mm}^2)} = 50\text{MPa}$$

- 크리프:

$\Delta f_{cr} = C_u nf_c = C_u \Delta f_e = 2(50\text{MPa}) = 100\text{MPa}$

- 건조수축:

$\Delta f_{sh} = \varepsilon_{sh} E_s = (500 \times 10^{-6})(200{,}000\text{MPa}) = 100\text{MPa}$

∴ $\Delta f_p = 50\text{MPa} + 100\text{MPa} + 100\text{MPa} = 250\text{MPa}$

▼ **꼭 알아두자!**

수험생들은 콘크리트 건조수축에 의한 응력 손실량 계산시 '$\Delta f_{sh} = \varepsilon_{sh} E_c$'로 실수할 수 있으니 주의하자.

2014 지방직

문제편 033p~038p

01	④	02	④	03	②	04	①	05	②
06	③	07	②	08	③	09	①	10	②
11	①	12	④	13	④	14	③	15	④
16	④	17	②	18	①	19	③	20	③

01   정답 ④

① 철근(강재)는 단위체적(면적)당 강도가 크다.

② 콘크리트는 혼합재료(물＋시멘트＋골재)로 제작되므로 균질성이 나쁘다.

　철근(강재)는 단일재료로 균질성이 좋다.

④ 철근(강재)는 내화성, 내식성이 약하다.

	콘크리트	철근(강재)
균질성	나쁘다	좋다
단위무게	가볍다	무겁다
단위 체적(면적)당 강도	작다	크다 (자중 감소, 대규모 구조 건설 적합)
내화성, 내식성	강하다	약하다
시공속도	느리다	빠르다

③ 연성(＝소성변형능력), 인성(＝에너지 흡수능력)이 우수하다.

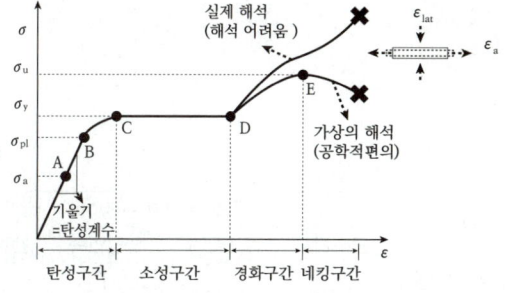

02 🎯 80점 목표
정답 ④

③ 긴장재가 부착되기 전에는 콘크리트와 덕트 내부의 그라우트 및 긴장재가 일체화 되지 않았으므로 덕트로 인한 단면적의 손실을 고려해야 한다.

④ 덕트의 치수가 과대하여 긴장재와 덕트가 부분적으로 접촉하는 경우, 접촉하는 위치 사이에 있어서 부재 좌굴과 얇은 복부 및 플랜지의 좌굴 가능성을 검토해야 한다. 단, 긴장재와 콘크리트가 완전 부착되어 있거나 덕트가 지나치게 크지 않은 경우에는 좌굴 발생 가능성이 적다.

03
정답 ②

'동바리가 필요하지 않아~', '양측의 교축방향을~'에 집중하자.
② FCM : Free cantilever Method

> **꼭 알아두자!**
> PWS 공법이란 교량의 케이블을 스트랜드 단위로 시공하는 방법이다. 케이블을 와이어 단위로 시공하는 AS 공법과 비교된다.

04
정답 ①

부재	최소 두께 또는 깊이			
	단순지지	일단연속	양단연속	캔틸레버
보, 리브가 있는 1방향 슬래브	$L/16$	$L/18.5$	$L/21$	$L/8$
1방향 슬래브	$L/20$	$L/24$	$L/28$	$L/10$

단, f_y가 400MPa 이외인 경우는 계산된 h값에 $\left(0.43+\dfrac{f_y}{700}\right)$을 곱하여야 한다.

$\therefore \dfrac{L}{20} = \dfrac{5m}{20} = 250mm \geq 100mm$

> **꼭 알아두자!**
> 슬래브 두께는 100mm 이상으로 한다. 단, 과다한 처짐이 발생하지 않을 정도의 두께가 되어야 한다.

05
정답 ②

$\lambda = \dfrac{L_e}{r} = \dfrac{L}{\sqrt{\dfrac{I_{min}}{A}}}$ ($L_e = L$ ∵ 양단힌지)

$= \dfrac{5m}{\sqrt{\dfrac{8100cm^4}{100cm^2}}} = \dfrac{5m}{9cm} \approx 55.6$

> **🧮 계산 TIP**
>
> ● 정석적인 방법
>
> $\lambda = \dfrac{5m}{\sqrt{\dfrac{8100cm^4}{100cm^2}}} = \dfrac{5 \times 10^2 cm}{\sqrt{\dfrac{81 \times 10^2}{10^2} cm^2}}$
>
> $= \dfrac{5 \times 10^2 cm}{\sqrt{9^2 cm^2}} = \dfrac{5 \times 10^2 cm}{9cm} \approx 55.6$
>
> ● 앞자리 뽑기
>
> $\lambda : \dfrac{5}{\sqrt{81}} = \dfrac{5}{9} \rightarrow \dfrac{5 \times 10}{9} \approx 5.56 \rightarrow \lambda \approx 55.6$

06
정답 ③

① 3개의 철근으로 구성된 다발철근의 겹침이음 길이는 다발 내의 철근에 대하여 다발철근이 아닌 경우의 각 철근의 겹침이음 길이보다 20% 증가시킨다. 4개의 철근으로 구성된 다발철근의 경우는 33% 증가시킨다.

② 압축 이형철근의 정착길이는 적용 가능한 모든 보정계수를 곱하여 구하여야 하며, 항상 200mm 이상이어야 한다.

④ 휨철근은 휨모멘트를 저항하는 데 더 이상 철근을 요구하지 않는 점에서 부재의 유효깊이 d 또는 $12d_b$ 중 큰 값 이상으로 더 연장하여야 한다. (단, 단순경간의 받침부와 캔틸레버의 자유단에서는 적용하지 않는다.)

07 80점 목표

정답 ②

② 안전율이란 $\dfrac{\text{저항력}}{\text{외력}}$으로 정의된다.

③ $\sum W \times x - P_h \times y = \sum M_r - \sum M_o$

→ $\sum W \times d = \sum M_r - \sum M_o$

→ $d = \dfrac{\sum M_r - \sum M_o}{\sum W}$

④ $q_{1,2} = -\dfrac{P}{A} \pm \dfrac{M}{S} = -\dfrac{P}{bh} \pm \dfrac{Pe}{\left(\dfrac{bh^2}{6}\right)}$

$= -\dfrac{\sum W}{1 \times B} \pm \dfrac{\sum W \times e}{\left(\dfrac{1 \times B^2}{6}\right)}$

$= -\dfrac{\sum W}{B}\left(1 \pm \dfrac{6e}{B}\right)$

08

정답 ③

• 30회 이상 시험 기록이 있는 경우

설계기준 압축강도 f_{ck}	배합강도 f_{cr} (큰 값 이용)
$f_{ck} \leq 35\text{MPa}$	$f_{ck} + 1.34s$ $(f_{ck} - 3.5) + 2.33s$
$35\text{MPa} < f_{ck}$	$f_{ck} + 1.34s$ $0.9f_{ck} + 2.33s$

• 15~29회 시험 기록이 있는 경우

30회 이상 시험 기록이 있는 경우에서 이용되는 식에 표준편차 s 값을 보정하여 계산한다.

시험횟수	보정계수
15	1.16
20	1.08
25	1.03
30회 이상	1.00

09

정답 ①

철근 항복강도(f_y)	압축지배 변형률 한계	최소허용 변형률	인장지배 변형률 한계
$f_y \leq 400\text{MPa}$	ε_y	0.004	0.005
$400\text{MPa} < f_y$	ε_y	$2\varepsilon_y$	$2.5\varepsilon_y$

① 휨부재의 최소 허용 변형률은 철근의 항복강도가 400MPa 이하인 경우 0.004로 하고, 철근의 항복강도가 400MPa을 초과하는 경우 철근 항복 변형률의 2배로 한다.

③ 휨부재 설계 시 보의 횡지지 간격(L)은 압축 플랜지 또는 압축면의 최소 폭의 50배를 초과하지 않도록 해야 한다.

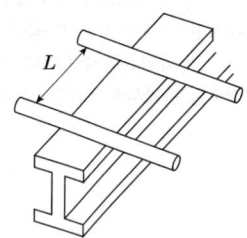

④ 복철근 보에 대한 설명이다.

10

정답 ②

② 횡방향 비틀림철근은 종방향 철근 주위로 135° 표준갈고리에 의하여 정착하여야 한다.

11

정답 ①

① 프리텐션 방식에서 프리스트레스 힘은 PS 강재와 콘크리트 사이의 직접 부착에 의해서 도입된다.

꼭 알아두자!

프리텐션 방식에서는 PS 강재와 콘크리트가 직접 접촉하나 포스트텐션 방식에서는 직접 접촉하지 않아 해당 보기는 프리텐션 방식을 설명할 때 이용되는 문장이다. 그러나 개인적인 의견으로 포스트텐션 방식에서도 그라우팅된 콘크리트와 PS 강재가 부착되므로 좋은 표현은 아니라고 생각된다.

12 정답 ④

④ 매스콘크리트를 필요로 하는 구조물 설계 시 신축이음이나 수축이음을 계획하면 수화열에 의한 균열 발생을 제어할 수 있다.

꼭 알아두자!

매스 콘크리트란 부재 혹은 구조물의 치수가 커서 시멘트의 수화열에 의한 온도 상승 및 강하를 고려하여 설계·시공해야 하는 콘크리트를 의미한다. 매스 콘크리트로 다루어야 하는 구조물의 부재치수는 일반적인 표준으로서 넓이가 넓은 평판구조의 경우 두께 0.8m 이상, 하단이 구속된 벽체의 경우 두께 0.5m 이상으로 한다.
- 프리쿨링(Pre-cooling, 선행냉각) 공법 : 콘크리트 재료의 일부 또는 전부를 냉각시켜 배합시 콘크리트 내부의 온도를 낮추는 방법
- 파이프쿨링(Pipe-cooling, 관로식냉각) 공법 : 콘크리트를 치기 전에 외경 25mm 정도의 파이프를 수평으로 배치하고 그 속에 자연지하수나 인공냉각수를 통과시켜서 콘크리트의 온도를 낮추는 방법을 의미한다.

13 정답 ④

	$V_s \leq 2V_c$	$2V_c < V_s \leq$ $0.2f_{ck}\left(1-\dfrac{f_{ck}}{250}\right)b_w d$	$0.2f_{ck}\left(1-\dfrac{f_{ck}}{250}\right)b_w d$ $< V_s$
RC	$d/2$ or 600mm 이하	$V_s \leq 2V_c$의 절반	콘크리트 단면을 넓게 다시 설계해야 한다.
PSC	$0.75h$ or 600mm 이하		

④ 부재축에 직각으로 배치된 전단철근의 간격은 철근콘크리트 부재일 경우와 프리스트레스 콘크리트 부재일 경우 모두 600mm 이하로 하여야 한다.

14 정답 ③

	3개월	6개월	1년	5년 이상
ξ	1	1.2	1.4	2

$\lambda = \dfrac{\xi}{1+50\rho'} = \dfrac{2}{1+50\times 0.01} = \dfrac{4}{3}$

15 정답 ④

④ 스트럿-타이 모델에서 스트럿, 절점부 및 지압부의 강도감소계수는 0.75를 적용한다.

16 정답 ④

$l_{db} = \dfrac{0.25 f_y}{\lambda\sqrt{f_{ck}}} d_b \geq 0.043 f_y d_b$

$\rightarrow \dfrac{(0.25)(400\text{MPa})}{(1)(\sqrt{25}\text{MPa})}(25\text{mm}) \geq (0.043)(400\text{MPa})(25\text{mm})$

$\rightarrow 500\text{mm} \geq 430\text{mm}$

(D13 띠철근의 중심간격이 100mm 이하인 경우 : 보정계수 0.75)

$\therefore l_d = 0.75 \times 500\text{mm} = 375\text{mm} \geq 200\text{mm}$

꼭 알아두자!

정착길이 l_d이므로 압축 이형철근 최소정착길이 규정(200mm이상)을 적용한다.

계산 TIP

○ 정석적인 방법

$\dfrac{(0.25)(400\text{MPa})}{(1)(\sqrt{25}\text{MPa})}(25\text{mm}) \geq (0.043)(400\text{MPa})(25\text{mm})$

$\rightarrow \dfrac{(25\times 10^{-2})(4\times 10^2)}{(5)}(25\text{mm}) \geq (43\times 10^{-3})(4\times 10^2)(25\text{mm})$

$\rightarrow \dfrac{25\times 4}{5}\times 25\text{mm} \geq 43\times 4\times 25\times 10^{-1}\text{mm}$

$\rightarrow 500\text{mm} \geq 430\text{mm}$

○ 앞자리 뽑기
대소 비교를 해야 하므로 앞자리 뽑기를 적용할 수 없다.

17

정답 ②

> **KDS 24 14 31 : 강교 설계기준(한계상태설계법)**
> **4.9 연결**
> (1) 부재 연결부의 설계는 KDS 14 31 25의 해당규정을 따른다.
>
> **KDS 14 31 25 : 강구조 연결 설계기준(하중저항계수설계법)**
> **4. 설계**
> **4.1 공통사항**
> **4.1.1 일반사항**
> **4.1.1.1 설계일반**
> (1) 접합부의 설계강도 ϕR_n은 이 기준과 KDS 14 31 05에 따라 산정한다.
> (2) 접합부의 소요강도는 명시된 설계하중에 대한 구조해석에 의해 결정되어야 한다.
> (3) 접합부 설계에 사용되는 힘과 변형은 구조해석 시 적용한 접합부의 의도된 성능 및 가정과 일치해야 한다.
> (4) 축력을 받는 부재의 축이 한 점에서 만나지 않을 경우에는 편심의 영향을 고려해야 한다.
> (5) 건축 구조물 접합부는 건축강구조 표준접합상세지침에 따르고 그렇지 않을 경우 구조상의 안전에 이상이 없도록 해야 한다.

② 축력을 받는 부재의 축이 한 점에서 만나지 않을 경우에는 편심의 영향을 고려해야 한다.

18

정답 ①

- 축방향철근(주철근) 지름 16배 이하 :
  $16 \times 29mm = 464mm$ 이하
- 띠철근 지름 48배 이하 : $48 \times 13mm = 624mm$ 이하
- 기둥 단면 최소 치수 이하 : 450mm 이하

∴ 450mm 이하

19 (80점 목표)

정답 ③

③ case 2의 경우 γ항의 γ는 가중평균을 이용하여 계산한다.

$$\gamma = \frac{\gamma_t(D_w - D_f) + \gamma'(D_f + B - D_w)}{B}$$

20

정답 ③

③ 정(+)의 휨모멘트를 받는 T형 단면의 중립축이 플랜지 안에 있으면, 직사각형 단면으로 고려하여 설계하여야 한다.

2015 지방직

01	④	02	②	03	①	04	②	05	④
06	②	07	①	08	④	09	④	10	④
11	①	12	③	13	④	14	②	15	①
16	②	17	②	18	③	19	③	20	③

01   정답 ④

$f_{ck} \leq 40\text{MPa} \rightarrow \eta=1,\ \beta_1=0.8,\ \varepsilon_{cu}=0.0033$

(단, 문제에서 $\varepsilon_c=0.003$ 간주)

$$\frac{\varepsilon_s}{\varepsilon_c}=\frac{d-c}{c} \rightarrow \varepsilon_s=\frac{d-c}{c}\varepsilon_c$$

$$\therefore \varepsilon_s=\frac{480\text{mm}-160\text{mm}}{160\text{mm}}\times 0.003=0.006$$

02   정답 ②

①, ③

KDS 14 30 25 강구조 연결 설계기준(허용응력설계법)
4.1.10 이음부 설계 세칙

(1) 응력을 전달하는 필릿용접 이음부의 길이는 모살치수의 10배 이상 또한 40mm 이상을 원칙으로 한다.
(2) 응력을 전달하는 겹침이음은 2열 이상의 필릿용접을 원칙으로 하고, 겹침길이는 얇은 쪽 판두께의 5배 이상 또한 20mm 이상 겹치게 해야 한다.
(3) 고장력 볼트, 리벳, 볼트의 구멍의 지름은 표 4.1－1, 표 4.1－2, 표 4.1－3에 따른다.
(4) 고장력 볼트, 리벳, 볼트의 구멍 중심간 거리는 공칭직경의 2.5배 이상으로 한다.
(5) 고장력 볼트, 리벳, 볼트의 구멍 중심에서 피접합재의 연단 또는 측단까지의 최소거리는 표 4.1－4에 따른다.

표 4.1－4 최소연단거리 (mm)

리벳 또는 볼트의 공칭직경	연단거리	측단거리[1]
16	28	22
20	34	26
22	38	28
24	44	32
27	50	38
30	54	40

주 1) 자동가스 절단 및 기계톱 절단 시는 측단거리를 적용한다.

(6) 고장력 볼트 구멍 중심에서 볼트머리 또는 너트가 접하는 접합부재의 연단까지의 최대거리는 판두께의 12배 이하 또한 150mm 이하로 한다.

KDS 14 31 25 강구조 연결 설계기준(하중저항계수설계법)
4.1.3 볼트
4.1.3.1 고장력볼트

(1) 모든 고장력볼트는 너트회전법, 직접인장측정법, 토크관리법, 토크－전단형 볼트(T/S) 등을 사용하여 표 4.1－7에 주어진 설계볼트장력 이상으로 조여야 한다.
(2) 마찰접합에서 하중이 접합부의 단부를 향할 때는 적절한 설계지압강도를 갖도록 4.1.3.5에 따라 검토해야 한다.
(3) 다음의 경우에는 밀착조임을 사용할 수 있다. 여기서, 밀착조임이란 임팩트렌치로 수 회 또는 일반렌치로 최대로 조여서 접합되는 판들이 서로 충분히 밀착된 상태가 된 볼트 조임을 말한다. 밀착조임은 설계도면과 시공도면에 명확히 표기해야 한다.
 ① 지압접합
 ② 진동이나 하중변화에 따른 고장력볼트의 풀림이나 피로를 설계에 고려할 필요가 없는 F8T의 경우

② 고장력 볼트로 연결된 인장부재의 순단면적은 구멍의 단면적을 제외한 순단면적으로 한다.

03

정답 ①

$$V_c = \frac{1}{6}\lambda\sqrt{f_{ck}}b_w d$$
$$= \left(\frac{1}{6}\right)(5\text{MPa})(400 \times 600\text{mm}^2)$$
$$= 200\text{kN}$$

$$V_s = \frac{d}{s}A_v f_y$$
$$= \left(\frac{600\text{mm}}{300\text{mm}}\right)(200\text{mm}^2)(400\text{MPa})$$
$$= 160\text{kN}$$

$$\therefore V_u \leq V_d = \phi(V_c + V_s)$$
$$= 0.75(200\text{kN} + 160\text{kN})$$
$$= 270\text{kN}$$

계산 TIP

◎ 정석적인 방법

$$V_c = \left(\frac{1}{6}\right)(1)(5\text{MPa})(400 \times 600\text{mm}^2)$$
$$= \left(\frac{1}{6}\right)(5\text{MPa})(4 \times 6 \times 10^4\text{mm}^2)$$
$$= \frac{1}{6} \times 5 \times 4 \times 6 \times 10^4 \text{N} = 20 \times 10^4 \times 10^{-3}\text{kN} = 200\text{kN}$$

$$V_s = \left(\frac{600\text{mm}}{300\text{mm}}\right)(200\text{mm}^2)(400\text{MPa})$$
$$= \left(\frac{6}{3}\right)(2 \times 10^2\text{mm}^2)(4 \times 10^2\text{MPa})$$
$$= \frac{6 \times 2 \times 4}{3} \times 10^4\text{N} = 16 \times 10^4 \times 10^{-3}\text{kN} = 160\text{kN}$$

◎ 앞자리 뽑기

V_c, V_s는 중간과정이므로 앞자리 뽑기를 적용할 수 없다.

꼭 알아두자!

문제에서 '계수전단력 $V_u[\text{kN}]$는?'이라고 물었으나, 계수전단력의 최댓값이 정확한 표현이다.

04

정답 ②

② 재료는 비선형, 비탄성 구간에 있는 것으로 가정한다.

	단면해석	구조해석
허용응력설계법	선형탄성해석	선형탄성해석
강도설계법	비선형, 비탄성해석	선형탄성해석
한계상태설계법	비선형, 비탄성해석	비선형, 비탄성해석

④ 안정성을 극한한계상태로 사용성을 사용성한계상태로 확보할 수 있다. 깊이 이해할 필요는 없다.

05

정답 ④

① 세인트버넌트 원리에 대한 설명이다. 무시해도 좋다.

②, ④ 휨응력은 단면의 상연, 하연에서 최대이다. 전단력에 의한 전단응력은 중립축에서 최대이며 상연 하연에서 최소이다.

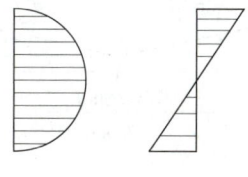

〈전단응력〉 〈휨응력〉

③ $\sigma = -\dfrac{My}{I}$;

단면2차모멘트(I) ⇧ → 휨응력(σ) ⇩

06

정답 ②

$$\therefore R_n = \mu h_f T_o N_s$$
$$= (0.5)(1.0)(200\text{kN})(2\text{면} \times 5\text{개}) = 1000\text{kN}$$

07

정답 ①

$$P_{cr} = \frac{\pi^2 EI_{\min}}{L_e^2} = \frac{\pi^2 EI_{yy}}{(0.5L)^2} \quad (L_e = 0.5L \quad \because \text{양단고정})$$
$$= \frac{(\pi^2)(2 \times 10^5\text{MPa})(5 \times 10^7\text{mm}^4)}{(0.5 \times 5\text{m})^2}$$
$$= 16000\text{kN}$$

계산 TIP

◎ 정석적인 방법

$$P_{cr} = \frac{(\pi^2)(2 \times 10^5\text{MPa})(5 \times 10^7\text{mm}^4)}{(0.5 \times 5\text{m})^2}$$
$$= \frac{(10)(2 \times 10^5)(5 \times 10^7)\text{N}\cdot\text{mm}^2}{(5^2 \times 10^{-2} \times 5^2 \times 10^6\text{mm}^2)}$$
$$= \frac{2 \times 5 \times 10^{13}}{5^2 \times 5^2 \times 10^4}\text{N} = 16000\text{kN}$$

◎ 앞자리 뽑기

$$P_{cr} : \frac{\pi^2 \times 2 \times 5}{25^2} = \frac{10 \times 2 \times 5}{25^2} = \frac{4}{25} \rightarrow P_{cr} = 16000\text{kN}$$

08

정답 ④

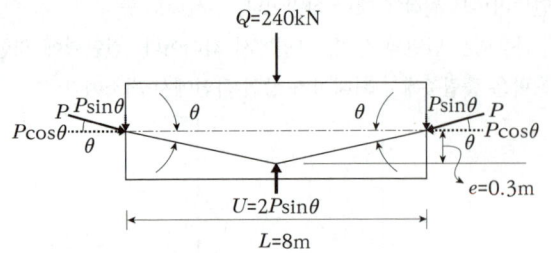

$U = 2(P\sin\theta)$
$= 2P\left(\dfrac{2e}{L}\right) = \dfrac{4Pe}{L}$

$U = Q$;

$\dfrac{4Pe}{L} = Q$

→ $P = Q\left(\dfrac{L}{4e}\right)$

$= (240\text{kN})\left(\dfrac{8\text{m}}{4 \times 0.3\text{m}}\right) = 1600\text{kN}$

09

정답 ④

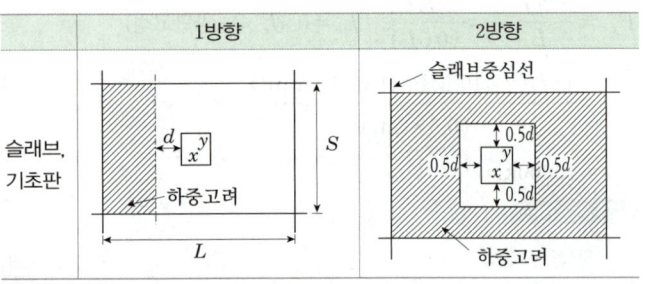

위험 구역 $= (S)\left(\dfrac{L-x}{2} - d\right)$
$= (3\text{m})\left(\dfrac{3\text{m} - 300\text{mm}}{2} - 550\text{mm}\right) = 2.4\text{m}^2$

∴ $V_u = q_u \times$ 위험구역
$= (0.3\text{MPa})(2.4\text{m}^2)$
$= 720\text{kN}$

계산 TIP

○ **정석적인 방법**

위험구역 $= (3\text{m})\left(\dfrac{3\text{m} - 300\text{mm}}{2} - 550\text{mm}\right)$
$= (3\text{m})\left(\dfrac{3\text{m} - 0.3\text{m}}{2} - 0.55\text{m}\right) = (3\text{m})(0.8\text{m}) = 2.4\text{m}^2$

$V_u = (0.3\text{MPa})(2.4\text{m}^2) = (3 \times 10^{-1})(24 \times 10^{-1}) \times 10^6\text{N}$
$= 3 \times 24 \times 10^{-2} \times 10^3 \times 10^3\text{N} = 720\text{kN}$

○ **앞자리 뽑기**

위험구역은 중간과정이므로 앞자리 뽑기를 적용할 수 없다.
$V_u : 3 \times 24 = 72$ → $V_u = 720\text{kN}$

10

정답 ④

KDS 24 90 11 : 교량 기타시설설계기준(한계상태설계법)

4.1.3.1 설계 이동량 계산 및 허용 틈새 간격

(1) 신축이음의 이동량은 발생 가능한 모든 하중들의 조합들 중에서 가장 불리한 경우에 대하여 KDS 24 12 11과 KDS 24 12 21에서 규정한 극한한계상태 하중조합을 사용하여 계산하여야 한다.

(2) 각종 이동량 및 시공 여유량 등을 모두 고려하여 차량 진행방향으로 산정한 신축이음 노면 최대 틈새 간격(W, mm)은 다음을 만족하여야 한다.
① 틈새가 하나인 경우(for single gap) : $W \leq 100\text{mm}$
② 틈새가 여러 개인 모듈 형식(for multiple modular gaps) : $W \leq 80\text{mm}$

(3) 강교량인 경우 노면 틈새 간격은 계수하중을 고려한 극한 이동 상태에서 최소 25mm 이상이어야 한다. 콘크리트교량인 경우 크리프 및 건조수축 변형을 감안하여 초기에 일시적으로 최소 틈새 간격이 25mm 보다 작을 수 있다.

4.1.3.2 설계 하중

(1) 신축이음의 설계 연직하중은 KDS 24 12 11과 KDS 24 12 21의 표준트럭의 후륜하중으로 한다. 윤하중 분배 면적 크기는 KDS 24 12 21 하중편을 참조하여 산정할 수 있으며, 레일형 및 핑거형 등 개방식 신축이음인 경우에는 트럭 바퀴가 접촉되지 않는 부분이 발생하므로 분포하중 산정 시 이를 고려해야 한다.

(2) 신축이음의 설계 수평하중은 설계 연직하중의 20%로 하고 신축이음에서의 바퀴 접촉과 분포를 고려한다. 눈이 많이 오는 지역에서 제설차의 사용이 예상되는 경우에는 신축이음 길이 방향 3,050mm에 20N/mm(충격 포함)로 분포하는 선하중을 사용한다. 여기서 작용방향은 차량 진행 방향이며 노면 위치에서 작용하는 것으로 한다.

④ 각종 이동량 및 시공 여유량 등을 모두 고려하여 차량 진행 방향으로 산정한 신축이음 노면 최대 틈새 간격(W, mm)은 틈새가 하나(for single gap)인 경우 $W \leq 100$mm 를 만족하여야 한다.

계산 TIP

◎ 정석적인 방법

$$a = \frac{(1700\text{mm}^2)(400\text{MPa})}{(0.85)(20\text{MPa})(400\text{mm})} = \frac{(17 \times 10^2)(4 \times 10^2)\text{mm}}{(85 \times 10^{-2})(2 \times 10)(4 \times 10^2)}$$

$$= \frac{17 \times 4 \times 10^4 \text{mm}}{85 \times 2 \times 4 \times 10} = 100\text{mm}$$

$$M_n = (1700\text{mm}^2)(400\text{MPa})\left(450\text{mm} - \frac{100}{2}\text{mm}\right)$$

$$= (17 \times 10^2 \text{mm}^2)(4 \times 10^2 \text{MPa})(4 \times 10^2 \text{mm})$$

$$= 17 \times 4 \times 4 \times 10^6 \text{N} \cdot \text{mm} = 272 \times 10^6 \times 10^{-6} \text{kN} \cdot \text{m}$$

$$= 272\text{kN} \cdot \text{m}$$

◎ 앞자리 뽑기

a는 중간과정이므로 앞자리 뽑기를 적용할 수 없다.

M_n : $17 \times 4 \times 4 = 272$ → $M_n = 272\text{kN} \cdot \text{m}$

11 정답 ①

	프리(pre)텐션 방식	포스트(post)텐션 방식
도입할 때 일어나는 손실 (즉시 손실)	① 정착장치의 활동(=슬립량에 의한 손실) ② 콘크리트의 탄성수축	
		③ 긴장재와 덕트 사이의 마찰 ★ (=PS 강재와 쉬스 사이의 마찰)
도입 후 일어나는 손실 (시간 손실)	① 콘크리트의 크리프 ② 콘크리트의 수축(자기수축+건조수축) ③ 긴장재 응력의 릴랙세이션	

12 정답 ③

$f_{ck} \leq 40\text{MPa}$ → $\eta = 1$, $\beta_1 = 0.8$, $\varepsilon_{cu} = 0.0033$

$$a = \frac{A_s f_y}{\eta(0.85 f_{ck} b)}$$

$$= \frac{(1700\text{mm}^2)(400\text{MPa})}{(0.85)(20\text{MPa})(400\text{mm})} = 100\text{mm}$$

$$M_n = A_s f_y \left(d - \frac{a}{2}\right)$$

$$= (1700\text{mm}^2)(400\text{MPa})\left(450\text{mm} - \frac{100}{2}\text{mm}\right)$$

$$= 272\text{kN} \cdot \text{m}$$

13 정답 ④

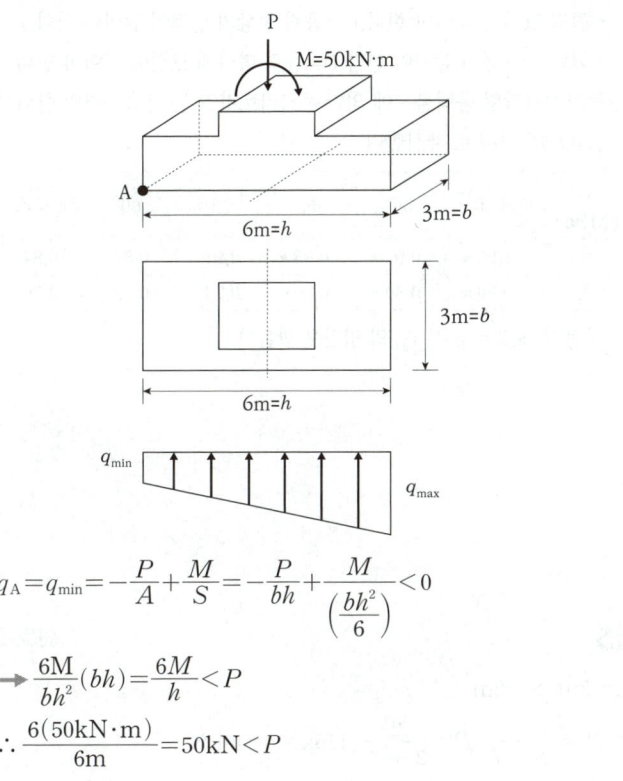

$$q_A = q_{min} = -\frac{P}{A} + \frac{M}{S} = -\frac{P}{bh} + \frac{M}{\left(\frac{bh^2}{6}\right)} < 0$$

$$\rightarrow \frac{6M}{bh^2}(bh) = \frac{6M}{h} < P$$

$$\therefore \frac{6(50\text{kN} \cdot \text{m})}{6\text{m}} = 50\text{kN} < P$$

> **꼭 알아두자!**
> 단면의 핵 개념으로 풀 수 있으나 오히려 수험생들에게 혼란을 줄 수 있어 원론적으로 풀이하였다.
> $$M = Pe \rightarrow e = \frac{M}{P} < \frac{h}{6} \rightarrow \frac{6M}{h} < P$$
> $$\therefore \frac{6(50\text{kN}\cdot\text{m})}{6\text{m}} = 50\text{kN} < P$$

14 정답 ②

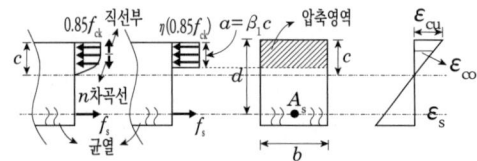

〈실제응력〉〈등가응력블록〉 〈단면〉 〈변형도〉

①, ② 등가 응력 형상은 어떤 것으로도 가정할 수 있으나 다음 두 가지 조건을 만족시켜야 한다.
- 힘의 크기가 같아야 한다.(= 응력 형상의 면적이 같아야 한다.)
- 힘의 작용점이 같아야 한다.(= 응력 형상의 도심이 같아야 한다.)

③ 등가직사각형 응력블록에 의한 콘크리트가 받는 압축응력의 합력은 $\eta(0.85f_{ck})ab$로 계산한다.

f_{ck} (MPa)	≤40	50	60	70	80	90<f_{ck}
η	1.00★	0.97★	0.95★	0.91	0.87	0.84
β_1	0.80★	0.80★	0.76★	0.74	0.72	0.70

④ 개정 후에도 η, β_1은 f_{ck}의 영향을 받는다.

15 정답 ①

$L = 3\text{m}$, $S = 2\text{m}$
$$\therefore P_L = \frac{S^3}{S^3 + L^3}P = \frac{2^3}{2^3 + 3^3}(175\text{kN}) = 40\text{kN}$$

16 정답 ②

①, ④ 쉬스와 긴장재와의 마찰에 대한 설명이다.(곡률과 파상마찰)
② 포스트텐션 방식은 덕트를 통하여 배치한 긴장재를 콘크리트가 굳은 다음에 긴장시켜 프리스트레스를 주는 방식이다.

17 정답 ②

① $V_u < \phi V_c$이라면 이론상 전단철근이 필요없으나, $\frac{1}{2}\phi V_c < V_u < \phi V_c$일 때 최소전단철근을 배치한다.
③ 경사스트럽을 전단철근으로 사용하는 경우에 스트럽이 부담하는 전단강도는 $V_s = \frac{d}{s}A_v f_{yt}(\sin\alpha + \cos\alpha)$이다.
④ 수직스트럽의 간격은 $0.5d$ 이하, 600mm 이하로 하여야 한다.

18 정답 ③

부재	최소 두께 또는 깊이			
	단순지지	일단연속	양단연속	캔틸레버
보, 리브가 있는 1방향 슬래브	L/16	L/18.5	L/21	L/8
1방향 슬래브	L/20	L/24	L/28	L/10

단, f_y가 400MPa 이외인 경우는 계산된 h값에 $\left(0.43 + \frac{f_y}{700}\right)$을 곱하여야 한다.

③ 단순지지 1방향 슬래브 : $L/20$

19 80점 목표 정답 ③

KDS 14 20 52 콘크리트구조 정착 및 이음 설계기준
4.1.6 확대머리 이형철근 및 기계적 인장 정착

(1) 인장을 받는 확대머리 이형철근의 정착길이 l_{dt}는 정착 부위에 따라 다음 (2) 또는 (3)으로 구할 수 있다. 다만, 이렇게 구한 정착길이 l_{dt}는 항상 $8d_b$ 또한 150mm 이상이어야 한다. 또한 다음 조건을 만족해야 한다.
① 확대머리의 순지압면적(A_{brg})은 $4A_b$ 이상이어야 한다.
② 확대머리 이형철근은 경량콘크리트에 적용할 수 없으며, 보통중량콘크리트에만 사용한다.

(2) 최상층을 제외한 부재 접합부에 정착된 경우

$$l_{dt} = \frac{0.22\beta d_b f_y}{\psi\sqrt{f_{ck}}} \quad (4.1-5)$$

식 (4.1-5)를 적용하기 위해서는 다음의 ①부터 ⑤까지 조건을 만족하여야 한다.

① 철근 순피복두께는 $1.35d_b$ 이상이어야 한다.
② 철근 순간격은 $2d_b$ 이상이어야 한다.
③ 확대머리의 뒷면이 횡보강철근 바깥 면부터 50mm 이내에 위치해야 한다.
④ 확대머리 이형철근이 정착된 접합부는 지진력저항시스템별로 요구되는 전단강도를 가져야 한다.

(3) (2)외의 부위에 정착된 경우

$$l_{dt} = \frac{0.24\beta d_b f_y}{\sqrt{f_{ck}}} \quad (4.1-7)$$

식 (4.1-7)을 적용하기 위해서는 다음의 ①과 ② 조건을 만족하여야 한다.

① 순피복두께는 $2d_b$ 이상이어야 한다.
② 철근 순간격은 $4d_b$ 이상이어야 한다.

계산 TIP

◦ 정석적인 방법

$$a = \frac{(4250\text{mm}^2)(400\text{MPa})}{(0.85)(20\text{MPa})(800\text{mm})} = \frac{(425\times10)(4\times10^2)\text{mm}}{(85\times10^{-2})(2\times10)(8\times10^2)}$$
$$= \frac{425\times4\times10^3\text{mm}}{85\times2\times8\times10} = 125\text{mm}$$

$$M_n = (4250\text{mm}^2)(400\text{MPa})\left(500\text{mm}-\frac{125}{2}\text{mm}\right)$$
$$= (425\times10)(4\times10^2)(4375\times10^{-1})\text{N}\cdot\text{mm}$$
$$= 425\times4\times4375\times10^2\times10^{-6}\text{kN}\cdot\text{m} = 743.75\text{kN}\cdot\text{m}$$

◦ 앞자리 뽑기

a는 중간과정이므로 앞자리 뽑기를 적용할 수 없다.
M_n : $425\times4\times4375$
보기의 숫자 차이가 크기 때문에 셋째 자리에서 반올림하여 앞자리를 이용한다.
→ $43\times4\times44 = 7568$ → $M_n = 743.75\text{kN}\cdot\text{m}$

20 정답 ③

$f_{ck} \leq 40\text{MPa}$ → $\eta=1$, $\beta_1=0.8$, $\varepsilon_{cu}=0.0033$

$$a = \frac{A_s f_y}{\eta(0.85 f_{ck} b)} = \frac{(4250\text{mm}^2)(400\text{MPa})}{(0.85)(20\text{MPa})(800\text{mm})}$$
$$= 125\text{mm} < t_f = 200\text{mm} \;(\therefore 직사각형보 해석)$$

$$\therefore M_n = A_s f_y\left(d-\frac{a}{2}\right)$$
$$= (4250\text{mm}^2)(400\text{MPa})\left(500\text{mm}-\frac{125}{2}\text{mm}\right)$$
$$= 743.75\text{kN}\cdot\text{m}$$

2016 지방직

01	④	02	②	03	③	04	①	05	③
06	④	07	①	08	②	09	②	10	③
11	①	12	④	13	①	14	②	15	④
16	①	17	②	18	③	19	③	20	①

01 정답 ④

	프리(pre)텐션 방식	포스트(post)텐션 방식
도입할 때 일어나는 손실 (즉시 손실)	① 정착장치의 활동(=슬립량에 의한 손실) ② 콘크리트의 탄성수축	③ 긴장재와 덕트 사이의 마찰★ (=PS 강재와 쉬스 사이의 마찰)
도입 후 일어나는 손실 (시간 손실)	① 콘크리트의 크리프 ② 콘크리트의 수축(자기수축＋건조수축) ③ 긴장재 응력의 릴랙세이션	

④ 프리텐션 방식에서는 덕트가 설치되지 않는다.

02 정답 ②

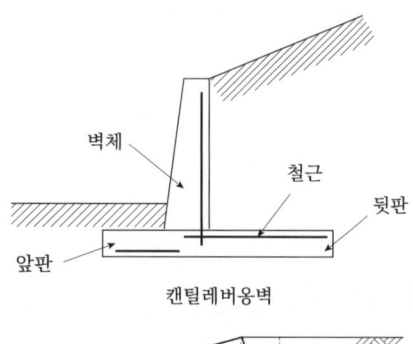

캔틸레버옹벽

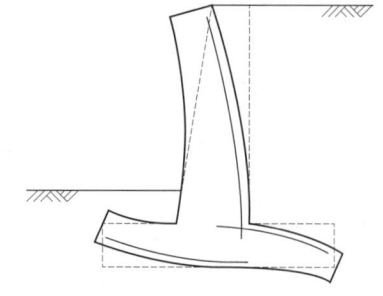

03 정답 ③

① 충분한 다짐, 입도 양호 → 공극⇓ → 물−시멘트비 $\frac{W}{C}$(≈단위 수량)⇓ → 건조수축⇓ → 크리프⇓

② 물−시멘트비 $\frac{W}{C}$(≈단위 수량)⇑ → 건조수축⇑(가장 큰 영향★) → 크리프⇑

③ 부재단면치수(=두께)⇑ → 건조수축⇓ → 크리프⇓

④ 건조할수록(습도⇓, 온도⇑) → 건조수축⇑ → 크리프⇑

04 80점 목표 정답 ①

꼭 알아두자!
출제자 의도상 인장철근도 항복한 것으로 가정한다.
인장철근과 압축철근이 모두 항복하였으므로 $\bar{\rho}_{min}$ 과정을 생략할 수 있다.

$$M_n = (A_s - A_s')f_y\left(d - \frac{a}{2}\right) + A_s'f_y(d - d'),$$
$$a = \frac{(A_s - A_s')f_y}{\eta(0.85f_{ck}b)}$$

05 정답 ③

$w_u = 1.2w_d + 1.6w_l \geq 1.4w_d$
→ $1.2(30\text{kN/m}) + 1.6(60\text{kN/m}) \geq 1.4(30\text{kN/m})$
→ $132\text{kN/m} \geq 42\text{kN/m}$ (ok)
∴ $w_u = 132\text{kN/m}$

06 정답 ④

㉠ $f = \frac{P}{A} = \frac{300\text{kN}}{300 \times 10\text{mm}^2} = 100\text{MPa}$

㉡ $f = \frac{P}{A} = \frac{300\text{kN}}{300 \times 10\text{mm}^2} = 100\text{MPa}$

㉢ $\tau = \frac{V}{A} = \frac{150\text{kN}}{300 \times 10\text{mm}^2} = 50\text{MPa}$

> 📝 **계산 TIP**

○ 정석적인 방법

㉠, ㉡ $f = \dfrac{300\text{kN}}{300 \times 10\text{mm}^2} = \dfrac{3 \times 10^2 \times 10^3 \text{N}}{3 \times 10^2 \times 10\text{mm}^2}$

$= \dfrac{3}{3} \times 10^2 \text{MPa} = 100\text{MPa}$

㉢ $\tau = \dfrac{150\text{kN}}{300 \times 10\text{mm}^2} = \dfrac{15 \times 10 \times 10^3 \text{N}}{3 \times 10^2 \times 10\text{mm}^2}$

$= \dfrac{15}{3} \times 10\text{MPa} = 50\text{MPa}$

○ 앞자리 뽑기

㉠, ㉡ $f : \dfrac{3}{3} = 1 \rightarrow f = 100\text{MPa}$

㉢ $\tau : \dfrac{15}{3} = 5 \rightarrow \tau = 50\text{MPa}$

> 📝 **계산 TIP**

○ 정석적인 방법

$A_{vf} > \dfrac{45\text{kN}}{(0.75)\left(0.5 \times \dfrac{4}{5} + \dfrac{3}{5}\right)(400\text{MPa})}$

$= \dfrac{45 \times 10^3 \text{N} \times \text{mm}^2}{(75 \times 10^{-2})(0.4 + 0.6)(4 \times 10^2 \text{MPa}) \times \text{mm}^2}$

$= \dfrac{45 \times 10^3 \text{mm}^2}{75 \times 4} = 150\text{mm}^2$

○ 앞자리 뽑기

$A_{vf} : \dfrac{45}{75 \times 4} = \dfrac{3}{20} \rightarrow \dfrac{3 \times 10}{20} = 1.5 \rightarrow A_{vf} > 150\text{mm}^2$

07 정답 ①

내진등급	교량
내진특등급	• 내진 I 등급 중에서, 국방, 방재상 매우 중요한 교량 또는 지진 피해 시 사회경제적으로 영향이 매우 큰 교량
내진 I 등급	• 고속도로, 자동차전용도로, 특별시도, 광역시도 또는 일반국도상의 교량 및 이들 도로 위를 횡단하는 교량 • 지방도, 시도 및 군도 중 지역의 방재계획상 필요한 도로에 건설된 교량 및 이들 도로 위를 횡단하는 교량 • 해당도로의 일일계획교통량을 기준으로 판단했을 때 중요한 교량 • 설계지진 발생 후에도 기능을 유지해야 할 철도교
내진 II 등급	• 내진특등급 및 내진 I 등급에 속하지 않는 교량

08 80점 목표 정답 ②

$V_d = \phi V_n > V_u$

$\rightarrow V_d = \phi(\mu \sin\alpha + \cos\alpha) A_{vf} f_y > V_u$

$\therefore A_{vf} > \dfrac{V_u}{\phi(\mu \sin\alpha + \cos\alpha) f_y}$

$= \dfrac{45\text{kN}}{(0.75)\left(0.5 \times \dfrac{4}{5} + \dfrac{3}{5}\right)(400\text{MPa})} = 150\text{mm}^2$

09 80점 목표 정답 ②

$f_{ck} \leq 40\text{MPa} \rightarrow \eta = 1, \beta_1 = 0.8, \varepsilon_{cu} = 0.0033$

$\varepsilon_y = \dfrac{f_y}{E_s} = \dfrac{440\text{MPa}}{200{,}000\text{MPa}} = 0.0022$

$\dfrac{\varepsilon_s}{\varepsilon_c} = \dfrac{d-c}{c} \rightarrow \dfrac{\varepsilon_y}{\varepsilon_c} = \dfrac{d-c}{c}$ ($\varepsilon_s = \varepsilon_y$ ∵ 균형 상태)

$\rightarrow \dfrac{0.0022}{0.0033} = \dfrac{400\text{mm} - c}{c} \rightarrow c = 240\text{mm}$

$a = \beta_1 c = (0.8)(240\text{mm}) = 192\text{mm}$

$\therefore C_c = \eta(0.85 f_{ck} ab)$

$= (0.85)(25\text{MPa})(192\text{mm})(300\text{mm})$

$= 1224\text{kN}$

> 📝 **계산 TIP**

○ 정석적인 방법

$\dfrac{0.0022}{0.0033} = \dfrac{400-c}{c} \rightarrow \dfrac{2}{3} = \dfrac{400-c}{c}$

$\rightarrow 2c = 3(400-c) = 1200 - 3c$

$\rightarrow 5c = 1200 \rightarrow c = \dfrac{1200}{5} = 240\text{mm}$

$C_c = (0.85)(25\text{MPa})(192\text{mm})(300\text{mm})$

$= (85 \times 10^{-2})(25)(192)(3 \times 10^2)\text{N}$

$= 85 \times 25 \times 192 \times 3 \times 10^{-3}\text{kN} = 1224000 \times 10^{-3}\text{kN} = 1224\text{kN}$

○ 앞자리 뽑기

c는 중간과정이므로 앞자리 뽑기를 적용할 수 없다.
보기의 숫자 차이가 크기 때문에 셋째 자리에서 반올림하여 앞자리를 이용한다.

$C_c : 85 \times 25 \times 19 \times 3 = 121125 \rightarrow C_c = 1224\text{kN}$

10  정답 ③

③ 띠철근 내측에 배치되는 축방향 철근량은 전체 단면적의 1~8% (0.01~0.08배)로 한다.

> **꼭 알아두자!**
> 해당 문제는 ③ 보기가 자주 출제되는 부분이라 쉽게 풀 수 있다. 그러나 ②, ④ 보기는 다소 지엽적이라 목표 점수를 80점으로 고려하였다. 기본적인 부분들의 암기가 끝난 수험생들은 ②, ④ 보기도 같이 기억해 두자.

11 정답 ①

① 인장철근의 겹침이음 길이는 300mm 이상이어야 한다.

12 정답 ④

$$I_{cr}=\frac{bh^3}{3}+n[I_c+Ay^2]\approx\frac{bh^3}{3}+n[0+Ay^2]$$
$$=\frac{(200)(100)^3}{3}+8\times[3000\times(300-100)^2]$$

13 정답 ①

① 휨철근(주철근)에 직각방향으로 배치하여야 한다.

14 정답 ②

$M_w=\dfrac{wL^2}{8}$

$M_e=Pe$

$M=M_w-M_e=\dfrac{wL^2}{8}-Pe$

$\therefore M=\dfrac{(25\text{kN/m})(8\text{m})^2}{8}-(800\text{kN})(0.2\text{m})$

$=40\text{kN}\cdot\text{m}$

15 정답 ④

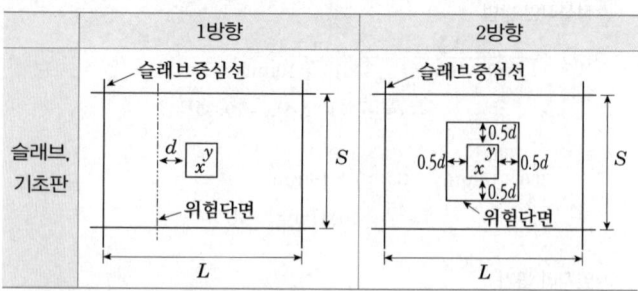

둘레길이 $=2(x+d)+2(y+d)$
$=4(400\text{mm}+500\text{mm})$
$=3600\text{mm}$

> **꼭 알아두자!**
> 문제에서 1방향인지 2방향인지에 대한 언급이 없으나 출제의도는 2방향이다.

16  정답 ①

압연강재 종류 및 기호

종류	ex) 기호
일반 구조용	'SS'
용접 구조용	'SM'
건축 구조용	'SN'
교량 구조용	'HSB'
용접구조용 내후성 열간	'SMA'

① SS540 강재는 일반구조용 압연강재이다.

> **꼭 알아두자!**
> SS(steel structure), SM(steel for marine), SN(steel new) 정도는 기억할 만하다. SWS(steel welding structer)에서 SM으로 명칭이 변경되었다.

17 정답 ②

$$\Delta f = nf_c = n\frac{P_c}{A_g} = n\frac{P_s}{A_g} = n\frac{f_i \times A_s}{A_g}$$

$$= 6 \times \frac{(1500\text{MPa})(600\text{mm}^2)}{(300 \times 500\text{mm}^2)} = 36\text{MPa}$$

$$\therefore f_s = f_i - \Delta f$$
$$= 1500\text{MPa} - 36\text{MPa} = 1464\text{MPa}$$

18 정답 ③

$f_{ck} \leq 40\text{MPa} \rightarrow \eta = 1, \beta_1 = 0.8, \varepsilon_{cu} = 0.0033$

$$c = \frac{a}{\beta_1} = \frac{160\text{mm}}{0.8} = 200\text{mm}$$

$$\frac{\varepsilon_s}{\varepsilon_c} = \frac{d-c}{c} \rightarrow \varepsilon_s = \frac{d-c}{c}\varepsilon_c$$

$$\therefore \varepsilon_s = \frac{500\text{mm} - 200\text{mm}}{200\text{mm}} \times 0.0033 = 0.00495$$

19 정답 ③

꼭 알아두자!

고정단 반력 R_A는 응용역학 지식을 이용하여 부정정구조 해석으로 계산할 수 있다.

$R_A = \frac{5}{8}wL$, $R_B = \frac{3}{8}wL$

$$V_u = \frac{5w_uL}{8} - w_u x = w_u\left(\frac{5L}{8} - x\right) \left(\because R_B = \frac{3wL}{8}\right)$$

$$V_u < \frac{1}{2}\phi V_c \rightarrow w_u\left(\frac{5L}{8} - x\right) < \frac{1}{2}\phi\left(\frac{1}{6}\lambda\sqrt{f_{ck}}b_w d\right)$$

$$\rightarrow (40\text{kN/m})\left(\frac{5 \times 8}{8}\text{m} - x\right)$$
$$< \frac{1}{2}(0.75)\left(\frac{1}{6}\right)(1)(\sqrt{25}\text{MPa})(400 \times 600\text{mm}^2)$$

$$\rightarrow (40\text{kN/m})(5\text{m} - x) < 75\text{kN}$$

$$\therefore 3.125\text{m} < x$$

계산 TIP

○ 정석적인 방법

$$(40\text{kN/m})\left(\frac{5 \times 8}{8}\text{m} - x\right)$$
$$< \frac{1}{2}(0.75)\left(\frac{1}{6}\right)(1)(\sqrt{25}\text{MPa})(400 \times 600\text{mm}^2)$$

$\rightarrow (40\text{kN/m})(5\text{m} - x)$
$< \frac{1}{2}(75 \times 10^{-2})\left(\frac{1}{6}\right)(1)(5\text{MPa})(4 \times 6 \times 10^4\text{mm}^2)$

$\rightarrow (40\text{kN/m})(5\text{m} - x) < \frac{1}{2} \times 75 \times \frac{1}{6} \times 5 \times 4 \times 6 \times 10^2\text{N}$

$\rightarrow (40\text{kN/m})(5\text{m} - x) < 750 \times 10^2 \times 10^{-3}\text{kN} = 75\text{kN}$

$\rightarrow 5\text{m} - x < \frac{75\text{kN}}{40\text{kN/m}} = 1.875\text{m}$

$\rightarrow 3.125\text{m} < x$

○ 앞자리 뽑기

x는 2개 항으로 구성되므로 앞자리 뽑기를 적용할 수 없다.

20 정답 ①

① 과다철근 보는 철근량이 많기 때문에 취성파괴가 발생하므로 위험 예측이 어렵다.

2017.6 지방직

문제편 049p~053p

01 ③	02 ③	03 ①	04 ②	05 ④
06 ③	07 ④	08 ②	09 ①	10 ①
11 ③	12 ①	13 ②	14 ④	15 ①
16 ④	17 ②	18 ③	19 ②	20 ④

01 80점 목표
정답 ③

사용(성) 한계상태	· 균열, 처짐, 피로 등의 **사용성**에 관한 한계상태로서, 일반적으로 구조물 또는 부재의 특정한 사용 성능에 해당하는 상태 · 사용한계상태는 정상적인 사용조건 하에서 **응력, 변형 및 균열폭**을 **제한**하는 것으로 규정한다.
피로와 파단 한계상태	· 반복적인 차량하중에 의한 **피로파괴 및 파단**에 관한 한계상태 · 피로한계상태는 기대응력범위의 **반복 횟수**에서 발생하는 단일 피로설계트럭에 의한 **응력 범위를 제한**하는 것으로 규정한다.
극한한계 상태	· 설계수명동안 강도, 안정성 등 **붕괴 또는 이와 유사한 형태의 구조적인 파괴**에 대한 한계상태 · 극한한계상태는 교량의 **설계수명 이내**에 발생할 것으로 기대되는, 통계적으로 중요하다고 규정한 하중조합에 대하여 국부적/전체적 강도와 **안정성을 확보**하는 것으로 규정한다.
극단상황 한계상태	· 교량의 **설계수명을 초과**하는 재현주기를 갖는 **지진, 유빙 하중, 차량과 선박의 충돌** 등과 같은 사건과 관련한 한계상태 · 극단상황한계상태는 지진 또는 홍수 시, 또는 세굴된 상황에서 선박, 차량 또는 유빙에 의한 충돌 시 등의 상황에서 **교량의 붕괴를 방지**하는 것으로 규정한다.

02
정답 ③

$$\varepsilon_c = \frac{f_c}{E_c} = \frac{10\text{MPa}}{30000\text{MPa}} = \frac{1}{3000}$$

$$\frac{\varepsilon_s}{\varepsilon_c} = \frac{d-c}{c} \rightarrow \varepsilon_s = \frac{d-c}{c}\varepsilon_c$$

$$\rightarrow \varepsilon_s = \frac{450-150}{150} \times \frac{1}{3000} = \frac{1}{1500}$$

$$\therefore f_s = \varepsilon_s E_s = 210\text{GPa} \times \frac{1}{1500} = 140\text{MPa}$$

꼭 알아두자!

응용역학 지식을 이용하여 아래와 같이 해석할 수도 있다. 수험생들은 본인이 편리한 방법을 선택하면 되나 일관된 풀이를 위해서 앞서 설명한 방법을 추천한다.

$$n = \frac{E_s}{E_c} = \frac{210\text{GPa}}{30,000\text{MPa}} \rightarrow 7$$

$$f_c = -\frac{My}{I} = -\frac{Mc}{I} = -\frac{M(150\text{mm})}{I}$$
$$= -10\text{MPa}$$

$$\therefore f_s = -n\frac{My}{I} = -(7)\frac{M(-300\text{mm})}{I}$$
$$= -7 \times -2 \times 10\text{MPa} = 140\text{MPa}$$

계산 TIP

◎ 정석적인 방법

$$f_s = 210\text{GPa} \times \frac{1}{1500} = 21 \times 10^3 \text{MPa} \times \frac{1}{15 \times 10^2}$$
$$= 21 \times \frac{1}{15} \times \frac{10^4}{10^2}\text{MPa} = 1.4 \times 10^2 \text{MPa} = 140\text{MPa}$$

◎ 앞자리 뽑기

$$f_s : 21 \times \frac{1}{15} = \frac{7}{5} \rightarrow \frac{7 \times 10}{5} = 14 \rightarrow f_s = 140\text{MPa}$$

03
정답 ①

$$f_{ck} \leq 40\text{MPa} \rightarrow \eta = 1, \beta_1 = 0.8, \varepsilon_{cu} = 0.0033$$

$$a = \frac{A_s f_y}{\eta(0.85 f_{ck} b)} < t_f$$

$$\therefore A_s < \frac{\eta(0.85 f_{ck}) b t_f}{f_y} = \frac{(0.85)(20\text{MPa})(800\text{mm})(100\text{mm})}{(400\text{MPa})}$$
$$= 3400\text{mm}^2$$

계산 TIP

◎ 정석적인 방법

$$A_s < \frac{(0.85)(20\text{MPa})(800\text{mm})(100\text{mm})}{400\text{MPa}}$$
$$= \frac{(85 \times 10^{-2})(2 \times 10)(8 \times 10^2)(10^2)\text{mm}^2}{4 \times 10^2}$$
$$= \frac{85 \times 2 \times 8 \times 10^3 \text{mm}^2}{4 \times 10^2} = 3400\text{mm}^2$$

◎ 앞자리 뽑기

$$A_s : \frac{85 \times 2 \times 8}{4} = 340 \rightarrow A_s = 3400\text{mm}^2$$

04

정답 ②

	측면용접 유효길이	전면용접 유효길이
허용응력설계법	$L_e = L_1 - 2s$	$L_e = L_2$
하중저항계수설계법	$L_e = L_1 - 2s$	복잡하다

$$\tau = \frac{V}{A} = \frac{P}{L_e a} = \frac{P}{(L-2s)(0.7s)}$$

$$= \frac{1050\text{kN}}{2(250\text{mm} - 2 \times 10\text{mm})(0.7 \times 10\text{mm})}$$

$$\approx 326.09\text{MPa} \ (\times)$$

$$\tau = \frac{V}{A} = \frac{P}{L_e a} = \frac{P}{(L)(0.7s)}$$

$$= \frac{1050\text{kN}}{2(250\text{mm})(0.7 \times 10\text{mm})}$$

$$= 300\text{MPa} \ (\bigcirc)$$

꼭 알아두자!

이 문제는 유효길이(L_e) 계산시 모살치수 $2s$를 차감하지 않고 그대로 이용한 것이 답으로 채택되었다. 숫자가 딱 나누어 떨어지지 않으면 $L = L_e$로 계산해 보자.

계산 TIP

○ 정석적인 방법

$$\tau = \frac{1050\text{kN}}{2(250\text{mm} - 2 \times 10\text{mm})(0.7 \times 10\text{mm})}$$

$$= \frac{105 \times 10 \times 10^3 \text{N}}{2(23 \times 10\text{mm})(7\text{mm})}$$

$$= \frac{105}{2 \times 23 \times 7} \times 10^3 \text{MPa} \approx 326.09\text{MPa}$$

$$\tau = \frac{1050\text{kN}}{2(250\text{mm})(0.7 \times 10\text{mm})} = \frac{105 \times 10 \times 10^3 \text{N}}{2(25 \times 10\text{mm})(7\text{mm})}$$

$$= \frac{105}{2 \times 25 \times 7} \times 10^3 \text{MPa} = 300\text{MPa}$$

○ 앞자리 뽑기

$$\tau : \frac{105}{2 \times 23 \times 7} \rightarrow \frac{105 \times 10}{2 \times 23 \times 7} \approx 3.26 \rightarrow \tau \approx 326\text{MPa}$$

$$\tau : \frac{105}{2 \times 25 \times 7} = \frac{3}{10} \rightarrow \tau = 300\text{MPa}$$

05

정답 ④

④ 콘크리트에 균열이 발생할 경우 인장측 콘크리트가 부담하던 인장력을 철근이 부담하게 된다. 이때 철근량이 너무 적다면 갑작스럽게 끊어질 수 있다(snap). 이러한 취성파괴를 방지하기 위해 최소철근량 이상의 철근을 배치해야 한다.

보기는 균형철근비에 대한 설명이다.

06

정답 ③

$$n = \frac{E_s}{E_c} = \frac{200\text{GPa}}{25\text{GPa}} = 8$$

$$\sigma_s = n\sigma_c$$

$$\therefore \sigma_c = \frac{\sigma_s}{n} = \frac{120\text{MPa}}{8} = 15\text{MPa}$$

꼭 알아두자!

$$P_c = \frac{K_c}{K_s + K_c} P = \frac{E_c A_c}{E_s A_s + E_c A_c} P$$

$$\rightarrow \sigma_c = \frac{P_c}{A_c} = \frac{E_c}{E_s A_s + E_c A_c} P = \frac{1}{nA_s + A_c} P$$

$$P_s = \frac{K_s}{K_s + K_c} P = \frac{E_s A_s}{E_s A_s + E_c A_c} P$$

$$\rightarrow \sigma_s = \frac{P_s}{A_s} = \frac{E_s}{E_s A_s + E_c A_c} P = \frac{n}{nA_s + A_c} P$$

$\therefore \sigma_s = n\sigma_c$의 관계가 있다.

07

정답 ③

$f_{ck} \leq 40\text{MPa} \rightarrow \eta = 1, \beta_1 = 0.8, \varepsilon_{cu} = 0.0033$

$$\varepsilon_y = \frac{f_y}{E_s} = \frac{220\text{MPa}}{200,000\text{MPa}} = 0.0011$$

$$\frac{\varepsilon_s}{\varepsilon_c} = \frac{d-c}{c} \rightarrow \frac{\varepsilon_y}{\varepsilon_c} = \frac{d-c}{c} \ (\varepsilon_s = \varepsilon_y \ \because \text{균형단면})$$

$$\rightarrow \frac{0.0011}{0.0033} = \frac{450-c}{c}$$

$\therefore c = 337.5\text{mm}$

계산 TIP

$$\frac{0.0011}{0.0033} = \frac{1}{3} = \frac{450-c}{c}$$

$$\rightarrow c = 3(450-c) \rightarrow c = 1350 - 3c$$

$$\rightarrow 4c = 1350 \rightarrow c = \frac{1350}{4} = 337.5\text{mm}$$

08

정답 ②

① $f_{ck} \leq 40\text{MPa}$ → $\eta=1$, $\beta_1=0.8$, $\varepsilon_{cu}=0.0033$
② 철근의 응력이 설계기준항복강도 f_y 이하일 때($\varepsilon_s \leq \varepsilon_y$) 철근의 응력은 변형률에 탄성계수를 곱한 값으로 하고($f_s=\varepsilon_s E_s$), 철근의 변형률이 f_y에 대응하는 변형률보다 큰 경우($\varepsilon_y < \varepsilon_s$) 철근의 응력은 설계기준항복강도로 한다. ($f_s=f_y$)

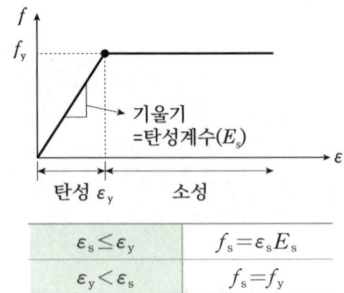

$\varepsilon_s \leq \varepsilon_y$	$f_s = \varepsilon_s E_s$
$\varepsilon_y < \varepsilon_s$	$f_s = f_y$

③ 철근과 콘크리트의 변형률은 중립축부터 거리에 비례하는 것으로 가정할 수 있다. (=평면유지의 법칙, 철근과 콘크리트의 변형률은 선형적이다.) 단, 깊은 보는 제외한다. (깊은보는 비선형 변형률 분포를 고려하여 설계하여야 한다. 그러나 비선형 분포를 고려하는 대신 스트럿-타이 모델을 적용할 수도 있다.)
④ 등가 응력 형상은 어떤 것으로도 가정할 수 있으나 다음 두 가지 조건을 만족시켜야 한다.
- 힘의 크기가 같아야 한다.(=응력 형상의 면적이 같아야 한다.)
- 힘의 작용점이 같아야 한다.(=응력 형상의 도심이 같아야 한다.)

09

정답 ①

꼭 알아두자!

① 횡방향 상대변위가 없는 압축부재(횡구속 골조의 압축부재)
$$\frac{kl_u}{r} \leq \left(34 - 12\frac{M_1}{M_2}\right) < 40$$
l_u : 비지지길이
② 횡방향 상대변위가 있는 압축부재(비횡구속 골조의 압축부재)
$$\frac{kl_u}{r} < 22$$
- 직사각형 단면 : $r=0.3h$ (h는 좌굴이 고려되는 방향의 단면치수)
- 원형 단면 : $r=0.25d$

$\frac{kl_u}{r} < 22$ → $l_u < \frac{22r}{k} = \frac{22(0.25d)}{k}$

∴ $l_u < \frac{22(0.25 \times 600\text{mm})}{1.5} = 2.2\text{m}$

계산 TIP

○ 정석적인 방법
$$l_u < \frac{22(0.25 \times 600\text{mm})}{1.5} = \frac{22(25 \times 10^{-2} \times 6 \times 10^2 \times 10^{-3}\text{m})}{15 \times 10^{-1}}$$
$$= \frac{22 \times 25 \times 6 \times 10^{-3}\text{m}}{15 \times 10^{-1}} = 220 \times 10^{-2}\text{m} = 2.2\text{m}$$

○ 앞자리 뽑기
$l_u : \frac{22 \times 25 \times 6}{15} = 220$ → $l_u < 2.2\text{m}$

10 80점 목표

정답 ①

$V_u = \frac{w_u L}{2} - w_u d = w_u \left(\frac{L}{2} - d\right)$
$= (60\text{kN/m})\left(\frac{10}{2}\text{m} - 0.6\text{m}\right)$
$= 264\text{kN}$

$V_c = \frac{1}{6}\lambda\sqrt{f_{ck}}b_w d$
$= \left(\frac{1}{6}\right)(1)(\sqrt{25}\text{MPa})(0.4 \times 0.6\text{m}^2)$
$= 200\text{kN}$

$V_u < \phi(V_c + V_s) = \phi V_c + \phi V_s$
→ $264\text{kN} < 0.75(200\text{kN}) + \phi V_s$
∴ $114\text{kN} < \phi V_s$

계산 TIP

○ 정석적인 방법
$V_u = (60\text{kN/m})\left(\frac{10}{2}\text{m} - 0.6\text{m}\right) = (60\text{kN/m})(4.4\text{m}) = 264\text{kN}$

$V_c = \left(\frac{1}{6}\right)(1)(\sqrt{25}\text{MPa})(0.4 \times 0.6\text{m}^2)$
$= \left(\frac{1}{6}\right)(5\text{MPa})(4 \times 6 \times 10^{-2}\text{m}^2)$
$= \frac{1}{6} \times 5 \times 4 \times 6 \times 10^{-2} \times 10^6 \text{N} = 20 \cdot 10^{-2} \times 10^6 \times 10^{-3}\text{kN}$
$= 200\text{kN}$

○ 앞자리 뽑기
V_u, V_c는 중간과정이므로 앞자리 뽑기를 적용할 수 없다.

11 정답 ③

	프리(pre)텐션 방식	포스트(post)텐션 방식
도입할 때 일어나는 손실 (즉시 손실)	① 정착장치의 활동(=슬립량에 의한 손실) ② 콘크리트의 탄성수축	③ 긴장재와 덕트 사이의 마찰 ★ (=PS 강재와 쉬스 사이의 마찰)
도입 후 일어나는 손실 (시간 손실)	① 콘크리트의 크리프 ② 콘크리트의 수축(자기수축+건조수축) ③ 긴장재 응력의 릴랙세이션	

12 [80점 목표] 정답 ①

(1) 최댓값

$b_1 = b_g - 3d$
$= 240mm - 3(20mm)$
$= 180mm$

$b_2 = b_g - 5d + \sum \dfrac{p^2}{4g}$

$= 240mm - 5(20mm) + 4 \times \dfrac{p^2}{4(40mm)}$

$= \left(140 + \dfrac{p^2}{40}\right)mm$

$b_2 < 180mm$ (∵ ABFGHIF파괴)

→ $140 + \dfrac{p^2}{40} < 180$ → $p < 40mm$

(2) 최솟값

고장력 볼트의 구멍중심간의 거리는 공칭직경의 2.5배를 최소거리로 하고, 3배를 표준거리로 한다.

$\sqrt{p^2 + g^2} \geq 2.5 \times d$

→ $\sqrt{p^2 + 40^2} \geq 2.5 \times 20 = 50$

→ $p \geq 30mm$

∴ $30mm \leq p < 40mm$

13 정답 ②

KDS 14 31 10 강구조 부재 설계기준(하중저항계수설계법)
4.1.3 인장강도
(1) 인장재의 설계인장강도 $\phi_t R_n$은 총단면의 항복한계상태와 유효순단면의 파단한계상태에 대해 식 (4.1-4)과 식 (4.1-5)에 의해 산정된 값 중 작은 값으로 한다.

4.1.3.1 총단면의 항복한계상태
(1) 총단면의 항복에 대한 설계인장강도는 다음 식과 같다.

$$P_n = F_y A_g \quad (4.1-4)$$
$$\phi_t = 0.90$$

여기서, A_g : 부재의 총단면적(mm^2)
F_y : 항복강도(MPa)
P_n : 공칭인장강도(N)

4.1.3.2 유효순단면의 파단한계상태
(1) 유효순단면의 파단에 대한 설계인장강도는 다음 식과 같다.

$$P_n = F_u A_e \quad (4.1-5)$$
$$\phi_t = 0.75$$

여기서, A_e : 유효 순단면적(mm^2)
F_u : 인장강도(MPa)

4.2. 압축부재
(1) 이 절은 중심축 압축력을 받는 부재에 적용한다.

4.2.1 일반규정
(1) 설계압축강도 $\phi_c P_n$은 다음과 같이 산정한다. 공칭압축강도 P_n은 적용하는 휨좌굴, 비틀림좌굴, 휨-비틀림좌굴의 한계상태 중 작은 값으로 한다. 강도저항계수는 $\phi_c = 0.90$을 적용한다. 표 4.2-1은 압축부재 단면의 형상과 세장판 유무에 따라 적용하는 절과 그 한계상태를 나타낸다.

4.3. 휨부재
4.3.1 일반규정
(1) 하중이 단면의 주축과 전단중심을 통과하여 비틀림이 발생하지 않는 형강 및 조립부재에 적용한다.

4.3.2 형강 및 강관
4.3.2.1 단일부재
4.3.2.1.1 휨강도
4.3.2.1.1.1 일반규정
설계휨강도를 산정할 때 다음의 내용은 이 절에 포함된 모든 부재에 공통으로 적용한다. 이 절에서 포함하는 단면의 종류는 표 4.3-1과 같고 단면의 폭두께비 제한은 표 4.3-2와 같다.

(1) 설계휨강도의 산정
공칭휨강도 M_n은 4.3.2.1.1.2~4.3.2.1.1.12에 따라 적용한다. M_n은 4.4의 M_r과 같다.
저항계수는 $\phi_b = 0.90$를 적용한다.

② 인장재의 유효순단면의 파괴에 대한 강도저항계수 $\phi_t = 0.75$를 적용한다.

> **꼭 알아두자!**
> 수험생들이 하중저항계수법의 강도저항계수까지 모두 암기할 수는 없다. 기존에 출제된 강도저항계수만 암기하고 나머지는 무시하는게 좋다.

14 정답 ④

	3개월	6개월	1년	5년 이상
ξ	1	1.2	1.4	2

$$\lambda = \frac{\xi}{1+50\rho'} = \frac{2}{1+50(0.02)} = 1$$

∴ 추가장기처짐 $= \lambda \delta_E = 1 \times 10\text{mm} = 10\text{mm}$

15 정답 ①

등급	분류	응력계산	처짐계산
비균열등급	$f_t \leq 0.63\sqrt{f_{ck}}$	비균열단면(총 단면적)	I_g 사용
부분균열등급	$0.63\sqrt{f_{ck}} \leq f_t < 1.0\sqrt{f_{ck}}$	비균열단면(총 단면적)	I_e 사용
완전균열등급	$1.0\sqrt{f_{ck}} \leq f_t$	균열 환산단면	I_e 사용

f_t : 사용하중이 작용할 때, 미리 압축을 가한 단면의 인장연단응력으로 전체 단면적을 기준으로 계산되는 인장응력, MPa

16 정답 ④

① 경사균열(사인장균열)을 가로질러 배치된 전단철근은 인장응력에 의해 전단강도를 증가시킨다. 전단철근의 목적도 결국은 취성파괴를 방지하기 위함이다.

②, ③

	$V_s \leq 2V_c$	$2V_c < V_s \leq 0.2f_{ck}\left(1-\dfrac{f_{ck}}{250}\right)b_w d$	$0.2f_{ck}\left(1-\dfrac{f_{ck}}{250}\right)b_w d < V_s$
RC	$d/2$ or 600mm 이하	$V_s \leq 2V_c$의 절반	콘크리트 단면을 넓게 다시 설계해야 한다.
PSC	$0.75h$ or 600mm 이하		

④ 경사스트럽과 굽힘철근은 부재의 중간 높이인 $0.5d$에서 보의 반력점 방향으로 주인장 철근까지 연장된 45°선과 한 번 이상 수직으로 교차되도록 배치하여야 한다.

17 정답 ②

$$q_{max} = -\frac{P}{A} = -\frac{D+L}{l^2} - (\gamma_c \times h)$$

$$\left(\because \gamma = \frac{P}{V} = \frac{P}{Ah} \rightarrow \gamma h = \frac{P}{Ah} \times h = \frac{P}{A} = q\right)$$

$$= -\frac{(3000\text{kN} + 2700\text{kN})}{l^2} - (24\text{kN/m}^3)(0.5\text{m})$$

$$= -\frac{5700\text{kN}}{l^2} - 12\text{kN/m}^2$$

$q_{max} \leq q_a$;

$$\frac{5700\text{kN}}{l^2} + 12\text{kN/m}^2 \leq 240\text{kN/m}^2$$

$$\rightarrow \frac{5700\text{kN}}{240\text{kN/m}^2 - 12\text{kN/m}^2} = 25\text{m}^2 \leq l^2$$

∴ $5\text{m} \leq l$

> **꼭 알아두자!**
> 기초판의 밑면적은 기초판에 의해 지반에 전달되는 사용하중과 지반의 허용지지력을 사용하여 한정하여야 한다.

18 80점 목표 정답 ③

③ 인접 2경간의 차이가 짧은 경간의 20% 이하인 경우

> **꼭 알아두자!**
> | 근사해법 적용 조건 |
> |---|
> | • 2경간 이상인 경우 |
> | • 인접 2경간의 차이가 짧은 경간의 20% 이하인 경우 |
> | • 등분포 하중이 작용하는 경우, 활하중이 고정하중의 3배를 초과하지 않는 경우 |
> | • 부재의 단면 크기가 일정한 경우 |

19

정답 ②

$M_w = \dfrac{wL^2}{8}$

$M_e = P\left(e + \dfrac{h}{6}\right)$

$\sigma_B = \dfrac{M_w - M_e}{S} = \dfrac{\left(\dfrac{wL^2}{8}\right) - P\left(e + \dfrac{h}{6}\right)}{\left(\dfrac{bh^2}{6}\right)}$

$= \dfrac{\left(\dfrac{(80\text{kN/m})(10\text{m})^2}{8}\right) - (4800\text{kN})\left(0.4\text{m} + \dfrac{1\text{m}}{6}\right)}{\left(\dfrac{0.48 \times 1^2}{6}\text{m}^3\right)}$

$= -21.5\text{MPa}$ (압축응력)

계산 TIP

○ 정석적인 방법

$\sigma_B = \dfrac{\left(\dfrac{(80\text{kN/m})(10\text{m})^2}{8}\right) - (4800\text{kN})\left(0.4\text{m} + \dfrac{1\text{m}}{6}\right)}{\left(\dfrac{0.48 \times 1^2}{6}\text{m}^3\right)}$

$= \dfrac{(10\text{kN/m})(10\text{m})^2 - (4800\text{kN})\left(\dfrac{0.4 \times 6\text{m}}{6} + \dfrac{1\text{m}}{6}\right)}{(0.08 \times 1^2\text{m}^3)}$

$= \dfrac{(1000)\text{kN} - (2720)\text{kN}}{(8 \times 10^{-2})\text{m}^2} = \dfrac{-172 \times 10\text{kN}}{(8 \times 10^{-2})\text{m}^2}$

$= -21.5 \times 10^3 \text{kPa} = -21.5\text{MPa}$

○ 앞자리 뽑기

σ_B는 2개 항으로 구성되므로 앞자리 뽑기를 적용할 수 없다.

20

정답 ④

① 갈고리, 확대머리 이형철근에 의한 정착은 인장철근에 유효하다.
② 3개의 철근으로 구성된 다발철근의 정착길이는 개개 철근의 정착길이보다 20% 증가시켜야 한다.
③ 보통중량콘크리트에서 인장 이형철근의 기본정착길이는 $l_{db} = \dfrac{0.6f_y}{\lambda\sqrt{f_{ck}}}d_b$이다.
④ D35를 초과하는 철근은 인장부에서 겹침이음을 할 수 없고 용접에 의한 맞댐 이음을 해야 한다. 단, D41, D51 철근에 대한 예외 규정이 있다.

2017.12 지방직

01 ④	02 ②	03 ③	04 ③	05 ②
06 ④	07 ③	08 ②	09 ①	10 ④
11 ③	12 ④	13 ③	14 ①	15 ④
16 ④	17 ①	18 ③	19 ④	20 ③

01

80점 목표

정답 ④

쐐기식	① Freyssinet 공법 ② VSL 공법 ③ CCL 공법 ④ Magnel 공법
지압식	① BBRV 공법 ② Dywidag(FCM) 공법 ③ Lee-Mccall 공법 ④ stress steel 공법
루프식	① Leoba 공법 ② Baur-Leonhardt 공법

④ 압출공법 ILM(Incremental Launching Method)은 장대교량 가설공법이다.

꼭 알아두자!

긴장재 정착공법은 출제빈도가 높지 않으므로 60점 정도는 확보한 후에 암기하도록 하자. 공법의 상세한 내용은 공부할 필요가 없다.

02

정답 ②

② 겹침이음한 경우의 철근 순간격은 동일 평면에서 이음한 철근간의 순간격으로 한다.

03

정답 ③

③ 폐단면이 비틀림에 저항성이 가장 좋다.

04
정답 ③

③ 뒷부벽은 T형보로 설계하여야 하며, 앞부벽은 직사각형보로 설계하여야 한다.

05
정답 ②

꼭 알아두자!

인장철근과 압축철근이 모두 항복하였으므로 $\overline{\rho}_{min}$ 과정을 생략할 수 있다.

$f_{ck} \leq 40\text{MPa} \rightarrow \eta=1, \beta_1=0.8, \varepsilon_{cu}=0.0033$

$$a = \frac{(A_s - A_s')f_y}{\eta(0.85f_{ck}b)}$$

$$= \frac{(4 \times 700\text{mm}^2 - 2 \times 550\text{mm}^2)(400\text{MPa})}{(0.85)(20\text{MPa})(300\text{mm})}$$

$$= \frac{400}{3}\text{mm}$$

계산 TIP

○ 정석적인 방법

$$a = \frac{(4 \times 700\text{mm}^2 - 2 \times 550\text{mm}^2)(400\text{MPa})}{(0.85)(20\text{MPa})(300\text{mm})}$$

$$= \frac{(17 \times 10^2)(4 \times 10^2)\text{mm}}{(85 \times 10^{-2})(2 \times 10)(3 \times 10^2)}$$

$$= \frac{17 \times 4 \times 10^4 \text{mm}}{85 \times 2 \times 3 \times 10} = \frac{400}{3}\text{mm}$$

○ 앞자리 뽑기

$a : \frac{17 \times 4}{85 \times 2 \times 3} = \frac{2}{15} \rightarrow \frac{2 \times 10}{15} = \frac{4}{3} \rightarrow a = \frac{400}{3}\text{mm}$

06
정답 ④

설계규정을 기반으로 출제되지 않았으며, 너무 원론적인 문제이다.

강도 한계상태	• 재료의 강도한계를 초과하여 구조물의 안정성이 문제가 되는 파손, 파괴 • 구조물의 일부 또는 전체적인 평형 상실로써 전도, 인발, 슬라이딩 • 국부적인 파손이 전체 붕괴로 확대되는 점진적인 붕괴, 구조건전도의 결핍 • 붕괴 메커니즘이나 전체적인 불안정으로 변환시키는 매우 과도한 변형
사용성 한계상태	• 구조물의 용도, 배수, 외관을 저해하거나, 비구조적 요소나 부착물의 손상을 유발하는 과도한 처짐 • 구조물의 외관, 구조물의 용도나 내구성에 나쁜 영향을 미치는 과도한 국부적 손상, 균열 • 거주자의 안락감, 장비의 작동에 영향을 미치는 과도한 진동

①, ②, ③ 강도 한계상태에 대한 설명이다.

07
정답 ③

① '크리프'란 시간경과에 따라 일정한 응력하에서 변형이 증가하는 것이고, '릴랙세이션'이란 시간경과에 따라 일정한 변형하에서 응력이 감소하는 것을 의미한다.
② 순 릴랙세이션: 순 릴랙세이션은 인장응력 감소량을 초기 인장응력에 대한 백분율로 나타낸 것을 의미한다.
③ 겉보기 릴랙세이션: 건조수축, 크리프 등의 영향을 고려한 값으로 순 릴랙세이션 값보다 작다.
④ 릴랙세이션은 온도에 따라 커지는 경향이 있다.

08
정답 ②

② 4변 지지되는 2방향 슬래브 중에서 단변에 대한 장변의 길이의 비가 2를 넘으면 1방향 슬래브로 해석한다.

꼭 알아두자!

2방향 슬래브라도 아래 조건 중 하나라도 해당되는 경우 1방향 슬래브로 해석할 수 있다.
① 1변 지지된 경우
② 마주보는 2변 지지된 경우
③ 장변과 단변의 비가 2를 넘는 경우

09

정답 ①

$f_{ck} \leq 40\text{MPa} \rightarrow \eta=1, \beta_1=0.8, \varepsilon_{cu}=0.0033$

$a = \dfrac{A_s f_y}{\eta(0.85 f_{ck} b)} = \dfrac{\left(5\text{가닥} \times \dfrac{1,700}{5}\text{mm}^2\right)(400\text{MPa})}{(0.85)(20\text{MPa})(200\text{mm})}$

$= 200\text{mm}$

$d_c = \dfrac{\sum A y_c}{\sum A} = \dfrac{2(400\text{mm})+3(600\text{mm})}{2+3}$

$= 520\text{mm}$

$\therefore z = d_c - \dfrac{a}{2} = 520\text{mm} - \dfrac{200}{2}\text{mm}$

$= 420\text{mm}$

꼭 알아두자!

단철근 직사각형 보에서 공칭휨강도(M_n) 계산식은 다음과 같다.

$M_n = C(d-a/2) = \eta(0.85 f_{ck} ab)(d-a/2)$ … ①

$= T(d-a/2) = A_s f_y (d-a/2)$ … ②

계산 TIP

○ 정석적인 방법

$a = \dfrac{\left(5 \times \dfrac{1700\text{mm}^2}{5}\right)(400\text{MPa})}{(0.85)(20\text{MPa})(200\text{mm})}$

$= \dfrac{17 \times 10^2 \times 4 \times 10^2 \text{mm}}{85 \times 10^{-2} \times 2 \times 10 \times 2 \times 10^2} = \dfrac{17 \times 4 \times 10^4 \text{mm}}{85 \times 2 \times 2 \times 10} = 200\text{mm}$

○ 앞자리 뽑기

a는 중간과정이므로 앞자리 뽑기를 적용할 수 없다.

10

정답 ④

$w = w_L + w_D = w_L + (\gamma_c A)$

$= 17.5\text{kN/m} + (25\text{kN/m}^3)(1\text{m} \times 0.5\text{m})$

$= 30\text{kN/m}$

$M_e = Pe = \dfrac{w_e L^2}{8} \rightarrow w_e = \dfrac{8Pe}{L^2}$

$w = w_e$;

$30\text{kN/m} = \dfrac{8Pe}{L^2} \rightarrow P = \dfrac{(30\text{kN/m})L^2}{8e}$

$\therefore P = \dfrac{(30\text{kN/m})(20\text{m})^2}{8(0.3\text{m})} = 5000\text{kN}$

11

정답 ③

$w_{ab} = \dfrac{L^4}{S^4 + L^4} w = \dfrac{2^4}{1^4 + 2^4} w = \dfrac{16}{17} w$

$w_{cd} = \dfrac{S^4}{S^4 + L^4} w = \dfrac{1^4}{1^4 + 2^4} w = \dfrac{1}{17} w$

$\therefore w_{ab} : w_{cd} = 16 : 1$

12

정답 ④

철근 항복강도(f_y)	압축지배 변형률 한계	최소허용 변형률	인장지배 변형률 한계
$f_y \leq 400\text{MPa}$	ε_y	0.004	0.005
$400\text{MPa} < f_y$	ε_y	$2\varepsilon_y$	$2.5\varepsilon_y$

13

정답 ③

$V_u = 1.2 V_d + 1.6 V_l \geq 1.4 V_d$

$\rightarrow 1.2(200\text{kN}) + 1.6(150\text{kN}) \geq 1.4(200\text{kN})$

$\rightarrow 480\text{kN} \geq 280\text{kN (ok)}$

$M_u = 1.2 M_d + 1.6 M_l \geq 1.4 M_d$

$\rightarrow 1.2(180\text{kN} \cdot \text{m}) + 1.6(120\text{kN} \cdot \text{m}) \geq 1.4(180\text{kN} \cdot \text{m})$

$\rightarrow 408\text{kN} \cdot \text{m} \geq 252\text{kN} \cdot \text{m (ok)}$

14

정답 ①

① 피복두께 : 충분한 피복두께가 확보되어야 부착이 크다.

② 철근의 표면상태 : 이형철근이 원형철근보다 크며 이형철근도 직각마디가 경사마디보다 크다. 약간 녹이 슬어 거친 표면을 가진 철근은 부착강도가 조금 커진다.

③ 철근의 위치와 방향 : 수평철근 하면에는 콘크리트의 블리딩으로 인해서 수막이나 공극이 생기므로 연직철근보다 부착강도가 작다. 또 같은 수평철근이라도 상부 철근의 부착강도가 하부 철근보다 작다.

④ 콘크리트 강도 : 콘크리트 강도에 따라 커지나 비례하는 것은 아니다.

15

정답 ④

① $f_{ck} \leq 40MPa \rightarrow \eta=1, \beta_1=0.8, \varepsilon_{cu}=0.0033$
② 철근과 콘크리트의 변형률은 중립축부터 거리에 비례하는 것으로 가정할 수 있다. (=평면유지의 법칙, 철근과 콘크리트의 변형률은 선형적이다.)

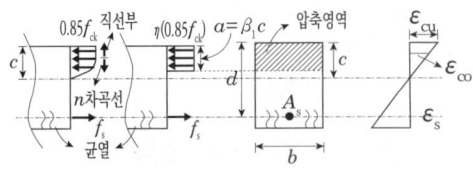

〈실제응력〉〈등가응력블록〉 〈단면〉 〈변형도〉

④ 콘크리트는 인장에 취약하여 파괴된다고 간주하므로 휨강도 계산시 무시한다.

16

정답 ④

KDS 24 10 11 교량 설계 일반사항(한계상태설계법)

1.3.3 연성
(1) 교량구조계는 극한한계상태 및 극단상황한계상태에서 파괴 이전에 현저하게 육안으로 관찰될 정도의 비탄성 변형이 발생할 수 있도록 형상화 및 상세화 되어야 한다.

1.3.4 여용성
특별한 이유가 없는 한 다재하경로구조와 연속구조로 하는 것이 바람직하며 각 부재는 여용성 분류에 따라 다음의 값을 사용한다.

1.3.5 구조물의 중요도
(1) 1.3.5는 극한한계상태와 극단상황한계상태에만 적용한다.
(2) 발주자는 특정교량 또는 그 교량의 구조요소 및 접합부를 중요한 구조로 지정할 수 있다.

사용(성) 한계상태	· 균열, 처짐, 피로 등의 사용성에 관한 한계상태로서, 일반적으로 구조물 또는 부재의 특정 사용 성능에 해당하는 상태 · 사용한계상태는 정상적인 사용조건 하에서 응력, 변형 및 균열폭을 제한하는 것으로 규정한다.
피로와 파단 한계상태	· 반복적인 차량하중에 의한 피로파괴 및 파단에 관한 한계상태 · 피로한계상태는 기대응력범위의 반복 횟수에서 발생하는 단일 피로설계트럭에 의한 응력 범위를 제한하는 것으로 규정한다.
극한한계 상태	· 설계수명동안 강도, 안정성 등 붕괴 또는 이와 유사한 형태의 구조적인 파괴에 대한 한계상태 · 극한한계상태는 교량의 설계수명 이내에 발생할 것으로 기대되는, 통계적으로 중요하다고 규정한 하중조합에 대하여 국부적/전체적 강도와 안정성을 확보하는 것으로 규정한다.
극단상황 한계상태	· 교량의 설계수명을 초과하는 재현주기를 갖는 지진, 유빙하중, 차량과 선박의 충돌 등과 같은 사건과 관련한 한계상태 · 극단상황한계상태는 지진 또는 홍수 시, 또는 세굴된 상황에서 선박, 차량 또는 유빙에 의한 충돌 시 등의 상황에서 교량의 붕괴를 방지하는 것으로 규정한다.

17

정답 ①

설계기준 압축강도 f_{ck}	Δf
$f_{ck} \leq 40MPa$	4MPa
$40MPa \leq f_{ck} \leq 60MPa$	직선보간(=$0.1f_{ck}$)
$60MPa \leq f_{ck}$	6MPa

$\therefore E_C = 8500\sqrt[3]{f_{cm}}, f_{cm}=f_{ck}+4 \; (\because f_{ck} \leq 40MPa)$

18

정답 ③

③ 콘크리트의 압축연단 변형률이 극한변형률 0.0033에 도달할 때, 최외단 인장철근의 순인장 변형률이 압축지배 변형률 한계 이하인 단면을 압축지배 단면이라고 한다.
④ 압축지배변형률 한계는 균형변형률 상태에서의 인장철근의 순인장 변형률(ε_y)과 같다.

철근 항복강도(f_y)	압축지배 변형률 한계	최소허용 변형률	인장지배 변형률 한계
$f_y \leq 400MPa$	ε_y	0.004	0.005
$400MPa < f_y$	ε_y	$2\varepsilon_y$	$2.5\varepsilon_y$

19

정답 ④

$$P_{cr} = \frac{\pi^2 EI_{min}}{L_e^2} = \frac{\pi^2 E\left(\frac{bh^3}{12}\right)}{(0.5L)^2} \quad (L_e = 0.5L \therefore 양단고정)$$

$$= \frac{(3^2)(20{,}000\text{MPa})\left(\frac{400 \times 300^3}{12}\text{mm}^4\right)}{(0.5 \times 10\text{m})^2}$$

$$= 6480\text{kN}$$

계산 TIP

○ 정석적인 방법

$$P_{cr} = \frac{(3^2)(20{,}000\text{MPa})\left(\frac{400 \times 300^3}{12}\text{mm}^4\right)}{(0.5 \times 10\text{m})^2}$$

$$= \frac{(3^2)(2 \times 10^4)\left(\frac{4 \times 10^2 \times 3^3 \times 10^6}{12}\right)\text{N} \cdot \text{mm}^2}{(5^2 \times 10^6 \text{mm}^2)}$$

$$= \frac{3^2 \times 2 \times 4 \times 3^3}{5^2 \times 12} \times 10^6 \text{N} = \frac{162}{25} \times 10^3 \times 10^3 \text{N} = 6480\text{kN}$$

○ 앞자리 뽑기

$$P_{cr} : \frac{3^2 \times 2 \times \frac{4 \times 3^3}{12}}{5^2} = \frac{3^2 \times 2 \times 4 \times 3^3}{5^2 \times 12} = \frac{162}{25} = 64.8$$

$$\rightarrow P_{cr} = 6480\text{kN}$$

20

정답 ③

조건	마찰계수(μ)
★일체로 친 콘크리트	1.4λ
표면을 거칠게 만든 굳은 콘크리트에 새로 친 콘크리트	λ
일부러 거칠게 하지 않은 굳은 콘크리트에 새로 친 콘크리트	0.6λ
전단연결재에 의하거나 철근에 의해 구조용 강재에 정착된 콘크리트	0.7λ

③ 일체로 친 콘크리트의 마찰계수는 1.4λ이다.

2018 지방직

문제편 059p~063p

01	①	02	④	03	①	04	③	05	③
06	②	07	④	08	정답없음	09	①	10	④
11	④	12	④	13	②	14	②	15	③
16	①	17	③	18	②	19	③	20	①

01

정답 ①

T형: 슬래브가 양쪽 플랜지를 이루는 보	① $16t_f + b_w$ ② 슬래브 중심간 거리 ③ 보 경간의 1/4
반 T형: 한 쪽으로만 플랜지를 이루는 보	① $6t_f + b_w$ ② 인접한 보와의 내측거리의 $1/2 + b_w$ ③ 보 경간의 $1/12 + b_w$

① T형보의 유효폭 고려사항이다.

02

정답 ④

부재	최소 두께 또는 깊이			
	단순지지	일단연속	양단연속	캔틸레버
보, 리브가 있는 1방향 슬래브	$L/16$	$L/18.5$	$L/21$	$L/8$
1방향 슬래브	$L/20$	$L/24$	$L/28$	$L/10$

단, f_y가 400MPa 이외인 경우는 계산된 h값에 $\left(0.43 + \dfrac{f_y}{700}\right)$을 곱하여야 한다.

$$\frac{L}{20}\left(0.43 + \frac{350}{700}\right) = \frac{L}{21.5} \geq 100\text{mm}$$

$$\therefore \frac{l}{21.5}\text{과 } 100\text{mm 중 큰 값}$$

꼭 알아두자!

슬래브 두께는 100mm 이상으로 한다. 단, 과다한 처짐이 발생하지 않을 정도의 두께가 되어야 한다.

계산 TIP

$$\frac{L}{20}\left(0.43 + \frac{350}{700}\right) = \frac{L}{20}(0.43 + 0.5)$$

$$= \frac{L}{20}(0.93) = \frac{L}{\left(\frac{20}{0.93}\right)} \approx \frac{L}{21.5} \left(\because \frac{20}{0.93} > 20\right)$$

03

정답 ①

> **꼭 알아두자!**
> V_c와 V_s 크기에 대한 언급이 없어 완전한 문제는 아니다. $V_s \leq 2V_c$라고 가정하고 풀어보자.

	$V_s \leq 2V_c$	$2V_c < V_s \leq 0.2f_{ck}\left(1-\dfrac{f_{ck}}{250}\right)b_w d$	$0.2f_{ck}\left(1-\dfrac{f_{ck}}{250}\right)b_w d < V_s$
RC	$d/2$ or 600mm 이하	$V_s \leq 2V_c$의 절반	콘크리트 단면을 넓게 다시 설계해야 한다.
PSC	$0.75h$ or 600mm 이하		

$$\therefore s_{max} = \left[\dfrac{d}{2}, 600\text{mm}\right]_{min} = 300\text{mm}$$

04

정답 ③

동일 평면에서 평행한 철근 사이의 **수평 순간격**		나선철근 또는 띠철근이 배근된 압축부재 **축방향 철근 순간격** (81page)
프리캐스트 콘크리트 (별도 언급 ×)	현장 타설 콘크리트	
① 25mm 이상 ② 철근 공칭 지름 이상 ③ 굵은 골재 최대치수의 4/3배 이상 (1.33배)	① 40mm 이상 ② 철근 공칭 지름의 1.5배 이상 ③ 굵은 골재 최대치수의 1.5배 이상	① 40mm 이상 ② 철근 공칭 지름의 1.5배 이상 ③ 굵은 골재 최대치수의 4/3배 이상

05 🎯 80점 목표

정답 ③

(1) 공개된 답이 나온 과정

> **꼭 알아두자!**
> $$P_{cr} = \dfrac{\pi^2 EI}{L_e^2} \rightarrow \sigma_{cr} = \dfrac{P_{cr}}{A} = \dfrac{\pi^2 EI}{AL_e^2} = \dfrac{\pi^2 E r^2}{L_e^2} = \dfrac{\pi^2 E}{\lambda^2}$$

좌굴응력에 빠르게 도달하는 좌굴형상이 취약하므로 이를 기준으로 설계하여야 한다. 작은 좌굴응력을 갖는 기둥은 세장비가 큰 기둥이므로 이를 고려한다.

$$\therefore \lambda_{max} = \dfrac{L_e}{r} = \dfrac{5\text{m}}{40\text{mm}} = 125$$

(2) 좌굴 방향을 고려한 정확한 풀이

해당 문제는 출제 오류로 판단된다. 좌굴 방향을 고려한 정확한 풀이는 다음과 같다. 이해가 잘 안되는 수험생은 응용역학 기둥 파트를 학습하는 것을 추천한다.

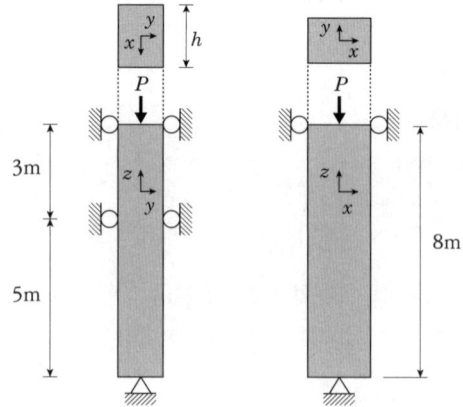

1) $y-z$ 평면
$$\lambda = \dfrac{L_e}{r_x} = \dfrac{5\text{m}}{80\text{mm}} = 62.5$$

2) $x-z$ 평면
$$\lambda = \dfrac{L_e}{r_y} = \dfrac{8\text{m}}{40\text{mm}} = 200$$

$$\therefore \lambda_{max} = 200$$

06

정답 ②

$$\therefore d_c = \dfrac{\sum A y_c}{\sum A} = \dfrac{3(450\text{mm}) + 2(500\text{mm})}{3+2}$$
$$= 470\text{mm}$$

07

정답 ④

$$n = \dfrac{E_s}{E_c} = \dfrac{2.1 \times 10^5 \text{MPa}}{3 \times 10^4 \text{MPa}} = 7$$

$$\Delta f = nf_c = n\dfrac{P_c}{A_g} = n\dfrac{P_s}{A_g} = n\dfrac{f_i A_s}{A_g}$$

$$= 7 \times \dfrac{(1000\text{MPa})(4 \times 2\text{cm}^2)}{(200 \times 400\text{mm}^2)}$$

$$= 70\text{MPa}$$

08

정답 정답 없음

> 🔔 **꼭 알아두자!**
> 프리스트레스 힘을 상향력으로 고려하는 과정에서 축력에 의한 압축력을 고려하지 않아 발생한 문제오류이다. 우리는 해당 방법으로 풀이하지 않으므로 신경 쓸 필요가 없다.

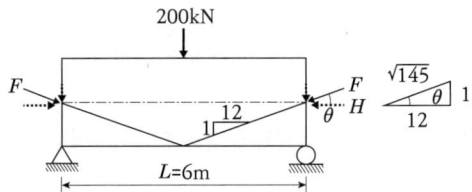

$$M_p = \frac{PL}{4} = \frac{(200\text{kN})(6\text{m})}{4} = 300\text{kN} \cdot \text{m}$$

$$M_e = H\left(e + \frac{h}{6}\right) = \left(F \times \frac{12}{\sqrt{145}}\right)\left(\frac{h}{2} + \frac{h}{6}\right) = \left(F \times \frac{12}{\sqrt{145}}\right)\left(\frac{2}{3}h\right)$$

$$\sigma = \frac{M_p - M_e}{S}$$

$$= \frac{300\text{kN} \cdot \text{m} - \left(F \times \frac{12}{\sqrt{145}}\right)\left(\frac{2}{3} \times 500\text{mm}\right)}{\left(\frac{300 \times 500^2}{6}\text{mm}^3\right)}$$

$$= 12\text{MPa}$$

$$\therefore F = 37.5\sqrt{145}\text{kN}$$

📐 계산 TIP

○ **정석적인 방법**

$$\sigma = \frac{300\text{kN} \cdot \text{m}}{\left(\frac{300 \times 500^2}{6}\text{mm}^3\right)} - \frac{\left(F \times \frac{12}{\sqrt{145}}\right)\left(\frac{2}{3} \times 500\text{mm}\right)}{\left(\frac{300 \times 500^2}{6}\text{mm}^3\right)} = 12\text{MPa}$$

$$\rightarrow 3 \times 10^2 \times 10^3 \text{N} \times 10^3 \text{mm} - \left(F \times \frac{12}{\sqrt{145}}\right)\left(\frac{2}{3} \times 5 \times 10^2 \text{mm}\right)$$

$$= 12\text{MPa}\left(\frac{3 \times 10^2 \times 5^2 \times 10^4}{6}\text{mm}^3\right)$$

$$\rightarrow 3 \times 10^8 \text{N} \cdot \text{mm} - \frac{8\sqrt{145}}{29}F \times 10^2 \text{mm} = 15 \times 10^7 \text{N} \cdot \text{mm}$$

$$\rightarrow 15 \times 10^7 \text{N} \cdot \text{mm} = \frac{8\sqrt{145}}{29}F \times 10^2 \text{mm}$$

$$\rightarrow F = (15 \times 10^5)\left(\frac{29}{8\sqrt{145}}\right)\text{N} = 37.5\sqrt{145}\text{kN}$$

○ **앞자리 뽑기**
F는 2개 항으로 구성되므로 앞자리 뽑기를 적용할 수 없다

09

정답 ①

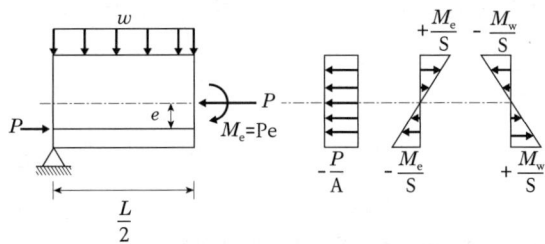

$$M_w = \frac{wL^2}{8}$$

$$M_e = P\left(e + \frac{h}{6}\right)$$

$$\therefore \sigma_B = \frac{M_w - M_e}{S} = \frac{\left(\frac{wL^2}{8}\right) - P\left(e + \frac{h}{6}\right)}{\left(\frac{bh^2}{6}\right)}$$

$$= -\frac{1}{bh}\left(P + \frac{6Pe}{h} - \frac{3wL^2}{4h}\right)$$

> 🔔 **꼭 알아두자!**
> 응용역학 개념을 이용하여 계산할 수도 있다.

$$\sigma_B = -\frac{P}{A} - \frac{M_e}{S} + \frac{M_w}{S} = -\frac{P}{bh} - \frac{(Pe)}{\left(\frac{bh^2}{6}\right)} + \frac{\left(\frac{wL^2}{8}\right)}{\left(\frac{bh^2}{6}\right)}$$

$$= -\frac{1}{bh}\left(P + \frac{6Pe}{h} - \frac{3wL^2}{4h}\right)$$

10

정답 ④

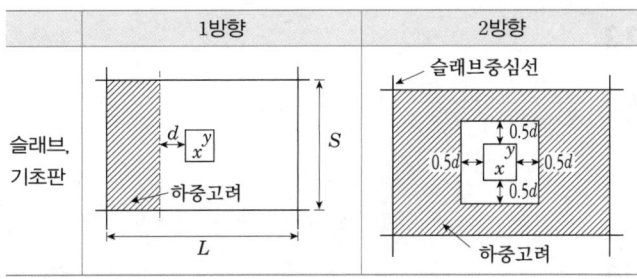

(1) 1방향 위험구역(A_1)

$$\left(\frac{L-x}{2} - d\right)S = \left(\frac{4\text{m} - 1\text{m}}{2} - 1\text{m}\right)(4\text{m}) = 2\text{m}^2$$

(2) 2방향 위험구역(A_2)

$$SL - (x+d)(y+d) = (4 \times 4)\text{m}^2 - (1\text{m} + 1\text{m})^2$$
$$= 12\text{m}^2$$

$$\therefore \frac{V_2}{V_1} = \frac{q_u \times A_2}{q_u \times A_1} = \frac{A_2}{A_1} = \frac{12\text{m}^2}{2\text{m}^2} = 6$$

11 정답 ④

④ 무근콘크리트의 휨모멘트, 압축력, 전단력은 0.55를 적용한다.

12 정답 ④

KDS 14 20 20 : 콘크리트구조 휨 및 압축 설계기준

4.5 2축 휨을 받는 압축부재

(1) 두 축방향의 횡하중, 인접 경간의 하중 불균형 등으로 인하여 압축부재에 2축 휨모멘트가 작용되는 경우에는 2축 휨을 받는 압축부재로 설계하여야 한다.

(2) 압축부재 단면의 편심거리는 소성 중심부터 축력 작용점까지 거리로 취하여야 한다.

(3) 2축 휨을 받는 압축부재의 설계에 있어서 원칙적으로 계수축력과 두 축에 대한 휨모멘트의 계수합휨모멘트를 구한 후 축력과 휨모멘트의 평형조건과 변형률의 적합조건을 이용하여 압축부재를 설계하되 광범위한 연구 및 실험에 의해 적용성이 입증된 근사해법에 의하여 설계할 수도 있다.

④ 두 축방향의 횡하중, 인접 경간의 하중 불균형 등으로 인하여 압축부재에 2축 휨모멘트가 작용되는 경우에는 2축 휨을 받는 압축부재로 설계하여야 한다.

13 정답 ②

$$P_L = \frac{S^3}{S^3+L^3}P = \frac{2^3}{2^3+3^3}(140\text{kN}) = 32\text{kN}$$

14 정답 ②

 꼭 알아두자!

블록전단파괴란 인장파괴와 전단파괴가 조합작용하는 것으로 마치 블록의 형상으로 뜯겨져 나가는 파괴형상을 의미한다. 다소 복잡한 식을 암기해야 하는 것에 비해 출제빈도가 낮으므로 80점 이상의 고득점을 원하는 학생이 아니라면 무시해도 좋다. 굳이 공부하겠다면 식에서 '$0.6F_u A_{nv}$, $0.6F_y A_{gv}$'은 전단파괴를 '$U_{bs}F_u A_{nt}$'은 인장파괴를 고려하는 것을 알 수 있고, 극한강도(F_u)는 순단면적(A_{nv}, A_{nt})을, 항복강도는 전체단면적(A_{gv})을 고려한다는 사실을 파악하면 암기하기 수월하다.

(1) 전단 파괴선을 따라 발생하는 전단파단과 직각으로 발생하는 인장파단의 조합인 블록전단파단 한계상태에 대한 설계강도는 다음과 같이 산정한 공칭강도에 $\phi=0.75$를 적용하여 구한다.

(2) 보단부 이음부의 상단플랜지 없는 이음부 및 거셋플레이트 등은 블록전단강도를 검토해야 한다.

$R_n = [0.6F_u A_{nv} + U_{bs}F_u A_{nt}] \leq [0.6F_y A_{gv} + U_{bs}F_u A_{nt}]$

F_u : 극한강도, F_y : 항복강도

A_{gv} : 전단저항 총단면적, A_{nv} : 전단저항 순단면적, A_{nt} : 인장저항 순단면적

U_{bs}(블록전단계수) : 인장응력이 균일할 경우 1.0, 불균일할 경우 0.5 적용

$A_{nv} = (30\text{mm} + 50\text{mm} + 50\text{mm} - 20\text{mm} \times 2.5)(10\text{mm})$
$= 800\text{mm}^2$

$A_{gv} = (30\text{mm} + 50\text{mm} + 50\text{mm})(10\text{mm})$
$= 1300\text{mm}^2$

$A_{nt} = (30\text{mm} - 20\text{mm} \times 0.5)(10\text{mm})$
$= 200\text{mm}^2$

$R_n = [(0.6)(400\text{MPa})(800\text{mm}^2) + (1)(400\text{MPa})(200\text{mm}^2)]$
$= 272\text{kN}$
$\leq [(0.6)(200\text{MPa})(1300\text{mm}^2) + (1)(400\text{MPa})(200\text{mm}^2)]$
$= 236\text{kN}$

$\therefore R_d = \phi R_n = (0.75)(236\text{kN}) = 177\text{kN}$

15 정답 ③

KDS 14 20 74 : 기타 콘크리트구조 설계기준

4.2.2 구조 해석

4.2.2.1 일반 사항

(1) 아치의 축선은 아치 리브의 단면 도심을 연결하는 선으로 할 수 있다.

(2) 단면력을 산정할 때에는 콘크리트의 수축과 온도변화의 영향을 고려하여야 한다.

(3) 부정정력을 계산할 때에는 아치 리브 단면변화를 고려하여야 한다.

(4) 기초의 침하가 예상되는 경우에는 그 영향을 고려하여야 한다.

(5) 아치 리브에 발생하는 단면력은 축선 이동의 영향을 받지만, 일반적인 경우 그 영향이 작아서 무시할 수 있으므로 미소변형이론에 기초하여 단면력을 계산할 수 있다.

③ 아치 리브에 발생하는 단면력은 축선 이동의 영향을 받지만, 일반적인 경우 그 영향이 작아서 무시할 수 있으므로 미소변형이론에 기초하여 단면력을 계산할 수 있다.

16 정답 ①

$f_{ck} \leq 40\text{MPa} \rightarrow \eta=1, \beta_1=0.8, \varepsilon_{cu}=0.0033$

$a = \dfrac{A_s f_y}{\eta(0.85 f_{ck} b)} = \dfrac{(3000\text{mm}^2)(400\text{MPa})}{(0.85)(20\text{MPa})(1200\text{mm})}$

$\approx 58.8\text{mm} < t_f = 80\text{mm}$

∴ $b=1200\text{mm}$로 하는 직사각형 단면으로 해석할 수 있다.

계산 TIP

◦ 정석적인 방법
a와 t_f의 크기 비교만 하면 되므로 정확하게 계산할 필요는 없다.

$a = \dfrac{(3000\text{mm}^2)(400\text{MPa})}{(0.85)(20\text{MPa})(1200\text{mm})}$

$= \dfrac{(3\times 10^3)(4\times 10^2)\text{mm}}{(85\times 10^{-2})(2\times 10)(12\times 10^2)}$

$= \dfrac{3\times 4\times 10^5 \text{mm}}{85\times 2\times 12 \times 10} \approx 5\times .\times \times \text{mm}$

◦ 앞자리 뽑기
a는 중간과정이므로 앞자리 뽑기를 적용할 수 없다.

17 정답 ③

계수	조건	보정계수
α (위치계수)	상부철근(정착길이 또는 겹침이음부 아래 300mm 초과되게 굳지 않은 콘크리트에 묻힌 수평철근)	1.3
	기타	1
β (도막계수, 표면처리계수)	피복두께 $3d_b$ 미만 또는 순간격이 $6d$ 미만인 에폭시 도막철근 혹은 아연-에폭시 이중 도막 철근 또는 철선	1.5
	기타 에폭시 도막철근 혹은 아연-에폭시 이중도막 철근 또는 철선	1.2
	아연도금 혹은 도막되지 않은 철근 또는 철선	1

※ 단, 에폭시 도막철근이 상부철근인 경우에는 $\alpha\beta$값이 1.7보다 클 필요는 없다.

도막되지 않은 이형 철근 : $\beta=1$

$l_d = \dfrac{0.24 f_y}{\lambda\sqrt{f_{ck}}} d_b \times \beta \times$ 복잡한 보정계수

$= \dfrac{(0.24)(300\text{MPa})}{(1)(\sqrt{25\text{MPa}})}(10\text{mm})(1)(1)$

$= 144\text{mm} \geq (8\times 10\text{mm}, 150\text{mm})$

∴ $l_d = 150\text{mm}$

꼭 알아두자!

문제에서 별도의 언급이 없으면 복잡한 보정계수는 '1'로 한다.
정착길이 l_d이므로 표준 갈고리 최소정착길이 규정($8d_b$ 이상, 150mm 이상)을 적용한다.

계산 TIP

◦ 정석적인 방법
$l_d = \dfrac{(0.24)(300\text{MPa})}{(1)(\sqrt{25\text{MPa}})}(10\text{mm})(1)(1)$

$= \dfrac{(24\times 10^{-2})(3\times 10^2)}{(5)}(10\text{mm})$

$= \dfrac{24\times 3}{5}\times 10\text{mm} = 144\text{mm}$

◦ 앞자리 뽑기
l_d는 중간과정이므로 앞자리 뽑기를 적용할 수 없다.

18 정답 ②

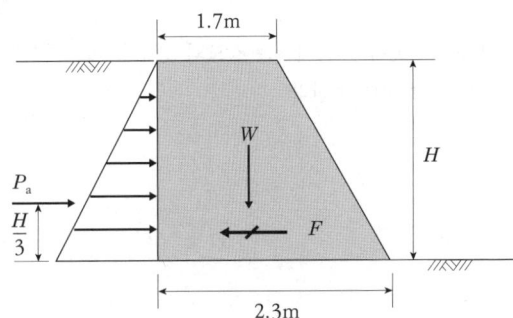

안전율 = $\dfrac{\text{저항력}}{\text{외력}}$;

활동안전율 = $\dfrac{\text{마찰력}}{\text{수평력}} = \dfrac{F}{P_a} = \dfrac{(\mu)(W)}{P_a} = \dfrac{(\mu)(A\gamma_c)}{\left(\dfrac{1}{2}K_a \gamma_s H^2\right)} \geq 2$

$\rightarrow \dfrac{(0.5)\left(\dfrac{1.7\text{m}+2.3\text{m}}{2}\times H\right)(24\text{kN/m}^3)}{\left(\dfrac{1}{2}\right)(0.4)(20\text{kN/m}^3)(H^2)} \geq 2$

$\rightarrow \dfrac{(24\text{kN/m}^2)}{(4\text{kN/m}^3)(H)} \geq 2$

∴ $3\text{m} \geq H$

19

정답 ③

• 30회 이상 시험 기록이 있는 경우

설계기준 압축강도 f_{ck}	배합강도 f_{cr} (큰 값 이용)
$f_{ck} \leq 35\text{MPa}$	$f_{ck} + 1.34s$ $(f_{ck} - 3.5) + 2.33s$
$35\text{MPa} < f_{ck}$	$f_{ck} + 1.34s$ $0.9f_{ck} + 2.33s$

$f_{ck} + 1.34s$
$= 25\text{MPa} + 1.34 \times 2\text{MPa}$
$= 27.68\text{MPa}$

$(f_{ck} - 3.5) + 2.33s$
$= (25\text{MPa} - 3.5\text{MPa}) + 2.33 \times 2\text{MPa}$
$= 26.16\text{MPa}$

$\therefore f_{cr} = 27.68\text{MPa}$ (∵ 큰 값 이용)

20

정답 ①

① 기본 개념을 구현하기 위해서는 강도와 연성을 확보하여야 하며, 낙교방지를 확보하여야 한다.

2019 지방직

문제편 064p~068p

01 ②	02 ④	03 ③	04 ④	05 ②
06 ③	07 ①	08 ③	09 ③	10 ①
11 ③	12 ①	13 ②	14 ③	15 ③
16 ①	17 ④	18 ①	19 ④	20 ①

01 80점 목표

정답 ②

사용(성) 한계상태	• 균열, 처짐, 피로 등의 **사용성**에 관한 한계상태로서, 일반적으로 구조물 또는 부재의 특정한 사용 성능에 해당하는 상태 • 사용한계상태는 **정상적인 사용조건** 하에서 **응력, 변형 및 균열폭을 제한**하는 것으로 규정한다.
피로와 파단 한계상태	• **반복적인 차량하중**에 의한 피로파괴 및 파단에 관한 한계상태 • 피로한계상태는 기대응력범위의 **반복 횟수**에서 발생하는 단일 피로설계트럭에 의한 **응력 범위를 제한**하는 것으로 규정한다.
극한한계 상태	• **설계수명**동안 강도, 안정성 등 **붕괴 또는 이와 유사한 형태의 구조적인 파괴**에 대한 한계상태 • 극한한계상태는 교량의 **설계수명 이내**에 발생할 것으로 기대되는, 통계적으로 중요하다고 규정한 하중조합에 대하여 국부적/전체적 강도와 **안정성을 확보**하는 것으로 규정한다.
극단상황 한계상태	• 교량의 **설계수명을 초과**하는 재현주기를 갖는 **지진, 유빙 하중, 차량과 선박의 충돌 등**과 같은 사건과 관련한 한계상태 • 극단상황한계상태는 지진 또는 홍수 시, 또는 세굴된 상황에서 선박, 차량 또는 유빙에 의한 충돌 시 등의 상황에서 **교량의 붕괴를 방지**하는 것으로 규정한다.

①, ③ 극단상황 한계 상태에 대한 설명이다.
④ 극한한계 상태에 대한 설명이다.

02

정답 ④

④ 일반적으로 피복두께가 클수록 균열폭도 커진다.

03

정답 ③

③ 콘크리트에 균열이 발생할 경우 인장측 콘크리트가 부담하던 인장력을 철근이 부담하게 된다. 이때 철근량이 너무 적다면 갑작스럽게 끊어질 수 있다(snap). 이러한 취성파괴를 방지하기 위해 최소철근량 이상의 철근을 배치해야 한다.

04

정답 ④

$$M_d = \phi M_n = \phi A_s f_y \left(d - \frac{a}{2}\right)$$

$$= \phi(\eta 0.85 f_{ck} ab)\left(d - \frac{1}{2} \times \frac{A_s f_y}{\eta(0.85 f_{ck} b)}\right)$$

	ϕ	$A_s f_y$ $(\eta 0.85 f_{ck} ab)$	$d - \frac{1}{2} \times \frac{A_s f_y}{\eta(0.85 f_{ck} b)}$
A_s 증가	감소	증가	감소
f_y 증가	감소	증가	감소
d 증가	증가	무관	증가
f_{ck} 증가	증가	증가	증가

꼭 알아두자!

출제자의 의도는 다음과 같았을 것으로 추측된다.

$$M_d = \phi A_s f_y \left(d - \frac{a}{2}\right)$$

	ϕ	$A_s f_y$	$d - \frac{a}{2}$
A_s 증가	무관	증가	무관
f_y 증가	무관	증가	무관
d 증가	무관	무관	증가
f_{ck} 증가	무관	무관	무관

∴ ④ f_{ck}의 효과가 적다.

05

정답 ②

	3개월	6개월	1년	5년 이상
ξ	1	1.2	1.4	2

$$\lambda = \frac{\xi}{1 + 50\rho'} = \frac{1.4}{1 + 50(0.02)} = 0.7$$

∴ 추가장기처짐 $= \lambda \delta_E = (0.7)(15\text{mm}) = 10.5\text{mm}$

06

정답 ③

(2)-3 다발철근

환경조건과 부재의 종류	최소 피복두께(mm)
일반적인 경우	50 또는 등가지름 중 작은값 이상
흙에 파묻힘	75★
수중 침수	100★

07

정답 ①

계수	조건	보정계수
α (위치계수)	상부철근(정착길이 또는 겹침이음부 아래 300mm 초과되게 굳지 않은 콘크리트에 묻힌 수평철근)	1.3
	기타	1
β (도막계수, 표면처리계수)	피복두께 $3d_b$ 미만 또는 순간격이 $6d$ 미만인 에폭시 도막철근 혹은 아연-에폭시 이중 도막 철근 또는 철선	1.5
	기타 에폭시 도막철근 혹은 아연-에폭시 이중도막 철근 또는 철선	1.2
	아연도금 혹은 도막되지 않은 철근 또는 철선	1

※ 단, 에폭시 도막철근이 상부철근인 경우에는 $\alpha\beta$값이 1.7보다 클 필요는 없다.

종류	조건
A급 이음(1)	$\dfrac{\text{배근 } A_s}{\text{소요 } A_s} \geq 2$ 이고 $\dfrac{\text{겹침이음된 } A_s}{\text{전체 } A_s} \leq \dfrac{1}{2}$ 배치된 철근량이 이음부 전체 구간에서 해석결과 요구되는 소요철근량의 2배 이상이고, 소요 겹침이음길이 내 겹침이음된 철근량이 전체 철근량의 1/2 이하인 경우, 즉 반수이음인 경우가 A급 이음이다.
B급 이음(1.3)	A급 이음에 해당되지 않는 경우

하부철근 : $\alpha = 1$, 도막되지 않은 철근 : $\beta = 1$

$$l_d = \frac{0.6 f_y}{\lambda \sqrt{f_{ck}}} d_b \times \alpha \times \beta$$

$$= \frac{(0.6)(400\text{MPa})}{(1)(\sqrt{36\text{MPa}})}(32\text{mm})(1)(1)$$

$$= 1280\text{mm}$$

A급 이음 : 보정계수 = 1

∴ $l_s = (1)(1280\text{mm}) = 1280\text{mm} \geq 300\text{mm}$

꼭 알아두자!

겹침이음 길이는 300mm 이상으로 한다.

계산 TIP

○ 정석적인 방법

$$l_d = \frac{(0.6)(400\text{MPa})}{(1)(\sqrt{36\text{MPa}})}(32\text{mm})(1)(1)$$

$$= \frac{(6 \times 10^{-1})(4 \times 10^2)}{(6)}(32\text{mm})$$

$$= \frac{6 \times 4}{6} \times 32 \times 10\text{mm} = 1280\text{mm}$$

○ 앞자리 뽑기

$l_d : \dfrac{6 \times 4}{6} \times 32 = 128 \rightarrow l_d = 1280\text{mm}$

08 [80점 목표] 정답 ③

꼭 알아두자!

전공서적마다 용어가 혼용되어 있어 주의가 필요하다.
P_0 : 순수~(순수축하중강도)
$P_n = \alpha P_0$: 공칭~(공칭중심축하중, 공칭축하중강도, 공칭축강도)
$P_d = \phi \alpha P_0$: 설계~(설계중심축하중, 설계축하중강도, 설계축강도, 최대설계하중, 최대설계축강도, 축방향설계강도)
이름을 보고 판단이 되지 않을 경우에는 아래첨자를 보고 판단하는 것이 좋다.

$P_0 = 0.85 f_{ck}(A_g - A_{st}) + f_y A_{st}$
$\quad = 0.85(30\text{MPa})(400^2 - 3000\text{mm}^2) + (400\text{MPa})(3000\text{mm}^2)$
$\quad = 5203.5\text{kN}$

계산 TIP

○ 정석적인 방법
$P_0 = 0.85(30\text{MPa})(400^2 - 3000\text{mm}^2) + (400\text{MPa})(3000\text{mm}^2)$
$\quad = (85 \times 10^{-2})(3 \times 10)(157 \times 10^3)\text{N} + (4 \times 10^2)(3 \times 10^3)\text{N}$
$\quad = 85 \times 3 \times 157 \times 10^2 \times 10^{-3}\text{kN} + 4 \times 3 \times 10^5 \times 10^{-3}\text{kN}$
$\quad = 4003.5\text{kN} + 1200\text{kN} = 5203.5\text{kN}$

○ 앞자리 뽑기
P_0는 2개 항으로 구성되므로 앞자리 뽑기를 적용할 수 없다.

꼭 알아두자!

λ (경량 콘크리트 계수)
경량 콘크리트 계수란 경량 골재를 사용한 것에 대한 보정을 의미한다. 1~0.85, 0.85~0.75 사이는 직선보간을 이용하여 구할 수 있다는 것만 알아두자

콘크리트	λ
보통중량	1
모래경량	0.85
전경량	0.75
f_{sp}가 주어진 경우	$\dfrac{f_{sp}}{0.56\sqrt{f_{ck}}} \leq 1$

계산 TIP

○ 정석적인 방법
$V_u = (25\text{kN/m})(3.3\text{m} - 300\text{mm})$
$\quad = (25\text{kN/m})(3.3\text{m} - 3 \times 10^2 \times 10^{-3}\text{m})$
$\quad = (25\text{kN/m})(3\text{m}) = 75\text{kN}$
$\lambda = \dfrac{1.4\text{MPa}}{(0.56)(\sqrt{25\text{MPa}})} = \dfrac{14 \times 10^{-1}}{(56 \times 10^{-2})(5)} = 0.5$
$V_c = \left(\dfrac{1}{6}\right)(0.5)(\sqrt{25\text{MPa}})(200 \times 300\text{mm}^2)$
$\quad = \left(\dfrac{1}{6}\right)(5 \times 10^{-1})(5\text{MPa})(2 \times 3 \times 10^4\text{mm}^2)$
$\quad = \dfrac{1}{6} \times 5 \times 5 \times 2 \times 3 \times 10^3\text{N} = 25 \times 10^3 \times 10^{-3}\text{kN} = 25\text{kN}$

○ 앞자리 뽑기
V_u, λ, V_c는 중간과정이므로 앞자리 뽑기를 적용할 수 없다.

09 [80점 목표] 정답 ③

$V_u = w_u L - w_u d = w_u(L - d)$
$\quad = (25\text{kN/m})(3.3\text{m} - 300\text{mm})$
$\quad = 75\text{kN}$
$\lambda = \dfrac{f_{sp}}{0.56\sqrt{f_{ck}}} = \dfrac{1.4\text{MPa}}{(0.56)(\sqrt{25\text{MPa}})} = 0.5 < 1$
$V_c = \dfrac{1}{6}\lambda\sqrt{f_{ck}}\,b_w d$
$\quad = \left(\dfrac{1}{6}\right)(0.5)(\sqrt{25\text{MPa}})(200 \times 300\text{mm}^2)$
$\quad = 25\text{kN}$

$V_u < \phi(V_c + V_s) \Rightarrow \dfrac{V_u - \phi V_c}{\phi} < V_s$

$\therefore \dfrac{75\text{kN} - 0.75(25\text{kN})}{0.75} = 75\text{kN} < V_s$

10 [80점 목표] 정답 ①

① ㄱ → ㄹ → ㅁ → ㄴ → ㄷ

슬래브의 두께를 결정한다. → 계수하중을 계산한다. → 단변 슬래브의 계수휨모멘트를 계산한다. → 단변에 배근되는 인장철근량을 산정한다. → 장변에 배근되는 온도철근량을 산정한다.

※ 출제빈도가 매우 낮으므로 크게 신경쓰지 않아도 된다.

11

정답 ③

$$f_{sp} = \frac{P}{\left(\frac{\pi dL}{2}\right)} = \frac{75\text{kN}}{\left(\frac{3 \times 100\text{mm} \times 200\text{mm}}{2}\right)} = 2.5\text{MPa}$$

계산 TIP

● 정석적인 방법
$$f_{sp} = \frac{75\text{kN} \times 2}{\left(\frac{3 \times 100\text{mm} \times 200\text{mm}}{2}\right) \times 2}$$
$$= \frac{2 \times 75 \times 10^3 \text{N}}{3 \times 10^2 \times 2 \times 10^2 \text{mm}^2} = 2.5\text{MPa}$$

● 앞자리 뽑기
$$f_{sp} : \frac{75 \times 2}{3 \times 2} = 25 \rightarrow f_{sp} = 2.5\text{MPa}$$

12

정답 ①

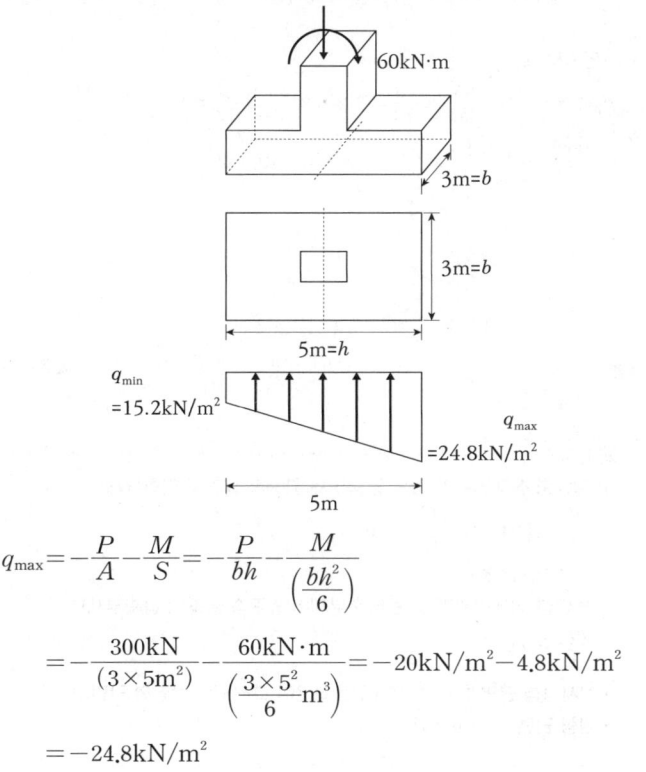

$$q_{max} = -\frac{P}{A} - \frac{M}{S} = -\frac{P}{bh} - \frac{M}{\left(\frac{bh^2}{6}\right)}$$

$$= -\frac{300\text{kN}}{(3 \times 5\text{m}^2)} - \frac{60\text{kN} \cdot \text{m}}{\left(\frac{3 \times 5^2}{6}\text{m}^3\right)} = -20\text{kN/m}^2 - 4.8\text{kN/m}^2$$

$$= -24.8\text{kN/m}^2$$

꼭 알아두자!

q_{min}도 계산해보면 다음과 같다.

$$q_{min} = -\frac{P}{A} + \frac{M}{S}$$
$$= -20\text{kN/m}^2 + 4.8\text{kN/m}^2$$
$$= -15.2\text{kN/m}^2$$

13 80점 목표

정답 ②

(2)-1 필릿용접의 최소치수(건축구조물의 경우)

(하중저항계수 설계법: KDS 14 31 25)

연결부(접합부)의 얇은 쪽 소재 두께 t	필릿용접의 최소치수(s_{min})
$t < 6$	3
$6 \leq t < 13$	5
$13 \leq t < 20$	6
$20 \leq t$	8

(허용응력 설계법: KDS 14 30 25)

연결부(접합부)의 얇은 쪽 소재 두께 t	필릿용접의 최소치수(s_{min})
$t < 6$	3
$6 \leq t < 12$	5
$12 \leq t < 20$	6
$20 \leq t$	8

접합부의 얇은 쪽 소재 두께가 12mm 이므로 하중저항계수 설계법으로는 '5mm'이고 허용응력 설계법으로는 '6mm' 이다. 문제에서 설계방법에 대한 언급이 없어 명확하지 않으나 다행히도 보기에 5mm가 없어 답이 갈리지는 않았을 것으로 판단된다.

14 80점 목표

정답 ③

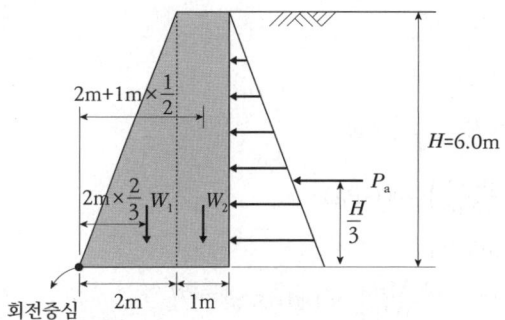

안전율 = $\dfrac{저항력}{외력}$;

전도안전율 = $\dfrac{저항 M}{외력 M} = \dfrac{(W_1)\left(2\text{m} \times \dfrac{2}{3}\right) + (W_2)\left(2\text{m} + 1\text{m} \times \dfrac{1}{2}\right)}{(P_a)\left(\dfrac{H}{3}\right)}$

$= \dfrac{(A_1 \gamma_c)\left(2\text{m} \times \dfrac{2}{3}\right) + (A_2 \gamma_c)\left(2\text{m} + 1\text{m} \times \dfrac{1}{2}\right)}{\left(\dfrac{1}{2} K_a \gamma_s H^2\right)\left(\dfrac{H}{3}\right)}$

$= \dfrac{\left[\begin{array}{l}\left(\dfrac{1}{2} \times 2\text{m} \times 6\text{m}\right)(25\text{kN/m}^3)\left(2\text{m} \times \dfrac{2}{3}\right) \\ + (1\text{m} \times 6\text{m})(25\text{kN/m}^3)\left(2\text{m} + 1\text{m} \times \dfrac{1}{2}\right)\end{array}\right]}{\left(\dfrac{1}{6}\right)\left(\dfrac{1-\sin 30°}{1+\sin 30°}\right)(20\text{kN/m}^3)(6\text{m})^3}$

$= \dfrac{575\text{kN} \cdot \text{m}}{240\text{kN} \cdot \text{m}} \approx 2.4$

15 정답 ③

$M_e = Pe = \dfrac{w_e L^2}{8}$

→ $w_e = \dfrac{8Pe}{L^2}$

$= \dfrac{8(2000\text{kN})(0.2\text{m})}{(20\text{m})^2}$

$= 8\text{kN/m}$

∴ $w - w_e = 20\text{kN/m} - 8\text{kN/m} = 12\text{kN/m}$

16 정답 ①

$\Delta f = \varepsilon \times E = \left(\dfrac{\delta}{L}\right) \times E$

$= \left(\dfrac{6\text{mm}}{10\text{m}}\right)(200\text{GPa})$

$= 120\text{MPa}$

∴ 손실률 = $\dfrac{120\text{MPa}}{1500\text{MPa}} \times 100 = 8\%$

> **꼭 알아두자!**
> 정의상 감소율(손실률)은 시간손실량에 대해 표현하나 문제와 같이 즉시 손실에 대해 계산하는 것으로 출제되는 경우가 있다.

17 정답 ④

$f_{ck} \leq 40\text{MPa} \to \eta = 1,\ \beta_1 = 0.8,\ \varepsilon_{cu} = 0.0033$

$\varepsilon_{min} = 0.004\ (\because f_y = 255\text{MPa} \leq 400\text{MPa})$

$\rho = \eta\left(0.85 \beta_1 \dfrac{f_{ck}}{f_y} \dfrac{\varepsilon_{cu}}{\varepsilon_{cu} + \varepsilon_s}\right)$

→ $\rho_{max} = 0.85 \beta_1 \dfrac{f_{ck}}{f_y} \dfrac{0.0033}{0.0033 + \varepsilon_{t,min}}$

$= (0.85)(0.8)\left(\dfrac{35\text{MPa}}{255\text{MPa}}\right)\left(\dfrac{0.0033}{0.0033 + 0.004}\right)$

≈ 0.042

> **계산 TIP**
>
> ○정석적인 방법
>
> $\rho_{max} = (0.85)(0.8)\left(\dfrac{35\text{MPa}}{255\text{MPa}}\right)\left(\dfrac{0.0033}{0.0033 + 0.004}\right)$
>
> $= 85 \times 10^{-2} \times 8 \times 10^{-1} \times \dfrac{35}{255} \times \dfrac{33}{73}$
>
> $= 85 \times 8 \times \dfrac{35}{255} \times \dfrac{33}{73} \times 10^{-3} \approx 0.042$
>
> ○앞자리 뽑기
>
> ρ_b : $85 \times 8 \times \dfrac{35}{255} \times \dfrac{33}{73} = 1 \times 8 \times \dfrac{35}{3} \times \dfrac{33}{73} = 8 \times \dfrac{35}{1} \times \dfrac{11}{73}$
>
> $= \dfrac{3080}{73} \to \dfrac{3080}{730} \approx 4.2 \times\times \to \rho_b \approx 0.042$

18 정답 ①

> **꼭 알아두자!**
> ① 횡방향 상대변위가 없는 압축부재(횡구속 골조의 압축부재)
>
> $\dfrac{kl_u}{r} \leq \left(34 - 12\dfrac{M_1}{M_2}\right) < 40$
>
> l_u : 비지지길이
>
> ② 횡방향 상대변위가 있는 압축부재(비횡구속 골조의 압축부재)
>
> $\dfrac{kl_u}{r} < 22$
>
> • 직사각형 단면 : $r = 0.3h$ (h는 좌굴이 고려되는 방향의 단면치수)
> • 원형 단면 : $r = 0.25d$

$$\frac{kl_u}{r}<22 \rightarrow l_u<\frac{22r}{k}=\frac{22(0.3h)}{k}$$

$$\therefore l_u<\frac{22(0.3\times 500mm)}{1}=3.3m \ (k=1 \because 양단힌지)$$

계산 TIP

◦ 정석적인 방법

$$l_u<\frac{22(0.3\times 500mm)}{1}=\frac{22(3\times 10^{-1}\times 5\times 10^2\times 10^{-3}m)}{1}$$

$$=\frac{22\times 3\times 5\times 10^{-2}m}{1}=330\times 10^{-2}m=3.3m$$

◦ 앞자리 뽑기

$$l_u : \frac{22\times 3\times 5}{1}=330 \rightarrow l_u<3.3m$$

19 (80점 목표) 정답 ④

$$P_e=\sigma_e A=(\varepsilon E)A$$
$$=(4\times 10^{-4}\times 25GPa)(170,000mm^2)$$
$$=1700kN$$

$$\therefore R=\frac{P_e}{P_i} \rightarrow P_i=\frac{P_e}{R}=\frac{1700kN}{0.85}=2000kN$$

20 정답 ①

KDS 24 17 11 교량내진설계기준(한계상태설계법)

1.2 용어

(1) 이 장에서 사용하는 용어의 의미는 다음과 같다.

- 구조감쇠: 진동하는 물체가 한 일이 위치에너지로 저장되거나 열 또는 음향에너지로 소산되어 물체의 진동을 줄이는 감쇠
- 기능수행수준: 설계지진하중 작용 시 교량의 구성요소에 발생한 변형이나 손상이 경미하여 교량의 기능(차량통행)이 유지될 수 있는 성능수준
- 내진등급: 교량의 중요도에 따라 내진설계수준을 분류하는 범주로서 내진특등급, 내진I등급, 내진II등급으로 구분
- 내진성능목표: 설계지진하중에 대해 내진성능수준을 만족하도록 요구하는 내진설계의 목표
- 내진성능수준: 설계지진하중에 대해 교량에 요구되는 성능수준. 기능수행수준, 즉시복구수준, 장기복구/인명보호수준과 붕괴방지수준으로 구분
- 다중모드스펙트럼해석법: 여러 개의 진동모드를 사용하는 스펙트럼해석법
- 단경간교: 경간이 하나인 교량
- 단부구역: 캔틸레버로 거동하는 기둥의 하단 및 골조로 거동하는 기둥의 하단과 상단
- 단일모드스펙트럼해석법: 하나의 진동모드만을 사용하는 스펙트럼해석법
- 모멘트-곡률 해석: 철근콘크리트 구조물의 재료비선형 단면해석의 하나로서, 횡방향철근에 의한 횡구속효과와 축력의 영향 등을 고려하고 철근과 콘크리트의 응력-변형률 곡선을 이용하여 모멘트와 곡률의 관계를 구하는 해석
  - 붕괴방지수준: 설계지진하중 작용 시 교량의 구성요소에 매우 큰 변형이나 손상이 발생할 수 있지만 그 영향으로 인해 교량이 붕괴되거나 대규모 피해가 초래되는 것을 방지할 수 있는 성능수준
  - 설계변위: 설계에서 요구되는 수평방향의 지진변위
  - 소성힌지구역: 기둥과 말뚝가구의 단부구역 중 설계휨강도보다 큰 탄성지진모멘트가 작용하는 구역
  - 액상화: 포화된 사질토 등에서 지진동, 발파하중 등과 같은 동하중에 의하여, 지반 내에 과잉간극수압이 발생하고, 지반의 전단강도가 상실되어 액체처럼 거동하는 현상
- 위험도계수: 평균재현주기가 500년인 지진의 유효수평지반가속도를 기준으로 하여, 평균재현주기가 다른 지진의 유효수평지반가속도를 상대적 비율로 나타낸 계수
- 유효강성: 지진격리시스템이 최대수평변위를 일으키는 순간의 수평력을 최대수평변위로 나눈 값
- 유효지반가속도: 지진하중을 산정하기 위한 기반암의 지반운동 수준으로 유효수평지반가속도와 유효수직지반가속도로 구분
- 응답수정계수: 탄성해석으로 구한 각 요소의 내력으로부터 설계지진력을 산정하기 위한 수정계수
- 장기복구/인명보호수준: 설계지진하중 작용 시 교량의 구성요소에 큰 변형이나 손상이 발생할 수 있지만 교량을 이용하는 인원에 인명손실이 발생하지 않고 장기간의 복구를 통하여 교량의 기능이 회복 가능한 성능수준
- 지반계수: 지반상태가 탄성지진응답계수에 미치는 영향을 반영하기 위한 보정계수

- 지반응답해석: 토층의 저면에 입사되는 지진파가 지표면으로 진행될 때 토층의 동적거동에 대한 해석
- 지반종류: 지반의 지진증폭특성을 나타내기 위해 분류하는 지반의 종류
- 지진격리받침: 지진격리교량이 지진 시 수평방향으로 큰 방향 변형을 허용할 수 있도록 수평방향으로는 유연하고, 수직방향으로는 강성이 높은 교량받침
- 지진격리시스템: 수직강성, 수평유연도, 그리고 감쇠를 경계면으로부터 시스템에 제공하는 모든 요소의 집합
- 지진구역: 유사한 지진위험도를 갖는 행정구역 구분으로서 지진구역 I, 지진구역 II로 구분
- 지진구역계수: 지진구역 I 과 지진구역 II의 기반암상에서 평균재현주기가 500년인 지진의 유효수평지반가속도를 중력가속도 단위로 표현한 값
- 지진보호장치: 교량구조물을 지진으로부터 보호하기 위한 모든 장치. 지진격리(면진)받침, 감쇠기, 낙교방지장치, 충격전달장치(STU: Shock Transmission Unit) 등
- 최대 소성힌지력: 교각의 소성힌지구역에서 설계기준 재료강도를 초과하는 재료의 초과강도와 심부구속효과로 인하여 발휘될 수 있는 최대 소성모멘트(휨 초과강도)를 전단력으로 변환한 신뢰도 95% 수준의 횡력

- 탄성중합체: 압력을 가하여 상당한 변형이 있은 후 그 압력을 제거하면 초기의 크기와 형상으로 복원되는 고분자 물질로서 여기에는 고무부품이나 고무부품 성형 및 탄성복원 특성을 발휘하는데 사용하는 복합화합물
- 탄성지진응답계수: 지진격리교량의 모드스펙트럼해석법에서 등가정적지진하중을 구하기 위한 무차원량
- 항복강성: 축방향력과 콘크리트의 균열을 고려하여 축방향철근이 항복하는 시점의 강성으로서 항복모멘트와 항복곡률의 비율로 결정되는 교각의 강성
- 항복유효 단면2차모멘트: 축방향력과 콘크리트의 균열을 고려하여 축방향철근이 항복하는 시점의 단면2차모멘트 강성으로서 간편식으로 산정되는 단면2차모멘트

4.1.1.2 지진위험도 및 유효수평지반가속도
(1) 지진구역은 KDS 17 10 00 (4.2.1.1(1))에 따른다.
(2) 지진구역계수(Z)는 KDS 17 10 00 (4.2.1.1(2))에 따른다.
(3) 평균재현주기가 500년인 지진의 유효수평지반가속도(S)를 기준으로 하여, 평균재현주기가 다른 지진의 유효수평지반가속도의 상대적 비율을 의미하는 위험도계수(I)는 KDS 17 10 00 (4.2.1.1(3))에 따른다.
(4) 교량이 위치할 부지에 대한 지진지반운동의 유효수평지반가속도(S)를 행정구역에 의해 결정하는 경우, 식(4.1-1)과 같이 (3)의 지진구역계수(Z)에 각 평균재현주기의 위험도계수(I)를 곱하여 결정한다.
$$S = Z \times I \quad (4.1-1)$$
(5) 유효수평지반가속도(S)를 국가지진위험지도를 이용하여 결정하는 경우, (4)의 행정구역에 의해 결정한 값의 80% 보다 작지 않아야 한다.

① 위험도계수 I는 평균재현주기가 500년인 지진의 유효수평지반 가속도 S를 기준으로 평균재현주기가 다른 지진의 유효 수평지반 가속도의 상대적 비율을 의미한다.

※ 출제빈도가 매우 낮은 문제로 크게 신경 쓸 필요가 없다.

2020 지방직

01 ①	02 ②	03 ④	04 ②	05 ①
06 ①	07 ②	08 ④	09 ④	10 ①
11 ②	12 ②	13 ③	14 ③	15 ②
16 ④	17 ②	18 ①	19 ④	20 ③

01 정답 ①

$$M_e = Pe = \frac{UL^2}{8}$$

$$\rightarrow U = \frac{8Pe}{L^2}$$

$$= \frac{8(8000\text{kN})(300\text{mm})}{(20\text{m})^2}$$

$$= 48\text{kN/m}$$

02 정답 ②

$$P_{cr} = \frac{\pi^2 EI_{min}}{L_e^2} = \frac{\pi^2 EI}{L^2} \quad (L_e = L \quad \because 양단힌지)$$

$$\therefore P_{cr} = \frac{\pi^2 EI}{(l_u)^2}$$

03 80점 목표 정답 ④

꼭 알아두자!

인장철근과 압축철근이 모두 항복하였으므로 $\overline{\rho}_{min}$ 과정을 생략할 수 있다.

$$M_n = (A_s - A_s')f_y\left(d - \frac{a}{2}\right) + A_s'f_y(d - d'),$$

$$a = \frac{(A_s - A_s')f_y}{\eta(0.85f_{ck}b)}$$

04 정답 ②

	프리(pre)텐션 방식	포스트(post)텐션 방식
도입할 때 일어나는 손실 (즉시 손실)	① 정착장치의 활동(=슬립량에 의한 손실) ② 콘크리트의 탄성수축	
		③ 긴장재와 덕트 사이의 마찰★ (=PS 강재와 쉬스 사이의 마찰)
도입 후 일어나는 손실 (시간 손실)	① 콘크리트의 크리프 ② 콘크리트의 수축(자기수축+건조수축) ③ 긴장재 응력의 릴랙세이션	

05 정답 ①

$$P_{cr} = \frac{\pi^2 EI}{L_e^2} \rightarrow \sigma_{cr} = \frac{P_{cr}}{A} = \frac{\pi^2 EI}{AL_e^2} = \frac{\pi^2 E r^2}{L_e^2} = \frac{\pi^2 E}{\lambda^2}$$

① 하중이 임계좌굴하중에 도달하면 기둥은 세장비(λ)가 가장 큰 주축에 대해 좌굴이 발생한다. $\left(\because \lambda \uparrow \rightarrow \sigma_{cr} = \frac{\pi^2 E}{\lambda^2} \downarrow\right)$

② 지점조건(K), 비지지길이(l_u), 단면적(A)이 모두 일정할 때 단면의 회전반경(r)이 증가하면 좌굴하중은 증가한다. $\left(\because r \uparrow \rightarrow \sigma_{cr} = \frac{\pi^2 E r^2}{L_e} \uparrow\right)$

③ 탄성좌굴을 유발하는 평균압축응력은 세장비의 제곱(λ^2)에 반비례한다. $\left(\because \lambda^2 \uparrow \rightarrow \sigma_{cr} = \frac{\pi^2 E}{\lambda^2} \downarrow\right)$

④ 오일러 좌굴응력 공식은 비례한계 이내에서 적용 가능하다.

06 정답 ①

T형: 슬래브가 양쪽 플랜지를 이루는 보	① $16t_f + b_w$ ② 슬래브 중심간 거리 ③ 보 경간의 1/4
반 T형: 한 쪽으로만 플랜지를 이루는 보	① $6t_f + b_w$ ② 인접한 보와의 내측거리의 1/2 + b_w ③ 보 경간의 1/12 + b_w

- $16t_f + b_w = 16(150mm) + 400mm$
  $= 2800mm$
- 슬래브 중심간 거리
  $= 3000mm + 400mm = 3400mm$
- 보 경간의 1/4
  $= \dfrac{20m}{4} = 5000mm$

∴ $b_e = 2800mm$

① $t_f = 180mm$
  → $16t_f + b_w = 16(180mm) + 400mm$
  $= 3280mm$
  ∴ $b_e = 3280mm$ (∴ 증가한다)

② 경간 중앙의 T형 단면에서 종방향 휨모멘트에 의해 슬래브 콘크리트 단면은 압축을 받을 수도, 인장을 받을 수도 있다. a와 t 값을 비교해 보아야 한다.

③ 등가직사각형 응력블록 깊이(a)가 t_f보다 크면 T형 단면으로 간주하여 해석한다.

④ $b_e = 2800mm$이다.

07 〈80점 목표〉 정답 ②

② 3종(조강) 포틀랜드 시멘트 : 조기강도를 높이기 위해 분말도(3300cm²/g 이상)를 높게한 시멘트. 수화열이 많으므로 한중콘크리트(평균기온 4°C 이하 타설)에 적합하다.

꼭 알아두자!

매스 콘크리트란 부재 혹은 구조물의 치수가 커서 시멘트의 수화열에 의한 온도 상승 및 강하를 고려하여 설계·시공해야 하는 콘크리트를 의미한다. 매스 콘크리트로 다루어야 하는 구조물의 부재치수는 일반적인 표준으로서 넓이가 넓은 평판구조의 경우 두께 0.8m 이상, 하단이 구속된 벽체의 경우 두께 0.5m 이상으로 한다.

- 프리쿨링(Pre-cooling, 선행냉각) 공법 : 콘크리트 재료의 일부 또는 전부를 냉각시켜 배합시 콘크리트 내부의 온도를 낮추는 방법
- 파이프쿨링(Pipe-cooling, 관로식냉각) 공법 : 콘크리트를 치기 전에 외경 25mm 정도의 파이프를 수평으로 배치하고 그 속에 자연지하수나 인공냉각수를 통과시켜서 콘크리트의 온도를 낮추는 방법을 의미한다.

08   정답 ④

① 토압이 작용하는 경우 측벽에 작용하는 토압은 깊이에 따라 일정한 삼각형 또는 사다리꼴 분포로 고려한다.

② 상자암거 설계에서 활하중(재하 하중)을 고려한다.
  σ_{v1} = 흙의 중량 + 상부 슬래브 자중 + 포장중량 + 재하 하중

③ 매설된 경우에 매설깊이를 고려해야 한다. 따라서 측벽에 작용하는 토압이 사다리꼴 분포로 작용할 수 있다.

09 정답 ④

③ 복철근 보에 대한 설명이다.

철근 항복강도(f_y)	압축지배 변형률 한계	최소허용 변형률	인장지배 변형률 한계
$f_y \leq 400MPa$	ε_y	0.004	0.005
$400MPa < f_y$	ε_y	$2\varepsilon_y$	$2.5\varepsilon_y$

④ 압축연단 콘크리트가 가정된 극한 변형률인 0.0033에 도달할 때 최외단 인장철근의 순인장 변형률이 인장지배 변형률 한계 이상인 단면을 인장지배 단면으로 분류한다.

10 정답 ①

압축을 받는 콘크리트 면적:
$600 \times 150mm^2 + 300 \times 50mm^2 = 105000mm^2$
$f_{ck} \leq 40MPa$ → $\eta = 1$, $\beta_1 = 0.8$, $\varepsilon_{cu} = 0.0033$
∴ $C = \eta(0.85 f_{ck} A) = (0.85)(24MPa)(105000mm^2)$
$= 2142kN$

계산 TIP

◦ 정석적인 방법
$C = (0.85)(24MPa)(105000mm^2)$
$= (85 \times 10^{-2})(24)(105 \times 10^3)N$
$= 85 \times 24 \times 105 \times 10N = 214200 \times 10 \times 10^{-3}kN = 2142kN$

◦ 앞자리 뽑기
$C : 85 \times 24 \times 105 = 214200$ → $C = 2142kN$

11

정답 ②

$$V_s = \frac{d}{s} A_v f_y$$

$$\therefore d = \frac{sV_s}{A_v f_y}$$

$$= \frac{(240\text{mm})(500\text{kN})}{(500\text{mm}^2)(400\text{MPa})}$$

$$= 600\text{mm}$$

계산 TIP

- 정석적인 방법
$$d = \frac{(240\text{mm})(500\text{kN})}{(500\text{mm}^2)(400\text{MPa})} = \frac{(24 \times 10\text{mm})(5 \times 10^2 \times 10^3\text{N})}{(5 \times 10^2)(4 \times 10^2)\text{N}}$$
$$= \frac{24 \times 5 \times 10^6 \text{mm}}{5 \times 4 \times 10^4} = 600\text{mm}$$

- 앞자리 뽑기
$$d : \frac{24 \times 5}{5 \times 4} = 6 \quad \rightarrow \quad d = 600\text{mm}$$

12

정답 ②

[그림: P, M=Pe, 600mm, 600mm, 1m=b, 1.2m=h, $q_{max} = \frac{5}{4}P$, $q_{min} = \frac{5}{12}P$]

$q_{max} = -\frac{P}{A} - \frac{M}{S}$ 이므로 무조건 압축이다. 따라서 q_{min}만 알면 응력 분포 형상을 추정할 수 있다.

$$q_{min} = -\frac{P}{A} + \frac{M}{S} = -\frac{P}{bh} + \frac{Pe}{\left(\frac{bh^2}{6}\right)}$$

$$= -\frac{P}{(1 \times 1.2\text{m}^2)} + \frac{P(100\text{mm})}{\left(\frac{1 \times 1.2^2}{6}\text{m}^3\right)} = -\frac{5}{6}P + \frac{5}{12}P$$

$$= -\frac{5}{12}P \text{ (압축)}$$

꼭 알아두자!

q_{max}도 계산해보면 다음과 같다.

$$q_{max} = -\frac{P}{A} - \frac{M}{S}$$
$$= -\frac{5}{6}P - \frac{5}{12}P$$
$$= -\frac{5}{4}P$$

단면의 핵 개념으로 풀 수 있으나 오히려 수험생들에게 혼란을 줄 수 있어 원론적으로 풀이하였다.

$$e = 100\text{mm} < \frac{h}{6} = \frac{1200\text{mm}}{6} = 200\text{mm}$$

∴ 단면에 인장응력이 발생하지 않는다.

13

정답 ③

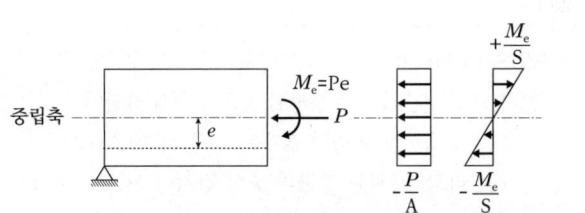

③ 하단에서 압축응력$\left(\sigma_B = -\frac{P}{A} - \frac{M_e}{S}\right)$이 발생한다. 상단에서는 편심의 크기(=모멘트 크기)에 따라 압축응력, 인장응력이 발생할 수 있다. $\left(\sigma_T = -\frac{P}{A} + \frac{M_e}{S}\right)$

14

정답 ③

단위폭(1m)에 대해 해석을 진행한다.

$A_s =$ (철근 개수)×(철근 면적)

$= \dfrac{1m}{200mm} \times 126mm^2 = 630mm^2$

$f_{ck} \leq 40MPa \rightarrow \eta = 1, \beta_1 = 0.8, \varepsilon_{cu} = 0.0033$

$a = \dfrac{A_s f_y}{\eta(0.85f_{ck}b)} = \dfrac{(630mm^2)(340MPa)}{(0.85)(21MPa)(1m)}$

$= 12mm$

계산 TIP

정석적인 방법

$a = \dfrac{(630mm^2)(340MPa)}{(0.85)(21MPa)(1m)} = \dfrac{(63 \times 10mm^2)(34 \times 10)}{(85 \times 10^{-2})(21)(1 \times 10^3 mm)}$

$= \dfrac{63 \times 34 \times 10^2 mm}{85 \times 21 \times 10} = 12mm$

앞자리 뽑기

$a : \dfrac{63 \times 34}{85 \times 21} = \dfrac{6}{5} \rightarrow \dfrac{6 \times 10}{5} = 12 \rightarrow a = 12mm$

15

정답 ②

② 철근의 순피복 두께가 커지면 균열폭이 커진다.

꼭 알아두자!

철근의 중심 간격이 $5(c_c + d_b/2)$ 이하는 문제를 풀이하는 데 필요 없다.

KDS 14 20 30

(2) 평균 균열간격 l_s는 부착된 철근의 중심 간격이 $5(c_c + d_b/2)$ 이하인 경우는 부록 식 (4.1-3)으로 계산하고, 부착된 철근의 중심 간격이 $5(c_c + d_b/2)$를 초과하는 경우는 부록 식 (4.1-4)로 계산한다.

$l_s = 2c_c + \dfrac{0.25 k_1 k_2 d_b}{\rho_e}$ (4.1-3)

$l_s = 0.75(h-x)$ (4.1-4)

16 80점 목표

정답 ④

계수	조건	보정계수
α (위치계수)	상부철근(정착길이 또는 겹침이음부 아래 300mm 초과되게 굳지 않은 콘크리트에 묻힌 수평철근)	1.3
	기타	1
β (도막계수, 표면처리계수)	피복두께 $3d_b$ 미만 또는 순간격이 $6d$ 미만인 에폭시 도막철근 혹은 아연-에폭시 이중 도막 철근 또는 철선	1.5
	기타 에폭시 도막철근 혹은 아연-에폭시 이중도막 철근 또는 철선	1.2
	아연도금 혹은 도막되지 않은 철근 또는 철선	1

※ 단, 에폭시 도막철근이 상부철근인 경우에는 $\alpha\beta$값이 1.7보다 클 필요는 없다.

종류	조건
A급 이음(1)	$\dfrac{배근 A_s}{소요 A_s} \geq 2$ 이고 $\dfrac{겹침이음된 A_s}{전체 A_s} \leq \dfrac{1}{2}$ 배치된 철근량이 이음부 전체 구간에서 해석결과 요구되는 소요철근량의 2배 이상이고, 소요 겹침이음길이 내 겹침이음된 철근량이 전체 철근량의 1/2 이하인 경우, 즉 반수이음인 경우가 A급 이음이다.
B급 이음(1.3)	A급 이음에 해당되지 않는 경우

$\alpha = 1, \beta = 1$ (∵ 별도 언급 없음)

$l_d = \dfrac{0.6 f_y}{\lambda \sqrt{f_{ck}}} d_b \times \alpha \times \beta$

$= \dfrac{(0.6)(500MPa)}{(1)(\sqrt{25}MPa)}(25mm)(1)(1) = 1500mm$

B급 이음 : 보정계수 = 1.3 $\left(\because \dfrac{배근 A_s}{소요 A_s} = 1.5 < 2 \right)$

∴ $l_s = (1.3)(1500mm) = 1950mm \geq 300mm$

꼭 알아두자!

겹침이음 길이는 300mm 이상으로 한다.

계산 TIP

정석적인 방법

$l_d = \dfrac{(0.6)(500MPa)}{(1)(\sqrt{25}MPa)}(25mm)(1)(1)$

$= \dfrac{(6 \times 10^{-1})(5 \times 10^2)}{(5)}(25mm)$

$= \dfrac{6 \times 5}{5} \times 25 \times 10mm = 1500mm$

앞자리 뽑기

$l_d : \dfrac{6 \times 5}{5} \times 25 = 150 \rightarrow l_d = 1500mm$

17

정답 ②

계수비틀림 모멘트(T_u)가 균열비틀림 모멘트(T_{cr})의 $\phi/4$보다 작다면 비틀림의 영향을 무시할 수 있으므로 무시할 수 없게 하려면 이보다 커야 한다.

$$T_u > \frac{1}{4}\phi T_{cr} = \frac{1}{4}\phi\left(\frac{1}{3}\lambda\sqrt{f_{ck}}\frac{A_{cp}^2}{p_{cp}}\right)$$
$$= \frac{1}{4}(0.75)\left(\frac{1}{3}\right)(1)(\sqrt{36}\text{MPa})\left(\frac{(400\text{mm}\times400\text{mm})^2}{4변\times400\text{mm}}\right)$$
$$= 6\text{kN}\cdot\text{m}$$

계산 TIP

○ 정석적인 방법

$T_u > \frac{1}{4}(0.75)\left(\frac{1}{3}\right)(1)(\sqrt{36}\text{MPa})\left(\frac{(400\text{mm}\times400\text{mm})^2}{4변\times400\text{mm}}\right)$

$= \frac{1}{4}(75\times10^{-2})\left(\frac{1}{3}\right)(6\text{MPa})\left(\frac{4^2\times4^2\times10^8\text{mm}^4}{16\times10^2\text{mm}}\right)$

$= \frac{1}{4}\times75\times\frac{1}{3}\times6\times\frac{4^2\times4^2}{16}\times10^4\text{N}\cdot\text{mm}$

$= 600\times10^4\times10^{-6}\text{kN}\cdot\text{m} = 6\text{kN}\cdot\text{m}$

○ 앞자리 뽑기

$T_u : \frac{1}{4}\times75\times\frac{1}{3}\times6\times\frac{4^2\times4^2}{16} = 600 \Rightarrow T_u > 6\text{kN}\cdot\text{m}$

19

정답 ④

$$Z = \frac{bh^2}{4} = \frac{(400\text{mm})(600\text{mm})^2}{4} = 36\times10^6\text{mm}^3$$

20

정답 ③

① $f_c \leq f_{ca}$, $f_s \leq f_{cs}$
f_{ca} : 콘크리트 허용응력, f_{cs} : 철근 허용응력
② 간단히 설명하자면 한계상태 설계법은 강도 설계법의 강도감소계수(ϕ)를 각 상황마다 달리 적용하여 세분화하였다고 이해할 수 있다.
③ 설계법은 이론, 재료, 설계 및 시공 기술 등의 발전과 더불어 허용응력설계법 → 강도설계법 → 한계상태설계법(or 하중저항계수설계법) 순서로 발전되었다.
④ 강도설계법은 기본적으로 부재의 파괴상태 또는 파괴에 가까운 상태에 기초를 둔 설계법으로, 부재의 파괴 직전에서의 강도인 공칭강도(S_n)를 계산하여 사용한다.

18

정답 ①

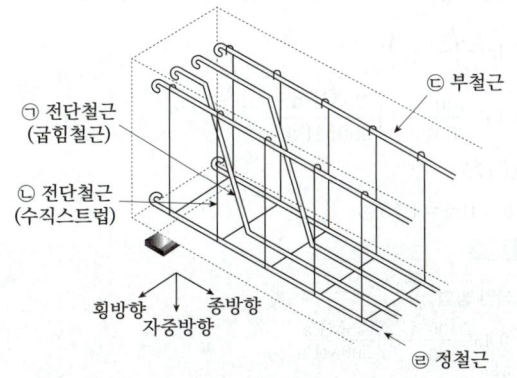

'자중의 영향만을 고려할 때'이므로 보의 단면은 정모멘트를 받는 것으로 해석한다.

㉠ 굽힘철근(전단철근)
㉡ 수직스트럽(전단철근)
㉢ 부철근 : 정모멘트에 의한 압축응력에 저항(부모멘트에 의한 인장응력에 저항)
㉣ 정철근 : 정모멘트에 의한 인장응력에 저항

2021 지방직

01	②	02	④	03	④	04	③	05	③
06	②	07	③	08	①	09	②	10	④
11	①	12	②	13	①	14	④	15	④
16	④	17	①	18	③	19	④	20	②

01
정답 ②

② PSC는 고강재를 이용하므로 내화성에 불리하다.

02
정답 ④

④ 취성파괴는 파괴까지 필요한 변형이 작은 파괴의 형태로 사전징후를 파악할 수 없다. 따라서 취성파괴는 바람직하지 않으며 연성파괴가 바람직하다.

꼭 알아두자!
②번 보기는 마치 취성파괴가 과다철근보에서만 발생하는 것처럼 표현된 문장으로 좋지 않다. 취성파괴는 철근이 너무 많아도 너무 적어도 발생한다.

03
정답 ④

	프리(pre)텐션 방식	포스트(post)텐션 방식
도입할 때 일어나는 손실 (즉시 손실)	① 정착장치의 활동(=슬립량에 의한 손실) ② 콘크리트의 탄성수축	③ 긴장재와 덕트 사이의 마찰★ (=PS 강재와 쉬스 사이의 마찰)
도입 후 일어나는 손실 (시간 손실)	① 콘크리트의 크리프 ② 콘크리트의 수축(자기수축+건조수축) ③ 긴장재 응력의 릴랙세이션	

④ 프리텐션방식에서는 쉬스관이 설치되지 않는다.

04
정답 ③

③ 모든 재료는 작은 변형에서 탄성체의 거동을 한다. 따라서 탄성거동에서 파괴상태로 진행된다.

05
정답 ③

$$P_S = \frac{L^3}{S^3+L^3}P = \frac{3^3}{2^3+3^3}P = \frac{27}{35}P$$

06 80점 목표
정답 ②

꼭 알아두자!

최소 나선철근비

$$\rho_{min} = 0.45\left(\frac{A_g}{A_c}-1\right)\frac{f_{ck}}{f_{yt}}$$
$$= 0.45\left(\frac{d^2}{d_c^2}-1\right)\frac{f_{ck}}{f_{yt}}$$

A_g : 전체 단면적, A_c : 심부 면적
d : 기둥 지름, d_c : 나선철근 바깥쪽 지름(심부 지름)
f_{ck} : 콘크리트 설계기준 압축강도
f_{yt} : 나선철근의 설계기준 항복강도로 700MPa 이하로 한다.
(단, 400MPa을 초과하는 경우 겹침이음(81p 참조)할 수 없다)

$$\rho_{min} = 0.45\left(\frac{d^2}{d_c^2}-1\right)\frac{f_{ck}}{f_{yt}}$$
$$= 0.45\left(\frac{400^2}{300^2}-1\right)\frac{25\text{MPa}}{500\text{MPa}}$$
$$= 0.0175$$

∴ $0.0175 \times 100 = 1.75\%$

계산 TIP

○ 정석적인 방법
$$\rho_{min} = 0.45\left(\frac{400^2}{300^2}-1\right)\frac{25\text{MPa}}{500\text{MPa}}$$
$$= (45 \times 10^{-2})\left(\frac{400^2-300^2}{300^2}\right)\frac{25}{5 \times 10^2}$$
$$= 45 \times \frac{7}{9} \times \frac{25}{5} \times 10^{-4} = 175 \times 10^{-4}$$
$$= 0.0175$$

○ 앞자리 뽑기
$\rho_{min} : 45\left(\frac{4^2}{3^2}-1\right)\frac{25}{5} = 45\left(\frac{4^2-3^2}{3^2}\right)\frac{25}{5} = 45 \times \frac{7}{9} \times \frac{25}{5} = 175$

→ $\rho_{min} = 0.0175$

07

정답 ③

$$q_{max} = -\frac{P}{A} = -\frac{D+L}{A}$$

$$= -\frac{1100\text{kN} + 700\text{kN}}{a^2} = -\frac{1800\text{kN}}{a^2}$$

$q_{max} \leq q_a$;

$\frac{1800\text{kN}}{a^2} \leq 0.2\text{MPa}$

$\rightarrow \frac{1800\text{kN}}{0.2\text{MPa}} = 9\text{m}^2 \leq a^2$

$\therefore 3\text{m} \leq a$

꼭 알아두자!

기초판의 밑면적은 기초판에 의해 지반에 전달되는 사용하중과 지반의 허용지지력을 사용하여 한정하여야 한다.

계산 TIP

◦ 정석적인 방법

$$a = \frac{(1275\text{mm}^2)(400\text{MPa})}{(0.85)(20\text{MPa})(300\text{mm})} = \frac{(1275)(4\times 10^2)\text{mm}}{(85\times 10^{-2})(2\times 10)(3\times 10^2)}$$

$$= \frac{1275 \times 4 \times 10^2 \text{mm}}{85 \times 2 \times 3 \times 10} = 100\text{mm}$$

$c = \frac{100\text{mm}}{0.8} = \frac{100 \times 10\text{mm}}{8} = 125\text{mm}$

$M_d = (0.85)(1275\text{mm}^2)(400\text{MPa})\left(550\text{mm} - \frac{100}{2}\text{mm}\right)$

$= (85 \times 10^{-2})(1275\text{mm}^2)(4 \times 10^2\text{MPa})(5 \times 10^2\text{mm})$

$= 85 \times 1275 \times 4 \times 5 \times 10^2 \text{N}\cdot\text{mm}$

$= 2167500 \times 10^2 \times 10^{-6} \text{kN}\cdot\text{m} = 216.75\text{kN}\cdot\text{m}$

◦ 앞자리 뽑기

a, c는 중간과정이므로 앞자리 뽑기를 적용할 수 없다.
보기의 숫자 차이가 크기 때문에 셋째 자리에서 반올림하여 앞자리를 이용한다.

M_d : $85 \times 13 \times 4 \times 5 = 22100 \rightarrow 216.75\text{kN}\cdot\text{m}$

08 80점 목표

정답 ①

$f_{ck} \leq 40\text{MPa} \rightarrow \eta = 1, \beta_1 = 0.8, \varepsilon_{cu} = 0.0033$

$a = \frac{A_s f_y}{\eta(0.85 f_{ck} b)} = \frac{(1275\text{mm}^2)(400\text{MPa})}{(0.85)(20\text{MPa})(300\text{mm})}$

$= 100\text{mm}$

$c = \frac{a}{\beta_1} = \frac{100\text{mm}}{0.8} = 125\text{mm}$

$\frac{\varepsilon_s}{\varepsilon_c} = \frac{d-c}{c}$

$\rightarrow \varepsilon_s = \frac{d-c}{c}\varepsilon_c = \frac{550\text{mm} - 125\text{mm}}{125\text{mm}}(0.0033)$

$\qquad = 0.01122 > 0.005$

$\rightarrow \phi = 0.85$ ($\because$ 인장지배단면)

$\therefore M_d = \phi M_n = \phi A_s f_y\left(d - \frac{a}{2}\right)$

$= (0.85)(1275\text{mm}^2)(400\text{MPa})\left(550\text{mm} - \frac{100}{2}\text{mm}\right)$

$= 216.75\text{kN}\cdot\text{m}$

꼭 알아두자!

철근 항복강도(f_y)	압축지배 변형률 한계	최소허용 변형률	인장지배 변형률 한계
$f_y \leq 400\text{MPa}$	ε_y	0.004	0.005
$400\text{MPa} < f_y$	ε_y	$2\varepsilon_y$	$2.5\varepsilon_y$

09

정답 ②

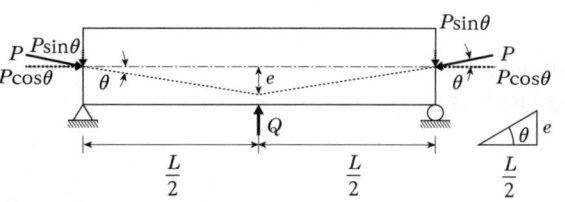

$Q = 2(P\sin\theta) \approx 2(P\tan\theta)$

$\qquad = 2P\left(\frac{e}{\frac{L}{2}}\right) = \frac{4Pe}{L}$

$\therefore \delta = \frac{QL^3}{48EI} = \frac{\left(\frac{4Pe}{L}\right)L^3}{48EI} = \frac{1}{12} \times \frac{PeL^2}{EI}$

10

정답 ④

④ 고장력볼트의 구멍중심에서 볼트머리 또는 너트가 접하는 부재의 연단까지의 최대거리는 판 두께의 12배 이하 또한 150mm 이하로 한다.

11

정답 ①

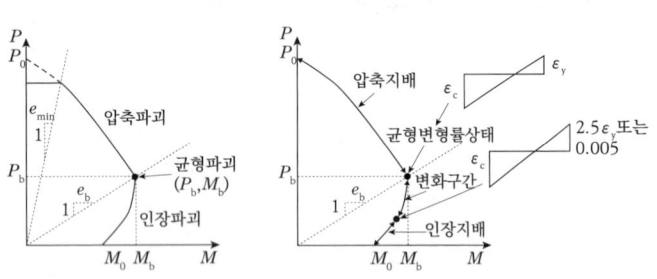

① $e_{min} < e < e_b$인 경우, 부재의 강도는 콘크리트의 압축으로 지배된다.

> **꼭 알아두자!**
> ③ 변화구간도 있기 때문에 다소 부적절하다.

12

정답 ②

② 포스트텐션 정착구역의 강도감소계수는 0.85이다.

13

정답 ①

① 전도에 대한 저항 휨모멘트는 횡토압에 의한 전도모멘트의 2배 이상이어야 한다.

14

정답 ④

① 콘크리트는 인장강도가 철근에 비하여 작기 때문에 균열이 발생한다. 따라서 콘크리트의 인장강도는 철근콘크리트 부재 단면의 축강도와 휨강도 계산에서 무시한다.
② 등가 응력 형상은 어떤 것으로도 가정할 수 있으나 다음 두 가지 조건을 만족시켜야 한다.
- 힘의 크기가 같아야 한다.(=응력 형상의 면적이 같아야 한다.)
- 힘의 작용점이 같아야 한다.(=응력 형상의 도심이 같아야 한다.)

③ 철근과 콘크리트의 변형률은 중립축부터 거리에 비례하는 것으로 가정할 수 있다. (=평면유지의 법칙, 철근과 콘크리트의 변형률은 선형적이다.) 단, 깊은 보는 제외한다. (깊은보는 비선형 변형률 분포를 고려하여 설계하여야 한다. 그러나 비선형 분포를 고려하는 대신 스트럿-타이 모델을 적용할 수도 있다.)
④ 철근의 응력이 설계기준항복강도를 초과할 때($\varepsilon_s \geq \varepsilon_y$) 철근의 응력은 항복응력($f_s = f_y$)으로 한다.

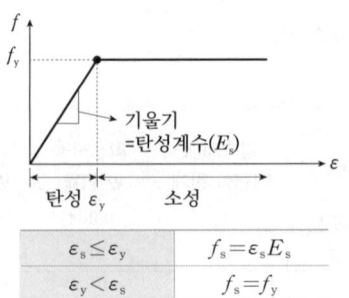

$\varepsilon_s \leq \varepsilon_y$	$f_s = \varepsilon_s E_s$
$\varepsilon_y < \varepsilon_s$	$f_s = f_y$

15
정답 ④

$V_c = \frac{1}{6}\lambda\sqrt{f_{ck}}b_w d$

$= \left(\frac{1}{6}\right)(1)(\sqrt{25}\text{MPa})(400 \times 600\text{mm}^2)$

$= 200\text{kN}$

> **계산 TIP**
>
> ○ **정석적인 방법**
>
> $V_c = \left(\frac{1}{6}\right)(1)(\sqrt{25}\text{MPa})(400 \times 600\text{mm}^2)$
>
> $= \left(\frac{1}{6}\right)(5\text{MPa})(4 \times 6 \times 10^4)\text{mm}^2$
>
> $= \frac{1}{6} \times 5 \times 4 \times 6 \times 10^4 \text{N} = 20 \times 10^4 \times 10^{-3} \text{kN} = 200\text{kN}$
>
> ○ **앞자리 뽑기**
>
> $V_c : \frac{1}{6} \times 5 \times 4 \times 6 = 20 \rightarrow V_c = 200\text{kN}$

16
정답 ④

$M_{cr} = f_r \times S = (0.63\lambda\sqrt{f_{ck}})\left(\frac{bh^2}{6}\right)$

$= (0.63 \times 1 \times \sqrt{25}\text{MPa})\left(\frac{200 \times 300^2}{6}\text{mm}^3\right)$

$= 9.45\text{kN} \cdot \text{m}$

> **계산 TIP**
>
> ○ **정석적인 방법**
>
> $M_{cr} = (0.63 \times 1 \times \sqrt{25}\text{MPa})\left(\frac{200 \times 300^2}{6}\text{mm}^3\right)$
>
> $= 63 \times 10^{-2} \times 5\text{MPa} \times \frac{2 \times 10^2 \times 3^2 \times 10^4}{6}\text{mm}^3$
>
> $= 63 \times 5 \times \frac{2 \times 3^2}{6} \times 10^4 \text{N} \cdot \text{mm} = 945 \times 10^4 \text{N} \cdot \text{mm}$
>
> $= 945 \times 10^4 \times 10^{-6} \text{kN} \cdot \text{m} = 9.45\text{kN} \cdot \text{m}$
>
> ○ **앞자리 뽑기**
>
> $M_{cr} : 63 \times 5 \times \frac{2 \times 3^2}{6} = 945 \rightarrow M_{cr} = 9.45\text{kN} \cdot \text{m}$

17
정답 ①

(1) 허용전단응력 고려(P_1)

$\tau = \frac{V}{A} = \frac{P}{\left(\frac{\pi d^2}{4}\right)} \leq \tau_a$ (∵ 1면 전단)

$\rightarrow P_1 \leq \tau_a \times \frac{\pi d^2}{4}$

$\leq (120\text{MPa})\left(\frac{\pi \times 19^2}{4}\text{mm}^2\right)$

$\leq (10.83\pi)\text{kN}$

(2) 허용지압응력 고려(P_2)

$t_{min} = 10\text{mm} < 12\text{mm}$

$\sigma = \frac{P}{A} = \frac{P}{dt_{min}} \leq \sigma_a$

$\rightarrow P_2 \leq f_a \times dt_{min}$

$\leq (170\text{MPa})(19\text{mm} \times 10\text{mm}^2)$

$\leq 32.3\text{kN}$

∴ $P_a = P_{min} = 32.3\text{kN}$

18
정답 ③

> **꼭 알아두자!**
>
> 이론상 $V_u < \phi V_c$라면 전단철근을 배치할 필요가 없으나 설계상 $\frac{1}{2}\phi V_c < V_u$일 때 최소전단철근 규정을 두고 있다. 따라서 전단철근을 배치하지 않으려면 $V_u < \frac{1}{2}\phi V_c$를 만족해야 한다.

$V_u < \frac{1}{2}\phi V_c = \frac{1}{2}\phi\left(\frac{1}{6}\lambda\sqrt{f_{ck}}b_w d\right)$

$= \frac{1}{2}(0.75)\left(\frac{1}{6} \times 1 \times \sqrt{f_{ck}}b_w d\right)$

∴ ③ $\frac{16V_u}{\sqrt{f_{ck}}} < b_w d$

19

정답 ④

$$l_{db} = \frac{0.6f_y}{\lambda\sqrt{f_{ck}}}d_b$$

$$= \frac{(0.6)(400\text{MPa})}{(1)(\sqrt{25}\text{MPa})}(31.8\text{mm})$$

$$= 1526.4\text{mm}$$

> **꼭 알아두자!**
> 기본정착길이 l_{db}이므로 인장 이형철근 최소정착이 규정(300mm 이상)을 적용하지 않는다.

계산 TIP

○ 정석적인 방법

$$l_{db} = \frac{(0.6)(400\text{MPa})}{(1)(\sqrt{25}\text{MPa})}(31.8\text{mm})$$

$$= \frac{(6\times10^{-1})(4\times10^2)}{(5)}(318\times10^{-1}\text{mm})$$

$$= \frac{6\times4\times318}{5}\text{mm} = 1526.4\text{mm}$$

○ 앞자리 뽑기

$$l_{db} : \frac{6\times4\times318}{5} = 1526.4 \rightarrow l_{db} = 1526.4\text{mm}$$

계산 TIP

○ 정석적인 방법

$$a = \frac{(3400\text{mm}^2)(400\text{MPa})}{(0.85)(20\text{MPa})(800\text{mm})} = \frac{(34\times10^2)(4\times10^2)\text{mm}}{(85\times10^{-2})(2\times10)(8\times10^2)}$$

$$= \frac{34\times4\times10^4\text{mm}}{85\times2\times8\times10} = 100\text{mm}$$

$$M_n = (3400\text{mm}^2)(400\text{MPa})\left(550\text{mm} - \frac{100}{2}\text{mm}\right)$$

$$= (34\times10^2)(4\times10^2)(5\times10^2)\text{N}\cdot\text{mm}$$

$$= 34\times4\times5\times10^6\times10^{-6}\text{kN}\cdot\text{m} = 680\text{kN}\cdot\text{m}$$

○ 앞자리 뽑기

a는 중간과정이므로 앞자리 뽑기를 적용할 수 없다.

$M_n : 34\times4\times5 = 680 \rightarrow M_n = 680\text{kN}\cdot\text{m}$

20

정답 ②

$f_{ck} \le 40\text{MPa} \rightarrow \eta=1, \beta_1=0.8, \varepsilon_{cu}=0.0033$

$$a = \frac{A_s f_y}{\eta(0.85f_{ck}b)} = \frac{(3400\text{mm}^2)(400\text{MP})}{(0.85)(20\text{MPa})(800\text{mm})}$$

$$= 100\text{mm} < t_f = 150\text{mm} \; (\therefore \text{직사각형보 해석})$$

$$\therefore M_n = A_s f_y\left(d - \frac{a}{2}\right)$$

$$= (3400\text{mm}^2)(400\text{MPa})\left(550\text{mm} - \frac{100\text{mm}}{2}\right)$$

$$= 680\text{kN}\cdot\text{m}$$

2022 지방직

01	④	02	③	03	③	04	①	05	②
06	③	07	②	08	②	09	①	10	①
11	③	12	③	13	④	14	④	15	②
16	④	17	②	18	①	19	①	20	①

01 정답 ④

옹벽의 안정해석에서 전도에 대한 안전율은 '2'이고, 활동에 대한 안전율은 '1.5'이다.

- 활동에 대한 안전율: $\dfrac{저항력}{외력} = \dfrac{마찰력}{토압수평력} \geq 1.5$

- 전도에 대한 안전율: $\dfrac{저항력}{외력} = \dfrac{저항모멘트}{외력모멘트} \geq 2$

02 정답 ③

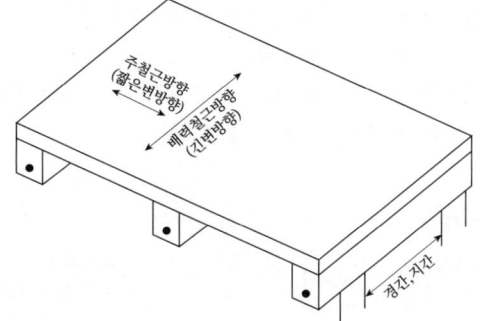

③ 4변에 의해 지지되는 1방향 슬래브는 '단변 방향'으로만 주철근을 배근한다.

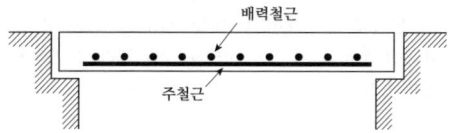

03 정답 ③

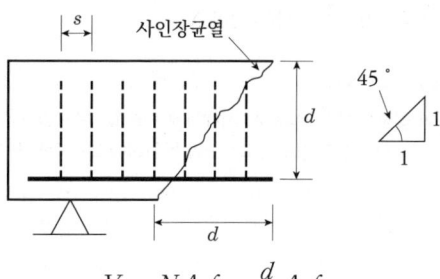

$$V_s = N A_v f_{yt} = \dfrac{d}{s} A_v f_{yt}$$

①, ② 경사균열(사인장균열)을 가로질러 배치된 전단철근은 인장응력에 의해 전단강도를 증가시킨다.

③ 폐합 스트럽은 전단철근이며, 전단철근의 목적도 결국은 취성파괴를 방지하기 위함이다.

04 정답 ①

	프리(pre)텐션 방식	포스트(post)텐션 방식
도입할 때 일어나는 손실 (즉시 손실)	① 정착장치의 활동(=슬립량에 의한 손실) ② 콘크리트의 탄성수축	③ 긴장재와 덕트 사이의 마찰 ★ (=PS 강재와 쉬스 사이의 마찰)
도입 후 일어나는 손실 (시간 손실)	① 콘크리트의 크리프 ② 콘크리트의 수축(자기수축+건조수축) ③ 긴장재 응력의 릴랙세이션	

05 정답 ②

② 공액보 개념은 탄성체의 처짐을 계산하기 위한 방법으로 응용역학에서 간략하게 설명한 바 있다.

> **꼭 알아두자!**
>
> PSC 응력 해석 기본개념은 다음과 같이 분류한다. 개념을 알아두면 좋으나 이를 가지고 계산문제에 적용하지는 않는다.
> ① 균등질 보 개념(응력 개념) : 콘크리트에 프리스트레스가 도입되면 '콘크리트가 탄성체로 전환'되어 탄성이론에 의한 해석이 가능하다는 개념이다.
> ② 내력 개념(강도 개념) : RC 보와 같이 콘크리트는 압축력을 받고 긴장재는 인장력을 받게 하여 '두 힘에 의한 우력'이 외력모멘트에 저항한다는 개념이다.
> ③ 하중평형 개념(등가하중 개념) : 프리스트레싱에 의하여 부재에 미리 작용하는 힘과 부재에 작용하는 외력이 비기도록('평형')되게 한다는 개념이다.

06

정답 ③

$P_d = \phi_c \times P_n = 0.9 \times 100\text{kN} = 90\text{kN}$

> **꼭 알아두자!**
> 수험생들이 하중저항계수법까지 자세하게 학습할 수는 없으나, 강도저항계수는 강도설계법의 강도감소계수와 동일하다고 생각하면 된다.

07

정답 ②

	3개월	6개월	1년	5년 이상
ξ	1	1.2	1.4	2

∴ 추가장기처짐 $= \delta_E \times \lambda = 15\text{mm} \times 2 = 30\text{mm}$

08

정답 ②

T형: 슬래브가 양쪽 플랜지를 이루는 보	① $16t_f + b_w$ ② 슬래브 중심간 거리 ③ 보 경간의 1/4
반 T형: 한 쪽으로만 플랜지를 이루는 보	① $6t_f + b_w$ ② 인접한 보와의 내측거리의 $1/2 + b_w$ ③ 보 경간의 $1/12 + b_w$

- $16t_f + b_w = 16(100\text{mm}) + 600\text{mm} = 2200\text{mm}$
- 슬래브 중심간 거리 $= 2\text{m} = 2000\text{mm}$
- 보 경간의 $\dfrac{1}{4} = \dfrac{12}{4}\text{m} = 3\text{m} = 3000\text{mm}$

∴ $b_e = 2000\text{mm}$

09

정답 ①

① 저강보(과소철근보)는 중립축이 압축측으로 상승한다. 따라서 균형보의 중립축 위치보다 압축 연단 쪽에 위치한다.

> **꼭 알아두자!**

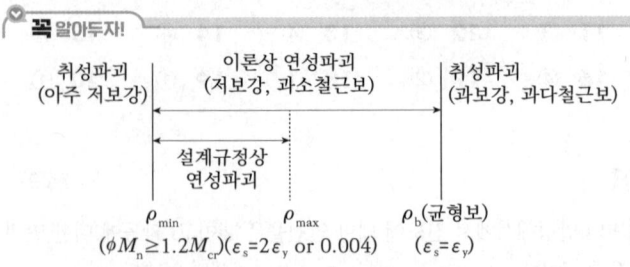

- $\rho < \rho_{min}$: 인장측 철근이 끊어져 무근콘크리트와 같은 파괴 거동. 갑작스런 파괴(취성파괴)가 발생하므로 인명피해가 발생할 수 있다.(아주저보강보)
- $\rho_{min} < \rho < \rho_b$: 인장측 철근이 먼저 항복. 이론상 연성파괴가 발생하므로 인명피해를 방지할 수 있다. 중립축이 압축측으로 상승(저보강보, 과소철근보)
- $\rho = \rho_b$: 압축측 콘크리트 파괴와 인장측 철근항복이 동시에 발생(균형보)
- $\rho_b < \rho$: 압축측 콘크리트가 먼저 파괴. 갑작스런 파괴(취성파괴)가 발생하므로 인명피해가 발생할 수 있다. 중립축이 인장측으로 하강(과보강보, 과다철근보)

10

정답 ①

①, ② 취성파괴는 인장철근량이 최소 철근량보다 적어도 발생하고, 균형철근비보다 많아도 발생한다.
③, ④ 취성파괴란 철근이 항복하기 전에 콘크리트가 극한변형률에 도달하여 압축파괴가 발생하는 것을 의미한다.

> **꼭 알아두자!**

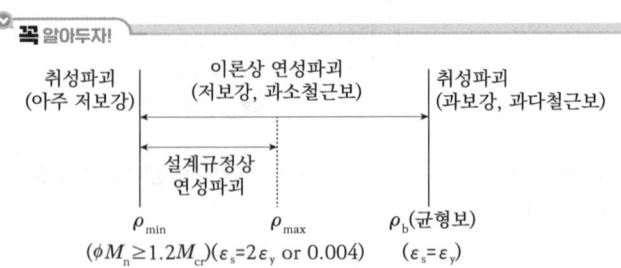

- $\rho < \rho_{min}$: 인장측 철근이 끊어져 무근콘크리트와 같은 파괴 거동. 갑작스런 파괴(취성파괴)가 발생하므로 인명피해가 발생할 수 있다.(아주저보강보)

- $\rho_{min} < \rho < \rho_b$: 인장측 철근이 먼저 항복. 이론상 연성파괴가 발생하므로 인명피해를 방지할 수 있다. 중립축이 압축측으로 상승(저보강보, 과소철근보)
- $\rho = \rho_b$: 압축측 콘크리트 파괴와 인장측 철근항복이 동시에 발생(균형보)
- $\rho_b < \rho$: 압축측 콘크리트가 먼저 파괴. 갑작스런 파괴(취성파괴)가 발생하므로 인명피해가 발생할 수 있다. 중립축이 인장측으로 하강 (과보강보, 과다철근보)

11 정답 ③

③ 균열의 폭이 너무 커서 철근까지 진행되는 경우 물과 철근이 접촉할 수 있다. 철근은 내식성이 약하기 때문에 폭이 큰 균열보다 많은 수의 미세한 균열이 바람직하다.

> **꼭 알아두자!**
> ② 피복두께가 커지면 균열 폭이 커진다. 또한 최소한의 피복두께가 확보되지 않는다면 균열이 발생하기도 한다.

12 정답 ③

$$P_c = \frac{K_c}{K_c + K_s}P = \frac{E_c A_c}{E_c A_c + E_s A_s}P$$

$$f_c = \frac{P_c}{A_c} = \frac{E_c}{E_c A_c + E_s A_s}P$$

$$= \frac{(E_c/E_c)}{(E_c/E_c)A_c + (E_s/E_c)A_s}P = \frac{1}{A_c + nA_s}P$$

$$= \frac{P}{A_c + A_s + (n-1)A_s} = \frac{P}{A_g + (n-1)A_s}$$

13 정답 ④

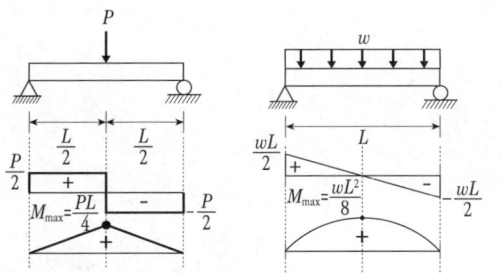

$$M_u = \frac{P_u L}{4} + \frac{w_u L^2}{8}$$
$$= \frac{(80kN)(6m)}{4} + \frac{(30kN/m)(6m)^2}{8}$$
$$= 120kN \cdot m + 135kN \cdot m$$
$$= 255kN \cdot m$$

14 정답 ④

$f_{ck} \leq 40MPa \rightarrow \eta=1, \beta_1=0.8, \varepsilon_{cu}=0.0033$
(단, 문제에서 $\varepsilon_c = 0.003$ 간주)

$$\frac{\varepsilon_s}{\varepsilon_c} = \frac{d-c}{c} \rightarrow \varepsilon_s = \frac{d-c}{c}\varepsilon_c$$

$$\therefore \varepsilon_s = \frac{540mm - 180mm}{180mm} \times 0.003 = 0.006$$

15 정답 ②

② 충분한 피복두께가 확보되어야 부착이 크다.

16 정답 ④

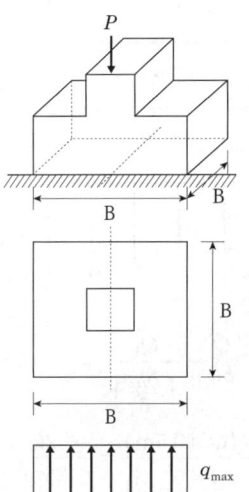

$$q_{max} = \frac{P}{A} = \frac{P}{3 \times 3m^2}$$

$q_{max} \leq q_a$;

$$\frac{P}{3 \times 3m^2} \leq 250kN/m^2$$

$$\therefore P \leq (250kN/m^2)(9m^2) = 2,250kN$$

17 정답 ②

$$b_n = b_g - 2d + \frac{s^2}{4g}$$

$$\therefore A_n = b_n t = \left(b_g - 2d + \frac{s^2}{4g}\right)t$$

$$= b_g t - 2dt + \frac{s^2}{4g}t$$

18 정답 ①

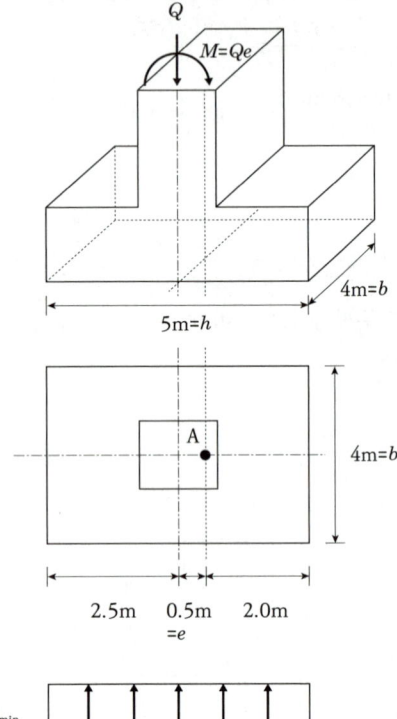

$$q_{max} = -\frac{P}{A} - \frac{M}{S} = -\frac{Q}{bh} - \frac{Qe}{\left(\frac{bh^2}{6}\right)}$$

$$= -\frac{Q}{(4\times 5\text{m}^2)} - \frac{(Q)(0.5\text{m})}{\left(\frac{4\times 5^2}{6}\text{m}^3\right)} = -\frac{2Q}{25\text{m}^2}$$

$q_{max} \leq q_a$;

$$\frac{2Q}{25\text{m}^2} \leq 50\text{kN/m}^2$$

$$\therefore Q \leq (50\text{kN/m}^2)\left(\frac{25}{2}\text{m}^2\right) = 625\text{kN}$$

19 정답 ①

① 강재는 내화성, 내식성이 약하다.
②, ③ 철근(강재)는 단위체적(면적)당 강도가 크다.
④ 콘크리트는 타설, 양생 과정에 요구되는 시간이 길지만 강재는 바로 설치, 조립이 가능하므로 공사기간이 빠르다.

	콘크리트	철근(강재)
균질성	나쁘다	좋다
단위무게	가볍다	무겁다
단위 체적 (면적)당 강도	작다	크다 (자중 감소, 대규모 구조 건설 적합)
내화성, 내식성	강하다	약하다
시공속도	느리다	빠르다

20 정답 ①

$$M_e = Pe = \frac{w_e L^2}{8}$$

$$\rightarrow w_e = \frac{8Pe}{L^2}$$

$$= \frac{8(2000\text{kN})(200\text{mm})}{(10\text{m})^2}$$

$$= 32\text{kN/m}$$

2023 지방직

문제편 083p~086p

01 ③	02 ④	03 ②	04 ③	05 ②
06 ①	07 ①	08 ④	09 ④	10 ①
11 ②	12 ②	13 ③	14 ③	15 ④
16 ④	17 ①	18 ①	19 ②	20 ①

01
정답 ③

설계기준 압축강도 f_{ck}	Δf
$f_{ck} \leq 40\text{MPa}$	4MPa
$40\text{MPa} \leq f_{ck} \leq 60\text{MPa}$	직선보간($=0.1f_{ck}$)
$60\text{MPa} \leq f_{ck}$	6MPa

∴ $f_{cm} = f_{ck} + \triangle f = 35\text{MPa} + 4\text{MPa} = 39\text{MPa}$ (∵ $f_{ck} \leq 40\text{MPa}$)

02
정답 ④

$P_{cr} = \dfrac{\pi^2 EI}{L_e^2}$;

$P_{cr(가)} = \dfrac{\pi^2 EI}{L^2}$

$P_{cr(나)} = \dfrac{\pi^2 EI}{(0.5L)^2} = \dfrac{4\pi^2 EI}{L^2}$

$P_{cr(다)} = \dfrac{\pi^2 EI}{\left(\dfrac{L}{\sqrt{2}}\right)^2} = \dfrac{2\pi^2 EI}{L^2}$

∴ (나), (다), (가)

03
정답 ②

• 14회 이하 또는 시험 기록이 없는 경우

설계기준 압축강도 f_{ck}	배합강도 f_{cr}
$f_{ck} < 21\text{MPa}$	$f_{ck} + 7$
$21\text{MPa} \leq f_{ck} \leq 35\text{MPa}$	$f_{ck} + 8.5$
$35\text{MPa} < f_{ck}$	$1.1 f_{ck} + 5$

∴ $f_{cr} = f_{ck} + 8.5 = 30\text{MPa} + 8.5\text{MPa}$
$= 38.5\text{MPa}$ (∵ $21\text{MPa} \leq f_{ck} \leq 35\text{MPa}$)

04
정답 ③

	3개월	6개월	1년	5년 이상
ξ(시간계수)	1	1.2	1.4	2

$\lambda = \dfrac{\xi}{1 + 50\rho'} = \dfrac{2}{1 + 50(0.005)} = 1.6$

추가장기처짐 $= \lambda \delta_E$

∴ $\lambda = 1.6$배

05
정답 ②

KDS 14 31 25 강구조 연결 설계기준(하중저항계수설계법)
4.1.3.5 볼트구멍의 지압강도

(1) 지압강도 한계상태에 대한 볼트구멍에서 설계강도 $\phi R_n (\phi = 0.75)$은 다음과 같이 산정한다.

① 표준구멍, 과대구멍, 단슬롯의 모든 방향에 대한 지압력 또는 장슬롯의 길이방향에 평행으로 작용하는 지압력의 경우

  가. 사용하중상태에서 볼트구멍의 변형을 설계에 고려할 필요가 있는 경우

  $R_n = 1.2 L_c t F_u \leq 2.4 dt F_u$ (4.1-9)

  나. 사용하중상태에서 볼트구멍의 변형을 설계에 고려할 필요가 없는 경우

  $R_n = 1.5 L_c t F_u \leq 3.0 dt F_u$ (4.1-10)

② 장슬롯의 길이방향에 직각으로 작용하는 지압력의 경우

  $R_n = 1.0 L_c t F_u \leq 2.0 dt F_u$ (4.1-11)

여기서, d : 볼트 공칭직경 (mm)

F_u : 피접합재의 공칭인장강도 (MPa)

L_c : 하중방향 순간격, 구멍의 끝과 피접합재의 끝 또는 인접구멍의 끝까지의 거리 (mm)

t : 피접합재의 두께 (mm)

② 0.75

꼭 알아두자!
수험생들이 하중저항계수법의 강도저항계수까지 모두 암기할 수는 없다. 기존에 출제된 강도저항계수만 암기하고 나머지는 무시하는게 좋다.

06 정답 ①

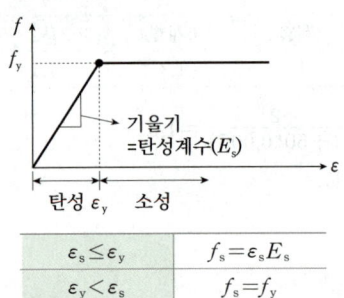

| $\varepsilon_s \leq \varepsilon_y$ | $f_s = \varepsilon_s E_s$ |
| $\varepsilon_y < \varepsilon_s$ | $f_s = f_y$ |

$\varepsilon_y = \dfrac{f_y}{E_s} = \dfrac{400\text{MPa}}{2.0 \times 10^5 \text{MPa}} = 0.002$

(가) : $f_s = \varepsilon_s E_s = (0.001)(2 \times 10^5 \text{MPa}) = 200\text{MPa}$

(나) : $f_s = f_y = 400\text{MPa}$

07 정답 ①

$l_{db} = \dfrac{0.25 f_y}{\lambda \sqrt{f_{ck}}} d_b \geq 0.043 f_y d_b$

→ $\dfrac{(0.25)(300\text{MPa})}{(1)(\sqrt{25\text{MPa}})}(16\text{mm}) \geq (0.043)(300\text{MPa})(16\text{mm})$

→ $240\text{mm} \geq 206.4\text{mm}$

∴ $l_{db} = 240\text{mm}$

꼭 알아두자!
기본정착길이 l_{db}이므로 인장 이형철근 최소정착길이 규정(200mm 이상)을 적용하지 않는다.

08 정답 ④

④ 부벽식 옹벽의 저판은 정밀한 해석이 사용되지 않는 한, 부벽 사이의 거리를 경간으로 가정한 고정보 또는 연속보로 설계할 수 있다.

09 정답 ④

④ 슬래브의 정모멘트 철근 및 부모멘트 철근의 중심 간격은 위험 단면을 제외한 단면에서는 슬래브 두께의 3배 이하여야 하고, 또한 450mm 이하로 하여야 한다.

10 정답 ①

	$V_s \leq 2V_c$	$2V_c < V_s \leq 0.2 f_{ck}\left(1 - \dfrac{f_{ck}}{250}\right) b_w d$	$0.2 f_{ck}\left(1 - \dfrac{f_{ck}}{250}\right) b_w d < V_s$
RC	$d/2$ or 600mm 이하	$V_s \leq 2V_c$의 절반	콘크리트 단면을 넓게 다시 설계해야 한다.
PSC	$0.75h$ or 600mm 이하		

∴ $s_{max} = \left[\dfrac{d}{2}, 600\text{mm}\right]_{min} = 250\text{mm}$

11 80점 목표 정답 ②

	설계기준 항복강도	철근의 응력범위
이형철근	300MPa	130MPa
	350MPa	140MPa
	400MPa 이상	150MPa
긴장재	연결부 또는 정착부	140MPa
	기타 부위	160MPa

② 140MPa

12 정답 ②

가) 표 4.1−1 하중조합과 하중계수 (도로교)

하중 한계 상태 하중 조합	DC DD DW EH EV ES EL PS CR SH	LL IM BR PL LS CF	WA BP WP	WS	WL	FR	TU	TG	GD SD	이 하중들은 한 번에 한 가지만 고려			
										EQ	IC	CT	CV
극한 I	γ_p	1.80	1.00	−	−	1.00	0.50/1.20	γ_{TG}	γ_{SD}	−	−	−	−
극한 II	γ_p	1.40	1.00	−	−	1.00	0.50/1.20	γ_{TG}	γ_{SD}	−	−	−	−
극한 III	γ_p	−	1.00	1.40	−	1.00	0.50/1.20	γ_{TG}	γ_{SD}	−	−	−	−
극한 IV − EH, EV, ES, DW DC만 고려	γ_p	−	1.00	−	−	1.00	0.50/1.20	−	−	−	−	−	−
극한 V	γ_p	1.40	1.00	0.40	1.0	1.00	0.50/1.20	γ_{TG}	γ_{SD}	−	−	−	−
극단상황 I	γ_p	γ_{EQ}	1.00	−	−	1.00	−	−	−	1.00	−	−	−
극단상황 II	γ_p	0.50	1.00	−	−	1.00	−	−	−	−	1.00	1.00	1.00
사용 I	1.00	1.00	1.00	0.30	1.0	1.00	1.00/1.20	γ_{TG}	γ_{SD}	−	−	−	−
사용 II	1.00	1.30	1.00	−	−	1.00	1.00/1.20	−	−	−	−	−	−
사용 III	1.00	0.80	1.00	−	−	1.00	1.00/1.20	γ_{TG}	γ_{SD}	−	−	−	−
사용 IV	1.00	−	1.00	0.70	−	1.00	1.00/1.20	−	1.0	−	−	−	−
사용 V	1.00	−	−	−	−	−	0.50	−	−	−	−	−	−
피로 − LL, IM, & CF만 고려	−	0.75	−	−	−	−	−	−	−	−	−	−	−

나) 표 4.1−2 γ_p에 관한 하중계수

하중의 종류	하중계수	
	최대	최소
DC : 구조부재와 비구조적 부착물	1.25 1.50(극한한계상태 조합IV 에서만)	0.90
DD : 말뚝부마찰력	1.80	0.45
DW : 포장(도로교), 자갈도상(철도교)과 시설물	1.50	0.65
EH : 수평토압 주동 정지	1.50 1.35	0.90 0.90
EV : 연직토압 전체 안정성 옹벽 및 교대 강성 암거 (예, 콘크리트 박스) 뼈대형 강성구조물 (예, 라멘형) 연성 암거 (예, 파형강관) 박스형 연성 강재암거	1.00 1.35 1.30 1.35 1.95 1.50	− 1.00 0.90 0.90 0.90 0.90
ES : 상재토하중	1.50	0.75
EL : 시공중 발생하는 구속응력	1.0	1.0
PS : 프리스트레스힘 세그멘탈콘크리트교량의 상부, 하부구조 비세그멘탈콘크리트교량 상부구조 비세그멘탈콘크리트교량 하부구조 − I_g를 사용하는 경우 − $I_{effective}$를 사용하는 경우 강재 하부구조	1.0 1.0 0.5 1.0 1.0	
CR, SH : 크리프, 건조수축 세그멘탈콘크리트교량의 상부,하부구조 비세그멘탈콘크리트교량 상부구조 비세그멘탈콘크리트교량 하부구조 − I_g를 사용하는 경우 − $I_{effective}$를 사용하는 경우 강재 하부구조	DC에 대한 γ_p사용 1.0 0.5 1.0 1.0	

13 정답 ③

부재	최소 두께 또는 깊이			
	단순지지	일단연속	양단연속	캔틸레버
보, 리브가 있는 1방향 슬래브	$L/16$	$L/18.5$	$L/21$	$L/8$
1방향 슬래브	$L/20$	$L/24$	$L/28$	$L/10$

단, f_y가 400MPa 이외인 경우는 계산된 h값에 $\left(0.43+\dfrac{f_y}{700}\right)$을 곱하여야 한다.

$$\therefore \frac{L}{10}\left(0.43+\frac{f_y}{700}\right)=\frac{6\text{m}}{10}\left(0.43+\frac{350}{700}\right)$$
$$=600\text{mm}(0.93)=558\text{mm}\geq 100\text{mm}$$

> **꼭 알아두자!**
> 슬래브 두께는 100mm 이상으로 한다. 단, 과다한 처짐이 발생하지 않을 정도의 두께가 되어야 한다.

14 정답 ③

③ f_y는 500MPa을 초과할 수 없다. 벽체의 전단철근 또는 용접이형 철망은 600MPa을 초과할 수 없다는 것을 같이 알아두자.

15 [80점 목표] 정답 ④

하중 종류	하중계수 및 하중조합에 따른 소요강도(U)
D, L	① $U=1.2D+1.6L\geq 1.4D$
+W	①+② $U=1.2D+1.0L+1.3W$
+E	①+③ $U=1.2D+1.0L+1.0E$

고정하중(D)=100kN, 활하중(L)=100kN, 지진하중(E)=100kN

① $U=1.2D+1.6L\geq 1.4D$
→ $U=1.2(100\text{kN})+1.6(100\text{kN})\geq 1.4(100\text{kN})$
→ $U=280\text{kN}\geq 140\text{kN}$

③ $U=1.2D+1.0L+1.0E$
$=1.2(100\text{kN})+1.0(100\text{kN})+1.0(100\text{kN})=320\text{kN}$

$\therefore U_{\max}=320\text{kN}$

16 정답 ④

KDS 14 20 70 콘크리트 슬래브와 기초판 설계기준

4.1.3.3 정 및 부계수휨모멘트

(1) 부계수휨모멘트는 직사각형 받침부 면에 위치하는 것으로 한다. 원형이나 정다각형 받침부는 같은 단면적의 정사각형 받침부로 취급할 수 있다.

(2) 내부 경간에서는 전체 정적 계수휨모멘트 M_o를 다음과 같은 비율로 분배하여야 한다.
 ① 부계수휨모멘트 0.65
 ② 정계수휨모멘트 0.35

(3) 단부 경간에서는 전체 정적 계수휨모멘트 M_o를 표 4.1-1 에 따라 분배하여야 한다.

2) 표 4.1-1 단부 경간 정 및 부계수휨모멘트의 분배율

구분	(1) 구속되지 않은 외부 받침부	(2) 모든 받침부 사이에 보가 있는 슬래브	(3) 내부 받침부 사이에 보가 없는 슬래브 테두리보가 없는 경우	(4) 내부 받침부 사이에 보가 없는 슬래브 테두리보가 있는 경우	(5) 완전 구속된 외부 받침부
내부 받침부의 부계수휨모멘트	0.75	0.70	0.70	0.70	0.65
정계수휨모멘트	0.63	0.57	0.52	0.50	0.35
외부 받침부의 부계수휨모멘트	0	0.16	0.26	0.30	0.65

④ 단부 경간에서 완전 구속된 외부 받침부의 정계수휨모멘트는 $0.35M_o$이다.

17

정답 ①

T형: 슬래브가 양쪽 플랜지를 이루는 보	① $16t_f + b_w$ ② 슬래브 중심간 거리 ③ 보 경간의 1/4
반 T형: 한 쪽으로만 플랜지를 이루는 보	① $6t_f + b_w$ ② 인접한 보와의 내측거리의 $1/2 + b_w$ ③ 보 경간의 $1/12 + b_w$

• $16t_f + b_w = 16(100mm) + 400mm$
  $= 2000mm$
• 슬래브 중심간 거리
  $= 2000mm + 400mm = 2400mm$
• 보 경간의 $1/4 = \dfrac{10m}{4} = 2500mm$

$b_e = 2000mm$

$f_{ck} \le 40MPa \rightarrow \eta = 1, \beta_1 = 0.8, \varepsilon_c = 0.0033$

$a = \dfrac{A_s f_y}{\eta(0.85 f_{ck} b_e)}$

$= \dfrac{(7650mm^2)(400MPa)}{(0.85)(30MPa)(2000mm)}$

$= 60mm < t_f = 100mm$ (∵ 직사각형보 해석)

18

정답 ①

• 축방향철근(주철근) 지름 16배 이하 :
  $16 \times 32mm = 512mm$ 이하
• 띠철근 지름 48배 이하 : $48 \times 10mm = 480mm$ 이하
• 기둥 최소 치수 이하 : 500mm 이하

∴ 480mm 이하

19 80점 목표

정답 ②

긴장을 할 때 긴장재 [a]	$0.80 f_{pu}$ 또는 $0.94 f_{py}$ 중 작은 값 이하
프리스트레스 도입 직후 긴장재	$0.74 f_{pu}$ 또는 $0.82 f_{py}$ 중 작은 값 이하
정착구와 커플러의 위치에서 프리스트레스 도입 직후 포스트텐션 긴장재	$0.7 f_{pu}$ 이하

f_{pu} : 긴장재의 설계기준 인장강도, f_{py} : 긴장재의 설계기준 항복강도
[a] 또한 긴장재나 정착장치 제조자가 제시하는 최댓값도 초과하지 않아야 한다.

$0.74 f_{pu} = 0.74(2400MPa) = 1776MPa$
$0.82 f_{py} = 0.82(2000MPa) = 1640MPa$

∴ 1640MPa 이하

20

정답 ①

등급	분류	응력계산	처짐계산
비균열등급	$f_t \le 0.63\sqrt{f_{ck}}$	비균열단면(총 단면적)	I_g 사용
부분균열등급	$0.63\sqrt{f_{ck}} \le f_t < 1.0\sqrt{f_{ck}}$	비균열단면(총 단면적)	I_e 사용
완전균열등급	$1.0\sqrt{f_{ck}} \le f_t$	균열 환산단면	I_e 사용

f_t : 사용하중이 작용할 때, 미리 압축을 가한 단면의 인장연단응력으로 전체 단면적을 기준으로 계산되는 인장응력, MPa

∴ $f_t \le 0.63\sqrt{f_{ck}} = 0.63\sqrt{36}MPa = 3.78MPa$

2024 지방직

문제편 087p~090p

01 ①	02 ④	03 ①	04 ②	05 ①
06 ④	07 ④	08 ③	09 ③	10 ④
11 ①	12 ②	13 ③	14 ②	15 ①
16 ③	17 ①	18 ④	19 ③	20 ②

01
정답 ①

① 1.5

꼭 알아두자!
2방향 슬래브라도 아래 조건 중 하나라도 해당되는 경우 1방향 슬래브로 해석할 수 있다.
① 1변 지지된 경우
② 마주보는 2변 지지된 경우
③ 장변과 단변의 비가 2를 넘는 경우

02
정답 ④

꼭 알아두자!
전공서적마다 용어가 혼용되어 있어 주의가 필요하다.
P_0 : 순수~(순수축하중강도)
$P_n = \alpha P_0$: 공칭~(공칭중심축하중, 공칭축하중강도, 공칭축강도)
$P_d = \phi \alpha P_0$: 설계~(설계중심축하중, 설계축하중강도, 설계축강도, 최대설계하중, 최대설계축강도, 축방향설계강도)
이름을 보고 판단이 되지 않을 경우에는 아래첨자를 보고 판단하는 것이 좋다.

	ϕ	α
띠철근 기둥	0.65	0.8
나선철근 기둥	0.7	0.85

최대설계축강도 $P_d = \alpha \phi P_0$

$\therefore P_d = 0.8\phi[0.85 f_{ck}(A_g - A_{st}) + f_y A_{st}]$

03
정답 ①

① 콘크리트의 압축강도가 콘크리트의 인장강도보다 높은 것이지, 콘크리트의 압축강도가 철근의 압축강도보다 높은 것은 아니다.
② 철근과 콘크리트는 부착강도가 커서 일체 작용을 한다.
③ 콘크리트와 철근의 열팽창 계수가 거의 동일하여 온도 변화 시 온도 응력이 거의 발생하지 않는다. (=온도 변화에 따른 두 재료 사이의 응력을 무시할 수 있다.)
④ 콘크리트가 불투수성이므로 철근이 녹슬지 않게 보호한다. 콘크리트가 내화성이 우수하므로 철근을 화재로부터 보호한다.

04
정답 ②

부재, 단면 또는 하중(단면력)의 종류		강도감소계수 ϕ
인장지배단면		0.85
변화구간★		직선보간★
압축지배단면	나선철근부재	0.7
	그 이외의 부재 (띠철근)	0.65
전단력과 비틀림 모멘트		0.75
스트럿–타이 모델	스트럿, 절점부 및 지압부	0.75
	타이	0.85
긴장재 묻힘길이가 정착길이보다 작은 프리텐션 부재의 휨단면	부재의 단부에서 전달길이 단부까지	0.75
	전달길이 단부에서 정착길이 단부 사이	0.75에서 0.85까지 선형적으로 증가시킨다.
포스트텐션 정착구역		0.85
콘크리트의 지압력(포스트 텐션 정착부나 스트럿–타이 모델은 제외)		0.65
무근콘크리트의 휨모멘트, 압축력, 전단력, 지압력		0.55

② 나선철근으로 보강된 압축지배단면 : 0.7

05
정답 ①

① 인장 이형철근의 정착길이 l_d는 기본정착길이 l_{db}에 보정계수(α, β)를 고려하는 방법을 적용할 수 있다. 다만, 정착길이 l_{db}는 항상 300mm 이상이어야 한다.
② 인장 이형철근의 정착길이에 대한 보정계수는 배근 위치(α), 철근 표면 도막 여부(β) 등의 조건에 따라 정한다.

계수	조건	보정계수
α (위치계수)	상부철근(정착길이 또는 겹침이음부 아래 300mm 초과되게 굳지 않은 콘크리트에 묻힌 수평철근)	1.3
	기타	1
β (도막계수, 표면처리계수)	피복두께 $3d_b$ 미만 또는 순간격이 $6d$ 미만인 에폭시 도막철근 혹은 아연–에폭시 이중 도막 철근 또는 철선	1.5
	기타 에폭시 도막철근 혹은 아연–에폭시 이중도막 철근 또는 철선	1.2
	아연도금 혹은 도막되지 않은 철근 또는 철선	1

※ 단, 에폭시 도막철근이 상부철근인 경우에는 $\alpha\beta$값이 1.7보다 클 필요는 없다.

③ 동일 조건에서 D19 이하의 인장 이형철근에 대한 보정계수(0.8, 1.2)는 D22 이상의 인장 이형철근에 대한 보정계수(1, 1.5)보다 작다.

조건 \ 철근지름	D19 이하의 철근과 이형철선	D22 이상의 철근
정착되거나 이어지는 철근의 순간격이 d_b 이상이고, 피복 두께도 d_b 이상이면서 l_d 전 구간에 이 기준에서 규정된 최소 철근량 이상의 스터럽 또는 띠철근을 배치한 경우 또는 정착되거나 이어지는 철근의 순간격이 $2d_b$ 이상이고 피복 두께가 d_b 이상인 경우	$0.8\alpha\beta$	$\alpha\beta$
기타	$1.2\alpha\beta$	$1.5\alpha\beta$

06
정답 ④

④ 균열제어를 위한 철근은 필요로 하는 부재 단면의 주변에 분산시켜 배치해야 하고, 이 경우 철근의 지름은 가능한 한 작게, 철근의 간격은 가능한 한 좁게 하여야 한다.

07
정답 ④

f_{ck}	$f_{ck}\leq 40\text{MPa}$ ★	40MPa<f_{ck}≤90MPa				90MPa<f_{ck}
		50	60	70	80	
n차곡선(n)	2	\multicolumn{4}{l|}{$1.2+1.5\left(\frac{100-f_{ck}}{60}\right)^4 \leq 2.0$}	성능실험을 통한 조사연구에 의하여 이 값들을 선정하고 근거를 명시하여야 한다.
		1.923	1.496	1.294	1.212	
콘크리트 극한 변형률(ε_{cu})	0.0033★	\multicolumn{4}{l|}{$0.0033-\left(\frac{f_{ck}-40}{100,000}\right)^4 \leq 0.0033$}	
		0.0032	0.0031	0.003	0.0029	
콘크리트 최대응력 발생 변형률(ε_{c0})	0.002	\multicolumn{4}{l|}{$0.002+\left(\frac{f_{ck}-40}{100,000}\right)\geq 0.002$}	
		0.0021	0.0022	0.0023	0.0024	
η	1.00★	0.97★	0.95★	0.91	0.87	0.84
β_1	0.80★	0.80★	0.76★	0.74	0.72	0.70

$f_{ck}\leq 40\text{MPa}$ → $\eta=1$, $\beta_1=0.8$, $\varepsilon_{cu}=0.0033$
④ 0.0033

08
정답 ③

③ 수축·온도 철근의 간격은 슬래브 두께의 5배 이하, 또한 450mm 이하로 하여야 한다.

09
정답 ③

	3개월	6개월	1년	5년 이상
ξ(시간계수)	1	1.2	1.4	2

$$\lambda=\frac{\xi}{1+50\rho'}=\frac{2}{1+50(0.02)}=1$$

$\therefore \delta_T=\delta_E(1+\lambda)=15\text{mm}(1+1)=30\text{mm}$

10
정답 ④

①, ② 강도설계법에 대한 설명이다.
$V_u \leq V_d = \phi V_n = \phi(V_c+V_s) = \phi V_c + \phi V_s$

④ $V_u \leq \phi V_c$인 경우에는 이론상 전단철근을 보강할 필요가 없다. 그러나 $\frac{1}{2}\phi V_c < V_u \leq \phi V_c$인 경우에 최소전단 철근을 배치한다.

11
정답 ①

$P_{px}=P_{pj}e^{-(Kl_{px}+\mu_p\alpha_{px})}$

P_{px} : 임의점 x에서 긴장재의 긴장력
P_{pj} : 긴장단에서 긴장재의 긴장력
K : 긴장재의 단위길이 1m당 파상마찰계수
l_{px} : 정착단부터 임의의 지점 x까지 긴장재의 길이
μ_p : 곡선부의 곡률마찰계수
α_{px} : 긴장단부터 임의점 x까지 긴장재의 전체 회전각 변화량(라디안)

① $-(Kl_{px}+\mu_p\alpha_{px})$

12
정답 ①

$V_s=\frac{d}{s}A_v f_y$
$=\left(\frac{500\text{mm}}{100\text{mm}}\right)(200\text{mm}^2)(400\text{MPa})$
$=400\text{kN}$

계산 TIP

◦ 정석적인 방법
$V_s=\left(\frac{500\text{mm}}{100\text{mm}}\right)(200\text{mm}^2)(400\text{MPa})$
$=\left(\frac{5}{1}\right)(2\times 10^2\text{mm}^2)(4\times 10^2\text{MPa})$
$=5\times 2\times 4\times 10^4\text{N}=40\times 10^4\times 10^{-3}\text{kN}=400\text{kN}$

◦ 앞자리 뽑기
$V_s : \frac{5}{1}\times 2\times 4 = 40$ → $V_s=400kN$

13
정답 ③

> **KDS 14 31 10 : 강구조 부재 설계기준(하중저항계수설계법)**
> **4.1.3 인장강도**
> (1) 인장재의 설계인장강도 $\phi_t P_n$은 총단면의 항복한계상태과 유효순단면의 파단한계상태에 대해 식 (4.1-4)과 식 (4.1-5)에 의해 산정된 값 중 작은 값으로 한다.
>
> **4.1.3.1 총단면의 항복한계상태**
> (1) 총단면의 항복에 대한 설계인장강도는 다음 식과 같다.
> $$P_n = F_y A_g \quad (4.1-4)$$
> $$\phi_t = 0.90$$
>
> 여기서, A_g : 부재의 총단면적(mm^2)
> F_y : 항복강도(MPa)
> P_n : 공칭인장강도(N)
>
> **4.1.3.2 유효순단면의 파단한계상태**
> (1) 유효순단면의 파단에 대한 설계인장강도는 다음 식과 같다.
> $$P_n = F_u A_e \quad (4.1-5)$$
> $$\phi_t = 0.75$$
>
> 여기서, A_e : 유효 순단면적(mm^2)
> F_u : 인장강도(MPa)

$$\therefore P_n = F_y A_g = (275 \text{MPa})(10 \text{mm}^2) = 2750 \text{N}$$

14
정답 ②

$$M_w = \frac{wL^2}{8}$$

$$M_e = P\left(e + \frac{h}{6}\right)$$

$M_w = M_e$;

$$\frac{wL^2}{8} = P\left(e + \frac{h}{6}\right) \rightarrow P = \frac{wL^2}{8\left(e + \frac{h}{6}\right)}$$

$$\therefore P = \frac{(80 \text{kN/m})(10 \text{m})^2}{8\left(0.3 \text{m} + \frac{1.2 \text{m}}{6}\right)} = 2000 \text{kN}$$

15
정답 ①

① 뒷부벽은 T형보로 설계하여야 하며, 앞부벽은 직사각형보로 설계하여야 한다.

16
정답 ③

③ 기초판 윗면부터 하부철근까지 깊이는 직접기초의 경우는 150mm 이상, 말뚝기초의 경우는 300mm 이상으로 하여야 한다.

17
정답 ①

$$P_{cr} = \frac{\pi^2 E I_{min}}{L_e^2} \rightarrow \sigma_{cr} = \frac{P_{cr}}{A} = \frac{\pi^2 E I_{min}}{A L_e^2} = \frac{\pi^2 E r^2}{L_e^2} = \frac{\pi^2 E}{\lambda^2} \; ;$$

① 유효길이(L_e) ↑ → 좌굴하중(P_{cr}) ↓
② 단면2차모멘트(I_{min}) ↑ → 좌굴하중(P_{cr}) ↑
③ 탄성계수(E) ↓ → 좌굴하중(P_{cr}) ↓
④ 단면2차반경(r) ↓ → 좌굴하중(P_{cr}) ↓

18
정답 ④

$$C = \eta(0.85 f_{ck} ab)$$

$$C = T = A_s f_y \; (f_s = f_y \because \varepsilon_y < \varepsilon_s)$$
$$= 1000 \text{mm}^2 \times 350 \text{MPa} = 350 \text{kN}$$

> **계산 TIP**
>
> ◦ 정석적인 방법
> $C = 1000 \text{mm}^2 \times 350 \text{MPa}$
> $= (10^3)(35 \times 10) \text{N} = 35 \times 10^4 \times 10^{-3} \text{kN} = 350 \text{kN}$
>
> ◦ 앞자리 뽑기
> 해당 문제는 보기에 ① 28과 ③ 280 및 ② 35 ④ 350 이 10의 배수 관계에 있으므로 앞자리 뽑기를 적용할 수 없다.

꼭 알아두자!

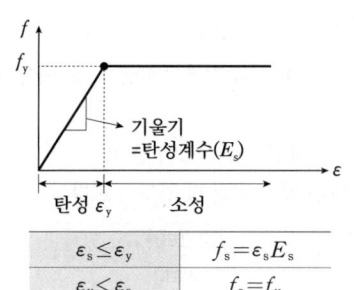

$\varepsilon_s \leq \varepsilon_y$	$f_s = \varepsilon_s E_s$
$\varepsilon_y < \varepsilon_s$	$f_s = f_y$

19   정답 ③

$$\therefore d_c = \frac{\sum A y_c}{\sum A} = \frac{2(500\text{mm}) + 3(600\text{mm})}{2+3}$$
$$= 560\text{mm}$$

20   정답 ②

프리텐션방식의 시공순서는 다음과 같다.
① 인장대, 거푸집 설치
② 철근 배치 및 긴장
③ 콘크리트 타설 및 경화
④ 긴장력 제거

∴ ㄱ, ㄴ, ㄹ, ㄷ

2025 지방직

문제편 091p~096p

01	③	02	②	03	②	04	④	05	①
06	④	07	②	08	①	09	③	10	②
11	③	12	③	13	④	14	④	15	②
16	③	17	④	18	②	19	①	20	③

01   정답 ③

$w_u = 1.2 w_d + 1.6 w_l \geq 1.4 w_d$

→ $1.2(50\text{kN/m}) + 1.6(5\text{kN/m}) \geq 1.4(50\text{kN/m})$

→ $68\text{kN/m} \geq 70\text{kN/m}$ (×)

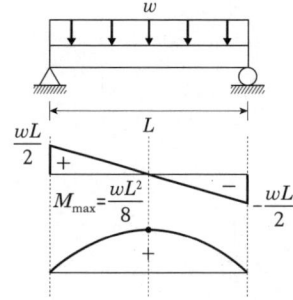

$$\therefore M_u = \frac{w_u L^2}{8} = \frac{(70\text{kN/m})(8\text{m})^2}{8} = 560\text{kN}\cdot\text{m}$$

02   정답 ②

$$\sigma_{\max} = \frac{P_{\max}}{A} = \frac{P_{\max}}{\left(\dfrac{\pi d^2}{4}\right)}$$

$$= \frac{1350\text{kN}}{\left(\dfrac{3 \times 150^2}{4}\text{mm}^2\right)} = 80\text{MPa}$$

계산 TIP

◦정석적인 방법
$$\sigma_{\max} = \frac{1350\text{kN} \times 4}{\left(\dfrac{3 \times 150^2}{4}\text{mm}^2\right) \times 4} = \frac{4 \times 135 \times 10 \times 10^3 \text{N}}{3 \times 15^2 \times 10^2 \text{mm}^2}$$
$$= \frac{4}{5} \times 10^2 \text{MPa} = 80\text{MPa}$$

◦앞자리 뽑기
$$\sigma_{\max} : \frac{135 \times 4}{3 \times 15^2} = \frac{4}{5} \rightarrow \frac{4 \times 10}{5} = 8 \rightarrow \sigma_{\max} = 8\text{MPa}$$

03
정답 ②

T형: 슬래브가 양쪽 플랜지를 이루는 보	① $16t_f+b_w$ ② 슬래브 중심간 거리 ③ 보 경간의 1/4
반 T형: 한 쪽으로만 플랜지를 이루는 보	① $6t_f+b_w$ ② 인접한 보와의 내측거리의 $1/2+b_w$ ③ 보 경간의 $1/12+b_w$

• $16t_f+b_w=16(150mm)+400mm=2800mm$

• 슬래브 중심간 거리 $=2m=2000mm$

• 보 경간의 $\dfrac{1}{4}=\dfrac{12m}{4}=3m=3000mm$

∴ $b_e=2000mm$

04
정답 ④

$C=\eta(0.85f_{ck}ab)$

$C=T=A_sf_y$
$\qquad =1000mm^2\times 300MPa=300kN$

계산 TIP

◦ 정석적인 방법
$C=1000mm^2\times 300MPa=10^3mm^2\times 3\times 10^2MPa$
$\ =3\times 10^5N=3\times 10^5\times 10^{-3}kN=300kN$

◦ 앞자리 뽑기
$C:3 \rightarrow C=300kN$

꼭 알아두자!

철근이 항복했는지 알 수 없기 때문에 $C=T=A_sf_y$로 계산하는 것은 위험한 방법이다. $C=T=A_sf_y$로 풀이 하려면 철근 항복여부를 판정해야 한다. 이 문제에서는 출제자 의도에 따라 $T=A_sf_y=300kN$ 이다. (∵ f_{ck}가 주어지지 않아 철근 항복여부 판정 불가)

05
정답 ①

① 철근(강재)는 내식성이 약하다.

③ 콘크리트는 혼합재료(물+시멘트+골재)로 제작되므로 균질성이 나쁘다.

  철근(강재)는 단일재료로 균질성이 좋다.

④ 철근(강재)는 단위 체적(면적)당 강도가 크다.

	콘크리트	철근(강재)
균질성	나쁘다	좋다
단위무게	가볍다	무겁다
단위 체적 (면적)당 강도	작다	크다 (자중 감소, 대규모 구조 건설 적합)
내화성, 내식성	강하다	약하다
시공속도	느리다	빠르다

② 연성(=소성변형능력), 인성(=에너지 흡수능력)이 우수하다.

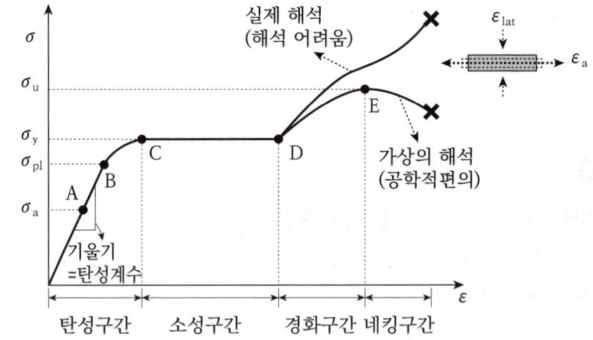

06 (80점 목표)
정답 ④

④ 콘크리트와 부착강도가 커야 한다.

07
정답 ②

	프리(pre)텐션 방식	포스트(post)텐션 방식
도입할 때 일어나는 손실 (즉시 손실)	① 정착장치의 활동(=슬립량에 의한 손실) ② 콘크리트의 탄성수축	③ 긴장재와 덕트 사이의 마찰★ (=PS 강재와 쉬스 사이의 마찰)
도입 후 일어나는 손실 (시간 손실)	① 콘크리트의 크리프 ② 콘크리트의 수축(자기수축+건조수축) ③ 긴장재 응력의 릴랙세이션	

08 정답 ①

① 활동에 대한 저항력은 옹벽에 작용하는 수평력의 1.5배 이상이어야 한다.

09 정답 ③

③ 정모멘트 철근 및 부모멘트 철근의 중심 간격은 위험단면에서는 슬래브 두께의 2배 이하이어야 하고, 또한 300mm 이하이어야 한다.

10 정답 ②

$$P_{cr} = \frac{\pi^2 EI_{min}}{L_e^2} = \frac{\pi^2 E\left(\frac{bh^3}{12}\right)}{L^2} \quad (L_e = L \because 양단힌지)$$

$$= \frac{(\pi^2)(200,000\text{MPa})\left(\frac{300 \times 200^3}{12}\text{mm}^4\right)}{(10\text{m})^2}$$

$$= (400\pi^2)\text{kN}$$

📐 계산 TIP

◦ 정석적인 방법

$$P_{cr} = \frac{(\pi^2)(200,000\text{MPa})\left(\frac{300 \times 200^3}{12}\text{mm}^4\right)}{(10\text{m})^2}$$

$$= \frac{(\pi^2)(2 \times 10^5 \text{MPa})\left(\frac{3 \times 10^2 \times 2^3 \times 10^6}{12}\text{mm}^4\right)}{(10^2 \times 10^6 \text{mm}^2)}$$

$$= \pi^2 \times \frac{2 \times 3 \times 2^3}{12} \times 10^5 \text{N} = \pi^2 \times 4 \times 10^5 \times 10^{-3} \text{kN} = (400\pi^2)\text{kN}$$

◦ 앞자리 뽑기

$$P_{cr} : \pi^2 \times 2 \times \frac{3 \times 2^3}{12} = 4\pi^2 \rightarrow P_{cr} = (400\pi^2)\text{kN}$$

11 정답 ③

① 전단철근에 대한 설명이다.
② 복철근 보에 대한 설명이다.
③ 인장지배단면($\phi = 0.85$)에서 압축지배단면($\phi = 0.65 \text{ or } 0.7$)으로 변경되면, 강도감소계수($\phi$)는 감소한다.
④ 콘크리트에 균열이 발생할 경우 인장측 콘크리트가 부담하던 인장력을 철근이 부담하게 된다. 이때 철근량이 너무 적다면 갑작스럽게 끊어질 수 있다(snap). 이러한 취성파괴를 방지하기 위해 최소철근량 이상의 철근을 배치해야 한다.

12 정답 ③

$f_{ck} \leq 40\text{MPa} \rightarrow \eta = 1, \beta_1 = 0.8, \varepsilon_{cu} = 0.0033$
(그러나 문제에서 $\varepsilon_{cu} = 0.0033$ 주어짐)

$$\frac{\varepsilon_s}{\varepsilon_c} = \frac{d-c}{c} \rightarrow \varepsilon_s = \frac{d-c}{c}\varepsilon_c$$

$$\therefore \varepsilon_s = \frac{600\text{mm} - 200\text{mm}}{200\text{mm}} \times 0.0033 = 0.0066$$

13 정답 ④

④ 지진 시 교량 부재들의 부분적인 피해는 허용하나 전체적인 붕괴는 방지한다. (오히려 부분적인 피해는 구조에 도움이 되기도 한다.)

14 ⓘ 80점 목표 정답 ④

① 갈고리는 압축철근의 정착에 유효하지 않는 것으로 본다.
② 인장을 받는 확대머리 이형철근의 정착길이는 항상 $8d_b$ 또한 150mm 이상이어야 한다.
③ 피복두께가 $3d_b$ 미만 또는 순간격이 $6d_b$ 미만인 에폭시 도막철근이 인장 이형철근으로 사용되었을 때, 정착길이는 기본정착길이에 보정계수 1.5를 곱한다.

계수	조건	보정계수
α (위치계수)	상부철근(정착길이 또는 겹침이음부 아래 300mm 초과되게 굳지 않은 콘크리트에 묻힌 수평철근)	1.3
	기타	1
β (도막계수, 표면처리계수)	피복두께 $3d_b$ 미만 또는 순간격이 $6d$ 미만인 에폭시 도막철근 혹은 아연-에폭시 이중 도막 철근 또는 철선	1.5
	기타 에폭시 도막철근 혹은 아연-에폭시 이중도막 철근 또는 철선	1.2
	아연도금 혹은 도막되지 않은 철근 또는 철선	1

※ 단, 에폭시 도막철근이 상부철근인 경우에는 $\alpha\beta$값이 1.7보다 클 필요는 없다.

15 정답 ②

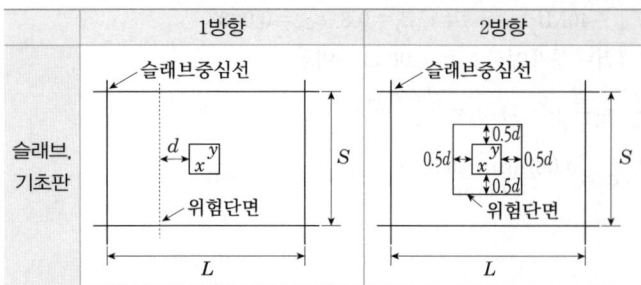

둘레길이 $= 2(x+d) + 2(y+d)$
$= 4(400\text{mm} + 600\text{mm})$
$= 4000\text{mm}$

16 정답 ③

$P_{cr} = \dfrac{\pi^2 EI}{L_e^2} \rightarrow \sigma_{cr} = \dfrac{P_{cr}}{A} = \dfrac{\pi^2 EI}{AL_e^2} = \dfrac{\pi^2 Er^2}{L_e^2} = \dfrac{\pi^2 E}{\lambda^2}$

② 기둥의 세장비(λ)가 클수록 좌굴응력(σ_{cr})이 작아지므로 좌굴파괴의 가능성이 커진다.

③ 기둥의 좌굴하중(P_{cr})은 기둥 양단의 단부조건($L_e = kl_u$)과 관계있다.

④ 나선철근 또는 띠철근이 배근된 압축부재에서 축방향 철근의 순간격은 다음과 같다.

동일 평면에서 평행한 철근 사이의 **수평 순간격**		나선철근 또는 띠철근이 배근된 압축부재 **축방향 철근 순간격** (81page)
프리캐스트 콘크리트 (별도 언급 ×)	현장 타설 콘크리트	
① 25mm 이상 ② 철근 공칭 지름 이상 ③ 굵은 골재 최대치수의 4/3배 이상 (1.33배)	① 40mm 이상 ② 철근 공칭 지름의 1.5배 이상 ③ 굵은 골재 최대치수의 1.5배 이상	① 40mm 이상 ② 철근 공칭 지름의 1.5배 이상 ③ 굵은 골재 최대치수의 4/3배 이상

17 정답 ④

$l_{db} = \dfrac{0.6 f_y}{\lambda \sqrt{f_{ck}}} d_b$
$= \dfrac{(0.6)(300\text{MPa})}{(1)(\sqrt{25\text{MPa}})}(20\text{mm})$
$= 720\text{mm}$

🔖 **꼭 알아두자!**

기본정착길이 l_{db}이므로 인장 이형철근 최소정착길이 규정(300mm 이상)을 적용하지 않는다.

📐 **계산 TIP**

○ 정석적인 방법
$l_{db} = \dfrac{(0.6)(300\text{MPa})}{(1)(\sqrt{25\text{MPa}})}(20\text{mm})$
$= \dfrac{(6 \times 10^{-1})(3 \times 10^2)}{(5)}(2 \times 10\text{mm})$
$= \dfrac{6 \times 3}{5} \times 2 \times 10^2 \text{mm} = 720\text{mm}$

○ 앞자리 뽑기
$l_{db} : \dfrac{6 \times 3}{5} \times 2 = \dfrac{36}{5} = 7.2 \rightarrow l_{db} = 720\text{mm}$

18

$f_{ck} \leq 40\text{MPa} \rightarrow \eta=1, \beta_1=0.8, \varepsilon_{cu}=0.0033$

$a = \dfrac{A_s f_y}{\eta(0.85 f_{ck} b)} = \dfrac{(2550\text{mm}^2)(400\text{MPa})}{(0.85)(25\text{MPa})(800\text{mm})}$

$= 60\text{mm} < t_f = 120\text{mm}$ (∴ 직사각형보 해석)

$\therefore M_n = A_s f_y \left(d - \dfrac{a}{2}\right)$

$\quad = (2550\text{mm}^2)(400\text{MPa})\left(530\text{mm} - \dfrac{60\text{mm}}{2}\right)$

$\quad = 510\text{kN}\cdot\text{m}$

정답 ②

계산 TIP

◦ 정석적인 방법

$a = \dfrac{(2550\text{mm}^2)(400\text{MPa})}{(0.85)(25\text{MPa})(800\text{mm})} = \dfrac{(255\times10)(4\times10^2)\text{mm}}{(85\times10^{-2})(25)(8\times10^2)}$

$\quad = \dfrac{255\times4\times10^3\text{mm}}{85\times25\times8} = 60\text{mm}$

$M_n = (2550\text{mm}^2)(400\text{MPa})\left(530\text{mm} - \dfrac{60\text{mm}}{2}\right)$

$\quad = (255\times10)(4\times10^2)(5\times10^2)\text{N}\cdot\text{mm}$

$\quad = 255\times4\times5\times10^5\times10^{-6}\text{kN}\cdot\text{m} = 510\text{kN}\cdot\text{m}$

◦ 앞자리 뽑기

a는 중간과정이므로 앞자리 뽑기를 적용할 수 없다.

$M_n : 255\times4\times5=5100 \rightarrow M_n=510\text{kN}\cdot\text{m}$

19

$M_e = Pe = \dfrac{w_e L^2}{8}$

$\rightarrow w_e = \dfrac{8Pe}{L^2}$

$\quad = \dfrac{8(3000\text{kN})(200\text{mm})}{(10\text{m})^2}$

$\quad = 48\text{kN/m}$

정답 ①

20

$V_s = \dfrac{d}{s} A_v f_y$

$\quad = \left(\dfrac{600\text{mm}}{200\text{mm}}\right)(400\text{mm}^2)(400\text{MPa})$

$\quad = 480\text{kN}$

정답 ③

계산 TIP

◦ 정석적인 방법

$V_s = \left(\dfrac{600\text{mm}}{200\text{mm}}\right)(400\text{mm}^2)(400\text{MPa})$

$\quad = \left(\dfrac{6}{2}\right)(4\times10^2\text{mm}^2)(4\times10^2\text{MPa})$

$\quad = 3\times4\times4\times10^4\text{N} = 48\times10^4\times10^{-3}\text{kN} = 480\text{kN}$

◦ 앞자리 뽑기

$V_s : \dfrac{6}{2}\times4\times4=48 \rightarrow V_s=480\text{kN}$

2007 국가직

문제편 100p~104p

01 ②	02 ②	03 ④	04 ④	05 ③
06 ③	07 ③	08 ①	09 ④	10 ②
11 ③	12 ①	13 ④	14 ③	15 ②
16 ④	17 ②	18 ①	19 ①	20 ②

01
정답 ②

설계기준 압축강도 f_{ck}	Δf
$f_{ck} \leq 40\text{MPa}$	4MPa
$40\text{MPa} \leq f_{ck} \leq 60\text{MPa}$	직선보간($=0.1f_{ck}$)
$60\text{MPa} \leq f_{ck}$	6MPa

$f_{cm} = f_{ck} + \Delta f = 23\text{MPa} + 4\text{MPa} = 27\text{MPa}$ ($\because f_{ck} \leq 40\text{MPa}$)

$\therefore E_C = 8500\sqrt[3]{f_{cm}} = 8500\sqrt[3]{27} = 25500\text{MPa}$

02
정답 ②

$M = Pz$

→ $1650\text{kN} \cdot \text{m} = 3300\text{kN} \times z$

$\therefore z = 0.5\text{m}$

03
정답 ④

$f_{ck} \leq 40\text{MPa} \rightarrow \eta=1, \beta_1=0.8, \varepsilon_{cu}=0.0033$

$a = \dfrac{A_s f_y}{\eta(0.85 f_{ck} b)}$

$= \dfrac{(2040\text{mm}^2)(300\text{MPa})}{(0.85)(24\text{MPa})(300\text{mm})} = 100\text{mm}$

$M_n = A_s f_y \left(d - \dfrac{a}{2}\right)$

$= (2040\text{mm}^2)(300\text{MPa})\left(550\text{mm} - \dfrac{100}{2}\text{mm}\right)$

$= 306\text{kN}\cdot\text{m}$

04
정답 ④

$f_{ck} \leq 40\text{MPa} \rightarrow \eta=1, \beta_1=0.8, \varepsilon_{cu}=0.0033$

$\varepsilon_y = \dfrac{f_y}{E_s} = \dfrac{300\text{MPa}}{200{,}000\text{MPa}} = 0.0015$

$\rho = \eta\left(0.85\beta_1 \dfrac{f_{ck}}{f_y} \dfrac{\varepsilon_{cu}}{\varepsilon_{cu}+\varepsilon_s}\right)$

→ $\rho_b = 0.85\beta_1 \dfrac{f_{ck}}{f_y} \dfrac{0.0033}{0.0033+\varepsilon_y}$

$= (0.85)(0.8)\left(\dfrac{30\text{MPa}}{300\text{MPa}}\right)\left(\dfrac{0.0033}{0.0033+0.0015}\right)$

≈ 0.0468

계산 TIP

정석적인 방법

$\rho_b = (0.85)(0.8)\left(\dfrac{30\text{MPa}}{300\text{MPa}}\right)\left(\dfrac{0.0033}{0.0033+0.0015}\right)$

$= 85 \times 10^{-2} \times 8 \times 10^{-1} \times \dfrac{1}{10} \times \dfrac{33}{48}$

$= 85 \times 8 \times \dfrac{33}{48} \times 10^{-4} = 0.04675 \approx 0.0468$

앞자리 뽑기

$\rho_b : 85 \times 8 \times \dfrac{3}{3} \times \dfrac{33}{48} = 85 \times 8 \times \dfrac{11}{16} = 85 \times \dfrac{11}{2}$

$= 467.5 \rightarrow \rho_b \approx 0.0468$

05
정답 ③

$f_{ck} \leq 40\text{MPa} \rightarrow \eta=1, \beta_1=0.8, \varepsilon_{cu}=0.0033$

$C = \eta(0.85 f_{ck} ab) = (0.85)(30\text{MPa})(150\text{mm})(200\text{mm})$

$= 765\text{kN}$

계산 TIP

정석적인 방법

$C = (0.85)(30\text{MPa})(150\text{mm})(200\text{mm})$

$= (85 \times 10^{-2})(3 \times 10)(15 \times 10)(2 \times 10^2)\text{N}$

$= 85 \times 3 \times 15 \times 2 \times 10^2\text{N} = 7650 \times 10^2 \times 10^{-3}\text{kN} = 765\text{kN}$

앞자리 뽑기

$C : 85 \times 3 \times 15 \times 2 = 7650 \rightarrow C = 765\text{kN}$

꼭 알아두자!

철근이 항복했는지 알 수 없기 때문에 $C=T=A_s f_y$로 계산하는 것은 위험한 방법이다. $C=T=A_s f_y$로 풀이 하려면 철근 항복여부를 판정해야 한다. 이 문제에서는 우연히 $T=A_s f_y=765\text{kN}$이다. ($\because d$가 주어지지 않아 철근 항복여부 판정 불가)

06 80점 목표   정답 ③

③ 프리스트레싱 직후의 프리스트레스힘의 감소는 프리텐션 방식에서는 콘크리트의 탄성변형만을 고려하여야 하고, 포스트텐션 방식에서는 콘크리트의 탄성변형, PS강재와 쉬스의 마찰, 정착장치 및 정착부 내부의 마찰, 정착장치에서의 활동량을 고려하여야 한다.

07   정답 ③

$$V_u = \frac{w_u L}{2} - w_u d = w_u\left(\frac{L}{2} - d\right)$$
$$= (30\text{kN/m})\left(\frac{7}{2}\text{m} - 500\text{mm}\right)$$
$$= 90\text{kN}$$

$$V_u < \phi(V_c + V_s) \Rightarrow \frac{V_u - \phi V_c}{\phi} < V_s$$

$$\therefore \frac{90\text{kN} - 0.75(60\text{kN})}{0.75} = 60\text{kN} < V_s$$

계산 TIP
◦ 정석적인 방법
$$V_u = (30\text{kN/m})\left(\frac{7}{2}\text{m} - 500\text{mm}\right)$$
$$= (30\text{kN/m})(3.5\text{m} - 5 \times 10^2 \times 10^{-3}\text{m})$$
$$= (30\text{kN/m})(3.5\text{m} - 0.5\text{m}) = 90\text{kN}$$

◦ 앞자리 뽑기
V_u는 중간과정이므로 앞자리 뽑기를 적용할 수 없다.

08   정답 ①

꼭 알아두자!
① 횡방향 상대변위가 없는 압축부재(횡구속 골조의 압축부재)
$$\frac{kl_u}{r} \leq \left(34 - 12\frac{M_1}{M_2}\right) < 40$$
l_u : 비지지길이

② 횡방향 상대변위가 있는 압축부재(비횡구속 골조의 압축부재)
$$\frac{kl_u}{r} < 22$$

• 직사각형 단면 : $r = 0.3h$ (h는 좌굴이 고려되는 방향의 단면치수)
• 원형 단면 : $r = 0.25d$

$$\frac{kl_u}{r} < 22 \Rightarrow l_u < \frac{22r}{k} = \frac{22(0.25d)}{k}$$

$$\therefore l_u < \frac{22(0.25 \times 800\text{mm})}{1.1} = 4\text{m}$$

계산 TIP
◦ 정석적인 방법
$$l_u < \frac{22(0.25 \times 800\text{mm})}{1.1} = \frac{22(25 \times 10^{-2} \times 8 \times 10^2 \times 10^{-3}\text{m})}{11 \times 10^{-1}}$$
$$= \frac{22 \times 25 \times 8 \times 10^{-3}\text{m}}{11 \times 10^{-1}} = 400 \times 10^{-2}\text{m} = 4\text{m}$$

◦ 앞자리 뽑기
$$l_u : \frac{22 \times 25 \times 8}{11} = 400 \Rightarrow l_u < 4\text{m}$$

09 80점 목표   정답 ④

꼭 알아두자!
최소 나선철근비
$$\rho_{\min} = 0.45\left(\frac{A_g}{A_c} - 1\right)\frac{f_{ck}}{f_{yt}}$$
$$= 0.45\left(\frac{d^2}{d_c^2} - 1\right)\frac{f_{ck}}{f_{yt}}$$

A_g : 전체 단면적, A_c : 심부 면적
d : 기둥 지름, d_c : 나선철근 바깥선 지름(심부 지름)
f_{ck} : 콘크리트 설계기준 압축강도
f_{yt} : 나선철근의 설계기준 항복강도로 700MPa 이하로 한다.
(단, 400MPa을 초과하는 경우 겹침이음(81p 참조)할 수 없다)

$$\therefore \rho_{\min} = 0.45\left(\frac{d^2}{d_c^2} - 1\right)\frac{f_{ck}}{f_{yt}}$$
$$= 0.45\left(\frac{400^2}{300^2} - 1\right)\frac{30\text{MPa}}{300\text{MPa}}$$
$$= 0.035$$

계산 TIP
◦ 정석적인 방법
$$\rho_{\min} = 0.45\left(\frac{400^2}{300^2} - 1\right)\frac{30\text{MPa}}{300\text{MPa}} = (45 \times 10^{-2})\left(\frac{400^2 - 300^2}{300^2}\right)(10^{-1})$$
$$= 45 \times \frac{7}{9} \times 10^{-3} = 35 \times 10^{-3} = 0.035$$

◦ 앞자리 뽑기
$$\rho_{\min} : 45\left(\frac{4^2}{3^2} - 1\right) = 45\left(\frac{4^2 - 3^2}{3^2}\right) = 45 \times \frac{7}{9} = 35 \Rightarrow \rho_{\min} = 0.035$$

10 80점 목표   정답 ②

긴장을 할 때 긴장재[a]	$0.80f_{pu}$ 또는 $0.94f_{py}$ 중 작은 값 이하
프리스트레스 도입 직후 긴장재	$0.74f_{pu}$ 또는 $0.82f_{py}$ 중 작은 값 이하
정착구와 커플러의 위치에서 프리스트레스 도입 직후 포스트텐션 긴장재	$0.7f_{pu}$ 이하

f_{pu} : 긴장재의 설계기준 인장강도, f_{py} : 긴장재의 설계기준 항복강도
[a] 또한 긴장재나 정착장치 제조자가 제시하는 최댓값도 초과하지 않아야 한다.

② 긴장을 할 때 긴장재의 인장응력은 $0.80f_{pu}$ 또는 $0.94f_{py}$ 중 작은 값 이하로 하여야 한다.

11   정답 ③

③ C : 안전구역

12   정답 ①

$$\delta = \frac{PL}{EA}$$
$$\therefore P = \frac{EA}{L}\delta$$
$$= \frac{(2.1\times 10^5 \text{MPa})(400\text{mm}^2)}{10\text{m}}(3\text{mm})$$
$$= 25.2\text{kN}$$

13   정답 ④

④ U형 스트럽의 경우 스트럽의 연속성을 확보해야 되기 때문에 겹이음 하면 안 된다. 굳이 U형 스트럽을 이용하여 폐쇄 스트럽을 구성하고 싶은 경우 겹이음이 아니라 용접이음 형식으로는 가능하다.

14   정답 ③

①, ② 휨응력과 전단응력의 분포는 그림과 같다.

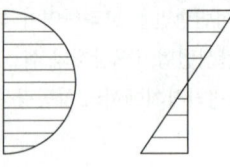

⟨전단응력⟩   ⟨휨응력⟩

③ 휨응력이 0이므로 휨변형이 발생하지 않는다.
④ 중립축에서 휨응력이 0이고, 전단응력만 존재하므로 사인장 균열이 발생한다.

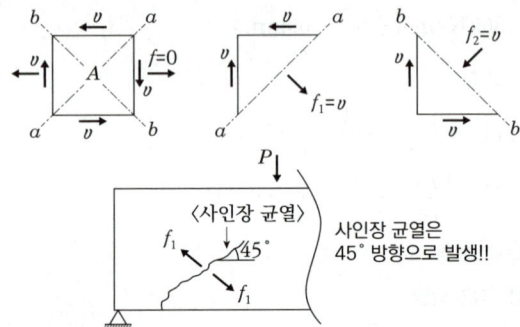

사인장 균열은 45° 방향으로 발생!!

15   정답 ②

T형: 슬래브가 양쪽 플랜지를 이루는 보	① $16t_f + b_w$ ② 슬래브 중심간 거리 ③ 보 경간의 1/4
반 T형: 한 쪽으로만 플랜지를 이루는 보	① $6t_f + b_w$ ② 인접한 보와의 내측거리의 $1/2 + b_w$ ③ 보 경간의 $1/12 + b_w$

• $6t_f + b_w = 6(200\text{mm}) + 400\text{mm}$
  $= 1600\text{mm}$
• 인접한 보와의 내측거리의 $1/2 + b_w$
  $= \frac{1400\text{mm}}{2} + 400\text{mm} = 1100\text{mm}$
• 보 경간의 $1/12 + b_w = \frac{12\text{m}}{12} + 400\text{mm}$
  $= 1400\text{mm}$

$\therefore b_e = 1100\text{mm}$

16   정답 ④

(1) 허용전단력 고려(P_1)

$\frac{P}{2} < nP_{va}$ ($\because$ 2면 전단)

→ $\frac{600\text{kN}}{2} = 300\text{kN} < n \times 55\text{kN}$

→ $5.45 < n_1$

(2) 허용지압력 고려(P_2)

$P < nP_{ba}$

→ $600\text{kN} < n \times 105\text{kN}$

→ $5.71 < n_2$

∴ $n = 6$

> 🔑 **꼭 알아두자!**
>
> 볼트는 쪼개서 배치할 수 없기 때문에 n을 소수 첫 번째 자리에서 올림한 정수로 한다.
> 'SS 400'이란 일반구조용 압연강재의 인장강도가 400MPa임을 의미하나 문제를 푸는 데 필요하지 않다.

17 정답 ②

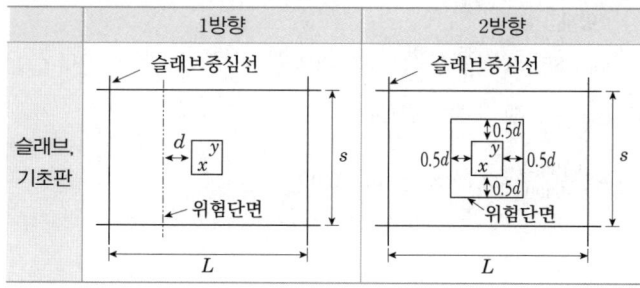

$c = \dfrac{L-x}{2} - d = \dfrac{3500\text{mm} - 500\text{mm}}{2} - 450\text{mm} = 1050\text{mm}$

18 정답 ①

①, ② 이전 기준에서 콘크리트가 기여하는 전단강도 V_c와 비틀림강도 T_c와의 상호관계를 규정하는 공식이 삭제되었으며, 또한 설계식의 단순화를 위하여 콘크리트에 의한 비틀림강도(T_c)도 무시하였다. 따라서 콘크리트의 전단강도 V_c는 비틀림과 상관없이 일정하다.

③ 비틀림 해석은 종래에는 경사–휨이론에 의해 해석하였으나 최근에는 박벽관 입체 트러스 이론이 상용된다.

④ 박벽관 이론에서 비틀림 저항은 일정한 두께를 가진 단면의 외피층에 의하여 이루어지는 것으로 가정하며, 이때 외피층의 중심은 대략 폐쇄스트럽 중심선과 동일한 것으로 가정한다. 균열 전 혹은 후에 속빈 단면이나 속찬 단면 모두 박벽관으로 이상화할 수 있다.

19 정답 ①

①, ②, ④ 물–시멘트비 $\dfrac{W}{C}$ (≈단위 수량)⇑ → 건조수축⇑ (가장 큰 영향 ★) → 크리프 ⇑

단위 시멘트량⇑ → 건조수축⇑ → 크리프 ⇑

콘크리트 수화율 ⇑ → 크리프 ⇑, 크리프 증가율 ⇓ (재령보다 수화율에 큰 영향을 받는다)

③ 건조수축이란 물의 수화반응에 사용 or 물의 증발에 의해 발생하는 수축을 의미한다.

> 🔑 **꼭 알아두자!**
>
> 출제자 의도상 ① 보기는 수화율과 크리프 증가율을 비교한 보기이다.

 20 정답 ②

KDS 44 90 00 : 도로암거구조설계기준

2.3 표준단면의 구성

2.3.2 표준단면 구성

(1) 암거표준단면은 사용목적에 따라 통로암거와 수로암거로 크게 구분하고, 암거의 형식에 따라 1련 암거, 2련 암거와 3련 암거로 구분한다.

(2) 암거의 단면은 적용 토피별로 구분하여 사용할 수 있는데 중간 토피의 경우 높은 토피에 해당하는 단면을 적용한다.

(3) 암거표준규격의 형식별 단면수와 단면 제원은 다음 표와 같고, 유지관리와 시공성을 고려하여 암거의 최소높이는 2.0m를 표준으로 한다. 다만, 도로의 계획고 높이 제한 등 부득이한 경우에 암거의 높이는 2.0m 이하를 적용할 수 있다.

(4) 통로암거는 필요한 경우 배수시설과 매설관(통신, 전기 등)의 설치공간도 확보하여야 한다.

(5) 수로암거는 계획유량, 계획홍수량이 통과도 될 수 있는 단면이어야 하고, 내공높이는 H.W.L + 여유고 이상이어야 한다.

② 수로암거는 계획유량, 계획홍수량이 통과도 될 수 있는 단면이어야 하고, 내공높이는 H.W.L + 여유고 이상이어야 한다.

> 🔑 **꼭 알아두자!**
>
> HWL(Highest Water Level) 이란 가능최대홍수가 저수지로 유입될 경우에 상승할 수 있는 가장 높은 수위를 의미한다.

2008 국가직

문제편 105p~109p

01 ④	02 ③	03 ②	04 ①	05 ①
06 ①	07 ④	08 ③	09 ④	10 ③
11 ①	12 ②	13 ③	14 ②	15 ④
16 ②	17 ④	18 ②	19 ②	20 ③

01
정답 ④

$$P_{cr} = \frac{\pi^2 EI_{min}}{L_e^2} = \frac{\pi^2 E\left(\frac{bh^3}{12}\right)}{(0.5L)^2} \quad (L_e = 0.5L \because 양단고정)$$

$$= \frac{(3.14^2)(2\times 10^5 \text{MPa})\left(\frac{30\times 20^3}{12}\text{cm}^4\right)}{(0.5\times 8\text{m})^2}$$

$$= 24649 \text{kN}$$

계산 TIP

○ 정석적인 방법

$$P_{cr} = \frac{(3.14)^2(2\times 10^5 \text{MPa})\left(\frac{30\times 20^3}{12}\text{cm}^4\right)}{(0.5\times 8\text{m})^2}$$

$$= \frac{(314^2\times 10^{-4})(2\times 10^5 \text{MPa})\left(\frac{3\times 10\times 2^3\times 10^3}{12}\times 10^{-8}\text{m}^4\right)}{(4^2 \text{m}^2)}$$

$$= \frac{314^2\times 2\times 3\times 2^3}{4^2\times 12}\times 10^{-3}\times 10^6 \text{N} = 24649\times 10^3 \text{N} = 24{,}649 \text{kN}$$

○ 앞자리 뽑기

$$P_{cr} : \frac{314^2\times 2\times 3\times 2^3}{4^2\times 12} = \frac{314^2}{4}$$

보기의 숫자 차이가 크기 때문에 셋째 자리에서 반올림하여 앞자리를 이용한다.

$$\to \frac{31^2}{4} = \frac{961}{4} = 240.25 \to P_{cr} = 24{,}649 \text{kN}$$

02
정답 ③

③ $1 \leq \frac{L}{S} < 2$

꼭 알아두자!

2방향 슬래브라도 아래 조건 중 하나라도 해당되는 경우 1방향 슬래브로 해석할 수 있다.
① 1변 지지된 경우
② 마주보는 2변 지지된 경우
③ 장변과 단변의 비가 2를 넘는 경우

03
정답 ②

$f_{ck} \leq 40\text{MPa} \to \eta = 1, \beta_1 = 0.8, \varepsilon_{cu} = 0.0033$

$$\varepsilon_y = \frac{f_y}{E_s} = \frac{400\text{MPa}}{200{,}000\text{MPa}} = 0.002$$

$$\rho = \eta\left(0.85\beta_1\frac{f_{ck}}{f_y}\frac{\varepsilon_{cu}}{\varepsilon_{cu}+\varepsilon_s}\right)$$

$$\to \rho_b = 0.85\beta_1\frac{f_{ck}}{f_y}\frac{0.0033}{0.0033+\varepsilon_y}$$

$$= (0.85)(0.8)\left(\frac{35\text{MPa}}{400\text{MPa}}\right)\left(\frac{0.0033}{0.0033+0.002}\right)$$

$$\approx 0.037$$

계산 TIP

○ 정석적인 방법

$$\rho_b = (0.85)(0.8)\left(\frac{35\text{MPa}}{400\text{MPa}}\right)\left(\frac{0.0033}{0.0033+0.002}\right)$$

$$= 85\times 10^{-2}\times 8\times 10^{-1}\times \frac{35}{4\times 10^2}\times \frac{33}{53}$$

$$= 85\times 8\times \frac{35}{4}\times \frac{33}{53}\times 10^{-5} \approx 0.037$$

○ 앞자리 뽑기

$\rho_b : 85\times 8\times \frac{35}{4}\times \frac{33}{53} = 85\times 2\times \frac{35}{1}\times \frac{33}{53}$

$\to 17\times \frac{35}{1}\times \frac{33}{53} = \frac{19635}{53}$

$\to \frac{19635}{5300} \approx 3.7\times\times \to \rho_b \approx 0.037$

04
정답 ①

② 활동에 대한 저항력은 옹벽에 작용하는 수평력의 1.5배 이상이어야 한다.

③ 저판의 뒷굽판은 정확한 방법이 사용되지 않는 한, 뒷굽판 상부에 재하되는 모든 하중을 지지하도록 설계하여야 한다.

④ 전도에 대한 저항모멘트는 횡토압에 의한 전도모멘트의 2배 이상이어야 한다.

05

정답 ①

> 🔔 **꼭 알아두자!**
> 해당 내용까지 수험생들이 학습할 수 없다. ②, ④번 보기만 중요하니 다시 한번 상기하고 넘어가자.

KDS 14 20 70 콘크리트 슬래브와 기초판 설계기준

4.2 기초판설계

4.2.1 설계 일반

(1) 기초판은 이 기준의 규정에 따라 계수하중과 그에 의해 발생되는 반력에 견디도록 설계하여야 한다.

(2) 기초판의 밑면적, 말뚝의 개수와 배열은 기초판에 의해 지반 또는 말뚝에 전달되는 힘과 휨모멘트, 그리고 토질역학의 원리에 의하여 계산된 지반 또는 말뚝의 허용지지력을 사용하여 산정하여야 한다. 이때 힘과 휨모멘트는 하중계수를 곱하지 않은 사용하중을 적용하여야 한다.

(3) 말뚝기초의 기초판 설계에서 말뚝의 반력은 각 말뚝의 중심에 집중된다고 가정하여 휨모멘트와 전단력을 계산할 수 있다.

(4) 기초판에서 휨모멘트, 전단력 그리고 철근정착에 대한 위험단면의 위치를 정할 경우, 원형 또는 정다각형인 콘크리트 기둥이나 주각은 같은 면적의 정사각형 부재로 취급할 수 있다.

(5) 기초판 윗면부터 하부철근까지 깊이는 직접기초의 경우는 150mm 이상, 말뚝기초의 경우는 300mm 이상으로 하여야 한다.

4.2.2.2 전단력에 대한 설계

(4) 말뚝에 지지되는 기초판에서 임의 단면에 대한 전단력은 다음 규정에 따라 계산하여야 한다.

① 말뚝의 중심이 그 단면에서 $d_{pile}/2$ 이상 외측에 있는 말뚝에 의한 반력 전체는 그 단면에 전단력으로 작용하는 것으로 하여야 한다.

② 말뚝의 중심이 그 단면에서 $d_{pile}/2$ 이상 내측에 있는 말뚝에 의한 반력은 전단력으로 작용하지 않는 것으로 보아야 한다.

③ 말뚝의 중심이 위 ①과 ②에서 규정한 중간에 위치하는 경우, 단면의 외측 $d_{pile}/2$의 위치에서 말뚝 반력 전체를, 단면의 내측 $d_{pile}/2$의 위치에서 반력을 영(0)으로 하여 직선보간으로 말뚝중심에서 산정한 반력이 기초판 단면에 전단력으로 작용하는 것으로 보아야 한다.

① 말뚝기초에서 임의 단면에 대한 전단력은 말뚝 중심이 그 단면에서 $d_{pile}/2$ 이상 내측에 있는 경우, 말뚝의 반력은 전단력으로 작용하지 않는 것으로 하여야 한다.

06

정답 ①

> 🔔 **꼭 알아두자!**
> 문제에서 등분포 하중 $w=40\text{kN/m}$의 단위가 잘못 주어졌다.

$$M_e = Pe = \frac{w_e L^2}{8} \rightarrow w_e = \frac{8Pe}{L^2}$$

$w = w_e$;

$$40\text{kN/m} = \frac{8Pe}{L^2} \rightarrow L^2 = \frac{8Pe}{40\text{kN/m}}$$

$$\therefore L = \sqrt{\frac{8(800\text{kN})(10\text{cm})}{40\text{kN/m}}} = 4\text{m}$$

07

정답 ④

> 🔔 **꼭 알아두자!**
> 프리스트레스의 순차적 도입은 출제빈도가 매우 낮다. 이후로 출제된 적이 없으므로 다시 출제될 가능성은 있다. 고득점을 원하는 학생들은 계산 방법만 학습해 두자.

$$\Delta f = nf_c = n\frac{P_i}{A_g} = n\frac{A_s f_s}{A_g}$$

$$= 6 \times \frac{(3\text{cm}^2)(1000\text{MPa})}{(30 \times 30\text{cm}^2)} = 20\text{MPa}$$

긴장력을 가할 때 초기 인장력에 손실량을 가산하여 긴장하기 때문에 케이블의 인장 차례에 해당되는 케이블에는 손실이 발생하지 않는다.

- 두 번째 케이블을 긴장정착할 때 첫 번째 케이블 감소량은 20MPa이다.
- 세 번째 케이블을 긴장정착할 때 첫 번째 케이블 감소량은 $2 \times 20\text{MPa}$, 두 번째 케이블 감소량은 20MPa이다.
- 네 번째 케이블을 긴장정착할 때 첫 번째 케이블 감소량은 $3 \times 20\text{MPa}$, 두 번째 케이블 감소량은 $2 \times 20\text{MPa}$, 세 번째 케이블 감소량은 20MPa이다.

$$\therefore 감소량 평균 = \frac{60+40+20}{4} = 30\text{MPa}$$

08 정답 ③

	프리(pre)텐션 방식	포스트(post)텐션 방식
도입할 때 일어나는 손실 (즉시 손실)	① 정착장치의 활동(=슬립량에 의한 손실) ② 콘크리트의 탄성수축	
		③ 긴장재와 덕트 사이의 마찰★ (=PS 강재와 쉬스 사이의 마찰)
도입 후 일어나는 손실 (시간 손실)	① 콘크리트의 크리프 ② 콘크리트의 수축(자기수축+건조수축) ③ 긴장재 응력의 릴랙세이션	

09 정답 ④

$N_1 = 2P,\ N_2 = 2P - 3P = -P$

$N_3 = 2P - 3P + 4P = 3P$

$U = \sum \dfrac{N^2 L}{2EA}$

$= \dfrac{(2P)^2 \left(\dfrac{L}{3}\right)}{2EA} + \dfrac{(-P)^2 \left(\dfrac{L}{3}\right)}{2EA} + \dfrac{(3P)^2 \left(\dfrac{L}{3}\right)}{2EA}$

$= \dfrac{7P^2 L}{3EA}$

10 정답 ③

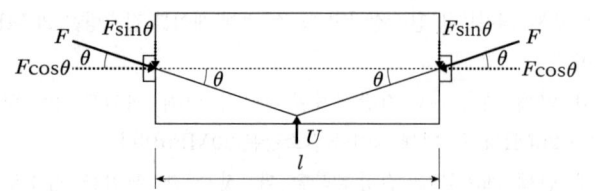

$U = 2(F \sin\theta)$

$= 2(200\text{kN} \times \sin 30°) = 2\left(200\text{kN} \times \dfrac{1}{2}\right)$

$= 200\text{kN}$

11 정답 ①

KDS 14 20 40 콘크리트구조 내구성 설계기준

4.1.2 내구성 설계기준

(1) 해풍, 해수, 제빙화학제, 황산염 및 기타 유해물질에 노출된 콘크리트는 4.1.3에서 규정하는 노출등급에 따라 4.1.4의 조건을 만족하는 콘크리트를 사용하여야 한다.

(2) 설계자는 구조물의 내구성을 확보할 수 있는 적절한 설계기법을 결정하여야 한다.

(3) 설계 초기단계에서 구조적으로 환경에 민감한 구조 배치를 피하고, 유지관리 및 점검을 위하여 접근이 용이한 구조 형상을 선정하여야 한다.

(4) 구조물이나 부재의 외측 표면에 있는 콘크리트의 품질이 보장될 수 있도록 하여야 한다. 다지기와 양생이 적절하여 밀도가 크고, 강도가 높고, 투수성이 낮은 콘크리트를 시공하고 피복 두께를 확보하여야 한다.

(5) 구조물의 모서리나 부재 연결부 등의 건전성 확보를 위한 철근콘크리트 및 프리스트레스트콘크리트 구조요소의 구조 상세가 적절하여야 한다.

(6) 고부식성 환경조건에 있는 구조는 표면을 보호하여 내구성을 증진시켜야 한다.

(7) 설계자는 내구성에 관련된 콘크리트 재료, 피복 두께, 철근과 긴장재, 처짐, 균열, 피로 및 기타 사항에 대한 제반 규정을 모두 검토하여야 한다.

① 투수성이 크면 철근이 물에 노출될 수 있어 좋지 않다.

12 정답 ②

① 사람이 마실 수 있는 정도로 청결(청정)해야 콘크리트의 적당한 강도가 발현된다. (산, 기름, 알칼리, 염분, 유기물 포함 ×)

② 강도보정계수 0.97을 사용한다.

종류	공시체 크기	강도보정계수
표준형 공시체 (원주형)	$\phi 150 \times 300$mm	
작은 공시체 (원주형)	$\phi 100 \times 200$mm	0.97
입방형 공시체 (정육면체)	150mm 입방체	0.8
	200mm 입방체	0.83

③ 옳은 보기이다. 증가계수는 다음과 같다.

KDS 14 20 01 콘크리트구조 설계(강도설계법) 일반사항
3.1.2 콘크리트 일반

④ 28일 평균 압축강도 f_{cm}은 KDS 14 20 10(식 (4.3-3))으로 구하며, 시간에 따른 콘크리트의 강도발현 $f_{cm}(t)$는 식 (3.1-15)와 같이 구할 수 있다.

$$f_{cm}(t) = \beta_{cc}(t)f_{cm} \quad (3.1-15)$$

$$\beta_{cc}(t) = \exp\left[\beta_{sc}\left(1-\sqrt{\frac{28}{t}}\right)\right] \quad (3.1-16)$$

$$\beta_{sc} = \begin{cases} 0.35 : 1종 시멘트 습윤 양생 \\ 0.15 : 1종 시멘트 증기 양생 \\ 0.25 : 3종 시멘트 습윤 양생 \\ 0.12 : 3종 시멘트 증기 양생 \\ 0.40 : 2종 시멘트 \end{cases}$$

여기서, $\beta_{cc}(t)$는 시간에 따른 강도발현속도이고, β_{sc}는 시멘트 종류에 따른 상수이다.

13 정답 ③

$f_{ck} \leq 40\text{MPa} \rightarrow \eta=1, \beta_1=0.8, \varepsilon_{cu}=0.0033$

$$a = \frac{A_s f_y}{\eta(0.85 f_{ck} b)} = \frac{(2550\text{mm}^2)(300\text{MPa})}{(0.85)(30\text{MPa})(300\text{mm})}$$
$$= 100\text{mm}$$

◀ 계산 TIP

○ 정석적인 방법

$$a = \frac{(2550\text{mm}^2)(300\text{MPa})}{(0.85)(30\text{MPa})(300\text{mm})} = \frac{(255\times10)(3\times10^2)\text{mm}}{(85\times10^{-2})(3\times10)(3\times10^2)}$$
$$= \frac{255\times3\times10^3\text{mm}}{85\times3\times3\times10} = 100\text{mm}$$

○ 앞자리 뽑기

$a : \frac{255\times3}{85\times3\times3} = 1 \rightarrow a = 100\text{mm}$

14 정답 ②

$f_{ck} \leq 40\text{MPa} \rightarrow \eta=1, \beta_1=0.8, \varepsilon_{cu}=0.0033$

$A_{sf}f_y = \eta(0.85 f_{ck})(b-b_w)t_f$

$$\therefore A_{sf} = \frac{\eta(0.85 f_{ck})(b-b_w)t_f}{f_y}$$
$$= \frac{(0.85)(20\text{MPa})(80\text{cm}-30\text{cm})(20\text{cm})}{400\text{MPa}}$$
$$= 42.5\text{cm}^2$$

◀ 계산 TIP

○ 정석적인 방법

$$A_{sf} = \frac{(0.85)(20\text{MPa})(80\text{cm}-30\text{cm})(20\text{cm})}{400\text{MPa}}$$
$$= \frac{(85\times10^{-2})(2\times10)(5\times10)(2\times10)\text{cm}^2}{4\times10^2}$$
$$= \frac{85\times2\times5\times2\times10\text{cm}^2}{4\times10^2} = 42.5\text{cm}^2$$

○ 앞자리 뽑기

$A_{sf} : \frac{85\times2\times5\times2}{4} = 425 \rightarrow A_{sf} = 42.5\text{cm}^2$

15 정답 ④

주철근이 차량진행방향에 직각인 경우(지간 : 0.6m~6m)

$$M_t = \frac{(L+0.6)P}{9.6}$$
$$= \frac{(4.2\text{m}+0.6\text{m})(54\text{kN})}{9.6} = 27\text{kN}\cdot\text{m/m}$$

16 (80점 목표) 정답 ②

$P-\delta$ 곡선의 면적은 에너지를 의미한다. 두 개 이상의 하중이 작용할 경우 간섭에 의해 A_2만큼의 변형에너지가 추가로 발생한다는 것을 알 수 있다.

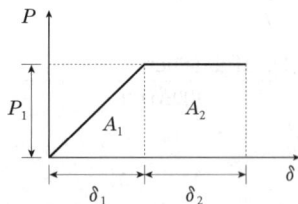

$$U_1 = A_1 + A_2$$
$$= \frac{P_1 \delta_1}{2} + P_1 \delta_2$$
$$= \frac{(150\text{kN})(50\text{mm})}{2} + (150\text{kN})(20\text{mm})$$
$$= 6750\text{kN} \cdot \text{mm}$$

17 정답 ④

$f_{ck} \le 40\text{MPa} \rightarrow \eta = 1, \beta_1 = 0.8, \varepsilon_{cu} = 0.0033$

$a = \dfrac{A_s f_y}{\eta(0.85 f_{ck} b)} \rightarrow A_s = \dfrac{\eta(0.85 f_{ck} ab)}{f_y}$

$\therefore A_s = \dfrac{(0.85)(21\text{MPa})(16\text{cm})(36\text{cm})}{300\text{MPa}}$
$= 34.272\text{cm}^2 \approx 34.3\text{cm}^2$

계산 TIP

◦ 정석적인 방법

$A_s = \dfrac{(0.85)(21\text{MPa})(16\text{cm})(36\text{cm})}{300\text{MPa}}$

$= \dfrac{(85 \times 10^{-2})(21)(16)(36)\text{cm}^2}{3 \times 10^2}$

$= \dfrac{85 \times 21 \times 16 \times 36 \times 10^{-2} \text{cm}^2}{3 \times 10^2} = 34.272\text{cm}^2 \approx 34.3\text{cm}^2$

◦ 앞자리 뽑기

$A_s : \dfrac{85 \times 21 \times 16 \times 36}{3} = 342720 \rightarrow A_s \approx 34.3\text{cm}^2$

18 정답 ②

$V_s = \dfrac{d}{s} A_v f_y > 400\text{kN} \rightarrow \dfrac{d A_v f_y}{400\text{kN}} > s$

$\therefore \dfrac{(500\text{mm})(600\text{mm}^2)(400\text{MPa})}{400\text{kN}} = 300\text{mm} > s$

꼭 알아두자!

실제 정답은 ② 250mm였다. 문제에서는 V_c에 대한 언급이 없음에도 불구하고 $V_s \le 2V_c$의 상황을 가정하여
$s_{max} = \left[\dfrac{d}{2}, 600\text{mm}, 300\text{mm} \right]_{min} = 250\text{mm}$로 풀이하였다.

19 정답 ②

$T_{cr} = \dfrac{1}{3} \lambda \sqrt{f_{ck}} \dfrac{A_{cp}^2}{p_{cp}}$

$= \left(\dfrac{1}{3} \right)(1)(\sqrt{36}\text{MPa}) \left(\dfrac{(200 \times 200 \text{mm}^2)^2}{4\text{변} \times 200\text{mm}} \right)$

$= 4\text{kN} \cdot \text{m}$

계산 TIP

◦ 정석적인 방법

$T_{cr} = \left(\dfrac{1}{3} \right)(1)(\sqrt{36}\text{MPa}) \left(\dfrac{(200 \times 200\text{mm}^2)^2}{4\text{변} \times 200\text{mm}} \right)$

$= \left(\dfrac{1}{3} \right)(6\text{MPa}) \left(\dfrac{2^2 \times 2^2 \times 10^8 \text{mm}^4}{8 \times 10^2 \text{mm}} \right)$

$= \dfrac{1}{3} \times 6 \times \dfrac{2^2 \times 2^2}{8} \times 10^6 \text{N} \cdot \text{mm}$

$= 4 \times 10^6 \times 10^{-6} \text{kN} \cdot \text{m} = 4\text{kN} \cdot \text{m}$

◦ 앞자리 뽑기

$T_{cr} : \dfrac{1}{3} \times 6 \times \dfrac{2^2 \times 2^2}{8} = 4 \rightarrow T_{cr} = 4\text{kN} \cdot \text{m}$

20 정답 ③

① 전단철근의 f_{yt}는 500MPa을 초과할 수 없다. 용접이형철망은 600MPa을 초과할 수 없다는 것을 같이 알아두자.

②

	$V_s \le 2V_c$	$2V_c < V_s \le 0.2 f_{ck}\left(1 - \dfrac{f_{ck}}{250}\right) b_w d$	$0.2 f_{ck}\left(1 - \dfrac{f_{ck}}{250}\right) b_w d < V_s$
RC	$d/2$ or 600mm 이하	$V_s \le 2V_c$의 절반	콘크리트 단면을 넓게 다시 설계해야 한다.
PSC	$0.75h$ or 600mm 이하		

④ 부재축에 직각으로 배치된 전단철근의 간격은 프리스트레스트 콘크리트 부재일 경우 $0.75h$ 이하, 또는 600mm 이하로 하여야 한다.

2009 국가직

01	④	02	②	03	④	04	②	05	④
06	④	07	①	08	③	09	③	10	②
11	①	12	④	13	②	14	①	15	③
16	①	17	①	18	②	19	③	20	②

01 정답 ④

④ 이음부를 한 단면에 집중 시키지 말고 엇갈리게 두는 것이 좋다.

02 정답 ②

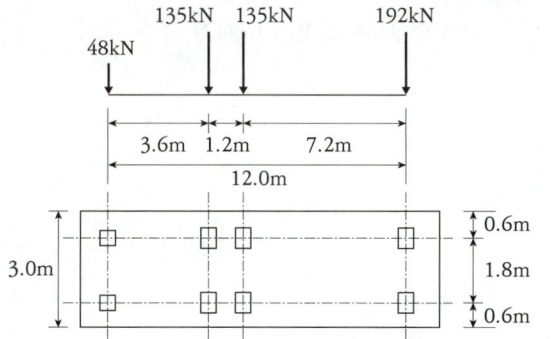

03 정답 ④

동일 평면에서 평행한 철근 사이의 **수평 순간격**		나선철근 또는 띠철근이 배근된 압축부재 **축방향 철근 순간격** (81page)
프리캐스트 콘크리트 (별도 언급 ×)	현장 타설 콘크리트	
① 25mm 이상	① 40mm 이상	① 40mm 이상
② 철근 공칭 지름 이상	② 철근 공칭 지름의 1.5배 이상	② 철근 공칭 지름의 1.5배 이상
③ 굵은 골재 최대치 수의 4/3배 이상 (1.33배)	③ 굵은 골재 최대치 수의 1.5배 이상	③ 굵은 골재 최대치 수의 4/3배 이상

④ 기둥의 축방향 철근의 순간격은 철근의 공칭 지름의 1.5배 이상이다.

04 정답 ②

$$I_{cr} = \frac{bh^3}{3} + n[I_c + Ay^2] \approx \frac{bh^3}{3} + n[0 + Ay^2]$$
$$= \frac{300 \times 200^3}{3} + 7 \times [4000 \times (500-200)^2]$$

05 정답 ④

$w_u = 1.2w_d + 1.6w_l \geq 1.4w_d$
→ $1.2(20\text{kN/m}) + 1.6(25\text{kN/m}) \geq 1.4(20\text{kN/m})$
→ $64\text{kN/m} \geq 28\text{kN/m}$ (ok)

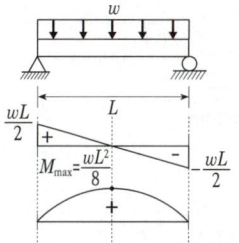

$$\therefore M_u = \frac{w_u L^2}{8} = \frac{(64\text{kN/m})(8\text{m})^2}{8} = 512\text{kN} \cdot \text{m}$$

06 정답 ④

④ 부(−)의 휨모멘트가 작용하는 T형보의 단면에서 중립축이 복부에 있을 때는 복부 폭과 동일한 폭을 갖는 직사각형 단면으로 보고 해석한다.

07 정답 ①

철근 항복강도(f_y)	압축지배 변형률 한계	최소허용 변형률	인장지배 변형률 한계
$f_y \leq 400\text{MPa}$	ε_y	0.004	0.005
$400\text{MPa} < f_y$	ε_y	$2\varepsilon_y$	$2.5\varepsilon_y$

SD400은 항복강도(f_y)가 400MPa인 이형철근을 의미한다.
인장 지배 변형률 한계 = 0.005 (∵ $f_y = 400\text{MPa} \leq 400\text{MPa}$)
① 압축콘크리트가 극한 변형률 0.0033에 도달할 때 최외단 인장 철근의 순인장 변형률이 인장지배 변형률 한계(0.005) 이상인 단면

08

정답 ③

KDS 14 20 70(4.1.2.1(4))
보가 슬래브와 일체로 되거나 완전한 합성구조로 되어 있을 때, 보의 단면은 보가 슬래브의 위 또는 아래로 내민 깊이 중 큰 깊이(h_w)만큼을 보의 양측으로 연장한 슬래브 부분을 포함한 것으로서, 보의 한 측으로 연장되는 거리는 슬래브 두께(t_f)의 4배 이하로 하여야 한다.
$h_w = 300\text{mm} < 4t_f = 800\text{mm}$
∴ 300mm 만큼 연장하여 단면으로 고려한다.

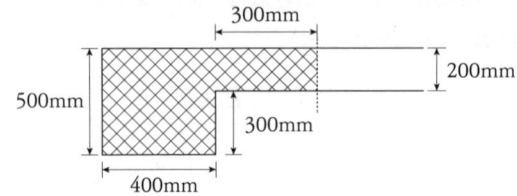

$T_{cr} = \dfrac{1}{3}\lambda\sqrt{f_{ck}}\dfrac{A_{cp}^{\,2}}{p_{cp}}$

$= \dfrac{1}{3}(1)(\sqrt{29.16}\text{MPa})$

$\left(\dfrac{(400\times500\text{mm}^2 + 300\times200\text{mm}^2)^2}{(400+500+400+300+200+300+300)\text{mm}}\right)$

$= \dfrac{1}{3}(5.4\text{MPa})\left(\dfrac{(26\times10^4\text{mm}^2)^2}{2400\text{mm}}\right)$

$= 50.7\text{kN}\cdot\text{m}$

◀ 계산 TIP

◦ 정석적인 방법
$T_{cr} = \dfrac{1}{3}(5.4\text{MPa})\left(\dfrac{(26\times10^4\text{mm}^2)^2}{2400\text{mm}}\right)$

$= \dfrac{1}{3}(54\times10^{-1}\text{MPa})\left(\dfrac{26^2\times10^8\text{mm}^4}{24\times10^2\text{mm}}\right)$

$= \dfrac{1}{3}\times54\times\dfrac{26^2}{24}\times10^5\text{N}\cdot\text{mm} = 507\times10^5\times10^{-6}\text{kN}\cdot\text{m}$

$= 50.7\text{kN}\cdot\text{m}$

◦ 앞자리 뽑기
$T_{cr} : \dfrac{1}{3}\times54\times\dfrac{26^2}{24} = 507 \rightarrow T_{cr} = 50.7\text{kN}\cdot\text{m}$

09

정답 ③

조건	마찰계수(μ)
★ 일체로 친 콘크리트	1.4λ
표면을 거칠게 만든 굳은 콘크리트에 새로 친 콘크리트	λ
일부러 거칠게 하지 않은 굳은 콘크리트에 새로 친 콘크리트	0.6λ
전단연결재에 의하거나 철근에 의해 구조용 강재에 정착된 콘크리트	0.7λ

∴ $V_n = \mu A_{vf} f_y$
$= (1.4\times1)(4000\text{mm}^2)(300\text{MPa})$ (∵ 일체로 친 콘크리트)
$= 1680\text{kN}$

◀ 계산 TIP

◦ 정석적인 방법
$V_n = (1.4\times1)(4000\text{mm}^2)(300\text{MPa})$
$= (14\times10^{-1})(4\times10^3\text{mm}^2)(3\times10^2\text{MPa})$
$= 14\times4\times3\times10^4\text{N} = 168\times10^4\times10^{-3}\text{kN} = 1680\text{kN}$

◦ 앞자리 뽑기
$V_n : 14\times4\times3 = 168 \rightarrow V_n = 1680\text{kN}$

10

정답 ②

$V_c = \dfrac{1}{6}\lambda\sqrt{f_{ck}}b_w d$

$= \left(\dfrac{1}{6}\right)(1)(\sqrt{36}\text{MPa})(300\times400\text{mm}^2)$

$= 120\text{kN}$

◀ 계산 TIP

◦ 정석적인 방법
$V_c = \left(\dfrac{1}{6}\right)(1)(\sqrt{36}\text{MPa})(300\times400\text{mm}^2)$

$= \left(\dfrac{1}{6}\right)(6\text{MPa})(3\times4\times10^4)\text{mm}^2$

$= \dfrac{1}{6}\times6\times3\times4\times10^4\text{N} = 12\times10^4\times10^{-3}\text{kN} = 120\text{kN}$

◦ 앞자리 뽑기
$V_c : \dfrac{1}{6}\times6\times3\times4 = 12 \rightarrow V_c = 120\text{kN}$

11 정답 ①

- 축방향철근(주철근) 지름 16배 이하 :
  $16 \times 29\text{mm} = 464\text{mm}$ 이하
- 띠철근 지름 48배 이하 : $48 \times 10\text{mm} = 480\text{mm}$ 이하
- 기둥 단면 최소 치수 이하 : 300mm 이하

∴ 300mm 이하

12 정답 ④

꼭 알아두자!

문제에서는 슬래브에 근사해법을 적용하기 위한 조건을 나열하고 있다.

근사해법 적용 조건
• 2경간 이상인 경우
• 인접 2경간의 차이가 짧은 경간의 20% 이하인 경우
• 등분포 하중이 작용하는 경우, 활하중이 고정하중의 3배를 초과하지 않는 경우
• 부재의 단면 크기가 일정한 경우

④ 부모멘트에서 3개 이상의 경간일 때 첫 번째 내부 받침부 외측면에서의 값 : $w_u l_n^2 / 10$

13 정답 ②

$L_e = L = 10\text{m}$ (∵ 고정단－M저항 롤러)

14 정답 ①

꼭 알아두자!

수평력의 단위가 kN/m로 수정되어야 한다.

마찰력 $= \mu V = \mu \left(\dfrac{q_1 + q_2}{2} \times 4\text{m} \right)$

$= (0.5)\left(\dfrac{20\text{kN/m}^2 + 10\text{kN/m}^2}{2} \times 4\text{m} \right)$

$= 30\text{kN/m}$

안전율 $= \dfrac{\text{저항력}}{\text{외력}}$;

활동안전율 $= \dfrac{\text{마찰력}}{\text{수평력}} \geq 1.5$

→ $\dfrac{30\text{kN/m}}{H} \geq 1.5$

∴ $\dfrac{30\text{kN/m}}{1.5} = 20\text{kN/m} \geq H$

15 정답 ③

KDS 14 20 70

4.1.5.3 외부 모퉁이의 보강철근

(1) 외부 모퉁이 슬래브를 α값이 1.0보다 큰 테두리보가 지지하는 경우, 모퉁이 부분의 슬래브 상, 하부에 다음 (2)에서 (4)에 따라 모퉁이 보강철근을 배치하여야 한다.
(2) 슬래브 상, 하부에 배치하는 특별 보강철근은 슬래브 단위폭당 최대 정모멘트와 같은 크기의 휨모멘트에 견딜 만큼 충분하여야 한다.
(3) 이 휨모멘트는 슬래브 상부에서는 모퉁이에서 그은 대각선에 직각인 축에, 슬래브 하부에서는 대각선에 평행한 축에 대하여 작용한다고 가정할 수 있다.
(4) 특별 보강철근은 모퉁이부터 긴 경간의 1/5 길이만큼 각 방향에 배치하여야 한다.

특별 보강철근은 모퉁이로부터 긴 경간의 1/5로 한다.

∴ $\dfrac{L}{5} = \dfrac{6\text{m}}{5} = 1.2\text{m}$

※ 수험생들이 해당 내용까지 학습하기 어렵다.

16 정답 ①

꼭 알아두자!

해당문제는 단면의 높이(h)를 알 수 없어 단면의 핵 개념으로 풀이할 수 없다. 따라서 편심하중 개념으로 풀이한다.

$\sigma = \dfrac{M_w - M_e}{S} = \dfrac{M_w - P\left(e + \dfrac{h}{6}\right)}{\left(\dfrac{I}{y}\right)}$ (∴ 불가능)

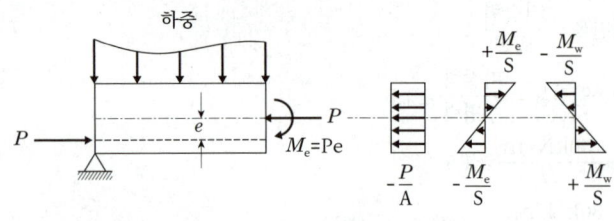

$$\sigma = -\frac{P}{A} - \frac{M_e}{S} + \frac{M_w}{S} = -\frac{P}{A} + \frac{M_w - M_e}{\left(\frac{I}{y}\right)}$$

$$= -\frac{100\text{kN}}{2\text{m}^2} + \frac{50\text{kN} \cdot \text{m} - (100\text{kN})(0.1\text{m})}{\left(\frac{1\text{m}^4}{1\text{m}}\right)}$$

$$= -10\text{kN/m}^2$$

17 정답 ①

① 접합면에서 전단응력이 발생한다.

18 정답 ②

② 항복점이란 응력의 증가 없이 변형이 크게 증가하는 점을 의미한다. 재료에 따라 항복점이 뚜렷하게 나타나지 않을 경우 초기 탄성계수와 동일한 기울기를 찾는 직선에 0.2%(0.002)의 x축 평행이동(옵셋)을 시켜 응력-변형률 곡선과 만나는 점을 항복점으로 간주한다.

19 80점 목표 정답 ③

③ 전단면 그루브용접의 목두께는 얇은 부재의 두께로 한다. 부분 그루브 용접의 경우에는 용입깊이로 한다.

20 정답 ②

(1) 허용전단응력 고려(P_1)

$\tau = \dfrac{V}{A} = \dfrac{P}{4(A)} \leq \tau_a$ (∵ 1면 전단)

→ $P_1 \leq \tau_a \times 4A$
$\leq (190\text{MPa})(4)(320\text{mm}^2)$
$\leq 243.2\text{kN}$

(2) 허용지압응력 고려(P_2)

$\sigma = \dfrac{P}{A} = \dfrac{P}{4(dt_{min})} \leq \sigma_a$

→ $P_2 \leq \sigma_a \times 4dt_{min}$
$\leq (360\text{MPa})(4)(22 \times 10\text{mm}^2)$
$\leq 316.8\text{kN}$

∴ $P_a = P_{min} = 243.2\text{kN}$

2010 국가직

01 ①	02 ②	03 ④	04 ②	05 ④
06 ①	07 ②	08 ④	09 ②	10 ③
11 ①	12 ④	13 ④	14 ③	15 ①
16 ③	17 ①	18 ③	19 ②	20 ③

01
정답 ①

꼭 알아두자!
- 직사각형 단면 : $r = 0.3h$ (h는 좌굴이 고려되는 방향의 단면치수)
- 원형 단면 : $r = 0.25d$

① 압축부재의 유효세장비를 구할 때, 회전반지름 r은 직사각형 단면의 경우 좌굴안정성이 고려되는 방향의 단면치수에 0.3배로 사용할 수 있다.

②, ③

KDS 14 20 20 콘크리트구조 휨 및 압축 설계기준
4.4.1 압축부재의 장주효과
(2) 횡변위에 저항하는 구조요소 중 기둥을 제외한 구조요소의 전체 총 강성이 해당 층에 있는 기둥 전체 강성의 12배보다 큰 골조는 횡구속 골조로 간주할 수 있다.
(3) 압축부재의 비지지길이는 다음에 따라 구할 수 있다.
  ① 압축부재의 비지지길이 l_u는 바닥슬래브, 보, 기타 고려하는 방향으로 횡지지할 수 있는 부재들 사이의 순길이로 취하여야 한다.
  ② 기둥머리나 헌치가 있는 경우의 비지지길이는 검토하고자 하는 면에 있는 기둥머리나 헌치의 최하단까지 측정된 거리로 하여야 한다.
(4) 회전반지름 r은 직사각형 압축부재의 경우 좌굴안정성이 고려되는 방향의 단면치수의 0.3배, 원형 압축부재의 경우 지름의 0.25배로 사용할 수 있다. 그 이외의 형상에 대한 회전반지름 r은 콘크리트 전체 단면적에 대하여 계산할 수 있다.

4.4.2 확대휨모멘트에 대한 일반 사항
(1) 4.4.1(1)에 따라 장주효과를 무시할 수 없는 경우에는 4.4.3이나 4.4.4 또는 4.4.5에 의한 2차 해석으로 구한 계수축력과 계수휨모멘트에 대하여 압축부재, 구속 보, 기타 지지부재를 설계하여야 한다.

(2) 압축부재, 구속 보, 기타 지지부재는 2차 해석에 의한 총 휨모멘트가 탄성 1차 해석에 의한 휨모멘트의 1.4배를 초과하지 않도록 설계하여야 한다.
(3) 장주효과에 의한 압축부재의 휨모멘트 증대는 압축부재 단부 사이의 모든 위치에서 고려하여야 한다. 이 효과는 4.4.6에 따라 구할 수 있다.
(4) 두 주축에 대해 휨모멘트를 받고 있는 압축부재에 있어서 각 축에 대한 휨모멘트는 해당 축의 구속조건을 기초로 하여 각각 증대시켜야 한다.

02
정답 ②

안전율 $= \dfrac{\text{저항력}}{\text{외력}}$;

활동안전율 $= \dfrac{\text{활동저항력}}{\text{수평력}} \geq 1.5$

→ $\dfrac{\text{활동저항력}}{20\text{kN/m}} \geq 1.5$

∴ 활동저항력 $\geq 1.5(20\text{kN}) = 30\text{kN}$

03
정답 ④

KDS 11 80 05
4.6.2 옹벽의 구조상세
(1) 철근콘크리트의 철근배근, 이음 등은 KDS 14 20 00과 다음 (2)~(5)에 의하여야 한다.
(2) 배근
  ① 피복두께는 벽의 노출면에서는 50mm 이상, 콘크리트가 흙에 접하는 면에서는 50mm 이상, 직접 흙 중에 묻히는 기초 슬래브에서는 80mm 이상으로 해야 한다.
  ② 철근콘크리트에서는 수축 및 온도변화에 의한 균열을 방지하기 위하여 벽의 노출면에 가깝게 수평방향으로 벽의 높이 1m당 5cm² 이상의 단면적을 가진 철근을 중심간격 300mm 이하로 배치해야 한다. 이 철근은 가는 것을 좁은 간격으로 배치하는 것이 좋다.

③ 뒷부벽식 옹벽에서는 전면벽과 기초 슬래브에 의해 부벽에 전달되는 응력을 지지하기 위해 필요한 철근을 부벽에 배근해야 한다. 또 전면벽과 기초슬래브에는 인장철근의 20% 이상의 배력철근을 두어야 한다.
④ 앞부벽식 옹벽의 전면벽에는 인장철근의 20% 이상의 배력철근을 두어야 한다.
⑤ 수평철근의 콘크리트 총 단면적에 대한 최소철근비는 ①~④ 같아야 한다.
　가. 설계기준항복강도 400MPa 이상으로서 지름이 16mm 이하인 이형철근 : 0.0020
　나. 기타 이형철근 : 0.0025
　다. 지름이 16mm 이하인 용접강선망 : 0.0020
　라. 수평철근의 간격은 벽체 두께의 3배 이하 또는 450mm 이하

④ 부벽식 옹벽의 저판은 정밀한 해석이 사용되지 않는 한 부벽간의 거리를 경간으로 가정한 고정보 또는 연속보로 설계할 수 있다.

04   정답 ②

(1) 정열 배치
$b_1 = b_g - 2d$
$\quad = 180\text{mm} - 2(19\text{mm}) = 142\text{mm}$

(2) 불규칙(엇모) 배치
$b_2 = b_g - 2d + \sum \dfrac{s^2}{4g}$
$\quad = 180\text{mm} - 2(19\text{mm}) + \dfrac{(40\text{mm})^2}{4 \times (50\text{mm})}$
$\quad = 150\text{mm}$
$b_3 = b_g - 3d + \sum \dfrac{s^2}{4g}$
$\quad = 180\text{mm} - 3(19\text{mm}) + 2 \times \dfrac{(40\text{mm})^2}{4(50\text{mm})}$
$\quad = 139\text{mm}$

$b_n = b_{min} = 139\text{mm}$
$\therefore A_n = b_n t = (139\text{mm})(5\text{mm}) = 695\text{mm}^2$

05   정답 ④

$M_e = Pe$
$\quad = (4000\text{kN})(0.25\text{m})$
$\quad = 1000\text{kN} \cdot \text{m}$
$\therefore M = -M_e = -1000\text{kN} \cdot \text{m}$

06   정답 ①

$M_e = P\left(e - \dfrac{h}{6}\right)$

$M = M_e \; ;$
$M_e = P\left(e - \dfrac{h}{6}\right)$
$\quad = (600\text{kN})\left(100\text{mm} - \dfrac{300\text{mm}}{6}\right)$
$\quad = 30\text{kN} \cdot \text{m}$

07   정답 ②

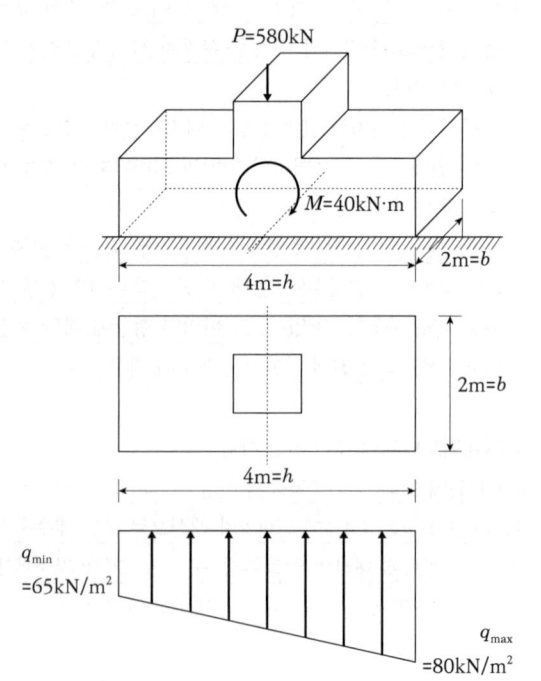

$$q_{max}= -\frac{P}{A}-\frac{M}{S}=-\frac{P}{bh}-\frac{M}{\left(\frac{bh^2}{6}\right)}$$

$$=-\frac{580\text{kN}}{(2\times 4\text{m}^2)}-\frac{40\text{kN}\cdot\text{m}}{\left(\frac{2\times 4^2}{6}\text{m}^3\right)}=-72.5\text{kN/m}^2-7.5\text{kN/m}^2$$

$$=-80\text{kN/m}^2$$

> 🔖 **꼭 알아두자!**
>
> q_{min}도 계산해보면 다음과 같다.
>
> $q_{min}=-\frac{P}{A}+\frac{M}{S}$
>
> $\quad=-72.5\text{kN/m}^2+7.5\text{kN/m}^2$
>
> $\quad=-65\text{kN/m}^2$

08 정답 ④

$\Delta f=\varepsilon E=\left(\frac{\delta}{L}\right)E$

$\quad=\left(\frac{3\text{mm}}{10\text{m}}\right)(2\times 10^5\text{MPa})$

$\quad=60\text{MPa}$

$\therefore$ 감소율 $=\frac{\Delta f}{f_i}=\frac{60\text{MPa}}{1000\text{MPa}}=0.06$

> 🔖 **꼭 알아두자!**
>
> 정의상 감소율(손실률)은 시간손실량에 대해 표현하나 문제와 같이 즉시손실에 대해 계산하는 것으로 출제되는 경우가 있다.

09 정답 ②

$L_e=2(200\text{mm}-2\times 10\text{mm})+100\text{mm}=460\text{mm}$

$\tau=\frac{V}{A}=\frac{P}{L_e A}=\frac{P}{(L_e)(0.7s)}$

$\quad=\frac{100\text{kN}}{(460\text{mm})(0.7\times 10\text{mm})}$

$\quad\approx 31.06\text{MPa}\ (\times)$

$L_e=2(200\text{mm})+100\text{mm}=500\text{mm}$

$\tau=\frac{V}{A}=\frac{P}{L_e A}=\frac{P}{(L_e)(0.7s)}$

$\quad=\frac{100\text{kN}}{(500\text{mm})(0.7\times 10\text{mm})}$

$\quad\approx 28.57\text{MPa}\ (\times)$

$\tau=\frac{V}{A}=\frac{P}{L_e A}=\frac{P}{(L_e)\left(\frac{s}{\sqrt{2}}\right)}$

$\quad=\frac{100\text{kN}}{(500\text{mm})\left(\frac{10\text{mm}}{\sqrt{2}}\right)}$

$\quad=20\sqrt{2}\text{MPa}\ (\bigcirc)$

> 🔖 **꼭 알아두자!**
>
> 이 문제는 유효길이(L_e) 계산시 모살치수 $2s$를 차감하지 않았으며 유효목두께(a) 계산시 $0.7s$ 대신 $\frac{s}{\sqrt{2}}$를 이용하였다.

📐 계산 TIP

● 정석적인 방법

$\tau=\frac{100\text{kN}}{(460\text{mm})(0.7\times 10\text{mm})}=\frac{10^2\times 10^3\text{N}}{(46\times 10\text{mm})(7\text{mm})}$

$\qquad=\frac{1}{46\times 7}\times 10^4\text{MPa}\ (\times)$

$\tau=\frac{100\text{kN}}{(500\text{mm})(0.7\times 10\text{mm})}=\frac{10^2\times 10^3\text{N}}{(5\times 10^2\text{mm})(7\text{mm})}$

$\qquad=\frac{1}{5\times 7}\times 10^3\text{MPa}\ (\times)$

$\tau=\frac{100\text{kN}}{(500\text{mm})\left(\frac{10\text{mm}}{\sqrt{2}}\right)}=\frac{10^2\times 10^3\text{N}\times\sqrt{2}}{(5\times 10^2\text{mm})\left(\frac{10\text{mm}}{\sqrt{2}}\right)\times\sqrt{2}}$

$\qquad=\frac{\sqrt{2}}{5}\times 10^2\text{MPa}=20\sqrt{2}\text{MPa}\ (\bigcirc)$

● 앞자리 뽑기

$\tau : \frac{1}{46\times 7}\ (\times)$

$\tau : \frac{1}{5\times 7}\ (\times)$

$\tau : \frac{1}{5\times\frac{1}{\sqrt{2}}}=\frac{1\times\sqrt{2}}{5\times\frac{1}{\sqrt{2}}\times\sqrt{2}}=\frac{\sqrt{2}}{5}\rightarrow\frac{\sqrt{2}\times 10}{5}=2\sqrt{2}$

$\rightarrow \tau=20\sqrt{2}\text{MPa}\ (\bigcirc)$

10

정답 ③

▶ **꼭 알아두자!**

②번 보기의 최소전단철근 예외 규정은 다음과 같다.

> KDS 14 20 22. 4.3.3
> (1) 계수전단력 V_u가 콘크리트에 의한 설계전단강도 ϕV_c의 1/2을 초과하는 모든 철근콘크리트 및 프리스트레스트콘크리트 휨부재에는 다음의 경우를 제외하고 최소 전단철근을 배치하여야 한다.
> ① 슬래브와 기초판
> ② KDS 14 20 10(4.3.11)에서 규정한 콘크리트 장선구조
> ③ 전체 깊이가 250mm 이하이거나 I형보, T형보에서 그 깊이가 플랜지 두께의 2.5배 또는 복부폭의 1/2 중 큰 값 이하인 보
> ④ 교대 벽체 및 날개벽, 옹벽의 벽체, 암거 등과 같이 휨이 주거동인 판부재
> ⑤ 전단철근이 없어도 계수휨모멘트와 계수전단력에 저항할 수 있다는 것을 실험에 의해 확인할 수 있는 경우
> ⑥ 순 단면의 깊이가 315mm를 초과하지 않는 속빈 부재에 작용하는 계수전단력이 $0.5\phi V_{cw}$를 초과하지 않는 경우
> ⑦ 보의 깊이가 600mm를 초과하지 않고 설계기준압축강도가 40MPa을 초과하지 않는 강섬유 콘크리트 보에 작용하는 계수전단력이 $\phi(1/6)\lambda\sqrt{f_{ck}}b_w d$를 초과하지 않는 경우

③

	$V_s \leq 2V_c$	$2V_c < V_s \leq$ $0.2f_{ck}\left(1-\dfrac{f_{ck}}{250}\right)b_w d$	$0.2f_{ck}\left(1-\dfrac{f_{ck}}{250}\right)b_w d$ $< V_s$
RC	$d/2$ or 600mm 이하	$V_s \leq 2V_c$의 절반	콘크리트 단면을 넓게 다시 설계해야 한다.
PSC	$0.75h$ or 600mm 이하		

11

정답 ①

① 크리프 변형률($\varepsilon_{cr}=C_u\varepsilon_E$)은 탄성 변형률에 비례하므로 탄성 변형률$\left(\varepsilon_E=\dfrac{f_c}{E_c}\right)$과 마찬가지로 응력($f_c$)에 비례하고 탄성 계수($E_c$)에 반비례한다.

② 콘크리트의 크리프 계수는 옥외 구조물이 옥내 구조물보다 작다.

	옥내	옥외	수중
크리프 계수(C_u)	3	2	1

③ 일정한 응력을 장시간 받았을 경우, 시간의 경과에 따라 소성변형이 증가하는 현상을 크리프라 한다.

④ 장기간 재하되는 하중에 대하여 설계할 때 크리프를 고려한다.

12

정답 ④

환경조건과 부재의 종류		최소 피복두께 (mm)
옥외의 공기나 흙에 접촉하지 않는 경우 (슬래브, 벽체, 장선 등)	D35 이하 or 쉘,절판	20
	D35 초과 or 보,기둥	40
옥외의 공기나 흙에 접촉하는 경우	D16 이하	40
	D19 이상	50
흙에 파묻힘		75
수중 침수		100

☞ 보, 기둥 : $f_{ck} \geq 40MPa$이라면 $-10mm$ ★

④ 슬래브에 D35를 초과하는 철근이 배치된 옥외의 공기나 흙에 접하지 않는 콘크리트의 최소 피복두께는 40mm이다.

13

정답 ④

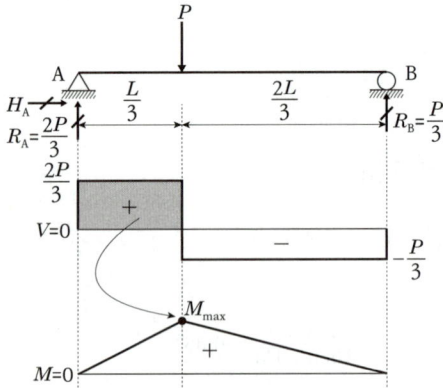

At entire

$\circlearrowleft + \sum M_B = 0$;

$(R_A \times L) - \left(P \times \dfrac{2L}{3}\right) = 0$

$\rightarrow R_A = \dfrac{2P}{3}$

$V_{max} = \dfrac{2P}{3}$

전단력도의 면적은 해당 구간의 모멘트 차이와 같다.

$M_{max} - M_A = M_{max} - 0 \;(\because M_A = 0)$

$= \dfrac{L}{3} \times \dfrac{2P}{3} = \dfrac{2PL}{9}$

$\tau_{max} = \dfrac{3V_{max}}{2A} = \dfrac{3\left(\dfrac{2P}{3}\right)}{2bh} = \dfrac{P}{bh}$

$\sigma_{max} = \dfrac{M_{max}}{S} = \dfrac{\left(\dfrac{2PL}{9}\right)}{\left(\dfrac{bh^2}{6}\right)} = \dfrac{4PL}{3bh^2}$

14   정답 ③

$f_{ck} \leq 40\text{MPa} \rightarrow \eta=1,\ \beta_1=0.8,\ \varepsilon_{cu}=0.0033$

$\varepsilon_{min}=0.004\ (\because f_y=300\text{MPa} \leq 400\text{MPa})$

$\rho = \eta\left(0.85\beta_1 \dfrac{f_{ck}}{f_y} \dfrac{\varepsilon_{cu}}{\varepsilon_{cu}+\varepsilon_s}\right)$

$\rightarrow \rho_{max} = 0.85\beta_1 \dfrac{f_{ck}}{f_y} \dfrac{0.0033}{0.0033+0.004}$

$\quad = (0.85)(0.8)\left(\dfrac{f_{ck}}{f_y}\right)\left(\dfrac{660}{660+800}\right)$

$\rightarrow \rho_b = 0.85\beta_1 \dfrac{f_{ck}}{f_y} \dfrac{0.0033}{0.0033+\varepsilon_y}$

$\quad = (0.85)(0.8)\left(\dfrac{f_{ck}}{f_y}\right)\left(\dfrac{660}{660+f_y}\right)$

$\rightarrow \rho_{max} = \rho_b \times \dfrac{660+f_y}{660+800} = \rho_b \times \dfrac{660+300}{660+800}$

$\therefore A_{s,max} = \rho_{max} \times bd = \rho_b \times \dfrac{660+300}{660+800} \times bd$

$\quad = (0.85)(0.8)\left(\dfrac{f_{ck}}{f_y}\right)\left(\dfrac{660}{660+f_y}\right) \times \dfrac{660+300}{660+800} \times bd$

$\quad \approx 0.658 \times 0.85 \times 0.8 \dfrac{f_{ck}}{f_y} \dfrac{660}{660+f_y} bd$

> **꼭 알아두자!**
>
> 철근비와 균형철근비의 관계를 암기하고 있으면 이를 이용할 수 있다.
>
> $\rho = \dfrac{\varepsilon_c+\varepsilon_y}{\varepsilon_c+\varepsilon_s} \rho_b \rightarrow \rho_{max} = \dfrac{\varepsilon_c+\varepsilon_y}{\varepsilon_c+\varepsilon_{min}} \rho_b = \dfrac{(\varepsilon_c+\varepsilon_y)\times E_s}{(\varepsilon_c+\varepsilon_{min})\times E_s} \rho_b$
>
> $\rightarrow \rho_{max} = \dfrac{660+f_y}{660+800} \rho_b = \dfrac{660+300}{660+800} \rho_b$

15   정답 ①

① 나선철근의 순간격은 25mm 이상이어야 하고 75mm 이하이어야 한다.

16   [80점 목표]   정답 ③

① 나선철근 또는 띠철근이 배근된 압축부재에서 축방향 철근의 순간격은 다음과 같다.

동일 평면에서 평행한 철근 사이의 **수평 순간격**		나선철근 또는 띠철근이 배근된 압축부재 **축방향 철근 순간격** (81page)
프리캐스트 콘크리트 (별도 언급 ×)	현장 타설 콘크리트	
① 25mm 이상 ② 철근 공칭 지름 이상 ③ 굵은 골재 최대치수의 4/3배 이상 (1.33배)	① 40mm 이상 ② 철근 공칭 지름의 1.5배 이상 ③ 굵은 골재 최대치수의 1.5배 이상	① 40mm 이상 ② 철근 공칭 지름의 1.5배 이상 ③ 굵은 골재 최대치수의 4/3배 이상

② 벽체 또는 슬래브의 휨 주철근은 슬래브 두께의 3배 and 450mm 이하이다.

> **KDS 14 20 50 : 콘크리트구조 철근상세 설계기준**
>
> **4.2.2 간격 제한**
>
> (6) 다발철근은 다음의 규정에 따라야 한다.
>   ① 2개 이상의 철근을 묶어서 사용하는 다발철근은 이형철근으로, 그 개수는 4개 이하이어야 하며, 이들은 스터럽이나 띠철근으로 둘러싸여져야 한다.
>   ② 휨부재의 경간 내에서 끝나는 한 다발철근 내의 개개 철근은 $40d_b$ 이상 서로 엇갈리게 끝나야 한다.
>   ③ 다발철근의 간격과 최소 피복 두께를 철근지름으로 나타낼 경우, 다발철근의 지름은 등가단면적으로 환산된 한 개의 철근지름으로 보아야 한다.
>   ④ 보에서 D35를 초과하는 철근은 다발로 사용할 수 없다.
>
> (7) 긴장재와 덕트는 다음 규정에 따라야 한다.
>   ① 부재단에서 프리텐셔닝 긴장재의 중심 간격은 강선의 경우 $5d_b$, 강연선의 경우 $4d_b$ 이상이어야 한다. 다만 프리스트레스를 도입할 때 콘크리트의 설계기준압축강도가 27MPa보다 크면 공칭지름이 13mm 이하인 강연선에 대하여 최소 중심 간격 45mm를, 공칭지름이 15mm 이상인 강연선에 대하여 최소 중심 간격 50mm를 확보하여야 하고, 또한 KDS 14 20 01(3.1.1(2)④)의 규정도 만족하여야 한다. 경간 중앙부의 경우 긴장재간의 수직 간격을 부재단의 경우보다 좁게 하거나 다발로 사용할 수 있다.
>   ② 포스트텐셔닝 부재의 경우 콘크리트를 치는 데 지장이 없고 긴장할 때 긴장재가 덕트를 파손하지 않도록 조치한 경우, 덕트를 다발로 사용할 수 있다.

④ 콘크리트 압축강도가 27MPa보다 작은 경우, 부재단에서 프리텐셔닝 긴장재의 중심간격은 강선의 경우 $5d_b$, 강연선의 경우 $4d_b$ 이상이어야 한다.

> **꼭 알아두자!**
>
> ④번 보기까지 수험생들이 학습하기는 어려움이 있다.

17 정답 ①

계수	조건	보정계수
α (위치계수)	상부철근(정착길이 또는 겹침이음부 아래 300mm 초과되게 굳지 않은 콘크리트에 묻힌 수평철근)	1.3
	기타	1
β (도막계수, 표면처리계수)	피복두께 $3d_b$ 미만 또는 순간격이 $6d$ 미만인 에폭시 도막철근 혹은 아연-에폭시 이중 도막 철근 또는 철선	1.5
	기타 에폭시 도막철근 혹은 아연-에폭시 이중도막 철근 또는 철선	1.2
	아연도금 혹은 도막되지 않은 철근 또는 철선	1

※ 단, 에폭시 도막철근이 상부철근인 경우에는 $\alpha\beta$값이 1.7보다 클 필요는 없다.

에폭시 도막 : $\beta = 1.2$

(3) 표준갈고리를 갖는 인장 이형철근의 기본정착길이 l_{hb}에 대한 보정계수는 다음과 같다.
  ① D35 이하 철근에서 갈고리 평면에 수직방향인 측면 피복 두께가 70mm 이상이며, 90° 갈고리에 대해서는 갈고리를 넘어선 부분의 철근 피복 두께가 50mm 이상인 경우 → 0.7
  ② D35 이하 90° 갈고리 철근에서 정착길이 l_{dh} 구간을 $3d_b$ 이하 간격으로 띠철근 또는 스터럽이 정착되는 철근을 수직으로 둘러싼 경우 또는 갈고리 끝 연장부와 구부림부의 전 구간을 $3d_b$ 이하 간격으로 띠철근 또는 스터럽이 정착되는 철근을 평행하게 둘러싼 경우 → 0.8
  ③ D35 이하 180° 갈고리 철근에서 정착길이 l_{dh} 구간을 $3d_b$ 이하 간격으로 띠철근 또는 스터럽이 정착되는 철근을 수직으로 둘러싼 경우 → 0.8

D35 이하 철근에서 갈고리 평면에 수직방향인 측면 피복 두께가 70mm 이상 : 복잡한 보정계수=0.7

$$l_d = \frac{0.24 f_y}{\lambda \sqrt{f_{ck}}} d_b \times \beta, \text{ 복잡한 보정계수}$$
$$= \frac{(0.24)(400\text{MPa})}{(1)(\sqrt{25\text{MPa}})}(35\text{mm})(1.2)(0.7)$$
$$= 564.48\text{mm} \geq (8 \times 35\text{mm}, 150\text{mm})$$
$$\therefore l_d = 564.48\text{mm}$$

꼭 알아두자!
정착길이가 l_d이므로 표준 갈고리 최소정착길이 규정($8d_b$ 이상, 150mm 이상)을 적용한다.

계산 TIP
● 정석적인 방법
$$l_d = \frac{(0.24)(400\text{MPa})}{(1)(\sqrt{25\text{MPa}})}(35\text{mm})(1.2)(0.7)$$
$$= \frac{(24 \times 10^{-2})(4 \times 10^2)}{(5)}(35\text{mm})(12 \times 10^{-1})(7 \times 10^{-1})$$
$$= \frac{24 \times 4}{5} \times 35 \times 12 \times 7 \times 10^{-2}\text{mm} = 564.48\text{mm}$$

● 앞자리 뽑기
l_d는 중간과정이므로 앞자리 뽑기를 적용할 수 없다.

18 80점 목표 정답 ③

꼭 알아두자!
최소전단철근 예외 규정은 다음과 같다.

> KDS 14 20 22. 4.3.3
> (1) 계수전단력 V_u가 콘크리트에 의한 설계전단강도 ϕV_c의 1/2을 초과하는 모든 철근콘크리트 및 프리스트레스트콘크리트 휨부재에는 다음의 경우를 제외하고 최소 전단철근을 배치하여야 한다.
> ① 슬래브와 기초판
> ② KDS 14 20 10(4.3.11)에서 규정한 콘크리트 장선구조
> ③ 전체 깊이가 250mm 이하이거나 I형보, T형보에서 그 깊이가 플랜지 두께의 2.5배 또는 복부폭의 1/2 중 큰 값 이하인 보
> ④ 교대 벽체 및 날개벽, 옹벽의 벽체, 암거 등과 같이 휨이 주거동인 판부재
> ⑤ 전단철근이 없어도 계수휨모멘트와 계수전단력에 저항할 수 있다는 것을 실험에 의해 확인할 수 있는 경우
> ⑥ 순 단면의 깊이가 315mm를 초과하지 않는 속빈 부재에 작용하는 계수전단력이 $0.5\phi V_{cw}$를 초과하지 않는 경우
> ⑦ 보의 깊이가 600mm를 초과하지 않고 설계기준압축강도가 40MPa을 초과하지 않는 강섬유 콘크리트 보에 작용하는 계수전단력이 $\phi(1/6)\lambda\sqrt{f_{ck}}b_w d$를 초과하지 않는 경우

③ I형보, T형보에서 그 깊이가 플랜지 두께의 2.5배 또는 복부폭의 1/2 중 큰 값 이하인 보

19   정답 ②

①, ④ $f_{ck} \leq 40\text{MPa}$ → $\eta = 1$, $\beta_1 = 0.8$, $\varepsilon_{cu} = 0.0033$
② 무근콘크리트의 휨모멘트, 압축력, 전단력, 지압력을 받는 단면은 0.55이다.

20   정답 ③

- 축방향철근(주철근) 지름 16배 이하 :
  $16 \times 30\text{mm} = 480\text{mm}$ 이하
- 띠철근 지름 48배 이하 : $48 \times 13\text{mm} = 624\text{mm}$ 이하
- 기둥 단면 최소 치수 이하 : 500mm 이하
  단, 기둥이 바닥층이나 보와 접합되는 부위(첫번째 띠철근)는 간격을 1/2로 한다.

  $\therefore \dfrac{480\text{mm}}{2} = 240\text{mm}$ 이하

2011 국가직

문제편 120p~124p

01 ③	02 ④	03 ①	04 ③	05 ④
06 ①	07 ①	08 ②	09 ③	10 ③
11 ③	12 ③	13 ①	14 ②	15 ④
16 ②	17 ①	18 ②	19 ④	20 ③

01   정답 ③

① 철근과 콘크리트는 부착강도가 커서 일체 작용을 한다.
② 콘크리트가 불투수성이므로 철근이 녹슬지 않게 보호한다.
③ 철근과 콘크리트의 탄성계수는 약 8배 차이가 난다.
④ 콘크리트와 철근의 온도변형계수(열팽창계수, 선팽창계수)가 거의 동일하여 온도 변화 시 온도응력이 거의 발생하지 않는다.(＝온도 변화에 따른 두 재료 사이의 응력을 무시할 수 있다.)

02   정답 ④

철근 항복강도(f_y)	압축지배 변형률 한계	최소허용 변형률	인장지배 변형률 한계
$f_y \leq 400\text{MPa}$	ε_y	0.004	0.005
$400\text{MPa} < f_y$	ε_y	$2\varepsilon_y$	$2.5\varepsilon_y$

④ 압축지배 변형률 한계
$= \varepsilon_y = \dfrac{f_y}{E_s} = \dfrac{500\text{MPa}}{200,000\text{MPa}} = 0.0025$
인장지배 변형률 한계
$= 2.5\varepsilon_y = 0.00625 (\because f_y = 500\text{MPa} > 400\text{MPa})$

03   80점 목표   정답 ①

① 균열로 인해 PS 강재의 인장응력이 증가되어 보의 피로 저항성이 감소되기 때문

04

정답 ③

설계기준 압축강도 f_{ck}	Δf
$f_{ck} \leq 40\text{MPa}$	4MPa
$40\text{MPa} \leq f_{ck} \leq 60\text{MPa}$	직선보간($=0.1f_{ck}$)
$60\text{MPa} \leq f_{ck}$	6MPa

$f_{cm} = f_{ck} + \Delta f = 4\text{MPa} + 4\text{MPa} = 8\text{MPa}$ ($\because f_{ck} \leq 40\text{MPa}$)
$\therefore E_C = 8500 \sqrt[3]{f_{cm}} = 8500 \sqrt[3]{8} = 17000\text{MPa}$

05

정답 ④

①, ②, ③ 횡방향 상대변위가 없는 압축부재(횡구속 골조의 압축부재)

$$\frac{kl_u}{r} \leq \left(34 - 12\frac{M_1}{M_2}\right) < 40$$

l_u : 비지지길이

단, M_1/M_2의 값은 기둥이 단일 곡률일 때 양(+), 이중 곡률일 때 음(−)

④ 비횡구속 골조구조의 경우 $\frac{kl_u}{r} < 22$ 조건을 만족하는 경우에는 단주로 간주할 수 있다.

06 80점 목표

정답 ①

최소 전단철근 배근 구간은 제외하므로 $\phi V_c < V_u$ 구간에서 전단철근이 요구된다.

$V_u = w_u L - w_u x = w_u(L-x)$

$\phi V_c < V_u \Rightarrow \phi\left(\frac{1}{6}\lambda\sqrt{f_{ck}}b_w d\right) < w_u(L-x)$

$\rightarrow (0.75)\left(\frac{1}{6}\right)(1)(\sqrt{25}\text{MPa})(400 \times 600\text{mm}^2)$
$\qquad < (20\text{kN/m})(10\text{m}-x)$

$\rightarrow 150\text{kN} < (20\text{kN/m})(10\text{m}-x)$

$\therefore x < 2.5\text{m}$

계산 TIP

정석적인 방법

$(0.75)\left(\frac{1}{6}\right)(1)(\sqrt{25}\text{MPa})(400 \times 600\text{mm}^2)$
$\qquad < (20\text{kN/m})(10\text{m}-x)$

$\rightarrow (75 \times 10^{-2})\left(\frac{1}{6}\right)(5\text{MPa})(4 \times 6 \times 10^4\text{mm}^2)$
$\qquad < (20\text{kN/m})(10\text{m}-x)$

$\rightarrow 75 \times \frac{1}{6} \times 5 \times 4 \times 6 \times 10^2 \text{N} < (20\text{kN/m})(10\text{m}-x)$

$\rightarrow 1500 \times 10^2 \times 10^{-3}\text{kN} = 150\text{kN} < (20\text{kN/m})(10\text{m}-x)$

$\rightarrow \frac{150\text{kN}}{20\text{kN/m}} = 7.5\text{m} < 10\text{m}-x$

$\rightarrow x < 2.5\text{m}$

앞자리 뽑기

x는 2개 항으로 구성되므로 앞자리 뽑기를 적용할 수 없다.

07

정답 ①

$\Delta f = \varepsilon_{sh} \times E_{ps}$
$\quad = (25 \times 10^{-5})(2 \times 10^5 \text{MPa})$
$\quad = 50\text{MPa}$

감소율 $= \dfrac{\Delta f}{f_i} = \dfrac{50\text{MPa}}{f_i} < 0.05$

$\therefore 1000\text{MPa} < f_i$

08 정답 ②

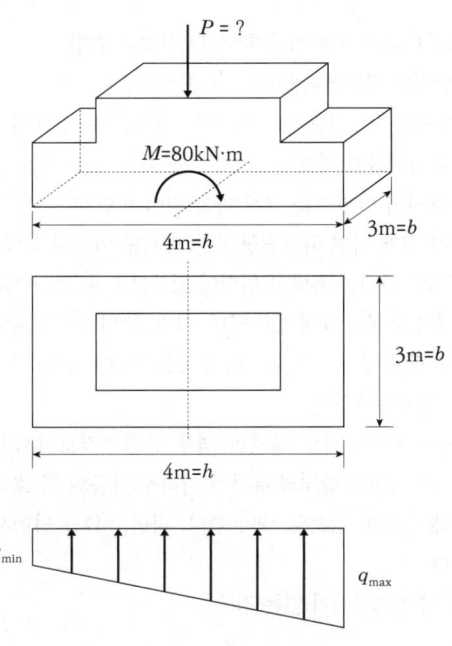

$$q_{min} = -\frac{P}{A} + \frac{M}{S} = -\frac{P}{bh} + \frac{M}{\left(\frac{bh^2}{6}\right)} < 0$$

$$\rightarrow \frac{6M}{bh^2}(bh) = \frac{6M}{h} < P$$

$$\therefore \frac{6(80kN \cdot m)}{4m} = 120kN < P$$

꼭 알아두자!

단면의 핵 개념으로 풀 수 있으나 오히려 수험생들에게 혼란을 줄 수 있어 원론적으로 풀이하였다.

$$M = Pe \rightarrow e = \frac{M}{P} < \frac{h}{6} \rightarrow \frac{6M}{h} < P$$

$$\therefore \frac{6(80kN \cdot m)}{4m} = 120kN < P$$

09 정답 ③

	3개월	6개월	1년	5년 이상
ξ	1	1.2	1.4	2

$$\lambda = \frac{\xi}{1+50\rho'} = \frac{2}{1+50(0.02)} = 1$$

$$\therefore \delta_T = \delta_E(1+\lambda) = (20mm)(1+1) = 40mm$$

10 정답 ③

① 위험단면에 대한 설명이다.

② 계수 비틀림 모멘트 T_u가 T_{cr}의 $\frac{\phi}{4}$ 배보다 작다면 비틀림의 영향을 무시할 수 있다.

$$T_u < \frac{\phi}{4}T_{cr} = \frac{\phi}{4}\left(\frac{1}{3}\lambda\sqrt{f_{ck}}\frac{A_{cp}^2}{p_{cp}}\right) = \phi\frac{1}{12}\lambda\sqrt{f_{ck}}\frac{A_{cp}^2}{p_{cp}}$$

③ 비틀림에 저항하기 위해서 횡방향 철근과 종방향 철근을 배치한다.

④ 비틀림과 전단에 의한 전단응력은 메커니즘이 유사하므로 조합응력으로 작용한다.

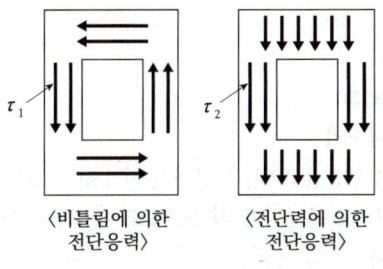

〈비틀림에 의한 전단응력〉   〈전단력에 의한 전단응력〉

11 정답 ③

$f_{ck} \leq 40MPa \rightarrow \eta = 1, \beta_1 = 0.8, \varepsilon_{cu} = 0.0033$

② $\frac{c}{d} = \frac{\varepsilon_c}{\varepsilon_c + \varepsilon_s} \rightarrow \frac{c_b}{d} = \frac{\varepsilon_{cu}}{\varepsilon_{cu} + \varepsilon_y}$ ($\varepsilon_s = \varepsilon_y$ ∵ 균형 상태)

$$\rightarrow c_b = \frac{\varepsilon_{cu}}{\varepsilon_{cu} + \varepsilon_y}d = \frac{0.0033}{0.0033 + \left(\frac{f_y}{E_s}\right)}d$$

	ϕ	α
띠철근 기둥	0.65	0.8
나선철근 기둥	0.7	0.85

③ 압축지배인 경우에 띠철근 기둥의 강도감소계수는 0.65이고, 나선철근기둥의 강도감소계수는 0.7이다.

④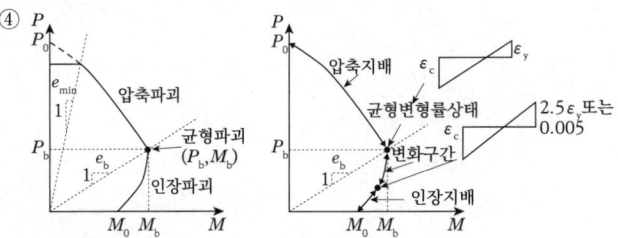

12 정답 ③

$\Delta f = C_u n f_c = 2 \times 6 \times 5\text{MPa} = 60\text{MPa}$

13 정답 ①

> **KDS 14 20 50**
> **4.1.1 표준갈고리**
> (1) 주철근의 표준갈고리는 다음과 같이 180° 표준갈고리와 90° 표준갈고리로 분류되며, 각 표준갈고리는 다음 규정을 만족하여야 한다.
> ① 180° 표준갈고리는 구부린 반원 끝에서 $4d_b$ 이상, 또한 60mm 이상 더 연장되어야 한다.
> ② 90° 표준갈고리는 구부린 끝에서 $12d_b$ 이상 더 연장되어야 한다.
> (2) 스터럽과 띠철근의 표준갈고리는 90° 표준갈고리와 135° 표준갈고리로 분류되며, 다음과 같이 제작하여야 한다.
> ① 90° 표준갈고리
> 가. D16 이하의 철근은 구부린 끝에서 $6d_b$ 이상 더 연장하여야 한다.
> 나. D19, D22 및 D25 철근은 구부린 끝에서 $12d_b$ 이상 더 연장하여야 한다.
> ② 135° 표준갈고리
> D25 이하의 철근은 구부린 끝에서 $6d_b$ 이상 더 연장하여야 한다.

① 180° 표준갈고리는 구부린 반원 끝에서 $4d_b$ 이상, 또한 60mm 이상 더 연장되어야 한다.

14 정답 ②

> **KDS 24 14 30 : 강교 설계기준(허용응력설계법)**
> **4.4.4 전단력과 휨모멘트를 받는 부재의 복부판**
> (1) I형 단면과 박스형단면의 플레이트거더를 휨에 대해서 경제적으로 설계하기 위해서는 복부판을 될 수 있는 대로 얇게 하고 플랜지의 단면적을 크게 하는 것이 바람직하지만 복부판을 너무 얇게 하면 좌굴변형 또는 붕괴를 일으켜 플레이트거더 전체의 붕괴를 유발할 위험이 있으므로 이 조항으로 복부판의 최소두께를 규정하고 있다. 다만, 판의 국부좌굴이 충분히 방지되어 있는 경우에는 이 조항을 적용하지 않아도 된다.
> (4) 중간수직보강재의 간격
> ① 중간수직보강재를 설치할 경우 중간수직보강재의 간격 (d)는 수평보강재의 유무에 따라서 다음의 각 호의 식에 의해 산출한 값으로 해야 한다. 다만, 2D를 넘어서는 안 된다.
> 가. 수평보강재가 없는 경우
> $$d \leq 980 \frac{t}{\sqrt{v}} \qquad (4.4-14)$$
> 나. 수평보강재를 압축 플랜지로부터 0.2D부근에 1단으로 배치할 경우
> $$d \leq 870 \frac{t}{\sqrt{v}} \qquad (4.4-17)$$
> (5) 수평보강재
> ① 수평보강재를 1단으로 사용하는 경우 그 위치는 압축플랜지로부터 0.2D부근에 배치하는 것으로 하고 수평보강재의 소요단면2차모멘트(I)는 식 $(4.4-20)$에 의해 산출한 값 이상이 되어야 한다.
> $$I = 5dt^3 \qquad 단, d/D \leq 2 \qquad (4.4-20)$$

② 수평보강재를 1단으로 사용하는 경우 그 위치는 압축플랜지로부터 0.2D부근에 배치하는 것으로 하고 수평보강재의 소요단면2차모멘트(I)는 식에 의해 산출한 값 이상이 되어야 한다.

15

정답 ④

④ $q_{1,2} = -\dfrac{P}{A} \pm \dfrac{M}{S} = -\dfrac{P}{bh} \pm \dfrac{Pe}{\left(\dfrac{bh^2}{6}\right)}$

$= -\dfrac{\sum W}{1 \times B} \pm \dfrac{\sum W \times e}{\left(\dfrac{1 \times B^2}{6}\right)}$

$= -\dfrac{\sum W}{B}\left(1 \pm \dfrac{6e}{B}\right)$

16

정답 ②

KDS 24 17 11 교량내진설계기준(한계상태설계법)
4.2.8 변위

(1) 4.2.8에서 정한 최소받침지지길이는 모든 거더의 단부에서 확보하여야 한다.

(2) 최소받침지지길이의 확보가 어렵거나 낙교방지를 보장하기 위해서는 변위구속장치를 설치하여야 한다.

(3) 단경간교와 지진구역 Ⅱ에 위치하는 내진 Ⅱ등급교의 최소받침지지길이(N)는 식 (4.2-1)에 규정한 값보다 작아서는 안 된다.

$N = (200 + 1.67L + 6.66H)(1 + 0.000125\theta^2)\,(mm)$
(4.2-1)

여기서, L : 인접 신축이음부까지 또는 교량단부까지의 거리(m).
다만, 지간 내에 힌지가 있는 경우의 L은 힌지 좌·우측방향의 거리인 L_1과 L_2의 합으로 한다 (그림 4.2-1 참조).
H : 다음 각 경우에 대한 평균 높이(m)
교대: 인접 신축이음부의 교량상부를 지지하는 기둥의 평균 높이. 단경간교의 평균높이는 0으로 한다.
기둥 또는 교각 : 기둥 또는 교각의 평균높이
지간 내의 힌지 : 인접하는 양측 기둥 또는 교각의 평균높이
θ : 받침선과 교축직각방향의 사잇각(°)

(4) 단경간교와 지진구역 Ⅱ에 위치하는 내진 Ⅱ등급교를 제외한 모든 교량의 설계지진변위는 4.2.3에 규정된 값과 4.2.8에 규정된 값 중 큰 값으로 한다.

(5) 교량의 여유간격
① 지진 시에 상부구조물과 교대 혹은 인접하는 상부구조물 간의 충돌에 의한 주요 구조부재의 손상을 방지하고, 설계 시 고려된 내진성능이 발휘될 수 있도록 하기 위하여 교량의 단부에는 그림 4.2-2에 나타낸 바와 같이 여유간격을 설치하여야 한다.
② 교량의 여유간격은 식 (4.2-2)에 의한 값보다 작아서는 안되며, KDS 24 90 11(4.2.2.3)에서 규정하는 여유량을 고려한 가동받침의 이동량보다는 커야 한다.

$\Delta l_i = d + \Delta l_s + \Delta l_c + 0.4\Delta l_t$ (4.2-2)

여기서, Δl_i = 교량의 여유간격(mm)
d = 지반에 대한 상부구조의 총변위($d_i + d_{sub}$)(mm)
Δl_s = 콘크리트의 건조수축에 의한 이동량(mm)
Δl_c = 콘크리트의 크리프에 의한 이동량(mm)
Δl_t = 온도변화로 인한 이동량(mm)

② 상부구조의 여유간격은 지진 시의 지반에 대한 상부구조의 총변위량, 콘크리트의 건조수축에 의한 이동량, 콘크리트의 크리프에 의한 이동량, 온도변화로 인한 이동량을 고려하여 산정한다.

17

정답 ①

$M_w = \dfrac{(w + w_d)L^2}{8} = \dfrac{(w + A\gamma)L^2}{8}$

$M_e = P\left(e + \dfrac{h}{6}\right)$

$M_w = M_e$;
$\dfrac{(w + A\gamma)L^2}{8} = P\left(e + \dfrac{h}{6}\right) \rightarrow w = P\left(e + \dfrac{h}{6}\right) \times \dfrac{8}{L^2} - A\gamma$

$\therefore w = (1200\,kN)\left(0 + \dfrac{40\,cm}{6}\right)\left(\dfrac{8}{(8\,m)^2}\right)$
$\qquad - (20 \times 40\,cm^2)(25\,kN/m^3)$
$= 8\,kN/m$

> **계산 TIP**
>
> ○ **정석적인 방법**
> $$w = (1200\text{kN})\left(0 + \frac{40\text{cm}}{6}\right)\left(\frac{8}{(8\text{m})^2}\right) - (20 \times 40\text{cm}^2)(25\text{kN/m}^3)$$
> $$= (12 \times 10^2\text{kN})\left(\frac{4 \times 10 \times 10^{-2}\text{m}}{6}\right)\left(\frac{8}{8^2\text{m}^2}\right)$$
> $$\qquad - (2 \times 4 \times 10^2 \times 10^{-4}\text{m}^2)(25\text{kN/m}^3)$$
> $$= 12 \times \frac{4}{6} \times \frac{8}{8^2} \times 10\text{kN/m} - 2 \times 4 \times 25 \times 10^{-2}\text{kN/m}$$
> $$= 10\text{kN/m} - 2\text{kN/m} = 8\text{kN/m}$$
>
> ○ **앞자리 뽑기**
> w는 2개 항으로 구성되므로 앞자리 뽑기를 적용할 수 없다.

18 정답 ②

(1) 허용전단응력 고려(P_1)

$$\tau = \frac{V}{A} = \frac{\left(\dfrac{P}{2}\right)}{\left(\dfrac{\pi d^2}{4}\right)} \leq \tau_a \ (\because \text{2면 전단})$$

$$\rightarrow P_1 \leq \tau_a \times \frac{\pi d^2}{2}$$

$$\leq (200\text{MPa})\left(\frac{3 \times 20^2}{2}\text{mm}^2\right)$$

$$\leq 120\text{kN}$$

(2) 허용지압응력 고려(P_2)

$t_{\min} = 8\text{mm} + 8\text{mm} = 16\text{mm} < 20\text{mm}$

$$\sigma = \frac{P}{A} = \frac{P}{dt_{\min}} \leq \sigma_a$$

$$\rightarrow P_2 \leq \sigma_a \times dt_{\min}$$

$$\leq (300\text{MPa})(20 \times 16\text{mm}^2)$$

$$\leq 96\text{kN}$$

$\therefore P_a = P_{\min} = 96\text{kN}$

19 80점 목표 정답 ④

$f_{ck} \leq 40\text{MPa} \rightarrow \eta = 1, \beta_1 = 0.8, \varepsilon_{cu} = 0.0033$

$$a = \frac{A_s f_y}{\eta(0.85 f_{ck} b)} = \frac{(5000\text{mm}^2)(300\text{MPa})}{(0.85)(25\text{MPa})(600\text{mm})}$$

$$= 117.6\text{mm} > t_f = 100\text{mm} \ (\therefore \text{T형보 해석})$$

$$A_{sf} f_y = \eta(0.85 f_{ck})(b - b_w) t_f$$

$$\rightarrow A_{sf} = \frac{\eta(0.85 f_{ck})(b - b_w) t_f}{f_y}$$

$$= \frac{(0.85)(25\text{MPa})(600\text{mm} - 300\text{mm})(100\text{mm})}{300\text{MPa}}$$

$$= 2125\text{mm}^2$$

$$a = \frac{(A_s - A_{sf}) f_y}{\eta(0.85 f_{ck} b_w)} = \frac{(5000\text{mm}^2 - 2125\text{mm}^2)(300\text{MPa})}{(0.85)(25\text{MPa})(300\text{mm})}$$

$$\approx 135.3\text{mm}$$

$$c = \frac{a}{\beta_1} = \frac{135.3\text{mm}}{0.8} \approx 169\text{mm}$$

> **계산 TIP**
>
> ○ **정석적인 방법**
> a와 t_f의 크기 비교만 하면 되므로 정확하게 계산할 필요는 없다.
> $$a = \frac{(5000\text{mm}^2)(300\text{MPa})}{(0.85)(25\text{MPa})(600\text{mm})} = \frac{(5 \times 10^3)(3 \times 10^2)\text{mm}}{(85 \times 10^{-2})(25)(6 \times 10^2)}$$
> $$= \frac{5 \times 3 \times 10^5\text{mm}}{85 \times 25 \times 6} \approx 11 \times . \times \times$$
> $$A_{sf} = \frac{(0.85)(25\text{MPa})(600\text{mm} - 300\text{mm})(100\text{mm})}{300\text{MPa}}$$
> $$= \frac{(85 \times 10^{-2})(25)(3 \times 10^2)(10^2)\text{mm}^2}{3 \times 10^2}$$
> $$= \frac{85 \times 25 \times 3 \times 10^2 \text{mm}^2}{3 \times 10^2} = 2125\text{mm}^2$$
> $$a = \frac{(5000\text{mm}^2 - 2125\text{mm}^2)(300\text{MPa})}{(0.85)(25\text{MPa})(300\text{mm})}$$
> $$= \frac{(2875)(3 \times 10^2)\text{mm}}{(85 \times 10^{-2})(25)(3 \times 10^2)}$$
> $$= \frac{2875 \times 3 \times 10^2 \text{mm}}{85 \times 25 \times 3} \approx 135.3\text{mm}$$
> $$c = \frac{135.3\text{mm}}{0.8} = \frac{135.3 \times 10\text{mm}}{8} \approx 169\text{mm}$$
>
> ○ **앞자리 뽑기**
> a, A_{sf}, a는 중간과정이므로 앞자리 뽑기를 적용할 수 없다.

20 정답 ③

$f_{ck} \leq 40\text{MPa} \rightarrow \eta = 1, \beta_1 = 0.8, \varepsilon_{cu} = 0.0033$

$$\varepsilon_y = \frac{f_y}{E_s} = \frac{300\text{MPa}}{200{,}000\text{MPa}} = 0.0015$$

$a = \beta_1 c = (0.8)(450\text{mm})$

$$\frac{\varepsilon_s}{\varepsilon_c}=\frac{d-c}{c} \rightarrow \varepsilon_s=\frac{d-c}{c}\varepsilon_c$$

$$\rightarrow \varepsilon_s=\frac{600\text{mm}-450\text{mm}}{450\text{mm}}(0.0033)=0.0011<\varepsilon_y(=0.0015)$$

(문제에서 가정으로 주어져서 불필요한 과정)
$$\frac{\varepsilon_s'}{\varepsilon_c}=\frac{c-d'}{c} \rightarrow \varepsilon_s'=\frac{c-d'}{c}\varepsilon_c$$

$$\rightarrow \varepsilon_s'=\frac{450\text{mm}-50\text{mm}}{450\text{mm}}(0.0033)\approx 0.00293$$
$$>\varepsilon_y(=0.0015)$$

$$\begin{aligned}P_n &= C+C_s'-T\\ &=\eta(0.85f_{ck}ab)+f_s'A_s'-f_sA_s\\ &=\eta(0.85f_{ck}ab)+f_yA_s'-(E_s\varepsilon_s)A_s\\ &=(0.85)\left(\frac{20}{0.8\times 0.85}\text{MPa}\right)(0.8\times 450\times 400\text{mm}^2)\\ &\quad +(300\text{MPa})(2500\text{mm}^2)\\ &\quad -(2\times 10^5\text{MPa}\times 0.0011)(2500\text{mm}^2)\\ &=3600\text{kN}+750\text{kN}-550\text{kN}=3800\text{kN}\end{aligned}$$

계산 TIP

정석적인 방법
$$\begin{aligned}P_d &=(0.85)\left(\frac{20}{0.8\times 0.85}\text{MPa}\right)(0.8\times 450\times 400\text{mm}^2)\\ &\quad +(300\text{MPa})(2500\text{mm}^2)\\ &\quad -(2\times 10^5\text{MPa}\times 0.0011)(2500\text{mm}^2)\\ &=(2\times 10)(45\times 10\times 4\times 10^2)\text{N}\\ &\quad +(3\times 10^2)(25\times 10^2)\text{N}\\ &\quad -(2\times 10^5\times 11\times 10^{-4})(25\times 10^2)\text{N}\\ &=2\times 45\times 4\times 10^3\text{N}\\ &\quad +3\times 25\times 10^3\text{kN}\\ &\quad -2\times 11\times 25\times 10^3\text{kN}\\ &=3600\text{kN}+750\text{kN}-550\text{kN}=3800\text{kN}\end{aligned}$$

앞자리 뽑기
P_d는 3개 항으로 구성되므로 앞자리 뽑기를 적용할 수 없다.

2012 국가직

문제편 125p~129p

01 ③	02 ③	03 ①	04 ③	05 ②
06 ④	07 ①	08 ③	09 ②	10 ①
11 ①	12 ③	13 ④	14 ②	15 ④
16 ④	17 ①	18 ③	19 ②	20 ②

01
정답 ③

환경조건과 부재의 종류		최소 피복두께 (mm)
옥외의 공기나 흙에 접촉하지 않는 경우 (슬래브, 벽체, 장선 등)	D35 이하 or 쉘, 절판	20
	D35 초과 or 보, 기둥	40
옥외의 공기나 흙에 접촉하는 경우	D16 이하	40
	D19 이상	50
흙에 파묻힘		75
수중 침수		100

☞ 보, 기둥 : $f_{ck}\geq 40$MPa이라면 -10mm ★

③ 옥외의 공기나 흙에 직접 접하지 않는 콘크리트로 슬래브나 벽체에서 D35를 초과하는 철근을 사용하는 경우의 피복두께는 40mm이다.

02
정답 ③

$$\begin{aligned}M_{cr} &= f_r\times S=(0.63\lambda\sqrt{f_{ck}})\left(\frac{bh^2}{6}\right)\\ &=(0.63\times 1\times \sqrt{25}\text{MPa})\left(\frac{400\times 600^2}{6}\text{mm}^3\right)\\ &=75.6\text{kN}\cdot\text{m}\end{aligned}$$

계산 TIP

○ 정석적인 방법

$$M_{cr} = (0.63 \times 1 \times \sqrt{25}\,\text{MPa})\left(\frac{400 \times 600^2}{6}\,\text{mm}^3\right)$$

$$= 63 \times 10^{-2} \times 5\,\text{MPa} \times \frac{4 \times 10^2 \times 6^2 \times 10^4}{6}\,\text{mm}^3$$

$$= 63 \times 5 \times \frac{4 \times 6^2}{6} \times 10^4\,\text{N} \cdot \text{mm} = 7560 \times 10^4\,\text{N} \cdot \text{mm}$$

$$= 7560 \times 10^4 \times 10^{-6}\,\text{kN} \cdot \text{m} = 75.6\,\text{kN} \cdot \text{m}$$

○ 앞자리 뽑기

$$M_{cr} : 63 \times 5 \times \frac{4 \times 6^2}{6} = 7560 \rightarrow M_{cr} = 75.6\,\text{kN} \cdot \text{m}$$

03 정답 ①

① 콘크리트에 균열이 발생할 경우 인장측 콘크리트가 부담하던 인장력을 철근이 부담하게 된다. 이때 철근량이 너무 적다면 갑작스럽게 끊어질 수 있다(snap). 이러한 취성파괴를 방지하기 위해 최소철근량 이상의 철근을 배치해야 한다.

04 정답 ③

$$q_{max} = \frac{P}{A} = \frac{5000\,\text{kN}}{L^2}$$

$$q_{max} \leq q_a :$$

$$\frac{5000\,\text{kN}}{L^2} \leq 200\,\text{kN/m}^2$$

$$\rightarrow \frac{5000\,\text{kN}}{200\,\text{kN/m}^2} = 25\,\text{m}^2 \leq L^2$$

$$\therefore 5\,\text{m} \leq L$$

꼭 알아두자!

기초판의 밑면적은 기초판에 의해 지반에 전달되는 사용하중과 지반의 허용지지력을 사용하여 한정하여야 한다.

05 정답 ②

$$f_{ck} \leq 40\,\text{MPa} \rightarrow \eta = 1,\ \beta_1 = 0.8,\ \varepsilon_{cu} = 0.0033$$

$$a = \frac{A_s f_y}{\eta(0.85 f_{ck} b)} = \frac{(1445\,\text{mm}^2)(400\,\text{MPa})}{(0.85)(20\,\text{MPa})(400\,\text{mm})}$$

$$= 85\,\text{mm}$$

$$c = \frac{a}{\beta_1} = \frac{85\,\text{mm}}{0.8} = 106.25\,\text{mm}$$

$$\frac{\varepsilon_s}{\varepsilon_c} = \frac{d-c}{c}$$

$$\rightarrow \varepsilon_s = \frac{d-c}{c}\varepsilon_c = \left(\frac{700 - 106.25}{106.25}\right)(0.0033) \approx 0.0184 > 0.005$$

$$\rightarrow \phi = 0.85\ (\because \text{인장지배단면})$$

$$\therefore M_d = \phi M_n = \phi A_s f_y\left(d - \frac{a}{2}\right)$$

$$= (0.85)(1445\,\text{mm}^2)(400\,\text{MPa})\left(700\,\text{mm} - \frac{85}{2}\,\text{mm}\right)$$

$$\approx 323\,\text{kN} \cdot \text{m}$$

꼭 알아두자!

철근 항복강도(f_y)	압축지배 변형률 한계	최소허용 변형률	인장지배 변형률 한계
$f_y \leq 400\,\text{MPa}$	ε_y	0.004	0.005
$400\,\text{MPa} < f_y$	ε_y	$2\varepsilon_y$	$2.5\varepsilon_y$

계산 TIP

○ 정석적인 방법

$$a = \frac{(1445\,\text{mm}^2)(400\,\text{MPa})}{(0.85)(20\,\text{MPa})(400\,\text{mm})} = \frac{(1445)(4 \times 10^2)\,\text{mm}}{(85 \times 10^{-2})(2 \times 10)(4 \times 10^2)}$$

$$= \frac{1445 \times 4 \times 10^2\,\text{mm}}{85 \times 2 \times 4 \times 10} = 85\,\text{mm}$$

$$c = \frac{85\,\text{mm}}{0.8} = \frac{85 \times 10\,\text{mm}}{8} = 106.25\,\text{mm}$$

$$M_d = (0.85)(1445\,\text{mm}^2)(400\,\text{MPa})\left(700\,\text{mm} - \frac{85}{2}\,\text{mm}\right)$$

$$= (85 \times 10^{-2})(1445\,\text{mm}^2)(4 \times 10^2\,\text{MPa})(6575 \times 10^{-1}\,\text{mm})$$

$$= 85 \times 1445 \times 4 \times 6575 \times 10^{-1}\,\text{N} \cdot \text{mm}$$

$$= 3230297500 \times 10^{-1} \times 10^{-6}\,\text{kN} \cdot \text{m} \approx 323\,\text{kN} \cdot \text{m}$$

○ 앞자리 뽑기

$a,\ c$는 중간과정이므로 앞자리 뽑기를 적용할 수 없다.
보기의 숫자 차이가 크기 때문에 셋째 자리에서 반올림하여 앞자리를 이용한다.

$$M_d : 85 \times 14 \times 4 \times 66 = 314160 \rightarrow M_d = 323\,\text{kN} \cdot \text{m}$$

06 80점 목표   정답 ④

$l_s = \left(\dfrac{1.4f_y}{\lambda\sqrt{f_{ck}}} - 52\right)d_b \leq 0.072 f_y d_b$

→ $\left(\dfrac{(1.4)(300\text{MPa})}{(1)(\sqrt{24\text{MPa}})} - 52\right)(13\text{mm}) \leq (0.072)(300\text{MPa})(13\text{mm})$

→ $438.5\text{mm} \leq 280.8\text{mm}$

→ $280.8\text{mm} \geq 300\text{mm}$

∴ $l_s = 300\text{mm}$

꼭 알아두자!
겹침이음 길이는 300mm 이상으로 한다.

계산 TIP
◎ 정석적인 방법

$\left(\dfrac{(1.4)(300\text{MPa})}{(1)(\sqrt{24\text{MPa}})} - 52\right)(13\text{mm})$

→ $\left(\dfrac{(14\times 10^{-1})(3\times 10^2)}{2\times\sqrt{2}\times\sqrt{3}} - 52\right)(13\text{mm})$
$\leq (72\times 10^{-3})(3\times 10^2)(13\text{mm})$

→ $\left(\dfrac{(14\times 10^{-1})(3\times 10^2)}{2\times 14\times 10^{-1}\times 17\times 10^{-1}} - 52\right)(13\text{mm})$
$\leq (72\times 10^{-3})(3\times 10^2)(13\text{mm})$

→ $\left(\dfrac{14\times 3\times 10}{2\times 14\times 17\times 10^{-2}} - 52\right)(13\text{mm}) \leq (72\times 3\times 10^{-1})(13\text{mm})$

→ $(88.24 - 52)(13\text{mm}) = (36.24)(13\text{mm}) \leq (21.6)(13\text{mm})$

→ $l_d = (21.6)(13\text{mm}) = 280.8\text{mm}$

◎ 앞자리 뽑기
대소 비교를 해야 하므로 앞자리 뽑기를 적용할 수 없다.

07   정답 ①

$\lambda = \dfrac{L_e}{r} = \dfrac{0.5L}{0.25d}\ (L_e = 0.5L\ \because 양단고정)$

$= \dfrac{(0.5)(8\text{m})}{(0.25)(500\text{mm})} = 32$

꼭 알아두자!
- 직사각형 단면 : $r = 0.3h$ (h는 좌굴이 고려되는 방향의 단면치수)
- 원형 단면 : $r = 0.25d$

계산 TIP
◎ 정석적인 방법

$\lambda = \dfrac{(0.5)(8\text{m})}{(0.25)(500\text{mm})} = \dfrac{(5\times 10^{-1})(8\times 10^3\text{mm})}{(25\times 10^{-2})(5\times 10^2\text{mm})}$

$= \dfrac{5\times 8\times 10^2}{25\times 5} = 32$

◎ 앞자리 뽑기

$\lambda : \dfrac{5\times 8}{25\times 5} = \dfrac{8}{25} \rightarrow \dfrac{8\times 10}{25} = \dfrac{16}{5} = 3.2 \rightarrow \lambda = 32$

08 80점 목표   정답 ③

$\varepsilon_A = \dfrac{f_A}{E_A} = \dfrac{5\text{MPa}}{2.5\times 10^4\text{MPa}} = 2\times 10^{-4} = 0.2\times 10^{-3}$

→ $\delta_A = \varepsilon_A L_A = (0.2\times 10^{-3})(2\text{m}) = 0.4\text{mm}$

$\varepsilon_B = \dfrac{f_B}{E_B} = \dfrac{3\text{MPa}}{2.5\times 10^4\text{MPa}} = 1.2\times 10^{-4} = 0.12\times 10^{-3}$

→ $\delta_B = \varepsilon_B L_B = (0.12\times 10^{-3})(2.5\text{m}) = 0.3\text{mm}$

$\delta_E = \delta_A + \delta_B = 0.7\text{mm}$

	옥내	옥외	수중
크리프 계수(C_u)	3	2	1

∴ $\delta_T = \delta_E(1 + C_u) = (0.7\text{mm})(1 + 2) = 2.1\text{mm}$

꼭 알아두자!
해당문제는 압축철근비 ρ'이 주어지지 않았으므로 λ를 이용하여 장기처짐을 고려할 수 없다. '5년 이상의 장기하중'이라는 말에 현혹되지 말자. 물론, λ를 이용할 경우 크리프 뿐만 아니라 건조수축의 영향까지 같이 반영하게 된다.

09   정답 ②

꼭 알아두자!
원래 풀이 방법은 $\overline{\rho}_{min} \rightarrow a, c \rightarrow \varepsilon_t, \phi \rightarrow M_n, M_d$ 과정으로 진행해야 한다. 그러나 9급 공무원 문제의 난이도를 고려할 때 복철근보에서 압축철근은 반드시 항복할 것이다. 따라서 $\overline{\rho}_{min}$을 계산하지 않고 압축철근이 항복했다고 가정하여 풀이를 진행한다.

철근 항복강도(f_y)	압축지배 변형률 한계	최소허용 변형률	인장지배 변형률 한계
$f_y \leq 400\text{MPa}$	ε_y	0.004	0.005
$400\text{MPa} < f_y$	ε_y	$2\varepsilon_y$	$2.5\varepsilon_y$

$f_{ck} \leq 40\text{MPa} \rightarrow \eta=1, \beta_1=0.8, \varepsilon_{cu}=0.0033$

$a = \dfrac{(A_s - A_s')f_y}{\eta(0.85 f_{ck} b)} = \dfrac{(7890\text{mm}^2 - 5000\text{mm}^2)(400\text{MPa})}{(0.85)(20\text{MPa})(500\text{mm})}$
$\qquad = 136\text{mm}$

$c = \dfrac{a}{\beta_1} = \dfrac{136\text{mm}}{0.8} = 170\text{mm}$

$\dfrac{\varepsilon_s}{\varepsilon_c} = \dfrac{d-c}{c} \rightarrow \varepsilon_s = \dfrac{d-c}{c}\varepsilon_c$

$\rightarrow \varepsilon_s = \dfrac{700\text{mm} - 170\text{mm}}{170\text{mm}}(0.0033)$
$\qquad \approx 0.01 > 0.005 \; (\because f_y \leq 400\text{MPa})$

$\rightarrow \phi = 0.85$

$M_d = \phi M_n$
$\quad = \phi\left[(A_s - A_s')f_y\left(d - \dfrac{a}{2}\right) + A_s' f_y(d - d')\right]$
$\quad = 0.85 \times$
$\quad \left[(7890\text{mm}^2 - 5000\text{mm}^2)(400\text{MPa})\left(700\text{mm} - \dfrac{136}{2}\text{mm}\right)\right.$
$\quad \left. + (5000\text{mm}^2)(400\text{MPa})(700\text{mm} - 50\text{mm})\right]$
$\quad \approx 1726\text{kN}\cdot\text{m}$

계산 TIP

◦ **정석적인 방법**

$a = \dfrac{(7890\text{mm}^2 - 5000\text{mm}^2)(400\text{MPa})}{(0.85)(20\text{MPa})(500\text{mm})}$
$\quad = \dfrac{(289 \times 10)(4 \times 10^2)\text{mm}}{(85 \times 10^{-2})(2 \times 10)(5 \times 10^2)} = \dfrac{289 \times 4 \times 10^3}{85 \times 2 \times 5 \times 10}\text{mm} = 136\text{mm}$

$c = \dfrac{136\text{mm}}{0.8} = \dfrac{1360}{8}\text{mm} = 170\text{mm}$

$M_d = 0.85 \times$
$\quad \left[(7890\text{mm}^2 - 5000\text{mm}^2)(400\text{MPa})\left(700\text{mm} - \dfrac{136}{2}\text{mm}\right)\right.$
$\quad \left. + (5000\text{mm}^2)(400\text{MPa})(700\text{mm} - 50\text{mm})\right]$

$\quad = 0.85 \times$
$\quad [(289 \times 10\text{mm}^2)(4 \times 10^2\text{MPa})(632\text{mm})$
$\quad + (5 \times 10^3\text{mm}^2)(4 \times 10^2\text{MPa})(65 \times 10\text{mm})]$

$\quad = 0.85[289 \times 4 \times 632 \times 10^3 + 5 \times 4 \times 65 \times 10^6]\text{N}\cdot\text{mm}$
$\quad = 0.85[730592 \times 10^{-3} \times 10^6 + 1300 \times 10^6] \times 10^{-6}\text{kN}\cdot\text{m}$
$\quad \approx 0.85[730.592 + 1300]\text{kN}\cdot\text{m} \approx 1726\text{kN}\cdot\text{m}$

◦ **앞자리 뽑기**

a, c는 중간과정이므로 앞자리 뽑기를 적용할 수 없다.
M_d는 2개 항으로 구성되므로 앞자리 뽑기를 적용할 수 없다.

10 정답 ①

$V_c = \dfrac{1}{6}\lambda\sqrt{f_{ck}}\,b_w d$
$\quad = \left(\dfrac{1}{6}\right)(1)(\sqrt{25}\text{MPa})(400 \times 600\text{mm}^2)$
$\quad = 200\text{kN}$

$V_u < \phi(V_c + V_s) \rightarrow \dfrac{V_u - \phi V_c}{\phi} < V_s$

$\rightarrow \dfrac{480\text{kN} - (0.75)(200\text{kN})}{0.75} = 440\text{kN} < V_s$

$2V_c (= 400\text{kN}) < 440\text{kN} < V_s$

$\therefore s_{\max} = \left[\dfrac{d}{4}, 300\text{mm}\right]_{\min} = 150\text{mm}$

계산 TIP

◦ **정석적인 방법**

$V_c = \left(\dfrac{1}{6}\right)(1)(\sqrt{25}\text{MPa})(400 \times 600\text{mm}^2)$
$\quad = \left(\dfrac{1}{6}\right)(5\text{MPa})(4 \times 6 \times 10^4\text{mm}^2)$
$\quad = \dfrac{1}{6} \times 5 \times 4 \times 6 \times 10^4\text{N} = 20 \times 10^4 \times 10^{-3}\text{kN} = 200\text{kN}$

◦ **앞자리 뽑기**

V_c는 중간과정이므로 앞자리 뽑기를 적용할 수 없다.

11 정답 ①

$\Delta f = \varepsilon E_s = \left(\dfrac{\delta}{L}\right)E_s$
$\quad = \left(\dfrac{5\text{mm}}{10\text{m}}\right)(2 \times 10^5\text{MPa}) = 100\text{MPa}$

꼭 알아두자!

초기 프리스트레스 $f_i = 1,000\text{MPa}$은 불필요한 값이다. 문제에 주어진 모든 수치가 이용되지 않을 수 있다.

12

정답 ③

$$l_{db} = \frac{0.6 f_y}{\lambda \sqrt{f_{ck}}} d_b$$
$$= \frac{(0.6)(400\text{MPa})}{(1)(\sqrt{25}\text{MPa})}(25\text{mm})$$
$$= 1200\text{mm}$$

꼭 알아두자!

기본정착길이 l_{db}이므로 인장 이형철근 최소정착길이 규정(300mm 이상)을 적용하지 않는다.

계산 TIP

정석적인 방법
$$l_{db} = \frac{(0.6)(400\text{MPa})}{(1)(\sqrt{25}\text{MPa})}(25\text{mm}) = \frac{(6\times 10^{-1})(4\times 10^2)}{(5)}(25\text{mm})$$
$$= \frac{6\times 4\times 25}{5}\times 10\text{mm} = 120\times 10\text{mm} = 1200\text{mm}$$

앞자리 뽑기
$$l_{db} : \frac{6\times 4}{5}\times 25 = 120 \longrightarrow l_{db} = 1200\text{mm}$$

13

정답 ④

① 물-시멘트비 $\dfrac{W}{C}$ ($\approx$ 단위수량)↑ → 강도↓ (가장 큰 영향 ★)

② 재하속도(가력속도)↑ → 강도↑ ★

③ 양생방법에 영향을 받는다.
   - 양생시 공시체 운반 중 충격이 없어야 한다.
   - 동결이 방지되어야 한다. ($20\pm 2°C$)
   - 적당한 습도가 유지되어야 한다. (습윤양생이 건조양생보다 압축강도가 크다.)

   충분한 다짐, 입도 양호 → 공극↓ → 강도↑

④ 공시체 크기, 형상비$\left(\dfrac{H}{D}\right)$↓ → 강도↑

꼭 알아두자!

형상비$\left(\dfrac{H}{D}\right)$가 작다는 것은 납작하다는 것을 의미한다. 납작한 단면은 하중이 전달되는 접촉면에서 마찰력이 횡구속의 역할을 하므로 강도가 크다.

14

정답 ②

① 콘크리트에 균열이 발생할 경우 인장측 콘크리트가 부담하던 인장력을 철근이 부담하게 된다. 이때 철근량이 너무 적다면 갑작스럽게 끊어질 수 있다(snap). 이러한 취성파괴를 방지하기 위해 최소철근량 이상의 철근을 배치해야 한다.

② 정모멘트 철근 및 부모멘트 철근의 중심 간격은 위험단면에서는 슬래브 두께의 2배 이하, 또한 300mm 이하로 하고, 기타 단면에서는 슬래브 두께의 3배 이하, 또한 450mm 이하로 하여야 한다.

15

정답 ④

$$M_e = Pe = \frac{w_e L^2}{8}$$
$$\longrightarrow w_e = \frac{8Pe}{L^2}$$
$$= \frac{8(600\text{kN})(0.2\text{m})}{(10\text{m})^2}$$
$$= 9.6\text{kN/m}$$

$\therefore w - w_e = 15\text{kN/m} - 9.6\text{kN/m} = 5.4\text{kN/m}$

16

정답 ④

$$M_w = \frac{wL^2}{8}$$
$$M_e = P\left(e + \frac{h}{6}\right)$$

$M_w = M_e$;
$$\frac{wL^2}{8} = P\left(e + \frac{h}{6}\right) \longrightarrow P = \frac{wL^2}{8\left(e + \frac{h}{6}\right)}$$

$$\therefore P = \frac{(30\text{kN/m})(10\text{m})^2}{8\left(0.2\text{m} + \dfrac{600\text{mm}}{6}\right)} = 1250\text{kN}$$

17 정답 ①

	측면용접 유효길이	전면용접 유효길이
허용응력설계법	$L_e = L_1 - 2s$	$L_e = L_2$
하중저항계수설계법	$L_e = L_1 - 2s$	복잡하다

$$\tau = \frac{V}{A} = \frac{P}{L_e a} = \frac{120\text{kN}}{2\text{m} \times 6\text{mm}} = 10\text{MPa}$$

꼭 알아두자!
용접목두께($a = 0.7s$)가 주어졌으므로 0.7을 또 곱하는 실수에 주의하자. 용접유효길이(L_e)가 주어졌으므로 필릿사이즈(s)를 공제하는 실수에 주의하자.

계산 TIP
● 정석적인 방법
$$\tau = \frac{120\text{kN}}{2\text{m} \times 6\text{mm}} = \frac{12 \times 10 \times 10^3\text{N}}{2 \times 10^3 \times 6\text{mm}^2}$$
$$= \frac{12}{2 \times 6} \times 10\text{MPa} = 10\text{MPa}$$

● 앞자리 뽑기
$$\tau : \frac{12}{2 \times 6} = 1 \rightarrow \tau = 10\text{MPa}$$

18 정답 ③

(1) 허용전단응력 고려(P_1)
$$\tau = \frac{V}{A} = \frac{P}{\left(\frac{\pi d^2}{4}\right)} \leq \tau_a$$
$$\rightarrow P_1 \leq \tau_a \times \frac{\pi d^2}{4}$$
$$\leq (200\text{MPa})\left(\frac{\pi \times 19^2 \text{mm}^2}{4}\right) \approx 56.68\text{kN}$$

(2) 허용지압응력 고려(P_2)
$t_{\min} = 12\text{mm}$
$$\sigma = \frac{P}{A} = \frac{P}{dt_{\min}} \leq \sigma_a$$
$$\rightarrow P_2 \leq \sigma_a \times dt_{\min}$$
$$\leq (240\text{MPa})(19 \times 12\text{mm}^2) = 54.72\text{kN}$$

$P_a = P_{\min} = 54.72\text{kN}$
$$\therefore n = \frac{P}{P_a} = \frac{450\text{kN}}{54.72\text{kN}} \approx 8.22 \approx 9$$

꼭 알아두자!
리벳은 쪼개서 배치할 수 없기 때문에 n을 소수 첫 번째 자리에서 올림한 정수로 한다.

19 정답 ②

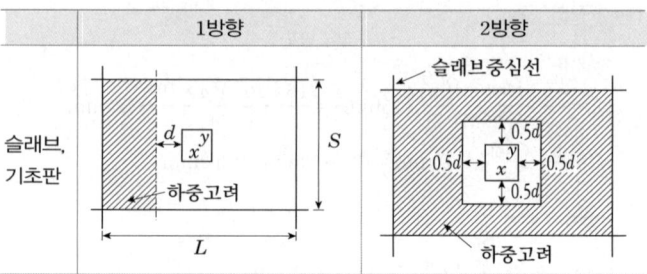

$$q_u = \frac{P_u}{A} = \frac{900\text{kN}}{(3 \times 4\text{m}^2)} = 75\text{kN/m}^2$$

위험구역 $= SL - (x+d)(y+d)$
$= (3 \times 4\text{m}^2) - (0.6\text{m} + 0.6\text{m})(0.4\text{m} + 0.6\text{m})$
$= 10.8\text{m}^2$

$\therefore V_u = q_u \times$ 위험구역
$= (75\text{kN/m}^2)(10.8\text{m}^2)$
$= 810\text{kN}$

계산 TIP
● 정석적인 방법
위험구역 $= (3 \times 4\text{m}^2) - (0.6\text{m} + 0.6\text{m})(0.4\text{m} + 0.6\text{m})$
$= (12\text{m}^2) - (1.2\text{m})(1\text{m}) = 10.8\text{m}^2$

$V_u = (75\text{kN/m}^2)(10.8\text{m}^2) = 810\text{kN}$

● 앞자리 뽑기
위험구역은 중간과정이므로 앞자리 뽑기를 적용할 수 없다.
$V_u : 75 \times 108 = 8100 \rightarrow V_u = 810\text{kN}$

20

정답 ②

꼭 알아두자!

전공서적마다 용어가 혼용되어 있어 주의가 필요하다.
P_o : 순수~(순수축하중강도)
$P_n = \alpha P_o$: 공칭~(공칭중심축하중, 공칭축하중강도, 공칭축강도)
$P_d = \phi \alpha P_o$: 설계~(설계중심축하중, 설계축하중강도, 설계축강도, 최대설계하중, 최대설계축강도, 축방향설계강도)
이름을 보고 판단이 되지 않을 경우에는 아래첨자를 보고 판단하는 것이 좋다.

	ϕ	α
띠철근 기둥	0.65	0.8
나선철근 기둥	0.7	0.85

(1) 설계축방향압축강도(P_d)

$e < e_{min}$ 이므로 축력만 받는다고 해석할 수 있다.

$$P_d = \phi \alpha P_o = \phi \alpha [0.85 f_{ck}(A_s - A_{st}) + f_y A_{st}]$$
$$= (0.65)(0.8) \times [(0.85)(20\text{MPa})(600^2\text{mm}^2 - 10000\text{mm}^2)$$
$$+ (330\text{MPa})(10000\text{mm}^2)]$$
$$= 4{,}810\text{kN}$$

(2) 압축철근의 축방향 변형도(ε_s')

$f_{ck} \leq 40\text{MPa} \rightarrow \eta = 1, \beta_1 = 0.8, \varepsilon_{cu} = 0.0033$

$\varepsilon_y = \dfrac{f_y}{E_s} = \dfrac{330\text{MPa}}{200{,}000\text{MPa}} = 0.00165$

$\dfrac{\varepsilon_s}{\varepsilon_c} = \dfrac{d-c}{c} \rightarrow \dfrac{\varepsilon_y}{\varepsilon_c} = \dfrac{d-c}{c}$ (∵ 균형 상태)

$\rightarrow \dfrac{0.00165}{0.0033} = \dfrac{540\text{mm} - c}{c} \rightarrow c = 360\text{mm}$

$\dfrac{\varepsilon_s'}{\varepsilon_c} = \dfrac{c - d'}{c} \rightarrow \varepsilon_s' = \dfrac{c - d'}{c} \varepsilon_c$

$\rightarrow \varepsilon_s' = \dfrac{360\text{mm} - 60\text{mm}}{360\text{mm}}(0.0033) = 0.00275$

계산 TIP

● 정석적인 방법

$P_d = (0.65)(0.8) \times$
$\quad [(0.85)(20\text{MPa})(600^2\text{mm}^2 - 10000\text{mm}^2)$
$\quad\quad\quad\quad\quad\quad + (330\text{MPa})(10000\text{mm}^2)]$
$= (65 \times 10^{-2})(8 \times 10^{-1}) \times$
$\quad [(85 \times 10^{-2})(2 \times 10)(35 \times 10^4) + (33 \times 10)(10^4)]\text{N}$
$= 65 \times 8 \times 10^{-3} \times [85 \times 2 \times 35 + 33 \times 10^2] \times 10^3\text{N}$
$= 65 \times 8 \times 10^{-3}[5950 + 3300]\text{kN}$

보기의 숫자 차이가 크기 때문에 셋째 자리에서 반올림하여 앞자리를 이용한다.

$\rightarrow 65 \times 8 \times 93 = 48360 \rightarrow P_d ≒ 4{,}810\text{kN}$

$\dfrac{0.00165}{0.0033} = \dfrac{540\text{mm} - c}{c} \rightarrow \dfrac{1}{2} = \dfrac{540 - c}{c}$

$\rightarrow c = 2(540 - c) = 1080 - 2c$

$\rightarrow 3c = 1080 \rightarrow c = \dfrac{1080}{3} = 360\text{mm}$

● 앞자리 뽑기

P_d는 2개 항으로 구성되므로 앞자리 뽑기를 적용할 수 없다.
c는 중간과정이므로 앞자리 뽑기를 적용할 수 없다.

2013 국가직

문제편 130p~135p

01 ②	02 ③	03 ②	04 ④	05 ④
06 ①	07 ③	08 ④	09 ②	10 ②
11 ①	12 ③	13 ①	14 ④	15 ①
16 ②	17 ④	18 ①	19 ①	20 ④

01 ▸ 80점 목표 — 정답 ②

①

> **KDS 14 20 30 콘크리트구조 사용성 설계기준**
> **1.2 적용 범위**
> (1) 구조물 또는 부재가 사용기간 중 충분한 기능과 성능을 유지하기 위하여 사용하중을 받을 때 사용성과 내구성을 검토하여야 한다.
> (2) 사용성 검토는 균열, 처짐, 피로의 영향 등을 고려하여 이루어져야 한다.

② 처짐을 계산할 때 하중의 작용에 의한 순간처짐은 부재강성에 대한 균열과 철근의 영향을 고려하여 탄성처짐 공식을 사용하여 계산하여야 한다.

02 — 정답 ③

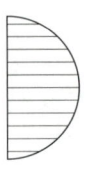

〈전단응력〉   〈휨응력〉

▸ 꼭 알아두자!

② 지간 중앙 단면에서 부재 하부표면의 응력은 아래와 같고 1축 응력 상태이므로 45도 방향으로 응력은 발생한다.

$$\tau=0,\ \sigma=\frac{M}{S}\ (\because 하연)$$

아마도 문제에 '균열이 발생하지 않은 ~'이라는 조건을 줬음에도 불구하고 출제자가 습관처럼 균열이 발생했다 생각하고 $\sigma=0$으로 해석하여 무응력 상태이니 사인장 응력 값이 0이 되는 것으로 잘못 해석한 것이 아닌가 생각된다.

③ $\sigma=-\dfrac{My}{I}$;

단면2차모멘트(I) ⇑ ➔ 휨응력(σ) ⇓

03 — 정답 ②

$$M_d=\phi M_n=\phi A_s f_y\left(d-\frac{a}{2}\right)$$
$$=(0.85)(1000\text{mm}^2)(400\text{MPa})\left(450\text{mm}-\frac{100\text{mm}}{2}\right)$$
$$=136\text{kN}\cdot\text{m}$$

▸ 계산 TIP

◦ 정석적인 방법

$$M_d=(0.85)(1000\text{mm}^2)(400\text{MPa})\left(450\text{mm}-\frac{100}{2}\text{mm}\right)$$
$$=(85\times10^{-2})(10^3\text{mm}^2)(4\times10^2\text{MPa})(4\times10^2\text{mm})$$
$$=85\times4\times4\times10^5\text{N}\cdot\text{mm}=1360\times10^5\times10^{-6}\text{kN}\cdot\text{m}$$
$$=136\text{kN}\cdot\text{m}$$

◦ 앞자리 뽑기

$M_d : 85\times4\times4=1360$ ➔ $M_d=136\text{kN}\cdot\text{m}$

04 — 정답 ④

④ 콘크리트 지압력에 대한 강도감소계수는 0.65이다.

05 ▸ 80점 목표 — 정답 ④

$$V_c=\frac{1}{6}\lambda\sqrt{f_{ck}}b_w d$$
$$=\left(\frac{1}{6}\right)(1)(\sqrt{25}\text{MPa})(300\times400\text{mm}^2)$$
$$=100\text{kN}$$

$$V_s\le 0.2f_{ck}\left(1-\frac{f_{ck}}{250}\right)b_w d$$
$$=(0.2)(25\text{MPa})\left(1-\frac{25}{250}\right)(300\times400\text{mm}^2)$$
$$=540\text{kN}$$

$\left(\because V_s>0.2f_{ck}\left(1-\dfrac{f_{ck}}{250}\right)b_w d\text{라면 단면 재설정}\right)$

$$\therefore V_d=\phi V_n=\phi(V_s+V_c)$$
$$=0.75(540\text{kN}+100\text{kN})$$
$$=480\text{kN}$$

계산 TIP

◦ 정석적인 방법

$$V_c = \left(\frac{1}{6}\right)(1)(\sqrt{25\text{MPa}})(300 \times 400\text{mm}^2)$$
$$= \left(\frac{1}{6}\right)(5\text{MPa})(3 \times 4 \times 10^4\text{mm}^2)$$
$$= \frac{1}{6} \times 5 \times 3 \times 4 \times 10^4\text{N} = 10 \times 10^4 \times 10^{-3}\text{kN} = 100\text{kN}$$

$$V_s < (0.2)(25\text{MPa})\left(1 - \frac{25}{250}\right)(300 \times 400\text{mm}^2)$$
$$= (2 \times 10^{-1})(25)(9 \times 10^{-1})(3 \times 4 \times 10^4)\text{N}$$
$$= 2 \times 25 \times 9 \times 3 \times 4 \times 10^2\text{N} = 5400 \times 10^2 \times 10^{-3}\text{kN}$$
$$= 540\text{kN}$$

◦ 앞자리 뽑기

V_c, V_s는 중간과정이므로 앞자리 뽑기를 적용할 수 없다.

꼭 알아두자!

면적(힘의 크기)도 동일해야 하므로 계산해 보면 $k = \frac{75}{76}$임을 알 수 있다.

$$A_a = (90\text{mm} \times f_{ck}) + \left(\frac{1}{2} \times 45\text{mm} \times f_{ck}\right) = 112.5 f_{ck}$$
$$A_b = a \times k f_{ck} = 114\text{mm} \times k f_{ck} = 114 k f_{ck}$$
$$A_a = A_b ;$$
$$112.5 f_{ck} = 114 k f_{ck}$$

$$\therefore k = \frac{112.5}{114} = \frac{75}{76}$$

06 정답 ①

등가 응력 형상은 어떤 것으로도 가정할 수 있으나 다음 두 가지 조건을 만족시켜야 한다.
- 힘의 크기가 같아야 한다.(=응력 형상의 면적이 같아야 한다.)
- 힘의 작용점이 같아야 한다.(=응력 형상의 도심이 같아야 한다.)

(A) 콘크리트 응력분포
$A_1 = 90\text{mm} \times 20\text{MPa} = 1800$
$A_2 = \frac{1}{2} \times 45\text{mm} \times 20\text{MPa} = 450$
$A_1 : A_2 = 4 : 1$

$$y_a = \frac{4\left(\frac{90}{2}\text{mm}\right) + 1\left(90\text{mm} + \frac{45\text{mm}}{3}\right)}{4+1}$$
$$= 57\text{mm}$$

(B) 등가응력분포
$y_b = \frac{a}{2}\text{mm}$

$y_a = y_b ;$
$57\text{mm} = \frac{a}{2}\text{mm}$
$\therefore a = 114\text{mm}$

07 정답 ③

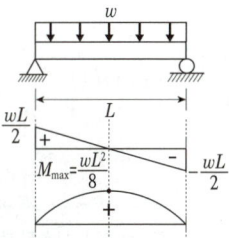

$$M_u = \frac{(\gamma w_n)L^2}{8} = \frac{w_n L^2}{8}$$

$$M_d = \phi M_n = A_s f_y \left(d - \frac{a}{2}\right)$$
$$= A_s f_y \left(d - \frac{1}{2} \times \frac{A_s f_y}{\eta(0.85 f_{ck} b)}\right)$$

$M_d > M_u ;$
$$A_s f_y \left(d - \frac{1}{2} \times \frac{A_s f_y}{\eta(0.85 f_{ck} b)}\right) > \frac{w_n L^2}{8}$$

$$\therefore \frac{8 A_s f_y}{L^2}\left(d - \frac{1}{2} \times \frac{A_s f_y}{\eta(0.85 f_{ck} b)}\right) > w_n$$

08 정답 ④

전단경간비(a/d)	파괴유형	강도 결정
$a/d \leq 1$(깊은, 짧은 단면)	아치작용	전단강도에 지배적
$1 \leq a/d \leq 2.5$	전단파괴	전단강도에 지배적
$2.5 \leq a/d \leq 6$	사인장균열	전단강도＋휨 지배적
$6 \leq a/d$(얇은, 긴 단면)	휨균열	휨강도에 지배적

④ a/d 가 7(6)보다 큰 보에서는 전단균열보다 휨균열이 먼저 발생한다.

09

정답 ②

계수	조건	보정계수
α (위치계수)	상부철근(정착길이 또는 겹침이음부 아래 300mm 초과되게 굳지 않은 콘크리트에 묻힌 수평철근)	1.3
	기타	1
β (도막계수, 표면처리계수)	피복두께 $3d_b$ 미만 또는 순간격이 $6d$ 미만인 에폭시 도막철근 혹은 아연-에폭시 이중 도막 철근 또는 철선	1.5
	기타 에폭시 도막철근 혹은 아연-에폭시 이중도막 철근 또는 철선	1.2
	아연도금 혹은 도막되지 않은 철근 또는 철선	1

※ 단, 에폭시 도막철근이 상부철근인 경우에는 $\alpha\beta$값이 1.7보다 클 필요는 없다.

$$l_{db} = \frac{0.24 f_y}{\lambda \sqrt{f_{ck}}} d_b \times \beta$$
$$= \frac{(0.24)(400\text{MPa})}{(1)(\sqrt{25\text{MPa}})}(25\text{mm})(1)$$
$$= 480\text{mm}$$

꼭 알아두자!

기본정착길이 l_{db}이므로 표준 갈고리 최소정착길이 규정($8d_b$ 이상, 150mm 이상)을 적용하지 않는다.

계산 TIP

○ 정석적인 방법
$$l_{db} = \frac{(0.24)(400\text{MPa})}{(1)(\sqrt{25\text{MPa}})}(25\text{mm})(1)$$
$$= \frac{(24 \times 10^{-2})(4 \times 10^2)}{(5)}(25\text{mm})$$
$$= \frac{24 \times 4}{5} \times 25\text{mm} = 480\text{mm}$$

○ 앞자리 뽑기
$l_{db} : \frac{24 \times 4}{5} \times 25 = 480 \rightarrow l_{db} = 480\text{mm}$

10

정답 ②

① $P_u = 1.2P_D + 1.6P_L \geq 1.4P_D$
$= 1.2(900\text{kN}) + 1.6(800\text{kN}) \geq 1.4(900\text{kN})$
$= 2360\text{kN} \geq 1200\text{kN}(\text{OK})$

② $M_u = 1.6M_L = 1.6(40\text{kN}\cdot\text{m}) = 64\text{kN}\cdot\text{m}$

③ $e = \frac{M}{P} = \frac{64\text{kN}\cdot\text{m}}{2360\text{kN}} \approx 27\text{mm}$

종류	e_{min}
띠철근	$0.1h$
나선철근	$0.05h$

④ $e_{min} = 0.1h = 0.1(500\text{mm}) = 50\text{mm} > e = 27\text{mm}$이므로 휨 없이 압축만 받는다고 해석할 수 있다.

11

정답 ①

① 수축·온도철근의 간격은 슬래브 두께의 5배 and 450mm 이하로 한다.

12

정답 ③

③ 비합성 압축부재의 축방향 주철근 단면적은 전체 단면적의 0.01배 이상, 0.08배 이하로 한다.

꼭 알아두자!

① 비합성 압축부재의 철근이 겹침이음 하지 않은 경우 :
  $0.01 \leq \rho \leq 0.08$
② 주철근이 겹침이음 한 경우 : $0.01 \leq \rho \leq 0.04$

13

정답 ①

$M = Pe = \frac{w_e L^2}{8}$

$\rightarrow w_e = \frac{8Pe}{L^2}$
$= \frac{8(1000\text{kN})(0.3\text{m})}{(10\text{m})^2}$
$= 24\text{kN/m}$

14

정답 ④

④ 별도의 계산을 하지 않더라도, 하중저항계수설계법에서는 다음 기준을 만족하면 전도에 대해 안정한 것으로 간주한다.
- 기초지반이 흙인 경우, 힘의 합력이 기초중심에서 1/4B 이내에 있는 경우
- 기초지반이 암인 경우, 힘의 합력이 기초중심에서 3/8B 이내에 있는 경우

15

정답 ①

$$f = \frac{P}{A} = \frac{400\text{kN}}{400 \times 10\text{mm}^2} = 100\text{MPa}$$

계산 TIP

◦ 정석적인 방법

$$f = \frac{400\text{kN}}{400 \times 10\text{mm}^2} = \frac{4 \times 10^2 \times 10^3 \text{N}}{4 \times 10^2 \times 10\text{mm}^2}$$
$$= \frac{4}{4} \times 10^2 \text{MPa} = 100\text{MPa}$$

◦ 앞자리 뽑기

$$f : \frac{4}{4} = 1 \rightarrow f = 100\text{MPa}$$

16

정답 ②

KDS 11 50 15 깊은기초 설계기준(일반설계법)
4.1.1.2 말뚝본체의 허용압축하중

(1) 강말뚝
① 강말뚝 본체의 허용압축하중은 강재의 허용압축응력에 본체의 유효단면적을 곱한 값에 세장비(말뚝 지름에 대한 길이의 비) 및 말뚝이음에 의한 지지하중 감소를 고려하여 결정한다.
② 강말뚝 본체의 유효단면적은 구조물 사용기간 중의 부식을 공제한 값으로 하되, 부식을 공제할 때에는 육상말뚝과 해상말뚝으로 구분하여 고려한다.
③ 지하수에 의해 부식이 우려되는 경우에는 강재 부식 방지공을 검토하고, 이 조건을 고려하여 강말뚝 본체의 허용압축하중을 결정한다.

(2) 기성 콘크리트말뚝
① RC(Reinforced Concrete)말뚝 본체의 허용압축하중은 콘크리트의 허용압축응력에 콘크리트의 단면적을 곱한 값에 세장비 및 말뚝이음에 의한 지지하중 감소를 고려하여 결정한다.
② PC(Prestressed Concrete)말뚝 및 PHC(Pretensioned spun High strength Concrete)말뚝 본체의 허용압축하중은 콘크리트의 허용압축응력에 콘크리트의 단면적을 곱한 값에 프리스트레싱의 영향을 고려하고, 세장비 및 말뚝이음에 의한 지지하중 감소를 고려하여 결정한다.
③ 지하수에 의해 부식이 우려되는 경우에는 부식 방지공을 검토하여야 하며, 이 조건을 고려하여 말뚝 본체의 허용압축하중을 결정한다.

(3) 현장타설 콘크리트말뚝
① 현장타설 콘크리트말뚝 본체의 허용압축하중은 콘크리트와 보강재로 구분하여 허용압축하중을 각각 산정한 다음, 이 두 값을 합한 값에 세장비에 의한 지지하중 감소를 고려하여 결정한다.
② 콘크리트의 허용압축하중은 콘크리트의 허용압축응력에 콘크리트의 단면적을 곱한 값으로 한다.
③ 보강재의 허용압축하중은 보강재의 허용압축응력에 보강재의 단면적을 곱한 값으로 한다.
④ 지하수에 의해 부식이 우려되는 경우에는 부식 방지공을 고려하여 말뚝 본체의 허용압축하중을 결정한다.

② 현장타설 콘크리트말뚝 본체의 허용압축하중은 콘크리트와 보강재로 구분하여 허용압축하중을 각각 산정한 다음, 이 두 값을 합한 값에 세장비에 의한 지지하중 감소를 고려하여 결정한다.

17

정답 ④

④ 강구조물은 극심한 기후환경 하에 취약하여 장기간에 걸쳐 유지관리가 필요하며 비교적 취성파괴에 강한 거동 특성을 지니고 있다.

18
정답 ①

① 프리스트레스콘크리트 그라우트의 물-결합재 비는 45% 이하로 하며, 소요의 반죽질기가 얻어지는 범위 내에서 될 수 있는 대로 작게 할 필요가 있다.

②

> **KDS 14 20 60 : 2021**
> **4.7 슬래브 설계**
> **4.7.2 긴장재와 철근의 배치**
> (1) 등분포하중에 대하여 배치하는 긴장재의 간격은 최소한 1방향으로는 슬래브 두께의 8배 또는 1.5m 이하로 하여야 한다.
> (2) 유효프리스트레스에 의한 콘크리트의 평균 압축응력이 0.9MPa 이상 되도록 긴장재의 간격을 정하여야 한다.
> (3) 경간 내에서 단면 두께가 변하는 경우에는 단면 변화 방향이 긴장재 방향과 평행이거나 직각이거나에 관계없이 유효프리스트레스에 의한 콘크리트의 평균 압축응력이 모든 단면에서 0.9MPa 이상 되도록 설계하여야 한다.

③, ④

> **KCS 14 20 53 : 2022**
> **2.1.4 프리스트레스트 콘크리트 부속 재료**
> (14) 그라우트되는 단독 강선, 강연선 또는 강봉을 배치하기 위한 덕트는 내면 지름이 긴장재 지름보다 6mm 이상 커야 한다.
> (15) 그라우트되는 다수의 강선, 강연선 또는 강봉을 배치하기 위한 덕트는 내부 단면적이 긴장재 단면적의 2.5배 이상이어야 한다. 단, 30m 이하의 짧은 텐던에서는 2배 이상이어야 한다.
> (16) 포스트텐션 덕트가 상기 (1)과 (2)의 규정을 따르기 어려운 경우에는 발주자의 승인을 얻어야 한다.
>
> **3.6 그라우트**
> **3.6.1 일반사항**
> (1) PS 강재를 부착시키는 포스트텐션 방식의 경우에는 그라우트에 의해 긴장재의 부식을 방지하여야 한다.
> (2) 그라우트 시공은 프리스트레싱이 끝나고 8시간이 경과한 다음 가능한 한 빨리 하여야 하며, 프리스트레싱이 끝난 후 7일 이내에 실시하여야 한다. 만약 이러한 기한을 준수하지 못할 경우 부식 방지제를 사용하여 강재를 보호하여야 한다.
> (3) 그라우트 시공된 외부 텐던이 외력에 의해 과도한 진동이 예상되는 경우에는 진동방지공 또는 그라우트가 아닌 유효한 방청 대책이 제시되어야 한다.

19 80점 목표
정답 ①

주철근 방향	배력철근 비율
주철근이 차량 진행 방향에 직각인 경우	$120/\sqrt{L}$과 67% 중 작은 값 이상
주철근이 차량 진행 방향에 평행한 경우	$55/\sqrt{L}$과 50% 중 작은 값 이상

① 배근되는 배력철근량은 온도 및 건조수축에 대한 철근량 이상이어야 한다.

20
정답 ④

	RC	PSC
인장력(T), 압축력(C)	증가	거의 고정
모멘트 팔 길이	거의 고정	증가

④ 탄성응력상태 RC보에서는 하중이 증가함에 따라 철근의 인장력(T)과 콘크리트의 압축력(C)이 커지고 우력의 팔길이는 거의 고정된다.

2014 국가직

문제편 136p~141p

01	①	02	②	03	④	04	③	05	④
06	①	07	④	08	②	09	②	10	③
11	④	12	①	13	②	14	④	15	④
16	②	17	③	18	①	19	①	20	③

01

정답 ①

T형: 슬래브가 양쪽 플랜지를 이루는 보	① $16t_f + b_w$ ② 슬래브 중심간 거리 ③ 보 경간의 1/4
반 T형: 한 쪽으로만 플랜지를 이루는 보	① $6t_f + b_w$ ② 인접한 보와의 내측거리의 $1/2 + b_w$ ③ 보 경간의 $1/12 + b_w$

- $16t_f + b_w = 16(100mm) + 500mm = 2100mm$
- 슬래브 중심간 거리 $= 2000mm$
- 보 경간의 $1/4 = \dfrac{10m}{4} = 2500mm$

∴ $b_e = 2000mm$

02

80점 목표

정답 ②

② 각 방향으로 3경간 이상 연속되어야 한다.

꼭 알아두자!

직접설계법 적용 조건

- 각 방향으로 3경간 이상 연속되어야 한다.
- 연속한 기둥 중심선을 기준으로 기둥의 어긋남은 그 방향 경간의 10% 이하이어야 한다.
- 모든 하중은 슬래브 판 전체에 걸쳐 등분포된 연직하중이어야 하며, 활하중은 고정하중의 2배 이하이어야 한다.
- 슬래브 판들은 단변 경간에 대한 장변 경간의 비가 2 이하인 직사각형이어야 한다.
- 각 방향으로 연속한 받침부 중심간 경간 차이는 긴 경간의 1/3 이하이어야 한다. ($l_2 - l_1 \le l_2/3$)
- 모든 변에서 보가 슬래브를 지지할 경우 직교하는 두 방향에서 보의 상대강성은 아래 식을 만족하여야 한다.

$$0.2 \le \dfrac{\alpha_1 l_2^2}{\alpha_2 l_1^2} \le 5.0$$

- 규정을 만족하는 해석으로 입증한다면 제한 사항을 다소 벗어나더라도 직접설계법을 적용할 수 있다.
- 직접설계법으로 설계한 슬래브 시스템은 휨모멘트 재분배를 적용할 수 없다.

03

정답 ④

ㄱ. ㄹ. 물-시멘트비 $\dfrac{W}{C}$ (≈단위 수량) ⇑ → 건조수축 ⇑ (가장 큰 영향★) → 크리프 ⇑

ㄴ. 강도(재령) ⇑ → 크리프 ⇑, 크리프 증가율 ⇓

ㄷ. 건조할수록 (습도 ⇓, 온도 ⇑) → 건조수축 ⇑

04

정답 ③

$A = 500 \times 600mm^2 = 300000mm^2$

$A_{min} = 0.01A = 3000mm^2$

$A_{max} = 0.08A = 24000mm^2$

∴ $3000mm^2 \le A_s \le 24000mm^2$

꼭 알아두자!

① 비합성 압축부재의 철근이 겹침이음 하지 않은 경우:
   $0.01 \le \rho \le 0.08$
② 주철근이 겹침이음 한 경우: $0.01 \le \rho \le 0.04$

05

정답 ④

$M_w = \dfrac{wL^2}{8}$

$M_e = Pe$

$M_w = M_e$;

$\dfrac{wL^2}{8} = Pe \rightarrow e = \dfrac{wL^2}{8P}$

∴ $e = \dfrac{(16kN/m)(20m)^2}{8(2500kN)} = 0.32m$

꼭 알아두자!

응력해석에서 '하연응력과 상연응력이 동일할 때~' 조건의 문제는 응력이 아닌 모멘트 관점에서 해석해야 한다. (Day 09, Skill 3 참조)

06   정답 ①

$f_{ck} \leq 40\text{MPa} \rightarrow \eta=1, \beta_1=0.8, \varepsilon_{cu}=0.0033$

$a = \dfrac{A_s f_y}{\eta(0.85 f_{ck} b)} < t_f$

$\therefore A_s < \dfrac{\eta(0.85 f_{ck}) b t_f}{f_y} = \dfrac{(0.85)(20\text{MPa})(800\text{mm})(100\text{mm})}{(400\text{MPa})}$

$\qquad\qquad = 3400\text{mm}^2$

계산 TIP

○ 정석적인 방법

$A_s < \dfrac{(0.85)(20\text{MPa})(800\text{mm})(100\text{mm})}{400\text{MPa}}$

$\quad = \dfrac{(85 \times 10^{-2})(2 \times 10)(8 \times 10^2)(10^2)\text{mm}^2}{4 \times 10^2}$

$\quad = \dfrac{85 \times 2 \times 8 \times 10^3 \text{mm}^2}{4 \times 10^2} = 3400\text{mm}^2$

○ 앞자리 뽑기

$A_s : \dfrac{85 \times 2 \times 8}{4} = 340 \rightarrow A_s = 3400\text{mm}^2$

07   정답 ④

꼭 알아두자!

전단력이 연직방향으로 작용할 때 동일한 방향으로 균열이 발생했으므로 전단마찰철근에 대한 문제임을 추측할 수 있다. 문제에서는 친절하게 전단마찰철근량이라고 언급하였으나 별도의 언급이 없더라도 파악할 수 있어야 한다.

$V_d = \phi V_n > V_u$

$\rightarrow \phi(\mu A_v f_y) > V_u$

$\therefore A_v > \dfrac{V_u}{\phi \mu f_y}$

$\quad = \dfrac{540\text{kN}}{(0.75)(0.6)(400\text{MPa})} = 3000\text{mm}^2$

계산 TIP

○ 정석적인 방법

$A_v > \dfrac{540\text{kN}}{(0.75)(0.6)(400\text{MPa})}$

$\quad = \dfrac{54 \times 10 \times 10^3 \text{N} \times \text{mm}^2}{(75 \times 10^{-2})(6 \times 10^{-1})(4 \times 10^2 \text{MPa}) \times \text{mm}^2}$

$\quad = \dfrac{54 \times 10^4 \text{mm}^2}{75 \times 6 \times 4 \times 10^{-1}} = 3000\text{mm}^2$

○ 앞자리 뽑기

$A_v : \dfrac{54}{75 \times 6 \times 4} = \dfrac{3}{100} \rightarrow A_v > 3000\text{mm}^2$

08   정답 ②

② 지반 침하에 대한 안정성 검토에서 지반의 최대 지반반력은 지반의 허용지지력 이하가 되어야 하며, 지반의 허용지지력은 지반의 극한지지력의 1/3 이어야 한다.

09 (80점 목표)   정답 ②

$P_{px} = P_{pj} e^{-(Kl_{px} + \mu_p \alpha_{px})}$

P_{px} : 임의점 x에서 긴장재의 긴장력
P_{pj} : 긴장단에서 긴장재의 긴장력
K : 긴장재의 단위길이 1m당 파상마찰계수
l_{px} : 정착단부터 임의의 지점 x까지 긴장재의 길이
μ_p : 곡선부의 곡률마찰계수
α_{px} : 긴장단부터 임의점 x까지 긴장재의 전체 회전각 변화량(라디안)

$\therefore P_C = P_o e^{-(0.3 \times 0.25 + 0.004 \times 15)}$

$\quad P_D = P_o e^{-(0.3 \times 0.25 + 0.004 \times 20)}$

10   정답 ③

	ϕ	α
띠철근 기둥	0.65	0.8
나선철근 기둥	0.7	0.85

③ 나선철근을 사용한 기둥이 띠철근을 사용한 기둥보다 연성이 크다.

11   정답 ④

①, ④ 인장철근이 항복에 도달하지 못할 경우 압축철근을 배치함으로써 인장철근의 항복을 유도할 수 있다. 따라서 연성을 증가시키며 인장지배 단면에서 파괴가 일어나도록 유도할 수 있다.

12

정답 ①

① 재료의 허용응력을 이용하는 것은 허용응력 설계법이다.
② $f_{ck} \leq 40\text{MPa} \rightarrow \eta=1, \beta_1=0.8, \varepsilon_{cu}=0.0033$
③ 철근과 콘크리트의 변형률은 중립축부터 거리에 비례하는 것으로 가정할 수 있다. (=평면유지의 법칙, 철근과 콘크리트의 변형률은 선형적이다.) 단, 깊은 보는 제외한다. (깊은보는 비선형 변형률 분포를 고려하여 설계하여야 한다. 그러나 비선형 분포를 고려하는 대신 스트럿-타이 모델을 적용할 수도 있다.)

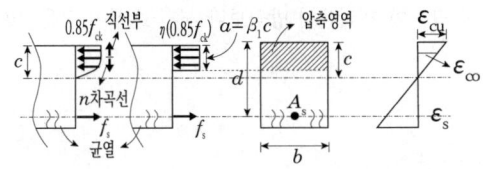

〈실제응력〉〈등가응력블록〉 〈단면〉   〈변형도〉

④ 강도설계법은 소성해석으로 콘크리트는 훅크의 법칙을 만족하지 않으며, 철근은 항복변형률 이내($\varepsilon_s < \varepsilon_y$일 때)에서 훅크의 법칙($f_s = \varepsilon_s E_s$)을 만족한다.

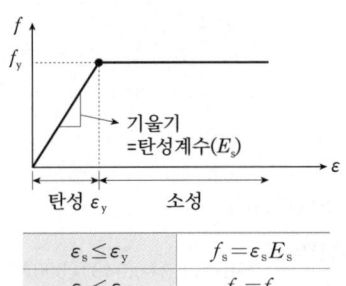

$\varepsilon_s \leq \varepsilon_y$	$f_s = \varepsilon_s E_s$
$\varepsilon_y < \varepsilon_s$	$f_s = f_y$

13

정답 ②

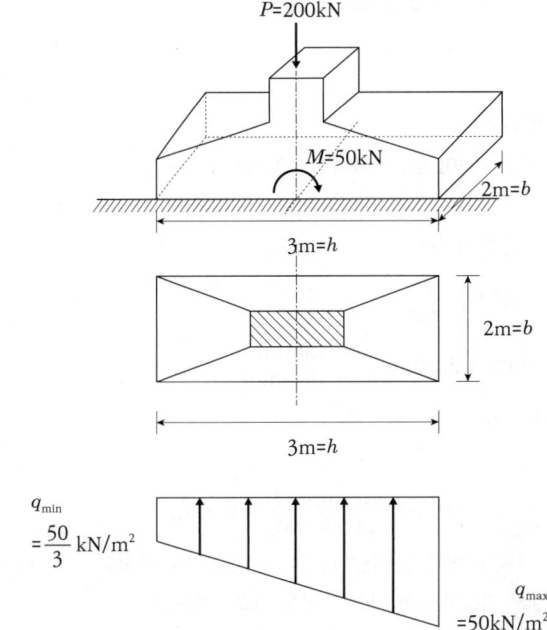

$$q_{max} = -\frac{P}{A} - \frac{M}{S} = -\frac{P}{bh} - \frac{M}{\left(\frac{bh^2}{6}\right)}$$

$$= -\frac{200\text{kN}}{(3 \times 2\text{m}^2)} - \frac{50\text{kN} \cdot \text{m}}{\left(\frac{2 \times 3^2}{6}\text{m}^3\right)} = -\frac{100}{3}\text{kN/m}^2 - \frac{50}{3}\text{kN/m}^2$$

$$= -50\text{kN/m}^2$$

꼭 알아두자!

q_{min}도 계산해보면 다음과 같다.

$$q_{min} = -\frac{P}{A} + \frac{M}{S}$$

$$= -\frac{100}{3}\text{kN/m}^2 + \frac{50}{3}\text{kN/m}^2$$

$$= -\frac{50}{3}\text{kN/m}^2$$

14
정답 ④

$b_g = 60+40+40+40+60 = 240\text{mm}$
$s = 80\text{mm},\ g = 40\text{mm}$

(1) 정열 배치
$b_1 = b_g - d = 240\text{mm} - 20\text{mm} = 220\text{mm}$

(2) 불규칙(엇모) 배치
$b_2 = b_g - 2d + \sum \dfrac{s^2}{4g}$
$= 240\text{mm} - 2(20\text{mm}) + \dfrac{(80\text{mm})^2}{4(40\text{mm})}$
$= 240\text{mm}$

$-d + \dfrac{s^2}{4g} = -20\text{mm} + \dfrac{(80\text{mm})^2}{4(40\text{mm})} = 20\text{mm}$

이므로 구멍이 하나 늘어날 때마다 20mm씩 증가한다. 따라서 구멍이 더 많은 지그재그 배치를 고려할 필요가 없다.

$b_3 = b_g - 3d + \sum \dfrac{s^2}{4g}$
$= 240\text{mm} - 3(20\text{mm}) + 2 \times \dfrac{(80\text{mm})^2}{4(40\text{mm})} = 260\text{mm}$
$b_4 = b_g - 4d + \sum \dfrac{s^2}{4g}$
$= 240\text{mm} - 4(20\text{mm}) + 3 \times \dfrac{(80\text{mm})^2}{4(40\text{mm})} = 280\text{mm}$

$b_n = b_{min} = 220\text{mm}$
$\therefore A_n = b_n t = (220\text{mm})(10\text{mm}) = 2200\text{mm}^2$

15
정답 ④

① 프리텐션 방식에서는 쉬스관이 설치되지 않는다.
② 포스트텐션 방식에서 여러개의 긴장재에 프리스트레스를 한번에 도입하는 경우에는 콘크리트의 탄성수축으로 인한 손실은 발생되지 않는다.

③, ④

	프리(pre)텐션 방식	포스트(post)텐션 방식
도입할 때 일어나는 손실 (즉시 손실)	① 정착장치의 활동(=슬립량에 의한 손실) ② 콘크리트의 탄성수축	
		③ 긴장재와 덕트 사이의 마찰★ (=PS 강재와 쉬스 사이의 마찰)
도입 후 일어나는 손실 (시간 손실)	① 콘크리트의 크리프 ② 콘크리트의 수축(자기수축+건조수축) ③ 긴장재 응력의 릴랙세이션	

포스트텐션 방식이 프리텐션 방식보다 시간 손실이 작은 것이 일반적이다. ★

16
정답 ②

$l_{db} = \dfrac{0.25 f_y}{\lambda \sqrt{f_{ck}}} d_b \geq 0.043 f_y d_b$

$\rightarrow \dfrac{(0.25)(300\text{MPa})}{(1)(\sqrt{25}\text{MPa})}(25\text{mm}) \geq (0.043)(300\text{MPa})(25\text{mm})$

$\rightarrow 375\text{mm} \geq 322.5\text{mm}$

$\therefore l_{db} = 375\text{mm}$

꼭 알아두자!
기본정착길이 l_{db}이므로 인장 이형철근 최소정착길이 규정(200mm 이상)을 적용하지 않는다.

계산 TIP

○ 정석적인 방법
$\dfrac{(0.25)(300\text{MPa})}{(1)(\sqrt{25}\text{MPa})}(25\text{mm}) \geq (0.043)(300\text{MPa})(25\text{mm})$

$\rightarrow \dfrac{(25 \times 10^{-2})(3 \times 10^2)}{(5)}(25\text{mm}) \geq (43 \times 10^{-3})(3 \times 10^2)(25\text{mm})$

$\rightarrow \dfrac{25 \times 3}{5} \times 25\text{mm} \geq 43 \times 3 \times 25 \times 10^{-1}\text{mm}$

$\rightarrow 375\text{mm} \geq 322.5\text{mm}$

○ 앞자리 뽑기
대소 비교를 해야 하므로 앞자리 뽑기를 적용할 수 없다.

17 80점 목표 정답 ③

$A_{sf}f_y = \eta(0.85f_{ck})(b-b_w)t_f$

$\rightarrow A_{sf} = \dfrac{\eta(0.85f_{ck})(b-b_w)t_f}{f_y}$

$M_n = A_{sf}f_y\left(d-\dfrac{t_f}{2}\right) + A_{sw}f_y\left(d-\dfrac{a}{2}\right)$

(단, $A_{sw} = A_s - A_{sf}$)

18 정답 ①

꼭 알아두자!

이론상 $V_u < \phi V_c$ 라면 전단철근을 배치할 필요가 없으나 설계상 $\dfrac{1}{2}\phi V_c < V_u$ 일 때 최소전단철근 규정을 두고 있다. 따라서 전단철근을 배치하지 않으려면 $V_u < \dfrac{1}{2}\phi V_c$ 를 만족해야 한다.

$V_u < \dfrac{1}{2}\phi V_c = \dfrac{1}{2}\phi\left(\dfrac{1}{6}\lambda\sqrt{f_{ck}}\,b_w d\right)$

$= \dfrac{1}{2}(0.75)\left(\dfrac{1}{6}\right)(1)(\sqrt{25}\text{MPa})(600 \times 800\text{mm}^2)$

$= 150\text{kN}$

계산 TIP

○ 정석적인 방법

$V_u < \dfrac{1}{2}(0.75)\left(\dfrac{1}{6}\right)(1)(\sqrt{25}\text{MPa})(600 \times 800\text{mm}^2)$

$= \dfrac{1}{2}(75 \times 10^{-2})\left(\dfrac{1}{6}\right)(5\text{MPa})(6 \times 8 \times 10^4\text{mm}^2)$

$= \dfrac{75 \times 5 \times 6 \times 8 \times 10^2 \text{N}}{2 \times 6} = 1500 \times 10^2 \times 10^{-3}\text{kN} = 150\text{kN}$

○ 앞자리 뽑기

$V_u : \dfrac{1}{2} \times 75 \times \dfrac{1}{6} \times 5 \times 6 \times 8 = 1500 \rightarrow V_u = 150\text{kN}$

19 정답 ①

$M_d = \phi M_n > 1.2M_d + 1.6M_l$

$(0.85)(320\text{kN}\cdot\text{m}) > 1.2(160\text{kN}\cdot\text{m}) + 1.6(M_l)$

($\phi = 0.85$ ∵ 인장지배단면)

∴ $50\text{kN}\cdot\text{m} > M_l$

꼭 알아두자!

설계기준에 따라 최솟값도 구할 수 있다.

$1.2M_d + 1.6M_l \geq 1.4M_d$

$1.2(160\text{kN}\cdot\text{m}) + 1.6(M_l) \geq 1.4(160\text{kN}\cdot\text{m})$

$M_l \geq 20\text{kN}\cdot\text{m}$

20 정답 ③

$f_{ck} \leq 40\text{MPa} \rightarrow \eta = 1, \beta_1 = 0.8, \varepsilon_{cu} = 0.0033$

① $\dfrac{c}{d} = \dfrac{\varepsilon_c}{\varepsilon_c + \varepsilon_s} \rightarrow c_b = \dfrac{\varepsilon_c}{\varepsilon_c + \varepsilon_y}d = \dfrac{0.0033}{0.0033 + \varepsilon_y}d = \dfrac{660}{660 + f_y}d$

② $\rho = \eta\left(0.85\beta_1\dfrac{f_{ck}}{f_y}\dfrac{\varepsilon_{cu}}{\varepsilon_{cu} + \varepsilon_s}\right)$

$\rightarrow \rho_b = 0.85\beta_1\dfrac{f_{ck}}{f_y}\dfrac{0.0033}{0.0033+\varepsilon_y} = 0.85\beta_1\dfrac{f_{ck}}{f_y}\dfrac{660}{660+f_y}$

③ $f_y > 400\text{MPa}$ 인 철근에 대해서는 $\varepsilon_{t,min} = 2\varepsilon_y$ 이고,

$f_y \leq 400\text{MPa}$ 인 철근에 대해서는 $\varepsilon_{t,min} = 0.004$ 이다.

철근 항복강도(f_y)	압축지배 변형률 한계	최소허용 변형률	인장지배 변형률 한계
$f_y \leq 400\text{MPa}$	ε_y	0.004	0.005
$400\text{MPa} < f_y$	ε_y	$2\varepsilon_y$	$2.5\varepsilon_y$

④ $\rho = \eta\left(0.85\beta_1\dfrac{f_{ck}}{f_y}\dfrac{\varepsilon_{cu}}{\varepsilon_{cu}+\varepsilon_s}\right)$

$\rightarrow \rho_b = 0.85\beta_1\dfrac{f_{ck}}{f_y}\dfrac{0.0033}{0.0033+\varepsilon_y} = 0.85\beta_1\dfrac{f_{ck}}{f_y}\dfrac{660}{660+f_y}$

$\rightarrow \rho_{max} = 0.85\beta_1\dfrac{f_{ck}}{f_y}\dfrac{0.0033}{0.0033+\varepsilon_{t,min}} = 0.85\beta_1\dfrac{f_{ck}}{f_y}\dfrac{660}{660+800}$

(∵ $\varepsilon_{t,min} \times E_s = 0.004 \times 200,000\text{MPa} = 800$)

∴ $\rho_{max} = \rho_b \times \dfrac{660+f_y}{660+800} = \dfrac{660+f_y}{1460}\rho_b$

꼭 알아두자!

철근비와 균형철근비의 관계를 암기하고 있으면 이를 이용할 수 있다.

$\rho = \dfrac{\varepsilon_c+\varepsilon_y}{\varepsilon_c+\varepsilon_s}\rho_b \rightarrow \rho_{max} = \dfrac{\varepsilon_c+\varepsilon_y}{\varepsilon_c+\varepsilon_{min}}\rho_b = \dfrac{(\varepsilon_c+\varepsilon_y) \times E_s}{(\varepsilon_c+\varepsilon_{min}) \times E_s}\rho_b$

∴ $\rho_{max} = \dfrac{660+f_y}{660+800}\rho_b = \dfrac{660+f_y}{1460}\rho_b$

2015 국가직

01 ④	02 ③	03 ③	04 ②	05 ②
06 ②	07 ④	08 ④	09 ②	10 ①
11 ③	12 ①	13 ①	14 ③	15 ④
16 ③	17 ①	18 ②	19 ②	20 ③

01
정답 ④

①, ② 휨 부재에서 서로 직접 접촉되지 않게 겹침이음된 철근은 횡방향으로 소요 겹침이음길이의 1/5 or 150mm 중 작은 값 이상으로 떨어지지 말아야 한다.

③ 용접이음은 철근의 설계기준항복강도 f_y의 125% 이상을 발휘할 수 있어야 한다.

02
정답 ③

ㄹ. 전도에 대한 저항 모멘트는 횡토압에 의한 전도 모멘트의 2배 이상 이어야 한다.

03
정답 ③

$\rho = \dfrac{A_s}{bd} = \dfrac{1600\text{mm}^2}{400 \times 600\text{mm}^2} \approx 0.0067$

$\rho_{\min} < 0.0067 < \rho_{\max} < \rho_b$

∴ ③ 부재는 연성파괴된다.

꼭 알아두자!

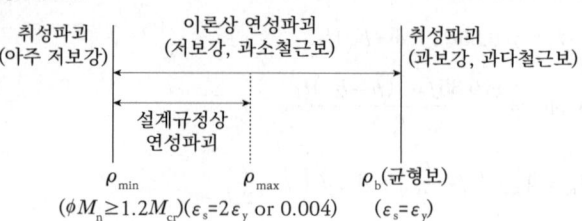

- $\rho < \rho_{\min}$: 인장측 철근이 끊어져 무근콘크리트와 같은 파괴 거동. 갑작스런 파괴(취성파괴)가 발생하므로 인명피해가 발생할 수 있다.(아주저보강보)
- $\rho_{\min} < \rho < \rho_b$: 인장측 철근이 먼저 항복. 이론상 연성파괴가 발생하므로 인명피해를 방지할 수 있다. 중립축이 압축측으로 상승(저보강보, 과소철근보)
- $\rho = \rho_b$: 압축측 콘크리트 파괴와 인장측 철근항복이 동시에 발생(균형보)
- $\rho_b < \rho$: 압축측 콘크리트가 먼저 파괴. 갑작스런 파괴(취성파괴)가 발생하므로 인명피해가 발생할 수 있다. 중립축이 인장측으로 하강(과보강보, 과다철근보)

04
정답 ②

$f_{ck} \leq 40\text{MPa} \rightarrow \eta = 1,\ \beta_1 = 0.8,\ \varepsilon_{cu} = 0.0033$

$a = \dfrac{A_s f_y}{\eta(0.85 f_{ck} b)} < t_f$

$\rightarrow A_s < \dfrac{\eta(0.85 f_{ck})bt_f}{f_y} = \dfrac{(0.85)(25\text{MPa})(500\text{mm})(60\text{mm})}{400\text{MPa}}$

$= 1593.75\text{mm}^2$

∴ 1200mm^2, 1500mm^2

계산 TIP

정석적인 방법

$A_s < \dfrac{(0.85)(25\text{MPa})(500\text{mm})(60\text{mm})}{400\text{MPa}}$

$= \dfrac{(85 \times 10^{-2})(25)(5 \times 10^2)(6 \times 10)\text{mm}^2}{4 \times 10^2}$

$= \dfrac{85 \times 25 \times 5 \times 6 \times 10\text{mm}^2}{4 \times 10^2} = 1593.75\text{mm}^2$

앞자리 뽑기

A_s는 중간과정이므로 앞자리 뽑기를 적용할 수 없다.

05 정답 ②

철근 항복강도(f_y)	압축지배 변형률 한계	최소허용 변형률	인장지배 변형률 한계
$f_y \leq 400\text{MPa}$	ε_y	0.004	0.005
$400\text{MPa} < f_y$	ε_y	$2\varepsilon_y$	$2.5\varepsilon_y$

$\varepsilon_y = \dfrac{f_y}{E_s} = \dfrac{400\text{MPa}}{200{,}000\text{MPa}} = 0.002$

$\therefore \phi = 0.7 + \dfrac{\varepsilon_s - \varepsilon_y}{\text{인장지배 변형률 한계} - \varepsilon_y} \times (0.85 - 0.7)$

$= 0.7 + \dfrac{0.003 - 0.002}{0.005 - 0.002}(0.15) = 0.75$

꼭 알아두자!

$f_y = 400\text{MPa}$일 때, 강도감소 계수 공식을 별도로 암기해서 대입해도 좋다.

$\phi = 0.7 + (\varepsilon_s - 0.002)50$
$= 0.7 + (0.003 - 0.002)50 = 0.75$

계산 TIP

○ 정석적인 방법
$\phi = 0.7 + \dfrac{0.003 - 0.002}{0.005 - 0.002}(0.85 - 0.7)$
$= 0.7 + \dfrac{1}{3}(0.15) = 0.75$

○ 앞자리 뽑기
ϕ는 2개 항으로 구성되므로 앞자리 뽑기를 적용할 수 없다.

06 정답 ②

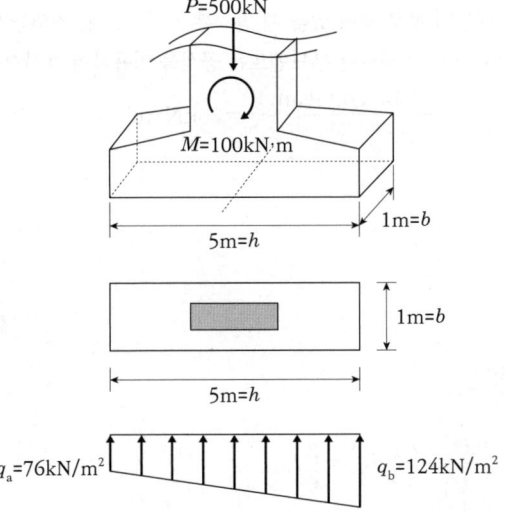

$q_a = q_{\min} = -\dfrac{P}{A} + \dfrac{M}{S} = -\dfrac{P}{bh} + \dfrac{M}{\left(\dfrac{bh^2}{6}\right)}$

$= -\dfrac{500\text{kN}}{(1 \times 5\text{m}^2)} + \dfrac{100\text{kN} \cdot \text{m}}{\left(\dfrac{1 \times 5^2}{6}\text{m}^3\right)} = -100\text{kN/m}^2 + 24\text{kN/m}^2$

$= -76\text{kN/m}^2$

$q_b = q_{\max} = -\dfrac{P}{A} - \dfrac{M}{S}$

$= -100\text{kN/m}^2 - 24\text{kN/m}^2$

$= -124\text{kN/m}^2$

07 정답 ④

$M_w = \dfrac{wL^2}{8}$

$M_e = P\left(e + \dfrac{h}{6}\right)$

$M_w = M_e \ ;$

$\dfrac{wL^2}{8} = P\left(e + \dfrac{h}{6}\right) \ \Rightarrow \ P = \dfrac{wL^2}{8\left(e + \dfrac{h}{6}\right)}$

$\therefore P = \dfrac{(50\text{kN/m})(8\text{m})^2}{8\left(0 + \dfrac{600\text{mm}}{6}\right)} = 4000\text{kN}$

08 정답 ④

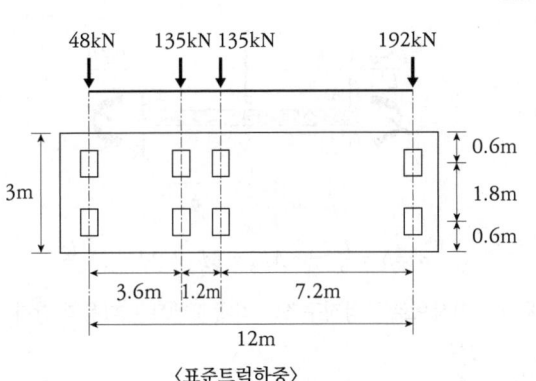

〈표준트럭하중〉

KDS 24 12 21 교량 설계하중(한계상태설계법)

4.3.2 피로하중
피로의 영향을 검토하는 경우의 활하중은 4.3.1.3.1에서 규정된 표준트럭하중의 80%를 적용한다. 이때 적용하는 충격계수는 4.4의 충격하중 조항을 적용한다.

4.3.4 보도하중
(1) 도로교에 대한 군집하중
　① 바닥판과 바닥틀을 설계하는 경우에 보도 등에는 5kN/m²의 보도하중이 설계차량활하중과 동시에 적용된다.
　② 주거더를 설계하는 경우에 보도 등에는 표 4.3-4의 등분포하중을 재하한다.
　③ 보도나 보행자 또는 자전거용 교량에서 유지관리용 또는 이에 부수되는 차량통행이 예상되는 경우 이 하중은 설계에 고려되어야한다. 이 차량에 대해 충격하중은 고려하지 않는다.

표 4.3-4 보도 등에 재하하는 등분포하중

지간장 L(m)	$L \leq 80$	$80 < L \leq 130$	$L > 130$
등분포하중의 크기(kN/m²)	3.5	(4.3−0.01L)	3.0

> **꼭 알아두자!**
> ④번 보기는 보도하중에 대한 설명이다. 너무 지엽적이므로 크게 신경 쓸 필요가 없다.

---

09 80점 목표　　　　　정답 ②

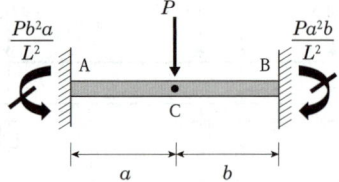

$a = b = \dfrac{L}{2} \rightarrow M_A = M_B = M_C = \dfrac{PL}{8}$

응용역학 지식으로 부정정구조의 최대 모멘트는 다음과 같다.

$M_{\max} = \dfrac{PL}{8}$

$M_u = \dfrac{(1.6 P_L) L}{8} = 0.2 P_L L$

$M_d = \phi M_n = \phi A_s f_y \left(d - \dfrac{a}{2} \right)$

$M_u < M_d;$

$0.2 P_L L < \phi A_s f_y \left(d - \dfrac{a}{2} \right)$

$\rightarrow P_L < \dfrac{\phi A_s f_y \left(d - \dfrac{a}{2} \right)}{0.2 L}$

$\therefore P_L < \dfrac{(0.85)(1000\text{mm}^2)(400\text{MPa})\left(450\text{mm} - \dfrac{100}{2}\text{mm}\right)}{(0.2)(8.5\text{m})}$

$= 80 \text{kN}$

> **계산 TIP**
> ● 정석적인 방법
> $P_L < \dfrac{(0.85)(1000\text{mm}^2)(400\text{MPa})\left(450\text{mm} - \dfrac{100}{2}\text{mm}\right)}{(0.2)(8.5\text{m})}$
> $= \dfrac{(85 \times 10^{-2})(10^3 \text{mm}^2)(4 \times 10^2 \text{MPa})(4 \times 10^2 \text{mm})}{(2 \times 10^{-1})(85 \times 10^{-1} \times 10^3 \text{mm})}$
> $= \dfrac{85 \times 4 \times 4 \times 10^5 \text{N}}{2 \times 85 \times 10} = 8 \times 10^4 \times 10^{-3} \text{kN} = 80 \text{kN}$
>
> ● 앞자리 뽑기
> $P_L : \dfrac{85 \times 4 \times 4}{2 \times 85} = 8 \rightarrow P_L = 80 \text{kN}$

10　　　　　정답 ①

받침부가 테두리 보로 되어 있을 때 받침부와 일체로 된 최외단 받침부 내면의 단위 폭당 발생하는 부모멘트는 공식을 이용하여 계산한다.

$\therefore M = \dfrac{wL^2}{24} = \dfrac{(24\text{kN/m})(5\text{m})^2}{24} = 25 \text{kN} \cdot \text{m}$

11　　　　　정답 ③

$l_{db} = \dfrac{0.6 f_y}{\lambda \sqrt{f_{ck}}} d_b$

$\rightarrow l_1 = \dfrac{0.6 f_y}{\lambda \sqrt{\dfrac{1}{4} f_{ck}}} \left(\dfrac{1}{3} d_b \right) = \dfrac{2}{3} l_{db}$

12

정답 ①

	3개월	6개월	1년	5년 이상
ξ	1	1.2	1.4	2

$\lambda = \dfrac{\xi}{1+50\rho'} = \dfrac{1.4}{1+50(0.02)} = 0.7$

$\therefore \delta_T = \delta_E(1+\lambda) = (10\text{mm})(1+0.7) = 17\text{mm}$

13

정답 ①

동일 평면에서 평행한 철근 사이의 **수평 순간격**		나선철근 또는 띠철근이 배근된 압축부재 **축방향 철근 순간격** (81page)
프리캐스트 콘크리트 (별도 언급 ×)	현장 타설 콘크리트	
① 25mm 이상 ② 철근 공칭 지름 이상 ③ 굵은 골재 최대치 수의 4/3배 이상 (1.33배)	① 40mm 이상 ② 철근 공칭 지름의 1.5배 이상 ③ 굵은 골재 최대치 수의 1.5배 이상	① 40mm 이상 ② 철근 공칭 지름의 1.5배 이상 ③ 굵은 골재 최대치 수의 4/3배 이상

① 25mm 이상

② 철근 공칭지름 이상 = 30mm 이상

③ 굵은 골재 최대 치수 4/3 이상 = 28mm 이상

∴ 30mm 이상으로 한다.

14

정답 ③

• 14회 이하 또는 시험 기록이 없는 경우

설계기준 압축강도 f_{ck}	배합강도 f_{cr}
$f_{ck} < 21\text{MPa}$	$f_{ck} + 7$
$21\text{MPa} \leq f_{ck} \leq 35\text{MPa}$	$f_{ck} + 8.5$
$35\text{MPa} < f_{ck}$	$1.1 f_{ck} + 5$

$f_{cr} = 1.1 f_{ck} + 5 = 1.1(40\text{MPa}) + 5\text{MPa}$
$\qquad = 49\text{MPa} \ (\because 35\text{MPa} < f_{ck})$

 꼭 알아두자!

시험횟수가 14회 이하일 때는 표준편차가 불필요하다.

15

정답 ④

부재	최소 두께 또는 깊이			
	단순지지	일단연속	양단연속	캔틸레버
보, 리브가 있는 1방향 슬래브	$L/16$	$L/18.5$	$L/21$	$L/8$
1방향 슬래브	$L/20$	$L/24$	$L/28$	$L/10$

단, f_y가 400MPa 이외인 경우는 계산된 h값에 $\left(0.43 + \dfrac{f_y}{700}\right)$을 곱하여야 한다.

$\therefore h_{\min} = \dfrac{L}{10} = \dfrac{6\text{m}}{10} = 600\text{mm} \geq 100\text{mm}$

꼭 알아두자!

슬래브 두께는 100mm 이상으로 한다. 단, 과다한 처짐이 발생하지 않을 정도의 두께가 되어야 한다.

16

정답 ③

$V_u < \phi(V_c + V_s) \rightarrow \dfrac{V_u - \phi V_c}{\phi} < V_s$

$\rightarrow \dfrac{750\text{kN} - (0.75)(600\text{kN})}{0.75} = 400\text{kN} < V_s = \dfrac{d}{s} A_v f_y$

$\rightarrow \dfrac{(400\text{kN})(s)}{d f_y} < A_v$

$\therefore \dfrac{(400\text{kN})(300\text{mm})}{(1000\text{mm})(300\text{MPa})} = 400\text{mm}^2 < A_v$

계산 TIP

◦ 정석적인 방법

$\dfrac{(400\text{kN})(300\text{mm})}{(1000\text{mm})(300\text{MPa})} = \dfrac{(4 \times 10^2 \times 10^3 \text{N})(3 \times 10^2 \text{mm}) \times \text{mm}}{(10^3 \text{mm})(3 \times 10^2 \text{MPa}) \times \text{mm}}$

$= \dfrac{4 \times 3 \times 10^7 \text{mm}^2}{3 \times 10^5} = 400\text{mm}^2 < A_v$

◦ 앞자리 뽑기

$A_v : \dfrac{4 \times 3}{3} = 4 \rightarrow 400\text{mm}^2 < A_v$

17

정답 ①

① 슬래브의 단변방향 보의 상부에 부모멘트로 인해 발생하는 균열을 방지하기 위하여 슬래브의 장변방향으로 슬래브 상부에 철근을 배치해야 한다.

18

정답 ②

(1) 허용전단응력 고려(P_1)

$$\tau = \frac{V}{A} = \frac{\left(\dfrac{P}{2}\right)}{\left(\dfrac{\pi d^2}{4}\right)} \leq \tau_a \quad (\because 2면\ 전단)$$

$$\rightarrow P_1 \leq \tau_a \times \frac{\pi d^2}{2}$$

$$\leq (200\text{MPa})\left(\frac{3 \times 20^2}{2}\text{mm}^2\right)$$

$$\leq 120\text{kN}$$

(2) 허용지압응력 고려(P_2)

$t_{\min} = 10\text{mm} + 8\text{mm} < 20\text{mm}$

$$\sigma = \frac{P}{A} = \frac{P}{dt_{\min}} \leq \sigma_a$$

$$\rightarrow P_2 \leq \sigma_a \times dt_{\min}$$

$$\leq (300\text{MPa})(20 \times 18\text{mm}^2)$$

$$\leq 108\text{kN}$$

$\therefore P_a = P_{\min} = 108\text{kN}$

19

정답 ②

(2)-2 프리캐스트콘크리트

환경조건과 부재의 종류			최소 피복두께 (mm)
옥외의 공기나 흙에 접촉하지 않는 경우	보, 기둥	주철근	$15 \leq d_b < 40$
		띠철근, 스터럽, 나선철근	10
	쉘, 절판	D16 이하 철근 지름 16mm 이하 철선	10
		D19 이상 철근	15mm 또는 $0.5d_b$ 중 큰 값
		긴장재	20
	슬래브, 벽체, 장선구조	지름 16mm 이하 철선	15
		D35 이하 철근 지름 40mm 이하 긴장재	20
		D35 초과 철근 지름 40mm 초과 긴장재	30
옥외의 공기나 흙에 접촉하는 경우	벽체	D35 이하 철근 지름 40mm 이하 긴장재 지름 16mm 이하 철선	20
		D35 초과 철근 지름 40mm를 초과하는 긴장재	40
	기타부재	D16 이하 철근 지름 16mm 이하 철선 및 긴장재	30
		D19 이상 D35 이하 철근 지름 16mm 초과 지름 40mm 이하 긴장재	40
		D35 초과 철근 지름 40mm 초과 긴장재	50

② 옥외의 공기나 흙에 직접 접하지 않는 콘크리트의 슬래브, 벽체, 장선구조에서 D35 이하의 철근 및 지름 40mm 이하인 긴장재: 20mm

20

정답 ③

꼭 알아두자!

M_1 : 압축부재의 단부 계수휨모멘트 중 작은 값. 단일 곡률로 휜 경우에는 양(+), 이중 곡률로 휜 경우에는 음(−)의 부호를 가짐.

M_2 : 압축부재의 단부 계수휨모멘트 중 큰 값. 항상 양(+)의 부호를 가짐.

횡구속 골조 압축부재의 확대휨모멘트는 다음과 같이 계산한다.

(1) 보정계수(C_m)

$$C_m = 0.6 + 0.4\frac{M_1}{M_2} = 0.6 + 0.4\left(\frac{300}{400}\right) = 0.9$$

(2) 모멘트확대계수

$$\delta_{ns} = \frac{C_m}{1 - \dfrac{P_u}{0.75P_{cr}}} = \frac{0.9}{1 - \dfrac{3000\text{kN}}{(0.75)(20000\text{kN})}}$$

$$= \frac{9}{8} \geq 1$$

2016 국가직

문제편 147p~151p

01	③	02	④	03	②	04	①	05	③
06	②	07	③	08	①	09	②	10	③
11	④	12	③	13	④	14	①	15	③
16	①	17	②	18	④	19	①	20	④

01
정답 ③

$$\sigma_{max} = \frac{P_{max}}{A} = \frac{P_{max}}{\left(\frac{\pi d^2}{4}\right)}$$

$$= \frac{675\text{kN}}{\left(\frac{3 \times 150^2}{4}\text{mm}^2\right)} = 40\text{MPa}$$

계산 TIP

◦ 정석적인 방법

$$\sigma_{max} = \frac{675\text{kN} \times 4}{\left(\frac{3 \times 150^2}{4}\text{mm}^2\right) \times 4} = \frac{4 \times 675 \times 10^3 \text{N}}{3 \times 15^2 \times 10^2 \text{mm}^2} = 40\text{MPa}$$

◦ 앞자리 뽑기

$$\sigma_{max} : \frac{675 \times 4}{3 \times 15^2} = 4 \rightarrow \sigma_{max} = 40\text{MPa}$$

02
정답 ④

④ 전도에 대한 저항휨모멘트는 횡토압에 의한 전도모멘트의 2배 이상이어야 한다.

03
정답 ②

환경조건과 부재의 종류		최소 피복두께 (mm)
옥외의 공기나 흙에 접촉하지 않는 경우 (슬래브, 벽체,장선 등)	D35 이하 or 쉘,절판	20
	D35 초과 or 보,기둥	40
옥외의 공기나 흙에 접촉하는 경우	D16 이하	40
	D19 이상	50
흙에 파묻힘		75
수중 침수		100

☞ 보, 기둥 : $f_{ck} \geq 40\text{MPa}$ 이라면 -10mm ★

② 흙에 접하여 콘크리트를 친 후 영구히 흙에 묻혀 있는 콘크리트: 75mm

04
정답 ①

① 볼트접합은 원칙적으로 용접과 조합해서 하중을 부담시킬 수 없다. 이러한 경우 용접이 전체하중을 부담하는 것으로 한다.

05
정답 ③

부재	최소 두께 또는 깊이			
	단순지지	일단연속	양단연속	캔틸레버
보, 리브가 있는 1방향 슬래브	L/16	L/18.5	L/21	L/8
1방향 슬래브	L/20	L/24	L/28	L/10

단, f_y가 400MPa 이외인 경우는 계산된 h값에 $\left(0.43 + \frac{f_y}{700}\right)$을 곱하여야 한다.

$$\therefore h_{min} = \frac{L}{20} = \frac{4\text{m}}{20} = 200\text{mm} \geq 100\text{mm}$$

꼭 알아두자!
슬래브 두께는 100mm 이상으로 한다. 단, 과다한 처짐이 발생하지 않을 정도의 두께가 되어야 한다.

06
정답 ②

(1) 허용전단응력 고려(P_1)

$L_e = 2 \times 150\text{mm} + 100\text{mm} = 400\text{mm}$

$$\tau = \frac{V}{A} = \frac{P}{L_e a} \leq \tau_a$$

$\rightarrow P_1 \leq \tau_a(L_e a) = \tau_a(L_e)(0.7s)$
$\leq (80\text{MPa})(400\text{mm})(0.7 \times 8\text{mm})(\times)$

$\rightarrow P_1 \leq \tau_a(L_e a) = \tau_a(L_e)\left(\frac{s}{\sqrt{2}}\right)$
$\leq (80\text{MPa})(400\text{mm})\left(\frac{8}{\sqrt{2}}\text{mm}\right)(\bigcirc)$

꼭 알아두자!
문제에서 유효길이(L_e)가 주어졌으므로 측면용접 길이(L)에서 필렛사이즈(s)를 공제하는 실수에 주의하자. 또한 유효목두께(a) 계산시 $\frac{s}{\sqrt{2}}$로 계산했는데 강구조 연결 설계 기준에서는 근사값으로 $\frac{s}{\sqrt{2}} \approx 0.7s$를 이용하도록 명시되어있다.

07 정답 ③

계수	조건	보정계수
α (위치계수)	상부철근(정착길이 또는 겹침이음부 아래 300mm 초과되게 굳지 않은 콘크리트에 묻힌 수평철근)	1.3
	기타	1
β (도막계수, 표면처리계수)	피복두께 $3d_b$ 미만 또는 순간격이 $6d$ 미만인 에폭시 도막철근 혹은 아연-에폭시 이중 도막 철근 또는 철선	1.5
	기타 에폭시 도막철근 혹은 아연-에폭시 이중도막 철근 또는 철선	1.2
	아연도금 혹은 도막되지 않은 철근 또는 철선	1

※ 단, 에폭시 도막철근이 상부철근인 경우에는 $\alpha\beta$값이 1.7보다 클 필요는 없다.

도막되지 않은 이형 철근 : $\beta=1$

$l_d = \dfrac{0.24 f_y}{\lambda \sqrt{f_{ck}}} d_b \times \beta \times$ 복잡한 보정계수

$= \dfrac{(0.24)(300\text{MPa})}{(1)(\sqrt{25\text{MPa}})}(10\text{mm})(1)(1)$

$= 144\text{mm} \geq (8 \times 10\text{mm}, 150\text{mm})$

∴ $l_d = 150\text{mm}$

꼭 알아두자!
문제에서 별도의 언급이 없으면 복잡한 보정계수는 '1'로 한다.
정착길이 l_d이므로 표준 갈고리 최소정착길이 규정($8d_b$ 이상, 150mm 이상)을 적용한다.

계산 TIP

◦ 정석적인 방법

$l_d = \dfrac{(0.24)(300\text{MPa})}{(1)(\sqrt{25\text{MPa}})}(10\text{mm})(1)(1)$

$= \dfrac{(24 \times 10^{-2})(3 \times 10^2)}{(5)}(10\text{mm})$

$= \dfrac{24 \times 3}{5} \times 10\text{mm} = 144\text{mm}$

◦ 앞자리 뽑기
l_d는 중간과정이므로 앞자리 뽑기를 적용할 수 없다.

08 정답 ①

$\lambda = \dfrac{L_e}{r} = \dfrac{L_e}{0.25d}$

$= \dfrac{2.5\text{m}}{(0.25)(500\text{mm})} = 20$

꼭 알아두자!
• 직사각형 단면 : $r = 0.3h$ (h는 좌굴이 고려되는 방향의 단면치수)
• 원형 단면 : $r = 0.25d$

계산 TIP

◦ 정석적인 방법

$\lambda = \dfrac{2.5\text{m}}{(0.25)(500\text{mm})} = \dfrac{25 \times 10^{-1} \times 10^3 \text{mm}}{(25 \times 10^{-2})(5 \times 10^2 \text{mm})}$

$= \dfrac{25 \times 10^2}{25 \times 5} = 20$

◦ 앞자리 뽑기

$\lambda : \dfrac{25}{25 \times 5} = \dfrac{1}{5} \rightarrow \dfrac{1 \times 10}{5} = 2 \rightarrow \lambda = 20$

09 정답 ②

$f_{ck} \leq 40\text{MPa} \rightarrow \eta=1,\ \beta_1=0.8,\ \varepsilon_{cu}=0.0033$

$a = \dfrac{A_s f_y}{\eta(0.85 f_{ck} b)} = \dfrac{(850\text{mm}^2)(300\text{MPa})}{(0.85)(30\text{MPa})(200\text{mm})}$

$= 50\text{mm}$

∴ $c = \dfrac{a}{\beta_1} = \dfrac{50\text{mm}}{0.8} = 62.5\text{mm}$

계산 TIP

◦ 정석적인 방법

$a = \dfrac{(850\text{mm}^2)(300\text{MPa})}{(0.85)(30\text{MPa})(200\text{mm})} = \dfrac{(85 \times 10)(3 \times 10^2)\text{mm}}{(85 \times 10^{-2})(3 \times 10)(2 \times 10^2)}$

$= \dfrac{85 \times 3 \times 10^3 \text{mm}}{85 \times 3 \times 2 \times 10} = 50\text{mm}$

◦ 앞자리 뽑기
a는 중간과정이므로 앞자리 뽑기를 적용할 수 없다.

10

정답 ③

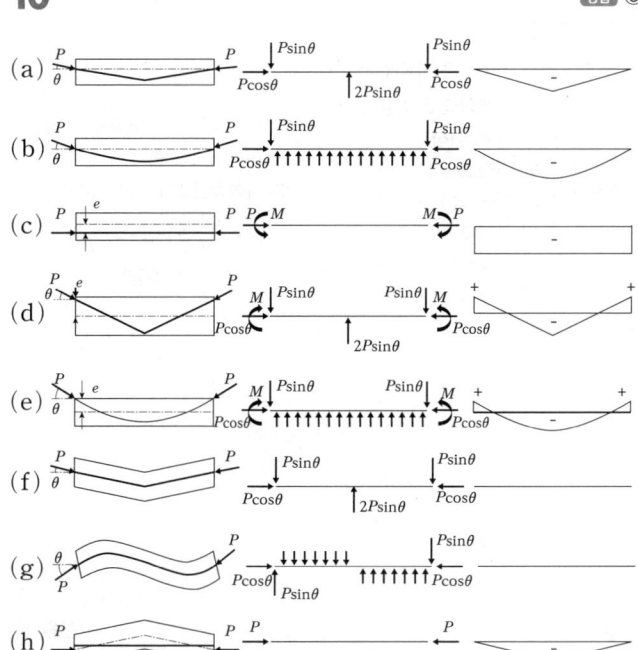

⟨조건⟩ ⟨등가하중⟩ ⟨모멘트⟩

11

정답 ④

④ 하중계수에 대한 설명이다.

12 (80점 목표)

정답 ③

긴장을 할 때 긴장재[a]	$0.80f_{pu}$ 또는 $0.94f_{py}$ 중 작은 값 이하
프리스트레스 도입 직후 긴장재	$0.74f_{pu}$ 또는 $0.82f_{py}$ 중 작은 값 이하
정착구와 커플러의 위치에서 프리스트레스 도입 직후 포스트텐션 긴장재	$0.7f_{pu}$ 이하

f_{pu} : 긴장재의 설계기준 인장강도, f_{py} : 긴장재의 설계기준 항복강도
[a] 또한 긴장재나 정착장치 제조자가 제시하는 최댓값도 초과하지 않아야 한다.

③ 프리스트레스 도입 직후의 인장응력: $0.74f_{pu}$와 $0.82f_{py}$ 중 작은 값 이하

13

정답 ④

• 14회 이하 또는 시험 기록이 없는 경우

설계기준 압축강도 f_{ck}	배합강도 f_{cr}
$f_{ck} < 21\text{MPa}$	$f_{ck}+7$
$21\text{MPa} \leq f_{ck} \leq 35\text{MPa}$	$f_{ck}+8.5$
$35\text{MPa} < f_{ck}$	$1.1f_{ck}+5$

$\therefore f_{cr} = 1.1f_{ck}+5 (\because 35\text{MPa} < f_{ck})$

14 (80점 목표)

정답 ①

KDS 24 10 11 교량 설계 일반사항(한계상태설계법)
1.3.3 연성
(1) 교량구조계는 극한한계상태 및 극단상황한계상태에서 파괴 이전에 현저하게 육안으로 관찰될 정도의 비탄성 변형이 발생할 수 있도록 형상화 및 상세화 되어야 한다.

사용(성) 한계상태	• **균열, 처짐, 피로** 등의 **사용성**에 관한 한계상태로서, 일반적으로 구조물 또는 부재의 특정한 사용 성능에 해당하는 상태 • 사용한계상태는 **정상적인 사용조건** 하에서 **응력, 변형 및 균열폭을 제한**하는 것으로 규정한다.
피로와 파단 한계상태	• **반복적인 차량하중**에 의한 **피로파괴 및 파단**에 관한 한계상태 • 피로한계상태는 기대응력범위의 **반복 횟수**에서 발생하는 단일 피로설계트럭에 의한 **응력 범위를 제한**하는 것으로 규정한다.
극한한계 상태	• **설계수명**동안 강도, 안정성 등 **붕괴 또는 이와 유사한 형태의 구조적인 파괴**에 대한 한계상태 • 극한한계상태는 교량의 **설계수명 이내에** 발생할 것으로 기대되는, 통계적으로 중요하다고 규정한 하중조합에 대하여 국부적/전체적 **강도와 안정성을 확보**하는 것으로 규정한다.
극단상황 한계상태	• 교량의 **설계수명을 초과**하는 재현주기를 갖는 **지진, 유빙 하중, 차량과 선박의 충돌 등**과 같은 사건과 관련한 한계상태 • 극단상황한계상태는 지진 또는 홍수 시, 또는 세굴된 상황에서 선박, 차량 또는 유빙에 의한 충돌 시 등의 상황에서 **교량의 붕괴를 방지**하는 것으로 규정한다.

① 연성에 대한 잘못된 설명이다.

15
정답 ③

$V_c = \frac{1}{6}\lambda\sqrt{f_{ck}}b_w d$

$= \left(\frac{1}{6}\right)(1)(\sqrt{25}\text{MPa})(400 \times 600\text{mm}^2)$

$= 200\text{kN}$

$V_s = \frac{d}{s}A_v f_y$

$= \left(\frac{600\text{mm}}{250\text{mm}}\right)(125\text{mm}^2 \times 2\text{가닥})(400\text{MPa})$

$= 240\text{kN}$

$\therefore V_n = V_c + V_s = 200\text{kN} + 240\text{kN} = 440\text{kN}$

계산 TIP

● 정석적인 방법

$V_c = \left(\frac{1}{6}\right)(1)(\sqrt{25}\text{MPa})(400 \times 600\text{mm}^2)$

$= \left(\frac{1}{6}\right)(5\text{MPa})(4 \times 6 \times 10^4\text{mm}^2)$

$= \frac{1}{6} \times 5 \times 4 \times 6 \times 10^4 \text{N} = 20 \times 10^4 \times 10^{-3}\text{kN} = 200\text{kN}$

$V_s = \left(\frac{600\text{mm}}{250\text{mm}}\right)(125\text{mm}^2 \times 2\text{가닥})(400\text{MPa})$

$= \left(\frac{6 \times 10}{25}\right)(25 \times 10\text{mm}^2)(4 \times 10^2\text{MPa})$

$= \frac{6 \times 25 \times 4}{25} \times 10^4\text{N} = 24 \times 10^4 \times 10^{-3}\text{kN} = 240\text{kN}$

● 앞자리 뽑기

V_c, V_s는 중간과정이므로 앞자리 뽑기를 적용할 수 없다.

16
정답 ①

① 현장치기 콘크리트 공사에서 압축부재의 횡철근으로 사용되는 나선철근 지름은 10mm 이상으로 하여야 한다.

② 나선철근 또는 띠철근이 배근된 압축부재에서 축방향 철근의 순간격은 다음과 같다.

동일 평면에서 평행한 철근 사이의 **수평 순간격**		나선철근 또는 띠철근이 배근된 압축부재 **축방향 철근 순간격** (81page)
프리캐스트 콘크리트 (별도 언급 ×)	현장 타설 콘크리트	
① 25mm 이상 ② 철근 공칭 지름 이상 ③ 굵은 골재 최대치 수의 4/3배 이상 (1.33배)	① 40mm 이상 ② 철근 공칭 지름의 1.5배 이상 ③ 굵은 골재 최대치 수의 1.5배 이상	① 40mm 이상 ② 철근 공칭 지름의 1.5배 이상 ③ 굵은 골재 최대치 수의 4/3배 이상

④ 압축부재의 횡철근으로 사용되는 나선철근, 띠철근의 순간격은 다음과 같다.

	띠철근 기둥 상세	나선철근 기둥 상세
횡철근 간격	① 축방향철근(주철근) 지름 16배 이하 ② 띠철근 지름 48배 이하 ③ 기둥 최소 치수 이하 단, 기둥이 바닥층이나 보와 접합되는 부위(첫 번째 띠철근)는 간격을 1/2로 한다.	① 순간격은 25mm 이상 75mm 이하이어야 한다. ② 나선철근비에 의한 제한 $\rho = \frac{4A}{d_c S} > \rho_{min} \Rightarrow \frac{4A}{d_c \rho_{min}} > s$ (표 아래 Ⓐ 설명)

17
정답 ②

①, ③

	$V_s \leq 2V_c$	$2V_c < V_s \leq 0.2f_{ck}\left(1-\frac{f_{ck}}{250}\right)b_w d$	$0.2f_{ck}\left(1-\frac{f_{ck}}{250}\right)b_w d < V_s$
RC	$d/2$ or 600mm 이하	$V_s \leq 2V_c$의 절반	콘크리트 단면을 넓게 다시 설계해야 한다.
PSC	$0.75h$ or 600mm 이하		

② 경사 스트럽과 굽힘철근은 부재의 중간 높이인 $0.5d$에서 반력점 방향으로 주인장철근까지 연장된 45°선과 한 번 이상 교차되도록 배치하여야 한다.

18
정답 ④

	3개월	6개월	1년	5년 이상
ξ	1	1.2	1.4	2

$\lambda = \frac{\xi}{1 + 50\rho'} = \frac{2}{1 + 50(0.005)} = 1.6$

$\therefore \delta_T = \delta_E(1+\lambda) = (20\text{mm})(1+1.6) = 52\text{mm}$

19

$$M_e = Pe = \frac{w_e L^2}{8}$$

→ $w_e = \frac{8Pe}{L^2}$

$= \frac{8(1000\text{kN})(0.4\text{m})}{(10\text{m})^2}$

$= 32\text{kN/m}$

∴ $w - w_e = 40\text{kN/m} - 32\text{kN/m} = 8\text{kN/m}$

20

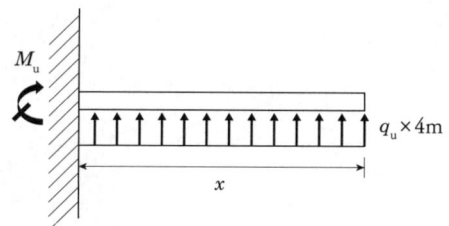

$x = \frac{4\text{m} - 0.5\text{m}}{2} = 1.75\text{m}$

∴ $M_u = (q_u \times 4\text{m})(x)\left(\frac{x}{2}\right)$

$= (160\text{kN/m}^2 \times 4\text{m})(1.75\text{m})\left(\frac{1.75\text{m}}{2}\right)$

$= 980\text{kN} \cdot \text{m}$

2017 국가직

01 ③	02 ④	03 ①	04 ①	05 ②
06 ①	07 ④	08 ③	09 ①	10 ②
11 ④	12 ④	13 ④	14 ③	15 ③
16 ③	17 ①	18 ②	19 ④	20 ④

01

$f_{ck} \leq 40\text{MPa}$ → $\eta = 1$, $\beta_1 = 0.8$, $\varepsilon_{cu} = 0.0033$

$a = \frac{A_s f_y}{\eta(0.85 f_{ck} b)}$ → $A_s = \frac{\eta(0.85 f_{ck} a b)}{f_y}$

∴ $A_s = \frac{(0.85)(20\text{MPa})(100\text{mm})(300\text{mm})}{300\text{MPa}} = 1700\text{mm}^2$

계산 TIP

● 정석적인 방법

$A_s = \frac{(0.85)(20\text{MPa})(100\text{mm})(300\text{mm})}{300\text{MPa}}$

$= \frac{(85 \times 10^{-2})(2 \times 10)(10^2)(3 \times 10^2)\text{mm}^2}{3 \times 10^2}$

$= \frac{85 \times 2 \times 3 \times 10^3 \text{mm}^2}{3 \times 10^2} = 1700\text{mm}^2$

● 앞자리 뽑기

$A_s : \frac{85 \times 2 \times 3}{3} = 170$ → $A_s = 1700\text{mm}^2$

02

	3개월	6개월	1년	5년 이상
ξ	1	1.2	1.4	2

$\lambda = \frac{\xi}{1 + 50\rho'} = \frac{2}{1 + 50(0.02)} = 1$

∴ $\delta_T = \delta_E(1 + \lambda) = (20\text{mm})(1 + 1) = 40\text{mm}$

03

정답 ①

$$M_{cr} = f_r \times S = (0.63\lambda\sqrt{f_{ck}})\left(\frac{bh^2}{6}\right)$$
$$= (0.63 \times 1 \times \sqrt{25}\text{MPa})\left(\frac{600 \times 1000^2}{6}\text{mm}^3\right)$$
$$= 315\text{kN}\cdot\text{m}$$

계산 TIP

◦ 정석적인 방법

$$M_{cr} = (0.63 \times 1 \times \sqrt{25}\text{MPa})\left(\frac{600 \times 1000^2}{6}\text{mm}^3\right)$$
$$= 63 \times 10^{-2} \times 5\text{MPa} \times \frac{6 \times 10^2 \times 10^6}{6}\text{mm}^3$$
$$= 63 \times 5 \times \frac{6}{6} \times 10^6 \text{N}\cdot\text{mm} = 315 \times 10^6 \text{N}\cdot\text{mm}$$
$$= 315 \times 10^6 \times 10^{-6} \text{kN}\cdot\text{m} = 315\text{kN}\cdot\text{m}$$

◦ 앞자리 뽑기

해당 문제는 보기에 ① 315 ③ 3,150 및 ② 420 ④ 4,200 이 10의 배수 관계에 있으므로 앞자리 뽑기를 적용할 수 없다.

04 80점 목표

정답 ①

$$\frac{W}{C} = 0.5 \rightarrow C = \frac{W}{0.5} = \frac{140\text{kgf/m}^3}{0.5} = 280\text{kgf/m}^3$$

콘크리트 단위 중량 = 물 단위 중량 + 시멘트 단위 중량
　　　　　　　　　+ 잔골재 단위 중량 + 굵은골재 단위 중량

∴ 굵은골재 단위 중량 = 콘크리트 단위 중량
　　　　　　　　　− (물 단위 중량 + 시멘트 단위 중량
　　　　　　　　　+ 잔골재 단위 중량)
　　　　　　　　　= 2300kgf/m³
　　　　　　　　　− (140kgf/m³ + 280kgf/m³ + 760kgf/m³)
　　　　　　　　　= 1120kgf/m³

05

정답 ②

꼭 알아두자!

이론상 $V_u < \phi V_c$ 라면 전단철근을 배치할 필요가 없으나 설계상 $\frac{1}{2}\phi V_c < V_u$ 일 때 최소전단철근 규정을 두고 있다. 따라서 전단철근을 배치하지 않으려면 $V_u < \frac{1}{2}\phi V_c$ 를 만족해야 한다.

$$V_u < \frac{1}{2}\phi V_c = \frac{1}{2}\phi\left(\frac{1}{6}\lambda\sqrt{f_{ck}}b_w d\right)$$
$$\rightarrow \frac{12V_u}{\phi\lambda\sqrt{f_{ck}}b_w} < d$$
$$\therefore \frac{12(75\text{kN})}{(0.75)(1)(\sqrt{16}\text{MPa})(400\text{mm})} = 750\text{mm} < d$$

계산 TIP

◦ 정석적인 방법

$$\frac{12(75\text{kN})}{(0.75)(1)(\sqrt{16}\text{MPa})(400\text{mm})}$$
$$= \frac{12(75 \times 10^3 \text{N}) \times \text{mm}}{(75 \times 10^{-2})(4\text{MPa})(4 \times 10^2 \text{mm}) \times \text{mm}}$$
$$= \frac{12 \times 75 \times 10^3 \text{mm}}{75 \times 4 \times 4} = 750\text{mm} < d$$

◦ 앞자리 뽑기

$$d : \frac{12 \times 75}{75 \times 4 \times 4} = \frac{3}{4} \rightarrow \frac{3 \times 10}{4} = 7.5 \rightarrow 750\text{mm} < d$$

06

정답 ①

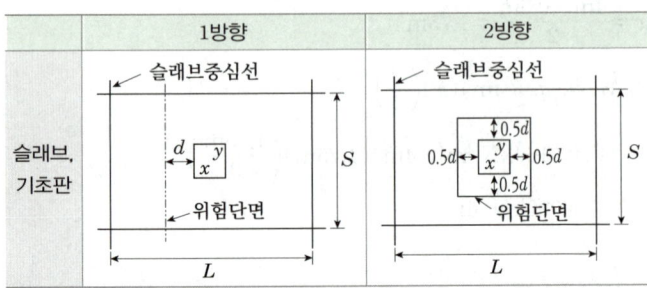

	1방향	2방향
슬래브, 기초판	슬래브중심선, 위험단면	슬래브중심선, 위험단면

둘레길이 = $2(x+d) + 2(y+d)$
　　　　= $4(500\text{mm} + 400\text{mm})$
　　　　= 3600mm

꼭 알아두자!

문제에서 1방향인지 2방향인지에 대한 언급이 없으나 출제의도는 2방향이다.

07
정답 ④

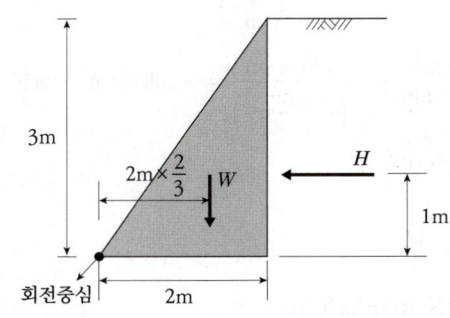

안전율 = 저항력/외력 ;

(1) 전도

전도안전율 = 저항M/외력M = $\dfrac{(W)\left(2\text{m}\times\dfrac{2}{3}\right)}{(H)(1\text{m})}$

$= \dfrac{(90\text{kN})\left(2\text{m}\times\dfrac{2}{3}\right)}{(20\text{kN})(1\text{m})} = 6$

(2) 활동

활동안전율 = 마찰력/수평력 = $\dfrac{(\mu)(W)}{H}$

$= \dfrac{(0.4)(90\text{kN})}{20\text{kN}} = 1.8$

08
정답 ③

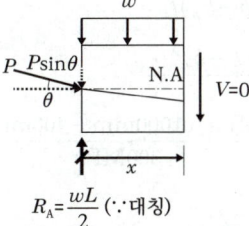

$R_A = \dfrac{wL}{2}$ (∵대칭)

↑+$\sum F_y = 0$;

$R_A - (P\sin\theta) - (wx) - V = 0$

→ $\dfrac{wL}{2} - (P\sin\theta) - wx = 0$

→ $x = \dfrac{L}{2} - \dfrac{\left(P\times\dfrac{2e}{L}\right)}{w}$

∴ $x = \dfrac{10\text{m}}{2} - \dfrac{\left(1000\text{kN}\times\dfrac{2\times 0.4\text{m}}{10\text{m}}\right)}{40\text{kN/m}} = 3\text{m}$

09
정답 ①

(1) 허용전단응력 고려(P_1)

$\tau = \dfrac{V}{A} = \dfrac{\left(\dfrac{P}{2}\right)}{\left(\dfrac{\pi d^2}{4}\right)} \leq \tau_a$ (∵ 2면 전단)

→ $P_1 \leq \tau_a \times \dfrac{\pi d^2}{2}$

$\leq (130\text{MPa})\left(\dfrac{\pi\times 20^2}{2}\text{mm}^2\right)$

$\leq (26\pi)\text{kN}$

(2) 허용지압응력 고려(P_2)

$t_{\min} = 12\text{mm} + 6\text{mm} < 20\text{mm}$

$\sigma = \dfrac{P}{A} = \dfrac{P}{dt_{\min}} \leq \sigma_a$

→ $P_2 \leq \sigma_a \times dt_{\min}$

$\leq (300\text{MPa})(20\times 18\text{mm}^2)$

$\leq 108\text{kN}$

∴ $P_a = P_{\min} = (26\pi)\text{kN}$

10 80점 목표
정답 ②

	옥내	옥외	수중
크리프 계수(C_u)	3	2	1

$\varepsilon_{cr} = C_u \varepsilon_E = C_u\left(\dfrac{P}{EA}\right)$

$= 2\left(\dfrac{80\text{kN}}{20000\text{MPa}\times 200^2\text{mm}^2}\right) = 0.0002$

계산 TIP

○ 정석적인 방법

$\varepsilon_{cr} = 2\left(\dfrac{80\text{kN}}{20000\text{MPa}\times 200^2\text{mm}^2}\right)$

$= 2\times\dfrac{8\times 10\times 10^3\text{N}}{2\times 10^4\times 2^2\times 10^4\text{N}} = 2\times\dfrac{8}{2\times 2^2}\times\dfrac{1}{10^4}$

$= 2\times 10^{-4} = 0.0002$

○ 앞자리 뽑기

해당 문제는 보기에 ③ 0.0003과 ④ 0.003이 10의 배수 관계에 있으므로 앞자리 뽑기를 적용할 수 없다.

11
정답 ④

④ 지반의 허용지지력은 지반의 극한지지력의 1/3이다.

12
정답 ④

$$f_{sp} = \frac{P}{\left(\frac{\pi dL}{2}\right)} = \frac{270{,}000\text{N}}{\left(\frac{3\times 150\text{mm}\times 300\text{mm}}{2}\right)} = 4\text{MPa}$$

계산 TIP

◎정석적인 방법
$$f_{sp} = \frac{270{,}000\text{N}\times 2}{\left(\frac{3\times 150\text{mm}\times 300\text{mm}}{2}\right)\times 2}$$
$$= \frac{2\times 27\times 10^4\text{N}}{3\times 15\times 3\times 10^3\text{mm}^2} = 4\text{MPa}$$

◎앞자리 뽑기
$$f_{sp} : \frac{27\times 2}{3\times 15\times 3} = \frac{2}{5} \rightarrow \frac{2\times 10}{5} = 4 \rightarrow f_{sp} = 4\text{MPa}$$

13
정답 ④

$$q_{max} = -\frac{P}{A} - \frac{M}{S} = -\frac{P}{bh} - \frac{M}{\left(\frac{bh^2}{6}\right)}$$
$$= -\frac{60\text{kN}}{(1\times 6\text{m}^2)} - \frac{12\text{kN}\cdot\text{m}}{\left(\frac{1\times 6^2}{6}\text{m}^3\right)} = -10\text{kN/m}^2 - 2\text{kN/m}^2$$
$$= -12\text{kN/m}^2$$

$$q_{min} = -\frac{P}{A} + \frac{M}{S}$$
$$= -10\text{kN/m}^2 + 2\text{kN/m}^2$$
$$= -8\text{kN/m}^2$$

P=60kN, M=12kN·m, 6m=h, 1m=b, q_{min}=8kN/m², q_{max}=12kN/m²

14
정답 ③

$$P_S = \frac{L^3}{S^3 + L^3}P = \frac{5^3}{3^3 + 5^3}(76\text{kN}) = 62.5\text{kN}$$

15
정답 ③

$f_{ck} \leq 40\text{MPa} \rightarrow \eta = 1,\ \beta_1 = 0.8,\ \varepsilon_{cu} = 0.0033$

$A_{sf}f_y = \eta(0.85f_{ck})(b-b_w)t_f$

$$\therefore A_{sf} = \frac{\eta(0.85f_{ck})(b-b_w)t_f}{f_y}$$
$$= \frac{(0.85)(30\text{MPa})(1000\text{mm}-400\text{mm})(100\text{mm})}{300\text{MPa}}$$
$$= 5100\text{mm}^2$$

계산 TIP

◎정석적인 방법
$$A_{sf} = \frac{(0.85)(30\text{MPa})(1000\text{mm}-400\text{mm})(100\text{mm})}{300\text{MPa}}$$
$$= \frac{(85\times 10^{-2})(3\times 10)(6\times 10^2)(10^2)\text{mm}^2}{3\times 10^2}$$
$$= \frac{85\times 3\times 6\times 10^3\text{mm}^2}{3\times 10^2} = 5100\text{mm}^2$$

◎앞자리 뽑기
$$A_{sf} : \frac{85\times 3\times 6}{3} = 510 \rightarrow A_{sf} = 5100\text{mm}^2$$

16 `80점 목표`   정답 ③

$V_u = w_u L - w_u d = w_u(L-d)$
$= (50\text{kN/m})(3.5\text{m} - 500\text{mm})$
$= 150\text{kN}$

$V_c = \dfrac{1}{6}\lambda\sqrt{f_{ck}}\,b_w d$
$= \left(\dfrac{1}{6}\right)(1)(\sqrt{25}\text{MPa})(300 \times 500\text{mm}^2)$
$= 125\text{kN}$

$V_u < \phi(V_c + V_s) \;\Rightarrow\; \dfrac{V_u - \phi V_c}{\phi} < V_s$

$\therefore \dfrac{150\text{kN} - 0.75(125\text{kN})}{0.75} = 75\text{kN} < V_s$

계산 TIP

● 정석적인 방법

$V_u = (50\text{kN/m})(3.5\text{m} - 500\text{mm}) = (50\text{kN/m})(3\text{m}) = 150\text{kN}$

$V_c = \left(\dfrac{1}{6}\right)(1)(\sqrt{25}\text{MPa})(300 \times 500\text{mm}^2)$

$= \left(\dfrac{1}{6}\right)(5\text{MPa})(3 \times 5 \times 10^4 \text{mm}^2)$

$= \dfrac{1}{6} \times 5 \times 3 \times 5 \times 10^4 \text{N} = 12.5 \times 10^4 \times 10^{-3}\text{kN}$

$= 125\text{kN}$

● 앞자리 뽑기

V_u, V_c는 중간과정이므로 앞자리 뽑기를 적용할 수 없다.

$\Rightarrow \varepsilon_s = \dfrac{500\text{mm} - 220\text{mm}}{220\text{mm}}(0.0033) = 0.0042 < 0.005$

$\therefore \phi = 0.65 + \dfrac{\varepsilon_s - \varepsilon_y}{\text{인장지배 변형률 한계} - \varepsilon_y} \times (0.85 - 0.65)$

$= 0.65 + \dfrac{0.0042 - 0.002}{0.005 - 0.002}(0.2) \approx 0.797$

꼭 알아두자!

$f_y = 400\text{MPa}$일 때, 강도감소 계수 공식을 별도로 암기해서 대입해도 좋다.

$\phi = 0.65 + (\varepsilon_s - 0.002)\dfrac{200}{3}$

$= 0.65 + (0.0042 - 0.002)\dfrac{200}{3} \approx 0.797$

계산 TIP

● 정석적인 방법

$c = \dfrac{176\text{mm}}{0.8} = \dfrac{176 \times 10\text{mm}}{8} = 220\text{mm}$

$\varepsilon_s = \dfrac{500\text{mm} - 220\text{mm}}{220\text{mm}}(0.0033) = \dfrac{280}{220}(0.0033)$

$= \dfrac{14}{11}(33 \times 10^{-4}) = 42 \times 10^{-3} = 0.0042$

$\phi = 0.65 + \dfrac{0.0042 - 0.002}{0.005 - 0.002}(0.2) = 0.65 + \dfrac{22}{30}(0.2) \approx 0.797$

● 앞자리 뽑기

c, ε_s는 중간과정이므로 앞자리 뽑기를 적용할 수 없다.
ϕ는 2개 항으로 구성되므로 앞자리 뽑기를 적용할 수 없다.

---

17 `80점 목표`   정답 ①

철근 항복강도(f_y)	압축지배 변형률 한계	최소허용 변형률	인장지배 변형률 한계
$f_y \leq 400\text{MPa}$	ε_y	0.004	0.005
$400\text{MPa} < f_y$	ε_y	$2\varepsilon_y$	$2.5\varepsilon_y$

$f_{ck} \leq 40\text{MPa} \;\Rightarrow\; \eta = 1,\ \beta_1 = 0.8,\ \varepsilon_{cu} = 0.0033$

$\varepsilon_y = \dfrac{f_y}{E_s} = \dfrac{400\text{MPa}}{200{,}000\text{MPa}} = 0.002$

$a = 176\text{mm}$

$c = \dfrac{a}{\beta_1} = \dfrac{176\text{mm}}{0.8} = 220\text{mm}$

$\dfrac{\varepsilon_s}{\varepsilon_c} = \dfrac{d-c}{c} \;\Rightarrow\; \varepsilon_s = \dfrac{d-c}{c}\varepsilon_c$

---

18   정답 ②

$M_w = \dfrac{wL^2}{8}$

$M_e = P\left(e + \dfrac{h}{6}\right)$

$M_w = M_e$;

$\dfrac{wL^2}{8} = P\left(e + \dfrac{h}{6}\right) \;\Rightarrow\; P = \dfrac{wL^2}{8\left(e + \dfrac{h}{6}\right)}$

$\therefore P = \dfrac{(4\text{kN/m})(6\text{m})^2}{8\left(0 + \dfrac{400\text{mm}}{6}\right)} = 270\text{kN}$

19

정답 ④

$f_{ck} \leq 40\text{MPa} \rightarrow \eta=1,\ \beta_1=0.8,\ \varepsilon_{cu}=0.0033$

$\varepsilon_y = \dfrac{f_y}{E_s} = \dfrac{440\text{MPa}}{200,000\text{MPa}} = 0.0022$

인장지배 변형률 한계 $= 2.5\varepsilon_y = 0.0055$

$(\because f_y = 440\text{MPa} > 400\text{MPa})$

$\dfrac{\varepsilon_s}{\varepsilon_c} = \dfrac{d-c}{c}$

→ $\varepsilon_s = \dfrac{d-c}{c}\varepsilon_c >$ 인장지배 변형률 한계

→ $\varepsilon_s = \dfrac{d-120\text{mm}}{120\text{mm}}(0.0033) > 0.0055$

$\therefore d > 320\text{mm}$

꼭 알아두자!

철근 항복강도(f_y)	압축지배 변형률 한계	최소허용 변형률	인장지배 변형률 한계
$f_y \leq 400\text{MPa}$	ε_y	0.004	0.005
$400\text{MPa} < f_y$	ε_y	$2\varepsilon_y$	$2.5\varepsilon_y$

계산 TIP

$\dfrac{d-120}{120}(0.0033) > 0.0055$

→ $\dfrac{d-120}{120} > \dfrac{0.0055}{0.0033} = \dfrac{5}{3}$

→ $3(d-120) > 5(120) = 600$

→ $3d - 360 > 600$ → $3d > 960$

→ $d > \dfrac{960}{3} = 320\text{mm}$

20

정답 ④

(1) 정열 배치

$b_1 = b_g - 2d$
$\quad = 180\text{mm} - 2(25\text{mm})$
$\quad = 130\text{mm}$

(2) 불규칙(엇모) 배치

$b_2 = b_g - 2d + \sum \dfrac{s^2}{4g}$

$\quad = 180\text{mm} - 2(25\text{mm}) + \dfrac{(60\text{mm})^2}{4(80\text{mm})}$

$\quad = 141.25\text{mm}$

$b_n = b_{\min} = 130\text{mm}$

(3) 허용인장응력 고려

$f = \dfrac{P}{A_n} = \dfrac{P}{b_n t} \leq f_a$

→ $P \leq f_a(b_n t)$
$\quad \leq (150\text{MP}a)(130 \times 10\text{mm}^2)$
$\quad \leq 195\text{kN}$

2018 국가직

문제편 157p~161p

01	③	02	③	03	②	04	②	05	④
06	③	07	①	08	①	09	②	10	①
11	④	12	②	13	②	14	①	15	③
16	④	17	④	18	②	19	③	20	②

01 80점 목표   정답 ③

$\therefore$ 골재용적 = $1m^3$ − (물용적 + 시멘트용적 + 공기량)

$= 1m^3 - \left(\dfrac{\text{물 단위중량}}{\text{물밀도}}\right) + \left(\dfrac{\text{시멘트 단위중량}}{\text{시멘트 밀도}}\right) + \text{공기량}$

$= 1m^3 - \left(\dfrac{180kg}{1g/cm^3} + \dfrac{315kg}{0.00315g/mm^3} + 1m^3 \times \dfrac{5\%}{100}\right)$

$= 0.67m^3$

$= 670L \ (\because 1m^3 = 1000L)$

계산 TIP

◦ 정석적인 방법

시멘트 용적

$1m^3 - \left(\dfrac{180kg}{1g/cm^3} + \dfrac{315kg}{0.00315g/mm^3} + 1m^3 \times \dfrac{5\%}{100}\right)$

$= 1m^3 - \left(\dfrac{180 \times 10^3 g}{1g} \times 10^{-6}m^3 + \dfrac{315 \times 10^3 g}{315 \times 10^{-5} g} \times 10^{-9}m^3 \right.$

$\left. + 1m^3 \times \dfrac{5\%}{100}\right)$

$= 1m^3 - (0.18m^3 + 0.1m^3 + 0.05m^3) = 0.67m^3$

◦ 앞자리 뽑기

골재 용적은 3개 항으로 구성되므로 앞자리 뽑기를 적용할 수 없다.

02   정답 ③

$f_{ck} \leq 40\text{MPa} \rightarrow \eta = 1, \beta_1 = 0.8, \varepsilon_{cu} = 0.0033$

$\varepsilon_y = \dfrac{f_y}{E_s} = \dfrac{440\text{MPa}}{200{,}000\text{MPa}} = 0.0022$

$\dfrac{\varepsilon_s}{\varepsilon_c} = \dfrac{d-c}{c} \rightarrow \dfrac{\varepsilon_y}{\varepsilon_c} = \dfrac{d-c}{c}$ ($\varepsilon_s = \varepsilon_y$ $\because$ 균형변형률 상태)

$\rightarrow \dfrac{0.0022}{0.0033} = \dfrac{500-c}{c}$

$\therefore c = 300\text{mm}$

계산 TIP

$\dfrac{0.0022}{0.0033} = \dfrac{2}{3} = \dfrac{500-c}{c}$

$\rightarrow 2c = 3(500-c) = 1500 - 3c$

$\rightarrow 5c = 1500 \rightarrow c = \dfrac{1500}{5} = 300$

03   정답 ②

$M_w = \dfrac{wL^2}{8}$

$M_e = Pe$

$M = M_w - M_e = \dfrac{wL^2}{8} - Pe$

$\therefore M = \dfrac{(10\text{kN/m})(20\text{m})^2}{8} - (1200\text{kN})(0.25\text{m}) = 200\text{kN} \cdot \text{m}$

04   정답 ②

$P_{cr} = \dfrac{\pi^2 EI_{min}}{L_e^2} = \dfrac{\pi^2 E\left(\dfrac{bh^3}{12}\right)}{L^2}$ ($L_e = L$ $\because$ 양단힌지)

$= \dfrac{(3^2)(20\text{GPa})\left(\dfrac{0.12 \times 0.1^3}{12}m^4\right)}{(10m)^2}$

$= 18\text{kN}$

계산 TIP

◦ 정석적인 방법

$P_{cr} = \dfrac{(3^2)(20\text{GPa})\left(\dfrac{0.12 \times 0.1^3}{12}m^4\right)}{(10m)^2}$

$= \dfrac{(3^2)(2 \times 10)\left(\dfrac{12 \times 10^{-2} \times 10^{-3}}{12}\right) \times 10^9 N \cdot m^2}{(10^2 m^2)}$

$= 3^2 \times 2 \times 10^3 N = 18\text{kN}$

◦ 앞자리 뽑기

$P_{cr} : 3^2 \times 2 \times \dfrac{12}{12} = 18 \rightarrow P_{cr} = 18\text{kN}$

05 정답 ④

④ 다각형, 원형 콘크리트 기둥이나 주각은 같은 면적의 정사각형 환산 단면으로 취급할 수 있다.

06 정답 ③

내부 경간에서는 전체 정적 계수휨모멘트 M_O를 표와 같은 비율로 분배하여야 한다.

구분	내부 경간
부계수휨모멘트	0.65
정계수휨모멘트	0.35

$\therefore M_- = 0.65 M_O = 0.65(300\text{kN}\cdot\text{m}) = 195\text{kN}\cdot\text{m}$

07 [80점 목표] 정답 ①

$V_u < \phi(V_c + V_s) \rightarrow \dfrac{V_u - \phi V_c}{\phi} < V_s = \dfrac{d}{s} A_v f_y$

$\rightarrow \dfrac{(V_u - \phi V_c)s}{\phi d f_y} < A_v$

$V_s \leq 0.2 f_{ck}\left(1 - \dfrac{f_{ck}}{250}\right) b_w d$

$\left(\because 0.2 f_{ck}\left(1 - \dfrac{f_{ck}}{250}\right) b_w d < V_s \text{라면 단면 재설정}\right)$

08 정답 ①

$f_r = \dfrac{M_{\max}}{S} = \dfrac{\left(\dfrac{P}{2} \times \dfrac{L}{3}\right)}{\left(\dfrac{bh^2}{6}\right)} = \dfrac{PL}{bh^2}$

$= \dfrac{(100\text{kN})(0.6\text{m})}{(0.2 \times 0.2^2 \text{m}^3)} = 7.5\text{MPa}$

계산 TIP

◎ 정석적인 방법

$f_r = \dfrac{(100\text{kN})(0.6\text{m})}{(0.2 \times 0.2^2 \text{m}^3)} = \dfrac{10^2 \times 10^3 \times 6 \times 10^{-1}\text{N}}{2 \times 10^{-1} \times 2^2 \times 10^{-2}\text{m}^2}$

$= \dfrac{3 \times 10^4 \text{N}}{4 \times 10^{-3} \times 10^6 \text{mm}^2} = 7.5\text{MPa}$

◎ 앞자리 뽑기

$f_r : \dfrac{6}{2 \times 2^2} = \dfrac{3}{4} \rightarrow \dfrac{3 \times 10}{4} = 7.5 \rightarrow f_r = 7.5\text{MPa}$

꼭 알아두자!

문제에서 최대인장응력을 구하라고 하였으나 실험의 목적상 콘크리트 파괴계수를 구하라고 하는 표현이 더 적합했으리라 생각된다.

09 정답 ②

꼭 알아두자!

인장철근과 압축철근이 모두 항복하였으므로 $\overline{\rho}_{\min}$ 과정을 생략할 수 있다.

$f_{ck} \leq 40\text{MPa} \rightarrow \eta = 1, \beta_1 = 0.8, \varepsilon_{cu} = 0.0033$

$\therefore a = \dfrac{(A_s - A_s')f_y}{\eta(0.85 f_{ck} b)}$

$= \dfrac{(4050\text{mm}^2 - 1500\text{mm}^2)(300\text{MPa})}{(0.85)(30\text{MPa})(200\text{mm})}$

$= 150\text{mm}$

계산 TIP

◎ 정석적인 방법

$a = \dfrac{(4050\text{mm}^2 - 1500\text{mm}^2)(300\text{MPa})}{(0.85)(30\text{MPa})(200\text{mm})}$

$= \dfrac{(255 \times 10)(3 \times 10^2)\text{mm}}{(85 \times 10^{-2})(3 \times 10)(2 \times 10^2)} = \dfrac{255 \times 3 \times 10^3 \text{mm}}{85 \times 3 \times 2 \times 10} = 150\text{mm}$

◎ 앞자리 뽑기

$a : \dfrac{255 \times 3}{85 \times 3 \times 2} = \dfrac{3}{2} \rightarrow \dfrac{3 \times 10}{2} = 15 \rightarrow a = 150\text{mm}$

10
정답 ①

KDS 14 31 10 : 강구조 부재 설계기준(하중저항계수설계법)
4. 설계
이 장은 중심축 인장력을 받는 부재에 적용한다.

4.1.1 세장비 제한
(1) 교량을 제외한 강구조의 경우, 인장을 받는 부재의 설계 시 최대 세장비의 제한은 없다. 다만, 인장력에 기초하여 설계되는 부재의 세장비 L/r은 가급적 300을 넘지 않도록 한다. 이 제한은 인장력을 받는 강봉이나 매달린 부재에는 적용하지 않는다.
(2) 교량 강구조의 경우, 아이바, 봉강, 케이블, 판을 제외한 모든 인장부재의 세장비는 다음을 만족해야 한다.
　① 교번응력을 받는 주부재　　　$L/r \leq 140$
　② 교번응력을 받지 않는 주부재　$L/r \leq 200$
　③ 2차 부재　　　　　　　　　$L/r \leq 240$

4.1.3 인장강도
(1) 인장재의 설계인장강도 $\phi_t P_n$은 총단면의 항복한계상태과 유효순단면의 파단한계상태에 대해 식 (4.1-4)과 식 (4.1-5)에 의해 산정된 값 중 작은 값으로 한다.

4.1.3.1 총단면의 항복한계상태
(1) 총단면의 항복에 대한 설계인장강도는 다음 식과 같다.
$$P_n = F_y A_g \quad (4.1-4)$$
$$\phi_t = 0.90$$
여기서, A_g : 부재의 총단면적(mm²)
　　　F_y : 항복강도(MPa)
　　　P_n : 공칭인장강도(N)

4.1.3.2 유효순단면의 파단한계상태
(1) 유효순단면의 파단에 대한 설계인장강도는 다음 식과 같다.
$$P_n = F_u A_e \quad (4.1-5)$$
$$\phi_t = 0.75$$
여기서, A_e : 유효순단면적(mm²)
　　　F_u : 인장강도(MPa)

① 인장재의 설계인장강도 $\phi_t P_n$은 총단면의 항복한계상태과 유효순단면의 파단한계상태에 대해 식에 의해 산정된 값 중 작은 값으로 한다.

11
정답 ④

$f_{ck} \leq 40\text{MPa} \rightarrow \eta = 1, \beta_1 = 0.8, \varepsilon_{cu} = 0.0033$
(단, 문제에서 $\varepsilon_c = 0.003$ 간주)

$$\frac{\varepsilon_s'}{\varepsilon_c} = \frac{c-d'}{c} \rightarrow \varepsilon_s' = \frac{c-d'}{c}\varepsilon_c$$

$$\therefore \varepsilon_s' = \frac{150\text{mm} - 50\text{mm}}{150\text{mm}}(0.003) = 0.002$$

12
정답 ②

$$\lambda = \frac{L_e}{r} = \frac{0.5L}{\sqrt{\frac{I_{\min}}{A}}} \quad (L_e = 0.5L \because \text{양단고정})$$

$$= \frac{(0.5)(4\text{m})}{\sqrt{\frac{(6.4 \times 10^6 \text{mm}^4)}{(1 \times 10^3 \text{mm}^2)}}} = 25$$

📘 계산 TIP

◦ **정석적인 방법**
$$\lambda = \frac{(0.5)(4\text{m})}{\sqrt{\frac{(6.4 \times 10^6 \text{mm}^4)}{(1 \times 10^3 \text{mm}^2)}}} = \frac{(5 \times 10^{-1})(4 \times 10^3 \text{mm})}{\sqrt{\frac{(64 \times 10^{-1} \times 10^6)}{(1 \times 10^3)}}\text{mm}^2}$$

$$= \frac{5 \times 4 \times 10^2 \text{mm}}{\sqrt{64 \times 10^2 \text{mm}^2}} = \frac{20 \times 10^2}{\sqrt{8^2 \times 10^2}} = \frac{20 \times 10^2}{8 \times 10} = 25$$

◦ **앞자리 뽑기**
$$\lambda : \frac{5 \times 4}{\sqrt{64}} = \frac{5 \times 4}{\sqrt{8^2}} = \frac{5 \times 4}{8} = 2.5 \rightarrow \lambda = 25$$

13
정답 ③

① D35를 초과하는 철근은 겹침이음을 할 수 없고 용접에 의한 맞댐이음을 해야 한다. 단, D41, D51 철근에 대한 예외 규정이 있다.
③ 다발철근의 겹침이음에서 두 다발철근은 개개 철근처럼 겹침이음을 할 수 없다.

14   정답 ①

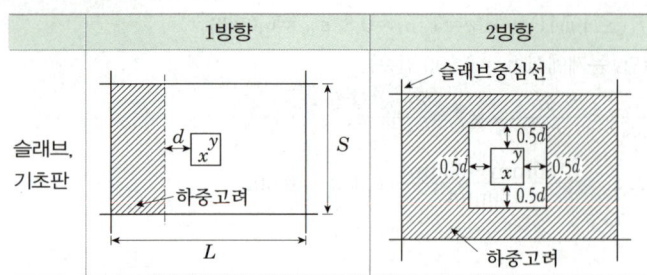

$q_u = \dfrac{P_u}{A} = \dfrac{1000\text{kN}}{(2000\text{mm})^2} = \dfrac{1}{4000}\text{kN/mm}^2$

위험구역 $= SL - (x+d)(y+d)$
$\qquad = (2000\text{mm})^2 - (550\text{mm} + 450\text{mm})^2$
$\qquad = 3 \times 10^6 \text{mm}^2$

$\therefore V_u = q_u \times$ 위험구역
$\qquad = \left(\dfrac{1}{4000}\text{kN/mm}^2\right)(3 \times 10^6 \text{mm}^2)$
$\qquad = 750\text{kN}$

📝 계산 TIP

◆ 정석적인 방법
$q_u = \dfrac{1000\text{kN}}{2000^2\text{mm}^2} = \dfrac{10^3\text{kN}}{2^2 \times 10^6 \text{mm}^2} = \dfrac{1}{4} \times 10^{-3}\text{kN/mm}^2$
위험구역 $= (2000\text{mm})^2 - (550\text{mm} + 450\text{mm})^2$
$\qquad = (2^2 \times 10^6 \text{mm}^2) - (10^6\text{mm}^2) = 3 \times 10^6 \text{mm}^2$
$V_u = \left(\dfrac{1}{4} \times 10^{-3} \text{kN/mm}^2\right)(3 \times 10^6 \text{mm}^2)$
$\quad = \dfrac{1}{4} \times 3 \times 10^3 \text{kN} = 750\text{kN}$

◆ 앞자리 뽑기
q_u, 위험구역은 중간과정이므로 앞자리 뽑기를 적용할 수 없다.
$V_u : \dfrac{1}{4} \times 3 = 0.75 \rightarrow V_u = 750\text{kN}$

15   정답 ③

$w_u = 1.8w_l + 1.25w_d$
$\quad = (1.8)(20\text{kN/m}) + (1.25)(8\text{kN/m}) = 46\text{kN/m}$

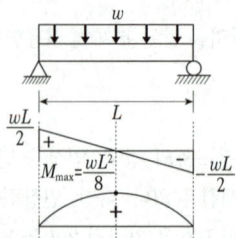

$\therefore M_u = \dfrac{w_u L^2}{8} = \dfrac{(46\text{kN/m})(8\text{m})^2}{8} = 368\text{kN} \cdot \text{m}$

16   정답 ④

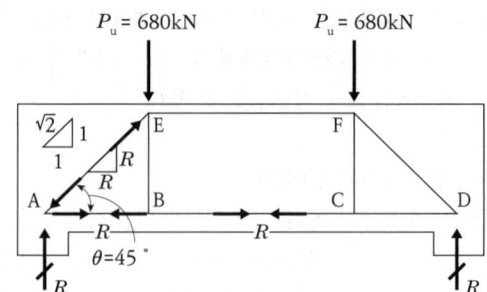

$R = \dfrac{680\text{kN} + 680\text{kN}}{2} = 680\text{kN} (\because \text{대칭})$

부재력은 트러스의 절점법을 이용하여 계산한다.
$P_{BC} = R = 680\text{kN}$
$P_u < P_d = \phi P_n = \phi A_s f_y$
$\rightarrow \dfrac{P_u}{\phi f_y} < A_s$
$\therefore \dfrac{(680\text{kN})}{(0.85)(400\text{MPa})} = 2000\text{mm}^2 < A_s \ (\phi = 0.85 \ \because \text{타이})$

17

정답 ④

$$\Delta f = \varepsilon E_s = \left(\frac{\delta}{L}\right)E_s$$

$$= \left(\frac{4\text{mm}}{20\text{m}} \times 2, \text{양단정착}\right)(200\text{GPa})$$

$$= 80\text{MPa}$$

> **꼭 알아두자!**
> 초기 프리스트레스 $f_i = 1,200$MPa은 불필요한 값이다. 문제에 주어진 모든 수치가 이용되지 않을 수 있다.

18 80점 목표

정답 ②

> **꼭 알아두자!**
> $N = \dfrac{W_C}{W_P}$의 정수부
> W_C: 연석, 방호울타리(중앙분리대 포함)간의 교폭(m)
> W_P: 발주자에 의해 정해지는 계획차로의 폭(m)
> 단, N이 1이며 W_C가 6m 이상인 경우에는 재하차로의 수(N)를 2로 한다.

$$N = \frac{9\text{m}}{9\text{m}} = 1 \ (W_C > 6\text{m})$$

$$\therefore N = 2$$

19

정답 ③

$M = 3000\text{kN} \cdot \text{m}$

$M_e = P\left(e - \dfrac{h}{6}\right)$

$$\sigma = \frac{M_e - M}{S} = \frac{P\left(e - \dfrac{h}{6}\right) - M}{\left(\dfrac{bh^2}{6}\right)}$$

$$= \frac{(3600\text{kN})\left(0.3\text{m} - \dfrac{1\text{m}}{6}\right) - 3000\text{kN} \cdot \text{m}}{\left(\dfrac{0.36 \times 1^2}{6}\text{m}^3\right)}$$

$$= -42\text{MPa}$$

20

정답 ②

$b_g = b_1 + b_2 - t$
$\quad = 100\text{mm} + 100\text{mm} - 10\text{mm} = 190\text{mm}$

$g = g_1 + g_2 - t$
$\quad = 60\text{mm} + 60\text{mm} - 10\text{mm} = 110\text{mm}$

(1) 정열 배치

$b_1 = b_g - d$
$\quad = 190\text{mm} - 25\text{mm} = 165\text{mm}$

(2) 불규칙(엇모) 배치

$b_2 = b_g - 2d + \sum \dfrac{s^2}{4g}$

$\quad = 190\text{mm} - 2(25\text{mm}) + \dfrac{(44\text{mm})^2}{4(110\text{mm})}$

$\quad = 144.4\text{mm}$

$b_n = b_{\min} = 144.4\text{mm}$

$\therefore A_n = b_n t = (144.4\text{mm})(10\text{mm}) = 1444\text{mm}^2$

2019 국가직

문제편 162p~166p

01 ④	02 ①	03 ③	04 ③	05 ③
06 ②	07 ①	08 ②	09 ②	10 ④
11 ②	12 ④	13 ③	14 ①	15 ②
16 ④	17 ③	18 ②	19 ②	20 ③

01
정답 ④

	프리(pre)텐션 방식	포스트(post)텐션 방식
도입할 때 일어나는 손실 (즉시 손실)	① 정착장치의 활동(=슬립량에 의한 손실) ② 콘크리트의 탄성수축	
		③ 긴장재와 덕트 사이의 마찰 ★ (=PS 강재와 쉬스 사이의 마찰)
도입 후 일어나는 손실 (시간 손실)	① 콘크리트의 크리프 ② 콘크리트의 수축(자기수축+건조수축) ③ 긴장재 응력의 릴랙세이션	

02
정답 ①

설계기준 압축강도 f_{ck}	Δf
$f_{ck} \leq 40\text{MPa}$	4MPa
$40\text{MPa} \leq f_{ck} \leq 60\text{MPa}$	직선보간($=0.1f_{ck}$)
$60\text{MPa} \leq f_{ck}$	6MPa

$E_c = 8500\sqrt[3]{f_{cm}} = 25500\text{MPa} \rightarrow f_{cm} = 27\text{MPa}$
$f_{cm} = f_{ck} + \Delta f$
$\therefore f_{ck} = f_{cm} - \Delta f = 27\text{MPa} - 4\text{MPa} = 23\text{MPa}$
($\Delta f = 4\text{MPa}$ $\because f_{cm} < f_{cm} \leq 40\text{MPa}$)

03
정답 ③

③ 인장측 철근이 항복에 도달하지 않을 경우 압축측에 철근을 배치하여 인장측 철근의 항복을 유도할 수 있다. 따라서 압축측 철근은 연성을 증가시킨다.

꼭 알아두자!
압축철근(부철근)을 배치하는 이유
① 압축 저항성 증가
② 강성, 강도, 단면저항모멘트 조금 증가★ : 보의 높이가 제한되어 철근의 증가로 휨강도를 증가시킨다. (단, 경제성을 고려했을 때 효과가 적다.)
③ 부모멘트에 저항 : 부모멘트가 작용하면 인장영역과 압축영역이 바뀌게 된다. 이때 압축철근으로 배치했던 철근이 인장에 저항하는 역할을 수행할 수 있다.
④ 전단철근 등 철근 조립 시 시공성을 향상(조립편리), 철근 위치 고정
⑤ 연성증가, 인장파괴 유도, 인장지배 단면에서 파괴 유도 : 인장철근의 변형이 충분하지 않을 경우 압축측에 철근을 배치하면 중립축 깊이 c ($\approx$압축 응력의 깊이 a)가 감소하며 인장측 철근의 변형이 확보(연성증가)되어 인장파괴를 유도할 수 있다.
⑥ 장기처짐감소 : 콘크리트 크리프에 저항하여 장기처짐을 감소시킨다. (=지속하중으로 인한 처짐 감소) → 'Day 10 (4)-2. 장기처짐'에서 학습. $\lambda = \dfrac{\xi}{1+50\rho'}$, $\rho' = \dfrac{A_s'}{bd}$

04
정답 ③

(1) 정열 배치
$b_1 = b_g - d = 200\text{mm} - 25\text{mm} = 175\text{mm}$

(2) 불규칙(엇모) 배치
$b_2 = b_g - 2d + \dfrac{s^2}{4g}$
$= 200\text{mm} - 2(25\text{mm}) + \dfrac{(60\text{mm})^2}{4(100\text{mm})}$
$= 159\text{mm}$
$\therefore b_n = b_{min} = 159\text{mm}$

05
정답 ③

설계기준 압축강도 f_{ck}	Δf
$f_{ck} \leq 40\text{MPa}$	4MPa
$40\text{MPa} \leq f_{ck} \leq 60\text{MPa}$	직선보간($=0.1f_{ck}$)
$60\text{MPa} \leq f_{ck}$	6MPa

$\therefore f_{cm} = f_{ck} + \Delta f = 30\text{MPa} + 4\text{MPa} = 34\text{MPa}$ ($\because f_{ck} \leq 40\text{MPa}$)

꼭 알아두자!
평균압축강도는 f_{cu}, f_{cm} 으로 표기할 수 있다.

06   정답 ②

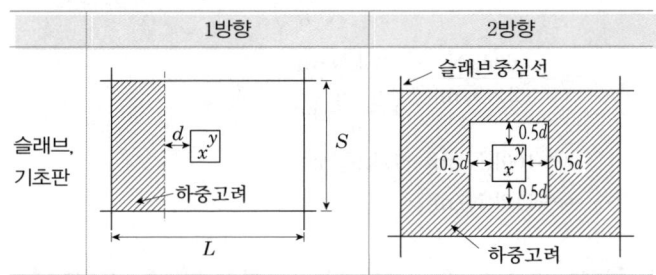

	1방향	2방향
슬래브, 기초판	(하중고려 영역, d, x, y, S, L)	슬래브중심선, $0.5d$, 하중고려

$q_u = \dfrac{P_u}{A} = \dfrac{1600\text{kN}}{(2000\text{mm})^2} = 4 \times 10^{-4}\text{kN/mm}^2$

위험구역 $= SL - (x+d)(y+d)$
$= (2000\text{mm})^2 - (500\text{mm} + 500\text{mm})^2$
$= 3 \times 10^6 \text{mm}^2$

∴ $V_u = q_u \times$ 위험단면
$= (4 \times 10^{-4}\text{kN/mm}^2)(3 \times 10^6 \text{mm}^2)$
$= 1200\text{kN}$

계산 TIP

● 정석적인 방법

$q_u = \dfrac{1600\text{kN}}{(2000\text{mm})^2} = \dfrac{16 \times 10^2 \text{kN}}{2^2 \times 10^6 \text{mm}^2} = 4 \times 10^{-4}\text{kN/mm}^2$

위험구역 $= (2000\text{mm})^2 - (500\text{mm}+500\text{mm})^2$
$= 2^2 \times 10^6\text{mm}^2 - 10^6\text{mm}^2 = 3 \times 10^6\text{mm}^2$

$V_u = (4 \times 10^{-4}\text{kN/mm}^2)(3 \times 10^6 \text{mm}^2)$
$= 4 \times 3 \times 10^2 \text{kN} = 1200\text{kN}$

● 앞자리 뽑기
q_u, 위험구역은 중간과정이므로 앞자리 뽑기를 적용할 수 없다.
$V_u : 4 \times 3 = 12 \Rightarrow V_u = 1200\text{kN}$

07   정답 ①

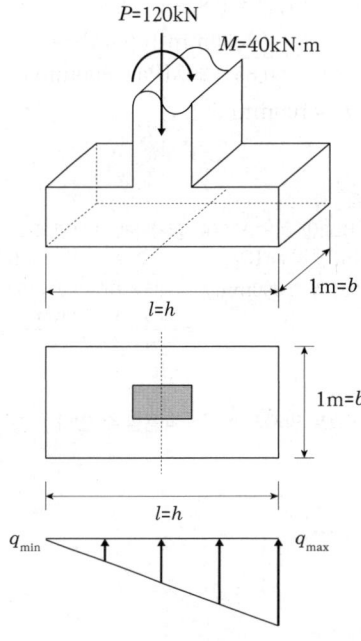

$q_{\min} = -\dfrac{P}{A} + \dfrac{M}{S} = -\dfrac{P}{bh} + \dfrac{M}{\left(\dfrac{bh^2}{6}\right)}$

$= -\dfrac{120\text{kN}}{(1 \times l\,\text{m}^2)} + \dfrac{40\text{kN}\cdot\text{m}}{\left(\dfrac{1 \times l^2}{6}\text{m}^3\right)} = 0$

∴ $l = 2\text{m}$

꼭 알아두자!

단면의 핵 개념으로 풀 수 있으나 오히려 수험생들에게 혼란을 줄 수 있어 원론적으로 풀이하였다.

$M = Pe \Rightarrow e = \dfrac{M}{P} = \dfrac{40\text{kN}\cdot\text{m}}{120\text{kN}} = \dfrac{1}{3}\text{m}$

$e = \dfrac{h}{6}$;

$\dfrac{1}{3}\text{m} = \dfrac{l}{6}$

∴ $l = 2\text{m}$

08

정답 ④

$f_{ck} \leq 40\text{MPa} \rightarrow \eta=1, \beta_1=0.8, \varepsilon_{cu}=0.0033$

$\therefore a = \dfrac{A_s f_y}{\eta(0.85 f_{ck} b)} = \dfrac{(2890\text{mm}^2)(400\text{MPa})}{(0.85)(20\text{MPa})(800\text{mm})}$

$= 85\text{mm} < t_f = 100\text{mm}$

▶ 계산 TIP

○ 정석적인 방법
a와 t_f의 크기 비교만 하면 되므로 정확하게 계산할 필요는 없다.
$a = \dfrac{(2890\text{mm}^2)(400\text{MPa})}{(0.85)(20\text{MPa})(800\text{mm})} = \dfrac{(289 \times 10)(4 \times 10^2)\text{mm}}{(85 \times 10^{-2})(2 \times 10)(8 \times 10^2)}$
$= \dfrac{289 \times 4 \times 10^3}{85 \times 2 \times 8 \times 10}\text{mm} \approx 8 \times \text{mm}$

○ 앞자리 뽑기
a는 중간과정이므로 앞자리 뽑기를 적용할 수 없다.

09

정답 ②

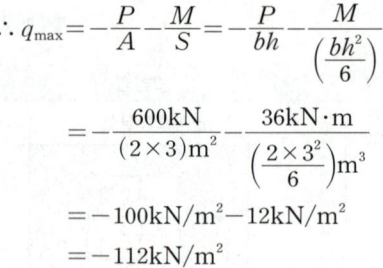

$\therefore q_{\max} = -\dfrac{P}{A} - \dfrac{M}{S} = -\dfrac{P}{bh} - \dfrac{M}{\left(\dfrac{bh^2}{6}\right)}$

$= -\dfrac{600\text{kN}}{(2 \times 3)\text{m}^2} - \dfrac{36\text{kN}\cdot\text{m}}{\left(\dfrac{2 \times 3^2}{6}\right)\text{m}^3}$

$= -100\text{kN/m}^2 - 12\text{kN/m}^2$

$= -112\text{kN/m}^2$

▶ 꼭 알아두자!

$q_{\min}$도 계산해보면 다음과 같다.
$q_{\min} = -\dfrac{P}{A} + \dfrac{M}{S}$
$= -100\text{kN/m}^2 + 12\text{kN/m}^2$
$= -88\text{kN/m}^2$

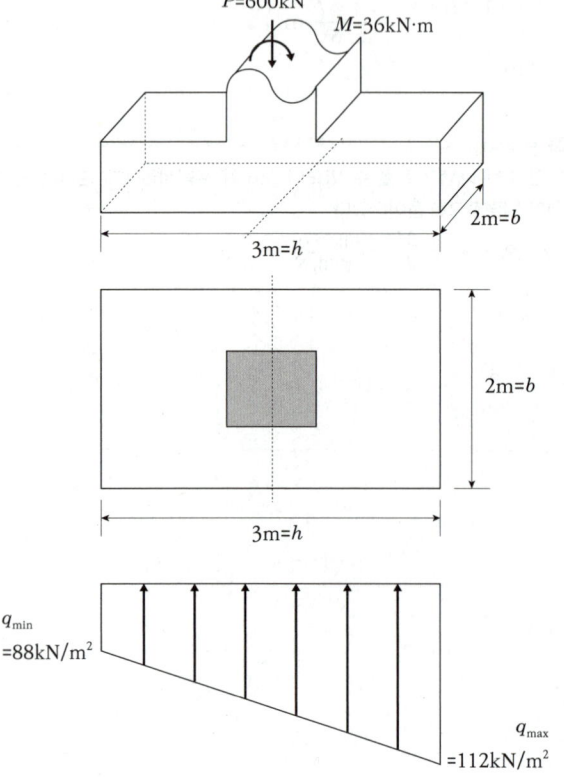

10

정답 ④

② 전단철근의 항복강도는 500MPa을 초과할 수 없다. 용접이형철망은 600MPa을 초과할 수 없다.

③, ④

	$V_s \leq 2V_c$	$2V_c < V_s \leq 0.2 f_{ck}\left(1-\dfrac{f_{ck}}{250}\right)b_w d$	$0.2 f_{ck}\left(1-\dfrac{f_{ck}}{250}\right)b_w d < V_s$
RC	$d/2$ or 600mm 이하	$V_s \leq 2V_c$의 절반	콘크리트 단면을 넓게 다시 설계해야 한다.
PSC	$0.75h$ or 600mm 이하		

11 80점 목표

정답 ②

② 횡방향 변위는 축하중에 편심과 같은 역할을 하므로 횡방향 변위가 증가하면 모멘트가 증가한다. 이를 고려하기 위해 모멘트 확대계수를 도입한다.

12
정답 ④

④ 1방향 슬래브에서는 정모멘트 철근 및 부모멘트 철근에 직각방향으로 수축·온도 철근을 배치하여야 한다.

13 80점 목표
정답 ③

① 인장강도가 커야 한다.
② 적당한 연성(=연신율이 커야 한다.)과 인성이 있어야 한다.
④ 콘크리트와 부착강도가 커야 한다.

14
정답 ①

$$P_{cr} = \frac{\pi^2 EI_{min}}{L_e^2} = \frac{\pi^2 E\left(\frac{bh^3}{12}\right)}{L_e^2}$$

$$= \frac{(\pi^2)(200\text{GPa})\left(\frac{400 \times 300^3}{12}\text{mm}^4\right)}{(20\text{m})^2}$$

$$= (450\pi^2)\text{kN}$$

계산 TIP

◦ 정석적인 방법

$$P_{cr} = \frac{(\pi^2)(200\text{GPa})\left(\frac{400 \times 300^3}{12}\text{mm}^4\right)}{(20\text{m})^2}$$

$$= \frac{(\pi^2)(2 \times 10^2)\left(\frac{4 \times 10^2 \times 3^3 \times 10^6}{12}\right)\text{kN}\cdot\text{mm}^2}{(20^2 \times 10^6 \text{mm}^2)}$$

$$= \frac{\pi^2 \times 2 \times 4 \times 3^3}{2^2 \times 12} \times 10^2 \text{kN} = (450\pi^2)\text{kN}$$

◦ 앞자리 뽑기

$$P_{cr} : \frac{\pi^2 \times 2 \times \frac{4 \times 3^3}{12}}{2^2} = \frac{\pi^2 \times 2 \times 4 \times 3^3}{2^2 \times 12} = 4.5\pi^2$$

→ $P_{cr} = (450\pi^2)\text{kN}$

15
정답 ②

정착부착에 대한 문제이다.

$$\tau \pi d L = \frac{\pi d^2}{4} f_s \rightarrow L = \frac{f_s d}{4\tau}$$

(L : 철근 묻힘길이, f_s : 철근응력)

$$\therefore L = \frac{(300\text{MPa})(25\text{mm})}{(4)(5\text{MPa})} = 375\text{mm}$$

계산 TIP

◦ 정석적인 방법

$$L = \frac{(300\text{MPa})(25\text{mm})}{(4)(5\text{MPa})} = \frac{(3 \times 10^2)(25)\text{mm}}{(4)(5)}$$

$$= \frac{3 \times 25}{4 \times 5} \times 10^2 \text{mm} = \frac{15}{4} \times 10^2 \text{mm}$$

$$= 375\text{mm}$$

◦ 앞자리 뽑기

$$L : \frac{3 \times 25}{4 \times 5} = \frac{15}{4} = 3.75 \rightarrow L = 375\text{mm}$$

16
정답 ④

$$V_c = \frac{1}{6}\lambda\sqrt{f_{ck}}b_w d$$

$$= \left(\frac{1}{6}\right)(1)(\sqrt{36}\text{MPa})(400 \times 600\text{mm}^2)$$

$$= 240\text{kN}$$

$$V_s > 700\text{kN} > 2V_c(=480\text{kN})$$

$$V_s = \frac{d}{s}A_v f_y > 700\text{kN} \rightarrow \frac{dA_v f_y}{700\text{kN}} > s$$

$$\rightarrow \frac{(600\text{mm})(700\text{mm}^2)(400\text{MPa})}{700\text{kN}} = 240\text{mm} > s$$

$$\therefore s_{max} = \left[\frac{d}{4}, 300\text{mm}, 240\text{mm}\right]_{min} = 150\text{mm}$$

◐ 계산 TIP

◎ 정석적인 방법

$$V_c = \left(\frac{1}{6}\right)(1)(\sqrt{36}\text{MPa})(400 \times 600\text{mm}^2)$$
$$= \left(\frac{1}{6}\right)(6\text{MPa})(4 \times 6 \times 10^4\text{mm}^2)$$
$$= \frac{1}{6} \times 6 \times 4 \times 6 \times 10^4\text{N} = 24 \times 10^4 \times 10^{-3}\text{kN} = 240\text{kN}$$

$$\frac{(600\text{mm})(700\text{mm}^2)(400\text{MPa})}{700\text{kN}}$$
$$= \frac{(6 \times 10^2\text{mm})(7 \times 10^2)(4 \times 10^2)\text{N}}{7 \times 10^2 \times 10^3\text{N}}$$
$$= \frac{6 \times 7 \times 4 \times 10^6\text{mm}}{7 \times 10^5} = 240\text{mm} > s$$

◎ 앞자리 뽑기
V_c, s는 중간과정이므로 앞자리 뽑기를 적용할 수 없다.

◐ 계산 TIP

◎ 정석적인 방법
$$A_{s,\max} < (0.02)(300 \times 600\text{mm}^2) = 2 \times 10^{-2} \times 3 \times 6 \times 10^4\text{mm}^2$$
$$= 2 \times 3 \times 6 \times 10^2\text{mm}^2 = 3600\text{mm}^2$$

◎ 앞자리 뽑기
해당 문제는 보기에 ① 360과 ③ 3,600 및 ② 540 ④ 5,400이 10의 배수 관계에 있으므로 앞자리 뽑기를 적용할 수 없다.

17 정답 ③

연성파괴가 발생하기 위해서는 철근비가 최소철근비와 최대철근비 사이에 위치해야 한다.

$\rho < \rho_{\max}$

→ $\dfrac{A_{s,\max}}{bd} < \rho_{\max}$

∴ $A_{s,\max} < (\rho_{\max})(bd)$
$= (0.02)(300 \times 600\text{mm}^2) = 3600\text{mm}^2$

꼭 알아두자!

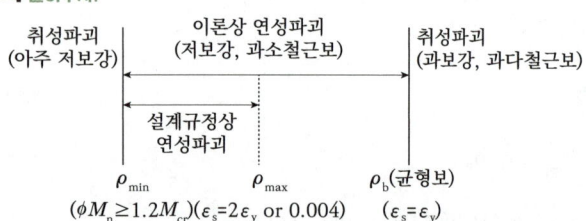

- $\rho < \rho_{\min}$: 인장측 철근이 끊어져 무근콘크리트와 같은 파괴 거동. 갑작스런 파괴(취성파괴)가 발생하므로 인명피해가 발생할 수 있다.(아주저보강보)
- $\rho_{\min} < \rho < \rho_b$: 인장측 철근이 먼저 항복. 이론상 연성파괴가 발생하므로 인명피해를 방지할 수 있다. 중립축이 압축측으로 상승(저보강보, 과소철근보)
- $\rho = \rho_b$: 압축측 콘크리트 파괴와 인장측 철근항복이 동시에 발생(균형보)
- $\rho_b < \rho$: 압축측 콘크리트가 먼저 파괴. 갑작스런 파괴(취성파괴)가 발생하므로 인명피해가 발생할 수 있다. 중립축이 인장측으로 하강(과보강보, 과다철근보)

18 정답 ②

포스트텐션방식의 시공순서는 다음과 같다.
① 거푸집 제작 및 쉬스 배치
② 콘크리트 타설 및 경화
③ 철근 배치 및 긴장
④ 그라우팅 및 경화
⑤ 긴장력 제거
∴ ㄱ → ㅁ → ㄴ → ㄹ → ㄷ

19 80점 목표 정답 ②

② 블록전단파괴에 대한 설명이다.

20 정답 ③

	3개월	6개월	1년	5년 이상
ξ	1	1.2	1.4	2

$\lambda = \dfrac{\xi}{1 + 50\rho'} = \dfrac{2}{1 + 50(0.02)} = 1$

∴ $\delta_T = \delta_E(1 + \lambda) = (10\text{mm})(1 + 1) = 20\text{mm}$

2020 국가직

01 ④	02 ②	03 ①	04 ③	05 ②
06 ④	07 ②	08 ③	09 ④	10 ②
11 ①	12 ②	13 ③	14 ①	15 ③
16 ②	17 ③	18 ④	19 ②	20 ①

01 정답 ④

공칭강도(S_n) ≥ 사용하중(작용하중)

강도감소계수(ϕ) × ↓   ↓ × 하중계수(γ)

설계강도(S_d) ≥ 계수하중(소요강도)

④ $M_u < M_d = \phi M_n$

02 정답 ②

(1) 정열 배치

$b_1 = b_g - 2d = 320\text{mm} - 2(25\text{mm}) = 270\text{mm}$

(2) 불규칙(엇모) 배치

$b_2 = b_g - 2d + \sum \dfrac{s^2}{4g}$

$\quad = 320\text{mm} - 2(25\text{mm}) + \dfrac{(80\text{mm})^2}{4(100\text{mm})}$

$\quad = 286\text{mm}$

$b_3 = b_g - 3d + \sum \dfrac{s^2}{4g}$

$\quad = 320\text{mm} - 3(25\text{mm}) + 2 \times \dfrac{(80\text{mm})^2}{4(100\text{mm})}$

$\quad = 277\text{mm}$

$b_n = b_{min} = 270\text{mm}$

$\therefore A_n = b_n t = (270\text{mm})(10\text{mm}) = 2700\text{mm}^2$

03 정답 ①

$f_{ck} \leq 40\text{MPa} \rightarrow \eta = 1,\ \beta_1 = 0.8,\ \varepsilon_{cu} = 0.0033$

$\varepsilon_y = \dfrac{f_y}{E_s} = \dfrac{440\text{MPa}}{200{,}000\text{MPa}} = 0.0022$

$\dfrac{\varepsilon_s}{\varepsilon_c} = \dfrac{d-c}{c} \rightarrow \dfrac{\varepsilon_y}{\varepsilon_c} = \dfrac{d-c}{c} \rightarrow (\varepsilon_s = \varepsilon_y \because \text{균형변형률 상태})$

$\rightarrow \dfrac{0.0022}{0.0033} = \dfrac{280-c}{c}$

$\therefore c = 168\text{mm}$

계산 TIP

$\dfrac{0.0022}{0.0033} = \dfrac{2}{3} = \dfrac{280-c}{c}$

$\rightarrow 2c = 3(280-c) = 840 - 3c$

$\rightarrow 5c = 840 \rightarrow c = \dfrac{840}{5} = 168\text{mm}$

04 정답 ③

$M_w = \dfrac{wL^2}{8}$

$M_e = P\left(e + \dfrac{h}{6}\right)$

$M_w = M_e$;

$\dfrac{wL^2}{8} = P\left(e + \dfrac{h}{6}\right) \rightarrow P = \dfrac{wL^2}{8\left(e + \dfrac{h}{6}\right)}$

$\therefore P = \dfrac{(30\text{kN/m})(10\text{m})^2}{8\left(0 + \dfrac{500\text{mm}}{6}\right)} = 4500\text{kN}$

05 정답 ②

> **꼭 알아두자!**
> KDS 14 31 25는 하중저항계수 설계법이다. 허용응력 설계법과 하중저항 설계법의 필릿용접에 대한 사항 중 전면부를 제외하고는 내용이 동일하므로 문제에 영향을 주지는 않는다.

① 유효면적(A)는 유효길이(L_e)에 유효목두께(a)를 곱한 것으로 한다.
② 측면용접 유효길이(L_e)는 필릿용접의 총 길이(L)에서 용접치수의 2배($2s$)를 공제한 값으로 한다.
③ 유효목두께(a)는 용접치수(s)의 0.7배로 한다.

06 정답 ④

④ 벽체에 배근되는 수직 및 수평철근의 간격은 벽두께의 3배와 450mm 중 작은 값 이하로 하여야 한다.

07 정답 ②

② 기초판의 밑면적은 기초판에 의해 지반에 전달되는 사용하중과 지반의 허용지지력을 사용하여 산정하여야 한다.

지반허용지지력(q_a) > $\dfrac{\text{사용하중}(P_a)}{\text{기초판면적}(A)}$

08 정답 ③

수축·온도철근 비는 아래 표를 따른다. 단, 전체 면적의 0.0014배 이상으로 배치한다. (철근비를 0.0014 이상, 단면적은 단위폭 m당 1800mm² 이하로 한다.)

항복강도	수축·온도철근비
400MPa 이하	0.002
400MPa 초과	$0.002 \times \dfrac{400}{f_y}$

09 80점 목표 정답 ④

$$V_u = \frac{w_u L}{2} - w_u d = w_u\left(\frac{L}{2} - d\right)$$
$$= (40\text{kN/m})\left(\frac{8}{2}\text{m} - 500\text{mm}\right)$$
$$= 140\text{kN}$$

① 전단철근을 배치할 필요가 없다.
$$V_u < \frac{1}{2}\phi V_c \rightarrow 140\text{kN} < \frac{1}{2}(0.75)(160\text{kN}) = 60\text{kN} \ (\times)$$

② 최소 전단철근을 배치해야 한다.
$$\frac{1}{2}\phi V_c < V_u < \phi V_c \rightarrow 60\text{kN} < 140\text{kN} < 120\text{kN} \ (\times)$$

③ 계수전단력 $V_u = 140$kN이다.
④ 계수전단력 V_u는 콘크리트의 설계전단강도(ϕV_c)를 초과한다.
$$\phi V_c < V_u \rightarrow 120\text{kN} < 140\text{kN}$$

∴ 전단철근을 배치해야 한다.

> **계산 TIP**
>
> ◦ 정석적인 방법
> $$V_u = (40\text{kN/m})\left(\frac{8}{2}\text{m} - 500\text{mm}\right)$$
> $$= (40\text{kN/m})(4\text{m} - 5 \times 10^2 \times 10^{-3}\text{m})$$
> $$= (40\text{kN/m})(3.5\text{m}) = 140\text{kN}$$
>
> ◦ 앞자리 뽑기
> V_c는 중간과정이므로 앞자리 뽑기를 적용할 수 없다.

10 정답 ②

$$f_r = \frac{M_{\max}}{S} = \frac{\left(\dfrac{P}{2} \times \dfrac{L}{3}\right)}{\left(\dfrac{bh^2}{6}\right)} = \frac{PL}{bh^2}$$
$$= \frac{(22.5\text{kN})(450\text{mm})}{(150 \times 150^2 \text{mm}^3)} = 3\text{MPa}$$

> **계산 TIP**
>
> ◦ 정석적인 방법
> $$f_r = \frac{(22.5\text{kN})(450\text{mm})}{(150 \times 150^2\text{m}^3)} = \frac{225 \times 10^{-1} \times 10^3 \times 45 \times 10\text{N}}{15 \times 10 \times 15^2 \times 10^2 \text{mm}^2}$$
> $$= \frac{225 \times 45 \times 10^3 \text{N}}{15 \times 15^2 \times 10^3 \text{mm}^2} = 3\text{MPa}$$
>
> ◦ 앞자리 뽑기
> $f_r : \dfrac{225 \times 45}{15 \times 15^2} = 3 \rightarrow f_r = 3\text{MPa}$

11   정답 ①

$f_{ck} \leq 40\text{MPa} \rightarrow \eta=1,\ \beta_1=0.8,\ \varepsilon_{cu}=0.0033$

$\varepsilon_y = \dfrac{f_y}{E_s} = \dfrac{400\text{MPa}}{200{,}000\text{MPa}} = 0.002$

$\dfrac{\varepsilon_s}{\varepsilon_c} = \dfrac{d-c}{c} \rightarrow \varepsilon_s = \dfrac{d-c}{c}\varepsilon_c$

$\rightarrow \varepsilon_s = \dfrac{300\text{mm}-200\text{mm}}{200\text{mm}} \times 0.0033 = 0.00165 < \varepsilon_y(=0.002)$

철근이 항복하지 않았으므로($\varepsilon_s \leq \varepsilon_y$) 후크의 법칙을 따른다.

$\therefore f_s = E_s \varepsilon_s = (200{,}000\text{MPa})(0.00165) = 330\text{MPa}$

 알아두자!

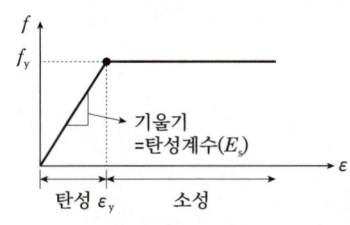

$\varepsilon_s \leq \varepsilon_y$	$f_s = \varepsilon_s E_s$
$\varepsilon_y < \varepsilon_s$	$f_s = f_y$

12   정답 ②

$V_c = \dfrac{1}{6}\lambda\sqrt{f_{ck}}\,b_w d$

$= \left(\dfrac{1}{6}\right)(1)(\sqrt{36}\text{MPa})(400 \times 600\text{mm}^2)$

$= 240\text{kN}$

계산 TIP

○ 정석적인 방법

$V_c = \left(\dfrac{1}{6}\right)(1)(\sqrt{36}\text{MPa})(400 \times 600\text{mm}^2)$

$= \left(\dfrac{1}{6}\right)(6\text{MPa})(4 \times 6 \times 10^4)\text{mm}^2$

$= \dfrac{1}{6} \times 6 \times 4 \times 6 \times 10^4 \text{N} = 24 \times 10^4 \times 10^{-3}\text{kN} = 240\text{kN}$

○ 앞자리 뽑기

$V_c : \dfrac{1}{6} \times 6 \times 4 \times 6 = 24 \rightarrow V_c = 240\text{kN}$

13   정답 ③

꼭 알아두자!

① 횡방향 상대변위가 없는 압축부재(횡구속 골조의 압축부재)

$\dfrac{kl_u}{r} \leq \left(34 - 12\dfrac{M_1}{M_2}\right) < 40$

l_u : 비지지길이

② 횡방향 상대변위가 있는 압축부재(비횡구속 골조의 압축부재)

$\dfrac{kl_u}{r} < 22$

- 직사각형 단면 : $r = 0.3h$ (h는 좌굴이 고려되는 방향의 단면치수)
- 원형 단면 : $r = 0.25d$

$\dfrac{kl_u}{r} < 22 \rightarrow \dfrac{kl_u}{22} < r$

$\therefore \dfrac{3.3\text{m}}{22} = 150\text{mm} < r$

계산 TIP

○ 정석적인 방법

$\dfrac{3.3\text{m}}{22} = \dfrac{33 \times 10^{-1} \times 10^3\text{mm}}{22} = 1.5 \times 10^2\text{mm} = 150\text{mm} < r$

○ 앞자리 뽑기

$l_u : \dfrac{33}{22} = \dfrac{3}{2} = 1.5 \rightarrow 150\text{mm} < r$

14   정답 ①

꼭 알아두자!

휨 설계에 대한 전반적인 지식이 필요한 문제로 매우 좋은 문제이다.

$f_{ck} \leq 40\text{MPa} \rightarrow \eta=1,\ \beta_1=0.8,\ \varepsilon_{cu}=0.0033$

$C = 0.85 f_{ck} ab$

$\rightarrow a = \dfrac{C}{\eta(0.85 f_{ck} b)} = \dfrac{1190\text{kN}}{(0.85)(35\text{MPa})(400\text{mm})}$

$= 100\text{mm}$

$M_n = A_s f_y \left(d - \dfrac{a}{2}\right) = T\left(d - \dfrac{a}{2}\right) = C\left(d - \dfrac{a}{2}\right)$

$= (1190\text{kN})\left(550\text{mm} - \dfrac{100}{2}\text{mm}\right) = 595\text{kN}\cdot\text{m}$

> **계산 TIP**
> ○ 정석적인 방법
> $$a = \frac{1190\text{kN}}{(0.85)(35\text{MPa})(400\text{mm})}$$
> $$= \frac{119 \times 10 \times 10^3 \text{N} \times \text{mm}}{(85 \times 10^{-2})(35\text{MPa})(4 \times 10^2 \text{mm}) \times \text{mm}}$$
> $$= \frac{119 \times 10^4 \text{mm}}{85 \times 35 \times 4} = 100\text{mm}$$
> $$M_n = (1190\text{kN})\left(550\text{mm} - \frac{100}{2}\text{mm}\right)$$
> $$= (119 \times 10\text{kN})(5 \times 10^2 \text{mm}) = 119 \times 5 \times 10^3 \text{kN} \cdot \text{mm}$$
> $$= 595 \times 10^3 \text{kN} \times 10^{-3} \text{m} = 595\text{kN} \cdot \text{m}$$
>
> ○ 앞자리 뽑기
> a는 중간과정이므로 앞자리 뽑기를 적용할 수 없다.
> $M_n : 119 \times 5 = 595 \rightarrow M_n = 595\text{kN} \cdot \text{m}$

16   정답 ②

$$V_u = \frac{w_u L}{2} - w_u d = w_u\left(\frac{L}{2} - d\right)$$
$$= (48\text{kN/m})\left(\frac{6}{2}\text{m} - 500\text{mm}\right) = 120\text{kN}$$

> **계산 TIP**
> ○ 정석적인 방법
> $$\frac{(400\text{kN})(300\text{mm})}{(1000\text{mm})(300\text{MPa})} = \frac{(4 \times 10^2 \times 10^3 \text{N})(3 \times 10^2 \text{mm}) \times \text{mm}}{(10^3 \text{mm})(3 \times 10^2 \text{MPa}) \times \text{mm}}$$
> $$= \frac{4 \times 3 \times 10^7 \text{mm}^2}{3 \times 10^5} = 400\text{mm}^2 < A_v$$
>
> ○ 앞자리 뽑기
> $A_v : \frac{4 \times 3}{3} = 4 \rightarrow 400\text{mm}^2 < A_v$

15   정답 ③

$f_{ck} \leq 40\text{MPa} \rightarrow \eta = 1, \beta_1 = 0.8, \varepsilon_{cu} = 0.0033$
$$a = \frac{A_s f_y}{\eta(0.85 f_{ck} b)}$$
$$= \frac{(2040\text{mm}^2)(400\text{MPa})}{(0.85)(24\text{MPa})(400\text{mm})} = 100\text{mm}$$
$$\therefore M_n = A_s f_y\left(d - \frac{a}{2}\right)$$
$$= (2040\text{mm}^2)(400\text{MPa})\left(400\text{mm} - \frac{100}{2}\text{mm}\right)$$
$$= 285.6\text{kN} \cdot \text{m}$$

> **계산 TIP**
> ○ 정석적인 방법
> $$a = \frac{(2040\text{mm}^2)(400\text{MPa})}{(0.85)(24\text{MPa})(400\text{mm})} = \frac{(204 \times 10)(4 \times 10^2)\text{mm}}{(85 \times 10^{-2})(24)(4 \times 10^2)}$$
> $$= \frac{204 \times 4 \times 10^3 \text{mm}}{85 \times 24 \times 4} = 100\text{mm}$$
> $$M_n = (2040\text{mm}^2)(400\text{MPa})\left(400\text{mm} - \frac{100}{2}\text{mm}\right)$$
> $$= (204 \times 10\text{mm}^2)(4 \times 10^2 \text{MPa})(35 \times 10\text{mm})$$
> $$= 204 \times 4 \times 35 \times 10^4 \text{N} \cdot \text{mm} = 28560 \times 10^4 \times 10^{-6} \text{kN} \cdot \text{m}$$
> $$= 285.6\text{kN} \cdot \text{m}$$
>
> ○ 앞자리 뽑기
> a는 중간과정이므로 앞자리 뽑기를 적용할 수 없다.
> $M_n : 204 \times 4 \times 35 = 28560 \rightarrow M_n = 285.6\text{kN} \cdot \text{m}$

17   정답 ③

부재	최소 두께 또는 깊이			
	단순지지	일단연속	양단연속	캔틸레버
보, 리브가 있는 1방향 슬래브	$L/16$	$L/18.5$	$L/21$	$L/8$
1방향 슬래브	$L/20$	$L/24$	$L/28$	$L/10$

단, f_y가 400MPa 이외인 경우는 계산된 h값에 $\left(0.43 + \dfrac{f_y}{700}\right)$을 곱하여야 한다.

$$\therefore \frac{L}{16}\left(0.43 + \frac{f_y}{700}\right) = \frac{3.2\text{m}}{16}\left(0.43 + \frac{350}{700}\right)$$
$$= 200\text{mm}(0.93) = 186\text{mm} \geq 100\text{mm}$$

> **꼭 알아두자!**
> 슬래브 두께는 100mm 이상으로 한다. 단, 과다한 처짐이 발생하지 않을 정도의 두께가 되어야 한다.

18

정답 ④

> **꼭 알아두자!**
> 인장철근과 압축철근이 모두 항복하였으므로 $\overline{\rho}_{min}$ 과정을 생략할 수 있다.

$f_{ck} \leq 40\text{MPa} \rightarrow \eta=1,\ \beta_1=0.8,\ \varepsilon_{cu}=0.0033$

$a = \dfrac{(A_s - A_s')f_y}{\eta(0.85f_{ck}b)}$

$= \dfrac{(1734\text{mm}^2 - 289\text{mm}^2)(400\text{MPa})}{(0.85)(20\text{MPa})(200\text{mm})}$

$= 170\text{mm}$

$c = \dfrac{a}{\beta_1} = \dfrac{170\text{mm}}{0.8} = 212.5\text{mm}$

계산 TIP

○ 정석적인 방법

$a = \dfrac{(1734\text{mm}^2 - 289\text{mm}^2)(400\text{MPa})}{(0.85)(20\text{MPa})(200\text{mm})}$

$= \dfrac{(1445)(4 \times 10^2)\text{mm}}{(85 \times 10^{-2})(2 \times 10)(2 \times 10^2)}$

$= \dfrac{1445 \times 4 \times 10^2}{85 \times 2 \times 2 \times 10}\text{mm} = 170\text{mm}$

○ 앞자리 뽑기

a는 중간과정이므로 앞자리 뽑기를 적용할 수 없다.

19

정답 ②

② 이동식 비계공법(MSS)은 가설 중의 상부구조 중량을 이동식 비계를 통해 교각에 직접 전달하는 공법이다.

20 ◁ 80점 목표

정답 ①

(1) e'

$M_w = \dfrac{wL^2}{8}$

$M_e = Pe$

$M = M_w - M_e = P \times e'$;

$\rightarrow e' = \dfrac{M_w - M_e}{P} = \dfrac{\left(\dfrac{wL^2}{8}\right) - Pe}{P} = \dfrac{wL^2}{8P} - e$

$= \dfrac{(10\text{kN/m})(20\text{m})^2}{8(1000\text{kN})} - 0.35\text{m} = 0.15\text{m}$

(2) f_{bot}

$M_w = \dfrac{wL^2}{8}$

$M_e = P\left(e + \dfrac{h}{6}\right)$

$f_{bot} = \dfrac{M_w - M_e}{S} = \dfrac{\left(\dfrac{wL^2}{8}\right) - P\left(e + \dfrac{h}{6}\right)}{\left(\dfrac{bh^2}{6}\right)}$

$= \dfrac{\left(\dfrac{(10\text{kN/m})(20\text{m})^2}{8}\right) - (1000\text{kN})\left(0.35\text{m} + \dfrac{1\text{m}}{6}\right)}{\left(\dfrac{0.5 \times 1^2}{6}\text{m}^3\right)}$

$= -0.2\text{MPa (압축)}$

계산 TIP

○ 정석적인 방법

$e' = \dfrac{(10\text{kN/m})(20\text{m})^2}{8(1000\text{kN})} - 0.35\text{m} = \dfrac{(10)(2^2 \times 10^2)\text{m}}{(8)(10^3)} - 0.35\text{m}$

$= \dfrac{2^2\text{m}}{2^3} - 0.35\text{m} = 0.15\text{m}$

$f_{bot} = \dfrac{\left(\dfrac{(10\text{kN/m})(20\text{m})^2}{8}\right) - (1000\text{kN})\left(0.35\text{m} + \dfrac{1\text{m}}{6}\right)}{\left(\dfrac{0.5 \times 1^2}{6}\text{m}^3\right)}$

$= \dfrac{\left(\dfrac{10 \times 2^2 \times 10^2}{2^3}\text{kN}\cdot\text{m}\right) \times 6 - (10^3\text{kN})\left(0.35\text{m} + \dfrac{1\text{m}}{6}\right) \times 6}{\left(\dfrac{5 \times 10^{-1}}{6}\text{m}^3\right) \times 6}$

$= \dfrac{3000\text{kN} - 3100\text{kN}}{5 \times 10^{-1}\text{m}^2} = -200\text{kPa} = -0.2\text{MPa (압축)}$

○ 앞자리 뽑기

e'은 중간과정이므로 앞자리 뽑기를 적용할 수 없다.

f_{bot}는 2개 항으로 구성되므로 앞자리 뽑기를 적용할 수 없다.

2021 국가직

01 ②	02 ③	03 ④	04 ③	05 ③
06 ④	07 ②	08 ①	09 ②	10 ①
11 ④	12 ①	13 ④	14 ③	15 ①
16 ③	17 ④	18 ③	19 ②	20 ①

꼭 알아두자!

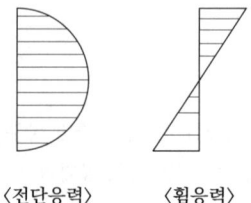

- $\rho < \rho_{min}$: 인장측 철근이 끊어져 무근콘크리트와 같은 파괴 거동. 갑작스런 파괴(취성파괴)가 발생하므로 인명피해가 발생할 수 있다.(아주저보강보)
- $\rho_{min} < \rho < \rho_b$: 인장측 철근이 먼저 항복. 이론상 연성파괴가 발생하므로 인명피해를 방지할 수 있다. 중립축이 압축측으로 상승(저보강보, 과소철근보)
- $\rho = \rho_b$: 압축측 콘크리트 파괴와 인장측 철근항복이 동시에 발생(균형보)
- $\rho_b < \rho$: 압축측 콘크리트가 먼저 파괴. 갑작스런 파괴(취성파괴)가 발생하므로 인명피해가 발생할 수 있다. 중립축이 인장측으로 하강(과보강보, 과다철근보)

01

정답 ②

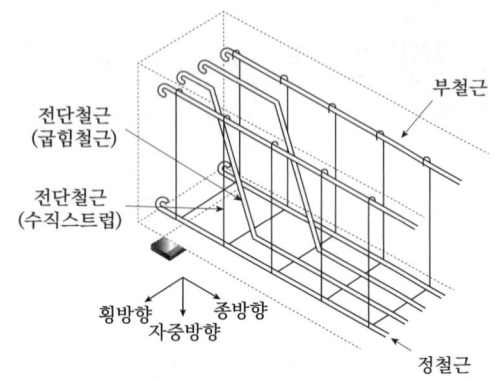

① 정철근 : 정모멘트에 의한 인장응력에 저항
② 부철근 : 정모멘트에 의한 압축응력에 저항(부모멘트에 의한 인장응력에 저항)
③ 전단철근 : 전단력에 의한 사인장응력에 저항
④ 옵셋굽힘철근 : 기둥 연결부에서 단면치수가 변하는 경우 주철근을 구부린 것으로 정모멘트에 저항

02

정답 ③

③ '설계 규정상 더 확실한' 연성파괴를 유도하여 구조물의 안정성을 증대하기 위함이다.

03

정답 ④

③, ④ 전단응력과 휨응력의 분포는 다음과 같다. 따라서 단면에 평행하게 작용하는 전단력은 단면 전체에 균일한 전단응력을 발생시키지 않는다.

⟨전단응력⟩   ⟨휨응력⟩

04

정답 ③

① 철근의 강도가 아니라 콘크리트 강도가 클수록 부착에 유리하다는 것을 상기하자.
③ 지름이 작은 여러 철근을 사용하는 것보다 지름이 큰 철근을 사용하는 것이 균열을 증가시키므로 부착에 좋지 않다.

05

정답 ③

	3개월	6개월	1년	5년 이상
ξ	1	1.2	1.4	2

$\rho' = \dfrac{A_s'}{bd} = \dfrac{600\text{mm}^2}{200 \times 300\text{mm}^2} = 0.01$

$\lambda = \dfrac{\xi}{1+50\rho'} = \dfrac{2}{1+50(0.01)} = \dfrac{4}{3}$

∴ 추가장기처짐 $= \lambda \delta_E = \dfrac{4}{3} \times 15\text{mm} = 20\text{mm}$

06

정답 ④

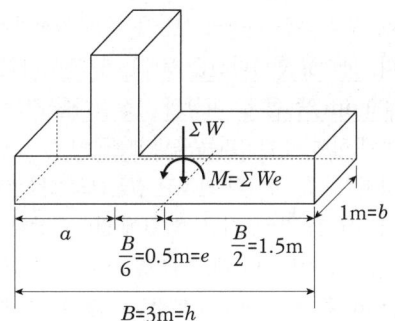

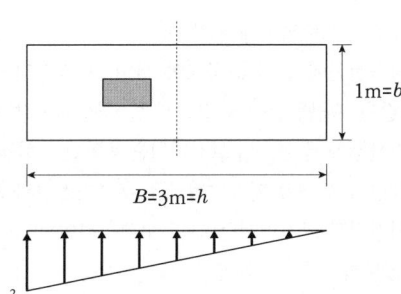

$P_{\max} = -\dfrac{P}{A} - \dfrac{M}{S} = -\dfrac{\Sigma W}{(1\text{m} \times B)} - \dfrac{(\Sigma W)\left(\dfrac{B}{6}\right)}{\left(\dfrac{1\text{m} \times B^2}{6}\right)}$

$= -\dfrac{300\text{kN}}{(1 \times 3\text{m}^2)} - \dfrac{(300\text{kN})\left(\dfrac{3\text{m}}{6}\right)}{\left(\dfrac{1 \times 3^2}{6}\text{m}^3\right)}$

$= -100\text{kN/m}^2 - 100\text{kN/m}^2$

$= -200\text{kN/m}^2$

꼭 알아두자!

$q_{\min}$도 계산해보면 다음과 같다. 그러나 단면의 핵 개념을 이용하면 계산해보지 않아도 $P_{\min}=0$임을 알 수 있다. $\left(\because e = \dfrac{B}{6}\right)$

$P_{\min} = -\dfrac{P}{A} + \dfrac{M}{S}$

$= -100\text{kN/m}^2 + 100\text{kN/m}^2$

$= 0$

07

정답 ②

유효율: $R = \dfrac{P_e}{P_i} \times 100\%$

P_j: 재킹 힘

P_i(초기 프리스트레스): P_j − 즉시손실량

P_e(유효 프리스트레스): P_i − 시간손실량(크리프, 건조수축, 릴랙세이션)

$P_e = P_i -$ 시간손실량

$= 720\text{kN} - 34\text{kN} - 49\text{kN} - 25\text{kN}$

$= 612\text{kN}$

∴ $R = \dfrac{P_e}{P_i} \times 100\% = \dfrac{612\text{kN}}{720\text{kN}} \times 100\% = 85\%$

08 80점 목표

정답 ①

꼭 알아두자!

이론상 $V_u < \phi V_c$라면 전단철근을 배치할 필요가 없으나 설계상 $\dfrac{1}{2}\phi V_c < V_u$일 때 최소전단철근 규정을 두고 있다. 따라서 전단철근을 배치하지 않으려면 $V_u < \dfrac{1}{2}\phi V_c$를 만족해야 한다.

$V_u = \dfrac{w_u L}{2} - w_u L_1 = w_u\left(\dfrac{L}{2} - L_1\right)$

$V_u < \dfrac{1}{2}\phi V_c$

→ $(45\text{kN/m})\left(\dfrac{6}{2}\text{m} - L_1\right) < \dfrac{1}{2}(0.75)(120\text{kN})$

→ $2\text{m} < L_1$

∴ $a = L - 2L_1 = 6\text{m} - 2(2\text{m}) = 2\text{m}$

계산 TIP

◦ 정석적인 방법

$(45\text{kN/m})\left(\dfrac{6}{2}\text{m}-L_1\right) < \dfrac{1}{2}(0.75)(120\text{kN}) = 45\text{kN}$

$\rightarrow 3\text{m}-L_1 < \dfrac{45\text{kN}}{45\text{kN/m}} = 1\text{m}$

$\rightarrow 2\text{m} < L_1$

◦ 앞자리 뽑기

L_1은 중간과정이므로 앞자리 뽑기를 적용할 수 없다.

09 (80점 목표) 정답 ②

꼭 알아두자!

전공서적마다 용어가 혼용되어 있어 주의가 필요하다.

P_0 : 순수~(순수축하중강도)
$P_n = \alpha P_0$: 공칭~(공칭중심축하중, 공칭축하중강도, 공칭축강도)
$P_d = \phi\alpha P_0$: 설계~(설계중심축하중, 설계축하중강도, 설계축강도, 최대설계하중, 최대설계축강도, 축방향설계강도)

이름을 보고 판단이 되지 않을 경우에는 아래첨자를 보고 판단하는 것이 좋다.

	ϕ	α
띠철근 기둥	0.65	0.8
나선철근 기둥	0.7	0.85

$P_d = \phi\alpha P_0 = \phi\alpha[0.85f_{ck}(A_g - A_{st}) + f_y A_{st}]$
$= (0.65)(0.8) \times [(0.85)(30\text{MPa})(500^2 - 50000\text{mm}^2)$
$\qquad\qquad\qquad\qquad + (400\text{MPa})(50000\text{mm}^2)]$
$= 13{,}052\text{kN}$

계산 TIP

◦ 정석적인 방법
$\phi\alpha P_0 = (0.65)(0.8) \times$
$\qquad [(0.85)(30\text{MPa})(500^2 - 50000\text{mm}^2)$
$\qquad\qquad\qquad + (400\text{MPa})(50000\text{mm}^2)]$
$= (65 \times 10^{-2})(8 \times 10^{-1}) \times$
$\qquad [(85 \times 10^{-2})(3 \times 10)(2 \times 10^5) + (4 \times 10^2)(5 \times 10^4)]\text{N}$
$= 65 \times 8 \times 10^{-3} \times [85 \times 3 \times 2 \times 10 + 4 \times 5 \times 10^3] \times 10^3\text{N}$
$= 65 \times 8 \times 10^{-3} \times [5100 + 20000]\text{kN}$

보기의 숫자 차이가 크기 때문에 셋째 자리에서 반올림하여 앞자리를 이용한다.

$\rightarrow 65 \times 8 \times 25 = 13000 \rightarrow P_d = 13{,}052\text{kN}$

◦ 앞자리 뽑기
P_d는 2개 항으로 구성되므로 앞자리 뽑기를 적용할 수 없다.

10 정답 ①

KDS 24 17 11 교량내진설계기준(한계상태설계법)
4.6.3.5 축방향철근과 횡방향철근

(1) 나선철근은 소성힌지구간에서 겹침이음하지 않아야 한다. <u>소성힌지구간에서 나선철근의 연결은 기계적 연결이나 완전용접이음으로 하여야 한다.</u>

(2) 사각형 심부구속 횡방향철근으로는 하나의 사각형 후프띠철근 또는 중복된 사각형 폐합띠철근을 사용할 수 있으며, 보강띠철근은 후프띠철근과 유사한 크기를 사용하여야 한다.

(3) 사각형 후프띠철근은 외측 축방향철근들을 감싸는 폐합띠철근 형태이거나 또는 나선철근과 유사하게 연속적으로 감은 연속띠철근 형태로 사용할 수 있다. 사각형 폐합띠철근 형태는 양단에 띠철근 지름의 6배와 80mm 중 큰 값 이상의 연장길이를 갖는 135°갈고리를 가지거나, 내진성능검증에 의해 이와 동등 이상의 성능을 갖는 완전기계적이음이어야 한다. 사각형 연속띠철근 형태는 양단에 띠철근 지름의 6배와 80mm 중 큰 값 이상의 연장길이를 갖는 135°갈고리를 가져야 하며 이 갈고리는 축방향철근에 걸리게 하여야 한다.

(4) 보강띠철근은 하나의 연속된 철근으로 한쪽 단에 135° 이상의 갈고리를 갖고, 다른 쪽 단에 90° 이상의 갈고리를 갖도록 하여야 한다. 이 때, 135°갈고리는 띠철근 지름의 6배와 80mm 중 큰 값 이상의 연장길이를 가져야 하며 90°갈고리는 띠철근 지름의 6배 이상의 연장길이를 가져야 한다.

(5) 사각형 후프띠철근에 추가되는 보강띠철근의 갈고리는 외측 축방향철근에 걸리게 하여야 하며, 보강띠철근을 연속적으로 같은 축방향철근에 걸리게 할 경우 90°갈고리가 연달아 걸리지 않도록 연속된 보강띠철근의 양단을 바꿔주어야 한다.

(6) 사각형 심부구속 횡방향철근은 후프띠철근과 보강띠철근의 수평간격과 보강띠철근 간의 수평간격이 350mm를 초과하지 않도록 하여야 한다.

(7) 원형 띠철근 중에서 양단에 90°갈고리를 갖고 1개소 또는 2개소에서 철근 지름의 40배 이상으로 겹침이음된 원형 후프띠철근에 2개의 보강띠철근이 후프띠철근의 겹침이음 구간을 감싸는 경우에는 완전원형후프로 간주할 수 있다. 이때 후프띠철근의 90°갈고리는 축방향철근에 걸리게 하여야 하며, 2개의 보강띠철근은 후프띠철근의 겹침이음 구간의 양쪽 끝부분에 배치하여야 한다. 또 교각의 종방향과 단면 평면방향으로 보강띠철근의 90°갈고리가 연달아 걸리지 않도록 보강띠철근의 양단을 바꿔주어야 하며, 원형 후프띠철근

의 겹침이음 부분이 교각의 종방향으로 연달아 위치하지 않도록 배치하여야 한다.

(8) 기둥과 기초사이에 설치되는 첫 번째 심부구속 횡방향철근은 경계면에서 띠철근 간격의 1/2위치에 배근한다.

① 나선철근은 소성힌지구간에서 겹침이음하지 않아야 한다. 소성힌지 구간에서 나선철근의 연결은 기계적 연결이나 완전 용접이음하여야 한다.

13 정답 ④

$$\tau = \frac{V}{A} = \frac{360\text{kN}}{400 \times 12 \text{mm}^2} = 75\text{MPa}$$

계산 TIP

◦ 정석적인 방법
$$\tau = \frac{V}{A} = \frac{360\text{kN}}{400 \times 12\text{mm}^2} = \frac{36 \times 10 \times 10^3 \text{N}}{4 \times 10^2 \times 12 \text{mm}^2}$$
$$= \frac{36}{4 \times 12} \times 10^2 \text{MPa} = 75 \text{MPa}$$

◦ 앞자리 뽑기
$$\tau : \frac{36}{4 \times 12} = \frac{3}{4} = 0.75 \longrightarrow \tau = 75\text{MPa}$$

11 80점 목표 정답 ④

꼭 알아두자!
거더와 보는 명확하게 정의하기 어려우나 거더는 기둥과 기둥을 연결하는 '큰 보'를 의미한다고 이해하면 좋다.

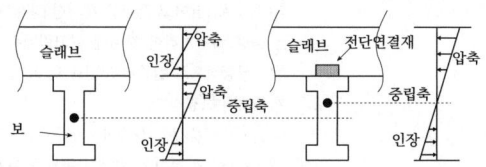

바닥판(콘크리트 슬래브)와 거더(보)는 외부 응력에 서로다른 변형을 보일 수 있다. 따라서 이들 사이에 전단연결재를 설치하여 일체화 시켜야 하므로 하중은 바닥판에서 전단연결재를 거쳐 거더로 전달된다. 거더로 전달된 하중은 보의 지점 역할을 하는 받침으로 전달된다.

④ 바닥판 → 전단연결재 → 거더 → 받침

14 정답 ③

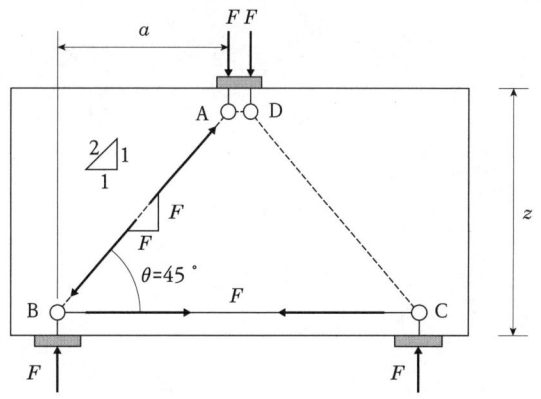

$F_{AB} = -F\sqrt{2} = -200\sqrt{2}\text{kN}(압축)$
$F_{BC} = F = 200\text{kN}(인장)$

15 정답 ①

$$M_e = Pe = \frac{w_e L^2}{8} \longrightarrow w_e = \frac{8Pe}{L^2}$$

$w = w_e$;
$$20\text{kN/m} = \frac{8Pe}{L^2} \longrightarrow e = \frac{(20\text{kN/m})L^2}{8P}$$

$$\therefore e = \frac{(20\text{kN/m})(20\text{m})^2}{8(2500\text{kN})} = 0.4\text{m}$$

12 정답 ①

① 강성, 강도, 단면저항모멘트 조금 증가★ : 보의 높이가 제한되어 철근의 증가로 휨강도를 증가시킨다. (단, 경제성을 고려했을 때 효과가 적다.)

16 정답 ③

②

등급	분류	응력계산	처짐계산
비균열등급	$f_t \leq 0.63\sqrt{f_{ck}}$	비균열단면(총 단면적)	I_g 사용
부분균열등급	$0.63\sqrt{f_{ck}} \leq f_t < 1.0\sqrt{f_{ck}}$	비균열단면(총 단면적)	I_e 사용
완전균열등급	$1.0\sqrt{f_{ck}} \leq f_t$	균열 환산단면	I_e 사용

f_t : 사용하중이 작용할 때, 미리 압축을 가한 단면의 인장연단응력으로 전체 단면적을 기준으로 계산되는 인장응력, MPa

③ 긴장재가 그라우팅으로 부착된 후에는 일체화되기 때문에 덕트로 인한 단면적의 손실을 고려하지 않는다.

17 80점 목표 정답 ④

KDS 14 31 25 강구조 연결 설계기준(하중저항계수설계법)
4.1.3.6 마찰접합의 미끄럼강도

(1) 마찰접합은 미끄럼을 방지하고 지압접합에 의한 한계상태에 대하여도 검토해야 한다.
(2) 마찰볼트에 끼움재를 사용할 경우에는 미끄럼에 관련되는 모든 접촉면에서 미끄럼에 저항할 수 있도록 해야 한다.
(3) 미끄럼 한계상태에 대한 마찰접합의 설계강도는 다음과 같이 산정한다.

$$R_n = \mu h_f T_o N_s \qquad (4.1-12)$$

① 표준구멍 또는 하중방향에 수직인 단슬롯에 대하여, $\phi = 1.00$
② 과대구멍 또는 하중방향에 평행한 단슬롯에 대하여, $\phi = 0.85$
③ 장슬롯에 대하여, $\phi = 0.70$

여기서, μ : 미끄럼계수
  = 0.5 (무도장이고 블라스트 처리한 강재 표면 또는 블라스트 처리한 강재에 미끄럼계수 0.5 발현이 실험적으로 검증된 코팅을 한 표면)
  = 0.4 (무기질 아연말 프라이머 도장한 표면)
  = 0.3 (무도장이고 흑피를 제거한 강재 표면 또는 블라스트 처리한 강재에 미끄럼계수 0.3 발현이 실험적으로 검증된 코팅을 한 표면)
h_f : 끼움재계수(필러 계수)
  = 1.0 : 끼움재를 사용하지 않는 경우와 끼움재 내 하중의 분산을 위하여 볼트를 추가한 경우 또는 끼움재 내 하중의 분산을 위해 볼트를 추가하지 않은 경우로서 접합되는 재료 사이에 1개의 끼움재가 있는 경우
  = 0.85 : 끼움재 내 하중의 분산을 위해 볼트를 추가하지 않은 경우로서 접합되는 재료 사이에 2개 이상의 끼움재가 있는 경우
T_o : 표 4.1-10의 고장력볼트의 설계볼트장력 (kN)
N_s : 전단면의 수

④ 피접합재의 공칭인장강도

18

정답 ③

① $r_x = \sqrt{\dfrac{I_x}{A}} = \sqrt{\dfrac{\left(\dfrac{600 \times 1000^3}{12}\right)\text{mm}^4}{600 \times 1000\text{mm}^2}}$

$\quad = \dfrac{500}{3}\sqrt{3}\,\text{mm}$

② $S_x = \dfrac{bh^2}{6} = \dfrac{600 \times 1000^2}{6}\text{mm}^3$

$\quad = 10^8\,\text{mm}^3$

③ $Z_x = \dfrac{bh^2}{4} = \dfrac{600 \times 1000^2}{4}\text{mm}^3$

$\quad = 1.5 \times 10^8\,\text{mm}^3$

④ $f = \dfrac{M_p}{M_y} = \dfrac{Z}{S} = \dfrac{\left(\dfrac{bh^2}{4}\right)}{\left(\dfrac{bh^2}{6}\right)} = 1.5$

19

정답 ②

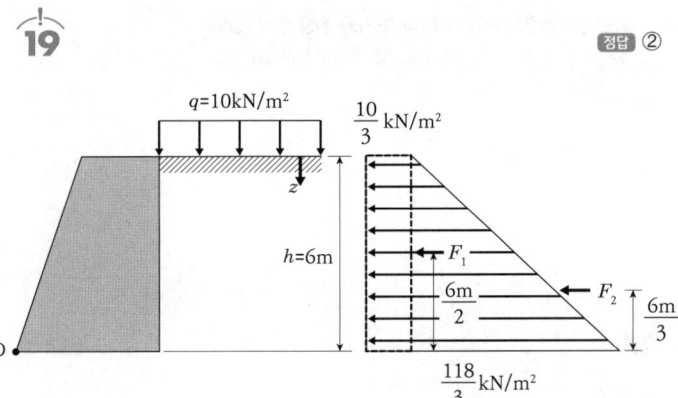

$\sigma_a = K_a(\gamma z + q) = \dfrac{1}{3}(18z + 10)$

$z = 0 \ \Rightarrow\ \sigma_a = \dfrac{10}{3}\,\text{kN/m}^2$

$z = 6\text{m} \ \Rightarrow\ \sigma_a = \dfrac{118}{3}\,\text{kN/m}^2$

$M_0 = \left(F_1 \times \dfrac{6\text{m}}{2}\right) + \left(F_2 \times \dfrac{6\text{m}}{3}\right)$

$\quad = \left(\dfrac{10}{3}\,\text{kN/m}^2 \times 6\text{m}\right)(3\text{m})$

$\quad\ \ + \left(\dfrac{1}{2} \times \dfrac{108}{3}\,\text{kN/m}^2 \times 6\text{m}\right)(2\text{m})$

$\quad = 276\,\text{kN}\cdot\text{m/m}$

20

정답 ①

꼭 알아두자!

전공서적마다 용어가 혼용되어 있어 주의가 필요하다.

P_0 : 순수~(순수축하중강도)

$P_n = \alpha P_0$: 공칭~(공칭중심축하중, 공칭축하중강도, 공칭축강도)

$P_d = \phi \alpha P_0$: 설계~(설계중심축하중, 설계축하중강도, 설계축강도, 최대설계축하중, 최대설계축강도, 축방향설계강도)

이름을 보고 판단이 되지 않을 경우에는 아래첨자를 보고 판단하는 것이 좋다.

	ϕ	α
띠철근 기둥	0.65	0.8
나선철근 기둥	0.7	0.85

① 띠철근 기둥의 설계축하중강도는 $P_d = \alpha \phi P_0 = 0.8 \times 0.65 \times P_0$이다.

2022 국가직

01 ③	02 ③	03 ②	04 ①	05 ③
06 ④	07 ④	08 ④	09 ②	10 ①
11 ③	12 ①	13 ④	14 ③	15 ④
16 ③	17 ①	18 ②	19 ②	20 ④

01
정답 ③

①, ③ 건조할수록(습도⇩, 온도⇧) ➡ 건조수축⇧
(=건조양생이 습윤, 증기양생보다 건조수축이 크다)

② 물−시멘트비 $\frac{W}{C}$ (≈단위 수량)⇧ ➡ 건조수축⇧ (가장 큰 영향 ★)

④ 충분한 다짐, 입도 양호 ➡ 공극⇩ ➡ 물−시멘트비 $\frac{W}{C}$ (≈단위 수량)⇩ ➡ 건조수축⇩

02
정답 ③

① 골재는 큰 강도를 가져 보강재 역할을 한다.

② 물−시멘트비 $\frac{W}{C}$ (≈단위수량)⇧ ➡ 강도⇩ (가장 큰 영향 ★)

③ 양생방법에 영향을 받는다.
- 양생시 공시체 운반 중 충격이 없어야 한다.
- 동결이 방지되어야 한다. (20±2℃)
- 적당한 습도가 유지되어야 한다. (습윤양생이 건조양생보다 압축강도가 크다.)

④ 천이영역이란 시멘트와 골재의 결합면으로 매우 취약하다. 따라서 콘크리트의 압축강도와 밀접한 관련이 있다. (보기에서는 전이영역이라고 했으나 일반적으로 천이영역이라고 명칭한다.)

03
정답 ②

$f_{ck} \leq 40\text{MPa} \rightarrow \eta=1, \beta_1=0.8, \varepsilon_{cu}=0.0033$

$a = \frac{A_s f_y}{\eta(0.85 f_{ck} b)}$

$= \frac{(1700\text{mm}^2)(300\text{MPa})}{(0.85)(20\text{MPa})(300\text{mm})} = 100\text{mm}$

$M_n = A_s f_y \left(d - \frac{a}{2} \right)$

$= (1700\text{mm}^2)(300\text{MPa})\left(550\text{mm} - \frac{100}{2}\text{mm} \right)$

$= 255\text{kN} \cdot \text{m}$

계산 TIP

○ 정석적인 방법

$a = \frac{(1700\text{mm}^2)(300\text{MPa})}{(0.85)(20\text{MPa})(300\text{mm})} = \frac{(17 \times 10^2)(3 \times 10^2)\text{mm}}{(85 \times 10^{-2})(2 \times 10)(3 \times 10^2)}$

$= \frac{17 \times 3 \times 10^4 \text{mm}}{85 \times 2 \times 3 \times 10} = 100\text{mm}$

$M_n = (1700\text{mm}^2)(300\text{MPa})\left(550\text{mm} - \frac{100}{2}\text{mm} \right)$

$= (17 \times 10^2)(3 \times 10^2)(5 \times 10^2)\text{N} \cdot \text{mm}$

$= 17 \times 3 \times 5 \times 10^6 \text{N} \cdot \text{mm} = 255 \times 10^6 \times 10^{-6}\text{kN} \cdot \text{m}$

$= 255\text{kN} \cdot \text{m}$

○ 앞자리 뽑기

a는 중간과정이므로 앞자리 뽑기를 적용할 수 없다.

$M_n : 17 \times 3 \times 5 = 255 \rightarrow M_n = 255\text{kN} \cdot \text{m}$

04
정답 ①

T형: 슬래브가 양쪽 플랜지를 이루는 보	① $16t_f + b_w$ ② 슬래브 중심간 거리 ③ 보 경간의 1/4
반 T형: 한 쪽으로만 플랜지를 이루는 보	① $6t_f + b_w$ ② 인접한 보와의 내측거리의 $1/2 + b_w$ ③ 보 경간의 $1/12 + b_w$

05

정답 ③

② 압축철근이 배치되면 중립축의 깊이가 감소하며 인장철근의 변형률이 증가하므로 연성이 증가한다.

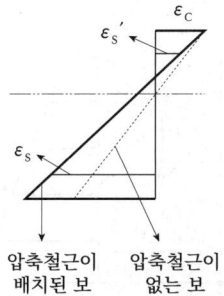

압축철근이 배치된 보 / 압축철근이 없는 보

③ 인장측 철근의 변형이 확보되어 인장파괴를 유도할 수 있다. 이는 연성이 증진되는 효과를 가져온다. 장기처짐을 감소시킨다.

$$\lambda = \frac{\xi}{1+50\rho'}, \quad \rho' = \frac{A_s'}{bd}$$

	3개월	6개월	1년	5년 이상
ξ(시간계수)	1	1.2	1.4	2

장기처짐: $\delta_E \times \lambda$

총 처짐: $\delta_T =$ 탄성처짐 $+$ 장기처짐 $= \delta_E + \lambda\delta_E = \delta_E(1+\lambda)$

06

정답 ④

철근 항복강도(f_y)	압축지배 변형률 한계	최소허용 변형률	인장지배 변형률 한계
$f_y \leq 400$MPa	ε_y	0.004	0.005
400MPa $< f_y$	ε_y	$2\varepsilon_y$	$2.5\varepsilon_y$

$$\varepsilon_y = \frac{f_y}{E_s} = \frac{500\text{MPa}}{200{,}000\text{MPa}} = 2.5 \times 10^{-3}$$

인장지배변형률 한계(㉠):
$2.5\varepsilon_y = 2.5(2.5 \times 10^{-3}) = 6.25 \times 10^{-3}$

최소허용변형률 한계(㉡):
$2\varepsilon_y = 2(2.5 \times 10^{-3}) = 5 \times 10^{-3}$

07

정답 ④

$f_{ck} \leq 40$MPa → $\eta = 1$, $\beta_1 = 0.8$, $\varepsilon_{cu} = 0.0033$

$$a = \frac{(A_s - A_s')f_y}{\eta(0.85 f_{ck} b)} = \frac{(4500\text{mm}^2 - 420\text{mm}^2)(400\text{MPa})}{(0.85)(30\text{MPa})(400\text{mm})} = 160\text{mm}$$

$$c = \frac{a}{\beta_1} = \frac{160\text{mm}}{0.8} = 200\text{mm}$$

$$\frac{\varepsilon_s}{\varepsilon_c} = \frac{d-c}{c}, \quad \frac{\varepsilon_s'}{\varepsilon_c} = \frac{c-d'}{c}$$

$$\frac{\varepsilon_s}{\varepsilon_s'} = \frac{\left(\dfrac{d-c}{c}\varepsilon_c\right)}{\left(\dfrac{c-d'}{c}\varepsilon_c\right)} = \frac{d-c}{c-d'}$$

$$= \frac{650\text{mm} - 200\text{mm}}{200\text{mm} - 50\text{mm}} = 3$$

계산 TIP

○ 정석적인 방법
$$a = \frac{(4500\text{mm}^2 - 420\text{mm}^2)(400\text{MPa})}{(0.85)(30\text{MPa})(400\text{mm})}$$
$$= \frac{(408 \times 10)(4 \times 10^2)\text{mm}}{(85 \times 10^{-2})(3 \times 10)(4 \times 10^2)} = \frac{408 \times 4 \times 10^3 \text{mm}}{85 \times 3 \times 4 \times 10} = 160\text{mm}$$

$$c = \frac{160\text{mm}}{0.8} = \frac{160 \times 10\text{mm}}{8} = 200\text{mm}$$

○ 앞자리 뽑기
a, c는 중간과정이므로 앞자리 뽑기를 적용할 수 없다.

08

정답 ④

① $l_{db} = \dfrac{0.24 f_y}{\sqrt{f_{ck}}} d_b \times \beta$

②, ④ 인장이형철근 : $l_{db} = \dfrac{0.6 f_y}{\lambda \sqrt{f_{ck}}} d_b$

압축이형철근 : $l_{db} = \dfrac{0.25 f_y}{\lambda \sqrt{f_{ck}}} d_b$

③ 확대머리 이형철근, 표준갈고리는 인장을 받는 경우에만 철근 정착에 유효하다.

09   정답 ②

$$V_c = \frac{1}{6}\lambda\sqrt{f_{ck}}b_w d$$

$$= \left(\frac{1}{6}\right)(1)(\sqrt{25}\text{MPa})(400\times 600\text{mm}^2)$$

$$= 200\text{kN}$$

$$V_u < \phi(V_c+V_s) \rightarrow \frac{V_u-\phi V_c}{\phi} < V_s$$

$$\rightarrow \frac{350\text{kN}-(0.75)(200\text{kN})}{0.75} = \frac{800}{3}\text{kN} < V_s$$

$$\frac{800}{3}\text{kN} < V_s < 2V_c(=400\text{kN})$$

$$V_s = \frac{d}{s}A_v f_y > \frac{800}{3}\text{kN} \rightarrow \frac{dA_v f_y}{\left(\frac{800}{3}\text{kN}\right)} > s$$

$$\rightarrow \frac{(600\text{mm})(200\text{mm}^2)(400\text{MPa})}{\left(\frac{800}{3}\text{kN}\right)} = 180\text{mm} > s$$

$$\therefore s_{\max} = \left[\frac{d}{2}, 600\text{mm}, 180\text{mm}\right]_{\min} = 180\text{mm}$$

📐 계산 TIP

○ 정석적인 방법

$$V_c = \left(\frac{1}{6}\right)(1)(\sqrt{25}\text{MPa})(400\times 600\text{mm}^2)$$

$$= \left(\frac{1}{6}\right)(5\text{MPa})(4\times 6\times 10^4 \text{mm}^2)$$

$$= \frac{1}{6}\times 5\times 4\times 6\times 10^4 \text{N} = 20\times 10^4 \times 10^{-3}\text{kN} = 200\text{kN}$$

$$\frac{(600\text{mm})(200\text{mm}^2)(400\text{MPa})}{\left(\frac{800}{3}\text{kN}\right)}$$

$$= \frac{(6\times 10^2\text{mm})(2\times 10^2)(4\times 10^2)\text{N}\times 3}{\left(\frac{8\times 10^2}{3}\times 10^3 \text{N}\right)\times 3}$$

$$= \frac{3\times 6\times 2\times 4\times 10^6 \text{mm}}{8\times 10^5} = 180\text{mm} > s$$

○ 앞자리 뽑기
V_c, s는 중간과정이므로 앞자리 뽑기를 적용할 수 없다.

10 🔹 80점 목표   정답 ①

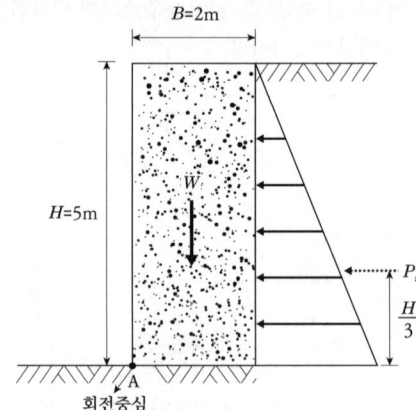

안전율 = $\dfrac{\text{저항력}}{\text{외력}}$;

전도안전율 = $\dfrac{\text{저항}M}{\text{외력}M} = \dfrac{(W)\left(\dfrac{B}{2}\right)}{(P_a)\left(\dfrac{H}{3}\right)} = \dfrac{(A\gamma_c)\left(\dfrac{B}{2}\right)}{\left(\dfrac{1}{2}K_a\gamma_s H^2\right)\left(\dfrac{H}{3}\right)}$

$$= \frac{(BH)(\gamma_c)\left(\dfrac{B}{2}\right)}{\left(\dfrac{1}{6}\right)\left(\dfrac{1-\sin\phi}{1+\sin\phi}\right)(\gamma_s)(H^3)}$$

$$= \frac{(2\text{m}\times 5\text{m})(25\text{kN/m}^3)\left(\dfrac{2\text{m}}{2}\right)}{\left(\dfrac{1}{6}\right)\left(\dfrac{1-\sin 30°}{1+\sin 30°}\right)(18\text{kN/m}^3)(5\text{m})^3}$$

$$= \frac{250\text{kN}}{125\text{kN}} = 2$$

11   정답 ③

💡 꼭 알아두자!

전공서적마다 용어가 혼용되어 있어 주의가 필요하다.
P_0 : 순수~(순수축하중강도)
$P_n = \alpha P_0$: 공칭~(공칭중심축하중, 공칭축하중강도, 공칭축강도)
$P_d = \phi\alpha P_0$: 설계~(설계중심축하중, 설계축하중강도, 설계축강도, 최대설계하중, 최대설계축강도, 축방향설계강도)
이름을 보고 판단이 되지 않을 경우에는 아래첨자를 보고 판단하는 것이 좋다.

	ϕ	α
띠철근 기둥	0.65	0.8
나선철근 기둥	0.7	0.85

최대설계축강도 $P_d = \alpha\phi P_0 = \phi_0 \phi P_0$

∴ $\phi_0 = \alpha = 0.85$

12

정답 ①

① 강재는 내화성, 내식성이 약하다.
② 콘크리트는 타설, 양생 과정에 요구되는 시간이 길지만 강재는 바로 설치, 조립이 가능하므로 공사기간이 빠르다.
③ 연성(=소성변형능력), 인성(=에너지 흡수능력)이 우수하다.

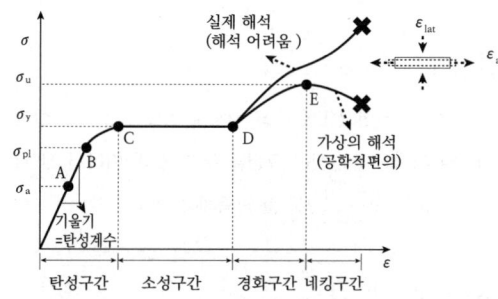

④ 철근(강재)는 단위 체적(면적)당 강도가 크다.

	콘크리트	철근(강재)
균질성	나쁘다	좋다
단위무게	가볍다	무겁다
단위 체적(면적)당 강도	작다	크다 (자중 감소, 대규모 구조 건설 적합)
내화성, 내식성	강하다	약하다
시공속도	느리다	빠르다

13

정답 ④

	프리(pre)텐션 방식	포스트(post)텐션 방식
도입할 때 일어나는 손실 (즉시 손실)	① 정착장치의 활동(=슬립량에 의한 손실) ② 콘크리트의 탄성수축	③ 긴장재와 덕트 사이의 마찰★ (=PS 강재와 쉬스 사이의 마찰)
도입 후 일어나는 손실 (시간 손실)	① 콘크리트의 크리프 ② 콘크리트의 수축(자기수축+건조수축) ③ 긴장재 응력의 릴랙세이션	

14

정답 ③

부재	최소 두께 또는 깊이			
	단순지지	일단연속	양단연속	캔틸레버
보, 리브가 있는 1방향 슬래브	$L/16$	$L/18.5$	$L/21$	$L/8$
1방향 슬래브	$L/20$	$L/24$	$L/28$	$L/10$

단, f_y가 400MPa 이외인 경우는 계산된 h값에 $\left(0.43 + \dfrac{f_y}{700}\right)$을 곱하여야 한다.

③ $\dfrac{L}{20} = \dfrac{8m}{20} = 400mm \geq 100mm$

꼭 알아두자!
슬래브 두께는 100mm 이상으로 한다. 단, 과다한 처짐이 발생하지 않을 정도의 두께가 되어야 한다.

15

정답 ④

$f = \dfrac{P}{A} = \dfrac{300kN}{200 \times 12mm^2} = 125MPa$

계산 TIP

◦정석적인 방법

$f = \dfrac{300kN}{200 \times 12mm^2} = \dfrac{3 \times 10^2 \times 10^3 N}{2 \times 10^2 \times 12mm^2}$

$= \dfrac{3}{2 \times 12} \times 10^3 MPa = 125MPa$

◦앞자리 뽑기

$f : \dfrac{3}{2 \times 12} = \dfrac{1}{8} = 0.125 \rightarrow f = 125MPa$

16

정답 ③

KCS 14 20 53 : 2022

2.1.3 프리스트레스트 콘크리트용 그라우트

(1) 그라우트에 사용하는 시멘트는 KCS 14 20 10(2.1.1)에 적합한 것으로 한다.
(2) 그라우트에 사용하는 물은 그라우트 및 PS강재에 나쁜 영향을 미치는 물질을 유해량 이상 함유하지 않아야 한다.
(3) 그라우트에 사용하는 혼화 재료의 사용 여부, 품질 및 사용 방법은 미리 검토하여야 한다.
(4) 그라우트에 사용하는 혼화제는 블리딩 발생이 없는 타입을 표준으로 한다.

(5) 그라우트의 덕트 내 충전성 확보를 위해 덕트의 길이 및 형상, PS 강재의 종류 및 덕트 속을 점유하는 PS강재 단면적의 비율 등과 같은 구조조건, 주입 작업에 있어서 시공시간 등의 시공 조건 및 기온 등의 기후조건을 고려하여 그라우트의 유동성, 재료 분리 저항성, 체적 변화 등을 적절히 설정함과 동시에 적절한 주입방법을 설정하여야 한다.

(6) 그라우트의 덕트 내 충전성은 그라우트의 유동성, 블리딩률, 체적변화율로 판단한다.
① 유동성은 KCI−PS102에 따라 유하시간 또는 플로를 측정하고 기준값과 비교하여 적절성을 판단하도록 한다.
② 블리딩률은 KCI−PS102에 따라 강연선이 배치된 수직관 또는 경사관 시험을 통해 측정하고 기준값과 비교하여 적절성을 판단하도록 한다. 기준값은 3시간 경과 시 0.3% 이하로 한다.
③ 체적변화율은 KCI−PS102에 따라 수직관 시험을 통해 측정하고 기준값과 비교하여 적절성을 판단하도록 한다. 기준값은 24시간 경과 시 (−1 ~ 5)%의 범위이다.

(7) 그라우트의 물−결합재비는 45% 이하로 한다.
(8) 부재 콘크리트와 긴장재를 일체화시키는 부착강도는 덕트의 종류 및 형상, 긴장재의 종류를 고려하여 설정하여야 한다.
(9) 부재 콘크리트와 긴장재를 일체화시키는 부착강도는 재령 7일 또는 28일의 압축강도로 대신하여 설정할 수 있다. 압축강도는 KCI−PS102에 준하여 구하며, 7일 재령에서 27 MPa 이상 또는 28일 재령에서 30 MPa 이상을 만족하여야 한다.
(10) 구조물의 소요 성능이 부식성 물질의 함유에 따른 강재 부식에 의해 손상을 받지 않도록 하여야 한다.
(11) PS 강재의 부식 저항성은 일반적으로 비빌 때 그라우트 중에 함유되는 염화물의 총량으로 설정하며, KCI−PS102에 따라 측정한 전 염화물 함유량을 기준으로 사용되는 단위 시멘트량의 0.08 % 이하로 한다.

③ 부재 콘크리트와 긴장재를 일체화시키는 부착강도는 재령 7일 또는 28일의 압축강도로 대신하여 설정할 수 있다.

17 정답 ①

$$M_e = Pe = \frac{w_e L^2}{8}$$

$$\rightarrow w_e = \frac{8Pe}{L^2}$$

$$= \frac{8(500\text{kN})(200\text{mm})}{(8\text{m})^2}$$

$$= 12.5\text{kN/m}$$

18 정답 ②

꼭 알아두자!

이론상 $V_u < \phi V_c$ 라면 전단철근을 배치할 필요가 없으나 설계상 $\frac{1}{2}\phi V_c < V_u$ 일 때 최소전단철근 규정을 두고 있다. 따라서 전단철근을 배치하지 않으려면 $V_u < \frac{1}{2}\phi V_c$ 를 만족해야 한다.

$$V_u < \frac{1}{2}\phi V_c = \frac{1}{2}\phi\left(\frac{1}{6}\lambda\sqrt{f_{ck}}b_w d\right)$$

$$\rightarrow \frac{12V_u}{\phi\lambda\sqrt{f_{ck}}d} < b_w$$

$$\therefore \frac{12(50\text{kN})}{(0.75)(1)(\sqrt{25}\text{MPa})(500\text{mm})} = 320\text{mm} < b_w$$

계산 TIP

○ 정석적인 방법

$$\frac{12(50\text{kN})}{(0.75)(1)(\sqrt{25}\text{MPa})(500\text{mm})}$$

$$= \frac{12(5 \times 10^3\text{N}) \times \text{mm}}{(75 \times 10^{-2})(5\text{MPa})(5 \times 10^2\text{mm}) \times \text{mm}}$$

$$= \frac{12 \times 5 \times 10^4 \text{mm}}{75 \times 5 \times 5} = 320\text{mm} < b_w$$

○ 앞자리 뽑기

$$b_w : \frac{12 \times 5}{75 \times 5 \times 5} = \frac{4}{125} \rightarrow \frac{4 \times 100}{125} = 3.2 \rightarrow 320\text{mm} < b_w$$

19

정답 ②

$$q_{max} = -\frac{P}{A} = -\frac{D+L+W}{A}$$
$$= -\frac{1000kN + 500kN + 300kN}{L^2} = -\frac{1800kN}{L^2}$$

$q_{max} \leq q_a$;
$\frac{1800kN}{L^2} \leq 200kN/m^2$

→ $\frac{1800kN}{200kN/m^2} = 9m^2 \leq L^2$

∴ $3m \leq L$

꼭 알아두자!
기초판의 밑면적은 기초판에 의해 지반에 전달되는 사용하중과 지반의 허용지지력을 사용하여 한정하여야 한다.

20

정답 ④

① 띠철근과 나선철근의 배근 형태만 보더라도 나선철근 기둥의 횡구속 효과가 더 크다는 것을 추측할 수 있다.
② 띠철근 기둥과 나선철근 기둥의 강도는 비슷하나 파괴시 나선철근 기둥의 연성이 더 크다.
③ 횡철근은 기둥의 연성을 증가시키므로 나선철근량이 작고, 간격(피치)가 크면 즉, 철근이 적게 들어가면 취성파괴가 발생할 수 있다.
④ 띠철근 기둥과 나선철근 기둥의 파괴 거동은 다음과 같다.
  • 띠철근 기둥 : 피복박리 → 심부 콘크리트 균열 → 주철근 항복(좌굴) → 기둥 (갑작스런)파괴
  • 나선철근 기둥 : 피복박리 → 주철근, 나선철근 항복(심부 콘크리트 균열) → 기둥 파괴

'띠철근 기둥'은 콘크리트가 쪼개지고 축방향 철근은 띠철근 사이에서 좌굴하며, 갑자기 파괴가 일어난다. '나선철근 기둥'은 항복하면서 완전히 파괴될 때까지 변형이 길게 일어나고, 그 다음에 바깥의 콘크리트 덮개가 깨어진다. 갑작스런 파괴는 일어나지 않는다.

꼭 알아두자!
④번 보기는 수험생들이 학습하기 어려우나 ①, ②, ③번 보기는 판단할 수 있으므로 수험생들이 풀 수 있을 것이라 판단된다.

2023 국가직

문제편 183p~187p

01	④	02	②	03	①	04	①	05	③
06	③	07	③	08	①	09	①	10	④
11	④	12	④	13	①	14	②	15	①
16	①	17	③	18	③	19	②	20	③

01 80점 목표

정답 ④

혼화재 : 전체 시멘트 양의 5% 이상으로 배합설계 계산에 고려되는 혼화재료	혼화제 : 전체 시멘트 양의 1% 미만으로 배합설계 계산에 고려되지 않는 혼화재료
① 플라이애시 : 수화열에 의한 균열 발생 저감 ② 고로슬래그 미분말 ③ 실리카퓸 ④ 팽창재	① AE제(공기연행제) : 워커빌리티 개선, 단위수량 감소, 동결융해 저항 ② 감수제 : 단위수량 증가 없이 워커빌리티 개선, 워커빌리티 변화 없이 단위수량 감소 ③ 촉진제 : 응결 시간 단축 ④ 급결제(급경제) : 응결 시간 크게 단축 ⑤ 지연제 : 응결 시간 지연 ⑥ 유동화제(고성능감수제) : 유동성 증가 ⑦ 방청제 : 철근 부식 방지

④ AE제는 콘크리트 속에 미소한 기포를 일정하게 분포시켜 콘크리트 배합 시 단위수량을 감소시키는 혼화제이다. 물을 넣지 않아도 되는 것은 아니다.

02

정답 ②

ㄴ, ㄹ. 복철근은 인장파괴를 유도하고 연성을 증가시킨다.

03 [80점 목표]   정답 ①

사용(성) 한계상태	• **균열, 처짐, 피로** 등의 **사용성**에 관한 한계상태로서, 일반적으로 구조물 또는 부재의 특정한 사용 성능에 해당하는 상태 • 사용한계상태는 **정상적인 사용조건** 하에서 **응력, 변형 및 균열폭을 제한**하는 것으로 규정한다.
피로와 파단 한계상태	• **반복적인 차량하중**에 의한 **피로파괴 및 파단**에 관한 한계상태 • 피로한계상태는 기대응력범위의 **반복 횟수**에서 발생하는 단일 피로설계트럭에 의한 **응력 범위를 제한**하는 것으로 규정한다.
극한한계 상태	• **설계수명**동안 강도, 안정성 등 **붕괴 또는 이와 유사한 형태의 구조적인 파괴**에 대한 한계상태 • 극한한계상태는 교량의 **설계수명 이내**에 발생할 것으로 기대되는, 통계적으로 중요하다고 규정한 하중조합에 대하여 국부적/전체적 강도와 **안정성을 확보**하는 것으로 규정한다.
극단상황 한계상태	• 교량의 **설계수명을 초과**하는 재현주기를 갖는 **지진, 유빙 하중, 차량과 선박의 충돌 등**과 같은 사건과 관련한 한계상태 • 극단상황한계상태는 지진 또는 홍수 시, 또는 세굴된 상황에서 선박, 차량 또는 유빙에 의한 충돌 시 등의 상황에서 **교량의 붕괴를 방지**하는 것으로 규정한다.

① 사용한계상태는 균열, 처짐 등의 사용성에 관한 한계상태로서, 풍하중도 고려한다.

04   정답 ①

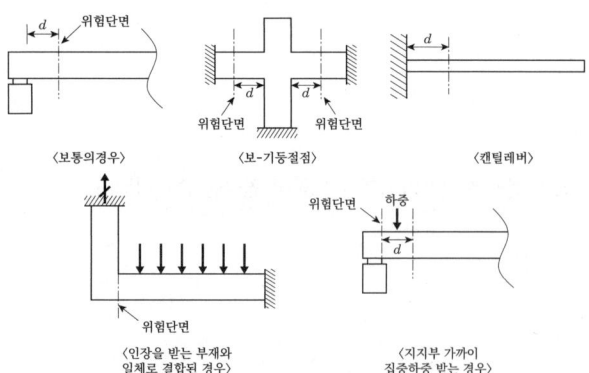

① 받침부 내면과 위험단면 사이에 집중하중이 작용하지 않을 경우(보통의 경우), 받침부의 최대 계수 전단력은 '받침부 내면에서 d만큼 떨어진 단면'으로 한다.

05   정답 ③

수축·온도 철근비는 아래 표를 따른다. 단, 전체 면적의 0.0014배 이상으로 배치한다. (=철근비를 0.0014 이상으로 한다.)

항복강도	수축·온도 철근비
400MPa 이하	0.002
400MPa 초과	$0.002 \times \dfrac{400}{f_y}$

$f_y = 500\text{MPa} > 400\text{MPa}$

$0.002 \times \dfrac{400}{500} = 0.0016 \geq 0.0014$

$\therefore 500{,}000\text{mm}^2 \times 0.0016 = 800\text{mm}^2$

06   정답 ③

$f_{ck} \leq 40\text{MPa} \rightarrow \eta = 1,\ \beta_1 = 0.8,\ \varepsilon_c = 0.0033$

$a = \dfrac{A_s f_y}{\eta(0.85 f_{ck} b)} = \dfrac{(1700\text{mm}^2)(300\text{MPa})}{(1)(0.85)(20\text{MPa})(300\text{mm})}$
$= 100\text{mm}$

$c = \dfrac{a}{\beta_1} = \dfrac{100\text{mm}}{0.8} = 125\text{mm}$

$\dfrac{\varepsilon_s}{\varepsilon_c} = \dfrac{d-c}{c} \rightarrow \varepsilon_s = \dfrac{d-c}{c}\varepsilon_c$

$\therefore \varepsilon_s = \left(\dfrac{500-125}{125}\right)(0.0033) = 0.0099$

07 [80점 목표]   정답 ③

$x = \dfrac{\sum P_n x_n}{\sum P_n} = \dfrac{C(h/2) + C_{s'}(d') + C_s(d)}{C + C_{s'} + C_s}$

$= \dfrac{C_c(h/2) + C_{s1}(500 - d_1) + C_{s2}(d_2)}{C_c + C_{s1} + C_{s2}}$

$= \dfrac{4000\text{kN}(500\text{mm}/2) + 500\text{kN}(500\text{mm} - 150\text{mm}) + 500\text{kN}(50\text{mm})}{4000\text{kN} + 500\text{kN} + 500\text{kN}}$

$= 240\text{mm}$

08 정답 ①

① 각 방향으로 3경간 이상 연속되어야 한다.

> **꼭 알아두자!**
>
> **직접설계법 적용 조건**
> - 각 방향으로 3경간 이상 연속되어야 한다.
> - 연속한 기둥 중심선을 기준으로 기둥의 어긋남은 그 방향 경간의 10% 이하이어야 한다.
> - 모든 하중은 슬래브 판 전체에 걸쳐 등분포된 연직하중이어야 하며, 활하중은 고정하중의 2배 이하이어야 한다.
> - 슬래브 판들은 단변 경간에 대한 장변 경간의 비가 2 이하인 직사각형이어야 한다.
> - 각 방향으로 연속한 받침부 중심간 경간 차이는 긴 경간의 1/3 이하이어야 한다. ($l_2 - l_1 \leq l_2/3$)
> - 모든 변에서 보가 슬래브를 지지할 경우 직교하는 두 방향에서 보의 상대강성은 아래 식을 만족하여야 한다.
> $$0.2 \leq \frac{\alpha_1 l_2^2}{\alpha_2 l_1^2} \leq 5.0$$
> - 규정을 만족하는 해석으로 입증한다면 제한 사항을 다소 벗어나더라도 직접설계법을 적용할 수 있다.
> - 직접설계법으로 설계한 슬래브 시스템은 휨모멘트 재분배를 적용할 수 없다.

09 정답 ①

① 활동에 대한 저항력은 옹벽에 작용하는 수평력의 1.5배 이상이어야 한다.

③ $q_a \geq q_{max}$: 허용지지력이 최대 지반반력보다 커야 한다.

10 정답 ④

<단철근단면>

$A_c = bh - A_s, \, nA_s$
$A_1 = bh, \, A_2 = nA_s - A_s = (n-1)A_s$

$$c = \frac{\sum EAy}{\sum EA} = \frac{\sum nAy}{\sum nA} = \frac{(bh)\left(\frac{h}{2}\right) + (n-1)A_s d}{bh + (n-1)A_s}$$

$$= \frac{\frac{bh^2}{2} + (n-1)A_s d}{bh + (n-1)A_s}$$

11 정답 ④

① 콘크리트는 인장에 저항할 수 없기 때문에 인장응력을 받는 부분에 인장철근을 배치한다.

② 복철근보에 대한 설명이다.

③ 캔틸레버보는 하향 수직하중에 대해 '−' 모멘트를 받기 때문에 인장철근을 단면 상부에 배치한다.

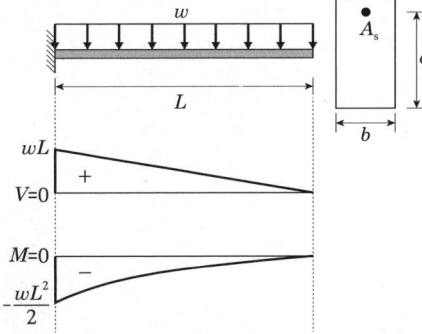

④ 압축철근을 배치하면 크리프와 건조수축 변형(장기처짐)이 감소한다.

12 정답 ④

$Q = 2(P\sin\theta) \approx 2(P\tan\theta)$
$= 2P\left(\frac{e}{\left(\frac{L}{2}\right)}\right) = \frac{4Pe}{L}$
$= \frac{4(3000\text{kN})(0.3\text{m})}{(20\text{m})} = 180\text{kN}$

13
정답 ①

$$l_{db} = \frac{0.6 f_y}{\lambda \sqrt{f_{ck}}} d_b$$
$$= \frac{(0.6)(400\text{MPa})}{(1)(\sqrt{36\text{MPa}})}(25\text{mm})$$
$$= 1000\text{mm}$$

꼭 알아두자!
기본정착길이 l_{db}이므로 인장 이형철근 최소정착길이 규정(300mm 이상)을 적용하지 않는다.

계산 TIP

○ 정석적인 방법
$$l_{db} = \frac{(0.6)(400\text{MPa})}{(1)(\sqrt{36\text{MPa}})}(25\text{mm}) = \frac{(6 \times 10^{-1})(4 \times 10^2)}{(6)}(25\text{mm})$$
$$= \frac{6 \times 4 \times 25}{6} \times 10\text{mm} = 100 \times 10\text{mm} = 1000\text{mm}$$

○ 앞자리 뽑기
$$l_{db} : \frac{6 \times 4}{6} \times 25 = 100 \rightarrow l_{db} = 1000\text{mm}$$

14
정답 ②

$$\triangle f = \varepsilon E_s = \frac{\delta}{L} E_s$$
$$= \left(\frac{4.5\text{mm} \times 2, \text{양단정착}}{18\text{m}}\right)(200\text{GPa})$$
$$= 100\text{MPa}$$

꼭 알아두자!
초기 프리스트레스 $f_i = 1,500$MPa은 불필요한 값이다. 문제에 주어진 모든 수치가 이용되지 않을 수 있다.

15
정답 ①

환경조건과 부재의 종류		최소 피복두께 (mm)
옥외의 공기나 흙에 접촉하지 않는 경우 (슬래브, 벽체, 장선 등)	D35 이하 or 쉘,절판	20
	D35 초과 or 보,기둥	40
옥외의 공기나 흙에 접촉하는 경우	D16 이하	40
	D19 이상	50
흙에 파묻힘		75
수중 침수		100

☞ 보, 기둥 : $f_{ck} \geq 40$MPa이라면 -10mm ★
① 피복두께는 콘크리트 표면으로부터 철근 표면까지의 최단거리이다.

16
정답 ①

$$M_e = P\left(e + \frac{h}{6}\right)$$

$M = M_e$;
$$M = M_e = P\left(e + \frac{h}{6}\right)$$
$$\therefore M = (0.8 \times 750\text{kN})\left(0 + \frac{500\text{mm}}{6}\right)$$
$$= 50\text{kN} \cdot \text{m}$$

17
정답 ③

$$V_u < \frac{1}{2}\phi V_c = \frac{1}{2}\phi\left(\frac{1}{6}\lambda\sqrt{f_{ck}}b_w d\right)$$
$$\rightarrow \frac{12 V_u}{\phi \lambda \sqrt{f_{ck}} b_w} < d$$
$$\therefore \frac{12(75\text{kN})}{(0.75)(1)(\sqrt{25\text{MPa}})(400\text{mm})} = 600\text{mm} < d$$

◆ 계산 TIP

○ 정석적인 방법

$$\frac{12(75\text{kN})}{(0.75)(1)(\sqrt{25\text{MPa}})(480\text{mm})}$$
$$=\frac{12(75\times 10^3\text{N})\times \text{mm}}{(75\times 10^{-2})(5\text{MPa})(4\times 10^2\text{mm})\times \text{mm}}$$
$$=\frac{12\times 75\times 10^3\text{mm}}{75\times 5\times 4}=600\text{mm}<d$$

○ 앞자리 뽑기

$$d : \frac{12\times 75}{75\times 5\times 4}=\frac{3}{5} \rightarrow \frac{3\times 10}{5}=6 \rightarrow 600\text{mm}<d$$

18 정답 ③

$$V_c=\frac{1}{6}\lambda\sqrt{f_{ck}}b_w d$$
$$=\left(\frac{1}{6}\right)(1)(\sqrt{36}\text{MPa})(400\times 600\text{mm}^2)$$
$$=240\text{kN}$$

$$V_s=\frac{d}{s}A_v f_y$$
$$=\left(\frac{600\text{mm}}{200\text{mm}}\right)(2\text{가닥}\times 100\text{mm}^2)(400\text{MPa})$$
$$=240\text{kN}$$

$$\therefore V_n=V_c+V_s=240\text{kN}+240\text{kN}=480\text{kN}$$

◆ 계산 TIP

○ 정석적인 방법

$$V_c=\left(\frac{1}{6}\right)(1)(\sqrt{36}\text{MPa})(400\times 600\text{mm}^2)$$
$$=\left(\frac{1}{6}\right)(6\text{MPa})(4\times 6\times 10^4\text{mm}^2)$$
$$=\frac{1}{6}\times 6\times 4\times 6\times 10^4\text{N}=24\times 10^4\times 10^{-3}\text{kN}=240\text{kN}$$

$$V_s=\left(\frac{600\text{mm}}{250\text{mm}}\right)(2\text{가닥}\times 100\text{mm}^2)(400\text{MPa})$$
$$=\left(\frac{6}{2}\right)(2\times 10^2\text{mm}^2)(4\times 10^2\text{MPa})$$
$$=\frac{6\times 2\times 4}{2}\times 10^4\text{N}=24\times 10^4\times 10^{-3}\text{kN}=240\text{kN}$$

○ 앞자리 뽑기

V_c, V_s는 중간과정이므로 앞자리 뽑기를 적용할 수 없다.

19 정답 ②

KDS 14 31 10 강구조 부재 설계기준(하중저항계수설계법)
4.3.2.1.1.2 강축 휨을 받는 2축대칭 H형강 또는 ㄷ형강 조밀단면 부재

이 조항은 강축에 대한 휨을 받는 2축대칭 H형강 또는 ㄷ형강 부재의 웨브와 플랜지가 모두 조밀단면인 경우에 적용한다.

(1) 소성모멘트
$$M_n=M_p=F_y Z_x \quad (4.3-2)$$
여기서, F_y : 강재의 항복강도(MPa)
Z_x : x축에 대한 소성단면계수(mm^3)

(2) 횡비틀림좌굴강도
① $L_b\leq L_p$의 경우에는 횡비틀림좌굴강도를 고려하지 않아도 된다.
② $L_p<L_b\leq L_r$의 경우
$$M_n=C_b\left[M_p-(M_p-0.7F_y S_x)\left(\frac{L_b-L_p}{L_r-L_p}\right)\right]\leq M_p \quad (4.3-3)$$
③ $L_b>L_r$의 경우
$$M_n=F_{cr}S_x\leq M_p \quad (4.3-4)$$
여기서, L_b : 보의 비지지길이(mm)
$$F_{cr}=\frac{C_b\pi^2 E}{\left(\frac{L_b}{r_{ts}}\right)^2}\sqrt{1+0.078\frac{Jc}{S_x h_o}\left(\frac{L_b}{r_{ts}}\right)^2} \quad (4.3-5)$$

E : 강재의 탄성계수(MPa)
J : 단면비틀림상수(mm^4)
S_x : 강축에 대한 탄성단면계수(mm^3)

식 (4.3-5)에서 $\sqrt{1+0.078\frac{Jc}{S_x h_o}\left(\frac{L_b}{r_{ts}}\right)^2}$ 값은 안전측으로 설계할 경우, 1.0 값을 사용할 수 있다.

소성한계 비지지 길이 : $L_p=3$m
보의 비지지 길이 : $L_b=2.5$m
$L_b\leq L_p$의 경우에는 횡비틀림좌굴강도를 고려하지 않아도 된다.

$$\therefore M_n=M_p=F_y Z_x$$
$$=(275\text{MPa})(1000\text{cm}^3)=275\text{kN}\cdot\text{m}$$

20

정답 ③

KDS 14 31 10 강구조 부재 설계기준(하중저항계수설계법)
4.2.3 비세장판 단면을 가진 부재의 휨좌굴에 대한 압축강도

(1) 이 조항은 균일압축을 받는 비세장판 요소의 단면으로 된 압축부재에 적용된다. 비틀림에 대한 유효 비지지길이가 휨좌굴에 대한 유효 비지지길이보다 큰 경우, H형강이나 그와 유사한 형상의 기둥의 설계는 4.2.4를 따른다. 공칭압축강도 P_n은 휨좌굴에 대한 한계상태에 기초하여 다음과 같이 산정한다.

$$P_n = F_{cr} A_g \quad (4.2-1)$$

(2) 임계좌굴응력 F_{cr}은 다음과 같이 산정한다.

① $\dfrac{KL}{r} \leq 4.71\sqrt{\dfrac{E}{F_y}}$ 또는 $\dfrac{F_y}{F_e} \leq 2.25$인 경우

$$F_{cr} = \left[0.658^{\frac{F_y}{F_e}}\right] F_y \quad (4.2-2)$$

② $\dfrac{KL}{r} > 4.71\sqrt{\dfrac{E}{F_y}}$ 또는 $\dfrac{F_y}{F_e} > 2.25$인 경우

$$F_{cr} = 0.877 F_e \quad (4.2-3)$$

여기서, F_e : 탄성좌굴해석을 통하여 구하는 탄성좌굴응력

$$= \dfrac{\pi^2 E}{\left(\dfrac{KL}{r}\right)^2} \text{(MPa)} \quad (4.2-4)$$

A_g : 부재의 총단면적(mm²)
F_y : 강재의 항복강도(MPa)
E : 강재의 탄성계수(MPa)
K : 유효좌굴길이계수
L : 부재의 횡좌굴에 대한 비지지길이(mm)
r : 좌굴축에 대한 단면2차반경(mm)

③ 비탄성 압축부재의 좌굴응력 $F_{cr} = \left[0.658^{\frac{F_y}{F_e}}\right] F_y$를 이용하여 산정한다.

2024 국가직

01 ④	02 ①	03 ②	04 ②	05 ③
06 ②	07 ④	08 ③	09 ③	10 ①
11 ②	12 ②	13 ②	14 ①	15 ②
16 ④	17 ①	18 ③	19 ②	20 ③

01

정답 ④

④ 인장지배단면이란 연성파괴를 확보하기 위한 것으로, 연성파괴는 콘크리트 압축 파괴 전에 인장 철근이 먼저 항복하는 것을 의미한다.

02

정답 ①

$$P_{cr} = \dfrac{\pi^2 E I_{min}}{L_e^2} \;;$$

$$P_{cr} = \dfrac{\pi^2 E I_{min}}{L^2} = 20\text{kN}$$

$$P_{cr} = \dfrac{\pi^2 E I_{min}}{(2L)^2} = \dfrac{\pi^2 E I_{min}}{4L^2} = \dfrac{1}{4}(20\text{kN}) = 5\text{kN}$$

03

정답 ②

(2) 불규칙(엇모) 배치 (a−b−e−f−g)

$$b_2 = b_g - 3d + \sum \dfrac{s^2}{4g}$$

$$= 180\text{mm} - 3(22\text{mm}) + 2 \times \dfrac{(40\text{mm})^2}{4(50\text{mm})}$$

$$= 130\text{mm}$$

> **꼭 알아두자!**
>
> 순폭을 계산하는 정석적인 풀이는 다음과 같다.
>
> (1) 정렬 배치
>
> $$b_1 = b_g - 2d = 180mm - 2 \times 22mm = 136mm$$
>
> (2) 불규칙(엇모) 배치
>
> $$b_2 = b_g - 2d + \sum \frac{s^2}{4g}$$
> $$= 180mm - 2(22mm) + \frac{(40mm)^2}{4(50mm)}$$
> $$= 144mm$$
>
> $$b_3 = b_g - 3d + \sum \frac{s^2}{4g}$$
> $$= 180mm - 3(22mm) + \frac{(40mm)^2}{4(50mm)}$$
> $$= 130mm$$
>
> $$\therefore b_n = b_{min} = 130mm$$

04

정답 ②

	띠철근 기둥 상세	나선철근 기둥 상세
축방향 주철근비	① 비합성 압축부재의 철근이 겹침이음 하지 않은 경우: $0.01 \leq \rho \leq 0.04$ ② 주철근이 겹침이음 한 경우: $0.01 \leq \rho < 0.04$	
축방향 주철근 순간격	① 40mm 이상 ② 철근 공칭 지름의 1.5배 이상 ③ 굵은 골재 최대 치수의 4/3배 이상	
축방향 주철근 최소 개수	삼각형: 3개 △	사각형이나 원형: 4개 □	6개 ○

② 4개

05

정답 ③

① 강도감소계수(ϕ)를 고려한 설계강도는 소요강도 이상이 되도록 설계하여야 한다.

```
          공칭강도(S_n) ≥ 사용하중(작용하중)
강도감소계수(φ) ✗        ✗ 하중계수(γ)
          설계강도(S_d) ≥ 계수하중(소요강도)
```

②, ③ 인장지배단면이란 연성파괴를 확보하기 위한 것으로, 연성파괴는 콘크리트 압축 파괴 전에 인장 철근이 먼저 항복하는 것을 의미한다.

06

정답 ②

횡구속 골조 압축부재의 확대휨모멘트는 다음과 같이 계산한다.

(1) 보정계수(C_m)

$$C_m = 0.6 + 0.4 \frac{M_1}{M_2} = 0.6 + 0.4 = 1$$

($M_1 = M_2$ $\because$ 동일한 크기의 두 단부 모멘트)

(2) 모멘트확대계수

$$\delta_{ns} = \frac{C_m}{1 - \frac{P_u}{0.75 P_{cr}}} = \frac{1}{1 - \frac{3000kN}{(0.75)(20000kN)}}$$
$$= 1.25 \geq 1$$

07

정답 ④

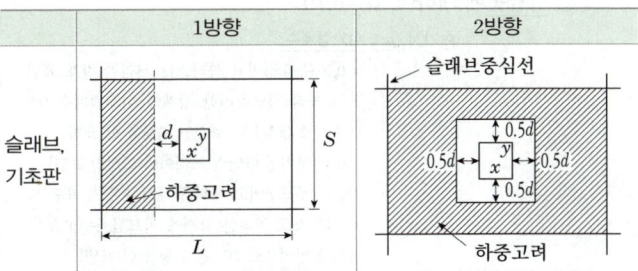

$$q_u = \frac{P_u}{A} = \frac{2700kN}{(3m)^2} = 300kN/m^2$$

위험구역 $= (S)\left(\frac{L-x}{2} - d\right)$

$$= (3m)\left(\frac{3m - 0.6m}{2} - 500mm\right) = 2.1m^2$$

$$\therefore V_u = q_u \times 위험단면$$
$$= (300kN/m^2)(2.1m^2)$$
$$= 630kN$$

> **계산 TIP**
>
> ● **정석적인 방법**
>
> 위험구역 $= (3m)\left(\frac{3m - 0.6m}{2} - 500mm\right)$
>
> $= (3m)\left(\frac{3m - 0.6m}{2} - 0.5m\right) = (3m)(0.7m) = 2.1m^2$
>
> $V_u = (300kN/m^2)(2.1m^2) = 630kN$
>
> ● **앞자리 뽑기**
>
> 위험구역은 중간과정이므로 앞자리 뽑기를 적용할 수 없다.
>
> V_u : $3 \times 21 = 63$ ➡ $V_u = 630kN$

08

정답 ③

KDS 14 31 25 강구조 연결 설계기준(하중저항계수설계법)
4.1.3.6 마찰접합의 미끄럼강도

(1) 마찰접합은 미끄럼을 방지하고 지압접합에 의한 한계상태에 대하여도 검토해야 한다.
(2) 마찰볼트에 끼움재를 사용할 경우에는 미끄럼에 관련되는 모든 접촉면에서 미끄럼에 저항할 수 있도록 해야 한다.
(3) 미끄럼 한계상태에 대한 마찰접합의 설계강도는 다음과 같이 산정한다.

$$R_n = \mu h_f T_o N_s \quad (4.1-12)$$

① 표준구멍 또는 하중방향에 수직인 단슬롯에 대하여,
  $\phi = 1.00$
② 과대구멍 또는 하중방향에 평행한 단슬롯에 대하여,
  $\phi = 0.85$
③ 장슬롯에 대하여, $\phi = 0.70$

여기서, μ : 미끄럼계수
  = 0.5 (무도장이고 블라스트 처리한 강재 표면 또는 블라스트 처리한 강재에 미끄럼계수 0.5 발현이 실험적으로 검증된 코팅을 한 표면)
  = 0.4 (무기질 아연말 프라이머 도장한 표면)
  = 0.3 (무도장이고 흑피를 제거한 강재 표면 또는 블라스트 처리한 강재에 미끄럼계수 0.3 발현이 실험적으로 검증된 코팅을 한 표면)

h_f : 끼움재계수(필러 계수)
  = 1.0 : 끼움재를 사용하지 않는 경우와 끼움재 내 하중의 분산을 위하여 볼트를 추가한 경우 또는 끼움재 내 하중의 분산을 위해 볼트를 추가하지 않은 경우로서 접합되는 재료 사이에 1개의 끼움재가 있는 경우
  = 0.85 : 끼움재 내 하중의 분산을 위해 볼트를 추가하지 않은 경우로서 접합되는 재료 사이에 2개 이상의 끼움재가 있는 경우

T_o : 표 4.1-10의 고장력볼트의 설계볼트장력 (kN)
N_s : 전단면의 수

③ 연결부재의 두께

09

정답 ③

① 응용역학 시간에 배운 내용이다. 정정구조에 지점침하, 온도 변화, 초기 균열이 발생할 경우 반력(=부재력)이 발생하지 않는다. 그러나 부정정 구조에서는 반력(=부재력)이 발생한다.

② 물-시멘트비 $\dfrac{W}{C}$ (≈단위수량)↑ → 건조수축↑ → 크리프↑

③ 건조할수록(습도↓, 온도↑) → 건조수축↑

④ 건조 초기에는 콘크리트 부재의 표면에서 건조수축량이 크기 때문에, 변형이 구속되면 인장응력이 발생한다. 반면에 콘크리트 부재의 내면에는 건조수축량이 거의 없기 때문에 그대로 있으려 하나 외부의 건조수축에 의한 압축응력이 작용한다.

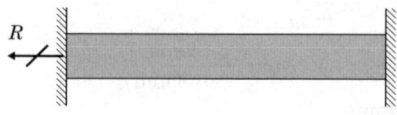

10

정답 ①

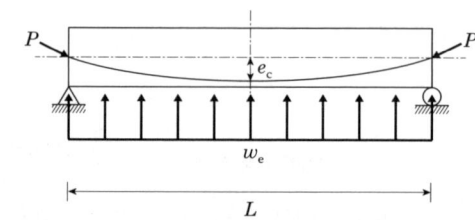

$$M_e = Pe = \dfrac{w_e L^2}{8}$$

$$\rightarrow w_e = \dfrac{8Pe_c}{L^2}$$

$$\delta = \dfrac{5 w_e L^4}{384EI} = \dfrac{5\left(\dfrac{8Pe_c}{L^2}\right)L^4}{384EI} = \dfrac{5PL^2 e_c}{48EI}$$

$$\therefore \; ① \; C_1 = \dfrac{5}{48}$$

11

정답 ②

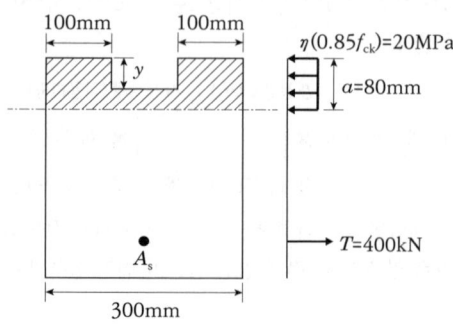

$f_{ck} \leq 40\text{MPa} \rightarrow \eta=1, \beta_1=0.8, \varepsilon_{cu}=0.0033$

$C=T$;

$\eta(0.85f_{ck})A=T$

$\rightarrow (20\text{MPa})(300 \times 80\text{mm}^2 - 100\text{mm} \times y) = 400\text{kN}$

$\rightarrow 300 \times 80\text{mm}^2 - 100\text{mm} \times y = \dfrac{400\text{kN}}{20\text{MPa}} = 20000\text{mm}^2$

$\therefore y = 40\text{mm}$

꼭 알아두자!

○ 정석적인 방법

$\dfrac{400\text{kN}}{200\text{MPa}} = \dfrac{4 \times 10^2 \times 10^3 \text{N}}{2 \times 10\text{N}/\text{mm}^2} = 20000\text{mm}^2$

12 정답 ②

등급	분류	응력계산	처짐계산
비균열등급	$f_t \leq 0.63\sqrt{f_{ck}}$	비균열단면(총 단면적)	I_g 사용
부분균열등급	$0.63\sqrt{f_{ck}} < f_t \leq 1.0\sqrt{f_{ck}}$	비균열단면(총 단면적)	I_e 사용
완전균열등급	$1.0\sqrt{f_{ck}} < f_t$	균열 환산단면	I_e 사용

f_t : 사용하중이 작용할 때, 미리 압축을 가한 단면의 인장연단응력으로 전체 단면적을 기준으로 계산되는 인장응력, MPa

② $0.63\sqrt{f_{ck}} < f_t \leq \sqrt{f_{ck}}$

13 정답 ③

	프리(pre)텐션 방식	포스트(post)텐션 방식
원리	철근을 긴장시킨 후 콘크리트를 타설하여 굳힌 뒤 긴장력을 풀어 프리스트레스를 도입한다.	미리 관(쉬스)을 설치하고, 콘크리트를 타설한 뒤 관에 긴장재를 삽입하여 프리스트레스를 도입한다.
설계기준 압축강도	$f_{ck} \geq 35\text{MPa}$ (강재와 콘크리트 사이에 충분한 부착이 요구되어 크다.)	$f_{ck} \geq 30\text{MPa}$
작업순서	① 인장대, 거푸집 설치 ② 철근 배치 및 긴장 ③ 콘크리트 타설 및 경화 ④ 긴장력 제거	① 거푸집 제작 및 쉬스 배치 ② 콘크리트 타설 및 경화 ③ 철근 배치 및 긴장 ④ 그라우팅 및 경화 ⑤ 긴장력 제거
특징	① 쉬스, 정착장치가 필요 없다. ② 인장대가 필요하다. ③ 공장에서 제작되므로 품질이 좋고 동일한 형상과 치수로 대량 생산 가능하다. ④ 긴장재를 곡선으로 배치하기 어렵다. ⑤ 프리스트레스 힘은 PS 강재와 콘크리트 사이의 부착에 의해서 도입된다. ⑥ 정착구역에서 소정의 프리스트레스가 도입되지 않으므로 주의가 필요하다.	① 쉬스, 정착장치가 필요하다. ② 인장대가 필요 없다. ③ 프리캐스트 PSC 부재의 결합과 조립에 용이하다. ④ 긴장재를 곡선으로 배치할 수 있어 대형 구조물 제작이 가능하다. ⑤ 프리스트레스 힘은 PS 강재를 정착장치로 긴장 정착하는 방법으로 도입된다.

③ 프리텐션 부재의 콘크리트 설계기준압축강도는 35MPa 이상이어야 한다.

14 80점 목표 정답 ①

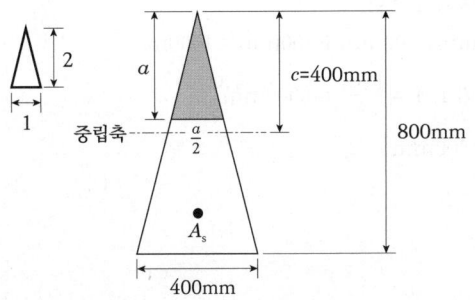

$f_{ck} \leq 40\text{MPa} \rightarrow \eta=1, \beta_1=0.8, \varepsilon_{cu}=0.0033$

압축을 받는 콘크리트 면적 ;

$a = \beta_1 c = 0.8 \times 400\text{mm} = 320\text{mm}$

$A = \dfrac{1}{2} \times \left(a \times \dfrac{1}{2}\right) \times a = \dfrac{1}{2}\left(320\text{mm} \times \dfrac{1}{2}\right)(320\text{mm})$

$\qquad = 25600\text{mm}^2$

$C = T$;

$\eta(0.85f_{ck})A = A_s f_y$

$$\therefore A_s = \frac{\eta(0.85f_{ck})A}{f_y}$$
$$= \frac{(1)(0.85 \times 20\text{MPa})(25600\text{mm}^2)}{400\text{MPa}} = 1088\text{mm}^2$$

계산 TIP

◎ 정석적인 방법
$$A_s = \frac{(1)(0.85 \times 20\text{MPa})(25600\text{mm}^2)}{400\text{MPa}}$$
$$= \frac{(85 \times 10^{-2})(2 \times 10)(256 \times 10^2)\text{mm}^2}{4 \times 10^2}$$
$$= \frac{85 \times 2 \times 256}{4} \times 10^{-1} = 1088\text{mm}^2$$

◎ 앞자리 뽑기
$$A_s : \frac{85 \times 2 \times 256}{4} = 1088 \rightarrow A_s = 1088\text{mm}^2$$

15 [정답 ②]

T형: 슬래브가 양쪽 플랜지를 이루는 보	① $16t_f + b_w$ ② 슬래브 중심간 거리 ③ 보 경간의 1/4
반 T형: 한 쪽으로만 플랜지를 이루는 보	① $6t_f + b_w$ ② 인접한 보와의 내측거리의 $1/2 + b_w$ ③ 보 경간의 $1/12 + b_w$

• $16t_f + b_w = 16(150\text{mm}) + 400\text{mm}$
  $= 2800\text{mm}$
• 슬래브 중심간 거리
  $= 500\text{mm} + 700\text{mm} + 400\text{mm} = 1600\text{mm}$
• 보 경간의 $1/4 = \frac{12\text{m}}{4} = 3000\text{mm}$

$\therefore b_e = 1600\text{mm}$

16 [정답 ④]

```
         공칭강도(S_n) ≥ 사용하중(작용하중)
강도감소계수(φ) ✗           ✗ 하중계수(γ)
         설계강도(S_d) ≥ 계수하중(소요강도)
```

$V_d = \phi V_n > V_u$
$(0.75)(V_n) > 75\text{kN}$

$\therefore V_n > \frac{75\text{kN}}{0.75} = 100\text{kN}$

17 [정답 ①]

KDS 14 20 54 : 콘크리트용 앵커 설계 기준

(7) 앵커의 강도감소계수 ϕ는 다음과 같다.
  ① 연성강재요소의 강도에 의해 지배되는 앵커
    가. 인장력   0.75
    나. 전단력   0.65
  ② 취성강재요소의 강도에 의해 지배되는 앵커
    가. 인장력   0.65
    나. 전단력   0.60
  ③ 콘크리트 브레이크아웃, 측면파열, 부착, 뽑힘 또는 프라이아웃강도에 의해 지배되는 앵커

                                        조건 A   조건 B
    가. 전단력   0.75   0.70
    나. 인장력
      (가) 선설치 헤드스터드, 헤드볼트, 갈고리볼트
                                         0.75   0.70
      (나) 후설치앵커 범주 1   0.75   0.65
          (낮은 설치 민감도와 높은 신뢰도)
      (다) 후설치앵커 범주 2   0.65   0.55
          (중간 설치 민감도와 중간 신뢰도)
      (라) 후설치앵커 범주 3   0.55   0.45
          (높은 설치 민감도와 낮은 신뢰도)

조건 A는 뽑힘강도와 프라이아웃강도를 제외하고 보조철근이 배근된 경우에 적용한다. 조건 B는 이와 같은 보조철근이 없거나 뽑힘강도 또는 프라이아웃강도가 지배적일 때 적용한다.

① 0.75

18 [정답 ③]

③ 크리프 변형을 계산할 때 사용하는 탄성계수는 콘크리트 초기접선 탄성계수와 동일하게 사용한다.

콘크리트의 초기접선 탄성계수(E_{ci})와 할선 탄성계수(E_c)와의 관계는 다음과 같다. 일반적으로 탄성계수는 할선 탄성계수를 의미한다.

$$E_{ci} = 1.18E_c$$

• 할선 탄성계수(E_c) : 단면의 결정이나 응력 계산에 사용
• 초기접선 탄성계수(E_{ci}) : 크리프 계산에 사용

19

정답 ②

② 철근이 굽혀진 부위에서는 용접이음할 수 없으며, 굽힘이 시작되는 부위에서 철근지름의 2배 이상 떨어진 곳에서부터 용접이음을 시작할 수 있다.

20

정답 ③

③ 뒷부벽식 옹벽에서는 전면벽과 기초 슬래브에 의해 부벽에 전달되는 응력을 지지하기 위해 필요한 철근을 부벽에 배근해야 한다. 또 전면벽과 기초슬래브에는 인장철근의 20% 이상의 배력 철근을 두어야 한다.

2025 국가직

01	④	02	②	03	①	04	③	05	①
06	③	07	③	08	②	09	④	10	④
11	②	12	①	13	②	14	①	15	④
16	③	17	②	18	④	19	③	20	③

01

정답 ④

꼭 알아두자!

① 횡방향 상대변위가 없는 압축부재(횡구속 골조의 압축부재)

$$\frac{kl_u}{r} \leq \left(34 - 12\frac{M_1}{M_2}\right) < 40$$

l_u : 비지지길이

② 횡방향 상대변위가 있는 압축부재(비횡구속 골조의 압축부재)

$$\frac{kl_u}{r} < 22$$

- 직사각형 단면 : $r = 0.3h$ (h는 좌굴이 고려되는 방향의 단면치수)
- 원형 단면 : $r = 0.25d$

$$\frac{kl_u}{r} < 22 \rightarrow l_u < \frac{22r}{k}$$

$$\therefore l_u < \frac{22(200\text{mm})}{(1)} = 4400\text{mm} \ (k=1 \because 양단힌지)$$

계산 TIP

○ 정석적인 방법

$$l_u < \frac{22(200\text{mm})}{(1)} = \frac{22(2 \times 10^2\text{mm})}{(1)}$$
$$= 44 \times 10^2\text{mm} = 4400\text{mm}$$

○ 앞자리 뽑기

$$l_u : \frac{22 \times 2}{1} = 44 \rightarrow l_u < 4400\text{mm}$$

02

정답 ②

② 전도에 대한 저항 휨모멘트는 횡토압에 의한 전도모멘트의 2배 이상이어야 한다.

03   정답 ①

① 최대 계수휨모멘트를 계산할 때, 강재 밑판을 갖는 기둥을 지지하는 기초판은 기둥 외측면과 강재 밑판 단부의 중간을 위험단면으로 한다.

04 (80점 목표)   정답 ③

③ 설계에서는 프리스트레스에 의하여 발생되는 응력집중을 고려하여야 한다.

05   정답 ①

① 커버플레이트 : 단면적, 단면계수, 단면2차모멘트를 증가시키기 위하여 부재의 플랜지에 용접이나 볼트로 연결된 플레이트
거셋플레이트 : 트러스의 부재, 스트럿 또는 가새재(브레이싱)를 보 또는 기둥에 연결하는 판 요소

06   정답 ③

$M_{cr} = f_r \times S = (f_r)\left(\dfrac{bh^2}{6}\right)$

$= (4\text{MPa})\left(\dfrac{300 \times 600^2}{6}\text{mm}^3\right)$

$= 72\text{kN} \cdot \text{m}$

계산 TIP

○ 정석적인 방법

$M_{cr} = (4\text{MPa})\left(\dfrac{300 \times 600^2}{6}\text{mm}^3\right)$

$= 4\text{MPa} \times \dfrac{3 \times 10^2 \times 6^2 \times 10^4}{6}\text{mm}^3$

$= 4 \times \dfrac{3 \times 6^2}{6} \times 10^6 \text{N} \cdot \text{mm} = 72 \times 10^6 \text{N} \cdot \text{mm}$

$= 72 \times 10^6 \times 10^{-6}\text{kN} \cdot \text{m} = 72\text{kN} \cdot \text{m}$

○ 앞자리 뽑기

$M_{cr} : 4 \times \dfrac{3 \times 6^2}{6} = 72 \rightarrow M_{cr} = 72\text{kN} \cdot \text{m}$

07   정답 ③

부재	최소 두께 또는 깊이			
	단순지지	일단연속	양단연속	캔틸레버
보, 리브가 있는 1방향 슬래브	L/16	L/18.5	L/21	L/8
1방향 슬래브	L/20	L/24	L/28	L/10

단, f_y가 400MPa 이외인 경우는 계산된 h값에 $\left(0.43 + \dfrac{f_y}{700}\right)$을 곱하여야 한다.

$\therefore h_{\min} = \dfrac{L}{10} = \dfrac{3\text{m}}{10} = 300\text{mm} \geq 100\text{mm}$

꼭 알아두자!

슬래브 두께는 100mm 이상으로 한다. 단, 과다한 처짐이 발생하지 않을 정도의 두께가 되어야 한다.

08   정답 ②

$M_Q = \dfrac{QL}{4}$

$M_e = Pe$

$M = M_Q - M_e = \dfrac{QL}{4} - Pe$

$\therefore M = \dfrac{(50\text{kN})(10\text{m})}{4} - (100\text{kN})(0.5\text{m})$

$= 75\text{kN} \cdot \text{m}$

09   정답 ④

$f_{ck} \leq 40\text{MPa} \rightarrow \eta = 1, \beta_1 = 0.8, \varepsilon_{cu} = 0.0033$

$\varepsilon_y = \dfrac{f_y}{E_s}$

$\rho = \eta\left(0.85\beta_1 \dfrac{f_{ck}}{f_y} \dfrac{\varepsilon_{cu}}{\varepsilon_{cu} + \varepsilon_s}\right)$

$\rightarrow \rho_b = \eta\left(0.85\beta_1 \dfrac{f_{ck}}{f_y} \dfrac{\varepsilon_{cu}}{\varepsilon_{cu} + \varepsilon_y}\right)$

$f_{ck} = 20\text{MPa} \rightarrow \rho_b = \eta\left(0.85\beta_1 \dfrac{20\text{MPa}}{f_y} \dfrac{\varepsilon_{cu}}{\varepsilon_{cu} + \varepsilon_y}\right) = 0.03$

$\therefore f_{ck} = 40\text{MPa} \rightarrow \rho_b = \eta\left(0.85\beta_1 \dfrac{40\text{MPa}}{f_y} \dfrac{\varepsilon_{cu}}{\varepsilon_{cu} + \varepsilon_y}\right) = 0.06$

10 정답 ④

긴장을 할 때 긴장재[a]	$0.80f_{pu}$ 또는 $0.94f_{py}$ 중 작은 값 이하
프리스트레스 도입 직후 긴장재	$0.74f_{pu}$ 또는 $0.82f_{py}$ 중 작은 값 이하
정착구와 커플러의 위치에서 프리스트레스 도입 직후 포스트텐션 긴장재	$0.7f_{pu}$ 이하

f_{pu} : 긴장재의 설계기준 인장강도, f_{py} : 긴장재의 설계기준 항복강도
[a] 또한 긴장재나 정착장치 제조자가 제시하는 최댓값도 초과하지 않아야 한다.

④ $0.80f_{pu}$ 또는 $0.94f_{py}$ 중 작은 값 이하

11 정답 ②

계수	조건	보정계수
α (위치계수)	상부철근(정착길이 또는 겹침이음부 아래 300mm 초과되게 굳지 않은 콘크리트에 묻힌 수평철근)	1.3
	기타	1
β (도막계수, 표면처리계수)	피복두께 $3d_b$ 미만 또는 순간격이 $6d$ 미만인 에폭시 도막철근 혹은 아연-에폭시 이중 도막 철근 또는 철선	1.5
	기타 에폭시 도막철근 혹은 아연-에폭시 이중도막 철근 또는 철선	1.2
	아연도금 혹은 도막되지 않은 철근 또는 철선	1

※ 단, 에폭시 도막철근이 상부철근인 경우에는 $\alpha\beta$값이 1.7보다 클 필요는 없다.

$$l_{db} = \frac{0.24f_y}{\lambda\sqrt{f_{ck}}}d_b \times \beta$$
$$= \frac{(0.24)(300\text{MPa})}{(1)(\sqrt{36\text{MPa}})}(25\text{mm})(1)$$
$$= 300\text{mm}$$

꼭 알아두자!
기본정착길이 l_{db}이므로 표준 갈고리 최소정착길이 규정($8d_b$이상, 150mm 이상)을 적용하지 않는다.

계산 TIP

◎ 정석적인 방법
$$l_{db} = \frac{(0.24)(300\text{MPa})}{(1)(\sqrt{36\text{MPa}})}(25\text{mm})(1)$$
$$= \frac{(24\times 10^{-2})(3\times 10^2)}{(6)}(25\text{mm})$$
$$= \frac{24\times 3}{6}\times 25\text{mm} = 300\text{mm}$$

◎ 앞자리 뽑기
$l_{db} : \frac{24\times 3}{6}\times 25 = 300 \rightarrow l_{db} = 300\text{mm}$

12 정답 ①

	$V_s \leq 2V_c$	$2V_c < V_s \leq 0.2f_{ck}\left(1-\frac{f_{ck}}{250}\right)b_w d$	$0.2f_{ck}\left(1-\frac{f_{ck}}{250}\right)b_w d < V_s$
RC	$d/2$ or 600mm 이하	$V_s \leq 2V_c$의 절반	콘크리트 단면을 넓게 다시 설계해야 한다.
PSC	$0.75h$ or 600mm 이하		

① $V_s > 2V_c$인 경우 부재축에 직각으로 배치된 전단철근의 간격은 $\frac{1}{2}$ 이하로 감소시켜야 한다.

13 정답 ②

$$P_s = \frac{K_s}{K_s+K_c}P = \frac{E_s A_s}{E_s A_s + E_c A_c}P$$
$$P_c = \frac{K_c}{K_s+K_c}P = \frac{E_c A_c}{E_s A_s + E_c A_c}P$$

$$\therefore P_s : P_c = E_s A_s : E_c A_c$$
$$= (8E_c)(A_s) : (E_c)(13A_s) = 8:13$$

14
정답 ①

① 건조할수록(습도⇩, 온도⇧) → 건조수축⇧ → 크리프⇧
② 물-시멘트비 $\dfrac{W}{C}$(≈단위 수량)⇧ → 건조수축⇧ (가장 큰 영향★)
→ 크리프⇧
③ 크리프계수(C_u)는 탄성변형률(ε_E)과 크리프변형률(ε_{cr})의 비이다. $\varepsilon_{cr} = C_u \varepsilon_E$
④ '크리프'란 일정한 응력하에서 '시간경과'에 따라 '변형'이 증가하는 것을 의미한다.

15
정답 ④

④ 고장력볼트의 구멍중심에서 볼트머리 또는 너트가 접하는 부재의 연단까지의 최대거리는 판 두께의 12배 이하 또한 150mm 이하로 한다.

16 80점 목표
정답 ③

꼭 알아두자!

블록전단파괴란 인장파괴와 전단파괴가 조합작용하는 것으로 마치 블록의 형상으로 뜯겨져 나가는 파괴형상을 의미한다. 다소 복잡한 식을 암기해야 하는 것에 비해 출제빈도가 낮으므로 80점 이상의 고득점을 원하는 학생이 아니라면 무시해도 좋다. 굳이 공부하겠다면 식에서 '$0.6F_u A_{nv}$, $0.6F_y A_{gv}$'은 전단파괴를 '$U_{bs}F_u A_{nt}$'은 인장파괴를 고려하는 것을 알 수 있고, 극한강도(F_u)는 순단면적(A_{nv}, A_{nt})을, 항복강도는 전체단면적(A_{gv})을 고려한다는 사실을 파악하면 암기하기 수월하다.

(1) 전단 파괴선을 따라 발생하는 전단파단과 직각으로 발생하는 인장파단의 조합인 블록전단파단 한계상태에 대한 설계강도는 다음과 같이 산정한 공칭강도에 $\phi=0.75$를 적용하여 구한다.
(2) 보단부 이음부의 상단플랜지 없는 이음부 및 거셋플레이트 등은 블록전단강도를 검토해야 한다.

$R_n = [0.6F_u A_{nv} + U_{bs}F_u A_{nt}] \leq [0.6F_y A_{gv} + U_{bs}F_u A_{nt}]$

F_u : 극한강도, F_y : 항복강도
A_{gv} : 전단저항 총단면적, A_{nv} : 전단저항 순단면적, A_{nt} : 인장저항 순단면적
U_{bs}(블록전단계수) : 인장응력이 균일할 경우 1.0, 불균일할 경우 0.5 적용

∴ $A_{nv} = (100\text{mm} + 100\text{mm} + 50\text{mm} - 24\text{mm} \times 2.5)(10\text{mm})$
$= 1900\text{mm}^2$

꼭 알아두자!

문제에서 물어보지 않았으나 전단저항 총단면적(A_{gv}), 인장저항 순단면적(A_{nt})를 구해보자.
$A_{gv} = (100\text{mm} + 100\text{mm} + 50\text{mm})(10\text{mm})$
$= 2500\text{mm}^2$
$A_{nt} = (60\text{mm} - 24\text{mm} \times 0.5)(10\text{mm})$
$= 480\text{mm}^2$

17
정답 ②

꼭 알아두자!

이론상 $V_u < \phi V_c$라면 전단철근을 배치할 필요가 없으나 설계상 $\dfrac{1}{2}\phi V_c < V_u$일 때 최소전단철근 규정을 두고 있다. 따라서 전단철근을 배치하지 않으려면 $V_u < \dfrac{1}{2}\phi V_c$를 만족해야 한다.

$V_u < \dfrac{1}{2}\phi V_c = \dfrac{1}{2}\phi\left(\dfrac{1}{6}\lambda\sqrt{f_{ck}}b_w d\right)$

$\rightarrow \dfrac{12 V_u}{\phi\lambda\sqrt{f_{ck}}b_w} < d$

∴ $\dfrac{12(100\text{kN})}{(0.75)(1)(\sqrt{25\text{MPa}})(500\text{mm})} = 640\text{mm} < d$

계산 TIP

○ 정석적인 방법
$\dfrac{12(100\text{kN})}{(0.75)(1)(\sqrt{25\text{MPa}})(500\text{mm})}$
$= \dfrac{12(10^2 \times 10^3 \text{N}) \times \text{mm}}{(75 \times 10^{-2})(5\text{MPa})(5 \times 10^2 \text{mm}) \times \text{mm}}$
$= \dfrac{12 \times 10^5 \text{mm}}{75 \times 5 \times 5} = 640\text{mm} < d$

○ 앞자리 뽑기
$d : \dfrac{12}{75 \times 5 \times 5} = \dfrac{4}{625} \rightarrow \dfrac{4 \times 10^3}{625} = 6.4 \rightarrow 640\text{mm} < d$

18

정답 ④

> 꼭 알아두자!
>
> 최소 나선철근비
> $$\rho_{min} = 0.45\left(\frac{A_g}{A_c}-1\right)\frac{f_{ck}}{f_{yt}}$$
> $$= 0.45\left(\frac{d^2}{d_c^2}-1\right)\frac{f_{ck}}{f_{yt}}$$
> A_g : 전체 단면적, A_c : 심부 면적
> d : 기둥 지름, d_c : 나선철근 바깥선 지름(심부 지름)
> f_{ck} : 콘크리트 설계기준 압축강도
> f_{yt} : 나선철근의 설계기준 항복강도로 700MPa 이하로 한다.
> (단, 400MPa을 초과하는 경우 겹침이음(81p 참조)할 수 없다)

④ 0.45

19

정답 ③

철근 항복강도(f_y)	압축지배 변형률 한계	최소허용 변형률	인장지배 변형률 한계
$f_y \leq 400\text{MPa}$	ε_y	0.004	0.005
$400\text{MPa} < f_y$	ε_y	$2\varepsilon_y$	$2.5\varepsilon_y$

③ 압축연단 콘크리트가 가정된 극한변형률에 도달할 때, 최외단인장 철근의 순인장변형률 ε_t가 인장지배변형률 한계 이상인 단면을 인장지배단면이라고 한다.

20

정답 ③

f_{ck}	$f_{ck} \leq 40\text{MPa}$ ★	40MPa<f_{ck}≤90MPa				90MPa<f_{ck}
		50	60	70	80	
n차곡선(n)	2	\multicolumn{4}{c}{🔼 80점 목표 $1.2+1.5\left(\frac{100-f_{ck}}{60}\right)^4 \leq 2.0$}	성능실험을 통한 조사연구에 의하여 이 값들을 선정하고 근거를 명시하여야 한다.
		1.923	1.496	1.294	1.212	
콘크리트 극한 변형률(ε_{cu})	0.0033★	\multicolumn{4}{c}{🔼 80점 목표 $0.0033-\left(\frac{f_{ck}-40}{100,000}\right)^4 \leq 0.0033$}	
		0.0032	0.0031	0.003	0.0029	
콘크리트 최대응력 발생 변형률(ε_{c0})	0.002	\multicolumn{4}{c}{🔼 80점 목표 $0.002+\left(\frac{f_{ck}-40}{100,000}\right) \geq 0.002$}	
		0.0021	0.0022	0.0023	0.0024	
η	1.00★	0.97★	0.95★	0.91	0.87	0.84
β_1	0.80★	0.80★	0.76★	0.74	0.72	0.70

③ 0.97

MEMO

비전공자도 합격시키는 쉽고 가벼운 ──── **진승현 토목직**